Vahlens Lernbücher

Grundzüge des Jahresabschlusses nach HGB und IFRS

Mit Aufgaben und Lösungen

von

StB Professor Dr. Rainer Buchholz

10., aktualisierte Auflage

Verlag Franz Vahlen München

Prof. Dr. **Rainer Buchholz** lehrt Rechnungswesen und betriebliche Steuern an der Hochschule für angewandte Wissenschaften Würzburg-Schweinfurt.

ISBN Print: 978 3 8006 5882 4
ISBN E-Book PDF: 978 3 8006 5883 1

© 2019 Verlag Franz Vahlen GmbH, Wilhelmstr. 9, 80801 München
Satz: PDF-Datei des Autors
Druck und Bindung: Beltz Grafische Betriebe GmbH
Am Fliegerhorst 8, 99947 Bad Langensalza
Umschlaggestaltung: Ralph Zimmermann – Bureau Parapluie
Gedruckt auf säurefreiem, alterungsbeständigem Papier
(hergestellt aus chlorfrei gebleichtem Zellstoff)

Vorwort zur zehnten Auflage

In den letzten Jahren haben sich zahlreiche Änderungen im Bereich der handelsrechtlichen Bilanzierung ergeben, die in die ersten acht Kapitel der Neuauflage integriert wurden. Außerdem erfolgte eine grundlegende Überarbeitung der internationalen Vorschriften im 9. und 10. Kapitel des Buches. Die Neuerungen betreffen insbesondere das Conceptual Framework vom März 2018. Die darin enthaltenen Grundlagenvorschriften wirken sich auf die gesamte IFRS-Bilanzierung aus.

Auch in der "Jubiläumsauflage" wird das bewährte didaktische Konzept fortgeführt: Der Lehrstoff wird möglichst verständlich erklärt und durch zahlreiche Beispiele erläutert. In der Neuauflage veranschaulichen 270 Abbildungen wichtige Sachverhalte und ergänzen die verbalen Ausführungen. Der umfangreiche Aufgaben- und Lösungsteil von über 300 Aufgaben mit ausführlichen Lösungen dient der Stoffvertiefung und Übung.

Zusätzliches Online-Material für Dozenten: Alle Abbildungen des Buches sind im Internet auf der Homepage des Verlages Franz Vahlen GmbH downloadbar (siehe Buchrückseite). Der Foliensatz des Lehrbuches wird durch zahlreiche Zusatzfolien mit ergänzenden Übungen und Erläuterungen erweitert. Für **alle Leser** stehen zwei Übungsklausuren mit ausführlichen Lösungshinweisen auf der Homepage des Verlages zur Verfügung.

Mein besonderer Dank gilt meinem hoch geschätzten Kollegen und Freund, Herrn Prof. Dr. Ulrich Ziehr, für zahlreiche Hinweise und Verbesserungsvorschläge im Bereich des Konzernabschlusses. Ich freue mich auch zukünftig über konstruktive Vorschläge meiner Leser, die an rainer.buchholz@fhws.de gesendet werden können.

Würzburg, Juli 2019　　　　　　　　　　　　　　　　　　　　　　　　Rainer Buchholz

Vorwort zur ersten Auflage

Der handelsrechtliche Jahresabschluss ist ein wichtiger Bereich der Betriebswirtschaftslehre und der betrieblichen Praxis. Studenten und Lernende müssen die Grundzüge des Jahresabschlusses beherrschen, um die Erfolgswirkungen unternehmerischer Entscheidungen beurteilen zu können. Praktiker benötigen diese Kenntnisse zur Aufstellung von Bilanzen und Erfolgsrechnungen. Diesen Informationsbedarf will das vorliegende Lehrbuch decken.

Der traditionelle Jahresabschluss befindet sich im Wandel. Der Konzernabschluss und die internationalen Rechnungslegungsvorschriften gewinnen eine immer stärkere Bedeutung. Um diese Regelungen verstehen zu können, müssen fundierte Kenntnisse über den handelsrechtlichen Einzelabschluss vorhanden sein. Er bildet einerseits die Grundlage für den nationalen Konzernabschluss. Andererseits werden auch die internationalen Vorschriften erst auf der Basis des Handelsrechts verständlich.

Daher ist das Buch wie folgt aufgebaut. Zunächst werden im ersten Kapitel die Grundlagen des Jahresabschlusses dargestellt, wobei auch das Verhältnis von Handels- und Steuerbilanz erläutert wird. Das zweite bis vierte Kapitel befassen sich mit bilanziellen Ansatz- und Bewertungsfragen. Zunächst werden die Regelungen für alle Kaufleute behandelt. Anschließend erfolgt eine Erweiterung um die ergänzenden Vorschriften für Kapitalgesellschaften. Die GuV-Rechnung im fünften Kapitel rundet die Ausführungen zum Einzelabschluss ab.

Im sechsten bis achten Kapitel wird der Konzernabschluss behandelt. Zuerst werden die Grundlagen des Konzerns und anschließend die Vollkonsolidierung verbundener Unternehmen erläutert. Gegenstand des achten Kapitels sind die Quotenkonsolidierung von Gemeinschaftsunternehmen und die Equity-Methode für assoziierte Unternehmen.

Die letzten beiden Kapitel sind der internationalen Rechnungslegung nach IFRS gewidmet. Im neunten Kapitel werden die Grundlagen der internationalen Rechnungslegung und die Bilanzierungsvorschriften erklärt. Die übrigen Elemente eines vollständigen IFRS-Abschlusses (z.B. die Gesamtergebnisrechnung) sind Gegenstand des letzten Kapitels. Ein umfangreicher Aufgabenteil mit ausführlichen Lösungen dient der Überprüfung des erworbenen Wissens.

Der Lehrstoff wurde in zahlreichen Veranstaltungen an der Hochschule für angewandte Wissenschaften Würzburg-Schweinfurt, und im Rahmen privater Lehrgänge zur nationalen und internationalen Bilanzierung erprobt. Zum Verständnis des Buches sind nur grundlegende Buchhaltungskenntnisse notwendig, wie sie z.B. bei "Döring/Buchholz: Buchhaltung und Jahresabschluss" vermittelt werden. Alle Abbildungen und die Inhalte des vorliegenden Buches sind so verständlich aufgebaut, dass ein schneller Zugang zur Materie möglich wird.

Mein ganz besonderer Dank gilt Frau Dipl.-Bw. (FH) Regina Weis für ihr herausragendes Engagement im Bereich der technischen Bearbeitung dieses Buches sowie für ihre zahlreichen konstruktiven Hinweise zur Verbesserung des Manuskripts. Dem Lektor des Verlages, Herrn Dipl.-Vw. Dieter Sobotka danke ich für die harmonische Zusammenarbeit und die Aufnahme des Buches in diese renommierte Lehrbuchreihe.

Für konstruktive Hinweise und Anmerkungen bin ich sehr dankbar. Meine E-Mail Adresse lautet: rainer.buchholz@fhws.de.

Würzburg, November 2001 Rainer Buchholz

Inhaltsübersicht

Erstes Kapitel: Grundlagen des Jahresabschlusses 1
   1. Zweck und Aufgaben des Jahresabschlusses 1
   2. Rechtsvorschriften 5
   3. Aufstellung und Offenlegung von Jahresabschlüssen 10
   4. Grundsätze ordnungsmäßiger Buchführung (GoB) 14
   5. Verhältnis von Handels- und Steuerbilanz 29

Zweites Kapitel: Ansatz- und Ausweisvorschriften der Bilanz 35
   1. Definitionen von Aktiva und Passiva 35
   2. Zuordnung von Bilanzposten 38
   3. Einzelne Ansatzpflichten und Ansatzwahlrechte 46
   4. Einzelne Ansatzverbote 61
   5. Aufbau der Bilanz 62

Drittes Kapitel: Bewertungsvorschriften der Bilanz 67
   1. Wertobergrenzen 67
   2. Bewertungsmethoden 78
   3. Planmäßige Abschreibungen 84
   4. Außerplanmäßige Abschreibungen 89
   5. Abschreibung geringwertiger Sachanlagen 94
   6. Zuschreibungen 95
   7. Bewertung einzelner Posten 96
   8. Bewertung von Entnahmen und Einlagen 106

Viertes Kapitel: Bilanzierungsvorschriften für Kapitalgesellschaften 109
   1. Zweck und Aufgaben des Jahresabschlusses 109
   2. Generalnorm der Rechnungslegung 114
   3. Größenklassen 116
   4. Spezielle Ansatzvorschriften 118
   5. Spezielle Ausweisvorschriften 140
   6. Spezielle Bewertungsvorschriften 145
   7. Informationen im Anhang 145
   8. Informationen im Lagebericht 148

Fünftes Kapitel: Vorschriften der GuV-Rechnung 151
   1. Verfahren der Erfolgsermittlung 151
   2. Aufbau des Gesamtkostenverfahrens 155
   3. Aufbau des Umsatzkostenverfahrens 162
   4. GuV-Rechnung bei Kleinstkapitalgesellschaften 166

Sechstes Kapitel: Vorschriften für Konzerne 167
   1. Zweck und Aufgaben des Konzernabschlusses 167
   2. Konsolidierungsarten 169
   3. Vollkonsolidierung.. 174
   4. Konsolidierungskreis... 177
   5. Einzelheiten zum Konzernabschluss 179

Siebtes Kapitel: Vorschriften zur Vollkonsolidierung 185
   1. Entwicklung des Konzernabschlusses 185
   2. Konsolidierungsgrundsätze 186
   3. Kapitalkonsolidierung 189
   4. Schuldenkonsolidierung 206
   5. Zwischenergebniskonsolidierung... 209
   6. Aufwands- und Ertragskonsolidierung... 214
   7. Konzern-GuV-Rechnung 214
   8. Währungsumrechnung.. 217

Achtes Kapitel: Ergänzende Vorschriften im Konzernabschluss 219
   1. Quotenkonsolidierung 219
   2. Equity-Methode.. 225

Neuntes Kapitel: Bilanzierung nach IFRS... 229
   1. Grundlagen 229
   2. Zweck und Aufgaben des IFRS-Abschlusses... 236
   3. Prinzipien der IFRS-Rechnungslegung 237
   4. Ansatzvorschriften nach IFRS 241
   5. Ausweisvorschriften nach IFRS... 251
   6. Bewertungsvorschriften nach IFRS.. 253

Zehntes Kapitel: Weitere Informationsinstrumente nach IFRS 269
   1. Gesamtergebnisrechnung 269
   2. Eigenkapitalveränderungsrechnung 273
   3. Kapitalflussrechnung.. 277
   4. Anhang 281
   5. Konzernabschluss... 286

Aufgabenteil 297
Lösungsteil 391

Inhaltsverzeichnis

Vorwort	V
Inhaltsübersicht	VII
Abkürzungsverzeichnis	XV

Erstes Kapitel: Grundlagen des Jahresabschlusses 1
  1. Zweck und Aufgaben des Jahresabschlusses 1
  2. Rechtsvorschriften 5
     2.1 Geltung nationaler Vorschriften 5
     2.2 Geltung internationaler Vorschriften.. 9
  3. Aufstellung und Offenlegung von Jahresabschlüssen......................... 10
  4. Grundsätze ordnungsmäßiger Buchführung (GoB) 14
     4.1 Inhalt und Ermittlung von GoB 14
     4.2 Wichtige gesetzliche GoB 17
        4.2.1 Bilanzidentitätsprinzip 17
        4.2.2 Unternehmensfortführungsprinzip 18
        4.2.3 Einzelbewertungsprinzip 19
        4.2.4 Stichtagsprinzip 21
        4.2.5 Vorsichtsprinzip 22
        4.2.6 Periodisierungsprinzip 24
        4.2.7 Stetigkeitsprinzip 27
  5. Verhältnis von Handels- und Steuerbilanz.. 29
     5.1 Geltung des Maßgeblichkeitsprinzips 29
     5.2 Durchbrechung des Maßgeblichkeitsprinzips................................. 32

Zweites Kapitel: Ansatz- und Ausweisvorschriften der Bilanz........ 35
  1. Definitionen von Aktiva und Passiva... 35
  2. Zuordnung von Bilanzposten 38
     2.1 Bilanzierung beim Eigentümer 38
     2.2 Abgrenzung von Betriebs- und Privatvermögen 42
        2.2.1 Bewegliche Vermögensgegenstände 42
        2.2.2 Unbewegliche Vermögensgegenstände............................... 44
  3. Einzelne Ansatzpflichten und Ansatzwahlrechte 46
     3.1 Immaterielle Vermögensgegenstände... 46
     3.2 Derivativer Firmenwert 49
     3.3 Sach- und Finanzanlagen.. 50
     3.4 Rechnungsabgrenzungsposten 52
     3.5 Rückstellungen 54
        3.5.1 Systematisierung und Rückstellungsarten........................... 54
        3.5.2 Behandlung von Steuerrückstellungen 57
     3.6 Disagio.. 59
  4. Einzelne Ansatzverbote 61

   5. Aufbau der Bilanz 62
      5.1 Bilanzgliederung 62
      5.2 Gliederungsvorschriften 65

Drittes Kapitel: Bewertungsvorschriften der Bilanz 67
   1. Wertobergrenzen 67
      1.1 Anschaffungskosten 67
      1.2 Herstellungskosten 69
      1.3 Beizulegender Zeitwert 73
          1.3.1 Definition 73
          1.3.2 Anwendung bei Posten zur Altersversorgung 74
      1.4 Erfüllungsbetrag 75
   2. Bewertungsmethoden 78
      2.1 Gruppenbewertung und Verbrauchsfolgeverfahren 78
      2.2 Währungsumrechnung 79
      2.3 Bildung von Bewertungseinheiten 82
   3. Planmäßige Abschreibungen 84
      3.1 Abschreibungsdeterminanten 84
      3.2 Abschreibungsverfahren 86
   4. Außerplanmäßige Abschreibungen 89
      4.1 Beizulegender Stichtagswert 89
      4.2 Vornahme der Abschreibungen 92
   5 Abschreibung geringwertiger Sachanlagen 94
   6. Zuschreibungen 95
   7. Bewertung einzelner Posten 96
      7.1 Immaterielle Vermögensgegenstände 96
      7.2 Derivativer Firmenwert 98
      7.3 Bewegliche Sachanlagen 100
      7.4 Gebäude 101
      7.5 Finanzanlagen 104
      7.6 Vorräte, Forderungen und Wertpapiere 104
   8. Bewertung von Entnahmen und Einlagen 106

Viertes Kapitel: Bilanzierungsvorschriften für Kapitalgesellschaften 109
   1. Zweck und Aufgaben des Jahresabschlusses 109
   2. Generalnorm der Rechnungslegung 114
   3. Größenklassen 116
   4. Spezielle Ansatzvorschriften 118
      4.1 Eigenkapital 118
          4.1.1 Feste und variable Kapitalkonten 118
          4.1.2 Kapital- und Gewinnrücklagen 121
          4.1.3 Formen des Erfolgsausweises 125
          4.1.4 Behandlung eigener Anteile 129
          4.1.5 Rücklage bei phasengleicher Gewinnvereinnahmung? 130
      4.2 Beteiligungen 131

4.3 Latente Steuern 132
    4.3.1 Konzept latenter Steuern 132
    4.3.2 Fälle latenter Steuern 134
    4.3.3 Bilanzierung latenter Steuern 136
4.4 Aktivposten mit Ausschüttungssperre 138
5. Spezielle Ausweisvorschriften 140
   5.1 Bilanzgliederung 140
   5.2 Gliederungsvorschriften und Postenerläuterungen 143
6. Spezielle Bewertungsvorschriften 145
7. Informationen im Anhang 145
8. Informationen im Lagebericht 148

Fünftes Kapitel: Vorschriften der GuV-Rechnung 151
1. Verfahren der Erfolgsermittlung 151
   1.1 Gesamtkostenverfahren 151
   1.2 Umsatzkostenverfahren 153
2. Aufbau des Gesamtkostenverfahrens 155
3. Aufbau des Umsatzkostenverfahrens 162
4. GuV-Rechnung bei Kleinstkapitalgesellschaften 166

Sechstes Kapitel: Vorschriften für Konzerne 167
1. Zweck und Aufgaben des Konzernabschlusses 167
2. Konsolidierungsarten 169
3. Vollkonsolidierung 174
   3.1 Voraussetzungen für die Aufstellungspflicht 174
   3.2 Befreiungen von der Aufstellungspflicht 175
4. Konsolidierungskreis 177
5. Einzelheiten zum Konzernabschluss 179
   5.1 Anzuwendende Vorschriften des HGB 179
   5.2 Generalnorm 179
   5.3 Bestandteile des Konzernabschlusses 180
   5.4 Aufstellung und Offenlegung 183

Siebtes Kapitel: Vorschriften zur Vollkonsolidierung 185
1. Entwicklung des Konzernabschlusses 185
2. Konsolidierungsgrundsätze 186
3. Kapitalkonsolidierung 189
   3.1 Zeitpunkt und Inhalt der Erstkonsolidierung 189
   3.2 Erstkonsolidierung ohne Minderheitsgesellschafter 191
       3.2.1 Neubewertungsmethode ohne latente Steuern 191
       3.2.2 Neubewertungsmethode mit latenten Steuern 194
   3.3 Erstkonsolidierung mit Minderheitsgesellschaftern 196
   3.4 Folgekonsolidierungen 198
       3.4.1 Neubewertungsmethode ohne Minderheitsgesellschafter 198
       3.4.2 Neubewertungsmethode mit Minderheitsgesellschaftern ... 202
   3.5 Spezialfall: Negativer Firmenwert 204
4. Schuldenkonsolidierung 206

5. Zwischenergebniskonsolidierung 209
   5.1 Erfolgsunterschiede im Einzel- und Konzernabschluss 209
   5.2 Berücksichtigung latenter Steuern 212
6. Aufwands- und Ertragskonsolidierung 214
7. Konzern-GuV-Rechnung 214
8. Währungsumrechnung 217

Achtes Kapitel: Ergänzende Vorschriften im Konzernabschluss 219
1. Quotenkonsolidierung 219
   1.1 Bilanzierung von Gemeinschaftsunternehmen 219
   1.2 Durchführung der Kapitalkonsolidierung 221
      1.2.1 Erstkonsolidierung von Gemeinschaftsunternehmen 221
      1.2.2 Folgekonsolidierung von Gemeinschaftsunternehmen 224
2. Equity-Methode 225
   2.1 Bilanzierung von assoziierten Unternehmen 225
   2.2 Anteilsbewertung nach Buchwertmethode 227

Neuntes Kapitel: Bilanzierung nach IFRS 229
1. Grundlagen 229
   1.1 Entwicklung von IFRS 229
   1.2 Umstellung von HGB auf IFRS 230
   1.3 Aufbau von IFRS 232
2. Zweck und Aufgaben des IFRS-Abschlusses 236
3. Prinzipien der IFRS-Rechnungslegung 237
4. Ansatzvorschriften nach IFRS 241
   4.1 Definition von Vermögen und Schulden 241
   4.2 Immaterielle Vermögenswerte 243
   4.3 Firmenwert 245
   4.4 Finanzinstrumente 245
   4.5 Latente Steuern 247
   4.6 Rückstellungen 249
5. Ausweisvorschriften nach IFRS 251
6. Bewertungsvorschriften nach IFRS 253
   6.1 Immaterielle Vermögenswerte 253
      6.1.1 Bewertung nach Anschaffungskostenmodell 253
      6.1.2 Bewertung nach Neubewertungsmodell 256
   6.2 Firmenwert 257
   6.3 Sachanlagen 258
      6.3.1 Bewertung nach Anschaffungskostenmodell 258
      6.3.2 Bewertung nach Neubewertungsmodell 259
   6.4 Finanzinstrumente 262
   6.5 Vorräte 265
   6.6 Schulden 266

Zehntes Kapitel: Weitere Informationsinstrumente nach IFRS 269
   1. Gesamtergebnisrechnung 269
      1.1 Verfahren der Erfolgsermittlung 269
      1.2 Ertragsausweis nach IFRS 15 272
   2. Eigenkapitalveränderungsrechnung 273
      2.1 Bestandteile des Eigenkapitals 273
      2.2 Veränderung des Eigenkapitals 275
   3. Kapitalflussrechnung 277
      3.1 Abbildung der Finanzlage 277
      3.2 Veränderung der Finanzlage 277
   4. Anhang 281
      4.1 Erläuterung des Jahresabschlusses 281
      4.2 Segmentberichterstattung 282
   5. Konzernabschluss 286
      5.1 Vorschriften für den IFRS-Konzern 286
      5.2 Konsolidierungsarten 287
      5.3 Vollkonsolidierung 290
          5.3.1 Pflicht zur Durchführung 290
          5.3.2 Konsolidierungsgrundsätze 291
          5.3.3 Kapitalkonsolidierung 292
          5.3.4 Weitere Konsolidierungen 296

Aufgabenteil 297
Lösungsteil 391

Literaturverzeichnis 501
Stichwortverzeichnis 507

Abkürzungsverzeichnis

A	Aktiva oder Aktivposten
AHK	Anschaffungs- oder Herstellungskosten
AK	Anschaffungskosten
AktG	Aktiengesetz
Aktiver UB	Aktiver Unterschiedsbetrag aus der Vermögensverrechnung
AN	Arbeitnehmerzahl
AO	Abgabenordnung
AR	Aufsichtsrat
AV	Anlagevermögen
BB	Betriebs-Berater (Zeitschrift)
BGA	Betriebs- und Geschäftsausstattung
BMF	Bundesministerium der Finanzen
BMJ	Bundesministerium der Justiz und für Verbraucherschutz
BN	Betriebliche Nutzung
BS	Bilanzsumme
BStBl	Bundessteuerblatt
BV	Betriebsvermögen
CF	Conceptual Framework
DB	Der Betrieb (Zeitschrift)
DRS	Deutscher Rechnungslegungsstandard
DRSC	Deutsches Rechnungslegungs Standards Committee e.V.
DStR	Deutsches Steuerrecht (Zeitschrift)
EB	Endbestand
EBIT	Earnings before Interests and Taxes
EBITDA	Earnings before Interests, Taxes, Depreciation and Amortisation
ED	Exposure Draft
EK	Eigenkapital
ESt	Einkommensteuer
EStG	Einkommensteuergesetz
EStH	Einkommensteuer-Hinweise
EStR	Einkommensteuer-Richtlinien
EU	Europäische Union
Fifo	First in - first out
FK	Fremdkapital
FW	Firmenwert
GewStG	Gewerbesteuergesetz
Gez. Kapital	Gezeichnetes Kapital
GK	Gesamtkapital
GKV	Gesamtkostenverfahren
GoB	Grundsätze ordnungsmäßiger Buchführung
GrEStG	Grunderwerbsteuergesetz
GRL	Gewinnrücklage
GWG	Geringwertiges Wirtschaftsgut
H	Haben (im Konto) oder Hinweis
HB	Handelsbilanz

Hifo	Highest in – first out
HK	Herstellungskosten
HR	Handelsregister
Hrsg	Herausgeber
IAS	International Accounting Standard
IASB	International Accounting Standards Board
IASCF	International Accounting Standards Committee Foundation
IFRIC	International Financial Reporting Interpretations Committee
IFRS	International Financial Reporting Standard
i.V.m.	in Verbindung mit
JF	Jahresfehlbetrag
Jg	Jahrgang
JÜ	Jahresüberschuss
KAP	Konsolidierungsausgleichsposten
KapG	Kapitalgesellschaft
KFR	Kapitalflussrechnung
KoR	Kapitalmarktorientierte Rechnungslegung (Zeitschrift)
KStG	Körperschaftsteuergesetz
Lifo	Last in - first out
LuL	Lieferungen und Leistungen
Lofo	Lowest in - first out
NbA	Nicht beherrschende Anteile
ND	Nutzungsdauer
NRL	Neubewertungsrücklage
NWP	Niederstwertprinzip
OCI	Other comprehensive Income
P	Passiva oder Passivposten
PersG	Personenhandelsgesellschaft
PiR	Praxis internationaler Rechnungslegung (Zeitschrift)
PPE	Property, Plant and Equipment
PublG	Publizitätsgesetz
R	Richtlinie
RAP	Rechnungsabgrenzungsposten
RL	Rücklage
Rn	Randnummer
S	Soll (im Konto)
StB	Steuerbilanz
Steuern vom E/E	Steuern vom Einkommen und Ertrag
StuB	Steuern und Bilanzen (Zeitschrift)
UB	Unterschiedsbetrag
UE	Umsatzerlöse
UFE	Unfertige Erzeugnisse
UKV	Umsatzkostenverfahren
USt	Umsatzsteuer
UV	Umlaufvermögen
verb	verbundene
VG	Vermögensgegenstand
WG	Wirtschaftsgut
WPg	Die Wirtschaftsprüfung (Zeitschrift)
WpHG	Wertpapierhandelsgesetz

Erstes Kapitel: Grundlagen des Jahresabschlusses

1. Zweck und Aufgaben des Jahresabschlusses

Herr Meier, der bisher als Computerfachmann angestellt war, eröffnet am 1.8.01 sein eigenes Unternehmen, ein EDV-Geschäft. Er hat einen Betrag von 25.000 € gespart, den er zur Anmietung und Einrichtung seines Geschäfts und zum Kauf von Waren (Computer und Zubehör) verwendet. Da er kein Gehalt mehr bezieht, fragt sich Meier nach einiger Zeit, ob sich die Tätigkeit "gelohnt" hat. Er möchte wissen:

1. Wie hat sich mein Vermögen verändert?
2. Wie hoch ist mein Vermögen?

Die erste Frage wird von der **Gewinn- und Verlustrechnung** (GuV-Rechnung) beantwortet. Sie bildet den Erfolg eines Geschäftsjahres ab und informiert über die Ertragslage des Unternehmens. Das **Geschäftsjahr** ist die handelsrechtliche Abrechnungsperiode, die höchstens zwölf Monate umfassen darf. Bei unterjähriger Betriebseröffnung (1.8.01) ist das Geschäftsjahr kürzer, wenn es zum Ende des Kalenderjahres abgeschlossen wird. Ein positiver Erfolg (Gewinn) erhöht das Vermögen, ein negativer Erfolg (Verlust) vermindert es. Für den Erfolg eines Geschäftsjahres gilt die folgende Gleichung:

$$\text{Erfolg} = \text{Erträge} - \text{Aufwendungen}$$

Hat Meier in der Zeit vom 1.8.01 bis 31.12.01 Erträge von 50.000 € und Aufwendungen von 35.000 € erwirtschaftet, beträgt der Gewinn 15.000 €. Die Erträge erhöhen das Vermögen, die Aufwendungen vermindern es. Der Gewinn gibt die Vermögensmehrung an, der Verlust die Vermögensminderung. Die GuV-Rechnung bildet die Vermögensänderungen in einem **Zeitraum** ab, sodass es sich um eine Veränderungsrechnung bzw. Zeitraumrechnung handelt.

Die Antwort auf die zweite Frage gibt die **Bilanz**. Sie bildet den Bestand des Vermögens zu einem bestimmten Zeitpunkt ab (Bestandsrechnung, Zeitpunktrechnung) und informiert über die Vermögenslage. Da vom Vermögen noch die Schulden abgezogen werden müssen, informiert die Bilanz genauer formuliert über das Reinvermögen (Eigenkapital). Dieser Saldo wird zum Ende eines Geschäftsjahres, dem **Bilanzstichtag**, ermittelt. Für das Reinvermögen eines Unternehmens gilt die folgende Gleichung:

$$\text{Eigenkapital (Reinvermögen)} = \text{Vermögen} - \text{Schulden}$$

Neben dem Vermögen und den Schulden enthält die Bilanz weitere spezielle Posten wie z.B. Rechnungsabgrenzungsposten, die später erläutert werden. Nach § 242 Abs. 3 HGB bilden die Bilanz und GuV-Rechnung den **Jahresabschluss** für alle Kaufleute. Zusammenfassend gilt:

	Jahresabschluss	
	Bilanz	**GuV-Rechnung**
Nach Größen	Bestandsrechnung	Veränderungsrechnung
Nach Zeit	Zeitpunktrechnung	Zeitraumrechnung
Nach Inhalt	Abbildung der Vermögenslage	Abbildung der Ertragslage

Abb. 1: Merkmale des Jahresabschlusses (alle Kaufleute)

Die Beantwortung der obigen Fragen ist nicht nur für Einzelunternehmer, sondern z.B. auch für die Beteiligten an einer Personenhandelsgesellschaft von Bedeutung. Die Gesellschafter A und B der A-B-OHG interessieren sich für den Erfolg der OHG, der im jeweiligen Geschäftsjahr erwirtschaftet wurde.

Neben den Eigenkapitalgebern benötigen auch **Fremdkapitalgeber** Unternehmensinformationen. Oft müssen zur Finanzierung zusätzlich Kredite aufgenommen werden. Benötigt der EDV-Händler für die Aufnahme seines Geschäftsbetriebs 35.000 €, muss das vorhandene Eigenkapital von 25.000 € um einen Kredit von 10.000 € ergänzt werden. Das Fremdkapital zeichnet sich insbesondere durch die folgenden Merkmale aus[1]:

- **Vergütung**: Zu bestimmten Zeitpunkten müssen Zinsen in vertraglich festgelegter Höhe gezahlt werden. Die Verpflichtung besteht auch in Verlustjahren.
- **Leitung**: Die Fremdkapitalgeber haben nicht die Möglichkeit, das Unternehmen zu leiten. Die Geschäftsführung wird von den Eigentümern bzw. den dafür berufenen Organen (z.B. Vorstand einer Aktiengesellschaft) übernommen.
- **Laufzeit**: Das Fremdkapital steht nur für einen bestimmten Zeitraum zur Verfügung. Spätestens nach Ablauf der Kreditlaufzeit ist es in voller Höhe zurückzuzahlen, wenn keine regelmäßigen Tilgungen vereinbart wurden.

Auch die Fremdkapitalgeber (insbesondere Banken) benötigen für die Kreditvergabe Informationen über die wirtschaftliche Lage eines Unternehmens. Sie umfasst bei allen Kaufleuten die Vermögens- und Ertragslage. Bei Kapitalgesellschaften ist außerdem noch die Finanzlage zu beachten (siehe viertes Kapitel). Zunächst gilt jedoch:

Komponenten der wirtschaftlichen Lage	
Vermögenslage	**Ertragslage**
Darstellung des Vermögens und der Schulden (Reinvermögen)	Darstellung der Erträge und Aufwendungen (Erfolg)
Instrument: Bilanz	Instrument: GuV-Rechnung

Abb. 2: Komponenten der wirtschaftlichen Lage (alle Kaufleute)

Je besser die wirtschaftliche Lage eines Unternehmens beurteilt wird, umso eher werden Kredite vergeben und umso besser sind die Kreditkonditionen (insbesondere die Höhe

---

[1] Vgl. Wöhe, G./Döring, U./Brösel, G. (Betriebswirtschaftslehre), S. 533.

der zu zahlenden Zinsen). Ein im Zeitpunkt der Kreditvergabe hohes Vermögen sichert den Kreditbetrag besser ab als ein geringes Vermögen. Das Ausfallrisiko sinkt. Eine vergleichbare Aussage gilt hinsichtlich des Gewinns: Je höher der erwirtschaftete Erfolg ist, umso besser sind die Rückzahlungsaussichten, sodass ein Kredit eher gewährt wird als im umgekehrten Fall.

Beispiel: Die X-Bank soll über einen Kredit an die Unternehmen A, B und C entscheiden. Unternehmen A weist eine "gute", Unternehmen B eine "ausreichende" und Unternehmen C eine "mangelhafte" wirtschaftliche Lage auf. Das Risiko steigt von Unternehmen A bis C an. Relevant sind das Kreditausfallrisiko und das Risiko von Zinsausfällen. Die Kreditentscheidung kann wie folgt ausfallen: Unternehmen A erhält einen Kredit zum Marktzins, B muss den Marktzins zuzüglich eines Risikozuschlags bezahlen und C wird der Kredit versagt.

Potenzielle Kreditempfänger	Wirtschaftliche Lage	Risiko von Zinsausfällen	Entscheidung
Unternehmen A	Gut	Gering	Kredit zum Marktzins
Unternehmen B	Ausreichend	Mittel	Kredit zum erhöhten Zins
Unternehmen C	Mangelhaft	Hoch	Keine Kreditvergabe

Abb. 3: Beispiel einer Kreditvergabeentscheidung

Die wirtschaftliche Lage eines Unternehmens darf aus Sicht der Gläubiger nicht zu positiv dargestellt werden. Wird der Kreditnehmer insolvent und muss die Unternehmenstätigkeit eingestellt werden, ist die Rückzahlung der Kredite gefährdet. Wurde das Vermögen zu hoch ausgewiesen, können die bilanzierten Werte nicht am Markt erzielt werden. Die Kredite der Gläubiger fallen ganz oder teilweise aus.

Daher fordert das HGB eine tendenziell niedrige Vermögensbewertung. Durch einen vorsichtigen Vermögensausweis werden die Gläubiger geschützt, da die Kredite besser gesichert sind als bei einer zu positiven Vermögensdarstellung. Im Handelsrecht ist das Vorsichtsprinzip der oberste Bewertungsgrundsatz[1]. Somit gilt:

> Vorsichtiger Vermögensausweis im HGB

Die handelsrechtlichen Vorschriften sind vorrangig auf die Bedürfnisse der Gläubiger zugeschnitten. Sie sind die wichtigsten **Bilanzadressaten**, die durch den Jahresabschluss informiert werden sollen. Der vorrangige Rechnungslegungszweck des Handelsrechts ist der **Gläubigerschutz**. Dadurch werden auch die Interessen anderer Personen (z.B. der Lieferanten und Arbeitnehmer) gewahrt. Diese Gruppen sind am Erhalt des Unternehmens interessiert, um dauerhaft Einkünfte zu erzielen[2].

> Vorrangiger Rechnungslegungszweck: Gläubigerschutz

---

[1] Vgl. Wöhe, G./Döring, U./Brösel, G. (Betriebswirtschaftslehre), S. 675.
[2] Vgl. Federmann, R./Müller, S. (Bilanzierung), S. 26-27.

Der Gläubigerschutz wird durch die Bereitstellung von Informationen erreicht. Daher ist die **Informationsfunktion** eine wichtige Aufgabe des handelsrechtlichen Jahresabschlusses. Da die Gläubiger nicht zum Unternehmen gehören, spricht man von Fremdinformation. Auch der Unternehmer wird über die Ergebnisse seiner wirtschaftlichen Entscheidungen informiert (Selbstinformation). Wurde ein Gewinn erzielt, hat er grundsätzlich richtige Entscheidungen getroffen. Im Verlustfall wurden tendenziell falsche Unternehmensentscheidungen getroffen. Allerdings sollten in beiden Fällen die Ursachen der Erfolgsentwicklung genauer untersucht werden.

Beispiel: EDV-Händler Meier erwirbt in 01 EDV-Geräte im Wert von 50.000 €. Sie werden in 01 für 120.000 € (Fall a) bzw. 60.000 € (Fall b) veräußert. Die Kosten für den Geschäftsbetrieb (Miete, Personalkosten, sonstige Kosten) betragen in beiden Fällen jeweils 25.000 €. Im Fall a) entsteht ein Gewinn von 45.000 €, im Fall b) ein Verlust von 15.000 €. Es wurden richtige bzw. falsche unternehmerische Entscheidungen getroffen, wenn der Erfolg als Maßstab verwendet wird.

Auch bei der Selbstinformation ist der Vorsichtsgedanke wichtig. Er führt tendenziell zu niedrigen Erfolgsausweisen, die den Unternehmer zur Überprüfung seiner getroffenen Entscheidungen veranlassen. Bei hohen Erfolgen scheinen alle Entscheidungen richtig zu sein, obwohl vielleicht noch bessere Ergebnisse möglich gewesen wären. Ein zu hoher Erfolgsausweis verhindert kritische Überlegungen.

Informationen stehen dem Unternehmer bzw. den Gläubigern in unterschiedlicher Weise zur Verfügung. Der Unternehmer kann **jederzeit** auf seine wirtschaftlichen Daten zurückgreifen. Dagegen sind die externen Gläubiger auf die Jahresabschlüsse angewiesen. Daher hat die Fremdinformation im Zweifelsfall Vorrang vor der Selbstinformation. Die Gläubiger müssen beachten, dass die Unternehmen versuchen, ihre wirtschaftliche Lage durch **Bilanzpolitik** zu beeinflussen. Dieser Begriff lässt sich wie folgt definieren:

Gestaltung des Jahresabschlusses durch zielorientierte Ausübung von gesetzlichen Ansatz- und Bewertungswahlrechten

Um Informationen bereitstellen zu können, müssen die Geschäftsvorfälle aufgezeichnet werden. Ohne **Dokumentation** bestände die Gefahr, dass der Unternehmer viele Vorgänge vergisst. Für die Aufgaben des Jahresabschlusses gilt bei allen Kaufleuten:

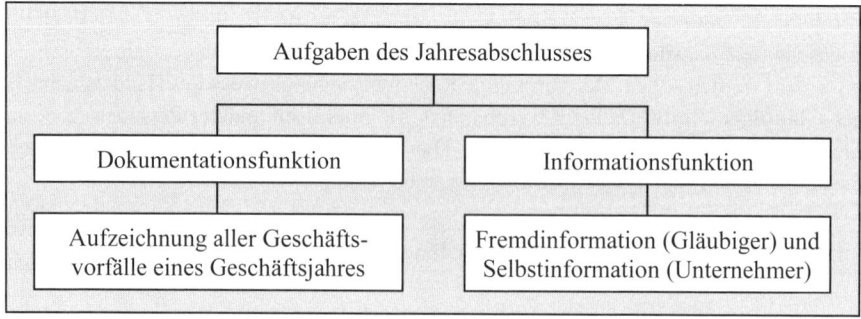

Abb. 4: Aufgaben des Jahresabschlusses (alle Kaufleute)

Der Gläubigerschutz muss in Verbindung mit der **Haftung** für die betrieblichen Schulden gesehen werden. Die Rechtsform bestimmt den Haftungsumfang: Einzelunternehmer haften mit ihrem gesamten betrieblichen und privaten Vermögen (Vollhaftung). Entsprechendes gilt für die Gesellschafter einer offenen Handelsgesellschaft (OHG)[1].

Durch die Haftungserweiterung auf das Privatvermögen werden Gläubiger geschützt. Reicht das betriebliche Vermögen im Insolvenzfall nicht aus, um Kredite zu tilgen, kann auf das Privatvermögen der Unternehmer zurückgegriffen werden. Es liegt eine **breite Haftungsbasis** vor. Daher können Einzelunternehmer und die Gesellschafter einer OHG auch jederzeit Privatentnahmen tätigen. Zwar wird hierdurch das Betriebsvermögen vermindert, aber im Gegenzug steigt das Privatvermögen. Wenn diese Erhöhung einen dauerhaften Charakter aufweist, bleibt die Haftungsmasse insgesamt gleich. Entscheidend ist somit die private Mittelverwendung.

Beispiel: Ein Einzelunternehmer hebt 5.000 € von seinem betrieblichen Bankkonto ab. Er will eine private Urlaubsreise durchführen (Fall a) bzw. einen Anbau an seinem privaten Eigenheim finanzieren (Fall b). Im Fall a) ist das Geld nach der Reise verbraucht. Im Fall b) steigt der Wert des Hauses durch die Baumaßnahme. In diesem Fall ist der Gläubigerschutz weiter gesichert, da die Kreditgeber im Insolvenzfall auf das wertvollere Haus zurückgreifen können. Die Haftungsmasse wird nicht vermindert. Bei Einzelunternehmen und der OHG gilt:

Gläubigerschutz wird bei Entnahmen durch die Vollhaftung erreicht

---

2. Rechtsvorschriften

2.1 Geltung nationaler Vorschriften

Damit der Jahresabschluss seine Dokumentations- und Informationsaufgaben erfüllen kann, müssen verbindliche Regeln für den Ansatz und die Bewertung des betrieblichen Vermögens festgelegt werden. Ansonsten bestände die Gefahr, dass die Unternehmer ein beliebiges Vermögen bzw. einen beliebigen Erfolg ermitteln würden. Für **Kaufleute** hat der Gesetzgeber im Handelsgesetzbuch (HGB) Vorschriften für die Aufstellung des Jahresabschlusses festgelegt. Damit ist zunächst zu klären, wer Kaufmann im Sinne des HGB ist. Hierzu zählen insbesondere die folgenden Gruppen:

- **Istkaufmann**: Nach § 1 Abs. 1 HGB gilt, dass ein Kaufmann ein Handelsgewerbe betreibt. Handelsgewerbe ist grundsätzlich jeder Gewerbebetrieb. Somit sind z.B. Groß- und Einzelhändler, Fabrikanten und Personenhandelsgesellschaften (z.B. die OHG) Kaufleute im Sinne des HGB. **Freiberufler** (z.B. selbständige Ärzte, Steuerberater, Wirtschaftsprüfer, Rechtsanwälte) sind keine Kaufleute. Im Steuerrecht sind in den Einkommensteuer-Hinweisen (EStH) zahlreiche Beispiele zur Abgrenzung der gewerblichen und selbstständigen Tätigkeiten enthalten[2].

---

[1] Vgl. Klunzinger, E. (Gesellschaftsrechts), S. 85-86.
[2] Vgl. H 15.6 (Abgrenzung selbständige Arbeit/Gewerbebetrieb) EStH. Hierbei steht "H" für Hinweis und die Zahl 15.6 kennzeichnet die entsprechende Einkommensteuer-Richtlinie.

- **Formkaufmann**: Nach § 6 Abs. 1 HGB unterliegen Handelsgesellschaften (GmbH oder Aktiengesellschaft, AG) allein durch ihre Rechtsform dem HGB. Inhalt und Umfang der Tätigkeit sind ohne Bedeutung.

Ohne Handelsgewerbe liegt keine Kaufmannseigenschaft nach § 1 Abs. 1 HGB vor. Der Gewerbebetrieb muss nach Art oder Umfang einen in kaufmännischer Weise eingerichteten Geschäftsbetrieb erforderlich machen. Hierbei ist das Gesamtbild des Betriebs entscheidend[1]. Zur Konkretisierung werden z.B. die Umsatzhöhe und die Vielfalt der Erzeugnisse herangezogen. Eine eindeutige Abgrenzung ist allerdings schwierig.

Beispiel: Steuerberater Müller betreibt seine Praxis in Würzburg und erzielt einen Jahresumsatz von 4.000.000 €. Trotz der Umsatzhöhe unterliegt er nicht den handelsrechtlichen Vorschriften, da er nicht gewerblich, sondern freiberuflich tätig ist. Würde der Steuerberater aber die Rechtsform der GmbH wählen, wäre nach § 6 Abs. 1 HGB die Kaufmannseigenschaft erfüllt. Das gälte auch dann, wenn der Umsatz der GmbH deutlich niedriger wäre als der obige Betrag.

Variante 1: Einzelhändler Meier betreibt ein Kaufhaus in Würzburg und erzielt einen Jahresumsatz von 4.000.000 €. Es liegt ein Handelsgewerbe vor, da das Kaufhaus eine gewerbliche Tätigkeit darstellt, die einen in kaufmännischer Weise eingerichteten Geschäftsbetrieb erforderlich macht. Damit ist Meier Istkaufmann und unterliegt dem HGB.

Variante 2: Herr Müller veräußert Getränke und Süßigkeiten in seinem privaten Einfamilienhaus (Umsatz: 20.000 € pro Jahr). Die Kunden klingeln bei Bedarf an der Haustür. Die Waren werden im Hausflur gelagert. Herr Müller ist kein Kaufmann, da weder nach Art (kein spezieller Geschäftsraum) noch Umfang (geringfügig) ein in kaufmännischer Weise eingerichteter Geschäftsbetrieb vorliegt.

Nicht alle Kaufleute sind zur handelsrechtlichen Buchführung verpflichtet. § 241a HGB enthält für kleine Einzelkaufleute eine **Befreiung von der Buchführungspflicht**. Wird das Wahlrecht in Anspruch genommen, muss konsequenterweise auch kein Jahresabschluss erstellt werden (§ 242 Abs. 4 HGB), da dies ohne Buchführung nicht möglich ist. Für die Buchführungsbefreiung dürfen die folgenden beiden Grenzwerte an **zwei** aufeinanderfolgenden Bilanzstichtagen **nicht** überschritten werden[2].

- Umsatzerlöse (UE):   600.000 € pro Geschäftsjahr und
- Jahresüberschuss (JÜ): 60.000 € pro Geschäftsjahr.

Beispiel: Unternehmer A erzielt in 19 und in den Vorjahren jeweils Jahresüberschüsse von 55.000 € und Umsatzerlöse von 610.000 €. In den Jahren 20 bzw. 21 gelten folgende Werte: Jahresüberschüsse 57.000 € bzw. 58.000 € und Umsatzerlöse 580.000 € bzw. 590.000 €. In 19 wird der Grenzwert für die Umsatzerlöse überschritten, so dass die Befreiungsregelung nicht genutzt werden kann. In den Jahren 20 und 21 werden beide Grenzwerte unterschritten, so dass die Befreiung ab dem Jahr 22 anwendbar ist.

Übt A das **Wahlrecht** aus, muss er ab 22 nur noch einen steuerlichen Gewinn ermitteln, um seine Einkünfte für die Einkommensteuer bzw. den Gewinn für die Gewerbesteuer

---
[1] Vgl. Klunzinger, E. (Handelsrechts), S. 54.
[2] Im Jahr der Neugründung ist zu prüfen, ob die Grenzwerte voraussichtlich eingehalten werden. Dann kann auf die Einrichtung einer Buchführung von vornherein verzichtet werden.

berechnen zu können. Hierbei wird eine **Einnahmenüberschussrechnung** nach § 4 Abs. 3 EStG verwendet, da auch im Steuerrecht kleine Gewerbetreibende von der Buchführungspflicht befreit sind[1]. Der Gewinn ergibt sich als Differenz aus Betriebseinnahmen und Betriebsausgaben, die in einem Wirtschaftsjahr zugeflossen bzw. abgeflossen sind. Es handelt sich um eine vereinfachte Form der Gewinnermittlung, bei der aber auch zahlreiche Ausnahmen vom Zufluss- und Abflussprinzip zu beachten sind.

Nach Eintritt der Befreiung von der Buchführungspflicht ist zu prüfen, ob die handelsrechtlichen Grenzwerte noch eingehalten werden. Hierzu müssen z.B. die Betriebseinnahmen am Jahresende um die (Netto-)Forderungen erhöht werden, um die Umsatzerlöse zu ermitteln. Wird **einer** der beiden Grenzwerte im Befreiungsjahr überschritten, muss **ab dem Folgejahr** wieder eine Buchführung eingerichtet und ein Jahresabschluss erstellt werden[2]. Die Regelungen zur Wiedereinführung der Buchführung greifen schneller als die zur Befreiung, um den Gläubigerschutz durch "gute" Informationen sicherzustellen.

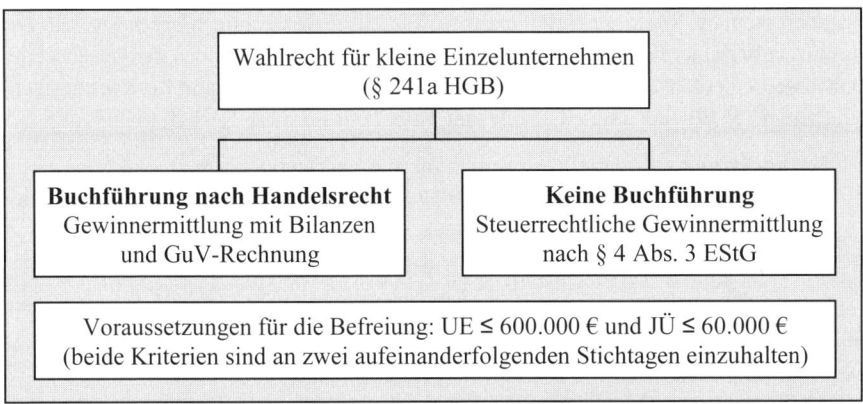

Abb. 5: Befreiung von der Buchführungspflicht

Wird von einer Pflicht zur handelsrechtlichen Buchführung ausgegangen, gelten die Rechnungslegungsvorschriften des HGB. Diese Regelungen sehen eine Abstufung von den allgemeinen zu den speziellen Normen vor (siehe Abbildung 6 auf der Folgeseite).

Neben den Vorschriften für den Jahresabschluss sind bei Kapitalgesellschaften auch die Regelungen für den Lagebericht zu beachten (§ 289 HGB). Die §§ 289a-f HGB enthalten spezielle Vorschriften, insbesondere zur **Corporate Social Responsability** (CSR, siehe viertes Kapitel). Auf der Konzernebene wird der Lagebericht in § 315 HGB geregelt. Die §§ 315a-d HGB entsprechen weitgehend den Vorschriften des Einzelabschlusses. § 315e HGB behandelt die Anwendbarkeit der IFRS im Konzernabschluss.

Wenn die Unternehmen der Einzelkaufleute oder Personenhandelsgesellschaften eine bestimmte Größe überschreiten, gelten sie als "gefährlich" und müssen nach § 5 Abs. 1 PublG einige Vorschriften der Kapitalgesellschaften sinngemäß anwenden (z.B. für die latenten Steuern, die im vierten Kapitel erläutert werden).

---

[1] In § 141 AO werden entsprechende Grenzwerte für das Steuerrecht festgelegt, sodass die Buchführungsbefreiung sowohl handels- als auch steuerrechtlich gilt.
[2] Vgl. Winkeljohann, N./Lawal, L. (§ 241a), Rn. 8.

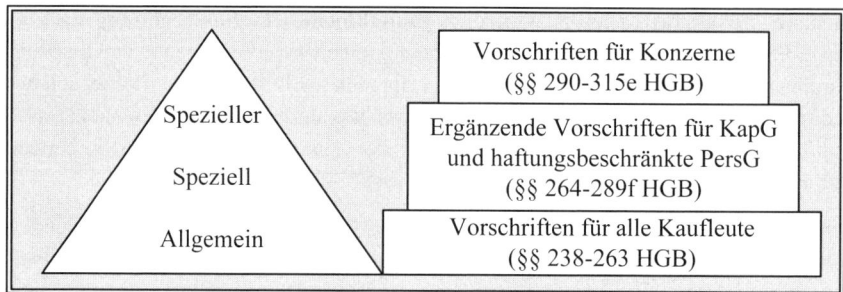

Abb. 6: Aufbau der Rechnungslegungsvorschriften im HGB

Die Basis der Rechnungslegung bilden die **Vorschriften für alle Kaufleute**, die in den §§ 238 bis 263 HGB geregelt werden. Die Vorschriften zum Jahresabschluss beginnen mit § 242 HGB. Kapitalgesellschaften stellen aus Sicht des Gesetzgebers "gefährliche" Rechtsformen dar, weil ihre Haftung auf das Gesellschaftsvermögen beschränkt ist. Die Gesellschafter einer GmbH haften nicht für die betrieblichen Schulden der Gesellschaft. Daher werden ergänzende Vorschriften festgelegt. Grundsätzlich sind für Kapitalgesellschaften die §§ 264 bis 289f HGB relevant. Somit gilt für diese Rechsformen:

- **Grundsätzlich** gelten die Vorschriften für alle Kaufleute.
- **Ergänzend** gelten die §§ 264 bis 289f HGB. Enthalten diese Normen abweichende Regelungen, sind sie vor den allgemeinen Vorschriften zu beachten.

Haftungsbeschränkte Personenhandelsgesellschaften (z.B. GmbH & Co. KG) weisen keinen unbeschränkt haftenden Gesellschafter auf. Ihre Anteilseigner sind oft Kapitalgesellschaften, die nur mit ihrem Gesellschaftsvermögen haften. Die Rechtsformen werden nach § 264a HGB wie Kapitalgesellschaften behandelt[1].

Kapitalgesellschaften im Sinne des HGB sind insbesondere die Aktiengesellschaft (AG) und die Gesellschaft mit beschränkter Haftung (GmbH). Hierbei kann es sich um international tätige Aktiengesellschaften mit Umsätzen von mehreren hundert Millionen Euro oder um regionale GmbHs mit einer Million Euro Jahresumsatz handeln. Daher wird in § 267 HGB zwischen kleinen, mittelgroßen und großen Gesellschaften unterschieden. In § 267a HGB werden auch noch "Kleinst-Kapitalgesellschaften" definiert. Für sie gelten einige vereinfachende Bilanzierungsregeln.

Das HGB enthält für **kapitalmarktorientierte Kapitalgesellschaften** einige spezielle Vorschriften. Eine Kapitalmarktorientierung liegt nach § 264d HGB vor, wenn ein organisierter Markt nach § 2 Abs. 5 Wertpapierhandelsgesetz (WpHG) durch ausgegebene Wertpapiere genutzt wird oder eine entsprechende Zulassung beantragt wurde. Wenn z.B. die Aktien einer AG an einer inländischen Börse gehandelt werden, ist diese Bedingung erfüllt.

Im Wertpapierhandelsgesetz sind noch weitere Rechnungslegungspflichten für kapitalmarktorientierte Unternehmen festgelegt. Neben dem Jahresfinanzbericht nach § 37v WpHG ist ein Halbjahresfinanzbericht nach § 37w Abs. 2 WpHG zu erstellen, der einen

---

[1] Vgl. Baetge, J./Kirsch, H.-J./Thiele, S. (Bilanzen), S. 35.

verkürzten Abschluss, einen Zwischenlagebericht und den so genannten Bilanzeid (Versicherung nach § 264 Abs. 2 Satz 3 HGB) enthält[1].

Außerdem gelten für Kapitalgesellschaften bestimmte **rechtsformspezifische Gesetze**, die ebenfalls einige Rechnungslegungsvorschriften enthalten:

- Für die AG und KGaA: Im Aktiengesetz.
- Für die GmbH: Im GmbH-Gesetz.

Diese Vorschriften sind auf die jeweiligen Rechtsformen zugeschnitten und sind spezieller als das HGB. Damit sind sie vorrangig zu beachten. Es gilt der Rechtsgrundsatz: Spezielle Vorschriften haben Vorrang vor allgemeinen Vorschriften. Entsprechendes gilt z.B. für die in §§ 340 und 341 HGB enthaltenen branchenspezifischen Vorschriften für Banken und Versicherungen bzw. Pensionsfonds. Diese Vorschriften regeln Spezialfälle, die die Vorschriften für bestimmte Kapitalgesellschaften ergänzen oder ersetzen.

Die **Vorschriften für Konzerne** sind noch spezieller als die Regelungen für Kapitalgesellschaften. Ein Konzern besteht aus rechtlich selbstständigen Unternehmen, die wirtschaftlich miteinander verbunden sind. Wenn ein Mutterunternehmen einen beherrschenden Einfluss auf eine Tochtergesellschaft ausüben kann, muss es einen Konzernabschluss für den Unternehmensverbund erstellen (siehe sechstes Kapitel).

Für den Konzernabschluss kapitalmarktorientierter Unternehmen gelten seit 1.1.2005 die International Financial Reporting Standards (IFRS) und nicht mehr die handelsrechtlichen Vorschriften (§ 315e Abs. 1 HGB). Der Hintergrund dieser Entwicklung wird im folgenden Gliederungspunkt erläutert.

2.2 Geltung internationaler Vorschriften

Deutsche Unternehmen sind grundsätzlich nur an die nationalen Rechnungslegungsvorschriften gebunden[2], die hauptsächlich im HGB enthalten sind. Diese Regeln werden vom deutschen Gesetzgeber verabschiedet. Die Vorschriften privater oder staatlicher ausländischer Institutionen sind im Inland grundsätzlich ohne Bedeutung.

Durch die steigende **Globalisierung der Kapitalmärkte** gewinnen die internationalen Rechnungslegungsvorschriften immer stärker an Gewicht. Von Bedeutung sind insbesondere die IFRS (International Financial Reporting Standards), die vom International Accounting Standards Board (IASB) in London entwickelt werden. Sie sollen von allen Unternehmen angewendet werden, um eine weltweite Standardisierung der Rechnungslegung zu erreichen. Dann wären alle Jahresabschlüsse direkt vergleichbar.

Die IFRS-Vorschriften sind nicht direkt für deutsche Unternehmen verbindlich. Durch die EU-Verordnung 1606/2002 vom 19.7.2002 ("IAS-Verordnung") sind die IFRS ab dem 1.1.2005 von kapitalmarktorientierten Konzernunternehmen im **Konzernabschluss** verbindlich anzuwenden[3]. Eine EU-Verordnung ist für alle Mitgliedstaaten verbindlich.

---

[1] Vgl. im Einzelnen Philipps, H. (Halbjahresfinanzberichterstattung), S. 2327-2328.
[2] Einen Sonderfall bilden EU-Verordnungen, die unmittelbar in jedem EU-Mitgliedstaat gelten. Vgl. Ruhnke, K./Simons, D. (Rechnungslegung), S. 13.
[3] Vgl. Gräfer, H./Scheld, G.A. (Konzernrechnungslegung), S. 16.

Für die Konzernabschlüsse der übrigen Konzernunternehmen und die Einzelabschlüsse werden den nationalen Gesetzgebern in der EU-Verordnung weite Umsetzungsmöglichkeiten eingeräumt[1]. Für deutsche **Kapitalgesellschaften** (KapG) gelten die folgenden Rechnungslegungssysteme:

	Konzernabschluss	Einzelabschluss
Kapitalmarktorientierte KapG	Nach IFRS (Pflicht – EU-Verordnung)	Grundsätzlich nach HGB (Wahlrecht zur Offenlegung nach IFRS)
Übrige KapG	Nach HGB oder IFRS (Wahlrecht)	

Abb. 7: Rechnungslegungsvorschriften für Kapitalgesellschaften

Im Konzernabschluss dürfen auch nicht-kapitalmarktorientierte Unternehmen die IFRS anwenden. Dieses Wahlrecht ist in § 315e Abs. 3 HGB verankert. Bei Ausübung dieser Option durch die betreffenden Unternehmen sind alle Konzernabschlüsse direkt miteinander zu vergleichen.

Im Einzelabschluss ist das HGB anzuwenden. Allerdings können Kapitalgesellschaften, die den Jahresabschluss nach § 325 Abs. 1 HGB offenlegen müssen, anstelle des HGB-Abschlusses einen IFRS-Abschluss veröffentlichen. Das Wahlrecht ist in § 325 Abs. 2a HGB verankert. Die **Information** der Bilanzadressaten kann somit nach den internationalen Vorschriften erfolgen.

Die möglichen **Ausschüttungen** an die Gesellschafter richten sich nach dem handelsrechtlichen Abschluss, der vom Vorsichtsprinzip geprägt wird. Bei einer GmbH können insbesondere die anderen Gewinnrücklagen und der Jahresüberschuss (Gewinn des laufenden Geschäftsjahres nach Steuern) an die Gesellschafter verteilt werden. Bei Ausübung des Wahlrechts gilt für Kapitalgesellschaften im Einzelabschluss:

Ausschüttung nach HGB – Information nach IFRS

Einzelunternehmen und Personenhandelsgesellschaften müssen ihren Jahresabschluss auch weiterhin nach dem HGB erstellen. Nur auf freiwilliger Basis ist die Erstellung von zusätzlichen IFRS-Abschlüssen möglich.

3. Aufstellung und Offenlegung von Jahresabschlüssen

Der Jahresabschluss aller Kaufleute besteht aus der Bilanz und GuV-Rechnung. Kapitalgesellschaften müssen nach § 264 Abs. 1 HGB zusätzlich einen Anhang aufstellen, so dass sich ein **erweiterter Jahresabschluss** ergibt. Der Anhang soll die Bilanz und GuV-Rechnung erläutern. Er enthält aber auch Informationen, die über den Inhalt der Bilanz und GuV-Rechnung hinausgehen. Große und mittelgroße Kapitalgesellschaften müssen

---

[1] Vgl. Wagenhofer, A. (Rechnungslegungsstandards), S. 75.

außerdem einen Lagebericht aufstellen, der nicht zum Jahresabschluss gehört. Seine Inhalte werden im vierten Kapitel behandelt.

Kapitalmarktorientierte Kapitalgesellschaften, die keinen Konzernabschluss aufstellen müssen, haben den erweiterten Jahresabschluss um eine Kapitalflussrechnung und einen Eigenkapitalspiegel zu ergänzen. Außerdem **kann** ein Segmentbericht aufgestellt werden (§ 264 Abs. 1 Satz 2 HGB). Mit dieser Regelung soll eine Gleichbehandlung der Jahresabschlüsse aller kapitalmarktorientierten Unternehmen stattfinden. Vernachlässigt man diese Spezialvorschrift, gilt das folgende System für alle Kaufleute und Kapitalgesellschaften:

	Bilanz	GuV-Rechnung	Anhang
Alle Kaufleute	**Jahresabschluss**		-
Kapitalgesellschaften	**Erweiterter Jahresabschluss**		

Abb. 8: Bestandteile des Jahresabschlusses (ohne Kapitalmarktorientierung)

Der Jahresabschluss bildet die Verhältnisse eines Geschäftsjahres ab. Da es maximal zwölf Monate dauern darf, hat der Unternehmer im Fall der unterjährigen Eröffnung des Geschäftsbetriebs (z.B. am 1.8.01) ein **Wahlrecht**:

- Abschlusserstellung zum Ende des Jahres (Bilanzstichtag: 31.12.01). Das erste Geschäftsjahr umfasst weniger als zwölf Monate (**Rumpf-Geschäftsjahr**). Die folgenden Geschäftsjahre betragen zwölf Monate und stimmen wieder mit dem Kalenderjahr überein.
- Abschlusserstellung im Laufe des Jahres (Bilanzstichtag: 31.7.02). Das erste und die folgenden Geschäftsjahre umfassen jeweils zwölf Monate. Sie weichen auf Dauer vom Kalenderjahr ab (**abweichendes Geschäftsjahr**).

Meistens wird der Jahresabschluss zum 31.12. eines Jahres aufgestellt. Für die Bilanzierung gelten die Verhältnisse am Bilanzstichtag (z.B. ein gesunkener Kurswert bei betrieblichen Aktien im Umlaufvermögen). Die Aufstellung des Abschlusses erfolgt regelmäßig später, da die Inventur und Inventarerstellung einige Zeit in Anspruch nehmen. Die körperliche Bestandsaufnahme (Inventur) und die Erstellung des Verzeichnisses über die Aktiva und Passiva (Inventar) sind Vorstufen zur Aufstellung der Bilanz[1].

Der Jahresabschluss ist in **deutscher Sprache und in Euro** aufzustellen (§ 244 HGB). Hierdurch können Gläubiger die Informationen direkt auswerten, ohne dass Übersetzungen oder Umrechnungen erforderlich sind. Um rechtzeitig auf die Informationen zurückgreifen zu können, müssen Aufstellungsfristen festgelegt werden. Hierbei gilt: Je "gefährlicher" die Rechtsform ist, desto konkreter und kürzer ist die **Aufstellungsfrist**. Die einzelnen Fristen lauten:

- Große und mittelgroße Kapitalgesellschaften: Maximal drei Monate.
- Kleine Kapitalgesellschaften: Ebenfalls drei Monate. Liegen sachliche Gründe vor, kann die Aufstellung auch später erfolgen: Sechs Monate bilden die Obergrenze.

---

[1] Vgl. Döring, U./Buchholz, R. (Jahresabschluss), S. 7-9.

- Alle Kaufleute: Innerhalb der einem ordnungsmäßigen Geschäftsgang entsprechenden Zeit (§ 243 Abs. 3 HGB).

Der Verweis auf einen "ordnungsmäßigen Geschäftsgang" stellt einen unbestimmten Rechtsbegriff dar, der zu konkretisieren ist. Die Aufstellungsfrist ist überschritten, wenn der Jahresabschluss für 01 noch nicht bis zum Ende des Geschäftsjahres 02 aufgestellt wurde. Zu diesem Zeitpunkt ist bereits der neue Jahresabschluss (für 02) aufzustellen. In der Literatur wird ein Aufstellungszeitraum zwischen **sechs und neun** Monaten als angemessen angesehen[1]. Die Untergrenze orientiert sich an der Frist kleiner Kapitalgesellschaften.

> Aufstellungsfrist des Jahresabschlusses: Sechs bis neun Monate

Besonderheiten ergeben sich, wenn die wirtschaftliche Lage des Unternehmens angespannt ist und der Unternehmensbestand gefährdet erscheint. Die Aufstellungsfristen verkürzen sich, da der ordnungsmäßige Geschäftsgang eine schnellere Aufstellung verlangt. Die Gläubiger benötigen in diesem Fall unverzüglich Informationen, um handeln zu können.

Gläubiger können Kredite kündigen (Negativstrategie), wenn dem Unternehmen keine Überlebenschancen eingeräumt werden. Die Kreditgeber können jedoch im Rahmen von Umstrukturierungsmaßnahmen (einer Sanierung) auch Kredite verlängern bzw. neu gewähren, um den Fortbestand des Unternehmens auf Dauer sicherzustellen (Positivstrategie). Eindeutige Aufstellungsfristen lassen sich in diesen Fällen nicht angeben. Es kommt auf die Umstände des Einzelfalls an.

Der Jahresabschluss ist aufgestellt, wenn sämtliche Abschlussarbeiten beendet sind und alle handelsrechtlichen Vorschriften eingehalten wurden.

> Aufstellung des Jahresabschlusses: Bei Befolgung aller Rechtsvorschriften

Die Vornahme kleinerer formaler Änderungen, wie z.B. die Korrektur von Rechtschreibfehlern oder die Durchführung von Formatierungsarbeiten haben für die Aufstellung keine Bedeutung. Auch die Unterschrift unter den Jahresabschluss ist für die Bestimmung des Aufstellungszeitpunkts irrelevant. Die tatsächliche Fertigstellung des Jahresabschlusses ist entscheidend[2].

Damit der Jahresabschluss **rechtlich** verbindlich wird, muss er nach § 245 HGB vom Unternehmer eigenhändig **unterzeichnet** werden. Bei der OHG müssen alle Gesellschafter unterzeichnen, bei der Kommanditgesellschaft nur der voll haftende Komplementär. Der Kommanditist haftet nur mit seiner Einlage und ist nach dem HGB nicht zur Geschäftsführung berufen. Daher muss er auch nicht die Ordnungsmäßigkeit der wirtschaftlichen Tätigkeit bestätigen, die sich im Jahresabschluss niederschlägt. Er ist für das erzielte Ergebnis nicht verantwortlich.

---

[1] Vgl. Baetge, J./Fey, D./Fey, G. (Kommentar zu § 243 HGB), Rn. 93.
[2] Vgl. Bitz, M./Schneeloch, D./Wittstock, W./Patek, G. (Jahresabschluss), S. 124.

3. Aufstellung und Offenlegung von Jahresabschlüssen

Bei der GmbH müssen alle Geschäftsführer den Jahresabschluss unterzeichnen. Die Geschäftsführung der Aktiengesellschaft wird vom Vorstand wahrgenommen, sodass alle Vorstandsmitglieder unterschreiben müssen.

Unterzeichnung des Jahresabschlusses	
Nicht-Kapitalgesellschaften	**Kapitalgesellschaften**
• Einzelunternehmer: Persönlich • OHG: Alle Gesellschafter • KG: Komplementär	• GmbH: Alle Geschäftsführer • AG: Alle Vorstandsmitglieder

Abb. 9: Unterzeichnung des Jahresabschlusses

Bei Kapitalgesellschaften, insbesondere bei Aktiengesellschaften, müssen neben der Unterzeichnung noch weitere Pflichten erfüllt werden. Der Jahresabschluss mittelgroßer und großer Kapitalgesellschaften ist nach § 316 Abs. 1 HGB durch unabhängige Abschlussprüfer zu prüfen. Auch der Aufsichtsrat (AR) hat nach § 171 Abs. 1 AktG eine Prüfung des Jahresabschlusses vorzunehmen. Billigt der Aufsichtsrat den Jahresabschluss, ist er festgestellt. **Feststellung** bedeutet somit die Anerkennung des Jahresabschlusses durch den Aufsichtsrat, wodurch dieser für die Gesellschaft und Gesellschafter rechtsverbindlich wird[1].

Bei Kapitalgesellschaften besteht eine gesetzliche Pflicht zur **Offenlegung** des Jahresabschlusses (§ 325 HGB). Die Offenlegung hat unverzüglich nach der Vorlage an die Gesellschafter zu erfolgen. Bei einer Aktiengesellschaft wird der festgestellte Jahresabschluss auf der Hauptversammlung den Aktionären vorgelegt, die über die Ausschüttung des Bilanzgewinns entscheiden. Die Hauptversammlung muss innerhalb der ersten acht Monate des neuen Geschäftsjahres stattfinden (§ 120 Abs. 1 AktG). Der Begriff "unverzüglich" bedeutet, dass die Offenlegung wenige Tage nach Durchführung der Hauptversammlung stattfindet. Zusammenfassend gilt (AR = Aufsichtsrat):

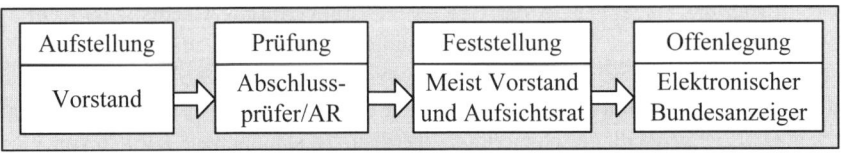

Abb. 10: Entwicklung des Jahresabschlusses (Aktiengesellschaften)

Für die **Offenlegungsfrist** gilt nach § 325 Abs. 1 HGB eine Obergrenze von maximal zwölf Monaten[2]. Auch wenn sich die Hauptversammlung um mehrere Monate verzögern sollte, darf die Obergrenze nicht überschritten werden. Große Kapitalgesellschaften müssen den erweiterten Jahresabschluss, den Lagebericht und weitere Unterlagen im **elektronischen Bundesanzeiger** publizieren.

---

[1] Vgl. Bitz, M./Schneeloch, D./Wittstock, W./Patek, G. (Jahresabschluss), S. 121.
[2] Für kapitalmarktorientierte Unternehmen gilt nach § 325 Abs. 4 HGB eine verkürzte Frist von vier Monaten. Vgl. die Übersicht bei Meyer, C./Theile, C. (Bilanzierung), S. 72.

Alle Instrumente und Unterlagen müssen in elektronischer Form beim Betreiber des Bundesanzeigers eingereicht werden. Werden die Offenlegungsfristen nicht eingehalten, ergeht eine Meldung an das Bundesamt für Justiz, das Ordnungsgelder von 2.500 bis 25.000 € für die säumigen Unternehmen verhängen kann. Informationen können unter www.unternehmensregister.de abgerufen werden[1].

Auch mittelgroße und kleine Kapitalgesellschaften müssen ihre Unterlagen beim Betreiber des elektronischen Bundesanzeigers einreichen. Erleichterungen bei der Offenlegung sind in den §§ 326 und 327 HGB geregelt. Wenn Kapitalgesellschaften einen IFRS-Abschluss aufstellen, wird dieser publiziert. Für ihn gelten nach § 325 Abs. 2a Satz 3 HGB bestimmte Vorschriften des Handelsgesetzbuchs: Unter anderem muss die Aufstellung in deutscher Sprache und in Euro erfolgen. Außerdem ist ein Lagebericht zu erstellen und offenzulegen.

4. Grundsätze ordnungsmäßiger Buchführung (GoB)

4.1 Inhalt und Ermittlung von GoB

Gesetzliche Vorschriften können konkret oder abstrakt (allgemein) sein. Eine konkrete Vorschrift legt genau fest, was der Bilanzierende zu tun hat. Das HGB definiert in § 255 Abs. 1 HGB, welche Bestandteile zu den Anschaffungskosten eines Vermögensgegenstands zählen. Beim Erwerb einer Maschine muss der Kaufmann z.B. die Nebenkosten aktivieren, wenn sie der Maschine einzeln zugerechnet werden können.

Eine abstrakte Vorschrift wurde bei der Aufstellungsfrist erläutert. Es wird nicht genau festgelegt, wie sich der Bilanzierende verhalten soll und daher kann er die Regelung nicht direkt anwenden. Das HGB enthält in § 243 Abs. 1 HGB eine abstrakte **Generalnorm** (Generalklausel)[2], nach der der Jahresabschluss nach den Grundsätzen ordnungsmäßiger Buchführung, den GoB, aufzustellen ist. Auch diese Vorschrift ist unbestimmt, da der Inhalt der GoB nicht eindeutig feststeht.

Es stellt sich die Frage, warum der Gesetzgeber **unbestimmte Rechtsbegriffe** in das Gesetz aufgenommen hat. Eine genaue Regelung einzelner Sachverhalte erscheint sinnvoller, damit ein Unternehmer immer genau weiß, welche Vorschriften er zu befolgen hat. Aber die schnelle Entwicklung im heutigen Wirtschaftsleben macht eine detaillierte Regelung aller Sachverhalte schwierig. Es werden z.B. ständig neue Formen von Wertpapieren entwickelt, für die jeweils spezielle Bewertungsvorschriften aufzustellen wären. Immer neue Gesetze würden notwendig werden, deren Erstellung viel Zeit kostet. Mit dieser Arbeit wäre der Gesetzgeber völlig überlastet.

Der Verweis auf die GoB stellt sicher, dass für alle Sachverhalte formal **immer** eine Regelung vorhanden ist. Ohne spezielle Vorschriften müssen die GoB befolgt werden. Sie stellen eine Auffangnorm dar und sichern die **Flexibilität** des Gesetzes, das nicht ständig an neue Entwicklungen angepasst werden muss[3]. Allerdings sind die GoB selbst

---

[1] Vgl. Schildbach, T./StobbeT./Brösel, G. (Jahresabschluss), S. 129-130.
[2] Vgl. Meyer, C./Theile, C. (Bilanzierung), S. 45.
[3] Vgl. Wöhe, G./Kußmaul, H. (Bilanztechnik), S. 31.

teilweise unbestimmt und damit inhaltlich zu konkretisieren. Hierzu werden verschiedene Methoden angewendet, die unten erläutert werden.

> Vorteil von GoB: Gesetzgeberische Flexibilität – Nachteil: Unbestimmtheit

Nach herrschender Meinung umfassen die GoB nicht nur Grundsätze für die Buchführung, sondern auch für den Jahresabschluss. Somit sind die GoB in einem weiten Sinne zu interpretieren und beinhalten mehr als den reinen Buchführungsbereich[1]. Die einzelnen Teilbereiche werden in der folgenden Abbildung dargestellt.

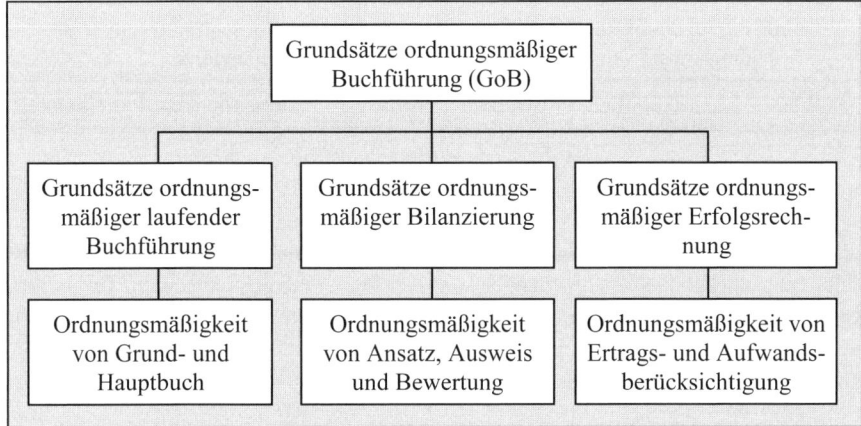

Abb. 11: Komponenten der Grundsätze ordnungsmäßiger Buchführung (GoB)

Um die GoB inhaltlich weiter aufschlüsseln zu können, ist nach der **rechtlichen Konkretisierung** zwischen folgenden beiden Arten zu unterscheiden:

- Kodifizierte GoB: Sie sind direkt im Gesetz enthalten. Beispiele: Bilanzidentitätsprinzip, Unternehmensfortführungsprinzip, Einzelbewertungsprinzip, Stichtagsprinzip (§ 252 Abs. 1 Nr. 1 bis 3 HGB).
- Nicht-kodifizierte GoB: Sie sind nicht direkt im Gesetz enthalten und müssen näher bestimmt werden. Beispiel: Abschreibungsregelung im Zugangsjahr.

Die kodifizierten GoB sind im Gesetz enthalten und zahlenmäßig festgelegt. Anders verhält es sich bei den nicht-kodifizierten GoB. Ihre Menge ist nicht bestimmt. Es stellt sich die Frage, wer diese GoB aufstellen soll und inwieweit sie verbindlich sind. Die Ermittlung der GoB kann mit der deduktiven oder induktiven Methode erfolgen[2].

Bei der **deduktiven Methode** orientiert man sich am Zweck der Rechnungslegung, dem Gläubigerschutz. Als GoB wird akzeptiert, was dem Gläubigerschutz entspricht. Problematisch ist bei dieser Methode, dass mit dem Gläubigerschutz mehrere Regeln vereinbar sein können (Mehrdeutigkeit) oder dass die Regeln zu theoretisch sind (Praxisferne).

---

[1] Vgl. Federmann, R./Müller, S. (Bilanzierung), S. 163.
[2] Vgl. Bitz, M./Schneeloch, D./Wittstock, W./Patek, G. (Jahresabschluss), S. 127. Möglich ist auch eine Kombination der beiden Methoden.

Bei der **induktiven Methode** wird die Buchführungs- und Bilanzierungspraxis ordentlicher und ehrenwerter Kaufleute als GoB angesehen[1]. Probleme können auftreten, wenn sich bei neuen Bilanzierungsproblemen noch keine einheitliche Meinung gebildet hat (Uneinheitlichkeit) oder weil die bilanzierenden Kaufleute die Regeln nach ihren Vorstellungen gestalten, um z.B. hohe Gewinne auszuweisen (Parteilichkeit).

Die beiden Methoden zur GoB-Ermittlung lassen sich wie folgt gegenüberstellen:

Ermittlung von GoB	
Deduktive Methode	**Induktive Methode**
GoB ist, was dem Rechnungslegungszweck entspricht	GoB ist, was ordentliche Kaufleute bilanzieren
Probleme: Mehrdeutigkeit, Praxisferne	Probleme: Uneinheitlichkeit, Parteilichkeit

Abb. 12: Ermittlung von GoB

Beispiel: Unternehmer Schulze erwirbt am 10.10.01 eine neue Maschine, die jährlich mit 24.000 € abzuschreiben ist. Das HGB enthält keine Aussage, wie in 01 zu verfahren ist. Muss der ganze, der halbe oder ein noch kleinerer Betrag verrechnet werden? Ordentliche Kaufleute werden im Regelfall eine monatsgenaue Abschreibung wählen. Somit führt die induktive Methode zu einem Abschreibungsbetrag in Höhe von 6.000 € in 01 (3/12 von 24.000 €).

Bei der deduktiven Methode wird der Abschreibungsbetrag so gewählt, dass der Wert der Maschine möglichst gering ist. Dadurch wird das Vermögen niedrig ausgewiesen, d.h. es wird vorsichtig bewertet. Somit wird in 01 der gesamte Jahresbetrag als Aufwand verrechnet. Die induktive und deduktive Methode müssen nicht zum selben Ergebnis führen. Zur Lösung des Abschreibungsproblems können z.B. die **steuerrechtlichen Vorschriften** herangezogen werden.

Dieser Rückgriff ist zweckmäßig, da die meisten Gewerbetreibenden neben der Handelsbilanz auch noch eine (ordnungsgemäße) Steuerbilanz erstellen müssen. Viele Vorschriften im Einkommensteuergesetz (EStG) und in den Einkommensteuer-Richtlinien (EStR) sind als GoB anzusehen. Die monatsgenaue Abschreibungsverrechnung im Zugangsjahr ist im Steuerrecht vorgeschrieben (§ 7 Abs. 1 Satz 4 EStG), sodass die Regelung auch im Handelsrecht anwendbar ist. Neben dem Steuerrecht können auch die Verlautbarungen des Instituts der Wirtschaftsprüfer zur Interpretation der GoB herangezogen werden[2].

Die Konkretisierung von GoB wäre am einfachsten, wenn eine **Institution** geschaffen würde, welche die GoB verbindlich festlegt. Hierdurch würde eine bilanzielle Klarheit geschaffen. Das **Deutsche Rechnungslegungs Standards Committee** (DRSC) könnte diese Funktion übernehmen. Es wurde im März 1998 gegründet und weist die Rechtsform eines privatrechtlichen Vereins mit Sitz in Berlin auf. Die Mitglieder des DRSC

---

[1] Vgl. Coenenberg, A.G. /Haller, A./Schultze, W. (Jahresabschluss), S. 39.
[2] Vgl. Bitz, M./Schneeloch, D./Wittstock, W./Patek, G. (Jahresabschluss), S. 127.

sind Unternehmensvertreter, Wirtschaftsprüfer, Finanzanalysten und Hochschullehrer[1]. Die Aufgaben des DRSC sind in § 342 Abs. 1 HGB festgelegt. Hierzu gehören z.B. die Beratung des BMJ bei Gesetzgebungsvorhaben und die Vertretung Deutschlands in internationalen Standardisierungsgremien.

Im Bereich der Konzernrechnungslegung werden vom DRSC Deutsche Rechnungslegungs Standards (DRS) entwickelt. Die aktuellen Vorschriften können auf der Homepage des Vereins eingesehen werden (www.drsc.de). Als Beispiele lassen sich anführen[2]:

- DRS 3: Segmentberichterstattung.
- DRS 18: Latente Steuern.
- DRS 21: Kapitalflussrechnung.
- DRS 25: Währungsumrechnung im Konzernabschluss.

Viele Standards beziehen sich auf den Konzernabschluss. So gehören die Kapitalflussrechnung und die Segmentberichterstattung grundsätzlich nicht zum Jahresabschluss aller Kaufleute oder der Kapitalgesellschaften. Diese Instrumente gehören zum Konzernabschluss bestimmter Konzernunternehmen. Damit wird deutlich, dass es sich hierbei nicht immer um GoB handeln kann, die für alle Unternehmen gültig sind.

Nur solche Standards, die allgemeine Bilanzierungsfragen behandeln, wirken auf den Einzelabschluss und können tendenziell GoB-Charakter gewinnen[3]. Die in DRS 13 (Grundsatz der Stetigkeit und Berichtigung von Fehlern) enthaltenen Aussagen zur Stetigkeit können als allgemeingültig angesehen werden. Grundsätzlich gilt jedoch:

Keine direkte Ermittlung allgemeiner GoB durch das DRSC

4.2 Wichtige gesetzliche GoB

4.2.1 Bilanzidentitätsprinzip

Dieser Grundsatz ist in § 252 Abs. 1 Nr. 1 HGB verankert: Die Bilanz zum Beginn eines Geschäftsjahres muss mit der Schlussbilanz des unmittelbar vorhergehenden Geschäftsjahres identisch sein. Die Identität muss bei jedem einzelnen Bilanzposten bestehen. Die Bilanz zum Beginn eines neuen Geschäftsjahres wird als **Anfangsbilanz** bezeichnet. Der im HGB verwendete Begriff **Eröffnungsbilanz** gilt nur in Ausnahmefällen, wie z.B. der Neuaufnahme des Geschäftsbetriebs. Auch bei der Umstellung vom HGB auf die internationalen Rechnungslegungsvorschriften nach IFRS (zur Offenlegung des Abschlusses bei Kapitalgesellschaften) ist eine Eröffnungsbilanz aufzustellen.

Der Grundsatz der Bilanzidentität sichert die kontinuierliche Gewinnermittlung in den einzelnen Geschäftsjahren. Hieraus folgt die **Zweischneidigkeit der Bilanz**. Danach kehren sich bilanzielle Effekte im Zeitablauf wieder um. Will ein Unternehmer zunächst einen niedrigen Gewinn erzielen, wählt er z.B. eine Abschreibungsmethode, die hohe

---

[1] Vgl. Baetge, J./Krumnow, J./Noelle, J. (DRSC), S. 769-770.
[2] Vgl. die Übersicht bei Coenenberg, A.G. /Haller, A./Schultze, W. (Jahresabschluss), S. 51-52.
[3] Vgl. Baetge, J./Krumnow, J./Noelle, J. (DRSC), S. 773.

Beträge verrechnet. Später sinkt der Aufwand, da insgesamt nur die Anschaffungskosten zu verrechnen sind. Kurz gefasst gilt:

| Zweischneidigkeit: Niedriger Gewinn heute = Hoher Gewinn morgen |

Beispiel: Die Anschaffungskosten einer Maschine betragen 100.000 € (Anfang 01). Sie sind auf vier Jahre zu verteilen. Der Unternehmer ist an möglichst **hohen und frühen** Aufwendungen interessiert. Zur Wahl stehen die gleichmäßige und sinkende Aufwandsverteilung, die sich wie folgt darstellen lassen:

	Verteilung von Anschaffungskosten			
Perioden	01	02	03	04
Fall a): Gleichmäßiger Aufwand	25.000	25.000	25.000	25.000
Fall b): Sinkender Aufwand	40.000	30.000	20.000	10.000
Effekte	Vorteil Fall b)		Nachteil Fall b)	

Abb. 13: Beispiel zur Zweischneidigkeit der Bilanz

Bei sinkender Aufwandsverteilung (Fall b) besteht in den Jahren 01 und 02 ein Vorteil im Vergleich zur gleichmäßigen Verteilung (Fall a). In 03 und 04 führen die sinkenden Abschreibungsbeträge zu Nachteilen gegenüber der gleichmäßigen Verrechnung. Insgesamt muss immer ein Ausgleich zwischen den beiden Abschreibungsmethoden stattfinden, da maximal die Anschaffungskosten auf die Nutzungsdauer verteilt werden. Die folgende Abbildung fasst die Ausführungen zusammen:

	Bilanzidentitätsprinzip
Inhalt:	Anfangsbilanz entspricht der Schlussbilanz des vorhergehenden Geschäftsjahres (bezogen auf jeden einzelnen Posten)
Folge:	Zweischneidigkeit der Bilanz: Umkehrung bilanzieller Effekte im Zeitablauf (Hoher Gewinn heute = Niedriger Gewinn morgen)
Wirkung:	Bilanzidentität sichert die kontinuierliche Erfolgsermittlung

Abb. 14: Bilanzidentitätsprinzip

4.2.2 Unternehmensfortführungsprinzip

Der Grundsatz der Unternehmensfortführung (Going Concern Prinzip) ist in § 252 Abs. 1 Nr. 2 HGB festgelegt. Er besagt, dass bei der Bilanzierung und Bewertung grundsätzlich vom Fortbestand des Unternehmens auszugehen ist. Insoweit sind die handelsrechtlichen Bilanzierungs- und Bewertungsvorschriften anzuwenden. Droht dagegen die

Unternehmenseinstellung, muss das Going Concern Prinzip aufgegeben werden und eine Bewertung zu Einzelveräußerungswerten erfolgen[1]. Dann ist auch kein Jahresabschluss, sondern ein Überschuldungs- oder Liquidationsstatus zu erstellen[2]. Eine Beendigung der Unternehmenstätigkeit kann durch faktische oder rechtliche Gründe erfolgen.

Ein **faktischer** Grund ist die tatsächliche Unternehmensschließung, zu der sich der Unternehmer aus freiem Willen entscheidet. Ein **rechtlicher** Grund ist z.B. die Insolvenz. Der Unternehmer muss sein Unternehmen aus rechtlichen Gründen schließen. Auf seinen Willen kommt es nicht an. Zur Beurteilung der Unternehmensfortführung sind die Verhältnisse am Bilanzstichtag entscheidend. Zu diesem Zeitpunkt muss das Unternehmen mindestens noch für die nächsten **zwölf** Monate unter normalen Umständen fortgeführt werden können.

Diese Zeitspanne ergibt sich daraus, dass nach zwölf Monaten ein neuer Bilanzstichtag vorliegt, zu dem die Fortführungsannahme eventuell aufzuheben ist. Wertaufhellende Informationen über die Verhältnisse am Bilanzstichtag, die bis zur Aufstellung des Abschlusses verfügbar sind, müssen beachtet werden.

Beispiel: Buchdruckermeister Otto Müller beschließt am 31.12.01 im Mai 02 (Fall a) bzw. im Mai 03 (Fall b) in den Ruhestand zu gehen und das Geschäft zu schließen. Der Jahresabschluss für 01 ist im Fall a) nicht mehr unter der Annahme der Unternehmensfortführung aufzustellen (Bilanzierung zu Veräußerungswerten). Im Fall b) gilt die Annahme, dass das Unternehmen im Geschäftsjahr 02 noch fortbestehen wird. Zusammenfassend gilt somit:

	Unternehmensfortführungsprinzip
Inhalt:	Bilanzierung und Bewertung erfolgen unter der Annahme der Unternehmensfortführung
Ausnahmen:	Rechtliche Gründe (z.B. Insolvenz) Faktische Gründe (z.B. freiwillige Unternehmensschließung)
Beurteilung:	Am Bilanzstichtag muss Unternehmensfortbestand für mindestens zwölf Monate gesichert sein

Abb. 15: Unternehmensfortführungsprinzip

4.2.3 Einzelbewertungsprinzip

Für jeden bilanzierungsfähigen Sachverhalt sind drei Aspekte relevant: Der Ansatz, der Ausweis und die Bewertung. Betrachtet man die Bilanz, dann betrifft der Ansatz die Aufnahme eines Postens in die Bilanz und der Ausweis bezieht sich auf die Stelle (den Platz) in der Bilanz. Die Bewertung gibt an, mit welchem Betrag der Posten in der Bilanz erscheint. Das Einzelbewertungsprinzip (§ 252 Abs. 1 Nr. 3 HGB) bezieht sich auf die dritte Ebene der Bilanzierung. Für die ersten Stufen gilt:

---

[1] Vgl. Scherff, S./Willeke, C. (Fortführung), S. 873.
[2] Vgl. Lück, W. (Going-Concern-Prinzip), S. 1946.

- Ansatz: Aus § 240 Abs. 1 HGB folgt, dass grundsätzlich jeder Posten für sich anzusetzen ist. Diese Vorschrift gilt direkt für die Inventarerstellung und wird auch auf die Bilanz angewendet.
- Ausweis: Grundsätzlich ist jeder Posten gesondert darzustellen, wenn nicht aus Gründen der Übersichtlichkeit Zusammenfassungen erfolgen. Für sachlich gleiche Aktiv- und Passivposten (z.B. Zinsaufwand und Zinsertrag) gilt ein **Saldierungsverbot**. Das **Bruttoprinzip** ist in § 246 Abs. 2 Satz 1 HGB festgelegt. In Satz 2 der Vorschrift wird jedoch eine Saldierungspflicht für bestimmte Vermögensgegenstände und Schulden aus Altersversorgungsverpflichtungen vorgeschrieben. Die Vermögensgegenstände müssen dem Zugriff aller übrigen Gläubiger entzogen sein und ausschließlich der Erfüllung der Altersversorgungspflichten dienen[1].

Das Einzelbewertungsprinzip besagt, dass jeder Vermögensgegenstand und jede Schuld für sich zu bewerten sind. Dieser Grundsatz geht aber nicht so weit, dass bei einem betrieblichen Lkw die einzelnen Bestandteile (Motor, Karosserie, Räder etc.) getrennt voneinander zu bilanzieren sind. Maßgeblich ist eine wirtschaftliche Betrachtungsweise, bei der die **Funktionseinheit** im Vordergrund steht[2]. Da der Lkw nur fahren kann, wenn alle Bestandteile vorhanden sind, ist das Fahrzeug insgesamt zu bewerten (Posten Fuhrpark).

Der Einzelbewertungsgrundsatz verhindert **Wertkompensationen**, wenn sich die Werte einzelner Vermögensgegenstände gegenläufig entwickeln[3]. Dieser Effekt ist oft bei Aktien oder anderen Wertpapieren zu beobachten.

Beispiel: Unternehmer Schulze erwirbt in 01 die A-Aktie für 100 € und die B-Aktie für 150 € zur kurzfristigen Geldanlage. Die gesamten Anschaffungskosten betragen somit 250 €. Wenn der Wert der A-Aktie am Jahresende auf 150 € gestiegen, der Wert der B-Aktie dagegen auf 100 € gesunken ist, beläuft sich der Gesamtwert weiterhin auf 250 €.

Bei einer **Gesamtbewertung** der beiden Aktien kommt keine Abwertung zustande, da sich die Wertsteigerung und Wertminderung ausgleichen. Anders verhält es sich bei der Einzelbewertung. Im Umlaufvermögen gilt das strenge Niederstwertprinzip, sodass die B-Aktie von 150 € auf 100 € abzuwerten ist. Die Wertsteigerung der A-Aktie darf nicht berücksichtigt werden, da der Wertzuwachs noch nicht durch einen Verkauf realisiert ist. Das Realisationsprinzip (als Teil des Vorsichtsprinzips) verbietet den Ausweis von Gewinnen, die keinen endgültigen Charakter haben. Hierdurch sollen die Gläubiger des Unternehmens geschützt werden.

Anschaffungskosten A-Aktie: 100 € und B-Aktie: 150 € (jeweils UV)	
Wertzuwachs A-Aktie: 50 € - Wertabnahme B-Aktie: 50 €	
Gesamtbewertung (Stichtag) Beide Aktien zusammen: 250 €	**Einzelbewertung (Stichtag)** Beide Aktien getrennt: 200 €
Wertkompensation	Keine Wertkompensation

Abb. 16: Einzelbewertung und Wertkompensation

---

[1] Vgl. im Einzelnen Hasenburg, C./Hausen, R. (Bilanzierung), S. 41-43.
[2] Vgl. Federmann, R./Müller, S. (Bilanzierung), S. 183.
[3] Vgl. Schildbach, T./Stobbe, T./Brösel, G. (Jahresabschluss), S. 147.

Eine strenge Befolgung des Einzelbewertungsprinzips ist in vielen Fällen problematisch: Ein Spediteur betankt seine Fahrzeuge aus einem Sammeltank, der im Laufe des Jahres mehrfach nachgefüllt wird. Am Jahresende kann nicht mehr festgestellt werden, wie sich der Endbestand zusammensetzt. Handelt es sich um den Kraftstoff der ersten, der zweiten oder der letzten Lieferung? Das Einzelbewertungsprinzip ist nicht einzuhalten.

Daher sind bestimmte **Bewertungsvereinfachungen** erlaubt, die vom Einzelbewertungsgrundsatz abweichen. Im dritten Kapitel werden die Verbrauchsfolgeverfahren zur Bewertung von Vermögensgegenständen des Vorratsvermögens erläutert[1]. Außerdem wird auf die Bildung von Bewertungseinheiten eingegangen. Nach § 254 HGB können risikobehaftete Grundgeschäfte zusammen mit den entsprechenden Sicherungsinstrumenten bewertet werden, um gegenläufige Wertänderungen auszugleichen. Zusammenfassend gilt:

Einzelbewertungsprinzip	
Inhalt:	Jeder Vermögensgegenstand und jede Schuld sind für sich zu bewerten, sofern es sich um eine Funktionseinheit handelt
Folge:	Vermeidung von Wertkompensationen
Ausnahmen:	Verbrauchsfolgeverfahren, Bildung von Bewertungseinheiten

Abb. 17: Einzelbewertungsprinzip

4.2.4 Stichtagsprinzip

Der Jahresabschluss ist zum Ende eines Geschäftsjahres, dem **Bilanzstichtag**, aufzustellen. Wenn das Geschäftsjahr dem Kalenderjahr entspricht, ist der 31.12. der Bilanzstichtag. Bei abweichenden Geschäftsjahren liegt der Bilanzstichtag innerhalb des Kalenderjahres: Wenn das Geschäftsjahr z.B. vom 1.9.01 bis 31.8.02 verläuft, muss zum Ende August 02 der Jahresabschluss erstellt werden. Für die Aufstellung werden den Kaufleuten bestimmte Fristen eingeräumt, die bereits erläutert wurden.

Im Jahresabschluss sind alle Geschäftsvorfälle eines Jahres zu berücksichtigen, wobei für die Bewertung grundsätzlich die Verhältnisse am Bilanzstichtag relevant sind. **Wertbegründende Vorgänge**, die nach dem Bilanzstichtag eintreten, sind dagegen erst im nächsten Jahresabschluss zu berücksichtigen.

Beispiel: Die Handels-OHG hat am 15.12.01 gegenüber einem Kunden eine Forderung von 11.900 € aus einer Warenlieferung. Der Kunde geht am 25.12.01 in eine Spielbank, verspielt sein gesamtes Vermögen und wird dadurch zahlungsunfähig (Ereignis A). Da dieser Vorgang zum Geschäftsjahr 01 gehört und sich auf die Höhe der Forderung auswirkt, muss er von der Handels-OHG im Jahresabschluss 01 berücksichtigt werden: Die Forderung muss teilweise oder ganz abgeschrieben werden[2].

---

[1] Weitere vereinfachende Verfahren sind die Gruppen- und die Festbewertung. Vgl. hierzu Bitz, M./Schneeloch, D./Wittstock, W./Patek, G. (Jahresabschluss), S. 255-257 und 258-259.
[2] Vgl. zur Forderungsabschreibung Döring, U./Buchholz, R. (Jahresabschluss), S. 121-128.

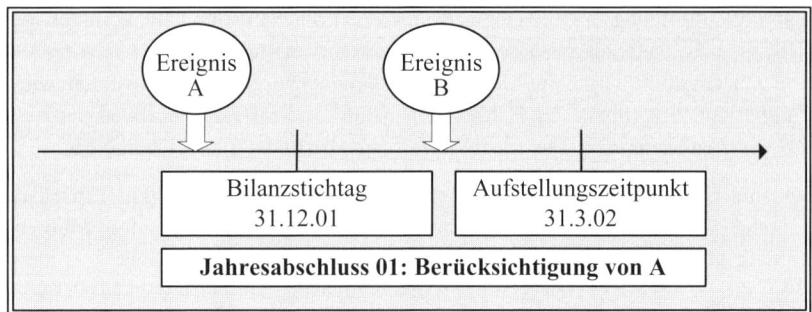

Abb. 18: Wertbegründende Ereignisse

Wäre der Kunde erst in 02 in die Spielbank gegangen (Ereignis B), würde sich der Vorgang erst im Jahresabschluss für das Geschäftsjahr 02 auswirken. In diesem Fall wäre die Forderung in voller Höhe im Jahresabschluss 01 auszuweisen. Von diesen wertbegründenden Vorgängen sind die Fälle zu unterscheiden, in denen ein Ereignis in 01 stattfindet, von denen der Bilanzierende erst in 02 Kenntnis erlangt. Nach dem **Wertaufhellungsprinzip** sind Informationen über die Verhältnisse am Bilanzstichtag bis zum Aufstellungszeitpunkt dieses Jahresabschlusses zu berücksichtigen[1].

Gehen Informationen erst nach dem Aufstellungszeitpunkt zu, sind sie im Abschluss des alten Jahres zu vernachlässigen. Wenn der Jahresabschluss der OHG am 31.1.02 aufgestellt ist, ist das wertbegründende Ereignis aus 01 nur zu berücksichtigen, wenn die Gesellschafter vor der Aufstellung davon Kenntnis erlangen. Damit gilt: Je früher die Aufstellung stattfindet, umso weniger wertaufhellende Informationen sind relevant.

Stichtagsprinzip	
Inhalt:	Die Bewertung richtet sich grundsätzlich nach den Verhältnissen am Bilanzstichtag
Folge:	Wertbegründende Vorgänge nach dem Bilanzstichtag gehören ins nächste Geschäftsjahr
Wertaufhellung:	Bessere Informationen über die Verhältnisse am Stichtag sind bis zum Aufstellungszeitpunkt zu berücksichtigen

Abb. 19: Stichtagsprinzip

4.2.5 Vorsichtsprinzip

Die unternehmerische Tätigkeit kann erfolgreich verlaufen und zu Gewinnen führen. Sie kann aber auch erfolglos enden und einen Verlust nach sich ziehen. Den Chancen stehen die Risiken gegenüber, wobei optimistische Unternehmer die positive Entwicklung betonen. Bei pessimistischen Unternehmern steht dagegen die negative Entwicklung im Vordergrund. Nach § 252 Abs. 1 Nr. 4 HGB muss die Bewertung vorsichtig erfolgen. Es

---

[1] Vgl. Falterbaum, H./Bolk, W./Reiß, W. (Bilanz), S. 494-499.

muss eine ungleiche Behandlung von Risiken (Verlusten) und Chancen (Gewinnen) erfolgen, die als **Imparitätsprinzip** ("Ungleichheitsprinzip") bezeichnet wird[1].

Erträge sind nach dem **Realisationsprinzip** auszuweisen. Ein Ertrag ist im Regelfall erst entstanden, wenn ein Unternehmer alle vertraglichen Pflichten zur Durchführung eines Geschäfts erfüllt hat. Beim Kaufvertrag nach § 433 BGB ist ein Ertrag erst auszuweisen, wenn der Unternehmer die Ware an den Kunden übergeben hat. Erst dann hat der Lieferant alle vertraglichen Pflichten erfüllt. Durch das Realisationsprinzip werden Erträge tendenziell spät ausgewiesen – es gilt ein Ertragsantizipationsverbot.

Das Realisationsprinzip gilt grundsätzlich für alle Aktiva des Unternehmens. Allerdings bestehen einige **Ausnahmen**: Bei Kreditinstituten sind Finanzinstrumente des Handelsbestands zum beizulegenden Zeitwert zu bewerten (§ 340e Abs. 3 HGB), sodass Wertsteigerungen schon vor einem Verkauf ausgewiesen werden. Außerdem sind nach § 253 Abs. 1 Satz 4 HGB bestimmte Vermögensgegenstände bei Altersversorgungsverpflichtungen ebenfalls mit dem beizulegenden Zeitwert zu bewerten (siehe drittes Kapitel). Auch in diesem Sonderfall gilt das Realisationsprinzip nicht.

Im Gegensatz zu den Erträgen sind die Aufwendungen eher früh auszuweisen. Grundsätzlich muss ein Verlust schon berücksichtigt werden, wenn er sich abzeichnet. Es besteht ein Aufwandsantizipationsgebot. Um die Aufwendungen vorziehen zu können, werden die folgenden Prinzipien eingesetzt:

- **Niederstwertprinzip**: Anwendung für Vermögensgegenstände. Ein niedrigerer Wert als die Anschaffungs- oder Herstellungskosten muss, kann oder darf nicht angesetzt werden. Im Umlaufvermögen gilt das **strenge Niederstwertprinzip**: Wenn der Wert eines Rohstoffs niedriger ist als seine Anschaffungskosten, muss eine Abschreibung erfolgen. Im Anlagevermögen gilt das **gemilderte Niederstwertprinzip**: Wenn der Wert einer Maschine voraussichtlich dauernd gesunken ist, muss abgeschrieben werden - ansonsten besteht ein Abwertungsverbot. Bei Finanzanlagen kann im Fall einer nicht dauernden Wertminderung abgeschrieben werden (Wahlrecht).
- **Höchstwertprinzip**: Anwendung für Schulden. Ein höherer Wert als die "Anschaffungskosten" von Verbindlichkeiten muss berücksichtigt werden. Wird eine langfristige Fremdwährungsverbindlichkeit zunächst mit 5.000 € passiviert und steigt der Wert auf 6.000 €, muss der höhere Wert in der Bilanz erscheinen. Die Einzelheiten zu Fremdwährungsverbindlichkeiten werden im dritten Kapitel behandelt.

Beispiel: Unternehmer Müller hat im Dezember 01 Waren für 10.000 € netto gekauft. Am 29.12.01 veräußert er die Ware für 15.000 € an den Kunden B (= Abschluss des Kaufvertrags). Müller liefert die Ware aber erst im Januar 02 aus. Ein Ertrag darf in seinem Jahresabschluss für 01 noch nicht ausgewiesen werden, da er die Ware in diesem Jahr noch nicht geliefert und damit noch nicht alle vertraglichen Pflichten erfüllt hat. Das Realisationsprinzip verbietet den Ausweis des Ertrags in 01 (Ertragsantizipationsverbot).

Variante: Es gelten die Daten des vorigen Beispiels. Jetzt wird die Ware im Dezember beschädigt, sodass sich Müller mit dem Kunden einigt, der nur noch 8.000 € zahlen muss. Nach dem Realisationsprinzip müsste der Verlust von 2.000 € (bezogen auf die Anschaffungskosten von 10.000 €) in 02 ausgewiesen werden. Das Imparitätsprinzip verlangt

---

[1] Vgl. Heno, R. (Jahresabschluss), S. 84.

jedoch eine Aufwandsantizipation, sodass der Verlust bereits im Jahresabschluss 01 erscheint. Die Ware wird in der Bilanz mit 8.000 € bewertet. Zusammenfassend gilt[1]:

Imparitätsprinzip - Ungleichbehandlung von Erträgen und Aufwendungen -	
Ertragsantizipations**verbot**	Aufwandsantizipations**gebot**
Grundsätzliche Geltung des Realisationsprinzips	• Niederstwertprinzip (NWP) für VG - Strenges NWP im Umlaufvermögen - Gemildertes NWP im Anlagevermögen • Höchstwertprinzip für Schulden

Abb. 20: Merkmale des Imparitätsprinzips

Das Vorsichtsprinzip entspricht im besonderen Maße dem handelsrechtlichen Gläubigerschutz. Durch die Ungleichbehandlung von Ertrag und Aufwand wird der Erfolg verringert und die Ertragslage eher ungünstig dargestellt. Die Kreditgeber erhalten Informationen über einen Gewinn, der mit hoher Wahrscheinlichkeit erzielbar ist und damit für die Kredittilgung zur Verfügung stehen wird. Somit lässt sich feststellen:

Gläubigerschutz und Vorsichtsprinzip bilden eine unauflösbare Einheit

4.2.6 Periodisierungsprinzip

Die GuV-Rechnung dient der Erfolgsermittlung des Unternehmens. Die Gewinne bzw. Verluste müssen zeitlich richtig zugerechnet werden. Ein Ertrag, der in 01 entstanden ist, muss in diesem Geschäftsjahr und nicht erst im Folgejahr ausgewiesen werden. Somit sind die Erträge und Aufwendungen den richtigen Geschäftsjahren zuzurechnen. Das Periodisierungsprinzip bzw. der Grundsatz periodengerechter Gewinnermittlung ist zu beachten[2]. Der Grundsatz ist in § 252 Abs. 1 Nr. 5 HGB festgelegt worden.

Die Erträge sind nach dem Realisationsprinzip auszuweisen. Aufwendungen, die sich den Erträgen direkt zurechnen lassen, werden nach dem Grundsatz der **sachlichen Abgrenzung** zugeordnet. Im Handelsbetrieb wird dem Warenverkauf (Ertrag) der entsprechende Wareneinsatz (Aufwand) zugerechnet. Hierbei sind die **Zahlungsströme** (Bezahlung der Waren) grundsätzlich ohne Bedeutung. Entscheidend sind vielmehr die wirtschaftlichen Vorgänge, die zu Erträgen und Aufwendungen führen.

Im Industriebetrieb sind den Umsatzerlösen die Aufwendungen für die abgesetzte Menge zuzurechnen. Diese Arbeitsweise entspricht dem Umsatzkostenverfahren, das im fünften Kapitel erläutert wird. Eine andere Vorgehensweise gilt für das Gesamtkostenverfahren: Den Umsatzerlösen werden die gesamten Aufwendungen für die produzierte Menge gegenübergestellt. Wenn die hergestellte und abgesetzte Menge nicht übereinstimmen, sind Bestandsveränderungen (Erhöhungen und Verminderungen) zu berücksichtigen.

---

[1] Vgl. Wöhe, G./Kußmaul, H. (Bilanztechnik), S. 54.
[2] Vgl. Döring, U./Buchholz, R. (Jahresabschluss), S. 103.

Probleme ergeben sich bei Aufwendungen, die keinen unmittelbaren Ertragsbezug aufweisen. Die Wertminderung von Verwaltungsgebäuden oder die Gehälter leitender Angestellter lassen sich nicht direkt den Erträgen zurechnen. Sie werden nach dem Grundsatz der **zeitlichen Abgrenzung** verrechnet[1]. Die Anwendung dieser Kriterien führt zu einem periodengerechten Erfolg.

Im Handelsrecht ist allerdings noch das Imparitätsprinzip zu beachten, welches ebenfalls zum Periodisierungsprinzip zählt[2]. Die Vorwegnahme von Aufwendungen, die aus Vorsichtsgründen erfolgt, führt aber grundsätzlich zur Verzerrung des Periodenerfolgs, da der Aufwand letztlich einem späteren Geschäftsjahr zuzurechnen ist.

Beispiel: Die Handels-OHG erwirbt in 01 Waren für 200.000 € netto. Noch in 01 veräußert sie 60% des Bestands für 290.000 €. Da alle Pflichten des Kaufvertrags erfüllt sind, erfolgt nach dem Realisationsprinzip ein Ertragsausweis. Der Wareneinsatz von 120.000 € (60% von 200.000 €) wird abgezogen. Die Miete für die Geschäftsräume beträgt 2.000 € pro Monat und die Gehälter für zwei Angestellte jeweils 4.000 € pro Monat. Der periodengerechte Erfolg für 01 beträgt 50.000 €. Er ergibt sich aus der folgenden Aufstellung, in der auch die angewendeten Prinzipien dargestellt werden:

	Erfolgskomponenten	**Prinzip**
Erträge (Warenverkauf)	290.000 €	Realisationsprinzip
Aufwand (Wareneinsatz)	120.000 €	Sachliche Abgrenzung
Aufwand (Miete)	24.000 €	Zeitliche Abgrenzung
Aufwand (Gehälter)	96.000 €	Zeitliche Abgrenzung
Erfolg	**50.000 €**	

Abb. 21: Beispiel zur Erfolgsermittlung

Bei der Gewinnermittlung mit der GuV-Rechnung sind Erträge und Aufwendungen relevant, für die die obigen Ausführungen direkt gelten. Zusammengefasst gilt für das Periodisierungsprinzip:

Periodisierungsprinzip	
Inhalt:	Dem Geschäftsjahr ist der erwirtschaftete Erfolg zuzuordnen
Bestandteile:	Realisationsprinzip: Für Erträge Sachliche oder zeitliche Abgrenzung: Für Aufwendungen Imparitätsprinzip: Zur Aufwandsantizipation
Abgrenzung:	Periodenerfolg = Erträge - Aufwendungen. Die Einzahlungen und Auszahlungen können von diesen Größen abweichen

Abb. 22: Periodisierungsprinzip

---

[1] Vgl. Schildbach, T./Stobbe, T./Brösel, G. (Jahresabschluss), S. 152.
[2] Vgl. Bitz, M./Schneeloch, D./Wittstock, W./Patek, G. (Jahresabschluss), S. 228.

26 Erstes Kapitel: Grundlagen des Jahresabschlusses

Bei der bilanziellen Gewinnermittlung gelten die obigen Merkmale indirekt. Der Erfolg ergibt sich aus der Eigenkapitalveränderung an zwei aufeinanderfolgenden Stichtagen. Ohne private Vorgänge (Entnahmen oder Einlagen) ist eine Eigenkapitalmehrung ein Gewinn (Reinvermögensmehrung) und eine Eigenkapitalminderung ein Verlust (Reinvermögensminderung).

Entnahmen entstehen z.B. durch die Überführung von Gegenständen aus dem Betriebsbereich in den Privatbereich. Ein Einzelunternehmer nimmt aus seinem Geschäft Produkte für private Zwecke oder bezahlt private Steuern (Einkommensteuer oder Kirchensteuer) vom betrieblichen Bankkonto. Bei **Einlagen** verhält es sich umgekehrt: Gegenstände oder Nutzungen gehen aus dem Privatbereich in den Betriebsbereich über. Da Entnahmen (Einlagen) das Eigenkapital ohne betriebliche Veranlassung mindern (erhöhen), müssen sie bei der bilanziellen Erfolgsermittlung der Eigenkapitaldifferenz wieder zugerechnet (abgezogen) werden. Somit gilt:

Zurechnung von Entnahmen – Abrechnung von Einlagen

Beispiel: Das Eigenkapital am 31.12.01 beträgt -15.000 €. Am 31.12.02 ist es positiv geworden und beziffert sich auf 38.000 €. In 02 hat der Unternehmer monatlich 2.000 € für seinen Lebensunterhalt aus der Kasse genommen. Außerdem wurde ein Lottogewinn in Höhe von 9.000 € dem betrieblichen Bankkonto gutgeschrieben (Einlage).

Die Eigenkapitaldifferenz beträgt 53.000 € (38.000 € - (-15.000 €)). Die Differenz wird durch die Entnahmen erhöht (+24.000 €) und die Einlagen vermindert (-9.000 €), sodass sich ein Gewinn von 68.000 € für 02 ergibt.

Das System der doppelten Buchhaltung gewährleistet, dass die GuV-Rechnung und der bilanzielle Eigenkapitalvergleich zum selben Ergebnis führen[1]. Da Erträge und Aufwendungen immer betrieblich veranlasst sind, spielen private Vorgänge in der GuV-Rechnung keine Rolle und insoweit entfällt eine Korrektur. Die folgende Abbildung stellt die beiden Formen der Erfolgsermittlung (mit und ohne Privatvorgängen) zusammen.

Erfolgsermittlung		
GuV-Rechnung	Bilanzen (Eigenkapitalvergleich)	
Nur betrieblich	Ohne Privatvorgänge	Mit Privatvorgängen
Ertrag - Aufwand = Erfolg	EK Ende des Jahres - EK Ende des Vorjahres = Erfolg	EK Ende des Jahres - EK Ende des Vorjahres + Entnahmen - Einlagen = Erfolg
Doppelte Buchhaltung gewährleistet die Erfolgsgleichheit		

Abb. 23: Arten der Erfolgsermittlung

---

[1] Vgl. Döring, U./Buchholz, R. (Jahresabschluss), S. 30.

Ein Einzelunternehmer bezieht für seine Geschäftstätigkeit kein Gehalt. Da er mit sich selbst keinen Arbeitsvertrag abschließen kann, stellen die "Gehälter" Entnahmen dar. Anders kann es sich bei einer **OHG** verhalten. Nach § 124 HGB hat sie eine rechtliche Selbstständigkeit, sodass Verträge zwischen der OHG als solches (der Gesellschaft) und den Gesellschaftern möglich sind. Es können Arbeitsverträge, Mietverträge für überlassene Vermögensgegenstände und Kreditverträge für bereitgestelltes Fremdkapital geschlossen werden.

Beispiel: An der A-B-OHG sind die Gesellschafter A und B je zur Hälfte beteiligt. A ist vollständig und B teilweise mit der Geschäftsführung beauftragt. Es werden Arbeitsverträge geschlossen, nach denen der Gesellschafter A 3.000 € pro Monat und der Gesellschafter B 2.000 € pro Monat erhalten. Der Gewinn der GuV-Rechnung betrage für 01 zunächst 100.000 € (ohne Gehälter). Im Gesellschaftsvertrag ist eine Gewinnverteilung je zur Hälfte vorgesehen.

Die Gehälter an A (36.000 € pro Jahr) und B (24.000 € pro Jahr) führen handelsrechtlich zu Aufwendungen bei der OHG. Hierdurch sinkt der Gewinn in 01 um 60.000 € und es verbleibt ein Restgewinn von 40.000 €, der in der GuV-Rechnung erscheint. Auf die Gesellschafter entfallen jeweils 50% (20.000 €). Damit ergibt sich die folgende Verteilung der Gehälter und Gewinne für 01:

	Gesellschafter A	**Gesellschafter B**
Gehälter 01	36.000 €	24.000 €
Gewinnanteil	20.000 €	20.000 €
Verteilung gesamt	56.000 €	44.000 €

Abb. 24: Beispiel zur Gewinnverteilung der OHG

Oft wird im Gesellschaftsvertrag der OHG vereinbart, dass jeder Gesellschafter für seine Leistungen eine **Entnahme** tätigen kann. Eine Aufwandsverrechnung unterbleibt, sodass die Ertragslage positiver dargestellt wird. Im Beispiel würden A bzw. B Entnahmen von 36.000 € bzw. 24.000 € tätigen, die bei der bilanziellen Erfolgsermittlung wieder zuzurechnen sind. Der Gewinn der OHG beträgt 100.000 €. Bei der Gewinnverteilung erhalten die Gesellschafter zunächst ihre Gehälter als **Vorabgewinn**, bevor der Rest (40.000 €) verteilt wird. Für die Gesellschafter ändert sich nichts, aber für den Gewinnausweis: Er ist im Entnahmefall mit 100.000 € höher als bei der Aufwandsverrechnung (40.000 €). Somit wird im Entnahmefall die Ertragslage günstiger dargestellt.

4.2.7 Stetigkeitsprinzip

Das Stetigkeitsprinzip bezieht sich auf alle drei Ebenen der Bilanzierung: Auf den Ansatz, den Ausweis und die Bewertung. Die Ansatzstetigkeit wird in § 246 Abs. 3 HGB geregelt, die Ausweisstetigkeit ergibt sich bei allen Kaufleuten aus § 243 Abs. 2 HGB und wird für Kapitalgesellschaften in § 265 Abs. 1 HGB präzisiert. Die Bewertungsstetigkeit ist in § 252 Abs. 1 Nr. 6 HGB verankert.

Die **Ansatzstetigkeit** beinhaltet die Gleichbehandlung von Posten, bei denen ein Ansatzwahlrecht besteht. Nach § 250 Abs. 3 HGB kann die Differenz zwischen Auszahlungs- und Rückzahlungsbetrag (Disagio) eines Kredits aktiviert werden (Einzelheiten folgen im zweiten Kapitel). Werden in 01 zwei Kredite aufgenommen, bei denen jeweils ein Disagio verrechnet wird, müssen entweder beide Unterschiedsbeträge aktiviert oder beide als Aufwand verrechnet werden.

Die **Ausweisstetigkeit** fordert die Beibehaltung der Gliederungen und der Postenabgrenzungen (nebst Postenbezeichnungen). Würden die Gliederungen ständig verändert, müsste ein externer Bilanzleser jeden Posten im Jahresabschluss neu suchen. Hieraus würden Zeit- und Kostennachteile resultieren. Der Gesetzgeber hat Gliederungsschemata für die Bilanz und GuV-Rechnung festgelegt, die für Kapitalgesellschaften verbindlich sind. Die Ausweisstetigkeit kann auch als formelle Stetigkeit bezeichnet werden, da sie die Informationsdarstellung betrifft.

Die Beibehaltung der Postenabgrenzungen beinhaltet, dass in jedem Geschäftsjahr dieselben Sachverhalte unter demselben Posten erscheinen. Werden die Fahrzeuge eines Unternehmens im speziellen Posten "Fuhrpark" ausgewiesen, müssen alle Pkw und Lkw unter diesem Posten erfasst werden. Die Ausweisstetigkeit erleichtert den Vergleich von Jahresabschlüssen über mehrere Jahre.

Die **Bewertungsstetigkeit** fordert die Beibehaltung der Bewertungsmethoden. **Bewertungsmethoden** sind Verfahren der Wertbestimmung wie z.B. die Bestimmung der Herstellungskosten oder der Abschreibungsverfahren für abnutzbare Vermögensgegenstände. Bei der Ermittlung der Herstellungskosten besteht ein Wahlrecht für die Einbeziehung der allgemeinen Verwaltungskosten (siehe drittes Kapitel). Das Wahlrecht ist einheitlich auszuüben, sodass bei der Kalkulation verschiedener Produkte entweder die allgemeinen Verwaltungskosten einbezogen werden oder nicht. Eine Mischung der Kalkulation ist unzulässig: Wenn bei Produkt A die Kosten einbezogen werden, muss auch bei Produkt B in dieser Weise verfahren werden.

Die Festlegung der Abschreibungsverfahren ist eine **Ermessensentscheidung** seitens des Bilanzierenden. Der Gesetzgeber verlangt in § 253 Abs. 3 Satz 1 HGB die planmäßige Abschreibung von abnutzbaren Vermögensgegenständen, ohne eine spezielle Methode vorzugeben. Somit besteht ein Ermessensspielraum seitens des Bilanzierenden: Er muss entscheiden, welches Verfahren den Wertverlauf am besten wiedergibt. Bei gleichen Vermögensgegenständen (z.B. ähnlichen Maschinen) muss die Ermessensentscheidung einheitlich ausgeübt werden. Wird Maschine A linear abgeschrieben, muss auch für eine vergleichbare Maschine B dieses Verfahren gewählt werden. Insgesamt kann die Bewertungsstetigkeit durch die einheitliche Ausübung von Bewertungswahlrechten und von Ermessensspielräumen konkretisiert werden[1].

Die Bewertungsmethoden **sind** beizubehalten. Durch eine Gesetzesänderung wurde die frühere Formulierung "sollen" durch die Formulierung "sind" ersetzt, sodass von einer Verschärfung des Stetigkeitsprinzips auszugehen ist[2]. Ein Abweichen ist nach § 252 Abs. 2 HGB nur noch in begründeten Ausnahmefällen zulässig (z.B. wenn sich eine bisher

---

[1] Vgl. Küting, K./Tesche, T./Tesche, J. (Stetigkeitsgrundsatz), S. 656 und 658.
[2] Vgl. Küting, K./Tesche, T./Tesche, J. (Stetigkeitsgrundsatz), S. 658.

angewendete Bewertungsmethode nachträglich als falsch herausstellt[1]). Weitere Gründe für die Durchbrechung der Bewertungsstetigkeit werden in DRS 13 (Grundsatz der Stetigkeit und Berichtigung von Fehlern) angeführt, der vom DRSC verfasst wurde und in der letzten Fassung im Dezember 2017 vom BMJ bekannt gemacht wurde.

Die einzelnen Bereiche des Stetigkeitsprinzips lassen sich mit der folgenden Abbildung zusammenfassen:

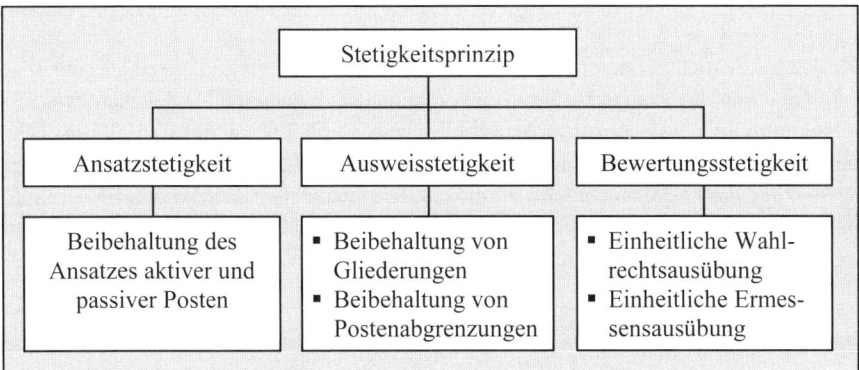

Abb. 25: Komponenten des Stetigkeitsprinzips

5. Verhältnis von Handels- und Steuerbilanz

5.1 Geltung des Maßgeblichkeitsprinzips

Kaufleute, die nach dem HGB Bücher führen und Abschlüsse machen, müssen nicht nur eine Handelsbilanz, sondern auch eine **Steuerbilanz** erstellen. In dieser Bilanz werden die aktiven Wirtschaftsgüter (z.B. Maschinen, Vorräte), die passiven Wirtschaftsgüter (z.B. Rückstellungen, Verbindlichkeiten) und als Saldo das **Betriebsvermögen** (BV) ausgewiesen. Letzteres entspricht dem handelsrechtlichen Eigenkapital. Die Steuerbilanz dient der Gewinnermittlung von gewerblichen Einkünften. Für einen Gewerbetreibenden gilt die folgende steuerrechtliche Gewinngleichung, die bereits aus handelsrechtlicher Sicht erläutert wurde:

Gewinn = BV am Schluss des Wirtschaftsjahres - BV am Schluss des Vorjahres + Entnahmen - Einlagen

Da im Handels- und Steuerrecht jährlich Bilanzen zu erstellen sind, bietet sich aus wirtschaftlichen Gründen ihre Verbindung an. Daher ist nach § 5 Abs. 1 Satz 1 EStG das steuerrechtliche Betriebsvermögen nach den handelsrechtlichen Grundsätzen ordnungsmäßiger Buchführung (GoB) auszuweisen, soweit keine steuerrechtlichen Wahlrechte genutzt werden. Da die GoB weit auszulegen sind, gelten nicht nur die handelsrechtlichen Ansatz-, Ausweis- und Bewertungsvorschriften für die Steuerbilanz. Auch die

---

[1] Vgl. Baetge, J./Kirsch, H.-J./Thiele, S. (Bilanzen), S. 120.

handelsrechtlichen Bewertungsmethoden und Prinzipien sind relevant. Da die Handelsbilanz für die Steuerbilanz maßgeblich ist, wird auch vom **Maßgeblichkeitsprinzip** gesprochen.

Wenn keine Differenzen zwischen Handels- und Steuerrecht auftreten, ist nur eine Bilanz zu erstellen, die als **Einheitsbilanz** bezeichnet wird[1]. In diesem Fall gilt:

> Handelsbilanz = Steuerbilanz

Oft gelingt es nicht, Handels- und Steuerbilanz in vollkommene Übereinstimmung zu bringen. Wenn nur wenige Differenzen vorhanden sind, kann die handelsrechtliche Gewinnermittlung aus steuerrechtlicher Sicht ergänzt werden. Eine **Zusatzrechnung** fasst die steuerrechtlichen Unterschiede zusammen und korrigiert den handelsrechtlichen Gewinn und das handelsrechtliche Vermögen. Die bilanziellen Ansatz- und Bewertungsunterschiede werden in einer steuerrechtlichen Zusatzbilanz dargestellt, sodass eine **ergänzte Einheitsbilanz** entsteht. Es gilt:

> Handelsbilanz + Zusatzbilanz = Steuerbilanz

Beispiel: Zum 31.12.01 sind Handels- und Steuerbilanz identisch (Eigenkapital = Betriebsvermögen = 200.000 €). Ende 02 sind in der Handelsbilanz Waren um 30.000 € außerplanmäßig abzuschreiben. In der Steuerbilanz darf nicht abgeschrieben werden, da die Wertminderung voraussichtlich nicht dauernd ist. Das Eigenkapital betrage zum 31.12.02: 350.000 €. Der steuerrechtliche Gewinn ist um 30.000 € höher als der handelsrechtliche Gewinn, da weniger Abschreibungen erfolgen. Der Steuerbilanzgewinn 02 beträgt somit 180.000 €.

	Handelsbilanz	**Zusatzrechnung**
$EK_{31.12.02}$ - $EK_{31.12.01}$	350.000 € - 200.000 €	+ 30.000 €
Gewinne	150.000 € Handelsbilanzgewinn 02	180.000 € Steuerbilanzgewinn 02

Abb. 26: Beispiel zur Zusatzrechnung

Die bilanzielle Behandlung zum 31.12.02 zeigt die folgende Abbildung (Angaben in Tausend Euro). In der Handelsbilanz werden diverse Vermögensgegenstände (z.B. Sach- und Finanzanlagen, Vorräte) aktiviert. In den Vorräten sind auch die abgewerteten Waren enthalten. Das handelsrechtliche Eigenkapital beträgt 350.000 €. Steuerrechtlich ist ein um 30.000 € höherer Warenwert zu bilanzieren, sodass auch das steuerrechtliche Eigenkapital (Betriebsvermögen) um diesen Betrag steigt und insgesamt 380.000 € beträgt. Die Steuerbilanz ergibt sich als Summe der beiden Bilanzen, wobei die entsprechenden Posten zu addieren sind:

---

[1] Vgl. Brösel, G./Olbrich, M. (Kommentar zu § 253 HGB), Rn. 469.

A	Handelsbilanz 31.12.02		P	A	Zusatzbilanz 31.12.02		P
Div. VG	350	EK	350	Waren	30	EK	30
	350		350		30		30

Abb. 27: Handelsbilanz und steuerliche Zusatzbilanz

Zu beachten sind die Erfolgswirkungen, die sich aus der **Zweischneidigkeit der Bilanz** in den Folgejahren ergeben. Wenn in 03 Handels- und Steuerbilanz ansonsten übereinstimmen, muss der steuerrechtliche Gewinn 03 um 30.000 € **niedriger** sein als der handelsrechtliche Gewinn, wenn der aktivierte Posten vollständig zu Aufwand führt. Da die Abweichung zum 31.12.02 durch die handelsrechtliche Abschreibung von Waren zustande kam, ergibt sich in 03 durch den Wareneinsatz der folgende Effekt (bei vollständigem Absatz):

Mehr Wareneinsatz = Mehr Aufwand = Weniger Gewinn

Durch das Bilanzrechtsmodernisierungsgesetz wurde § 5 Abs. 1 Satz 1 EStG geändert, sodass steuerrechtliche Wahlrechte unabhängig von der Handelsbilanz ausgeübt werden können. Insoweit gilt das Maßgeblichkeitsprinzip nicht mehr. Nach der Literaturmeinung können alle steuerrechtlichen Wahlrechte (z.B. Teilwertabschreibung bei voraussichtlich dauernder Wertminderung) unabhängig von der Handelsbilanz ausgeübt werden[1]. Auch im BMF-Schreiben zum Maßgeblichkeitsprinzip vom März 2010 wird diese Auffassung vertreten[2].

Da bei steuerrechtlichen Wahlrechten das Maßgeblichkeitsprinzip nicht gilt, müssen diese Wahlrechte wie in der Handelsbilanz ausgeübt werden, wenn eine Einheitsbilanz erstellt werden soll. Allerdings können auch Fälle auftreten, in denen es nicht gelingt, Handels- und Steuerbilanz in Einklang zu bringen. Wenn viele Differenzen zwischen beiden Bilanzen bestehen, ist aus Klarheitsgründen meist eine getrennte Erstellung der Steuerbilanz zweckmäßig. Insgesamt lassen sich die Beziehungen von Handels- und Steuerbilanz wie folgt darstellen:

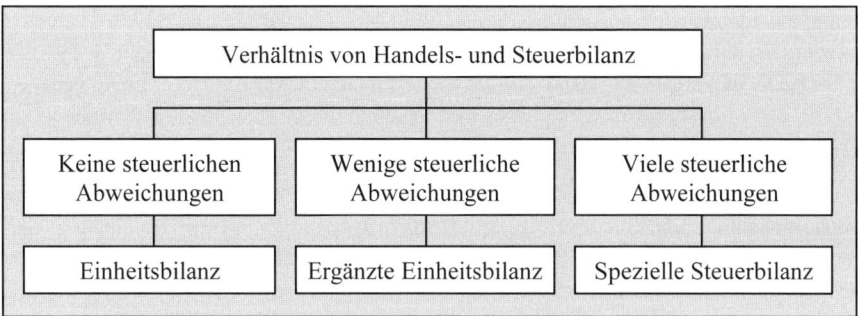

Abb. 28: Verhältnis von Handels- und Steuerbilanz

---

[1] Vgl. Herzig, N./Briesemeister, S. (Konsequenzen), S. 976.
[2] Vgl. BMF (Maßgeblichkeit), Tz. 15.

5.2 Durchbrechung des Maßgeblichkeitsprinzips

Die Steuerbilanz dient der Ermittlung des steuerpflichtigen Periodengewinns[1]. Daher müssen bestimmte handelsrechtliche Prinzipien (z.B. das Niederstwertprinzip) steuerrechtlich eingeschränkt werden, um nicht zu viel Aufwand in frühen Geschäftsjahren zu verrechnen. Hierdurch würden die periodengerechte Erfolgsermittlung und damit auch die gleichmäßige Besteuerung der verschiedenen Einkunftsarten beeinträchtigt werden, da z.B. Arbeitnehmer nur über wenige Möglichkeiten verfügen, um ihre Einkünfte aus nicht selbstständiger Arbeit zu beeinflussen.

Daher wird das Maßgeblichkeitsprinzip zum Teil durch spezielle Vorschriften durchbrochen. Die **Durchbrechung des Maßgeblichkeitsprinzips** wird in § 5 Abs. 6 EStG festgelegt. Die folgende Abbildung zeigt die Geltung bzw. Durchbrechung des Maßgeblichkeitsprinzips für typische Fälle beim **Ansatz von Aktivposten** in der Handels- und Steuerbilanz[2].

Ansatz von Aktivposten		
Handelsbilanz	**Steuerbilanz**	**Maßgeblichkeitsprinzip**
Ansatzpflicht	Ansatzpflicht	Geltung
Ansatzverbot	Ansatzverbot	Geltung
Ansatzwahlrecht	Ansatzpflicht	Geltung nur bei Ausübung in der Handelsbilanz

Abb. 29: Maßgeblichkeitsprinzip beim Ansatz von Aktivposten

Für entgeltlich erworbene Sachanlagen, Finanzanlagen und viele andere Aktivposten besteht in Handels- und Steuerrecht eine Ansatzpflicht. Auch der entgeltlich erworbene Firmenwert ist in der Handelsbilanz und in der Steuerbilanz zu aktivieren. In diesen Fällen wird das Maßgeblichkeitsprinzip eingehalten, wobei es sich aber nur um eine **Formalität** handelt: Auch ohne handelsrechtliche Vorgabe würde die steuerrechtliche Bilanzierung in der gleichen Weise stattfinden.

Für Forschungskosten und einige immaterielle Vermögensgegenstände im Anlagevermögen, die nicht entgeltlich erworben wurden (z.B. selbst erstellte Marken, § 248 Abs. 2 Satz 2 HGB), gilt in der Handels- und Steuerbilanz ein Ansatzverbot. Entsprechendes gilt für den selbst geschaffenen Firmenwert. Auch in diesen Fällen wird das Maßgeblichkeitsprinzip formal eingehalten.

Im Handelsrecht gilt ein Ansatzwahlrecht für selbst geschaffene immaterielle Vermögensgegenstände im Anlagevermögen. Ausnahmsweise gilt in diesem Fall im Steuerrecht ein **Ansatzverbot** (§ 5 Abs. 2 EStG). Wird das Wahlrecht in der Handelsbilanz ausgeübt, findet eine Durchbrechung des Maßgeblichkeitsprinzips statt[3]. Wird dagegen

---

[1] Vgl. Bieg, H./Kußmaul, H./Waschbusch, G. (Rechnungswesen), S. 68.
[2] Vgl. zu den aktuellen Abweichungen zwischen Handels- und Steuerbilanz Herzig, N./Briesemeister, S. (Unterschiede), S. 66-76.
[3] Vgl. Herzig, N./Briesemeister, S. (Konsequenzen), S. 976.

auf die Ausübung des Wahlrechts verzichtet, stimmen Handels- und Steuerbilanz formal überein[1]. Die folgende Abbildung stellt die Zusammenhänge dar:

	Immaterielle Vermögensgegenstände (AV)		
	Handelsbilanz	Steuerbilanz	Maßgeblichkeitsprinzip
Entgeltlich erworben	Ansatzpflicht	Ansatzpflicht	Geltung
Selbst erstellt (Wahlrecht in HB)	a) Ansatz b) Kein Ansatz	Ansatzverbot Ansatzverbot	Durchbrechung Geltung

Abb. 30: Maßgeblichkeitsprinzip bei immateriellen Vermögensgegenständen

Für das **Disagio** besteht in der Handelsbilanz ein Ansatzwahlrecht, während in der Steuerbilanz eine Ansatzpflicht gilt (H 6.10 (Damnum) EStH). Das Maßgeblichkeitsprinzip wird formal eingehalten, wenn das Wahlrecht ausgeübt und das Disagio in der Handelsbilanz aktiviert wird. Ohne Aktivierung ergibt sich eine Durchbrechung des Maßgeblichkeitsprinzips.

Bei der **Bewertung von abnutzbaren Sachanlagen** (z.B. Maschinen oder Betriebs- und Geschäftsausstattung) gelten die folgenden Verbindungen von Handels- und Steuerbilanz[2]:

1. Wertobergrenze: Die Anschaffungskosten stimmen in Handels- und Steuerrecht überein, sodass das Maßgeblichkeitsprinzip formal gilt. Bei der Ermittlung der Herstellungskosten besteht handels- und steuerrechtlich ein Wahlrecht für die Einbeziehung von allgemeinen Verwaltungskosten. Das steuerrechtliche Wahlrecht kann unabhängig von der Handelsbilanz ausgeübt werden. Insoweit gilt das Maßgeblichkeitsprinzip nicht.
2. Planmäßige Abschreibungen: Die steuerrechtlichen Wahlrechte für die Abschreibungsverfahren können unabhängig vom Handelsrecht ausgeübt werden. Da das frühere steuerrechtliche Wahlrecht für die Anwendung der geometrisch-degressiven Abschreibungsmethode nicht mehr anwendbar ist, kommt diesem Bereich derzeit keine große Bedeutung zu.
3. Außerplanmäßige Abschreibungen: Bei nicht dauernder Wertminderung besteht in der Handels- und Steuerbilanz ein Abschreibungsverbot, sodass das Maßgeblichkeitsprinzip eingehalten wird. Bei dauernder Wertminderung besteht in der Handelsbilanz eine Abschreibungspflicht und in der Steuerbilanz ein Abschreibungswahlrecht (§ 6 Abs. 1 Nr. 1 Satz 2 EStG). Es kann unabhängig von der Handelsbilanz ausgeübt werden.

Die außerplanmäßigen Abschreibungen von abnutzbaren Sachanlagen werden in der folgenden Abbildung zusammengefasst. Für immaterielle Vermögensgegenstände gelten die Aussagen entsprechend. Bei Finanzanlagen ergeben sich Besonderheiten im Fall der

---

[1] Im Umlaufvermögen gilt in der Handels- und Steuerbilanz eine Ansatzpflicht für selbst geschaffene immaterielle Vermögensgegenstände. In diesen Fällen wird das Maßgeblichkeitsprinzip formal eingehalten.
[2] Die Einzelheiten zur Bewertung werden im dritten Kapitel behandelt.

nicht dauernden Wertminderung. Handelsrechtlich besteht ein Ansatzwahlrecht – steuerrechtlich ein Ansatzverbot. Das Maßgeblichkeitsprinzip wird formal eingehalten, wenn in der Handelsbilanz keine Abschreibung erfolgt.

	Außerplanmäßige Abschreibung von Sachanlagen		
	Handelsbilanz	Steuerbilanz	Maßgeblichkeitsprinzip
Nicht dauernd	Verbot	Verbot	Gilt
Dauernd	Pflicht	Wahlrecht	Gilt nicht

Abb. 31: Maßgeblichkeitsprinzip bei außerplanmäßigen Abschreibungen von Sachanlagen

Die außerplanmäßige Abschreibung von Vermögensgegenständen im Umlaufvermögen (UV) ist wie folgt geregelt. Im Handelsrecht muss bei voraussichtlich dauernder und nicht dauernder Wertminderung abgeschrieben werden (strenges Niederstwertprinzip). Im Steuerrecht besteht nur bei voraussichtlich dauernder Wertminderung ein Abschreibungswahlrecht, ansonsten gilt ein Abschreibungsverbot.

	Außerplanmäßige Abschreibung im UV		
	Handelsbilanz	Steuerbilanz	Maßgeblichkeitsprinzip
Nicht dauernd	Pflicht	Verbot	Durchbrechung
Dauernd	Pflicht	Wahlrecht	Gilt nicht

Abb. 32: Maßgeblichkeitsprinzip bei außerplanmäßigen Abschreibungen im Umlaufvermögen (UV)

Abschließend wird darauf hingewiesen, dass sich das vorliegende Lehrbuch grundsätzlich mit den handelsrechtlichen und internationalen Einzel- und Konzernabschlüssen beschäftigt. Die Steuerbilanz, die nach steuerrechtlichen Vorschriften erstellt wird, ist grundsätzlich **nicht** Gegenstand dieses Lehrbuchs. Allerdings kann das Steuerrecht nicht völlig vernachlässigt werden, da z.B. ein Einzelunternehmer Rückstellungen für Ertragsteuern (d.h. die Gewerbesteuer) bilden muss.

Auch Kapitalgesellschaften müssen Rückstellungen für Ertragsteuern (Körperschaftsteuer und Gewerbesteuer) bilden. Darüber hinaus sind latente Steuern zu berücksichtigen (siehe viertes Kapitel). Deshalb wurden in diesem Gliederungspunkt einige steuerrechtliche Vorschriften erläutert, die bei der späteren handelsrechtlichen Bilanzierung der Ertragsteuern von Bedeutung sind.

Zweites Kapitel: Ansatz- und Ausweisvorschriften der Bilanz

1. Definitionen von Aktiva und Passiva

Die Handelsbilanz informiert über die Vermögenslage eines Unternehmens. Das Vermögen und die Schulden sind nach § 246 Abs. 1 HGB vollständig zu erfassen (**Vollständigkeitsgebot**). Außerdem sind Rechnungsabgrenzungsposten zu bilanzieren, die aber nicht zum Vermögen bzw. zu den Schulden zählen. Das Vermögen eines Unternehmens setzt sich aus einzelnen **Vermögensgegenständen** zusammen, die jeweils für sich anzusetzen und zu bewerten sind. Das Einzelbewertungsprinzip ist zu beachten.

Beispiel: EDV-Händler Meier erwirbt Ende 01 Waren für 10.000 € von einem Lieferanten. Es handelt sich um Computer der neuesten Generation, bei denen mit einem großen Absatz gerechnet wird. Darüber hinaus erstellt Meier in 01 ein Computerprogramm, welches er für die Erstellung seines Jahresabschlusses nutzt. Er schätzt den Wert seiner Arbeitsstunden auf 10.000 €. Handelt es sich jeweils um Vermögensgegenstände? Muss eine Aktivierung erfolgen?

Die Aktivierung der Computer erscheint unproblematisch. Sie sind körperlich fassbar und stellen einen Wert dar: Die Anschaffungskosten lassen sich für jedes einzelne Gerät bestimmen. Außerdem ist jeder Computer selbstständig verwertbar, d.h. veräußerbar. Dagegen ist die Aktivierung der Software kritischer zu beurteilen, weil sie nicht körperlich vorhanden ist. Außerdem ist sie nur mit einem Computer nutzbar. Allerdings könnte sie auf einer CD gespeichert und somit auf Dritte übertragen werden. Insoweit ist sie ein abgrenzbarer Posten. Meier verfügt über ein Urheberrecht an der Software.

Der Wert dieses Rechts ist aber schwieriger zu ermitteln als der Wert der Computer. Es liegen keine Anschaffungskosten vor, die einer Rechnung entnommen werden können. Das Urheberrecht muss mit den Herstellungskosten bewertet werden, die zu kalkulieren sind. Die Kosten ergeben sich aus der Menge und dem Wert der Arbeitsstunden. Bei der Verwertbarkeit ist zu prüfen, ob sich das Programm von der übrigen Software trennen lässt, also für sich nutzbar ist. Diese Bedingung dürfte regelmäßig erfüllt sein.

Es wird deutlich, dass Kriterien für die Aktivierung entwickelt werden müssen. Ein Vermögensgegenstand muss die Merkmale der folgenden Abbildung erfüllen, wenn das Unternehmensfortführungsprinzip gilt[1], also z.B. keine Insolvenz droht. Im Gegensatz zur Handelsbilanz sind in der Steuerbilanz **Wirtschaftsgüter** zu aktivieren. Für sie gelten ähnliche Kriterien wie für Vermögensgegenstände, aber es wird keine selbstständige Verwertbarkeit gefordert[2]. Steuerlich reicht es aus, wenn ein aktives Wirtschaftsgut zusammen mit dem Unternehmen übertragen werden kann. Hieraus ergeben sich Konsequenzen für die Aktivierung des entgeltlich erworbenen Firmenwerts.

---

[1] Vgl. Federmann, R./Müller, S. (Bilanzierung), S. 259.
[2] Vgl. Heno, R. (Jahresabschluss), S. 113.

Vermögensgegenstand		
Wirtschaftlicher Wert	Selbstständige Bewertbarkeit	Selbstständige Verwertbarkeit
Sachen, Rechte, sonstige wirtschaftliche Werte	Eindeutige Zuordnung von Aufwand zum Vorteil	Alleinige Nutzbarkeit des Vorteils

Abb. 33: Kriterien für Vermögensgegenstände

Zu den wirtschaftlichen Werten zählen beispielhaft:
- Sachen: Körperliche Gegenstände (z.B. Maschinen, Geschäftsausstattung).
- Rechte: Patente, Gebrauchsmuster, Urheberrechte, Marken etc.
- Sonstige wirtschaftliche Werte: Sämtliche Vorteile, die weder Sachen noch Rechte darstellen (geheime Produktionsverfahren, Standortvorteile, Kundenstamm etc.).

Die **selbstständige Bewertbarkeit** beinhaltet die eindeutige Zuordnung von Aufwendungen zur Sache, zum Recht oder zum sonstigen wirtschaftlichen Wert. Hierdurch wird der Einzelbewertungsgrundsatz eingehalten.

Die **selbstständige Verwertbarkeit** beinhaltet, dass der Vorteil für sich **allein** nutzbar ist. Das Kriterium ist erfüllt, wenn der Vorteil als solches veräußerbar ist. Eine entgeltliche Nutzungsüberlassung z.B. durch einen Miet- oder Pachtvertrag reicht aus, um den Anforderungen zu genügen[1]. Damit stellt das im obigen Beispiel erläuterte Computerprogramm einen Vermögensgegenstand dar, da es z.B. veräußert werden könnte. Zahlt ein Unternehmer jedoch einen freiwilligen Zuschuss zum Bau einer öffentlichen Straße, ist dieser Vorteil nicht verwertbar, da das immaterielle Gut "Straßennutzung" als solches nicht übertragbar ist[2]. Der Zuschuss ist als Aufwand zu behandeln.

Die obigen Kriterien, insbesondere die selbstständige Verwertbarkeit, schränken die Ansatzmöglichkeiten ein. Die Aktivierung wird auf solche Posten begrenzt, die sich objektiv nachweisen lassen. Es findet eine **vorsichtige Bilanzierung** statt. Anders formuliert: Das Vorsichtsprinzip begrenzt den Ansatz möglicher Bilanzposten.

In § 246 Abs. 1 Satz 1 HGB werden die **Rechnungsabgrenzungsposten** speziell angeführt. Es handelt sich weder um Vermögensgegenstände noch um Schulden. Wenn Ausgaben vor dem Bilanzstichtag erfolgen, die Aufwand für eine bestimmte Zeit nach diesem Zeitpunkt darstellen, ist ein aktiver transitorischer Posten zu bilden.

Beispiel: EDV-Händler Meier zahlt für angemietete Geschäftsräume im Dezember 01 die Januarmiete 02 im Voraus (1.500 €). Für Meier entsteht in 01 ein Vorteil, nämlich ein Anspruch auf Nutzung der Räume in 02. Dieser Anspruch besteht gegenüber dem Vermieter und ist als solches nicht übertragbar. Bei einer Weitervermietung an einen Dritten würde ein neuer Vorteil entstehen. Eine selbstständige Verwertbarkeit des ursprünglichen Vorteils ist nicht gegeben, sodass **kein** Vermögensgegenstand vorliegt. Insoweit ist kein Ansatz der Vorauszahlung in der Bilanz möglich. Erst durch die spezielle Verpflichtung in § 246 Abs. 1 Satz 1 HGB ergibt sich ein Ansatzgebot.

---

[1] Vgl. Baetge, J./Kirsch, H.-J./Thiele, S. (Bilanzen), S. 161.
[2] Vgl. Falterbaum, H./Bolk, W./Reiß, W. (Bilanz), S. 413.

Auch der **derivative Firmenwert** ist kein Vermögensgegenstand. Dieser Posten entsteht bei einem entgeltlichen Unternehmenserwerb, wenn der Kaufpreis des Unternehmens über dem Zeitwert seines Eigenkapitals liegt. Da der Firmenwert nicht ohne das Unternehmen übertragen werden kann, ist er nicht selbstständig verwertbar. In § 246 Abs. 1 Satz 4 HGB wird der derivative Firmenwert aber durch eine **gesetzliche Fiktion** zu einem (zeitlich begrenzt nutzbaren) Vermögensgegenstand erklärt[1]. Damit gelten für den derivativen Firmenwert grundsätzlich dieselben Bewertungsregeln wie für andere abnutzbare Vermögensgegenstände des Anlagevermögens (z.B. Maschinen). Die Einzelheiten zum Firmenwert werden an späterer Stelle in diesem Kapitel erläutert.

Die **Schulden** werden nicht im HGB definiert. Der Begriff ist weit zu interpretieren, sodass die Schulden alle Verpflichtungen eines Unternehmens umfassen. Hierbei lassen sich die folgenden Kategorien unterscheiden:

- Verbindlichkeiten. Diese Verpflichtungen sind eindeutig bestimmt. Wird in 01 ein Kredit von 50.000 € aufgenommen, der nach fünf Jahren zurückzuzahlen ist, sind Betrag und Zeitpunkt der Verpflichtung eindeutig festgelegt.
- Rückstellungen. Diese Verpflichtungen sind **nicht** in jeder Hinsicht festgelegt. Insbesondere die Höhe der Verpflichtung ist unklar. Wird ein Unternehmen in 02 auf Schadensersatz verklagt, weil die von ihm im Vorjahr gelieferten Produkte beschädigt waren, kann das Urteil unterschiedliche Beträge vorsehen. Die Höhe der Verpflichtung ist nicht eindeutig festgelegt.

Einzelheiten zu den Rückstellungen werden später behandelt. Zunächst reicht ein Überblick über die Posten aus. Nach dem Vorsichtsprinzip sollten die Aktivposten bezüglich des Ansatzes kritischer überprüft werden als die Schulden. Der Kaufmann soll sich nicht reicher rechnen als er tatsächlich ist[2]. Hierdurch werden die Gläubiger geschützt, da das ausgewiesene Vermögen im Fall einer Liquidation auch tatsächlich erzielt werden kann.

Als Saldo aus Aktiv- und Passivposten ergibt sich das **Eigenkapital**. Bei Einzelunternehmen und der OHG wird das Eigenkapital durch den Erfolg direkt verändert (variables Eigenkapital): Gewinne erhöhen und Verluste vermindern es. In den meisten Fällen ergibt sich das Reinvermögen als Saldo auf der Passivseite der Bilanz. Besonderheiten bestehen beim Eigenkapital der Kapitalgesellschaft, das im vierten Kapitel behandelt wird.

In seltenen Fällen kann das Eigenkapital auch auf der Aktivseite erscheinen. Dann deckt das Vermögen nicht mehr die Schulden und der Unternehmensbestand ist gefährdet. In der folgenden Abbildung zeigt Fall A ein **positives Eigenkapital** (EK) für ein Einzelunternehmen auf der Passivseite (Angaben in Tausend Euro).

Der Fall B zeigt ein **negatives Eigenkapital**. Die Aktivposten A_1 bis A_3 betragen zusammen 700.000 €, die Passivposten P_1 und P_2 dagegen 750.000 €. Das negative Eigenkapital steht auf der Aktivseite und bringt die Bilanzseiten formal zum Ausgleich. Es kann auch mit negativem Vorzeichen auf der Passivseite ausgewiesen werden. Dann sinkt die Bilanzsumme auf 700.000 €. In diesem Fall gehört dem Unternehmer quasi das Vermögen nicht mehr, sondern den Fremdkapitalgebern.

---

[1] Im Steuerrecht stellt der derivative Firmenwert ein aktives Wirtschaftsgut dar, da dort die selbstständige Übertragbarkeit nicht gefordert wird.
[2] Vgl. Federmann, R./Müller, S. (Bilanzierung), S. 195.

A	Bilanz – Fall A	P	A	Bilanz – Fall B	P
A₁	400	**EK** **400**	A₁	400	P₁ 500
A₂	200	P₁ 200	A₂	200	P₂ 250
A₃	100	P₂ 100	A₂	100	
			EK	**50**	
	700	700		750	750

Abb. 34: Positives und negatives Eigenkapital

Die Bilanz enthält nur betriebliche Posten. Auch wenn Vermögensgegenstände oder Schulden vorliegen, besteht noch keine Bilanzierungspflicht. Die Posten könnten z.B. einen privaten Charakter haben. Erwirbt der Einzelunternehmer ein Einfamilienhaus, um darin zu wohnen, darf das private Gebäude nicht bilanziert werden. Die Aktivierung von Bilanzposten verläuft beim rechtlichen Eigentümer nach dem folgenden Schema:

Ablaufschema der Aktivierung	
1. Erfüllung von Definitionen:	Liegt ein Vermögensgegenstand, ein aktiver Rechnungsabgrenzungsposten oder ein Sonderposten vor?
2. Persönliche Zurechnung:	Kann der rechtliche Eigentümer die tatsächliche Herrschaft über den Posten ausüben?
3. Sachliche Zurechnung:	Handelt es sich um Betriebs- oder Privatvermögen?
Bei Erfüllung aller Kriterien:	Grundsätzlich: **Ansatzpflicht**. Sonderfälle: Ansatzverbot oder Ansatzwahlrecht

Abb. 35: Ablaufschema der Aktivierung

Zunächst muss ein bilanzierungsfähiger Posten vorliegen. Anschließend müssen die persönliche und sachliche Zuordnung erfolgen: Ist der Posten dem rechtlichen Eigentümer zuzurechnen und gehört der Posten zu seinem Betriebsvermögen? Sind alle Kriterien erfüllt, besteht grundsätzlich eine Ansatzpflicht. Liegt ein spezielles Ansatzverbot vor, darf ein Posten nicht in die Bilanz aufgenommen werden. Beim Ansatzwahlrecht kann der Unternehmer grundsätzlich frei entscheiden[1], ob ein Ansatz erfolgt oder nicht.

2. Zuordnung von Bilanzposten

2.1 Bilanzierung beim Eigentümer

Im Handelsrecht muss die Bilanzierung eines Vermögensgegenstands grundsätzlich beim **rechtlichen Eigentümer** erfolgen (§ 246 Abs. 1 Satz 2 HGB). Er ist im Regelfall derjenige, der die tatsächliche Herrschaft über einen Vermögensgegenstand ausübt und über ihn verfügen kann. Wenn der rechtliche Eigentümer diese Funktionen z.B. infolge

---
[1] Das Stetigkeitsprinzip (§ 246 Abs. 3 Satz 1 HGB) ist zu beachten.

2. Zuordnung von Bilanzposten

vertraglicher Regelungen nicht wahrnehmen kann, erfolgt die Bilanzierung beim **wirtschaftlichen Eigentümer**.

Beispiel: Unternehmer Müller erwirbt am 15.12.01 Waren im Wert von 5.000 € netto von Lieferant Schulze. Dieser liefert die Ware unter Eigentumsvorbehalt. Erst mit der Bezahlung wird Müller rechtlicher Eigentümer. Die Bezahlung durch Müller erfolgt am 5.1.02. Das Geschäftsjahr endet am 31.12.01 (Bilanzstichtag).

Müller wird erst in 02 rechtlicher Eigentümer der Ware. Er kann aber bereits in 01 endgültig über sie verfügen und sie insbesondere verkaufen. Hierdurch erhält er das Geld, um seine Schulden bei Schulze zu begleichen. Müller wird mit der Lieferung wirtschaftlicher Eigentümer der Ware und muss sie am Bilanzstichtag bilanzieren. Gleichzeitig passiviert er eine Verbindlichkeit gegenüber Schulze (§ 246 Abs. 1 Satz 3 HGB). Dieser weist nach der Lieferung eine Forderung in seiner Bilanz aus.

Neben dem **Eigentumsvorbehalt** zeigt die nächste Abbildung weitere Fälle, bei denen rechtliches und wirtschaftliches Eigentum voneinander abweichen.

Fälle wirtschaftlichen Eigentums		
Sachverhalt	**Bilanzierung**	**Begründung**
Eigentumsvorbehalt	Käufer	Verfügungsmöglichkeit
Sicherungsübereignung	Sicherungsgeber	Überwiegende Nutzung
Echtes Factoring	Forderungskäufer	Ausfallrisiko beim Käufer
Unechtes Factoring	Forderungsverkäufer	Ausfallrisiko beim Verkäufer
Leasing	Nehmer oder Geber	Überwiegende Nutzung

Abb. 36: Fälle wirtschaftlichen Eigentums

Die **Sicherungsübereignung** gehört – wie der Eigentumsvorbehalt – zu den Kreditsicherungsgeschäften. Die Bilanzierung erfolgt in diesen Fällen beim **Sicherungsgeber** (Kreditnehmer), da er Besitzer der Sache bleibt und den überwiegenden Nutzen aus ihr ziehen kann[1].

In der folgenden Abbildung erhält Darlehensgeber (Kreditgeber) B zur Sicherung eines Darlehens das Eigentum an einer Maschine von A (Kreditnehmer). B darf die Maschine nur dann verwerten (z.B. an Dritte verkaufen), wenn A seinen Kreditverpflichtungen nicht oder nicht mehr vollständig nachkommt. Die Einzelheiten über die Verwertung werden meist im Kreditvertrag geregelt.

Die Maschine wird vereinbarungsgemäß weiter von A genutzt, damit er sie in der Produktion einsetzen und die notwendigen Mittel zur Kredittilgung erwirtschaften kann. A ist wirtschaftlicher Eigentümer und bilanziert die Maschine, obwohl das rechtliche Eigentum auf B übergeht. A wird als Sicherungsgeber und B als Sicherungsnehmer bezeichnet.

---

[1] Vgl. Schildbach, T./Stobbe, T./Brösel, G. (Jahresabschluss), S. 252.

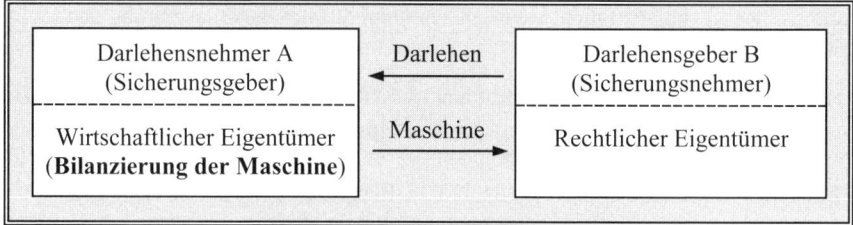

Abb. 37: Sicherungsübereignung

Beim Factoring handelt es sich um einen Forderungsverkauf. Beim **echten Factoring** geht das Ausfallrisiko der Forderung auf den Forderungskäufer (Factor) über. Beim **unechten Factoring** verbleibt es dagegen beim Forderungsverkäufer. Derjenige, der das Ausfallrisiko trägt, ist als wirtschaftlicher Eigentümer der Forderung anzusehen.

Beispiel: Unternehmer Meier hat eine Kapitalforderung von 100.000 € gegen Schulze, die er an ein Factoringinstitut verkauft, das auch das Ausfallrisiko übernimmt. Das Institut zahlt 90% des Forderungsbetrags. Da es sich um echtes Factoring handelt, taucht die Forderung in der Bilanz von Meier nicht mehr auf. Meier bucht bei Bankgutschrift: "Bank 90.000 und sonstige betriebliche Aufwendungen 10.000 an Forderungen 100.000". Der Aufwand entsteht für die Leistungen des Factoringinstituts, insbesondere für die vorzeitige Bereitstellung des Kapitals (Finanzierungskosten, Zinseffekt).

Beim unechten Factoring wird die Forderung weiter bei Meier bilanziert. In Höhe des erhaltenen Betrags (z.B. 95.000 €) entsteht eine Verbindlichkeit gegenüber dem Factoringinstitut (Buchung: "Bank an Verbindlichkeiten 95.000"). Wenn der Schuldner direkt an das Institut zahlt, bucht Meier: "Verbindlichkeiten 95.000 und sonstige betriebliche Aufwendungen 5.000 an Forderungen 100.000". Zahlt der Schuldner nicht den vollen Betrag von 100.000 €, muss Meier die Differenz an das Factoristiut bezahlen, da er als Forderungsverkäufer das Risiko trägt, dass der Schuldner den vollen Betrag leistet.

Beim **Leasing** handelt es sich grundsätzlich um Mietverträge: Der Leasingnehmer mietet z.B. eine Maschine vom Leasinggeber und bezahlt monatliche Leasinggebühren. Wenn der Leasingvertrag jederzeit kündbar ist, handelt es sich um **Operate Leasing**. Die Bilanzierung des Leasingobjekts (der Maschine) erfolgt beim Leasinggeber[1].

Beim **Finance Leasing** wird eine feste Grundmietzeit zwischen Leasinggeber und Leasingnehmer vereinbart, in der eine Kündigung ausgeschlossen ist. Wenn alle Kosten des Leasinggebers in der Grundmietzeit vollständig gedeckt werden (für Anschaffung und Finanzierung), liegt ein **Vollamortisationsvertrag** vor.

Für die Zuordnung eines beweglichen Leasingobjekts ist die Dauer der Grundmietzeit von großer Bedeutung. Liegt sie bei standardisierten Gegenständen über 90% der betriebsgewöhnlichen Nutzungsdauer, muss die Bilanzierung beim Leasingnehmer erfolgen, da er den Gegenstand fast vollständig verbraucht hat. Bei einer Grundmietzeit von z.B. 50% erfolgt die Bilanzierung grds. beim Leasinggeber, da er die Maschine nach dem Rückerhalt an weitere Leasingnehmer vermieten kann. Besonderheiten ergeben sich, wenn dem Leasingnehmer Optionen eingeräumt werden. Kann er z.B. nach Ablauf der

---

[1] Vgl. Heno, R. (Jahresabschluss), S. 367.

Grundmietzeit das Leasingobjekt kaufen, ist bei Vertragsbeginn zu beurteilen, ob die Ausübung wahrscheinlich ist oder nicht. Bei einer Kaufoption ist von der Ausübung auszugehen, so dass die Bilanzierung des Objekts beim Leasingnehmer erfolgt[1].

Die wirtschaftliche Betrachtungsweise betrifft auch den **Bilanzierungszeitpunkt**. Im HGB wird nicht ausdrücklich festgelegt, wann z.B. eine erworbene Maschine zu bilanzieren ist. Daher muss auf die GoB zurückgegriffen werden, die oft durch steuerrechtliche Vorschriften konkretisiert werden können. In den Einkommensteuer-Hinweisen findet sich die folgende Regelung (H 7.4 (Lieferung) EStH):

Bilanzierungszeitpunkt: Übergang von Eigenbesitz, Gefahr, Nutzen, Lasten

Die Frage nach dem Bilanzierungszeitpunkt stellt sich insbesondere bei Grundstücken. Bei diesen Vermögensgegenständen vergeht oft ein längerer Zeitraum zwischen dem Abschluss des Kaufvertrags und dem Übergang des Eigentums.

Beispiel: Unternehmer Müller erwirbt von einer Baugesellschaft ein unbebautes Grundstück. Am 1.10.01 wird der Kaufvertrag rechtskräftig unterzeichnet. Die Nutzung des Grundstücks wird im Kaufvertrag auf den 1.12.01 festgelegt. Zu diesem Zeitpunkt gehen Nutzen und Lasten auf Müller über. Am 1.4.02 wird die Eigentumsänderung im Grundbuch eingetragen.

Ab dem 1.12.01 kann Müller über das Grundstück verfügen. Er hat den Nutzen und muss die zugehörigen Lasten (z.B. Gemeindeabgaben und Grundsteuer) tragen. Er wird am 1.12.01 wirtschaftlicher Eigentümer und muss in 01 das Grundstück bilanzieren. Die folgenden Zeitpunkte sind insoweit **ohne** Bedeutung:

- Kaufvertrag, 1.10.01: Begründet schuldrechtliche Rechte und Pflichten.
- Eigentumsübergang, 1.4.02: Gibt die Rechtsänderung wieder.

Die folgende Abbildung verdeutlicht den zeitlichen Ablauf der Eigentumsübertragung von Grundstücken aus Sicht des Erwerbers. Die Bilanzierung erfolgt regelmäßig mit dem **Übergang von Nutzen und Lasten**. Ab diesem Zeitpunkt kann der Erwerber über das Grundstück verfügen und es nutzen.

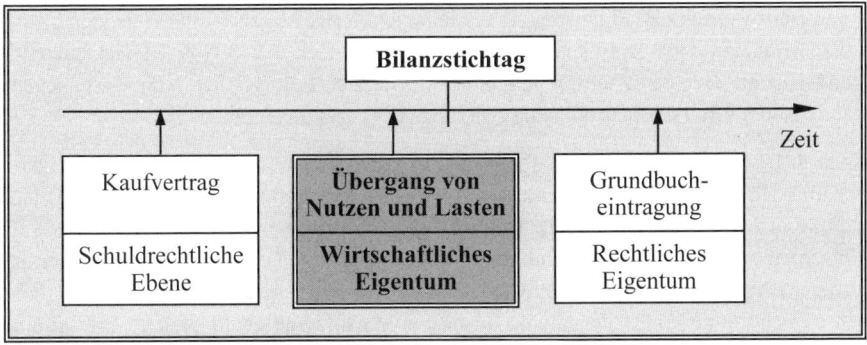

Abb. 38: Bilanzierung beim Erwerb von Grundstücken

---

[1] Vgl. Wöhe, G./Kußmaul, H. (Bilanztechnik), S. 186.

2.2 Abgrenzung von Betriebs- und Privatvermögen

2.2.1 Bewegliche Vermögensgegenstände

Der Einzelunternehmer tritt als natürliche Person in einer Doppelfunktion auf: Zum einen als Privatperson und zum anderen als Unternehmer. Daher muss das private Vermögen vom betrieblichen unterschieden werden. Zwar haften beide Größen für die Schulden des Unternehmers, aber in der Bilanz wird nur das Betriebsvermögen ausgewiesen. Der Jahresabschluss bildet den betrieblichen Erfolg und das betriebliche Vermögen ab. Es gilt:

> **Bilanzen enthalten nur Betriebsvermögen**

Das Handelsrecht enthält keine Kriterien für die Zuordnung eines Vermögensgegenstands zum betrieblichen oder privaten Bereich. Unproblematisch ist die Zuordnung solcher Vermögensgegenstände, die ihrer Art nach nur privat oder betrieblich genutzt werden können. Bei einem Bauunternehmer kann z.B. wie folgt aufgeteilt werden:

- Private Vermögensgegenstände: Wohnzimmermöbel, Küchenschränke, Fernseher, Bekleidung, Schmuck.
- Betriebliche Vermögensgegenstände: Kran, Bagger, Lkws, Spezialwerkzeuge, Vorräte (Zement).

Problematisch ist die Zuordnung von Vermögensgegenständen, die sowohl betrieblich als auch privat genutzt werden. Beispiele sind Fahrzeuge, Notebooks, Smartphones, Tablets. Diese Sachen lassen sich nicht aufteilen und werden **gemischtgenutzte Vermögensgegenstände** genannt. Sie sind wie folgt gekennzeichnet:

> **Gleichzeitige betriebliche und private Nutzung einheitlicher Gegenstände**

Die Zuordnung dieser Posten erfolgt meist nach den steuerrechtlichen Regelungen wie z.B. den **Einkommensteuer-Richtlinien** (EStR). Sie werden von den Finanzbehörden entwickelt, damit eine einheitliche Rechtsanwendung für alle Steuerpflichtigen erfolgt, wenn im Gesetz unklare Begriffe verwendet werden. Die Richtlinien sind nur für die Finanzverwaltung (z.B. Finanzämter) bindend. Mittlerweile haben sich viele steuerliche Vorschriften zu GoB entwickelt und gelten dann nach § 243 Abs. 1 HGB auch im Handelsrecht. Bei der Zuordnung gemischtgenutzter beweglicher Vermögensgegenstände ist der Grad der betrieblichen Nutzung (BN) entscheidend.

Nach R 4.2 Abs. 1 EStR gilt die folgende Zuordnung: Bei einer betrieblichen Nutzung von über 50% handelt es sich um notwendiges Betriebsvermögen und es muss eine Bilanzierung erfolgen (**Ansatzpflicht**). Beträgt der betriebliche Nutzungsanteil weniger als 10%, handelt es sich um notwendiges Privatvermögen und es darf keine Bilanzierung erfolgen (**Ansatzverbot**). Liegt die betriebliche Nutzung zwischen 10% und 50%, handelt es sich um neutrales Vermögen, für das ein **Ansatzwahlrecht** besteht. Erfolgt eine Bilanzierung, gehört der Vermögensgegenstand zum gewillkürten Betriebsvermögen. In diesem Fall ist der **gesamte Vermögensgegenstand** als betrieblich anzusehen. Es erfolgt keine Aufteilung in einen betrieblichen und privaten Anteil!

2. Zuordnung von Bilanzposten

Abgrenzung von Betriebs- und Privatvermögen		
BN < 10%	10% ≤ BN ≤ 50%	BN > 50%
Notwendiges Privatvermögen	Neutrales Vermögen – **Wahlrecht**: Gewillkürtes Betriebsvermögen oder Privatvermögen	Notwendiges Betriebsvermögen

Abb. 39: Abgrenzung von Betriebs- und Privatvermögen

Beispiel: Ein Unternehmer erwirbt Anfang 01 einen Fotokopierer mit Anschaffungskosten von 5.000 € (Nutzungsdauer fünf Jahre, lineare Abschreibungsmethode). Die laufenden Aufwendungen betragen 1.500 € pro Jahr. Das Gerät wird wie folgt genutzt: Pro Jahr werden insgesamt 20.000 Kopien angefertigt: 8.000 Stück betrieblich und 12.000 Stück privat. Die Umsatzsteuer wird vernachlässigt. Das Gerät wird zu 40% betrieblich genutzt (8.000 Stück/20.000 Stück). Es kann dem betrieblichen oder dem privaten Bereich zugeordnet werden.

Bei Zuordnung zum **Betriebsvermögen** sind folgende Aufwendungen zu verrechnen: Abschreibungen 1.000 € pro Jahr und sonstige betriebliche Aufwendungen 1.500 €. Vom Gesamtaufwand (2.500 €) sind 40% betrieblich und 60% privat veranlasst. Hinsichtlich des privaten Anteils liegt eine Entnahme vor (60% von 2.500 € = 1.500 €). Sie bezieht sich auf die Nutzung des Vermögensgegenstands und wird als **Nutzungsentnahme** oder **Aufwandsentnahme** bezeichnet[1]. Der Vermögensgegenstand selbst bleibt betrieblich und wird als solcher nicht entnommen[2].

Die Buchung erfolgt unter Beachtung des **Bruttoprinzips** als Ertrag und führt inhaltlich zur teilweisen Stornierung des Gesamtaufwands. Gebucht wird:

Privatkonto an sonstige betriebliche Erträge 1.500

Bei Zuordnung zum **Privatvermögen** ist ein Teil der Aufwendungen betrieblich veranlasst (40% von 2.500 € = 1.000 €). Der betriebliche Nutzungsanteil wird aus dem Privatbereich in den Betriebsbereich übertragen. Es liegt eine Einlage von Nutzungen vor (**Nutzungseinlage oder Aufwandseinlage**). Die Buchung lautet: "Sonstige betriebliche Aufwendungen an Privatkonto 1.000". Beide Vorgehensweisen führen hinsichtlich der Aufwendungen zum selben Ergebnis: Es werden jeweils 1.000 € verrechnet, die den Erfolg mindern. Je nach Zuordnung eines gemischtgenutzten Vermögensgegenstands gilt bezüglich der Privatnutzung:

- Zuordnung zum Betriebsvermögen: Private Nutzung = Entnahme.
- Zuordnung zum Privatvermögen: Betriebliche Nutzung = Einlage.

Umsatzsteuerrechtlich gilt: Die Nutzungsentnahme ist umsatzsteuerpflichtig, wenn ein voller oder teilweiser Vorsteuerabzug möglich war. Im Beispiel wäre die Entnahme unter Beachtung der Umsatzsteuer wie folgt zu buchen: "Privatkonto 1.785 an sonstige betrieb-

---

[1] Vgl. Horschitz, H./Groß, W./Fanck, B./Guschl, H./Kirschbaum, J./Schustek, H. (Bilanzsteuerrecht), S. 132.
[2] Diese Fälle werden im dritten Kapitel erläutert.

liche Erträge 1.500 und USt 285". Bei betrieblichen Fahrzeugen besteht die Besonderheit, dass auch Aufwendungen anfallen, bei denen kein Vorsteuerabzug möglich ist (z.B. Kfz-Steuer, Kfz-Versicherung). Auf ihren privaten Anteil entfällt keine Umsatzsteuer.

Bei der Einlage kann **keine Vorsteuer** geltend gemacht werden[1]. Dieser Fall liegt immer dann vor, wenn eine Leistung zunächst für den Privatbereich erfolgte und später eine Übertragung in den Betrieb vorgenommen wird. Unter Berücksichtigung der Umsatzsteuer wird die Nutzungseinlage im Beispiel gebucht: "Sonstiger betrieblicher Aufwand an Privatkonto 1.190".

> Entnahmen mit Umsatzsteuer – Einlagen ohne Vorsteuerabzug

Bei **Personenhandelsgesellschaften** (z.B. der OHG) muss zwischen der Gesellschaft und ihren Gesellschaftern unterschieden werden. Da die OHG selbst Vermögensgegenstände erwerben kann, muss sie alle Posten aktivieren, die ihr wirtschaftlich zuzurechnen sind. Gegenstände der Gesellschafter dürfen nicht in die Bilanz der OHG aufgenommen werden. Wenn ein Gesellschafter einen Teil des Grundstücks der OHG privat nutzt, liegt eine Nutzungsentnahme vor. Im umgekehrten Fall liegt eine Nutzungseinlage vor. Beide Vorgänge sind auf dem Privatkonto des jeweiligen Gesellschafters zu erfassen.

Zusammenfassend lässt sich festhalten, dass bewegliche Vermögensgegenstände entweder dem betrieblichen oder privaten Bereich zuzuordnen sind. Eine Aufteilung findet nicht statt. Werden betriebliche Gegenstände privat genutzt, wird eine Entnahme berücksichtigt. Wird ein Vermögensgegenstand des Betriebsvermögens veräußert, führt ein Veräußerungsgewinn zu sonstigen betrieblichen Erträgen (siehe fünftes Kapitel). Da der Gegenstand insgesamt zum Betriebsvermögen gehörte, gilt im **Verkaufsfall**:

> Keine Kürzung des Veräußerungsgewinns um private Anteile

2.2.2 Unbewegliche Vermögensgegenstände

Wird auf einem unbebauten Grundstück (unbeweglicher Vermögensgegenstand) ein Gebäude errichtet, wird der rechtliche Eigentümer des Grund und Bodens zum rechtlichen Eigentümer des Gebäudes. Das Bauwerk ist ein wesentlicher Bestandteil des Grund und Bodens. Beide bilden zivilrechtlich eine **Einheit**. Diese rechtliche Betrachtungsweise gilt jedoch nicht im Handelsrecht, welches durch eine wirtschaftliche Sichtweise geprägt ist.

Danach sind Grund und Boden und Gebäude als **zwei** Vermögensgegenstände anzusehen. Diese Unterscheidung ist auch deshalb wichtig, weil nur das Gebäude abnutzbar ist. Planmäßige Abschreibungen sind nur für das Bauwerk, aber nicht für den Grund und Boden zu verrechnen: Er ist kein abnutzbarer Vermögensgegenstand.

Das Gebäude und der Grund und Boden können vom Einzelunternehmer in unterschiedlicher Weise genutzt werden (z.B. zur Produktion oder zu Wohnzwecken). In diesem Fall

---

[1] Vgl. Kurz, D./Meissner, G. (Umsatzsteuer), S. 348.

wird eine weitere Unterteilung in betriebliche und private Komponenten notwendig. Sie erfolgt grundsätzlich nach Maßgabe der **Nutzungsfläche**.

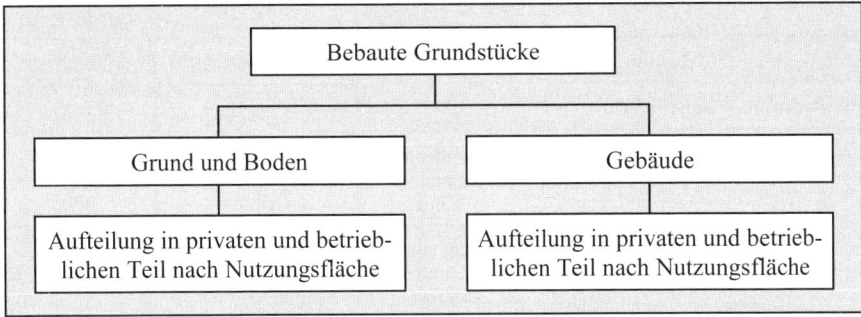

Abb. 40: Unterteilung bebauter Grundstücke

Wird ein Gebäude zum Teil betrieblich und zum Teil für private Wohnzwecke genutzt, entstehen handelsrechtlich – in Anlehnung an R 4.2 Abs. 4 EStR – die folgenden Vermögensgegenstände:

	Gebäudeaufteilung	
Nutzung	Betrieblich	Privat
Bezeichnung	Eigenbetrieblich genutzter Gebäudeteil	Zu eigenen Wohnzwecken genutzter Gebäudeteil
Zuordnung	Betriebsvermögen	Privatvermögen

Abb. 41: Aufteilung von Gebäuden

Beispiel: Buchdruckermeister Otto Müller ist Eigentümer eines bebauten Grundstücks von 1.000 qm Fläche. Hiervon werden 400 qm als Garten und 500 qm als Kundenparkplatz genutzt. Das aufstehende Gebäude hat eine Grundfläche von 100 qm. Das Gebäude besteht aus zwei gleich großen Etagen. Im Erdgeschoss befindet sich die Druckerei. Der erste Stock wird als private Wohnung von Otto Müller genutzt. Die Anschaffungskosten des Grund und Bodens betragen 100.000 € und die des Gebäudes 400.000 €.

Das **Gebäude** wird wie folgt aufgeteilt. Da alle Etagen gleich groß sind, weisen sie jeweils den gleichen Anteil am Gebäude auf.

Vermögensgegenstand	Gebäudeanteil	Bilanzierung	Wert
1. Eigenbetrieblich genutzter Gebäudeteil	50%	Pflicht	200.000 €
2. Zu eigenen Wohnzwecken genutzter Gebäudeteil	50%	Verbot	200.000 €

Abb. 42: Beispiel zur Aufteilung von Gebäuden

Der **Grund und Boden** wird grundsätzlich wie folgt aufgeteilt. Da das Gebäude zu 50% betrieblich und zu 50% privat genutzt wird, gehört die Hälfte des zugehörigen Grund und Bodens zum Betriebs- bzw. Privatvermögen (je 50 qm). Pro qm sind 100 € zu verrechnen.

Nutzung	Anteil	Bilanzierung	Wert
1. Parkplatz - betrieblich	500 qm	Pflicht	50.000 €
2. Garten - privat	400 qm	Verbot	40.000 €
3. Betrieblicher Gebäudeteil	50 qm	Pflicht	5.000 €
4. Privater Gebäudeteil	50 qm	Verbot	5.000 €

Abb. 43: Beispiel zur Aufteilung von Grund und Boden

Zum Gebäude gehören alle Bestandteile, die für seine Nutzung notwendig sind. Die Fenster, Heizung und Türen werden für den normalen Gebrauch benötigt und sind unselbstständige Gebäudeteile. Dagegen stellen Gebäudeteile, die nicht der eigentlichen Nutzung dienen, sondern betrieblich verwendet werden, selbstständige Vermögensgegenstände dar (z.B. die Hebebühne für Fahrzeuge im Kfz-Betrieb). Derartige Posten werden als **Betriebsvorrichtung** bezeichnet[1]. Sie lassen sich wie folgt definieren:

> Betriebsvorrichtungen sind feste Gebäudebestandteile, die unmittelbar dem Betriebsprozess dienen

Betriebsvorrichtungen gelten als bewegliche Vermögensgegenstände, obwohl sie fest mit dem Gebäude verbunden sind. Sie werden unabhängig vom Bauwerk nach Maßgabe ihrer Nutzungsdauer abgeschrieben.

Zusammenfassend gilt für den Ansatz von Bilanzposten: Sind die Definitionen erfüllt, muss ein Ansatz erfolgen, wenn die Posten dem Bilanzierenden wirtschaftlich zuzurechnen sind und zum Betriebsvermögen gehören. Grundstücke und Gebäude werden nach Maßgabe der betrieblichen Nutzung aufgeteilt. Für die Schulden gilt: Sie sind beim Schuldner zu passivieren (§ 246 Abs. 1 Satz 3 HGB), wenn sie die Definition erfüllen und der Finanzierung betrieblicher Vermögensgegenstände dienen.

3. Einzelne Ansatzpflichten und Ansatzwahlrechte

3.1 Immaterielle Vermögensgegenstände

Immaterielle Vermögensgegenstände, wie z.B. das Urheberrecht eines Schriftstellers an einem Lehrbuch, sind nicht körperlich fassbar. Das Recht kann aber durch einen Vertrag mit einem Verlag nachgewiesen werden. Bei positiven Absatzprognosen eines Buchs hat das zugehörige Recht auch einen wirtschaftlichen Wert. In anderen Fällen, wie der **Forschung** und **Entwicklung** neuer Produkte können der Nachweis und die Werthaltigkeit

---

[1] Vgl. Bitz, M./Schneeloch, D./Wittstock, W./Patek, G. (Jahresabschluss), S. 156.

der immateriellen Posten sehr viel schwieriger sein. Der Gesetzgeber hat in § 255 Abs. 2a HGB[1] die Definitionen von Forschung und Entwicklung festgelegt:

- Forschung: Eigenständige und planmäßige Suche nach neuen wissenschaftlichen und technischen Erkenntnissen, deren technische Verwertbarkeit und wirtschaftlichen Erfolgsaussichten noch sehr unsicher sind.
- Entwicklung: Anwendung von Forschungsergebnissen oder von anderem Wissen für die Neuentwicklung oder wesentliche Weiterentwicklung von Gütern oder Verfahren. Das Entwicklungsergebnis ist meist übertragbar.

Eigene Forschungskosten stellen mangels selbstständiger Verwertbarkeit meist keinen Vermögensgegenstand dar. Daher enthält § 255 Abs. 2 Satz 4 HGB ein Ansatzverbot. Dagegen können Entwicklungskosten aktiviert werden:

> Ansatzverbot für Forschungskosten – Ansatzwahlrecht für Entwicklungskosten

Um einen selbst geschaffenen immateriellen Vermögensgegenstand nach § 248 Abs. 2 Satz 1 HGB ansetzen zu können, muss der Posten zuerst die Merkmale eines Vermögensgegenstands aufweisen und insbesondere einzeln verwertbar sein[2]. Der immaterielle Posten muss auf Dritte übertragen werden können. Ohne diese Voraussetzung darf keine Aktivierung der Aufwendungen erfolgen.

Beispiel: Unternehmer Müller erforscht mit seinen Mitarbeitern ab Anfang 01 die technischen Grundlagen für einen neuen Motor, der bei 200 PS Leistung nur zwei Liter Biokraftstoff für 100 km Fahrstrecke benötigt. Dadurch liegt der CO_2-Ausstoß auf sehr niedrigem Niveau. Ab dem 1.6.01 wird ein serienreifer Motor konstruiert, der am 31.12.01 einwandfrei funktioniert. Die Gesamtkosten betragen im Geschäftsjahr 01: 4.800.000 € und sind gleichmäßig angefallen.

Die Forschungskosten betragen 5/12 von 4.800.000 € und führen in 01 zum Aufwand von 2.000.000 € (**Ansatzverbot**). Die Entwicklungskosten für den selbst geschaffenen immateriellen Vermögensgegenstand können aktiviert werden, wenn das Know-how für den Motor selbstständig verwertbar ist (z.B. bei bestehenden Verkaufsmöglichkeiten). Dann können 2.800.000 € (7/12 von 4.800.000 €) als selbst geschaffene Rechte und Werte im Anlagevermögen aktiviert werden. Die Bestandteile der Herstellungskosten werden im dritten Kapitel erläutert.

In der Praxis erstrecken sich Entwicklungen oft über viele Jahre. Im Fall **mehrjähriger Entwicklungsdauer** ist anfänglich nur schwer abzuschätzen, ob sich ein selbstständig verwertbarer Posten ergeben wird. Bei langfristigen Projekten ist oft unsicher, ob die Entwicklung erfolgreich abgeschlossen werden kann.

Beispiel: Vom 1.8.01 bis 28.2.02 wird ein neues Verfahren entwickelt (monatlicher Aufwand: 200.000 €). Damit ist Ende 01 fraglich, ob ein immaterieller Vermögensgegenstand (Posten "selbst geschaffene Rechte und Werte in der Entwicklung") vorliegt, der mit Herstellungskosten von 1.000.000 € bewertbar ist.

---

[1] Die Definitionen hätten in § 248 Abs. 2 HGB aufgenommen werden müssen, da diese Vorschrift den Ansatz immaterieller Posten regelt. § 255 HGB regelt dagegen die Bewertung der Posten.
[2] Vgl. BMJ (BilMoG), S. 50, Theile, C. (Immaterielle), S. 1067.

Nur wenn Ende 01 feststeht, dass die Entwicklung mit hoher Wahrscheinlichkeit zu einem Vermögensgegenstand führen wird, ist ein Ansatz möglich[1]. Hierbei ist auch das **Wertaufhellungsprinzip** zu beachten. Wenn der Jahresabschluss 01 im März 02 aufgestellt wird, ist die Entwicklung bereits abgeschlossen und ein Vermögensgegenstand liegt vor. Ist der Abschluss eines Projekts am Jahresende gefährdet, darf kein Ansatz der Aufwendungen erfolgen. Wird es im Folgejahr wider Erwarten doch erfolgreich beendet, können nur die Aufwendungen des laufenden Jahres aktiviert werden. Nach dem Periodisierungsprinzip sind die Aufwendungen der Geschäftsjahre getrennt zu behandeln.

Ein Problem besteht in der Abgrenzung der Forschungs- und Entwicklungsphase, die in der Praxis meist nicht eindeutig vorzunehmen ist. In diesem Fall gilt nach § 255 Abs. 2a Satz 4 HGB ein Ansatzverbot. Außerdem wird § 248 Abs. 2 Satz 2 HGB ein Ansatzverbot für die folgenden Posten festgelegt: Marken, Drucktitel, Verlagsrechte, Kundenlisten und vergleichbare immaterielle Vermögensgegenstände des Anlagevermögens dürfen nicht in der Bilanz erscheinen, wenn sie **nicht entgeltlich** erworben wurden.

Beispiel: Unternehmer Müller stellt Waschmittel her. Für eine neue umweltschonende Produktlinie wird ein neuer Produktname gesucht. Die Marketingabteilung findet nach einiger Zeit eine passende Produktbezeichnung. Die Kosten betragen 100.000 €. Sie dürfen **nicht** angesetzt werden, da die Marke zum Anlagevermögen gehört und nicht entgeltlich erworben wurde. Wird der Markenname von einer beauftragten Werbefirma entwickelt, besteht dagegen eine Ansatzpflicht, da ein entgeltlicher Erwerb vorliegt.

In der Handelsbilanz sind selbst geschaffene immaterielle Vermögensgegenstände speziell auszuweisen (Posten "selbst geschaffene gewerbliche Schutzrechte" oder "selbst geschaffene Rechte und Werte"). Steuerrechtlich ist der Ansatz dieser Posten verboten (§ 5 Abs. 2 EStG). Bei Aktivierung wird das Maßgeblichkeitsprinzip durchbrochen.

Werden immaterielle Posten im Anlage- oder Umlaufvermögen **entgeltlich** erworben, besteht immer eine **Ansatzpflicht**. Wird Software zur Weiterveräußerung gekauft, handelt es sich um aktivierungspflichtige Waren. Wird Software im Unternehmen hergestellt, liegen fertige Erzeugnisse vor, wenn das Produkt am Jahresende dem Kunden noch nicht übergeben wurde. Wird ein Patent von Dritten erworben, um es dauerhaft im Unternehmen zu nutzen, liegt ein ansatzpflichtiges entgeltlich erworbenes gewerbliches Schutzrecht vor. Im Anlagevermögen sind entgeltliche und selbst geschaffene immaterielle Posten zum Schutz der Gläubiger getrennt auszuweisen. Kapitalgesellschaften müssen im Anhang weitere Angaben vornehmen (§ 285 Nr. 22 HGB). Es gilt:

Immaterielle Vermögensgegenstände		
Anlagevermögen		Umlaufvermögen
Entgeltlich	Nicht entgeltlich	Entgeltlich oder nicht
Ansatzpflicht	**Ansatzwahlrecht** (Verbot für Forschung, Marken, Drucktitel und ähnliche Posten)	**Ansatzpflicht** (Posten: Fertige/unfertige Erzeugnisse oder Waren)

Abb. 44: Ansatz immaterieller Vermögensgegenstände

---

[1] Vgl. BMJ (BilMoG), S. 60, Hüttche, T. (Bilanzierung), S. 166-167.

3.2 Derivativer Firmenwert

Unternehmen weisen meist einen hohen Wert auf. Wird ein ganzes Unternehmen entgeltlich erworben, übersteigt der Kaufpreis meist den Wert des bilanzierten Eigenkapitals. Hierfür sind insbesondere Bewertungsunterschiede ursächlich: Ein im Unternehmen seit langem genutztes Grundstück muss mit seinen Anschaffungskosten bewertet werden, obwohl der tatsächliche Wert (Marktwert) oft höher ist. Das Grundstück enthält **stille Reserven**, für die gilt[1]:

> Differenz zwischen tatsächlichen Werten und Buchwerten bei Aktiva/Passiva

Beispiel: Das Unternehmen von Müller weist in der Bilanz zum 31.12.01 ein Eigenkapital von 500.000 € aus. Auf der Aktivseite sind Grundstücke mit 90.000 € unterbewertet. Außerdem wird ein Warenbestand mit Anschaffungskosten von 60.000 € bewertet, dessen Verkaufspreis bei 130.000 € netto liegt. Der Zeitwert des Eigenkapitals des Unternehmens liegt um insgesamt 160.000 € (90.000 € + 70.000 €) über seinem Buchwert und beläuft sich auf 660.000 €, wenn keine Schulden vorhanden sind.

In den meisten Fällen lassen sich die gezahlten Unternehmenspreise nicht allein mit Bewertungsdifferenzen erklären. Es wird darüber hinaus ein Mehrbetrag gezahlt, mit dem weitere immaterielle Faktoren vergütet werden. Diese Posten sind aber nicht einzeln zu bewerten. Als Beispiele sind zu nennen: Das Know-how der Mitarbeiter, die effiziente Organisation eines Unternehmens, der Kundenstamm, die Kontakte des Firmeninhabers, die Marken einzelner Produktgruppen[2]. Alle Faktoren beeinflussen die zukünftigen Erträge des Unternehmens und bilden zusammen den Geschäfts- oder Firmenwert. Im Folgenden wird vereinfachend vom **Firmenwert** gesprochen.

Der Firmenwert kann auf verschiedene Weisen entstehen. Zu unterscheiden sind:

- Originärer Firmenwert: Wird im Unternehmen selbst aufgebaut.
- Derivativer Firmenwert: Wird mit dem Unternehmen entgeltlich erworben.

Für den originären Firmenwert besteht ein **Ansatzverbot**. Seine Bestandteile stellen zwar sonstige wirtschaftliche Vorteile dar. Sie lassen sich jedoch weder einzeln noch insgesamt selbstständig bewerten. Wenn ein Unternehmer seit der Geschäftsgründung z.B. einen festen Kundenstamm aufgebaut hat, sind die zugehörigen Aufwendungen kaum zu bestimmen. Auch eine selbstständige Verwertbarkeit des Vorteils ist nicht gegeben. Damit liegt **kein** Vermögensgegenstand vor, sodass der Ansatz unzulässig ist.

Auch der derivative Firmenwert ist nicht selbstständig verwertbar und daher kein Vermögensgegenstand. Nach § 246 Abs. 1 Satz 4 HGB gilt der Posten aber als Vermögensgegenstand und ist daher zu aktivieren: Somit besteht eine **Ansatzpflicht**. Steuerrechtlich gelten dieselben Ansatzregeln für den originären und derivativen Firmenwert.

Beispiel: Es gelten die Daten des obigen Beispiels. Der Kaufpreis für das Unternehmen X beträgt Anfang 02: 1.000.000 €. Bei einem Zeitwert des Eigenkapitals von 660.000 €

---

[1] Vgl. Coenenberg, A.G./Haller, A./Schultze, W. (Jahresabschluss), S. 359.
[2] Vgl. zu den einzelnen Komponenten des Firmenwerts Pellens, B./Fülbier, R.U./Gassen, J./Sellhorn, T. (Rechnungslegung), S. 857.

entsteht ein Unterschiedsbetrag in Höhe von 340.000 €, der den derivativen Firmenwert darstellt. Er enthält alle nicht einzeln identifizierbaren Faktoren. Die grundsätzliche Buchung lautet: "Diverse Vermögensgegenstände 660.000, Firmenwert 340.000 an Bank 1.000.000". Ohne Aktivierung würde der Erfolg 02 um 340.000 € sinken. Durch eine Aktivierung wird das Ergebnis zunächst nicht belastet. Erst mit der Abschreibung des Firmenwerts entsteht ein Aufwand, der den Gewinn vermindert.

Der Kauf eines Unternehmens als solches ist vom Kauf der Anteile an einem Unternehmen zu unterscheiden. Wenn es sich im vorigen Beispiel um eine GmbH handelt, wird der Preis von 1.000.000 € für die GmbH-Anteile bezahlt. Sie stellen eigenständige Vermögensgegenstände dar und werden unter dem Posten "Finanzanlagen" bilanziert. Im Einzelabschluss wird bei Bankzahlung gebucht: "Anteile an verbundenen Unternehmen an Bank 1.000.000".

Der Firmenwert entsteht im Einzelabschluss nur bei einem Unternehmenskauf, der durch den vollständigen Erwerb der einzelnen Vermögensgegenstände und die Übernahme der Schulden gekennzeichnet ist. Diese Vorgänge werden **asset deal** genannt[1]. Der (vollständige oder mehrheitliche) Erwerb von Anteilen an Unternehmen wird als **share deal** bezeichnet. In diesem Fall entsteht der Firmenwert im Konzernabschluss – im Einzelabschluss findet bei Bankzahlung nur ein erfolgsneutraler Aktivtausch statt.

Derivativer Firmenwert	
Definition:	Unterschiedsbetrag aus der Gegenleistung für ein Unternehmen und dem Zeitwert des Eigenkapitals (asset deal)
Bilanzierung:	Ansatzpflicht (gesetzliche Fiktion eines Vermögensgegenstands)

Abb. 45: Bilanzierung des derivativen Firmenwerts

3.3 Sach- und Finanzanlagen

Bei den Sach- und Finanzanlagen handelt es sich im Regelfall um Vermögensgegenstände, da die entsprechenden Merkmale erfüllt sind. Zu den **Sachanlagen** gehören körperliche Gegenstände, die eine Substanz aufweisen. Beispiele:

- Grundstücke und Gebäude: Sie werden im Einzelunternehmen in Abhängigkeit von ihrer Nutzung in selbstständige Vermögensgegenstände aufgeteilt. Bezüglich der Abnutzbarkeit ist zwischen dem Grund und Boden (nicht abnutzbar) und dem Gebäude (abnutzbar) zu unterscheiden.
- Maschinen, Betriebs- und Geschäftsausstattung: Der Ansatz dieser Vermögensgegenstände muss erfolgen, wenn die betriebliche Nutzung mehr als 50% der Gesamtnutzung beträgt. Diese Sachanlagen sind abnutzbar.

Der Ansatz von Sachanlagen ist unproblematischer als der von immateriellen Vermögensgegenständen. Die Substanz materieller Posten verdeutlicht ihre Existenz und lässt auf eine Werthaltigkeit schließen. Wird in 01 mit dem Bau einer Lagerhalle begonnen,

---
[1] Vgl. Coenenberg, A.G. /Haller, A./Schultze, W. (Jahresabschluss), S. 682.

3. Einzelne Ansatzpflichten und Ansatzwahlrechte

die in 02 fertig gestellt wird, erfolgt am Bilanzstichtag 01 ein Ansatz des unfertigen Gebäudes in der Bilanz (Posten: "Anlagen im Bau").

Werden Sachanlagen aus betrieblichem Anlass geschenkt, geht die handelsrechtliche Meinung von einem **Ansatzwahlrecht** aus[1]. Wenn Lieferant Meier dem Start-up Unternehmer Müller zu dessen Geschäftseröffnung eine gebrauchte Büroeinrichtung im Wert von 2.000 € schenkt, weil Meier auf eine Lieferbeziehung hofft, lautet die Buchung bei Müller im Aktivierungsfall[2]: "BGA an sonstige betriebliche Erträge 2.000". Verzichtet Müller auf den Ansatz, erfolgt keine Buchung. Der Vermögensausweis ist zu niedrig.

Erstellt ein Unternehmen Sachanlagen selbst, besteht handels- und steuerrechtlich eine **Ansatzpflicht**. Die grundsätzliche Buchung lautet bei Anwendung des Gesamtkostenverfahrens: "Sachanlagen an andere aktivierte Eigenleistungen". Der Ertragsposten umfasst selbst erstellte und längerfristig nutzbare Posten des Unternehmens. Die einzelnen Posten der GuV-Rechnung werden im fünften Kapitel behandelt.

Finanzanlagen umfassen Wertpapiere und Ausleihungen, die dem Unternehmen langfristig dienen sollen und einen Investitionscharakter aufweisen. Bei kurzfristiger Anlageabsicht liegt dagegen Umlaufvermögen (UV) vor. Es gilt:

- Finanzanlagen: Langfristige Anlageabsicht.
- Wertpapiere des UV: Kurzfristige Anlageabsicht.

Ausleihungen sind Kapitalforderungen, bei denen zunächst eine Geldhingabe und später eine Geldrückzahlung erfolgt, wie bei ungesicherten oder dinglich gesicherten Darlehen (z.B. Hypothekenschulden). Wertpapiere sind Urkunden, die private Rechte in der Weise verbriefen, dass zur Ausübung des Rechts die Urkunde benötigt wird[3]. Nach der Rechtsstellung lassen sich Teilhaber- und Fremdkapitalpapiere unterscheiden. Teilhaberpapiere wie Aktien weisen eine unbefristete Laufzeit und eine variable Verzinsung auf. Anders als bei festverzinslichen Wertpapieren findet keine vertraglich festgelegte Rückzahlung zum Nennwert statt. Bei Aktien ist der Kurswert entscheidend, der im Verkaufszeitpunkt über oder unter den Anschaffungskosten liegen kann - oder ihnen genau entspricht.

Merkmale	Teilhaberpapiere	Gläubigerpapiere
Rechtsstellung	Eigenkapital	Fremdkapital
Laufzeit	Unbefristet	Befristet
Rückzahlung	Zum Kurswert	Zum Nennwert
Verzinsung	Variabel	Fest
Beispiele	Aktien, GmbH-Anteile, Anteile an Aktienfonds	Bundesschatzbriefe, Obligationen

Abb. 46: Merkmale von Wertpapieren

---

[1] Vgl. Federmann, R./Müller, S. (Bilanzierung), S. 309.
[2] Vgl. Horschitz, H./Groß, W./Fanck, B./Guschl, H./Kirschbaum, J./Schustek, H. (Bilanzsteuerrecht), S. 341. Steuerrechtlich besteht in diesem Fall eine Ansatzpflicht.
[3] Vgl. Federmann, R./Müller, S. (Bilanzierung), S. 339.

Die Teilhaberpapiere lassen sich nach dem Grad der Beteiligung noch weiter in Anteile an verbundenen Unternehmen und Beteiligungen untergliedern. Eine **Beteiligung** wird vermutet, wenn ein Unternehmen **mehr als 20%** der Anteile eines anderen Unternehmens erwirbt (§ 271 Abs. 1 Satz 3 HGB). Anteile an verbundenen Unternehmen liegen regelmäßig vor, wenn **mehr als 50%** der Anteile erworben werden (§ 271 Abs. 2 HGB). Dann ist ein Konzernabschluss aufzustellen, der im vierten Kapitel erläutert wird.

3.4 Rechnungsabgrenzungsposten

Rechnungsabgrenzungsposten (RAP) stellen keine Vermögensgegenstände dar, da sie insbesondere nicht selbstständig verwertbar sind. Vielmehr handelt es sich bei den RAP um Posten, die Zahlungs- und Leistungsvorgänge aufeinander abstimmen sollen. Bei den relevanten Leistungen handelt es sich um zeitraumbezogene Vorgänge wie z.B. Mietverhältnisse. Mit ihnen sind Aufwendungen bzw. Erträge (Mietaufwand bzw. Mietertrag) verbunden. Die Zuordnung der Aufwendungen und Erträgen zu den einzelnen Geschäftsjahren ist für die periodengerechte Erfolgsermittlung wichtig. Zwei Gruppen von RAP sind zu unterscheiden (Ford. = Forderung; Verb. = Verbindlichkeit)[1]:

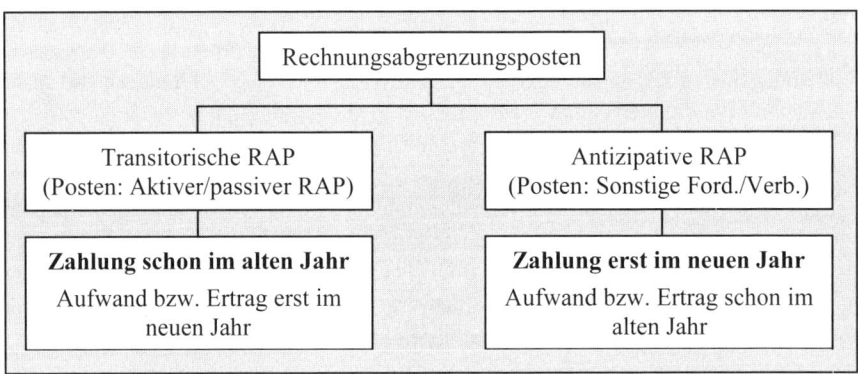

Abb. 47: Unterteilung von Rechnungsabgrenzungsposten

Bei **transitorischen Posten** liegt der Zahlungsvorgang vor dem Leistungsvorgang. Die Zahlung betrifft nicht nur das Geschäftsjahr 01, sondern auch 02. Vor dem Bilanzstichtag sind Ausgaben (z.B. Mietauszahlung) bzw. Einnahmen (z.B. Mieteinzahlung) angefallen. Der Mietaufwand bzw. die Erträge gehören aber zu 02. In § 250 HGB werden die Fälle geregelt, die zu aktiven bzw. passiven Rechnungsabgrenzungsposten führen.

Beispiel: Ende November 01 wird die Miete für die Monate Dezember 01 und Januar 02 vom betrieblichen Bankkonto überwiesen. Monatsbetrag: 2.000 €, somit insgesamt: 4.000 €. Die Abgrenzung erfolgt durch einen aktiven Rechnungsabgrenzungsposten in Höhe von 2.000 €, der im Folgejahr wieder aufgelöst wird. Die Buchung Ende 01 lautet, wenn genaue Kontenbezeichnungen gewählt werden: "Mietaufwand 2.000, aktiver RAP 2.000 an Bank 4.000".

---

[1] Im Folgenden wird auf Zahlungsvorgänge abgestellt - in § 250 HGB werden die allgemeineren Begriffe Einnahmen und Ausgaben verwendet (siehe nächste Seite).

3. Einzelne Ansatzpflichten und Ansatzwahlrechte

Bei **antizipativen Posten** liegt der Leistungsvorgang vor dem Zahlungsvorgang. Die nach dem Bilanzstichtag stattfindende Zahlung wird vorweggenommen. Zunächst wird eine Leistung erbracht bzw. in Anspruch genommen. Nach dem Bilanzstichtag fallen die zugehörigen Zahlungen an. Diese Posten sind in der Bilanz wie folgt auszuweisen:

- Aktive antizipative Posten: Sonstige Vermögensgegenstände (Forderungen).
- Passive antizipative Posten: Sonstige Verbindlichkeiten.

Beispiel: Am 1.3.02 wird die Versicherung für die letzten sechs Monate vom betrieblichen Bankkonto bezahlt. Betrag: 1.800 €. Somit besteht am Bilanzstichtag (31.12.01) eine Verbindlichkeit in Höhe von 1.200 €. In Höhe dieses Betrags wurde die Versicherungsleistung bereits genutzt, aber noch nicht bezahlt. Somit ist zum 31.12.01 ein passiver antizipativer Posten zu bilden. Gebucht wird (bei genauer Kontenbezeichnung): "Versicherungsaufwand an sonstige Verbindlichkeiten 1.200". Im Folgejahr erfolgt die Bezahlung, sodass die Verbindlichkeit aufgelöst wird. Außerdem sind weitere 600 € Versicherungsaufwand für das Jahr 02 zu beachten (Buchung: "Versicherungsaufwand 600 und sonstige Verbindlichkeiten 1.200 an Bank 1.800").

Nach § 250 Abs. 1 HGB sind aktive transitorische Rechnungsabgrenzungsposten zu bilden, wenn der Aufwand für eine **bestimmte Zeit** nach dem Bilanzstichtag anfällt. Der Aufwand muss sich kalendermäßig bestimmen lassen. Denkbar ist auch, dass eine Zahlung über mehrere Geschäftsjahre hinausgeht, wie das folgende Beispiel zeigt.

Beispiel: Unternehmer Blau erhält am 1.10.01 eine Zahlung in Höhe von 72.000 € netto für die Lizenzgewährung an seiner Erfindung. Die Lizenz ist auf drei Jahre befristet, wobei eine monatliche Gebühr von 2.000 € berechnet wird. Die im Voraus erhaltene Gesamtzahlung ist mit einem passiven Rechnungsabgrenzungsposten auf drei Jahre zu verteilen. Die folgenden Erträge und Rechnungsabgrenzungsposten entstehen:

- In 01: Erträge 6.000 € – passiver Rechnungsabgrenzungsposten 66.000 €.
- In 02: Erträge 24.000 € – passiver Rechnungsabgrenzungsposten 42.000 €.
- In 03: Erträge 24.000 € – passiver Rechnungsabgrenzungsposten 18.000 €.
- In 04: Erträge 18.000 € – passiver Rechnungsabgrenzungsposten 0 €.

Die Buchung in 01 lautet ohne Umsatzsteuer: "Bank 72.000 an Umsatzerlöse 6.000 und passiver Rechnungsabgrenzungsposten 66.000". Mit Umsatzsteuer erhält Blau 85.680 € im Voraus und er muss die volle Umsatzsteuer (13.680 €) bereits im Monat der Einzahlung an das Finanzamt abführen. Buchung: "Bank 85.680 an Umsatzerlöse 6.000, passiver Rechnungsabgrenzungsposten 66.000 und USt 13.680".

Bisher wurden die Rechnungsabgrenzungsposten am Beispiel von Ein- und Auszahlungen erläutert. Das Gesetz verwendet in § 250 HGB aber die Begriffe "Ausgaben" und "Einnahmen". Eine Ausgabe ergibt sich z.B., wenn ein Grundstück vom 1.7.01 bis zum 30.6.02 gemietet wird und der Gesamtbetrag bereits am 1.7.01 fällig ist, aber erst in 02 gezahlt wird. Ende 01 liegt eine Verbindlichkeit vor, da noch keine Zahlung erfolgte. Der Bestand des Geldvermögens nimmt ab[1]. Auch in diesem Fall ist ein aktiver Rechnungsabgrenzungsposten zu bilden[2].

---

[1] Vgl. Wöhe, G./Döring, U/Brösel, G. (Betriebswirtschaftslehre), S. 635.
[2] Vgl. Bitz, M./Schneeloch, D./Wittstock, W./Patek, G. (Jahresabschluss), S. 186-187.

3.5 Rückstellungen

3.5.1 Systematisierung und Rückstellungsarten

Im Unterschied zu Verbindlichkeiten, die hinsichtlich ihrer Höhe und ihres Fälligkeitszeitpunkts eindeutig bestimmt sind, weisen Rückstellungen eine bestimmte Unsicherheit auf. Bei diesen Verpflichtungen ist meist die Höhe der Belastung nicht eindeutig zu ermitteln. Rückstellungen lassen sich wie folgt unterteilen:

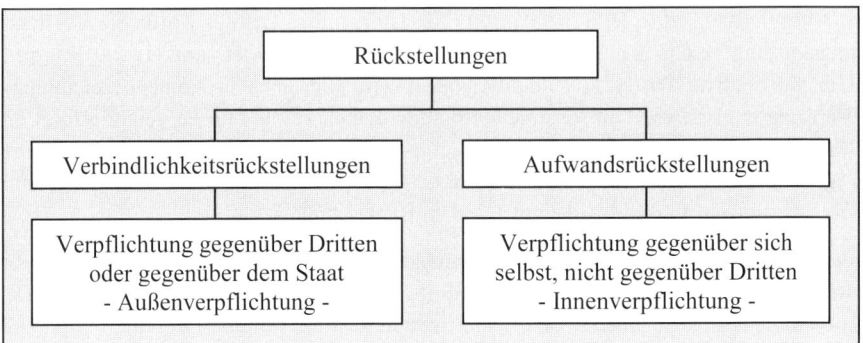

Abb. 48: Unterteilung von Rückstellungen

Verbindlichkeitsrückstellungen beinhalten eine Verpflichtung gegenüber Dritten oder gegenüber dem Staat. Es handelt sich somit um **Außenverpflichtungen**. Anders verhält es sich bei Aufwandsrückstellungen, denen eine **Innenverpflichtung** zugrunde liegt. Es handelt sich quasi um Verpflichtungen des Kaufmanns gegenüber sich selbst[1]. Diese Rückstellungsart dient der periodengerechten Aufwandsverteilung.

Beispiel: Unternehmer Müller nutzt einen eigenen Lkw zum Warentransport. Im Dezember 01 ist eine "große" Inspektion durchzuführen. Durch das Weihnachtsgeschäft ist das Fahrzeug ständig im Einsatz und die Inspektion wird erst im Februar 02 ausgeführt. Der Aufwand entsteht in 01 und wird durch eine Rückstellung periodengerecht zugeordnet.

Die unterlassene Inspektion führt aber nicht zu einer Verpflichtung gegenüber Dritten. Vielmehr schuldet sich Müller quasi selbst die Wartung. Wenn er sie nicht ausführt und das Fahrzeug hierdurch beschädigt wird, muss er die Konsequenzen (= Reparaturkosten) selbst tragen. Es liegt eine Innenverpflichtung vor, die durch eine **Rückstellung für Instandhaltung** berücksichtigt wird. Für die Bildung dieser Aufwandsrückstellung gilt nach § 249 Abs. 1 Satz 2 Nr. 1 HGB unter zeitlichen Aspekten:

> Rückstellungspflicht bei Nachholung innerhalb von drei Monaten des Folgejahres – ansonsten Rückstellungsverbot

Daher muss Müller im obigen Fall eine Rückstellung bilden. Würde die Inspektion erst im April 02 ausgeführt werden, dürfte im Jahresabschluss 01 keine Rückstellung gebildet

---

[1] Vgl. Schildbach, T./Stobbe, T./Brösel, G. (Jahresabschluss), S. 239.

werden (Ansatzverbot). Der Unternehmer beeinflusst durch die Entscheidung über die Durchführung der Instandhaltung auch die Bildung der Rückstellung.

Eine **Rückstellung für Abraumbeseitigung** ist bei Substanzgewinnungsbetrieben relevant. Neben der abzubauenden Substanz (z.B. Kies) fällt nicht gewollter Abraum an. Wenn dieser nicht entfernt wird, behindert oder gefährdet er den weiteren Abbau. Bei Nachholung im Folgejahr besteht eine Rückstellungspflicht, sonst ein Ansatzverbot.

Aufwandsrückstellungen nach HGB	
Instandhaltung	Abraumbeseitigung
Ansatzpflicht bei Nachholung innerhalb von drei Monaten im Folgejahr	**Ansatzpflicht** bei Nachholung innerhalb des Folgejahres

Abb. 49: Aufwandsrückstellungen im HGB

In § 249 Abs. 1 HGB werden die Verbindlichkeitsrückstellungen weit gefasst: Neben den Rückstellungen für ungewisse Verbindlichkeiten werden noch zwei Spezialfälle angeführt, nämlich die Kulanzrückstellungen und die Drohverlustrückstellungen.

Verbindlichkeitsrückstellungen im HGB		
Ungewisse Verbindlichkeiten	**Spezialfälle**	
	Drohverluste	Kulanzen
• Verpflichtung gegenüber Dritten • Rechtliche Verursachung • Ungewissheit • Hinreichende Konkretisierung	Drohende Verluste aus schwebenden Geschäften	Gewährleistungen ohne rechtliche Verpflichtungen

Abb. 50: Verbindlichkeitsrückstellungen im HGB

Rückstellungen für Kulanzen sind zu bilden (Passivierungspflicht), wenn ein Unternehmen über die gesetzlichen Pflichten hinaus freiwillig Gewährleistungen übernimmt. Der Unternehmer verpflichtet sich in diesen Fällen quasi freiwillig zu zusätzlichen Leistungen. Zu Einzelheiten wird auf die Literatur verwiesen[1].

Rückstellungen für Drohverluste weisen einen Zukunftsbezug auf und erfassen keine direkte Verpflichtung gegenüber Dritten. Diese Rückstellungen setzen ein **schwebendes Geschäft** voraus (z.B. Kauf einer Maschine). Wenn sich Leistung und Gegenleistung entsprechen, ist das Geschäft ausgeglichen und es erfolgt keine Bilanzierung. Droht aus dem Geschäft dagegen ein Verlust, ist eine Rückstellung zu bilden[2].

Bei einem schuldrechtlichen Vertrag, der zwei Parteien verpflichtet, ist ein schwebendes Geschäft solange vorhanden, bis die Lieferung oder Leistung erfolgt ist[3]. Für die Dauer eines derartigen Geschäfts gilt somit:

---

[1] Vgl. Heno, R. (Jahresabschluss), S. 494-496.
[2] Vgl. Coenenberg, A.G. /Haller, A./Schultze, W. (Jahresabschluss), S. 452.
[3] Vgl. Baetge, J./Kirsch, H.-J./Thiele, S. (Bilanzen), S. 451.

Schwebezustand: Vom Vertragsabschluss bis zur Leistungserfüllung

Beispiel: Unternehmer Meier kauft am 1.10.01 eine Maschine für 100.000 €. Die Umsatzsteuer wird vernachlässigt. Die Auslieferung erfolgt am 1.2.02. Am Bilanzstichtag liegt ein schwebendes Geschäft vor, da die Hauptleistung (Lieferung der Maschine) noch aussteht. Der Wert der Maschine und die damit verbundene Verpflichtung (zur Zahlung des Preises) entsprechen sich (Ausgeglichenheit von Leistung und Gegenleistung). Der Vorgang wird nicht bilanziert.

Ist der Wert der Maschine am 31.12.01 **dauerhaft** gesunken, muss der Verlust durch eine Rückstellung für drohende Verluste aus schwebenden Geschäften berücksichtigt werden (Passivierungspflicht). Ohne dauernde Entwertung wäre keine Rückstellung zu bilden, da auch eine vorhandene Maschine nicht abzuwerten wäre. Rückstellungen für Drohverluste sind insbesondere im Umlaufvermögen relevant, da für diese Vermögensgegenstände das strenge Niederstwertprinzip gilt. Werden z.B. Wertpapiere per Termin gekauft (**Termingeschäft**), liegt ein schwebendes Geschäft vor, da die Aktien erst später (z.B. nach drei Monaten) geliefert werden.

Üblicherweise wird bei Termingeschäften auf die Übertragung von Aktien verzichtet – die Wertpapiere werden nicht geliefert. Es werden nur die entstehenden Gewinne und Verluste über ein Bankinstitut ausgeglichen, das als **Clearingstelle** bezeichnet wird[1]. Damit weisen diese Geschäfte oft einen spekulativen Charakter auf.

Beispiel: Unternehmer A erwirbt am 1.12.01: 500 Aktien zum Terminkurs von jeweils 100 €. Das Geschäft wird per Termin 28.2.02 ausgeführt. Der Tageskurs (Kassakurs) ist am 31.12.01 und 28.2.02 identisch und beträgt: a) 110 €/Aktie, b) 95 €/Aktie. Im Fall a) macht der Käufer einen Gewinn von 10 € je Aktie, da er zum Terminkurs von 100 € kauft und zum Kassakurs von 110 € verkauft. Im Fall b) entsteht ein Verlust von 5 € je Aktie (Kauf zu 100 € - Verkauf zu 95 €). Am 28.2.02 werden die Erfolge über eine Bank abgewickelt, wobei Ertragsteuern im Folgenden vernachlässigt werden.

Der Gewinn im Fall a) darf am Bilanzstichtag nicht berücksichtigt werden, da er noch nicht realisiert ist. Im Fall b) muss nach dem Imparitätsprinzip eine Rückstellung für drohende Verluste aus schwebenden Geschäften gebildet werden (Buchung: "Sonstiger finanzieller Aufwand an Rückstellung für drohende Verluste aus schwebenden Geschäften 2.500"). Beträgt der Kurs am Ausführungstag weiterhin 95 €/Aktie, müssen 2.500 € an das abwickelnde Bankinstitut gezahlt werden (Buchung: "Rückstellung für drohende Verluste aus schwebenden Geschäften an Bank 2.500").

Rückstellungen für ungewisse Verbindlichkeiten umfassen alle unsicheren Verpflichtungen gegenüber Dritten, die bis zum Ende des Geschäftsjahres rechtlich verursacht worden sind. Es muss eine Abgeltung von Verpflichtungen der Vergangenheit erfolgen. Die wesentlichen Merkmale für die Verpflichtung müssen erfüllt sein und sie muss hinreichend konkretisiert sein, d.h. es müssen stichhaltige Gründe für die Belastung sprechen[2]. Beispiele für **Rückstellungspflichten** sind[3]:

---

[1] Vgl. Scherrer, G. (Rechnungslegung), S. 143.
[2] Vgl. Ruhnke, K./Simons, D. (Rechnungslegung), S. 539.
[3] Vgl. Mayer-Wegelin, E./Kessler, H./Höfer, R (Kommentar zu § 249 HGB), Rn. 229.

3. Einzelne Ansatzpflichten und Ansatzwahlrechte

- Für Pensionen: Verpflichtet sich ein Unternehmen gegenüber seinen Arbeitnehmern zur Zahlung einer Betriebsrente, müssen in den aktiven Arbeitsjahren Rückstellungen gebildet werden. In jedem Geschäftsjahr wird der Rückstellung ein bestimmter Betrag zugeführt, sodass sie beim Eintritt des Versorgungsfalls den Höchstwert erreicht. Danach werden die Renten gezahlt und die Rückstellung wird abgebaut.
- Für die Buchführung und die Aufstellung des Jahresabschlusses: Die Verpflichtung zur Buchung von Geschäftsvorfällen des alten Jahres und zur Aufstellung des Jahresabschlusses sind im abgelaufenen Geschäftsjahr rechtlich verursacht worden.
- Für Prozesse: Wird ein Unternehmen aufgrund einer betrieblichen Fehlleistung verklagt, muss eine Rückstellung gebildet werden. Bei dieser Rückstellung kann neben der Höhe der Belastung auch der Grund ungewiss sein.
- Für Rekultivierung: Ein Unternehmen erhält die Genehmigung, Bodenschätze auf einem Grundstück abzubauen. Hierzu müssen die Bäume gefällt und das Erdreich abgetragen werden. Die Genehmigung ist mit der Auflage der Rekultivierung des Grundstücks verbunden, d.h. nach Beendigung der Arbeiten ist das Erdreich aufzufüllen und die gefällten Bäume müssen durch Neuanpflanzungen ersetzt werden.

Beispiele für **Rückstellungsverbote** sind:

- Für nicht betriebliche Steuern (z.B. Einkommensteuer – siehe unten).
- Für zukünftige Beiträge: Für Verpflichtungen, die zukünftige Geschäftsjahre betreffen, besteht ein Rückstellungsverbot. Auch für die zukünftige Anschaffung von Vermögensgegenständen (z.B. Maschine) ist keine Rückstellung zu bilden. Erst mit der Lieferung der Maschine ist ein Geschäftsvorfall gegeben.
- Für die Kosten der Hauptversammlung: Auf der Hauptversammlung müssen die Aktionäre über bestimmte Themen abstimmen (§ 119 AktG). Diese Entscheidungen betreffen oft die Zukunft (z.B. Verwendung des Bilanzgewinns), sodass die Aufwendungen nicht im alten Geschäftsjahr rechtlich verursacht wurden.

Rückstellungen für ungewisse Verbindlichkeiten	
Rückstellungspflicht	**Rückstellungsverbot**
- Für Pensionen - Für Buchführungsarbeiten und Aufstellung des Jahresabschlusses - Für Prozesse und Rekultivierung	- Für nicht betriebliche Steuern - Für zukünftige Beiträge oder für Anschaffungen - Für Kosten der Hauptversammlung

Abb. 51: Rückstellungen für ungewisse Verbindlichkeiten

3.5.2 Behandlung von Steuerrückstellungen

Die Rückstellung für Ertragsteuern stellt eine Verbindlichkeitsrückstellung dar, weil der Gewinn im abgelaufenen Geschäftsjahr erwirtschaftet wurde und eine rechtliche Verpflichtung gegenüber dem Finanzamt besteht. Beim Einzelunternehmen ist die **Gewerbesteuer** eine betrieblich veranlasste Steuer, die wie folgt berechnet wird[1]: Bemessungs-

---
[1] Vgl. Grefe, C. (Unternehmenssteuern), S. 331.

grundlage ist bei Einzelunternehmen und Personengesellschaften der auf volle 100 € abgerundete und um den Freibetrag von 24.500 € gekürzte Gewerbeertrag. Die folgende Abbildung zeigt die grundlegende und beispielhafte Berechnung der Steuer.

Bemessungsgrundlage der Gewerbesteuer (Einzelunternehmen/OHG)	
1. Vorläufiger handelsrechtlicher Gewinn	Gewinn 01: 50.075 €
2. Zu- oder Abrechnung nach EStG/GewStG	Zurechnung: 15.200 €
3. Ergebnis: Gewerbeertrag (GE). Abrundung auf volle hundert Euro	Gewerbeertrag 65.275 € Abgerundet: 65.200 €
4. Abzug Freibetrag von 24.500 € = Gekürzter GE	Gekürzter GE: 40.700 €

Abb. 52: Bemessungsgrundlage der Gewerbesteuer

Durch Multiplikation mit der Steuermesszahl 3,5% ergibt sich ein Steuermessbetrag von 1.424,5 €. Auf diese Größe wird ein Hebesatz angewendet, der z.B. 400% beträgt. Daraus folgt eine Gewerbesteuer in Höhe von 5.698 €. Sie wird handelsrechtlich wie folgt gebucht[1]: "Steuern vom Einkommen und Ertrag an Steuerrückstellung 5.698". Im Steuerrecht ist die Bildung der Rückstellung nach § 4 Abs. 5b EStG verboten.

Der handelsrechtliche Gewinn von Einzelunternehmern und der OHG unterliegt nicht nur der Gewerbesteuer, sondern auch der **Einkommensteuer**. Diese Ertragsteuer weist einen privaten Charakter auf, weil sie nicht das Unternehmen, sondern die Einkunftserzielung der natürlichen Person betrifft. Da die Einkommensteuer eine **private Steuer** ist[2], liegt eine Entnahme vor, wenn sie vom betrieblichen Bankkonto gezahlt wird. Dasselbe gilt für den Solidaritätszuschlag und die Kirchensteuer, die von der Höhe der Einkommensteuer abhängen. Der Solidaritätszuschlag beträgt grds. 5,5% der festgesetzten Einkommensteuer, die Kirchensteuer 8% oder 9% (je nach Bundesland).

Wird die Einkommensteuer vom privaten Bankkonto gezahlt, wird die Betriebsebene nicht berührt und der Vorgang ist bilanziell ohne Bedeutung. Wird die Gewerbesteuer als betriebliche Steuer vom privaten Bankkonto gezahlt, liegt eine Einlage vor. Die am Jahresende gebildete Steuerrückstellung wird durch die folgende Buchung aufgelöst: "Steuerrückstellung an Privatkonto". Somit gilt zusammenfassend:

	Ertragsteuern des Einzelunternehmers	
	Einkommensteuer	Gewerbesteuer
Zahlung vom betrieblichen Bankkonto	Entnahme (Privatkonto an Bank)	Steueraufwand (Steuerrückstellung an Bank)
Zahlung vom privaten Bankkonto	Privater Vorgang - bilanziell irrelevant	Einlage (Steuerrückstellung an Privatkonto)

Abb. 53: Behandlung von Ertragsteuern des Einzelunternehmers

---

[1] Im Folgenden werden Vorauszahlungen auf die Gewerbesteuer vernachlässigt.
[2] Vgl. Döring, U./Buchholz, R. (Jahresabschluss), S. 41.

Die Gewinne von **Kapitalgesellschaften** unterliegen der Körperschaftsteuer und der Gewerbesteuer. Die **Körperschaftsteuer** (KSt) ist die Einkommensteuer der Kapitalgesellschaft. Bei der Ermittlung des zu versteuernden Einkommens sind die Regelungen des EStG und KStG zu beachten. Der Körperschaftsteuersatz beträgt 15% des zu versteuernden Einkommens. Es fällt ein Solidaritätszuschlag von 5,5% auf die KSt an.

Beispiel: Die A-AG erzielt in 01 einen handelsrechtlichen Gewinn von 130.000 € (vor Steuern). Nach dem EStG sind 12.000 € und nach dem KStG weitere 8.000 € zuzurechnen. Daraus errechnet sich ein zu versteuerndes Einkommen von 150.000 €. Die Körperschaftsteuer beträgt 22.500 € (0,15 x 150.000 €). Auf diesen Betrag entfällt ein Solidaritätszuschlag in Höhe von 1.237,5 € (0,055 x 22.500 €). Insoweit ergibt sich eine Rückstellung in Höhe von 23.737,5 €.

Der Gewinn der Kapitalgesellschaft unterliegt auch noch der **Gewerbesteuer**. Bei der Ermittlung des Gewerbeertrags sind die Vorschriften des EStG, KStG und GewStG zu beachten. Der Freibetrag von 24.500 € ist bei Kapitalgesellschaften **nicht** abzuziehen. Geht man davon aus, dass das körperschaftsteuerliche Einkommen (150.000 €) im vorigen Beispiel gleichzeitig den Gewerbeertrag darstellt, ergibt sich bei einem Hebesatz von 400% eine Gewerbesteuer von 21.000 € (150.000 € x 0,035 x 4). Somit muss die A-AG insgesamt eine Steuerrückstellung von 44.737,5 € bilden. Die Buchung lautet: "Steuern vom Einkommen und Ertrag an Steuerrückstellungen 44.737,5 €".

3.6 Disagio

Als **Disagio** bezeichnet man bei Verbindlichkeiten die Differenz zwischen ihrem Auszahlungsbetrag und Erfüllungsbetrag. Es dient der "Feineinstellung" des Zinssatzes bzw. der Verminderung zukünftiger Zinsbelastungen[1]. Das Disagio stellt einen im Voraus bezahlten Zinsbetrag dar, der zusätzlich über die Kreditlaufzeit entsteht. Das Disagio ähnelt den aktiven Rechnungsabgrenzungsposten und ist wie sie **kein Vermögensgegenstand**. Daher ist auch ein gesonderter Ausweis auf der Aktivseite zweckmäßig.

Beispiel: Unternehmer Müller benötigt Anfang 01 einen betrieblichen Kredit in Höhe von 100.000 €. Ihm werden die folgenden Alternativen angeboten, die jeweils eine Laufzeit von fünf Jahren aufweisen. Bei Kredit A muss Müller ein Disagio in Kauf nehmen. Dafür ist der Zinssatz um 3% niedriger. Um festzustellen, welcher Kredit besser ist, muss der Effektivzinssatz von A mit dem Zinssatz von B verglichen werden[2].

	Kredit A	Kredit B
Auszahlungsbetrag	97.000 €	100.000 €
Erfüllungsbetrag	100.000 €	100.000 €
Zinssatz (Jahr)	7%	10%
Disagio	3.000 €	-

Abb. 54: Disagio bei Krediten

---
[1] Vgl. Federmann, R./Müller, S. (Bilanzierung), S. 312.
[2] Vgl. zur Berechnung Buchholz, R. (Rechnungslegung), S. 145.

Wird der Kredit A gewählt, kann das Disagio nach § 250 Abs. 3 HGB aktiviert oder sofort in voller Höhe als Aufwand verrechnet werden (**Wahlrecht**). Für die Aktivierung spricht die periodengerechte Aufwandsverteilung. Bei der Ausübung des Wahlrechts ist das Stetigkeitsprinzip zu beachten (§ 246 Abs. 3 HGB). In der Steuerbilanz muss das Disagio dagegen aktiviert werden (H 6.10 (Damnum) EStH).

Die Verteilung des Disagios ist von den jeweiligen Kreditbedingungen abhängig. Wird das Darlehen am Ende der Laufzeit voll zurückgezahlt (Fälligkeitsdarlehen), entsteht eine gleichmäßige Zinsbelastung. Die lineare Verteilung ist zweckmäßig. Wird das Darlehen laufend getilgt (Tilgungsdarlehen), sinkt die Zinsbelastung im Zeitablauf, sodass eine degressive Verteilung sinnvoll ist[1]. Sie wird durch die Anwendung der **Zinsstaffelmethode** erreicht[2].

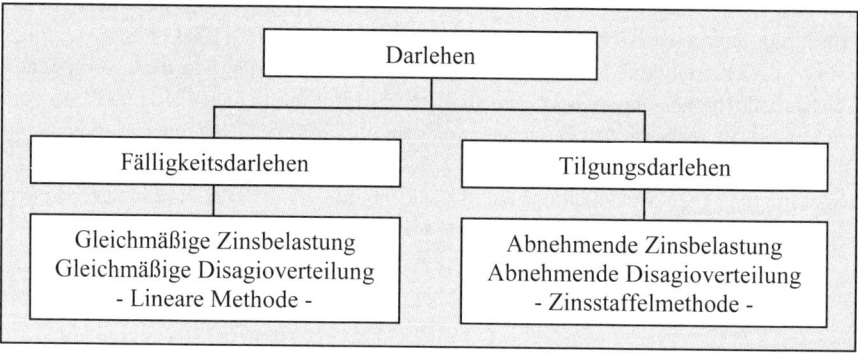

Abb. 55: Darlehen und Disagio

Beispiel: Am 1.1.01 nimmt Müller den Kredit A in Höhe von 100.000 € auf und erhält eine Bankgutschrift von 97.000 € (Disagio 3.000 €). Es wird eine Tilgung des Darlehens in fünf gleichen Raten vereinbart, beginnend Ende 01. Somit sinkt die Zinsbelastung und es erfolgt eine abnehmende Verteilung des Disagios. Die Zinsstaffelmethode entspricht der arithmetisch-degressiven Abschreibungsmethode.

Zinsstaffelmethode	
Summe der Jahresziffern: 1 + 2 + 3 + 4 + 5 = 15 Jährlicher Degressionsbetrag: 3.000 €/15 = 200 €	
Geschäftsjahr 01	5 x 200 € = 1.000 €
Geschäftsjahr 02	4 x 200 € = 800 €

Abb. 56: Beispiel zur Zinsstaffelmethode

In 01 wird das Disagio mit 1.000 €, in 02 mit 800 € aufgelöst. Die Buchungen lauten: "Zinsen und ähnliche Aufwendungen an Disagio 1.000 (800)". In den Folgejahren sind

---

[1] Handelsrechtlich ist auch eine gleichmäßige Verteilung zulässig. Vgl. hierzu das Beispiel bei Wöhe, G./Kußmaul, H. (Bilanztechnik), S. 246.
[2] Vgl. Horschitz, H./Groß, W./Fanck, B./Guschl, J./Kirschbaum, J./Schustek, H. (Bilanzsteuerrecht), S. 462.

jeweils 200 € pro Jahr weniger zu verrechnen (Degressionsbetrag), da die Zinsbelastung durch den abnehmenden Kreditbetrag sinkt. Im letzten Jahr werden die restlichen 200 € aufgelöst und das Disagio ist vollständig verteilt worden.

Werden unterjährige Kredittilgungen vereinbart (z.B. halbjährliche), wird der Degressionsbetrag auf Basis von Halbjahresziffern berechnet. Bei fünfjähriger Laufzeit fallen insgesamt zehn Zahlungen an. Summe: 55 (10 + 9 + 8 + ... + 1). Im obigen Fall ergäbe sich ein Degressionsbetrag von 54,55 € (3.000 €/55). In 01 wären (10 + 9) x 54,55 = 1.036,45 € aufzulösen, da im ersten Jahr die ersten beiden Ziffern relevant sind.

Bei vierteljährlicher Tilgung ist die folgende Rechnung aufzustellen: Summe der Vierteljahrsziffern 210 (20 x 21/2 = 210), Degressionsbetrag 14,29 € (3.000 €/210). Im ersten Jahr wären 1.057,46 € zu verrechnen: (20 + 19 + 18 + 17) x 14,29 €.

4. Einzelne Ansatzverbote

Die folgenden Ansatzverbote wurden bisher behandelt:

- Forschungskosten (meist kein Vermögensgegenstand, spezielles Ansatzverbot nach § 255 Abs. 2 Satz 4 HGB).
- Einzelne, nicht entgeltlich erworbene immaterielle Vermögensgegenstände des Anlagevermögens nach § 248 Abs. 2 Satz 2 HGB.
- Originärer Firmenwert (kein Vermögensgegenstand).

Außerdem dürfen nur die bereits erläuterten Rückstellungen gebildet werden. Für andere als die im Gesetz genannten Rückstellungen besteht ein spezielles **Ansatzverbot** nach (§ 249 Abs. 2 HGB).

In § 248 Abs. 1 Nr. 1 bis 3 HGB werden weitere spezielle Ansatzverbote für Aktivposten angeführt, die in der folgenden Abbildung zusammengefasst werden:

Spezielle Aktivierungsverbote	
Nr. 1 Aufwendungen für die Gründung:	Kosten für die Unternehmensentstehung (z.B. Handelsregistereintragung)
Nr. 2 Aufwendungen für die Eigenkapitalbeschaffung:	Kosten für die Eigenfinanzierung (z.B. Emissionskosten für Aktien)
Nr. 3 Aufwendungen für den Abschluss von Versicherungsverträgen:	Provisionen für Versicherungsvertreter und ähnliche Kosten

Abb. 57: Spezielle Aktivierungsverbote

Zum Gründungsaufwand eines Unternehmens gehören z.B. Kosten für die Rechtsberatung oder für den Notar, wenn beispielsweise der Gesellschaftsvertrag notariell beurkundet werden muss. Der Eigenkapitalbeschaffungsaufwand umfasst z.B. bei Aktiengesellschaften die Aufwendungen für den Druck von Aktien oder die Kosten ihrer Emission (z.B. Zahlungen an ein Bankenkonsortium). Diese Posten sind **keine Vermögensgegenstände**, da sie insbesondere nicht selbstständig verwertbar sind.

Auch die Provisionszahlungen an Vertreter, die beim Abschluss von Versicherungsverträgen regelmäßig anfallen, können nicht auf Dritte übertragen werden. Die abgeschlossenen Versicherungsverträge führen zu einem Vertragsverhältnis zwischen Versicherung und Versicherungsnehmer und dürften ebenfalls nicht übertragungsfähig sein. Daher liegt kein Vermögensgegenstand vor.

5. Aufbau der Bilanz

5.1 Bilanzgliederung

Die handelsrechtlichen Vorschriften für alle Kaufleute enthalten **keine** verbindliche Bilanzgliederung. Nach § 247 Abs. 1 HGB müssen alle Kaufleute das Anlage- und das Umlaufvermögen, das Eigenkapital, die Schulden und die Rechnungsabgrenzungsposten gesondert ausweisen und hinreichend untergliedern. Da der Jahresabschluss klar und übersichtlich aufgebaut sein muss (§ 243 Abs. 2 HGB), kann die folgende Bilanzgliederung als Anhalt dienen. Sie orientiert sich am Schema für Kapitalgesellschaften, das in § 266 Abs. 2 und 3 HGB festgelegt ist. Kleine Kapitalgesellschaften müssen nur eine verkürzte Bilanz aufstellen, die der folgenden Abbildung zugrunde liegt[1].

Aktiva	Bilanz	Passiva
A. Anlagevermögen		A. **Eigenkapital (Saldo)**
I. Immaterielle Vermögensgegenstände		B. Rückstellungen
II. Sachanlagen		C. Verbindlichkeiten
III. Finanzanlagen		D. Rechnungsabgrenzungsposten
B. Umlaufvermögen		
I. Vorräte		
II. Forderungen und sonstige Vermögensgegenstände		
III. Wertpapiere		
IV. Kasse, Bank		
C. Rechnungsabgrenzungsposten		
D. Aktiver Unterschiedsbetrag aus der Vermögensverrechnung		

Abb. 58: Bilanzgliederung für alle Kaufleute

Auf der **Aktivseite** werden das Anlage- und Umlaufvermögen ausgewiesen und hinreichend aufgegliedert. Hierbei gilt:

---

[1] Da Kleinstkapitalgesellschaften (§ 267a HGB) nur eine verkürzte Gliederung mit den Posten der Buchstaben erstellen müssen (§ 266 Abs. 1 Satz 4 HGB), können sicherlich auch alle Kaufleute eine weitere Komprimierung der Daten vornehmen.

5. Aufbau der Bilanz

- **Anlagevermögen**: Hierzu gehören alle Vermögensgegenstände, die dazu bestimmt sind, dauernd dem Geschäftsbetrieb zu dienen. Die Nutzung soll sich auf einen Zeitraum erstrecken, der im Regelfall mehr als ein Geschäftsjahr umfasst[1]. Maßgeblich ist die Verwendungsabsicht des Unternehmers. Wird ein Grundstück zur betrieblichen Nutzung erworben, gehört es zum Anlagevermögen. Soll es dagegen weiterveräußert werden (z.B. beim Immobilienhändler), liegt Umlaufvermögen vor.

  Zum Anlagevermögen gehören immaterielle Vermögensgegenstände, Sachanlagen und Finanzanlagen. Die immateriellen Posten sind weiter aufzuteilen in selbst geschaffene und entgeltlich erworbene immaterielle Vermögensgegenstände.

- **Umlaufvermögen**: Hierzu gehören alle Vermögensgegenstände, die nicht dazu bestimmt sind, dauernd dem Geschäftsbetrieb zu dienen. Sie werden im Unternehmen quasi umgesetzt: Im Industriebetrieb gehören z.B. die Werkstoffe und die aus ihnen hergestellten unfertigen und fertigen Erzeugnisse zum Umlaufvermögen (Posten: Vorräte). Zusammenfassend gilt:

Umlaufvermögen			
Vorräte	Forderungen und sonstige Vermögensgegenstände	Wertpapiere	Bank, Kasse
Waren im Handelsbetrieb, Werkstoffe und Fertigerzeugnisse im Industriebetrieb	Forderungen aus dem Lieferverkehr und sonstige Forderungen und Ansprüche	Wertpapiere, die nur kurzfristig gehalten werden sollen	Liquide Mittel

Abb. 59: Bestandteile des Umlaufvermögens

An vorletzter Stelle werden auf der Aktivseite die (transitorischen) **Rechnungsabgrenzungsposten** ausgewiesen, die keine Vermögensgegenstände sind. Sie wurden bereits erläutert. Ein **aktiver Unterschiedsbetrag aus der Vermögensverrechnung** entsteht, wenn der Wert der Vermögensgegenstände, die zur Absicherung von Altersversorgungsverpflichtungen erworben wurden, den Wert der zugehörigen Passivposten übersteigt. Die Einzelheiten werden im dritten Kapitel erläutert.

Einzelunternehmer weisen auf der Aktivseite alle Posten aus, die ihnen rechtlich gehören oder wirtschaftlich zuzurechnen sind. Es werden nur die Posten aktiviert, die zum Betriebsvermögen gehören. Für das Privatvermögen besteht ein Ansatzverbot. Auf der Passivseite werden die betrieblichen Schulden ausgewiesen.

Bei der OHG werden ebenfalls alle Posten aktiviert, die ihr rechtlich gehören oder wirtschaftlich zuzurechnen sind. Es handelt sich um das Gesellschaftsvermögen der OHG, welches auch als **Gesamthandsvermögen** bezeichnet wird, da es allen Gesellschaftern insgesamt zuzurechnen ist. Die Vermögensgegenstände, die sich im Eigentum der einzelnen Gesellschafter befinden, dürfen nicht in der OHG-Bilanz erscheinen. Werden derartige Vermögensgegenstände von der OHG genutzt, liegt eine Nutzungseinlage vor, die bereits behandelt wurde.

---

[1] Vgl. Baetge, J./Kirsch, H.-J./Thiele, S. (Bilanzen), S. 238.

Auf der **Passivseite** der Bilanz erscheinen das Eigenkapital, die Schulden und die passiven Rechnungsabgrenzungsposten der OHG. Zu den Schulden gehören die Verbindlichkeiten und Rückstellungen. Die Verbindlichkeiten umfassen alle sicheren Verpflichtungen wie z.B. Bankkredite oder ausgegebene Schuldverschreibungen.

Das **Eigenkapital** stellt bei Einzelunternehmen eine Restgröße dar, die sich als Saldo aus Aktivposten und Schulden ergibt. Es wird in einer Größe ausgewiesen. Bei der OHG muss für jeden Gesellschafter ein gesonderter Eigenkapitalanteil bilanziert werden. Auch die Entnahmen und Einlagen werden im Geschäftsjahr personenbezogen erfasst und verrechnet, um das Eigenkapital jedes Gesellschafters korrekt darzustellen.

Die Erfolgsermittlung der OHG kann wie beim Einzelunternehmen auf zwei Arten erfolgen: Durch einen bilanziellen Eigenkapitalvergleich oder mit der GuV-Rechnung, in der die Differenz von Erträgen und Aufwendungen gebildet wird. Die Gewinnermittlung mit der GuV-Rechnung ist der übliche Weg, da der Erfolg anschließend auf die Gesellschafter verteilt werden muss. Dabei ergibt sich der folgende Ablauf:

Gewinnverteilung bei der OHG	
1. Schritt:	Gewinnermittlung in der GuV-Rechnung (Leistungsvergütungen der Gesellschafter können Aufwand darstellen)
2. Schritt:	Zurechnung der Gewinnanteile auf die Gesellschafter
3. Schritt:	Veränderung der Kapitalkonten in der Bilanz

Abb. 60: Gewinnverteilung bei der OHG

Bei der Gewinnermittlung können die Leistungsvergütungen der Gesellschafter (z.B. Gehälter für die Geschäftsführung) handelsrechtlich als Aufwand behandelt werden, wenn entsprechende Arbeitsverträge mit der OHG abgeschlossen werden. Da hierdurch der Erfolg sinkt, vereinbaren die Gesellschafter meistens, dass die Gehälter als Entnahmen behandelt werden. Die Einzelheiten wurden im ersten Kapitel erläutert.

Außerdem ist zu beachten, dass Leistungsvergütungen an Gesellschafter steuerrechtlich keine Betriebsausgaben, sondern einen Gewinnbestandteil darstellen. Würden die Gesellschaftervergütungen handelsrechtlich als Aufwand behandelt, müsste steuerrechtlich eine Zurechnung erfolgen[1]. Diese Änderung wird vermieden, wenn im Handelsrecht Entnahmen vorliegen.

Beispiel: An der A-B-OHG sind A und B zu je 50% beteiligt. Aus der GuV-Rechnung ergibt sich für 01 ein Gewinn von 300.000 €. Damit entfällt auf jeden Gesellschafter ein Betrag von 150.000 €. Die Gehälter der Gesellschafter (monatlich 10.000 €) werden als Entnahmen behandelt. Die folgende Abbildung zeigt die Entwicklung der gesellschafterbezogenen Kapitalkonten in 01 (Angaben in Tausend Euro, AB = Anfangsbestand, EB = Endbestand). Um das gesamte Eigenkapital der OHG Ende 01 zu ermitteln, sind die Endbestände der gesellschafterbezogenen Kapitalkonten zusammenzurechnen.

---

[1] Vgl. Grefe, C. (Unternehmenssteuern), S. 92.

S	Eigenkapital A		H	S	Eigenkapital B		H
Entnah-men	120	AB	300	Entnah-men	200	AB	500
EB	390	Gewinn-anteil 02	150	EB	450	Gewinn-anteil 02	150
		Einlagen	60				
	510		510		650		650

Abb. 61: Gesellschafterbezogene Eigenkapitalentwicklung

Gesellschafter A hat in 01 nur sein Gehalt in Höhe von 120.000 € entnommen. Außerdem hat er eine Einlage in Höhe von 60.000 € geleistet. Damit ist sein Eigenkapital in 01 um 90.000 € gestiegen. Gesellschafter B hat neben seinem Gehalt von 120.000 € weitere 80.000 € entnommen (Summe: 200.000 €). Da sein Gewinnanteil nur 150.000 € beträgt, kommt es zu einer Abnahme seines Eigenkapitals. Es sinkt von 500.000 € am Jahresanfang auf 450.000 € am Jahresende.

5.2 Gliederungsvorschriften

Der Aufbau der Bilanz erfolgt in **Kontoform**: Die aktiven und passiven Posten werden horizontal (nebeneinander) angeordnet. Der Aufbau der Bilanzseiten folgt verschiedenen **Gliederungsprinzipien**[1]. Die folgenden Grundsätze sind am wichtigsten:

Gliederungsprinzipien	
Aktivseite: Nach Liquidierbarkeit	Passivseite: Nach Fristigkeit
Von oben nach unten steigt die Fähigkeit zur Veräußerung	Von oben nach unten sinkt die Kapitalüberlassungsdauer

Abb. 62: Gliederungsprinzipien für Aktiv- und Passivseite

Auf der **Aktivseite** sind die immateriellen Vermögensgegenstände (z.B. selbst erstellte Patente) schwerer zu veräußern als Vorräte. Daher werden immaterielle Posten über den Vorräten ausgewiesen. Die liquiden Mittel erscheinen an letzter Stelle im Umlaufvermögen. Auf der **Passivseite** steht das Eigenkapital an oberster Stelle, da es am längsten zur Verfügung steht. Die kurzfristigen Verbindlichkeiten erscheinen weiter unten. Die (transitorischen) Rechnungsabgrenzungsposten weisen eine Sonderstellung auf, da sie weder zum Vermögen noch zu den Verbindlichkeiten gehören. Auch der aktive Unterschiedsbetrag aus der Vermögensverrechnung nimmt eine Sonderstellung ein und erscheint an letzter Position auf der Aktivseite.

Grundsätzlich sind Nicht-Kapitalgesellschaften in der Wahl ihrer Bilanzgliederung frei, solange sie den gesetzlichen Mindestanforderungen entspricht. Die Ausweisstetigkeit fordert die Einhaltung der folgenden Grundsätze:

---

[1] Vgl. Federmann, R./Müller, S. (Bilanzierung), S. 596-597.

- Beibehaltung der Gliederungen: Eine gewählte Gliederungsstruktur ist grundsätzlich auch in den Folgejahren beizubehalten.
- Beibehaltung der Postenabgrenzungen: Die einzelnen Bilanzposten sind in jedem Geschäftsjahr in gleicher Weise abzugrenzen. Ohne sachlichen Grund dürfen keine Veränderungen vorgenommen werden. Auch die Postenbezeichnungen müssen grundsätzlich gleich bleiben.

Unter der Bilanz müssen nach § 251 HGB bestimmte **Haftungsverhältnisse** angegeben werden. Hierzu gehören z.B. Verbindlichkeiten aus der Übertragung von Wechseln oder Verpflichtungen durch die Übernahme von Bürgschaften[1].

Beispiel: Unternehmer A übernimmt die Bürgschaft für den Kredit seines Lieferanten B (Kreditnehmer), den dieser von seiner Bank (Kreditgeber) erhält. A muss möglicherweise mit einer Inanspruchnahme durch den Kreditgeber rechnen. Das ist aber erst der Fall, wenn B seine Zinsen und Tilgungsraten nicht mehr bezahlt und die Bank Unternehmer A ersatzweise zur Zahlung auffordert. Da für A zunächst nur eine sehr ungewisse Verpflichtung besteht, reicht eine Angabe unter der Bilanz aus, um seinen Bilanzadressaten die möglichen Haftungsrisiken aufzuzeigen. Die folgende Abbildung verdeutlicht die Beziehungen zwischen den Parteien.

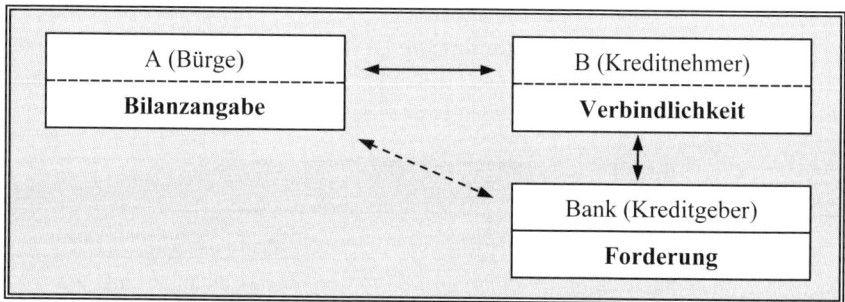

Abb. 63: Haftungsverhältnisse bei einer Bürgschaft

Wird die Verpflichtung bei A konkreter, weil B seine Verpflichtungen gegenüber der Bank nicht mehr leisten kann, muss A eine Rückstellung für ungewisse Verbindlichkeiten passivieren. Hierdurch sinkt das Eigenkapital und in der GuV-Rechnung entsteht ein Aufwand (Buchung: "Sonstiger betrieblicher Aufwand an sonstige Rückstellungen").

Ist die Verpflichtung endgültig bestimmt, weil die Bank den Kreditbetrag nebst Zinsen und Gebühren bei A einfordert, muss A eine Verbindlichkeit in seiner Bilanz passivieren[2]. Die Buchung lautet: "Sonstige Rückstellungen an Verbindlichkeiten gegenüber Kreditinstituten". Wenn die Forderung der Bank höher ist als der zurückgestellte Betrag, entsteht noch ein zusätzlicher Aufwand. Somit konkretisieren sich manche Verpflichtungen unter zeitlichen Aspekten in drei Phasen: Von einer Angabe unter der Bilanz über die Rückstellungsbildung bis zum Ausweis einer Verbindlichkeit in der Bilanz.

---

[1] Vgl. Ruhnke, K./Simons, D. (Rechnungslegung), S. 558.
[2] Vgl. Schildbach, T./Stobbe, T./Brösel, G. (Jahresabschluss), S. 296. Zwar steht dem A eine Rückgriffsforderung gegenüber B zu; diese dürfte jedoch regelmäßig wertlos sein, da B seinen Zahlungsverpflichtungen gegenüber der Bank nicht nachgekommen ist.

Drittes Kapitel: Bewertungsvorschriften der Bilanz

1. Wertobergrenzen

1.1 Anschaffungskosten

Die Anschaffungs- oder Herstellungskosten bilden grundsätzlich die Obergrenze für die Bewertung von Vermögensgegenständen. Eine Bewertung zum beizulegenden Zeitwert ist nur in Ausnahmefällen zulässig (siehe Gliederungspunkt 1.3). Im HGB gilt meistens:

> Wertobergrenze für Aktiva: Anschaffungs- oder Herstellungskosten

Anschaffungskosten fallen an, wenn Vermögensgegenstände (z.B. Fahrzeuge, Maschinen oder Rohstoffe) von Dritten erworben werden. Herstellungskosten entstehen, wenn Vermögensgegenstände (z.B. unfertige oder fertige Erzeugnisse) im Unternehmen gefertigt werden. Somit gilt:

- Beim Fremdbezug: Bewertung mit Anschaffungskosten.
- Bei Eigenerstellung: Bewertung mit Herstellungskosten.

Die Anschaffungskosten lassen sich meist objektiv nachweisen, da sie sich durch Rechnungen oder vergleichbare Belege nachweisen lassen. Damit entspricht dieser Wert in hohem Maße dem Gläubigerschutzgedanken. Anschaffungskosten, die tatsächlich geleistet worden sind, verdienen mehr Vertrauen als Werte, die sich aufgrund von Berechnungen oder Schätzungen ergeben. Unter **zeitlichem Aspekt** lassen sich Anschaffungskosten wie folgt unterscheiden:

- Ursprüngliche Anschaffungskosten: Fallen direkt beim Erwerb an.
- Nachträgliche Anschaffungskosten: Fallen zu einem späteren Zeitpunkt an.

Die (ursprünglichen) Anschaffungskosten umfassen alle Aufwendungen, die geleistet werden, um den Vermögensgegenstand zu erwerben und in einen betriebsbereiten Zustand zu versetzen (§ 255 Abs. 1 HGB). Neben dem Anschaffungspreis sind die direkten Nebenkosten zu berücksichtigen. Es muss sich um **Einzelkosten** handeln. Preisminderungen (z.B. Rabatte) sind abzuziehen[1]. Außerdem sind z.B. die Installationskosten einer Maschine zu aktivieren, wenn sie für den Betrieb notwendig sind.

Ist der Unternehmer zum vollen Vorsteuerabzug berechtigt, fallen insoweit keine Aufwendungen an. Die Anschaffungskosten sind netto zu verrechnen. Bei einem teilweisen Vorsteuerabzug gehört der nicht abzugsfähige Teil grundsätzlich zu den Anschaffungskosten, da er Beschaffungsaufwand darstellt. Bei fehlendem Vorsteuerabzug ist die Umsatzsteuer dem Vermögensgegenstand in voller Höhe zuzurechnen. Die folgende Abbildung fasst die Einzelheiten zusammen (USt = Umsatzsteuer):

---

[1] Vgl. Döring, U./Buchholz, R. (Jahresabschluss), S. 64.

Anschaffungskosten und Umsatzsteuer		
Voller Vorsteuerabzug	**Teilweiser** Vorsteuerabzug	**Kein** Vorsteuerabzug
USt gehört nicht zu den Anschaffungskosten	USt gehört teilweise zu den Anschaffungskosten	USt gehört vollständig zu den Anschaffungskosten

Abb. 64: Anschaffungskosten und Umsatzsteuer (USt)

Beispiel: Unternehmer A erwirbt in München eine Maschine für 200.000 € zzgl. 19% USt. Für den Transport nach Würzburg fallen Kosten von 3.000 € zzgl. 19% USt an. Im Unternehmen muss die Maschine montiert werden, wofür Materialkosten von 700 € entstehen. Außerdem fallen 30 Arbeitsstunden zu je 60 € zzgl. Gemeinkosten von 1.000 € an. A ist zum **Vorsteuerabzug** berechtigt, d.h. er kann die in den Rechnungen ausgewiesene USt nach § 15 Abs. 1 Satz 1 Nr. 1 UStG bei seiner Umsatzvoranmeldung geltend machen. Vereinfacht formuliert erhält er die Vorsteuer vom Finanzamt zurück.

Die Anschaffungskosten betragen zunächst 200.000 € zzgl. 3.000 € = 203.000 €. Die abzugsfähige Vorsteuer ist kein Bestandteil der Anschaffungskosten. Um die Maschine nutzen zu können, muss sie montiert werden. Die direkt zurechenbaren Kosten der Installation (Einzelkosten) gehören ebenfalls zu den Anschaffungskosten: Material 700 € zzgl. Monteurstunden 1.800 € = 2.500 €. Die gesamten Anschaffungskosten betragen 205.500 €. Die Gemeinkosten sind nicht zu aktivieren (Ansatzverbot).

Wäre Müller nur zu 50% zum Vorsteuerabzug berechtigt, müsste der verbleibende Teil zu den Anschaffungskosten gerechnet werden. Sie erhöhen sich um 19.000 € bezogen auf den Preis und 285 € bezogen auf die Transportkosten. Die Anschaffungskosten betragen in diesem Fall 224.785 €.

Können die Anschaffungskosten nicht mit Eigenkapital finanziert werden, muss ein Kredit aufgenommen werden (Fremdfinanzierung). Dieser Kredit ist betrieblich veranlasst und es entsteht eine Verbindlichkeit gegenüber Kreditinstituten. Die Finanzierungskosten sind aber grundsätzlich **kein** Bestandteil der Anschaffungskosten[1]. Es gilt:

Anschaffung und Finanzierung sind getrennte Vorgänge

Zusammenfassend gilt für die Ermittlung der Anschaffungskosten:

Anschaffungskosten	
Anschaffungspreis	Aufwand für den Gegenstand selbst
+ Nebenkosten (Einzelkosten)	Aufwand für Transport, Versicherung etc.
- Preisminderungen	Nachlässe auf den Preis (z.B. Rabatt)
Pflicht: Direkte Aufwendungen für die Inbetriebnahme Verbot: Finanzierungskosten	

Abb. 65: Berechnung der Anschaffungskosten

---

[1] Vgl. Bieg, H./Kußmaul, H./Waschbusch, G. (Rechnungswesen), S. 136.

Nachträgliche Anschaffungskosten fallen nach dem Erwerb eines Vermögensgegenstands an. Es handelt sich um spätere Änderungen des Preises oder der Nebenkosten, **ohne** dass der erworbene Gegenstand verändert wird. Fallen nach dem Erwerb eines Betriebsgrundstücks z.B. Erschließungskosten der Gemeinde an, liegen nachträgliche Anschaffungskosten vor. Wird nach dem Warenerwerb zulässigerweise Skonto abgezogen, handelt es sich um nachträgliche Anschaffungspreisminderungen.

Beispiel: Unternehmer Schulze erhält am 28.12.01 eine Warenlieferung im Wert von 10.000 €. Es besteht eine Skontoabzugsmöglichkeit in Höhe von 2% bei Zahlung innerhalb von zehn Tagen. Die Umsatzsteuer wird vernachlässigt. Schulze zahlt Anfang 02 und nutzt den Skontoabzug (Bilanzstichtag: 31.12.01). Am Jahresende ist die Ware mit 10.000 € zu bilanzieren. Mit der Zahlung in 02 findet eine nachträgliche Preisminderung statt (Buchung: "Verbindlichkeiten aus LuL 10.000 an Bank 9.800 und Waren 200 €"). Für die Inanspruchnahme des Skontos ist der Zahlungszeitpunkt entscheidend[1].

1.2 Herstellungskosten

Herstellungskosten sind zu berücksichtigen, wenn Vermögensgegenstände (insbesondere Produkte wie z.B. Fahrzeuge oder Computer) im Unternehmen gefertigt werden und am Jahresende zu bewerten sind. Hierbei lassen sich unter zeitlichem Aspekt – wie bei den Anschaffungskosten – zwei Kategorien unterscheiden:

- Ursprüngliche Herstellungskosten: Fallen direkt bei der Produktion an.
- Nachträgliche Herstellungskosten: Fallen zu einem späteren Zeitpunkt an.

Bei den ursprünglichen Herstellungskosten stellt sich die Frage nach dem Umfang der einzubeziehenden Kosten. Sollen nur die Einzelkosten oder auch die Gemeinkosten verrechnet werden? Einzelkosten werden direkt durch die produzierte Menge verursacht, sodass **kein** Zurechnungsproblem besteht. Gemeinkosten lassen sich dagegen nicht direkt auf die einzelnen Produkte verrechnen. Nur unter Verwendung von Kostenschlüsseln (Bezugsgrößen) kann die Verrechnung aller Kosten erfolgen[2]. Bei einer derartigen Vollkostenkalkulation kann die Bewertung durch die Kostenschlüsselung nicht hundertprozentig genau sein.

Beispiel: Unternehmer Grau beginnt seine gewerbliche Tätigkeit am 1.10.01. Sein Eigenkapital beträgt 100.000 €. Am 31.12.01 (Bilanzstichtag) ist sein gesamtes Kapital in den gefertigten Produkten gebunden. Der Bestand wird Anfang 02 ausgeliefert, wodurch Erträge von 220.000 € erzielt werden. Für die Bewertung der Lagermenge gelten die folgenden Alternativen: Bewertung auf Einzelkostenbasis: 75.000 € oder Bewertung auf Vollkostenbasis: 100.000 €.

Zum 31.12.01 darf nach dem **Realisationsprinzip** der Betrag von 220.000 € nicht ausgewiesen werden. Der Erfolg entsteht erst in 02 mit Auslieferung der Produkte, wenn der Unternehmer seine vertraglichen Pflichten erfüllt hat. Für die Herstellungskosten bestehen aus theoretischer Sicht die folgenden Alternativen:

---

[1] Vgl. Döring, U./Buchholz, R. (Jahresabschluss), S. 68-70.
[2] Vgl. Küting, K. (Herstellungskosten), S. 421-422.

Alternative Herstellungskosten	
Fall a) Einzelkosten	Fall b) Vollkosten
Vorräte und Eigenkapital je 75.000 €	Vorräte und Eigenkapital je 100.000 €
Verlust 25.000	**Kein Verlust**

Abb. 66: Erfolgswirkungen alternativer Herstellungskosten

Im Fall a) entsteht ein Verlust, da nicht alle Kosten aktiviert werden. Durch die Vernachlässigung der Gemeinkosten sinkt das Eigenkapital um 25.000 €. In dieser Höhe entsteht ein Verlust. Werden dagegen 100.000 € aktiviert (Fall b), bleiben das Vermögen und das Eigenkapital unverändert. Die Vollkostenbewertung gewährleistet die **Erfolgsneutralität** der Lagerproduktion[1]. Fall a) ist nach geltendem Recht unzulässig.

Nach § 255 Abs. 2 HGB sind alle produktionsbedingten Kosten zu berücksichtigen. Ein **Wahlrecht** besteht für die Einbeziehung von allgemeinen Verwaltungskosten[2], soweit sie auf den Zeitraum der Herstellung entfallen. Zu diesen Kosten zählen z.B. die Kosten der Geschäftsführung, des Einkaufs und der Personalabteilung.

Einzelkosten und **produktionsbedingte Gemeinkosten** sind zu aktivieren. Zu den Einzelkosten zählen die direkt zurechenbaren Material- und Fertigungskosten (z.B. Kosten für verbrauchte Rohstoffe). Zu den produktionsbedingten Gemeinkosten gehören die Material- und Fertigungsgemeinkosten (z.B. Abschreibungen für Maschinen, Mieten für Fertigungsstätten). Sonderkosten der Fertigung fallen z.B. für Modelle bei Großprojekten an. Für Forschungs- und Vertriebskosten besteht ein Ansatzverbot (§ 255 Abs. 2 Satz 4 HGB). Forschungskosten dürfen auch nicht als eigenständiger Vermögensgegenstand aktiviert werden, weil sie dessen Kriterien nicht erfüllen.

Im Steuerrecht umfassen die Herstellungskosten die produktionsbedingten Vollkosten. Auch im Steuerrecht besteht nach § 6 Abs. 1 Nr. 1b EStG ein Wahlrecht für die Einbeziehung von allgemeinen Verwaltungskosten. Dieses Wahlrecht ist so auszuüben wie in der Handelsbilanz. Damit können keine Wertunterschiede auftreten, denn das im HGB verankerte Ansatzverbot für Vertriebs- und Forschungskosten gilt auch steuerrechtlich.

Bestandteile der Herstellungskosten	
Wertuntergrenze	**Wertobergrenze**
• Materialeinzel- und Materialgemeinkosten • Fertigungseinzel- und Fertigungsgemeinkosten (mit Sonderkosten)	• Materialeinzel- und Materialgemeinkosten • Fertigungseinzel- und Fertigungsgemeinkosten (mit Sonderkosten) • Allgemeine Verwaltungsgemeinkosten
Verbot für Vertriebskosten, Forschungskosten und kalkulatorische Kosten	

Abb. 67: Bestandteile der Herstellungskosten

---

[1] Vgl. Küting, K. (Herstellungskosten), S. 421-422.
[2] Hierzu werden im Folgenden aus Vereinfachungsgründen auch bestimmte Sozialaufwendungen gezählt, die im HGB speziell angeführt werden.

Die **Vertriebskosten** fallen beim Absatz der Produkte an. Da die Herstellungskosten für die Lagerbewertung relevant sind, hat noch kein Absatz stattgefunden. Daher besteht für diese Kosten ein Ansatzverbot. **Kalkulatorische Kosten** wie z.B. der kalkulatorische Unternehmerlohn eines Einzelunternehmers, führen nicht zu Auszahlungen. Dieser Lohn beruht auf entgangenen Erträgen des Unternehmers, da er seine Arbeitskraft im Unternehmen einsetzt und auf ein alternativ erzielbares Gehalt verzichtet[1]. Der Lohn eines Einzelunternehmers ist als Entnahme zu buchen und stellt keinen Aufwand dar. Deshalb darf diese Größe auch nicht in die Herstellungskosten einbezogen werden:

> Kalkulatorischer Unternehmerlohn: Kein Bestandteil der Herstellungskosten

Von den Gemeinkosten dürfen nur **angemessene Teile** berücksichtigt werden. Daher sind z.B. außerplanmäßige Abschreibungen auf Sachanlagen oder ein stark überhöhter Materialverbrauch infolge von Fehlplanungen nicht in die Herstellungskosten einzubeziehen. Da Gemeinkosten meist Fixkosten sind, die unabhängig von der Ausbringungsmenge anfallen, werden mit sinkender Stückzahl immer mehr Fixkosten je Stück verrechnet. Dadurch steigen auch die Herstellungskosten pro Stück, wobei der Anstieg nicht durch eine Verbesserung der Produkte, sondern durch die verringerte Stückzahl verursacht wird. Aus Vorsichtsgründen muss die Gemeinkostenverrechnung auf die Lagermenge begrenzt werden[2], damit das Vermögen nicht zu hoch ausgewiesen wird.

> Verrechnung von Gemeinkosten auf Basis einer Normalauslastung

Beispiel: Die Gemeinkosten (Fixkosten) einer Fertigungsstelle betragen 100.000 € in 01. Regelmäßig werden 20.000 Stück eines Produkts hergestellt, sodass Fixkosten von 5 € je Stück verrechnet werden. Durch einen Nachfragerückgang sinkt die Auslastung auf 5.000 Stück. In die Herstellungskosten dürfen nur 5 € pro Stück einbezogen werden und nicht 20 € pro Stück (100.000 €/5.000 Stück). In Höhe von 15 € liegen **Unterbeschäftigungskosten** vor, die aus der mangelnden Kapazitätsauslastung resultieren.

Finanzierungskosten gehören nach § 255 Abs. 3 HGB nicht zu den Herstellungskosten. Sie dürfen aber kalkuliert werden, wenn sie zur Finanzierung eines Vermögensgegenstands aufgenommen werden und auf den Herstellungszeitraum entfallen. Wird zur Fertigung einer neuen Produktreihe ein Kredit aufgenommen, können die hierfür anfallenden Kreditzinsen in die Herstellungskosten der Produkte einbezogen werden.

Nachträgliche Herstellungskosten sind zu berücksichtigen, wenn ein Vermögensgegenstand nach der Anschaffung oder Herstellung deutlich verändert wird. Fallen die Aufwendungen für den Erhalt der ursprünglichen Nutzungsmöglichkeiten an, liegt nur ein **Erhaltungsaufwand** vor, der nicht aktiviert werden darf. Beispiele sind: Reparaturen einer Maschine oder der Austausch von Verschleißteilen bei einem betrieblichen Fahrzeug. Hierbei können auch technisch verbesserte Teile eingebaut werden (z.B. Austausch von Fenstern bei einem Gebäude, wobei eine spezielle Wärmeschutzverglasung gewählt wird). Es gilt:

---

[1] Vgl. Wöhe, G./Döring, U./Brösel, G. (Betriebswirtschaftslehre), S. 639-640.
[2] Vgl. Küting, K. (Herstellungskosten), S. 424.

Erhaltungsaufwand dient dem Erhalt von Nutzungen: Aktivierungsverbot

Nur der **Herstellungsaufwand** führt zu aktivierungspflichtigen nachträglichen Herstellungskosten. Er kann in die folgenden Kategorien unterteilt werden, wobei sich in Einzelfällen auch Überschneidungen ergeben können.

Herstellungsaufwand (nachträgliche Herstellungskosten)	
Wesentliche Verbesserung im Vergleich zum Ursprungszustand	Erweiterung (Mehr Substanz)
Verbesserte Nutzungsmöglichkeiten	Zusätzliche Nutzungsmöglichkeiten

Abb. 68: Unterteilung von Herstellungsaufwand

Eine **Erweiterung** ergibt sich durch eine vermehrte Substanz. Wird an einem Gebäude ein Anbau angefügt, liegen nachträgliche Herstellungskosten vor. Durch die größere Fläche ergeben sich zusätzliche Nutzungsmöglichkeiten für die Produktion oder die Verwaltung des Unternehmens.

Eine **wesentliche Verbesserung** führt insbesondere zu verbesserten Nutzungsmöglichkeiten eines Vermögensgegenstands. Die Beurteilung muss im Vergleich zum Ursprungszustand erfolgen, d.h. im Vergleich zum Neuzustand. Die Wesentlichkeit kann nur für den jeweiligen Einzelfall beurteilt werden.

Beispiel: Ein Lkw wird Anfang 01 von einer Eisfabrik mit einem einfachen Kastenaufbau zum Transport ungekühlter Waren beschafft. Mitte 03 wird der Aufbau durch eine Kühlanlage ersetzt, die auch den Transport gefrorener Waren ermöglicht. Hierdurch entstehen verbesserte Nutzungsmöglichkeiten im Vergleich zum Ursprungszustand, die als wesentlich einzustufen sind. Die Aufwendungen sind zu aktivieren und können vereinfachend dem Buchwert des Lkws am Jahresbeginn 03 zugerechnet werden. Diese Regelung ist im Steuerrecht verpflichtend anzuwenden (R 7.4 Abs. 9 Satz 3 EStR). Im Handelsrecht wird man im Rahmen der GoB von einem **Wahlrecht** ausgehen können[1].

Unterjähriger Herstellungsaufwand kann zum Jahresbeginn berücksichtigt werden

Wird bei dem Lkw zu einem späteren Zeitpunkt der Einbau eines Austauschmotors notwendig, weil der alte Motor defekt ist, handelt es sich um **Erhaltungsaufwand**. Die Nutzungsmöglichkeiten haben sich in diesem Fall nicht verbessert – es wird nur der ursprüngliche Zustand wieder hergestellt.

Nachträgliche Herstellungskosten können auch bei selbst geschaffenen immateriellen Vermögensgegenständen vorliegen. Wird eine Erfindung zum Patent angemeldet, vergeht meist eine längere Frist bis zur Patenterteilung. Die hiermit verbundenen Kosten führen zu einer wesentlichen Verbesserung des Postens "selbst geschaffene Rechte und Werte" und stellen Herstellungsaufwand dar.

---

[1] Vgl. Brösel, G./Olbrich, M. (Kommentar zu § 253 HGB), Rn. 454.

1.3 Beizulegender Zeitwert

1.3.1 Definition

Durch das Bilanzrechtsmodernisierungsgesetz wurde der **beizulegende Zeitwert** neu in das HGB eingeführt. Er entspricht inhaltlich dem fair value aus der internationalen Rechnungslegung, die im neunten Kapitel behandelt wird. Der beizulegende Zeitwert dient z.B. zur Bewertung von **Finanzinstrumenten des Handelsbestands** bei Kreditinstituten (§ 340e Abs. 3 HGB). Damit handelt es sich um eine branchenspezifische Vorschrift, die nicht für alle Kaufleute gilt und im Folgenden vernachlässigt wird. Allerdings wird der beizulegende Zeitwert auch in einigen anderen Fällen angewendet, von denen der Wichtigste im nächsten Gliederungspunkt erläutert wird.

Beim beizulegenden Zeitwert handelt es sich im Idealfall um einen **Marktpreis**, der auf einem **aktiven Markt** ermittelt wird (§ 255 Abs. 4 HGB). Dieser Markt ist dadurch gekennzeichnet, dass Transaktionen von Vermögensgegenständen (z.B. Aktien) mit ausreichender Häufigkeit und in ausreichendem Volumen stattfinden. Ein Beispiel sind Aktienmärkte, an denen Kurse für Wertpapiere ermittelt werden.

Wenn kein aktiver Markt vorhanden ist, sind zur Wertbestimmung anerkannte Bewertungsmethoden anzuwenden. Es können z.B. die Marktpreise vergleichbarer Transaktionen aus der jüngeren Vergangenheit zugrunde gelegt werden[1]. Führen sie nicht zu einer verlässlichen Bewertung, sind die Anschaffungskosten maßgeblich.

Bei der Bewertung zum beizulegenden Zeitwert, der über den Anschaffungskosten liegt, wird das Realisationsprinzip durchbrochen – dann steht die **Realisierbarkeit** der Erträge im Vordergrund[2]. Auch wenn diese Bewertung den Vorteil der Aktualität aufweist, besteht bei schwankenden Kursen die Gefahr, dass ein hoher Stichtagswert bereits im Aufstellungszeitpunkt der Bilanz wieder gesunken sein kann. Dann wird das Vermögen zu hoch ausgewiesen und die Gläubiger werden bei der Kreditvergabe falsch informiert.

Wenn zunächst ein beizulegender Wert ermittelt werden kann, aber zu einem späteren Zeitpunkt diese Möglichkeit entfällt, gilt nach § 255 Abs. 4 Satz 4 HGB der letzte beizulegende Zeitwert als neuer Wert für die Anschaffungskosten. In der Abbildung gilt der Ende 02 festgestellte Zeitwert von 130 € ab Anfang 03 als neuer Anschaffungskostenwert. Gehört die Aktie zum Umlaufvermögen ist nach § 253 Abs. 4 HGB zu bewerten.

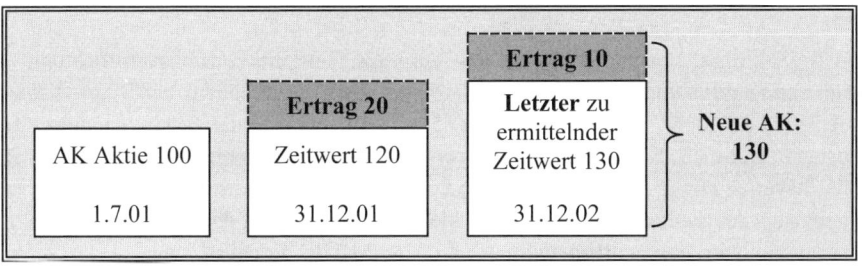

Abb. 69: Ermittlung neuer Anschaffungskosten

---

[1] Vgl. Federmann, R./Müller, S. (Bilanzierung), S. 428.
[2] Vgl. Wiechens, G./Helke, I. (Bilanzierung), S. 1333.

1.3.2 Anwendung bei Posten zur Altersversorgung

Der beizulegende Zeitwert ist **von allen Unternehmen** anzuwenden, um Vermögensgegenstände zu bewerten, die ausschließlich der Absicherung von **Altersversorgungsverpflichtungen** dienen (§ 253 Abs. 1 Satz 4 HGB). Verspricht ein Unternehmer dem Mitarbeiter eine Betriebsrente bei Erreichen eines bestimmten Lebensalters, ist für die unsichere Verpflichtung eine Pensionsrückstellung zu bilden. Da ihre Berechnung aufwendig ist[1], wird der Rückstellungswert nachfolgend vorgegeben (500.000 €).

Werden zur Finanzierung der späteren Rentenzahlungen langfristige Wertpapiere erworben, die dem Zugriff aller übrigen Gläubiger entzogen sind, entsteht ein so genanntes **Planvermögen**. Es ist mit dem beizulegenden Zeitwert zu bewerten. Oft wird so verfahren, dass das Vermögen und die Schulden auf eine vom Unternehmer gegründete Treuhandgesellschaft (z.B. einen Verein) übertragen werden, die die Verpflichtungen erfüllt[2]. Die Bilanzierung erfolgt beim wirtschaftlichen Eigentümer (= dem Unternehmer).

Der Wert des Planvermögens wird am Bilanzstichtag regelmäßig von seinen Anschaffungskosten abweichen. Der Wert langfristiger Wertpapiere kann über oder unter den Anschaffungskosten liegen. Dann **müssen** sowohl Werterhöhungen als auch Wertminderungen berücksichtigt werden. Die Anschaffungskosten stellen keine Wertobergrenze dar. Bei der Abwertung ist nicht zwischen dauernder oder nicht dauernder Wertminderung zu unterscheiden, da § 253 Abs. 1 Satz 4 HGB eine Spezialvorschrift ist. Sie ist vorrangig vor der Abschreibungsregelung in § 253 Abs. 3 HGB anzuwenden.

In der folgenden Abbildung betragen die Anschaffungskosten (AK) der Wertpapiere zur Absicherung der Altersversorgungsverpflichtungen 500.000 €. Am Jahresende sind die Zeitwerte auf 550.000 € gestiegen bzw. auf 420.000 € gesunken. Es ergeben sich Aufwertungs- bzw. Abwertungspflichten. Es gilt (Angaben in Tausend Euro):

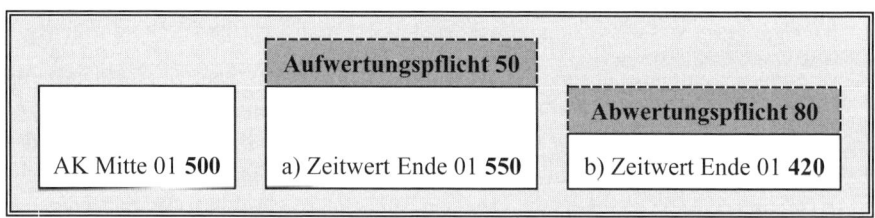

Abb. 70: Sonderfall der Bewertung bestimmter Vemögensgegenstände

Nach § 246 Abs. 2 Satz 2 HGB sind das Vermögen und die Pensionsverpflichtung zu saldieren (**Saldierungspflicht**). Wenn der Wert des Planvermögens am Bilanzstichtag auf 550.000 € steigt (Rückstellungswert: 500.000 €) wird in der Bilanz ein spezieller Posten in Höhe von 50.000 € bilanziert, der als "aktiver Unterschiedsbetrag aus der Vermögensverrechnung" bezeichnet wird (§ 266 Abs. 2 Buchstabe E HGB). Dieser Betrag bleibt nach der Saldierung (= Abzug des kleineren Betrags) auf der Aktivseite stehen. In diesem Fall wird das **Bruttoprinzip** (§ 246 Abs. 2 HGB) durchbrochen.

---

[1] Vgl. zur Berechnung von Pensionsrückstellungen Coenenberg, A.G./Haller, A./Schultze, W. (Jahresabschluss), S. 442-449.

[2] Vgl. Heno, R. (Jahresabschluss), S. 504.

Die folgende Abbildung stellt den Brutto- und Nettoausweis gegenüber. Es wird von einem Einzelunternehmen mit diversen Vermögensgegenständen von 400.000 € ausgegangen. Weiterhin gilt: Angaben in Tausend Euro, aktiver UB = aktiver Unterschiedsbetrag aus der Vermögensverrechnung. Durch den Nettoausweis sinkt die Bilanzsumme um 500.000 €. Bei Kapitalgesellschaften sind latente Steuern zu berücksichtigen und Erläuterungen im Anhang vorzunehmen (§ 285 Nr. 25 HGB).

A	Bilanz - **Bruttoausweis**		P	A	Bilanz - **Nettoausweis**		P
Div. VG	400	EK	450	Div. VG	400	EK	450
Finanzanlagen	550	Pensionsrückstellung	500	Aktiver UB	50		
	950		950		450		450

Abb. 71: Aktiver Unterschiedsbetrag (UB) aus der Vermögensverrechnung

1.4 Erfüllungsbetrag

Der Erfüllungsbetrag ist der Wertmaßstab für Verbindlichkeiten und Rückstellungen. Da **Verbindlichkeiten** eindeutig festgelegt sind, ist auch der Erfüllungsbetrag objektiv zu bestimmen. Bei Geldleistungsverpflichtungen entspricht der Erfüllungsbetrag dem Rückzahlungsbetrag[1]. Wird ein Kredit von 50.000 € zum Marktzins aufgenommen, ist dieser Betrag zu passivieren. Wird ein Disagio einbehalten, weil der Kreditzins unter dem Marktzins liegt, ist der Auszahlungsbetrag niedriger als der Erfüllungsbetrag. Werden im obigen Fall nur 49.000 € ausgezahlt, entsteht ein Disago von 1.000 €. Der Erfüllungsbetrag bleibt unverändert bei 50.000 € und muss passiviert werden.

Da **Rückstellungen** eine gewisse Unsicherheit aufweisen, wird der Erfüllungsbetrag nach vernünftiger kaufmännischer Beurteilung festgelegt. Bei der Bestimmung dieses Werts ist auch das Vorsichtsprinzip zu beachten. Es kann nicht einfach der Wert gewählt werden, der die höchste Eintrittswahrscheinlichkeit aufweist. Das gilt insbesondere dann, wenn die übrigen Werte ins Gewicht fallen. Wird mit 80% Wahrscheinlichkeit eine Belastung von 50.000 € und mit 20% eine Belastung von 200.000 € eintreten, ist eine Bewertung mit dem niedrigeren Betrag problematisch. Der Gläubigerschutz verlangt eine angemessene Berücksichtigung der höheren Belastung[2], die von den Umständen des jeweiligen Einzelfalls abhängig ist.

Verpflichtungen können in Geld- oder in Sachleistungen bestehen. **Geldleistungsverpflichtungen** (z.B. Pensionen für Arbeitnehmer und Steuern) können nur durch Geldzahlungen erfüllt werden. In diesen Fällen müssen die Beträge, die zur Erfüllung der Verpflichtung notwendig sind, möglichst objektiv ermittelt werden. Bei Steuerrückstellungen (z.B. Gewerbesteuer) wird eine Berechnung auf Basis des erwirtschafteten Gewinns durchgeführt. Die Einzelheiten zur Berechnung von Steuerrückstellungen wurden im zweiten Kapitel erläutert.

---

[1] Vgl. BMJ (BilMoG), S. 52.
[2] Vgl. Schildbach, T./Stobbe, T./Brösel, G. (Jahresabschluss), S. 323.

Bei **Sachleistungsverpflichtungen** muss eine Dienstleistung erbracht werden oder es ist ein Vermögensgegenstand zu liefern[1]. Für die Gewerbesteuer ist eine Steuererklärung zu erstellen (Dienstleistung), die zu Personalkosten führt. Zur Erfüllung von Sachleistungsverpflichtungen sind die Vollkosten zu erfassen, sodass Einzel- und Gemeinkosten (z.B. anteilige Raumkosten) relevant sind. Wenn bei der Erfüllung einer Verpflichtung die Umsatzsteuer zu beachten ist, muss geprüft werden, ob diese Steuer als Vorsteuer abzugsfähig ist oder nicht. Die folgenden Fälle können auftreten:

1. Voller Vorsteuerabzug: Rückstellungsbetrag ohne Umsatzsteuer (USt).
2. Teilweiser Vorsteuerabzug: Rückstellungsbetrag mit nicht abzugsfähiger USt.
3. Kein Vorsteuerabzug: Rückstellungsbetrag mit voller USt.

Beispiel: Unternehmer Schulze lässt den Jahresabschluss 01 in 02 durch den Steuerberater Taxo anfertigen lassen. Der Arbeitsumfang entspricht dem des Vorjahres. Damals wurden 1.000 € zzgl. 19% USt gezahlt. Schulze rechnet mit einer Kostensteigerung von 5%. Die Vorsteuer ist voll abzugsfähig. Somit sind Rückstellungen für ungewisse Verbindlichkeiten in Höhe von 1.050 € zu bilden. Bei nichtabzugsfähiger Vorsteuer müssten 1.249,5 € (1.050 € x 1,19) zurückgestellt werden.

Variante: Schulze lässt den Jahresabschluss 01 durch seine Mitarbeiter erstellen, die rund 30 Stunden benötigen. Es gilt: Stundenlohn: 25 €, Arbeitgeberbeitrag zur Sozialversicherung: 10%. Die Gemeinkosten betragen 200 €. Die Rückstellung ist mit 1.025 € (1,1 x 750 € + 200 €) zu passivieren. Sie wird mit den Vollkosten bewertet.

Insbesondere bei **langfristigen** Verpflichtungen wirken sich Zinseffekte und die Geldentwertung (Inflation) auf die Rückstellungshöhe aus. Die Bewertung zum Erfüllungsbetrag beinhaltet, dass zukünftige Preis- und Kostensteigerungen zu berücksichtigen sind[2]. Sie müssen objektiv nachweisbar sein. Nach § 253 Abs. 2 Satz 1 HGB sind langfristige Rückstellungen mit einer Restlaufzeit von mehr als einem Jahr abzuzinsen.

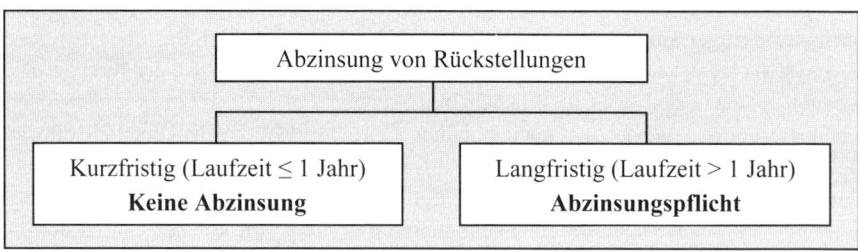

Abb. 72: Abzinsung von Rückstellungen

Beispiel: Die Bergbau-AG erhält am 1.7.01 die behördliche Genehmigung, auf einem Grundstück Steinkohle abzubauen. Die Genehmigung beinhaltet die Verpflichtung zur Auffüllung des Grund und Bodens und dessen Rekultivierung am Ende der zehnjährigen Nutzungsphase. Anfang Juli 01 werden die Kosten für diese Maßnahmen auf 600.000 € geschätzt. Es muss eine Rückstellung für ungewisse Verbindlichkeiten angesetzt werden, da eine öffentlich-rechtliche Verpflichtung vorliegt. Sie wird in zehn gleichen Raten

---

[1] Vgl. Baetge, J./Kirsch, H.-J./Thiele, S. (Bilanzen), S. 217.
[2] Vgl. BMJ (BilMoG), S. 52.

gebildet, weil sie im Zeitablauf anwächst. Diese Vorgehensweise wird steuerrechtlich in § 6 Abs. 1 Nr. 3a Buchst. d Satz 1 EStG vorgeschrieben. Die Umsetzung wird in einem BMF-Schreiben geregelt[1], das auch im Handelsrecht angewendet werden kann. Die folgende Abbildung zeigt die Bewertung der Rückstellung (ohne Abzinsung). Ende 01 sind 30.000 € (6/12 von 60.000 €) zu passivieren.

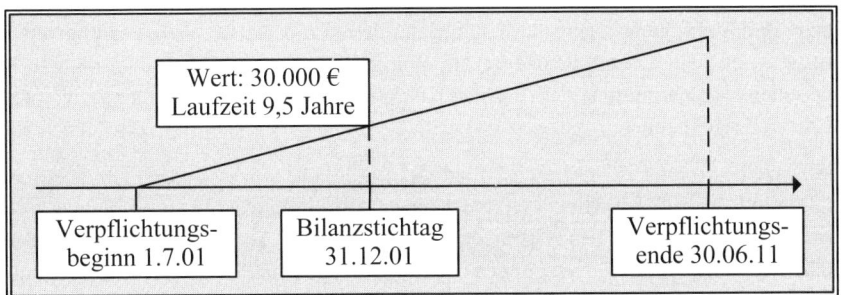

Abb. 73: *Entwicklung einer langfristigen Rückstellung*

Nach § 253 Abs. 2 Satz 1 HGB sind Rückstellungen mit einer Restlaufzeit von mehr als einem Jahr **abzuzinsen**, sodass der Barwert relevant ist. Hierbei ist der durchschnittliche Marktzinssatz der letzten sieben Geschäftsjahre anzuwenden. Dieser Zinssatz wird von der Bundesbank ermittelt und für einzelne Monate bekanntgegeben[2]. Im Folgenden wird vereinfachend der steuerrechtliche Zinssatz von 5,5% zugrunde gelegt, sodass insoweit keine Differenz zwischen Handels- und Steuerbilanz auftritt.

Ende 01 beträgt die Restlaufzeit noch 9,5 Jahre, so dass eine Abzinsung über diesen Zeitraum erfolgen muss. Der Abzinsungsfaktor liegt zwischen neun und zehn Jahren und muss interpoliert werden. Die Angabe erfolgt jeweils auf drei Nachkommastellen. Die folgende Abbildung zeigt die Berechnung (Faktor 10 Jahre: $1,055^{-10} = 0,585$).

Faktor 10 Jahre: 0,585	Faktor 9,5 Jahre	Faktor 9 Jahre: 0,618
Differenz zwischen den Faktoren: -0,033. Addition von 6/12 zum Wert von 0,618		
Faktor 9,5 Jahre: 0,602 (= 0,618 - 6/12 x 0,033)		

Abb. 74: *Interpolation eines Abzinsungsfaktors*

Der Barwert Ende 01 beträgt 18.060 € (0,602 x 30.000 €). In 02 wird die Rückstellung um 60.000 € nominell erhöht, so dass sich eine Summe von 78.060 € ergibt. Von dieser Größe muss der Barwert Ende 02 abgezogen werden, um die Zinsen für 02 zu erhalten. Der Barwert Ende 02 beträgt 57.150 € (0,635 x 90.000 €). Somit berechnen sich die Zinsen wie folgt: 78.060 € - 57.150 € = 20.910 €. Die Buchungen in 02 lauten: "Sonstiger betrieblicher Aufwand an sonstige Rückstellungen 60.000" und "sonstige Rückstellungen an Zinsertrag 20.910". In der Bilanz wird die Rückstellung mit 57.150 € ausgewiesen. In der GuV-Rechnung erscheinen die sonstigen betrieblichen Aufwendungen mit 60.000 € und der Zinsertrag mit 20.910 €.

---

[1] Vgl. BMF (Abzinsung), Rn. 29.
[2] Ein entsprechender Download-Service wurde auf der Homepage der Bundesbank eingerichtet.

2. Bewertungsmethoden

2.1 Gruppenbewertung und Verbrauchsfolgeverfahren

Bewertungsmethoden sind Verfahren der Wertbestimmung, die angeben, wie der Bilanzierende zu einem Wert für einen Bilanzposten gelangt. Nach dem Einzelbewertungsprinzip sind Vermögensgegenstände und Schulden grundsätzlich einzeln zu bewerten. Aber in vielen Fällen treten Probleme auf: Werden Flüssigkeiten in einen Tank gefüllt, vermischen sie sich miteinander. Werden Kohlen auf einen Haufen geschüttet, vermengen sie sich miteinander.

Eine Einzelbewertung ist in diesen Fällen nicht möglich, sodass Vereinfachungen notwendig sind. Nach § 240 Abs. 4 HGB ist eine **Gruppenbewertung** von gleichartigen Vermögensgegenständen des Vorratsvermögens und von anderen gleichartigen oder annähernd gleichwertigen beweglichen Vermögensgegenständen und Schulden erlaubt. Die Bewertung erfolgt mit dem **gewogenen Durchschnittswert**. Nach § 256 Satz 1 HGB können für gleichartige Vermögensgegenstände des Vorratsvermögens vereinfachende **Verbrauchsfolgeverfahren** eingesetzt werden.

Gleichartigkeit bedeutet Funktionsgleichheit oder Zugehörigkeit zur gleichen Warengattung[1]. Nägel und Schrauben sind funktionsgleich, da sie jeweils der Befestigung dienen. Tische in verschiedenen Größen und Farben gehören zur gleichen Warengattung. Zum Vorratsvermögen gehören die Werkstoffe und Fertigerzeugnisse im Industriebetrieb sowie die Waren im Handel. Die Bewertungsvereinfachung kann **nicht** für andere Posten angewendet werden.

Die folgende Abbildung zeigt die handelsrechtlich zulässigen Verbrauchsfolgeverfahren[2]. Bei kontinuierlich steigenden Preisen wird der **Endbestand** bei der Fifo-Methode hoch bewertet, bei der Lifo-Methode dagegen niedrig.

	Verbrauchsfolgeverfahren	
	First in – first out: Fifo	**Last in – first out: Lifo**
Verbrauchs-annahme	Erste Zugänge gelten als zuerst verbraucht	Letzte Zugänge gelten als zuerst verbraucht
Bewertung des Endbestands	Bei **steigenden** Preisen: Hoher Wert	Bei **steigenden** Preisen: Niedriger Wert

Abb. 75: Verbrauchsfolgeverfahren im HGB

Beispiel: Unternehmer Bunt erwirbt in 01 Farbe für sein Malergeschäft. Am 31.12.01 sind noch 200 Kanister (Endbestand, EB) auf Lager. Anfangsbestand: Null Stück. Laufende Zugänge in 01: 400 Kanister à 40 €/Stück, 600 Kanister à 42 €/Stück, 1.000 Kanister à 44 €/Stück. Die folgende Abbildung zeigt die Werte der Endbestände nach der

---

[1] Vgl. Bitz, M./Schneeloch, D./Wittstock, W./Patek, G. (Jahresabschluss), S. 255.
[2] Im Steuerrecht ist nur die Lifo-Methode als vereinfachendes Bewertungsverfahren zulässig (§ 6 Abs. 1 Nr. 2a EStG).

Fifo- und der Lifo-Methode. Auch der Durchschnittswert wird mit aufgenommen. Nach dieser Methode beträgt der Wert pro Stück 42,6 €. Berechnung: (400 x 40 + 600 x 42 + 1.000 x 44)/2.000.

Fifo-Methode	Lifo-Methode	Durchschnittswert
Wert EB 8.800 € (200 St. à 44 €/St.)	Wert EB 8.000 € (200 St. à 40 €/St.)	Wert EB 8.520 € (200 St. à 42,6 €/St.)

Abb. 76: *Verbrauchsfolgeverfahren und Durchschnittswert*

Handelsrechtlich können Verbrauchsfolgeverfahren angewendet werden, soweit sie den GoB entsprechen (**Wahlrecht**). Die Verbrauchsfolgeverfahren sind zulässig, wenn sie nicht im krassen Widerspruch zur tatsächlichen Verbrauchsfolge stehen[1]. Bei verderblichen Vorräten, insbesondere bei Lebensmitteln, ist das Lifo-Verfahren unzulässig, da aus Haltbarkeitsgründen zuerst die Lebensmittel verbraucht werden, die am frühesten eingekauft wurden. In diesem Fall ist die Lifo-Methode nicht GoB-konform.

Zu beachten ist, dass die Werte, die sich nach den Verbrauchsfolgeverfahren ergeben, den Bewertungsvorschriften des HGB entsprechen müssen. Im Umlaufvermögen gilt das strenge Niederstwertprinzip, sodass niedrigere Werte am Bilanzstichtag zu berücksichtigen sind. Liegt der Marktwert unter dem Betrag, der aus einer Verbrauchsfolge resultiert, muss abgewertet werden[2]. Es gilt:

> Gesetzlicher Wert hat Vorrang vor den Verbrauchsfolgewerten

Beispiel: In der obigen Abbildung werden die Kanister mit 44 € je Stück bewertet, wenn das Fifo-Verfahren angewendet wird. Wenn der Preis je Kanister am Bilanzstichtag nur noch 42 € je Stück beträgt, darf eine Bewertung nur mit diesem Wert erfolgen. Beim Lifo-Verfahren treten keine Probleme auf, da der Wert nach dieser Methode unter dem Stichtagswert liegt.

2.2 Währungsumrechnung

Deutsche Unternehmen tätigen immer mehr Geschäfte im Ausland. Wenn sich die Geschäftspartner in Europa befinden und die Gemeinschaftswährung Euro verwenden, ergeben sich hieraus keine Probleme bei der Bewertung von Forderungen und Verbindlichkeiten aus dem Leistungsaustausch. Werden Geschäfte jedoch in ausländischer Währung (z.B. US-Dollar) abgewickelt, muss eine Umrechnung in Euro erfolgen, da der Jahresabschluss in dieser Währung aufzustellen ist (§ 244 HGB).

In § 256a HGB werden die Regelungen für die Umrechnung von Vermögensgegenständen und Verbindlichkeiten festgelegt. Im **Einzelabschluss** gilt für die Währungsumrechnung **langfristiger** Bilanzposten am Abschlussstichtag:

---

[1] Vgl. Heno, R. (Jahresabschluss), S. 419.
[2] Vgl. Bieg, H./Kußmaul, H./Waschbusch, G. (Rechnungswesen), S. 148.

Währungsumrechnung langfristiger Posten	
Inhalt:	Umrechnung von Vermögensgegenständen und Verbindlichkeiten (Laufzeit > 1 Jahr) zum Devisenkassamittelkurs am Stichtag
Einschränkungen:	Beachtung der GoB, insbesondere des Anschaffungskosten- und des Imparitätsprinzips (insb. des Realisationsprinzips)
Sonderfall:	Risikoabsicherung durch Bewertungseinheiten

Abb. 77: Währungsumrechnung langfristiger Posten

Die Währungsumrechnung erfolgt zum **Devisenkassamittelkurs**, d.h. zum Tageskurs der jeweiligen Devisen, wobei der Mittelwert aus Brief- und der Geldkurs gebildet wird[1]:

- Briefkurs: Kurs, zu dem eine Bank ausländische Währung verkauft.
- Geldkurs: Kurs, zu dem eine Bank ausländische Währung ankauft.

Im Regelfall liegt der Briefkurs über dem Geldkurs, da die Banken beim Umtausch eine Gebühr berechnen. Nach § 256a Satz 1 HGB ist der Mittelkurs aus beiden Werten zu bilden. Auch bei der Währungsumrechnung sind die GoB zu beachten, sodass grundsätzlich gilt: Vermögensgegenstände sind mit den Anschaffungskosten und Verbindlichkeiten mit dem Erfüllungsbetrag zu bewerten. Unrealisierte Erträge dürfen am Bilanzstichtag nicht ausgewiesen werden; Aufwendungen sind dagegen zu berücksichtigen.

Für die Bewertung von **kurzfristigen** Vermögensgegenständen und Verbindlichkeiten gelten nach § 256a Satz 2 HGB Besonderheiten, die am Beispiel einer langfristigen Kreditvergabe erläutert werden. Bei diesem Geschäft entsteht beim Kreditgeber eine Forderung, die zunächst im Anlagevermögen ausgewiesen wird (Posten: "Sonstige Ausleihungen"). Im Folgenden wird vereinfachend die **Preisnotierung** verwendet, bei der der Preis einer ausländischen Währungseinheit in Euro angegeben wird (z.B. 1 US-Dollar = 1,1 Euro)[2]. Dadurch ist eine einfache Umrechnung der ausländischen Werte möglich.

Beispiel: Unternehmer Schulze gewährt am 1.7.01 seinem amerikanischen Kunden einen (normal verzinslichen) Kredit in Höhe von 200.000 US-Dollar (jährliche Zinszahlung). Der Wechselkurs (Devisenkassamittelkurs) beträgt: 1 US-Dollar = 1 Euro. Der Kredit hat eine Laufzeit von zwei Jahren und wird am 1.7.03 vollständig zurückgezahlt. Am Bilanzstichtag (31.12.01) ist der Wechselkurs gestiegen: Ein US-Dollar ist 1,1 Euro wert. Eine Aufwertung der unter den Finanzanlagen zu bilanzierenden Ausleihungen ist nicht möglich, da bei einer **langfristigen** Forderung (Laufzeit größer als ein Jahr) die Anschaffungskosten **nicht** überschritten werden dürfen.

Anders verhält es sich Ende 02. Zu diesem Zeitpunkt liegt die Restlaufzeit unter einem Jahr, sodass eine **kurzfristige Forderung** vorliegt. Wenn der Wechselkurs bei 1,1 Euro liegt, ist eine Zuschreibung der Forderung vorzunehmen. Nach § 256a Satz 2 HGB gelten das Anschaffungskosten- und Realisationsprinzip nicht. Die Forderung wird zunächst ins Umlaufvermögen umgebucht und erscheint dann im Posten "sonstige Vermögensgegen-

---

[1] Vgl. Küting, K./Mojadadr, M. (Währungsumrechnung), S. 1870.
[2] In der Praxis ist die Mengennotierung üblich, bei der wie folgt umgerechnet wird: 1 Euro = 0,91 Dollar. Preis- und Mengennotierung sind ineinander überfahrbar: Das Verhältnis 1 Euro = 0,91 Dollar (Mengennotierung) entspricht bei der Preisnotierung: 1 Dollar = 1,1 Euro (gerundet).

2. Bewertungsmethoden

stände". Anschließend erfolgt eine Zuschreibung auf 220.000 €. Gebucht wird: "Sonstige Vermögensgegenstände an sonstige betriebliche Erträge 20.000". Die Forderung wird mit 220.000 € (200.000 x 1,1) in der Bilanz bewertet und in der GuV-Rechnung erscheinen sonstige betriebliche Erträge von 20.000 € (§ 277 Abs. 5 Satz 2 HGB). Die Zinsen werden mit dem Wechselkurs im Entstehungszeitpunkt umgerechnet.

Sinkt der Wechselkurs bei einer langfristigen Forderung, muss geprüft werden, ob die Wertminderung voraussichtlich von Dauer ist oder nicht. Im ersten Fall besteht eine Abschreibungspflicht, im zweiten Fall ein Abschreibungswahlrecht (§ 253 Abs. 3 Sätze 3 und 4 HGB). Bei einer kurzfristigen Forderung gilt dagegen das strenge Niederstwertprinzip, sodass immer eine Abschreibung erfolgen muss. In der GuV-Rechnung werden sonstige betriebliche Aufwendungen ausgewiesen (§ 277 Abs. 5 Satz 2 HGB). Zusammenfassend gilt für Fremdwährungsforderungen:

	Bewertung von Fremdwährungsforderungen	
	Langfristig (Restlaufzeit über ein Jahr)	**Kurzfristig** (Restlaufzeit bis zu einem Jahr)
Steigender Wechselkurs	Maximal zu Anschaffungskosten – kein Gewinnausweis	Aufwertung der Forderung – Gewinnausweis
Sinkender Wechselkurs	Abschreibungspflicht bei Dauerhaftigkeit, ansonsten Abschreibungswahlrecht	Abwertung der Forderung – Verlustausweis

Abb. 78: Bewertung von Fremdwährungsforderungen

Für **Verbindlichkeiten** gelten die folgenden Zusammenhänge: Bei **langfristigen** Verbindlichkeiten ist ein Wechselkurs, der über die Anschaffungskosten steigt, handelsrechtlich nach dem Höchstwertprinzip anzusetzen. Sinkt der Wechselkurs unter die Anschaffungskosten der Verbindlichkeit, darf keine Abwertung erfolgen, da ansonsten ein nicht realisierter Gewinn ausgewiesen würde.

Bei **kurzfristigen** Verbindlichkeiten sind gestiegene und gesunkene Wechselkurse zu berücksichtigen, da das Realisationsprinzip nicht gilt. Gestiegene Wechselkurse führen zu Verlusten, gesunkene zu Gewinnen. In der GuV-Rechnung werden sonstige betriebliche Aufwendungen bzw. Erträge ausgewiesen. Zusammenfassend gilt:

	Bewertung von Fremdwährungsverbindlichkeiten	
	Langfristig (Restlaufzeit über ein Jahr)	**Kurzfristig** (Restlaufzeit bis zu einem Jahr)
Steigender Wechselkurs	Aufwertung der Verbindlichkeit – Verlustausweis	Aufwertung der Verbindlichkeit – Verlustausweis
Sinkender Wechselkurs	Abwertungsverbot der Verbindlichkeit – kein Gewinnausweis	Abwertung der Verbindlichkeit – Gewinnausweis

Abb. 79: Bewertung von Fremdwährungsverbindlichkeiten

Die Währungsumrechnung am Bilanzstichtag betrifft insbesondere Wertpapiere, Forderungen und Verbindlichkeiten. Zur Bewertung anderer Posten wird auf die Literatur verwiesen[1]. Das Währungsrisiko und andere Risiken, die mit bestimmten Posten verbunden sind (z.B. das Zinsrisiko bei festverzinslichen Wertpapieren) können durch den Einsatz von Sicherungsinstrumenten ausgeschlossen werden. Hierauf wird im nächsten Gliederungspunkt eingegangen.

2.3 Bildung von Bewertungseinheiten

Nach dem Einzelbewertungsprinzip sind grundsätzlich jeder Vermögensgegenstand und jede Schuld für sich zu bewerten. Allerdings können nach § 254 HGB die folgenden Sachverhalte zu einer **Bewertungseinheit** zusammengefasst werden:

- Grundgeschäft: Ein Vermögensgegenstand, eine Schuld, ein schwebendes Geschäft oder eine mit hoher Wahrscheinlichkeit erwartete Transaktion, die jeweils einem bestimmten Risiko unterliegen.
- Sicherungsinstrument: Ein originäres oder derivatives Finanzinstrument, das das betreffende Risiko durch eine gegenläufige Wertentwicklung oder durch gegenläufige Zahlungsströme ausgleichen kann.

Eine Fremdwährungsforderung (Vermögensgegenstand) unterliegt z.B. einem Wechselkursrisiko, dessen Behandlung im vorigen Gliederungspunkt erläutert wurde. Das Risiko kann z.B. durch ein **Währungstermingeschäft** ausgeglichen werden. Wenn die Forderung am 1.12.01 entsteht (200.000 US-Dollar, Laufzeit drei Monate), kann zum Ausgleich des Währungsrisikos ein Termingeschäft abgeschlossen werden.

Werden am 1.12.01 200.000 US-Dollar per Termin 28.2.02 verkauft, stehen sich für drei Monate eine Fremdwährungsforderung und Fremdwährungsverpflichtung gleichwertig gegenüber. Wenn der Wechselkurs am Bilanzstichtag sinkt, nehmen die Werte der Forderung und der Verpflichtung in gleichem Maße ab. Insoweit besteht kein Risiko mehr. Die Bewertung der Fremdwährungsforderung kann mit dem Terminkurs erfolgen.

Die Absicherung eines Grundgeschäfts durch ein einziges Sicherungsinstrument wird als **Micro-Hedge** bezeichnet. Mit § 254 HGB sind auch das Macro- oder Portfolio-Hedge vereinbar, bei denen die Zurechnung von Grundgeschäft und Sicherungsinstrument allgemeiner ist. Meist werden viele Grundgeschäfte durch ein oder mehrere Sicherungsgeschäfte abgedeckt[2]. Im Folgenden wird nur das Micro-Hedge betrachtet. Die Bildung von Bewertungseinheiten muss weitere Voraussetzungen erfüllen[3]:

- Vergleichbarkeit der Risiken: Das Grundgeschäft und das Sicherungsinstrument müssen demselben Risiko unterliegen, welches sich beim Sicherungsinstrument systembedingt gegenläufig auswirken muss.
- Sicherungsabsicht: Das Unternehmen hat das Sicherungsinstrument mit dem Ziel der Risikoverminderung erworben und die Absicherung besteht grundsätzlich über die gesamte Laufzeit des Grundgeschäfts.

---

[1] Vgl. Zwirner, C./Künkele, K.P. (Währungsumrechnung), S. 519-520.
[2] Vgl. hierzu Coenenberg. A.G./Haller, A./Schultze, W. (Jahresabschluss), S. 310.
[3] Vgl. Petersen, K./Zwirner, C./Froschhammer, M. (Bilanzierung), S. 451-452.

- Effektivität der Sicherungsbeziehung: Die Bildung einer Bewertungseinheit ist nur in dem Umfang und für den Zeitraum möglich, in dem eine wirksame Risikoverminderung stattfindet.
- Dokumentation: Die Verbindung zwischen Grund- und Sicherungsgeschäft müssen Kapitalgesellschaften detailliert im Anhang erläutern (§ 285 Nr. 23 HGB).

Beispiel: Unternehmer Meier hat am 1.12.01 eine dreimonatige Forderung gegenüber seinem amerikanischen Kunden (Betrag 200.000 US-Dollar). Am 1.12.01 gilt: 1 US-Dollar = 1 Euro. Am Bilanzstichtag ist die Relation 1 : 0,9, im Zahlungszeitpunkt 1 : 0,95. Ohne Absicherung wird die Forderung zunächst mit 200.000 € im Umlaufvermögen aktiviert und am Bilanzstichtag (31.12.01) nach dem strengen Niederstwertprinzip auf 180.000 € abgeschrieben (sonstige betriebliche Aufwendungen 20.000 €). Im Zahlungszeitpunkt ist der Wechselkurs gestiegen. Somit erhält Meier 190.000 € und es entsteht ein sonstiger betrieblicher Ertrag von 10.000 €.

Wenn Meier am 1.12.01 ein dreimonatiges Währungstermingeschäft über den Verkauf von 200.000 US-Dollar abschließt, können das Grundgeschäft und das Sicherungsgeschäft zu einer Bewertungseinheit zusammengefasst werden. Dadurch wird das Wechselkursrisiko ausgeglichen. Am 1.12.01 wird die Forderung mit dem Terminkurs (z.B. 0,93) umgerechnet und der gesamte Forderungsbetrag von 186.000 € bleibt über die Laufzeit konstant. Kursänderungen am Bilanzstichtag und im Zahlungszeitpunkt sind ohne Bedeutung – dabei ist es gleichgültig, ob der Wechselkurs an beiden Zeitpunkten sinkt oder steigt. Der Forderungswert wird am 1.12.01 quasi "eingefroren", sodass der Begriff "**Einfrierungsmethode**" verwendet wird[1].

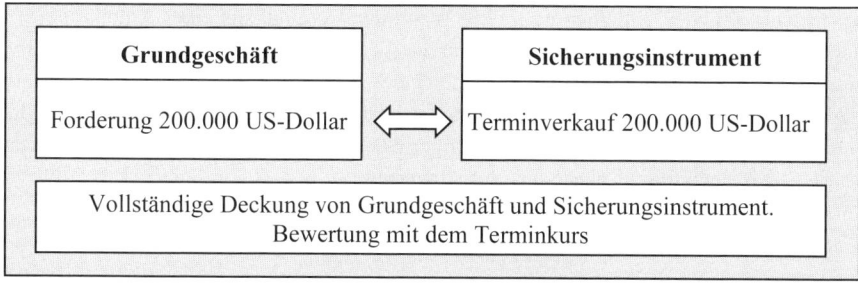

Abb. 80: Vollständiger Ausgleich des Wechselkursrisikos

Zum vollständigen Risikoausgleich müssen das Grundgeschäft und das Sicherungsinstrument hinsichtlich **Betrag und Zeitdauer** übereinstimmen. Stimmen die Beträge nicht überein, muss ein nicht gedeckter Betrag nach den allgemeinen Regeln bewertet werden. Bei einem sinkenden Wechselkurs müsste der nicht gesicherte Teil einer Forderung am Bilanzstichtag abgewertet werden.

Beispiel: Unternehmer Meier hat am 1.12.01 eine dreimonatige Forderung gegenüber einem amerikanischen Kunden in Höhe von 200.000 US-Dollar. Für denselben Zeitraum besteht eine Verbindlichkeit gegenüber einem ausländischen Lieferanten in Höhe von 160.000 US-Dollar, die ebenfalls in US-Dollar abgerechnet wird. Für die Wechselkurse

---

[1] Vgl. Coenenberg. A.G./Haller, A./Schultze, W. (Jahresabschluss), S. 314-315.

gelten die folgenden Verhältnisse: 1.12.01: 1 US-Dollar = 1 Euro, 31.12.01: 1 : 0,9 und am 28.2.02: 1 : 0,95.

In Höhe von 160.000 US-Dollar kann eine Bewertungseinheit zwischen Forderung und Verbindlichkeit gebildet werden (Wert: 160.000 €). Insoweit werden die Forderung und Verbindlichkeit saldiert und treten nicht in der Bilanz in Erscheinung[1]. Die übrigen 40.000 US-Dollar der Forderung werden bilanziert und zunächst mit 40.000 € bewertet. Am Bilanzstichtag erfolgt eine Abwertung auf 36.000 €, da der Wechselkurs gesunken ist (Buchung: "Sonstige betriebliche Aufwendungen an sonstige Forderungen 4.000"). Am 28.02.02 erhält Meier 38.000 € (0,95 x 40.000 €). In Höhe von 2.000 € entsteht ein sonstiger betrieblicher Ertrag.

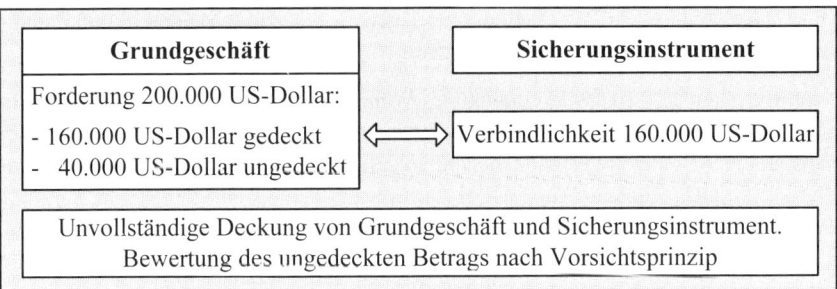

Abb. 81: Unvollständiger Ausgleich des Wechselkursrisikos

Neben dem Wechselkursrisiko können weitere Risiken wie z.B. Zinsänderungsrisiken bei festverzinslichen Anleihen auftreten. Wenn der Nominalzins einer Anleihe bei 5% liegt und der Marktzins steigt, muss der Kurswert der Anleihe sinken, damit der Effektivzins dem Marktzins entspricht. Zum Ausgleich des Zinsrisikos kann ein **Zins-Swap** stattfinden. Voraussetzung für diesen Zinstausch ist, dass sich beide Tauschpartner durch das Geschäft besserstellen[2]. Wenn diese Bedingung erfüllt ist, kann der Inhaber der festverzinslichen Anleihe die Verluste aus der Abwertung seiner Anleihe ganz oder teilweise kompensieren. Zu Einzelheiten wird auf die Literatur verwiesen[3].

3. Planmäßige Abschreibungen

3.1 Abschreibungsdeterminanten

Nach § 253 Abs. 3 Satz 1 HGB sind Vermögensgegenstände, deren Nutzung zeitlich begrenzt ist, planmäßig abzuschreiben. Die Anschaffungs- oder Herstellungskosten dieser Posten werden auf die jeweiligen Nutzungsjahre verteilt. Für die Abnutzung der Vermögensgegenstände ist insbesondere der gebrauchsbedingte Verschleiß verantwortlich. Ein Lkw kann z.B. nach fünfzehnjähriger Nutzung unbrauchbar sein. Planmäßige Abschreibungen sind insbesondere relevant für:

---

[1] Vgl. Federmann, R./Müller, S. (Bilanzierung), S. 391.
[2] Vgl. Bieg, H./Kußmaul, H. (Finanzierung), S. 290.
[3] Vgl. Wiechens, G./Helke, I. (Bilanzierung), S. 1337.

3. Planmäßige Abschreibungen

- Immaterielle Vermögensgegenstände (z.B. Patente, Urheberrechte).
- Sachanlagen (z.B. Gebäude, technische Anlagen, Betriebs- und Geschäftsausstattung). Unbebaute Grundstücke sind nicht abnutzbar und daher nicht planmäßig abzuschreiben.

Die planmäßige Abschreibung von Gebäuden wird später behandelt. Da Finanzanlagen (z.B. Wertpapiere, Ausleihungen) keiner zeitlich begrenzten Nutzung unterliegen, sind sie nicht planmäßig abzuschreiben. Entsprechendes gilt für die Posten des Umlaufvermögens (z.B. Rohstoffe), da sie nur kurz im Unternehmen verbleiben.

Die Höhe der planmäßigen Abschreibungen wird von den folgenden Determinanten bestimmt:

Determinanten planmäßiger Abschreibungen			
Abschreibungsbasis	Verfahren	Nutzungsdauer	Restwert
- Anschaffungskosten - Herstellungskosten	- Nach Zeit - Nach Leistung	- Technisch - Wirtschaftlich	- Wesentlich - Unwesentlich

Abb. 82: Determinanten der Abschreibung

Die Anschaffungs- oder Herstellungskosten bilden regelmäßig die Abschreibungsbasis. In Sonderfällen wie z.B. beim Tausch oder bei der Schenkung, sind weitere Werte relevant, die in der Literatur behandelt werden[1]. Wenn **nachträgliche Herstellungskosten** im Laufe eines Jahres angefallen sind, können sie im Handelsrecht vereinfachend am Jahresbeginn zum Buchwert des Vermögensgegenstands addiert werden[2]. Dadurch wird ein voller Jahresbetrag der planmäßigen Abschreibungen verrechnet.

Die Abschreibungsverfahren verteilen die Anschaffungs- oder Herstellungskosten planmäßig auf die Nutzungsdauer. **Planmäßig** bedeutet, dass bereits bei der Inbetriebnahme einer Anlage die Abschreibungsbeträge und der Restbuchwert zu bestimmen sind. Die einzelnen Verfahren werden im nächsten Punkt erläutert.

Die Nutzungsdauer ist der Zeitraum, in dem ein Vermögensgegenstand voraussichtlich genutzt werden kann. Zu unterscheiden sind[3]:

- Technische Nutzungsdauer: Zeitraum technischer Nutzungen.
- Wirtschaftliche Nutzungsdauer: Zeitraum ökonomischer Nutzungen.

Die **technische Nutzungsdauer** ergibt sich z.B. aus Herstellerangaben oder aus Erfahrungswerten. Ein handelsüblicher Pkw kann schon nach zehn Jahren unbrauchbar sein, wenn die jährliche Fahrleistung sehr hoch ist. Die technische Nutzungsdauer liegt meist über der wirtschaftlichen Nutzungsdauer, die den gewinnmaximalen Nutzungszeitraum beinhaltet. Da in den letzten Nutzungsjahren hohe Reparaturkosten zu erwarten sind, wird die Nutzung zunehmend teurer. Ein Pkw mit hoher Fahrleistung wird eventuell schon nach fünf Jahren veräußert.

---

[1] Vgl. Federmann, R./Müller, S. (Bilanzierung), S. 418-420.
[2] Vgl. Brösel, G./Olbrich, M. (Kommentar zu § 253 HGB), Rn. 454.
[3] Vgl. Wöhe, G./Kußmaul, H. (Bilanztechnik), S. 210.

Zur Bestimmung der **wirtschaftlichen Nutzungsdauer** werden Verfahren der Investitionsrechnung eingesetzt[1]. Da diese oft schwer zu handhaben sind, wird die Nutzungsdauer in der Praxis meist durch Rückgriff auf die AfA-Tabellen bestimmt. **AfA** steht für "Absetzung für Abnutzung", der steuerrechtlichen Bezeichnung für die planmäßige Abschreibung. Die AfA-Tabellen sind Verwaltungsvorschriften für die Finanzbehörden und sollen einheitliche Nutzungsdauern für verschiedene Wirtschaftsgüter sicherstellen. In der Handelsbilanz ist der Kaufmann nicht an diese Tabellen gebunden[2].

Wenn die Nutzungsdauer von selbst geschaffenen immateriellen Vermögensgegenständen (Entwicklungskosten) nicht nachgewiesen werden kann, ist nach § 253 Abs. 3 Satz 3 HGB eine Zeitspanne von zehn Jahren zu verwenden. Entsprechendes gilt für die Abschreibung des derivativen Firmenwerts.

Ein **Restwert** ist zu berücksichtigen, wenn er eine wesentliche Höhe aufweist und vergleichsweise sicher zu bestimmen ist[3]. Dann werden die Abschreibungen so verrechnet, dass am Ende der Nutzungsdauer der Restwert erreicht ist. Wird die technische Nutzungsdauer zugrunde gelegt, ist der Restwert unwesentlich und wird vernachlässigt.

Bei der meist kürzeren wirtschaftlichen Nutzungsdauer muss dagegen ein Restwert beachtet werden. Wenn eine Autovermietungsgesellschaft aus betriebswirtschaftlichen Gründen ihre Neufahrzeuge alle drei Jahre austauscht, weisen die Pkws noch einen hohen Restwert auf. Er ist bei der Abschreibungshöhe zu beachten.

3.2 Abschreibungsverfahren

Die wichtigsten Abschreibungsverfahren, die üblicherweise im Handelsrecht zur Anwendung gelangen, lassen sich der folgenden Tabelle entnehmen:

Kriterium	Abschreibungsverfahren	
	Nach Zeit	Nach Leistung
Merkmal	Konstante oder sinkende Abschreibungsbeträge pro Periode	Konstante Abschreibungsbeträge pro Leistungseinheit
Methoden	Linear: Konstante Beträge Degressiv: Sinkende Beträge	Abschreibung nach Maßgabe der genutzten Leistung

Abb. 83: Abschreibungsverfahren

Die degressiven Abschreibungsverfahren umfassen zwei Varianten:

- Geometrisch-degressive Methode: Abschreibung mit festem Prozentsatz auf den jeweiligen Restbuchwert (Buchwertabschreibung).
- Arithmetisch-degressive Methode: Abschreibung mit sinkenden Jahresbeträgen bei konstantem Degressionsbetrag.

---

[1] Vgl. Kruschwitz, L. (Investitionsrechnung), S. 178-193.
[2] Vgl. Brösel, G./Olbrich, M. (Kommentar zu § 253 HGB), Rn. 469.
[3] Vgl. Schildbach, T./Stobbe, T./Brösel, G. (Jahresabschluss), S. 356.

Beispiel: Die Anschaffungskosten einer Maschine betragen 165.000 € am 1.1.01. Die Nutzungsdauer ist zehn Jahre und der Restwert null. Bei linearer Abschreibung werden pro Jahr 16.500 € verrechnet. Bei geometrisch-degressiver Abschreibung mit 20% ergeben sich die folgenden Abschreibungsbeträge:

Periode 01: 33.000 € (20% von 165.000 €) – Restbuchwert: 132.000 €.
Periode 02: 26.400 € (20% von 132.000 €) – Restbuchwert: 105.600 €.

Die geometrisch-degressive Abschreibungsmethode führt nicht zum Restwert von null. Daher wird in der Praxis nach einigen Jahren auf die lineare Methode gewechselt oder am Ende der Nutzungsdauer wird der dann noch vorhandene Restwert vollständig abgeschrieben. Im obigen Beispiel ergibt sich nach zehn Jahren ein Restwert von 17.716,74 €, der zusätzlich abzuschreiben ist, um auf einen Wert von null zu kommen.

Bei der arithmetisch-degressiven Abschreibungsmethode wird zunächst der **Degressionsbetrag** ermittelt. Er berechnet sich als Quotient aus Anschaffungskosten und Summe der Jahresziffern. Im obigen Beispiel gilt: 165.000/(1 + 2 + ... + 10) = 3.000[1]. Die Abschreibungsbeträge ergeben sich als Produkt aus Degressionsbetrag und Jahresziffern, wobei mit der höchsten Ziffer (im Beispiel: 10) begonnen wird. Für die ersten beiden Jahre ergeben sich die folgenden Werte:

Periode 01: 10 x 3.000 € = 30.000 € – Restbuchwert: 135.000 €.
Periode 02: 9 x 3.000 € = 27.000 € – Restbuchwert: 108.000 €.

Handelsrechtlich sind alle erläuterten Verfahren zulässig, wenn sie den Grundsätzen ordnungsmäßiger Buchführung entsprechen und somit den Wertverzehr zutreffend erfassen. Bei der Wahl der Abschreibungsmethode ist das **Stetigkeitsprinzip** zu beachten. Daher sind abnutzbare Vermögensgegenstände, deren Wertverläufe vergleichbar sind, mit denselben Methoden abzuschreiben.

Im **Steuerrecht** sind für Wirtschaftsgüter des Anlagevermögens nur noch die lineare Abschreibungsmethode und die Leistungsabschreibung erlaubt. Letztere darf nur bei beweglichen Wirtschaftsgütern angewendet werden und muss wirtschaftlich begründet sein (z.B. durch erhebliche Leistungsschwankungen in den Nutzungsjahren[2]). Außerdem muss der Leistungsverbrauch nachweisbar sein (z.B. durch Betriebsstundenzähler).

Bei den zeitlichen Abschreibungsverfahren muss im Fall des unterjährigen Zu- und Abgangs festgelegt werden, wie hoch der anteilige Abschreibungsbetrag sein soll. Bei der verbrauchsorientierten Leistungsabschreibung ist das nicht notwendig: Wenn die obige Maschine voraussichtlich 165.000 Betriebsstunden aufweist, wird pro Betriebsstunde 1 € als Abschreibungsbetrag verrechnet. Wird die Maschine im ersten Jahr 4.500 Stunden genutzt, werden 4.500 € als Aufwand verrechnet.

Bei den zeitlichen Verfahren werden die handelsrechtlichen Abschreibungsbeträge im **Zugangsjahr** monatsgenau verrechnet. Diese Regelung wird aus dem Steuerrecht übernommen (§ 7 Abs. 1 Satz 4 EStG). Somit gilt:

---

[1] Zur Addition kann die Formel: ND x (ND + 1)/2 verwendet werden (ND = Nutzungsdauer). Im Beispiel gilt: 10 x (10 + 1)/2 = 55.
[2] Vgl. Horschitz, H./Groß, W./Fanck, B./Guschl, H./Kirschbaum, J./Schustek, H. (Bilanzsteuerrecht), S. 358.

Monatsgenaue Verrechnung der Abschreibungen im Zugangsjahr

Beispiel: Die obige Maschine (Anschaffungskosten 165.000 €) wird jetzt am 20.4.01 erworben. Bei einer Nutzungsdauer von zehn Jahren ergibt sich ein jährlicher linearer Abschreibungsbetrag von 16.500 €. Bei geometrisch-degressiver Abschreibung erhält man 33.000 € (0,2 x 165.000 €). In 01 sind für neun Monate die Abschreibungsbeträge zu verrechnen, da jeder angefangene Monat zählt. Für 01 ergeben sich folgende Werte:

- Lineare Abschreibung: 12.375 € (9/12 von 16.500 €) - Buchwert: 152.625 €.
- Geometrisch-degressiv: 24.750 € (9/12 von 33.000 €) - Buchwert: 140.250 €[1].

Wird ein abnutzbarer Vermögensgegenstand erweitert oder wesentlich verbessert (im Vergleich zum Ursprungszustand), entstehen **nachträgliche Herstellungskosten**. Sie sind zu aktivieren und können handelsrechtlich vereinfachungsbedingt dem Buchwert am Jahresanfang zugerechnet werden[2].

Beispiel: Die Anschaffungskosten eines Lkws betragen 240.000 € am 12.10.01. Die Abschreibung wird linear verrechnet (Nutzungsdauer zehn Jahre). Bei monatsgenauer Abschreibung im Zugangsjahr ergeben sich die folgenden Restbuchwerte:

- 31.12.01: 234.000 € (240.000 € - 3/12 von 24.000 €).
- 31.12.02: 210.000 €.
- 31.12.03: 186.000 €.

Mitte 04 erhält der Lkw einen neuen Kühlaufbau, sodass sich die Nutzungsmöglichkeiten im Vergleich zum ursprünglichen Zustand wesentlich erweitern. Die Kosten betragen 62.000 € netto. Sie können dem Buchwert zum 1.1.04 (186.000 €) zugerechnet werden, sodass 248.000 € auf die verbleibende Restnutzungsdauer zu verteilen ist. Die Abschreibung in 04 beträgt 32.000 € (248.000 €/7,75 Jahre), da von der gesamten Nutzungsdauer (zehn Jahre) bereits 2,25 Jahre "verbraucht" sind.

Wird ein Vermögensgegenstand im Laufe eines Jahres veräußert, werden die Abschreibungen im **Abgangsjahr** ebenfalls monatsgenau verrechnet. Dies gilt gleichermaßen im Handels- und Steuerrecht. Auch beim Abgang wird der angebrochene Monat im Regelfall mit berücksichtigt.

Beispiel: Der Restwert einer Maschine beträgt zum 1.1.09: 60.000 €. Die jährliche lineare Abschreibung beläuft sich auf 30.000 €. Die Maschine wird am 22.3.09 zum Preis von 55.000 € zzgl. 19% USt veräußert. In 09 werden noch 7.500 € abgeschrieben (3/12 von 30.000 €, da auch der März berücksichtigt wird). Der Restwert von 52.500 € wird beim Verkauf ausgebucht. Da der Nettoverkaufspreis höher ist als der Restbuchwert, entsteht ein Veräußerungsgewinn von 2.500 €. Buchung im Verkaufszeitpunkt:

Bank 65.450 an Maschinen 52.500, sonstige betriebliche Erträge 2.500 und Umsatzsteuer 10.450

---

[1] Vgl. Brösel, G./Olbrich, M. (Kommentar zu § 253 HGB), Rn. 454.
[2] Im Beispiel wird die geometrisch-degressive Abschreibung in 01 in linearisierter Form angewendet. Wird die Methode in "reiner" Form verwendet, würde sich Ende 01 ein Buchwert in Höhe von rd. 139.573 € ergeben. Berechnung: $165.000 \times (1-0,2)^{9/12}$.

4. Außerplanmäßige Abschreibungen

4.1 Beizulegender Stichtagswert

Außerplanmäßige Abschreibungen kommen bei allen Vermögensgegenständen des Anlagevermögens in Betracht. Eine zeitlich beschränkte Nutzung ist ohne Bedeutung. Außerplanmäßige Abschreibungen sind bei Bedarf anzuwenden für:

- Abnutzbare Anlagegegenstände: Immaterielle Vermögensgegenstände und fast alle Sachanlagen (Ausnahme: Grund und Boden).
- Nicht abnutzbare Anlagegegenstände: Finanzanlagen und unbebaute Grundstücke (Grund und Boden).
- Gegenstände des Umlaufvermögens: Waren, Fertigerzeugnisse, Wertpapiere des Umlaufvermögens.

Für das **Anlagevermögen** ist nach § 253 Abs. 3 Satz 5 HGB der **beizulegende Stichtagswert** relevant. Dieser Wert muss niedriger sein als die (fortgeführten) Anschaffungs- oder Herstellungskosten. Schon insoweit unterscheidet sich der beizulegende Stichtagswert vom beizulegenden Zeitwert, der auch über den Anschaffungskosten liegen kann. Die Werte können trotz ihrer ähnlich klingenden Bezeichnungen nicht gleichgesetzt werden[1]. Da sich für gebrauchte Maschinen keine einheitlichen Marktpreise bilden wie für Aktien, wird der beizulegende Stichtagswert wie folgt bestimmt.

Sachanlagen werden im Unternehmen längerfristig für produktive Zwecke eingesetzt. Wäre eine betriebsnotwendige Maschine nicht vorhanden, müsste sie beschafft werden. Daher ist in diesem Fall der Beschaffungsmarkt und damit der **Wiederbeschaffungswert** (die Wiederbeschaffungskosten) einer vergleichbaren Maschine relevant. Die Vergleichbarkeit bezieht sich z.B. auf das Alter und die Ausstattung der Maschinen. Dient eine neue, technisch verbesserte Maschine als Vergleichsbasis, muss neben den fiktiven planmäßigen Abschreibungen noch ein Abschlag berücksichtigt werden[2].

Nicht notwendige Maschinen würden dagegen veräußert, sodass der Absatzmarkt relevant ist (**Veräußerungswert**). In beiden Fällen sind Nebenkosten zu beachten: Sie erhöhen als Beschaffungsnebenkosten den Wiederbeschaffungspreis bzw. vermindern als Veräußerungsnebenkosten den Veräußerungspreis. Die folgende Abbildung fasst die Ausführungen zum beizulegenden Stichtagswert zusammen:

	Beizulegender Stichtagswert im Anlagevermögen	
Relevanter Markt	Beschaffungsmarkt	Absatzmarkt
Bewertungsmaßstab	Wiederbeschaffungswert	Veräußerungswert
Anwendungsbereich	Betriebsnotwendiges Anlagevermögen	Nicht betriebsnotwendiges Anlagevermögen

Abb. 84: Beizulegender Stichtagswert im Anlagevermögen

---

[1] Vgl. Federmann, R./Müller, S. (Bilanzierung), S. 424.
[2] Vgl. Ruhnke, K./Simons, D. (Rechnungslegung), S. 299.

Beispiel: Eine zwei Jahre alte Maschine hat am 31.12.02 einen Restwert von 125.000 €. Die Maschine wird ständig im Produktionsprozess eingesetzt. Bei einer Veräußerung würden noch 115.000 € erzielt werden, wobei Veräußerungskosten von 2.000 € anfallen. Eine vergleichbare neue Maschine würde 200.000 € kosten, wobei Nebenkosten von 4.000 € zu berücksichtigen sind. Die jährlichen Abschreibungen betragen 34.000 €. Man erhält die folgenden Werte:

- Veräußerungswert: 113.000 € (115.000 € abzüglich 2.000 €).
- Wiederbeschaffungswert (Wiederbeschaffungskosten): 136.000 € (204.000 € abzüglich 2 x 34.000 €).

Da die Maschine ständig genutzt wird, ist sie betriebsnotwendig und der Wiederbeschaffungswert ist relevant. Die Anschaffungskosten der neuen Maschine werden um einen Altersabschlag von 68.000 € gekürzt. Da die Wiederbeschaffungskosten nicht niedriger sind als der Restbuchwert, ergibt sich **kein Abschreibungsbedarf**.

Wäre die Maschine nicht betriebsnotwendig, wäre der Veräußerungswert (113.000 €) maßgeblich, der unter dem Restbuchwert (125.000 €) liegt. Allerdings wäre noch zu prüfen, ob die Wertminderung dauernd ist. Nur dann ist außerplanmäßig abzuschreiben.

Für das **Umlaufvermögen** ist ebenfalls der beizulegende Stichtagswert relevant (§ 253 Abs. 4 HGB). Er gelangt aber nur zur Anwendung, wenn kein Börsen- oder Marktwert vorhanden ist. Der Börsenpreis einer Aktie wird z.B. an einer Wertpapierbörse festgestellt. Der Marktpreis von Vorräten durchschnittlicher Art und Güte wird an bestimmten Handelsplätzen festgelegt (z.B. Preis für Erdöl an Rohstoffbörsen).

In allen Fällen sind die direkten Nebenkosten des Erwerbs oder der Veräußerung zu berücksichtigen und Preisminderungen abzuziehen. Im Beschaffungsfall errechnet sich der Marktwert für Rohstoffe wie folgt: Marktpreis zuzüglich Nebenkosten abzüglich Preisminderungen. Der Marktwert ist ein Spezialfall des beizulegenden Stichtagswerts, der grundsätzlich wie folgt bestimmt wird[1]:

	Beizulegender Stichtagswert im Umlaufvermögen	
Relevanter Markt	Beschaffungsmarkt	Absatzmarkt
Bewertungsmaßstab	Wiederbeschaffungswert	Veräußerungswert
Anwendungsbereich	• Roh-, Hilfs- und Betriebsstoffe (Normalbestand) • Fremdbeziehbare unfertige/fertige Erzeugnisse	• Roh-, Hilfs- und Betriebsstoffe (Überbestand) • Unfertige/fertige Erzeugnisse
Besonderheiten	Waren, Wertpapiere: Der niedrigere Wert beider Märkte	

Abb. 85: Beizulegender Stichtagswert im Umlaufvermögen

Notwendige Vorräte, wie die Normalbestände an Rohstoffen, müssen jederzeit im Unternehmen verfügbar sein, damit die Produktion störungsfrei ablaufen kann. Wären keine

---

[1] Vgl. Federmann, R./Müller, S. (Bilanzierung), S. 427.

Werkstoffe vorhanden, müssten sie beschafft werden. Der Beschaffungsmarkt und damit der Wiederbeschaffungswert sind relevant. Nebenkosten sind zu berücksichtigen, soweit sie Einzelkosten darstellen – Preisminderungen sind abzuziehen. Die objektive Bestimmung des Normalbestands ist schwierig, da er von den Einkaufs- und Verbrauchsgewohnheiten des jeweiligen Betriebs abhängt.

Nicht notwendige Vorräte, wie Überbestände an Rohstoffen, können jederzeit verkauft werden. Sie sind nicht betriebsnotwendig. Daher ist der Veräußerungswert maßgeblich. Bei Waren und Wertpapieren im Umlaufvermögen besteht eine Besonderheit. Für sie sind gleichzeitig der Beschaffungs- und der Absatzmarkt relevant. Der niedrigere Wert beider Märkte ist ausschlaggebend:

Für Waren und Wertpapiere gilt das Minimum aus Beschaffungs- und Absatzwert
---

Beispiel: Einzelhändler Schulze veräußert kleine Spielzeugenten, die durch ein Internetvideo reißenden Absatz finden. Er hat am Bilanzstichtag noch 500 Stück zu je 10 € auf Lager. Sein Händler bietet ihm an, weitere 500 Stück zu je 7 € (netto) zu liefern. Auf Grund steigender Konkurrenz ist für diesen Modeartikel aber nur noch mit einem Absatzpreis von 9 € zu rechnen. Es gelten die folgenden Nettowerte:

- Wiederbeschaffungswert: 7 € pro Stück.
- Veräußerungswert: 9 € pro Stück.

Die Bewertung hat am Bilanzstichtag zu 7 € zu erfolgen. Es ist der niedrigere Wert aus Wiederbeschaffungswert und Veräußerungswert zu wählen.

Bei der Bestimmung des Veräußerungswerts sind vom voraussichtlichen Veräußerungspreis noch alle Kosten abzuziehen, die im Zuge der Veräußerung entstehen. Hierbei handelt es sich insbesondere um die Transport- und Verpackungskosten. Die Bewertung erfolgt ausgehend vom Veräußerungspreis, sodass in der Literatur von einer **retrograden (verlustfreien) Wertermittlung** gesprochen wird[1].

Retrograde Wertermittlung: Bewertung ausgehend vom Veräußerungspreis
---

Beispiel: Die Anschaffungskosten einer Warenart betragen 10 € pro Stück. Ein Verkauf ist für 11 € pro Stück möglich. Der Verkäufer muss noch die Verpackungskosten (80 Cent pro Stück) und Transportkosten (1,2 € pro Stück) tragen. Die retrograde Wertermittlung führt zu einem Wert von 9 € pro Stück (11 € - 0,8 € - 1,2 €). Eine Abwertung ist vorzunehmen, da der beizulegende Wert unter den Anschaffungskosten liegt.

Der Verlust von 1 € pro Stück entsteht bereits in dem Geschäftsjahr, das vor dem Verkaufsjahr liegt. Der Verlust wird in die Entstehungsperiode vorgezogen und es handelt sich um eine **verlustfreie Bewertung**[2], da der spätere Verkauf erfolgsneutral (verlustfrei) durchgeführt werden kann. Die folgende Abbildung zeigt die Zurechnung der Erfolge auf die einzelnen Perioden:

---

[1] Vgl. Schildbach, T./Stobbe, T./Brösel, G. (Jahresabschluss), S. 331.
[2] Vgl. Bieg, H./Kußmaul, H./Waschbusch (Rechnungswesen), S. 153.

92 Drittes Kapitel: Bewertungsvorschriften der Bilanz

Verlustfreie Bewertung	
Erwerbsperiode	Verkaufsperiode
Erwerb: 10,0 € pro Stück Stichtagswert: 9,0 € pro Stück Aufwand: 1,0 € pro Stück	Ertrag: 11 € pro Stück Aufwand: 11 € pro Stück Kein Erfolgseffekt
Erfolgswirksam	**Erfolgsneutral**

Abb. 86: Beispiel zur verlustfreien Bewertung

4.2 Vornahme der Abschreibungen

Die folgende Abbildung zeigt, in welchen Fällen außerplanmäßige Abschreibungen vorzunehmen sind. Im Anlagevermögen muss zwischen den Finanzanlagen und dem übrigen Anlagevermögen (den Sachanlagen und den immateriellen Posten) unterschieden werden. Bei einer voraussichtlich nicht dauernden Wertminderung besteht nur bei Finanzanlagen ein Abschreibungswahlrecht, ansonsten gilt ein Verbot. Bei einer voraussichtlich dauernden Wertminderung muss immer abgeschrieben werden.

Im Umlaufvermögen gilt das **strenge Niederstwertprinzip**, sodass unabhängig von der Wertminderungsdauer abzuschreiben ist (§ 253 Abs. 4 HGB). Im Umlaufvermögen bleiben die Vermögensgegenstände voraussichtlich nur eine kurze Zeit im Unternehmen, sodass eine Wertaufholung in dieser Zeit unrealistisch ist.

	Anlagevermögen		Umlauf-vermögen
	Finanzanlagen	Übriges AV	
Dauernde Wertminderung	Pflicht	Pflicht	Pflicht
Voraussichtlich nicht dauernde Wertminderung	Wahlrecht	Verbot	Pflicht

Abb. 87: Vornahme außerplanmäßiger Abschreibungen

Die Frage, wann eine **dauernde Wertminderung** vorliegt, wird nicht in § 253 HGB geklärt. Interpretiert man die GoB im Sinne des steuerrechtlichen BMF-Schreibens zur Teilwertabschreibung, ist eine Wertminderung beim abnutzbaren Anlagevermögen als voraussichtlich dauernd anzusehen, wenn gilt[1]:

> Niedriger Wert liegt für mindestens die Hälfte der Restnutzungsdauer unter dem Wert bei planmäßiger Abschreibung

Beispiel: Die Anschaffungskosten einer Maschine betragen Anfang 01: 200.000 €, bei einer Nutzungsdauer von zehn Jahren (lineare Abschreibungsmethode). Die jährliche Abschreibung ist 20.000 €. Am 31.12.02 ist der Restwert 160.000 € und der beizulegende

---
[1] Vgl. BMF (Teilwertabschreibung), Rn. 8.

Stichtagswert beträgt a) 100.000 € bzw. b) 60.000 €. Am 31.12.02 ist die Restnutzungsdauer noch acht Jahre, die Hälfte somit vier Jahre.

Fall a): Der beizulegende Stichtagswert wird bereits nach drei weiteren Abschreibungsjahren erreicht.
Fall b): Der beizulegende Stichtagswert wird erst nach fünf weiteren Abschreibungsjahren erreicht.

Somit ist die Wertminderung im Fall a) nicht dauernd, da der niedrigere Wert des Vermögensgegenstands nicht für mindestens vier Jahre unter dem planmäßigen Restwert liegt. Im Fall b) wird die Bedingung erfüllt. Im Fall a) besteht ein Abschreibungsverbot, im Fall b) eine Abschreibungspflicht.

Bei einer linearen Abschreibung auf den Restwert von null Euro, kann die Beurteilung vereinfacht werden. Dann liegt eine außerplanmäßige Abschreibung vor, wenn gilt:

Beizulegender Stichtagswert < 0,5 · Restbuchwert

Im obigen Beispiel liegt der Restwert Ende 02 bei 160.000 €, die Hälfte ist 80.000 €. Wenn der beizulegende Stichtagswert unter 80.000 € liegt, hat die Wertminderung einen dauernden Charakter. Da im Fall b) der beizulegende Stichtagswert 60.000 € beträgt, ist eine dauernde Wertminderung vorhanden. Im Verhältnis von planmäßigen und außerplanmäßigen Abschreibungen gilt:

Erst planmäßige, dann eventuell außerplanmäßige Abschreibung

Beispiel: Im obigen Fall b) müssen in 02 planmäßige Abschreibungen von 20.000 € und zusätzlich außerplanmäßige Abschreibungen von 100.000 € verrechnet werden, da eine dauernde Wertminderung vorliegt. Der beizulegende Stichtagswert wird danach auf die verbleibende Restnutzungsdauer von acht Jahren verrechnet. Die folgende Abbildung fasst den Abschreibungsverlauf zusammen:

Anschaffungskosten, 1.1.01	200.000 €
Planmäßige Abschreibung 01 (200.000 €/10 Jahre):	20.000 €
Buchwert, 31.12.01	180.000 €
Planmäßige Abschreibung 02:	20.000 €
Außerplanmäßige Abschreibung 02:	100.000 €
Buchwert, 31.12.02	60.000 €
Planmäßige Abschreibung 03 (60.000 €/8 Jahre):	7.500 €

Abb. 88: Planmäßige und außerplanmäßige Abschreibung

Da Finanzanlagen nicht abnutzbar sind, ist für sie die obige Vorgehensweise nicht umsetzbar. Die Dauerhaftigkeit ihrer Wertminderung wird später behandelt.

5. Abschreibung geringwertiger Sachanlagen

Einige Vermögensgegenstände des Anlagevermögens (z.B. Tische, Stühle) weisen nur geringe Anschaffungskosten auf. Im **Steuerrecht** werden diese Posten **geringwertige Wirtschaftsgüter** (GWG) genannt. Nach § 6 Abs. 2 EStG können abnutzbare bewegliche Wirtschaftsgüter des Anlagevermögens, die einer selbstständigen Nutzung fähig sind, sofort abgeschrieben werden, wenn ihre Anschaffungs- oder Herstellungskosten **800 € netto** nicht übersteigen. Dieses **Abschreibungswahlrecht**[1] gilt nur für Sachanlagen, da immaterielle Wirtschaftsgüter nicht beweglich und Finanzanlagen nicht abnutzbar sind. Geringwertige Posten des Umlaufvermögens sind immer ansatzpflichtig.

Interpretationsprobleme entstehen oft bei der Frage nach der selbstständigen Nutzungsfähigkeit. Das Gesetz sagt nur, wann dieses Merkmal **nicht** erfüllt ist. Wirtschaftsgüter, die nach ihrer betrieblichen Zweckbestimmung nur zusammen mit anderen Wirtschaftsgütern des Anlagevermögens genutzt werden können und technisch aufeinander abgestimmt sind, erfüllen das Kriterium nicht. So sind z.B. Regalteile, die nicht getrennt aufgestellt werden können, keiner selbstständigen Nutzung fähig. Zur einheitlichen Rechtsanwendung wird von der Finanzverwaltung ein "ABC selbstständig nutzungsfähiger Wirtschaftsgüter" verwendet (H 6.13 EStH).

Wirtschaftsgüter, deren Anschaffungskosten höher sind als 250 €, müssen in ein besonderes Verzeichnis aufgenommen werden. Hierbei sind der Zugangstag, die Art des Postens und der Wert festzuhalten. Das Verzeichnis braucht nicht geführt zu werden, wenn sich die Angaben aus der Buchführung ergeben. Daher ist die Einführung eines speziellen Kontos (z.B. Aufwand für GWG oder GWG) zweckmäßig. Wird ein Kombinationsgerät (Drucker und Kopierer) für 600 € zzgl. 19% USt erworben, lautet der Buchungssatz bei Bankzahlung, Vorsteuerabzug und Sofortabschreibung:

> "Aufwand für GWG 600, Vorsteuer 114 an Bank 714"

Wenn kein Vorsteuerabzug besteht (z.B. bei Versicherungsunterenehmen), gehört die Umsatzsteuer zu den Anschaffungskosten. Im Beispiel ergeben sich Anschaffungskosten in Höhe von 714 €. Da bei der Beurteilung der Geringwertigkeit vom **Nettowert** ausgegangen wird, kann auch in diesem Fall eine sofortige Abschreibung erfolgen.

> "Aufwand für GWG an Bank 714"

Das Wahlrecht zur sofortigen Abschreibung geringwertiger Sachanlagen gilt auch im **Handelsrecht**. Der Grundsatz der Wesentlichkeit gehört zu den Grundsätzen ordnungsmäßiger Buchführung[2]. Anders als im Steuerrecht sind die Beträge im Handelsrecht nicht genau festgelegt[3]. In der Praxis wird meist die steuerrechtliche Regelung übernommen, damit keine Unterschiede zwischen Handels- und Steuerbilanz auftreten.

---

[1] Im Folgenden wird der Begriff "Abschreibung" verwendet, obwohl es sich gesetzestechnisch um eine Bewertungsfreiheit handelt: § 6 EStG regelt die Bewertung, § 7 EStG die Abschreibung.
[2] Vgl. Ruhnke, K./Simons, D. (Rechnungslegung), S. 193.
[3] Vgl. Buchholz, R. (Rechnungslegung), S. 36.

5. Abschreibung geringwertiger Sachanlagen

	Geringwertige Wirtschaftsgüter (§ 6 Abs. 2 EStG)
Merkmale	• Abnutzbarkeit: Keine Finanzanlagen • Beweglichkeit: Keine immateriellen Posten • Anlagevermögen: Keine Waren oder Werkstoffe
Selbstständige Nutzungsfähigkeit	Nicht erfüllt, wenn ein Wirtschaftsgut nur zusammen mit anderen genutzt werden kann und in einen ausschließlichen betrieblichen Nutzungszusammenhang eingefügt ist
Betrag	Anschaffungskosten bis 800 € netto
Formalpflichten	Führung besonderer Verzeichnisse oder Einrichtung spezieller Buchhaltungskonten, wenn AK größer 250 €

Abb. 89: Merkmale geringwertiger Wirtschaftsgüter (§ 6 Abs. 2 EStG)

In § 6 Abs. 2a EStG ist ein weiteres Wahlrecht enthalten: Geringwertige Wirtschaftsgüter, deren Anschaffungskosten größer sind als 250 € (Obergrenze: 1.000 €) können in einen **Sammelposten** eingestellt werden. Dann wird pro Jahr ein Fünftel des Sammelpostens als Aufwand verrechnet. Im Fall des obigen Geräts mit Anschaffungskosten von 600 € netto würden somit jährlich 120 € als Aufwand verrechnet. Das gilt selbst dann, wenn das Gerät nach drei Jahren veräußert wird (§ 6 Abs. 2a Satz 3 EStG). Die Regelung verstößt gegen verschiedene handelsrechtliche Prinzipien[1], insbesondere gegen den Einzelbewertungsgrundsatz. Daher wird sie im Folgenden nicht weiter betrachtet.

6. Zuschreibungen

Die Gründe für eine außerplanmäßige Abschreibung können später wieder entfallen, sodass eine **Wertaufholung** stattfindet. Dann gilt nach § 253 Abs. 5 HGB grundsätzlich eine Zuschreibungspflicht, von der nur der derivative Firmenwert ausgenommen ist. Die Zuschreibung darf maximal auf den Betrag erfolgen, der sich ergeben hätte, wenn die außerplanmäßige Abschreibung **nicht** vorgenommen worden wäre[2]. Damit gelten die folgenden Zuschreibungsgrenzen:

- Nicht abnutzbares Anlagevermögen und Umlaufvermögen: Obergrenze sind die Anschaffungs- oder Herstellungskosten.
- Abnutzbares Anlagevermögen: Obergrenze sind die fortgeführten Anschaffungs- oder Herstellungskosten nach ursprünglichem Abschreibungsplan.

Beispiel: Unternehmer Müller hat Anfang 01 eine automatische Schlachtanlage für Rinder erworben (Anschaffungskosten 200.000 €, Nutzungsdauer zehn Jahre, lineare Methode). Ende 02 wird festgestellt, dass der Verzehr von Rindfleisch gesundheitsgefährdend ist. Durch die negativen Schlagzeilen bricht die Nachfrage ein und der Wert der Maschine ebenfalls (Stichtagswert 70.000 €). Ende 03 sind die Fleischkontrollen so

---

[1] Vgl. Brösel, G./Olbrich, M. (Kommentar zu § 253 HGB), Rn. 518.
[2] Vgl. Baetge, J./Kirsch, H.-J./Thiele, S. (Bilanzen), S. 280.

streng, dass das Gesundheitsrisiko minimal ist und die Nachfrage wieder steigt. Auch der Wert der Maschine nimmt wieder zu.

Am 31.12.02 ist der vorläufige Restbuchwert 160.000 €. Der gesunkene beizulegende Stichtagswert wird durch eine außerplanmäßige Abschreibung von 90.000 € berücksichtigt. Am 31.12.03 ist der Grund für die Abschreibung entfallen. Es muss eine Zuschreibung auf maximal 140.000 € erfolgen (sonstige betriebliche Erträge: 78.750 €). Die fortgeführten Anschaffungskosten **ohne** außerplanmäßige Abschreibung begrenzen den Zuschreibungsertrag.

Die folgende Abbildung zeigt die Entwicklung der Werte. In Einzelfällen muss geprüft werden, ob eine vollständige Wertaufholung stattgefunden hat. Es könnte auch sein, dass sich die Nachfrage im obigen Beispiel nicht vollständig erholt. Dieser Effekt könnte sich auf den Wert der Maschine auswirken, der z.B. auf 130.000 € steigt. Dann darf maximal auf diesen Wert zugeschrieben werden, da die Gründe für die außerplanmäßige Abschreibung nur **teilweise** entfallen sind[1].

Zeit	Buchwerte ohne außerplanmäßige Abschreibung	Buchwerte mit außerplanmäßiger Abschreibung	Max. Ertrag
Anfang 01	200.000	200.000	-
Ende 01	180.000	180.000	-
Ende 02	160.000	70.000	-
Zuschreibung 03	140.000	61.250	**78.750**

Abb. 90: Beispiel zur maximalen Zuschreibung

7. Bewertung einzelner Posten

7.1 Immaterielle Vermögensgegenstände

Selbst geschaffene immaterielle Vermögensgegenstände sind mit den **Herstellungskosten** für die jeweilige Entwicklung zu bewerten. Somit sind die Einzelkosten und produktionsbedingten Gemeinkosten einzubeziehen. Für allgemeine Verwaltungskosten besteht ein **Ansatzwahlrecht**. Um die Kosten verrechnen zu können, sollte der Forschungs- und Entwicklungsbereich als eigenständige Kostenstelle eingerichtet werden[2]. Dann bilden die einzelnen Entwicklungsprojekte eine Art Kostenträger, deren Herstellungskosten entsprechend kalkuliert ermittelt werden können.

Sollen Entwicklungen im Unternehmen selbst genutzt werden, gehören sie zum Anlagevermögen und es besteht ein Ansatzwahlrecht (§ 248 Abs. 2 Satz 1 HGB). Sind die Posten dagegen zum Verkauf bestimmt, gehören sie zum Umlaufvermögen und es besteht eine Ansatzpflicht. Das gilt auch, wenn eine Entwicklung entgeltlich erworben wird, die im Unternehmen längerfristig genutzt werden soll (= Anlagevermögen).

---

[1] Vgl. Hüttche, T. (Bilanzierung), S. 168.
[2] Vgl. Brösel, G./Mindermann, T./Zwirner, C. (Bewertung), S. 610-611.

Beispiel: Unternehmer Schulze beginnt am 1.10.01 mit der Entwicklung eines Fertigungsverfahrens zur Produktion eines neuen Biokraftstoffs. Das Entwicklungsprojekt wird am 31.03.02 erfolgreich abgeschlossen. Ende 01 sind die Voraussetzungen zur Aktivierung erfüllt und ein Ansatz erfolgt (Ausübung des Ansatzwahlrechts). Pro Monat fallen Materialkosten (120.000 €), Personalkosten (100.000 €) und produktionsbedingte Gemeinkosten (80.000 €) für die Nutzung einer Produktionshalle an. Die anteiligen allgemeinen Verwaltungskosten betragen 90.000 €/Monat.

Ende 01 können Herstellungskosten von 900.000 € aktiviert werden (Wertuntergrenze). Möglich ist auch die Bewertung mit 1.170.000 € (Wertobergrenze), wenn die allgemeinen Verwaltungskosten von 270.000 € für 01 einbezogen werden. Beim Gesamtkostenverfahren wird gebucht: "Selbst geschaffene Rechte und Werte in der Entwicklung an andere aktivierte Eigenleistungen 900.000 (1.170.000)".

In 02 werden weitere 900.000 € aktiviert, wenn die Wertuntergrenze gewählt wurde – bei Wahl der Wertobergrenze werden weitere 1.170.000 € angesetzt[1]. Ende März ergeben sich Herstellungskosten von 1.800.000 € bzw. 2.340.000 €. Anschließend wird für die Erfindung ein Patent beantragt und nach weiteren drei Monaten gewährt. Die Kosten für die Patentanmeldung betragen 20.000 €. Da ein einheitlicher Vermögensgegenstand vorliegt, werden die Kosten zusammengefasst. In der Bilanz wird ein gewerbliches Schutzrecht (Patent) von 1.820.000 € bzw. 2.360.000 € ausgewiesen. Die Aufwendungen für die Patentanmeldung stellen nachträgliche Herstellungskosten dar und werden im Beispiel beim Abschluss der Entwicklung aktiviert. Zusammengefasst gilt (T€ = Tausend Euro; HK = Herstellungskosten):

Unfertige Entwicklung	Fertige Entwicklung	Gewerbliches Schutzrecht
Anteilige HK bis zum Bilanzstichtag Minimum: 900 T€ Maximum: 1.170 T€	Volle HK bis zur Fertigstellung Minimum: 1.800 T€ Maximum: 2.340 T€	Volle HK bis zur Fertigstellung und nachträgliche HK Minimum: 1.820 T€ Maximum: 2.360 T€

Abb. 91: Beispiel zur Bewertung von Entwicklungen

Wird eine Entwicklung im Kundenauftrag durchgeführt, gehören die Entwicklungskosten zum **Umlaufvermögen**. Es handelt sich um unfertige oder fertige Erzeugnisse, die mit den jeweiligen Herstellungskosten bewertet werden.

Für immaterielle Vermögensgegenstände, die von Dritten beschafft werden, sind die **Anschaffungskosten** relevant. Hierzu gehören der Nettopreis[2] und die direkt zurechenbaren Nebenkosten (z.B. Kosten der Rechtsübertragung).

---

[1] Wenn das Wahlrecht zur Aktivierung von allgemeinen Verwaltungskosten in 01 genutzt wird, müssen diese Kosten nach dem Stetigkeitsprinzip auch in 02 angesetzt werden.
[2] Für die Übertragung von Rechten gilt der ermäßigte Umsatzsteuersatz (§ 12 Abs. 2 Nr. 7c UStG).

Sowohl selbst geschaffene als auch entgeltlich erworbene immaterielle Vermögensgegenstände sind planmäßig abzuschreiben, wenn ihre Nutzung zeitlich begrenzt ist. Hiervon ist grundsätzlich auszugehen[1]. Die Nutzungsdauer wird bei entgeltlichem Erwerb meist vertraglich festgelegt. Wenn sie bei selbst geschaffenen immateriellen Vermögensgegenständen in Ausnahmefällen nicht bestimmt werden kann, ist nach § 253 Abs. 3 Satz 3 HGB ein Zeitraum von zehn Jahren zugrunde zu legen.

Beispiel: Unternehmer Müller entwickelt in 02 ein neues Verfahren. Die Herstellungskosten betragen Ende Juni 02: 960.000 €. Ab dem 1.7.02 wird das Verfahren im Unternehmen eingesetzt. Über den Zeitraum der Nutzung liegen keine Informationen vor. Damit erfolgt eine Abschreibung über zehn Jahre und in 02 werden 48.000 € (6/12 von 96.000 €) als Aufwand verrechnet.

Im Zugangsjahr wird grundsätzlich monatsgenau abgeschrieben. Als Abschreibungsverfahren können im Handelsrecht die lineare oder die degressive Methode angewendet werden, wenn sie den Wertverlauf richtig wiedergeben. Die leistungsmäßige Abschreibung ist meist nicht anwendbar. Außerplanmäßige Abschreibungen sind bei dauernder Wertminderung vorzunehmen, ansonsten besteht ein Abschreibungsverbot.

Im **Steuerrecht** dürfen eigene Entwicklungskosten nicht aktiviert werden, wenn sie zum Anlagevermögen gehören (§ 5 Abs. 2 EStG). Entgeltlich erworbene immaterielle Wirtschaftsgüter sind zu aktivieren und linear über die Nutzungsdauer abzuschreiben. Insgesamt gilt für die Bewertung immaterieller Posten aus **handelsrechtlicher** Sicht:

	Bewertung immaterieller Vermögensgegenstände
Erwerbsjahr	• Bei Erwerb von Dritten: Anschaffungskosten. Bei Eigenerstellung: Herstellungskosten • Abschreibung grundsätzlich monatsgenau
Folgejahre	• Abschreibungsverfahren: Linear oder degressiv • Nutzungsdauer: Oft vertraglich festgelegt. Sonderregelung bei selbst geschaffenen immateriellen VG • Außerplanmäßige Abschreibungen (Pflicht bei dauernder Wertminderung, ansonsten Verbot) • Zuschreibungspflicht, wenn Abschreibungsgrund entfällt
Abgangsjahr	• Monatsgenaue Abschreibung

Abb. 92: Bewertung immaterieller Vermögensgegenstände

7.2 Derivativer Firmenwert

Der derivative Firmenwert ist ein immaterieller Posten, der aus einer Vielzahl von Einzelkomponenten besteht und insbesondere nicht selbstständig verwertbar ist. Daher liegt kein Vermögensgegenstand vor. Nach § 246 Abs. 1 Satz 4 HGB gilt der entgeltlich erworbene Firmenwert als zeitlich begrenzt nutzbarer Vermögensgegenstand (**gesetz-**

---

[1] Vgl. Hüttche, T. (Bilanzierung), S. 169.

liche Fiktion). Beim Erwerb ist dieser Posten mit dem **Unterschiedsbetrag** aus Kaufpreis und dem Zeitwert des Eigenkapitals zu bewerten. Das Vermögen und die Schulden sind im Verkaufszeitpunkt somit neu zu bewerten. Es gilt:

> Derivativer FW = Kaufpreis des Unternehmens - Zeitwert des Eigenkapitals

In den Folgejahren ist der Firmenwert planmäßig über die Nutzungsdauer abzuschreiben. Im Regelfall wird die lineare Methode angewendet. Wenn sich die Nutzungsdauer nicht sachlich bestimmen lässt, ist nach § 253 Abs. 3 Satz 4 HGB eine Nutzungsdauer von zehn Jahren zu verwenden. Diese Regelung wurde bei den selbst geschaffenen immateriellen Vermögensgegenständen erläutert. Dagegen ist der derivative Firmenwert im Steuerrecht immer über fünfzehn Jahre abzuschreiben (§ 7 Abs. 1 Satz 3 EStG). Daher wird dieser Posten in der Handels- und Steuerbilanz oft unterschiedlich bewertet. Diese Differenzen führen bei Kapitalgesellschaften zu latenten Steuern.

Beispiel: Unternehmer Müller veräußert zum 1.4.05 sein Unternehmen für 10 Mio. Euro (Zeitwert des Eigenkapitals 8.400.000 €). Der Firmenwert von 1,6 Mio. Euro wird in hohem Maße vom Image des Unternehmers Müller bestimmt, der nach dem Verkauf noch vier Jahre als Geschäftsführer tätig sein wird. Damit beträgt die Nutzungsdauer vier Jahre und der Firmenwert wird beim Erwerber in 05 mit 300.000 € abgeschrieben, wenn die lineare Methode angewendet wird (1.600.000 €/4 Jahre, davon 9/12 in 05).

Variante: Im obigen Beispiel lässt sich die Nutzungsdauer für den Firmenwert nicht bestimmen, weil der frühere Inhaber nicht mehr aktiv ist. In diesem Fall ist nach § 253 Abs. 3 Satz 4 HGB ein Zeitraum von zehn Jahren zu verwenden. Daraus ergibt sich ein Abschreibungsbetrag von 160.000 € pro Jahr (in 05: 9/12 von 160.000 € = 120.000 €).

Außerplanmäßige Abschreibungen sind vorzunehmen, wenn der beizulegende Stichtagswert des Firmenwerts dauernd gesunken ist. Bei nicht dauernder Wertminderung besteht ein Abschreibungsverbot. Im obigen Beispiel wird der Firmenwert Ende 06 bei planmäßiger linearer Abschreibung über vier Jahre mit 900.000 € bewertet (1.600.000 € - 300.000 € - 400.000 €).

Durch den plötzlichen Tod des bisherigen Inhabers Ende 06 (kurz vor dem Bilanzstichtag) sinkt der Firmenwert auf 300.000 €. Es liegt eine dauernde Wertminderung vor, sodass eine Abschreibungspflicht besteht. Der Restwert wird über die verbleibende Nutzungsdauer verteilt. Zusammenfassend gilt für die Abschreibung des derivativen Firmenwerts:

Abschreibung des derivativen Firmenwerts	
Planmäßig	**Außerplanmäßig**
▪ Grds. linear über die Nutzungsdauer ▪ Falls Nutzungsdauer nicht sachlich zu bestimmen, erfolgt Abschreibung über zehn Jahre	▪ Pflicht, falls beizulegender Stichtagswert dauernd gesunken ▪ Verbot, falls beizulegender Stichtagswert nicht dauernd gesunken

Abb. 93: Abschreibung des derivativen Firmenwerts

Steigt der Firmenwert nach einer außerplanmäßigen Abschreibung, darf keine Zuschreibung erfolgen. In § 253 Abs. 5 Satz 2 HGB wird ein **Zuschreibungsverbot** festgelegt. Das Verbot lässt sich damit begründen, dass die Wertsteigerung nicht den ursprünglichen derivativen Firmenwert, sondern einen in der Zwischenzeit neu gebildeten originären Firmenwert betrifft[1]. Für diesen Posten besteht jedoch ein Ansatzverbot, da es sich nicht um einen Vermögensgegenstand handelt.

7.3 Bewegliche Sachanlagen

Bewegliche Sachanlagen (z.B. Betriebs- und Geschäftsausstattung, Maschinen) sind beim Erwerb mit den Anschaffungskosten zu bewerten. Wenn die Posten im Unternehmen selbst hergestellt werden, sind die Herstellungskosten relevant. Da Sachanlagen im Regelfall der Abnutzung unterliegen, müssen sie planmäßig abgeschrieben werden. Hierbei sind die folgenden Verfahren aus handels- und steuerrechtlicher Sicht zulässig:

Abschreibungsverfahren beim abnutzbaren Anlagevermögen	
Handelsrecht	Steuerrecht
▪ Lineare Methode zulässig	▪ Lineare Methode zulässig
▪ Leistungsabschreibung zulässig	▪ Leistungsabschreibung zulässig
▪ Degressive Verfahren zulässig	▪ Degressive Verfahren unzulässig

Abb. 94: Abschreibungsverfahren beim abnutzbaren Anlagevermögen

Die lineare Methode und die Leistungsabschreibung sind handels- und steuerrechtlich zulässig. Die Leistungsabschreibung ist im Steuerrecht nur erlaubt, wenn sie wirtschaftlich begründbar und die Leistung messbar ist (§ 7 Abs. 1 Satz 6 EStG). Ein Spezialfahrzeug, dessen Einsatz großen Schwankungen unterliegt, kann nach Maßgabe der gefahrenen Kilometer abgeschrieben werden.

Die geometrisch-degressive Abschreibungsmethode konnte im Steuerrecht nur für bewegliche Wirtschaftsgüter des Anlagevermögens angewendet werden, die bis Ende 2010 beschafft wurden. Derzeit ist diese Abschreibungsmethode im Steuerrecht nicht anwendbar. Die arithmetisch-degressive Methode wird im EStG nicht erwähnt und ist damit steuerrechtlich unzulässig. Werden handels- und steuerrechtlich unterschiedliche Abschreibungsmethoden angewendet, weicht die Bewertung in Handels- und Steuerbilanz voneinander ab. Insoweit ist keine Einheitsbilanz möglich. Bei Kapitalgesellschaften treten in diesem Fall latente Steuern auf (siehe viertes Kapitel).

Außerplanmäßige Abschreibungen sind im Handelsrecht bei einer voraussichtlich dauernden Wertminderung vorzunehmen, ansonsten besteht ein Abschreibungsverbot. Entfällt der Grund für die außerplanmäßige Abschreibung zu einem späteren Zeitpunkt, muss handelsrechtlich eine Zuschreibung erfolgen. Hierbei dürfen die fortgeführten Anschaffungs- oder Herstellungskosten nicht überschritten werden.

---

[1] Vgl. BMJ (BilMoG), S. 57, Buchholz, R. (Rechnungslegung), S. 137.

Die folgende Abbildung fasst die Bewertung beweglicher Sachanlagen aus handelsrechtlicher Sicht zusammen.

	Bewertung beweglicher Sachanlagen
Erwerbsjahr	• Obergrenze: Anschaffungs- oder Herstellungskosten • Abschreibung grundsätzlich monatsgenau
Folgejahre	• Abschreibungsverfahren: Linear, degressiv oder Leistung • Nutzungsdauer: Technisch oder wirtschaftlich • Außerplanmäßige Abschreibungen (Pflicht bei dauernder Wertminderung, ansonsten Verbot) • Zuschreibungspflicht, wenn Abschreibungsgrund entfällt
Abgangsjahr	• Monatsgenaue Abschreibung

Abb. 95: Bewertung beweglicher Sachanlagen (Handelsrecht)

7.4 Gebäude

Gebäude sind ein wesentlicher Bestandteil des Grund und Bodens und können nur mit ihm zusammen erworben werden. Die Anschaffungskosten von bebauten Grundstücken werden ermittelt, indem der Anschaffungspreis um die direkt zurechenbaren Nebenkosten erhöht wird. Typische Nebenkosten eines Grundstücks sind:

- Grunderwerbsteuer: 3,5% des Anschaffungspreises (im Bundesland Bayern[1]).
- Notarkosten: Der Kaufvertrag eines Gebäudes muss vom Notar beurkundet werden. Seine Leistung unterliegt der Umsatzsteuer.
- Grundbuchkosten: Die Eigentumsänderung ist im Grundbuch einzutragen. Diese Kosten sind nicht mit Umsatzsteuer belastet.

Die Übertragung von Grundstücken ist nach § 4 Nr. 9a UStG umsatzsteuerfrei. Ein Unternehmer kann aber auf diese Befreiung verzichten, wenn ein Grundstück an einen anderen Unternehmer für dessen Unternehmen geliefert wird und der Empfänger zum Vorsteuerabzug berechtigt ist (§ 9 Abs. 1 und 2 UStG). Die **Option** zur Umsatzsteuer ist sinnvoll, wenn ein Bauunternehmer ein Grundstück erwirbt, um ein Gebäude zu errichten, das an einen Unternehmer mit steuerpflichtigen Umsätzen veräußert oder vermietet wird. Der Verzicht auf die Steuerbefreiung erlaubt dem Bauunternehmer einen Vorsteuerabzug für seine Vorleistungen. Nachfolgend wird vom Regelfall des steuerbefreiten Grundstückserwerbs ausgegangen.

Die Gesamtkosten eines bebauten betrieblichen Grundstücks sind auf das Gebäude und den Grund und Boden aufzuteilen. Hierbei gilt der Grundsatz:

Aufteilung nach Maßgabe der Verkehrswerte (Grund und Boden/Gebäude)

---

[1] Die Steuersätze werden von den einzelnen Bundesländern festgelegt und können nicht allgemeingültig angegeben werden.

Beispiel: Unternehmer Müller erwirbt am 12.4.01 (Abschluss des Kaufvertrags) ein Betriebsgrundstück in Würzburg zum Preis von 400.000 € von Herrn Schulze (kein Unternehmer). Die Grunderwerbsteuer beträgt 14.000 € (0,035 x 400.000 €). An den Notar sind 4.800 € zzgl. 19% USt zu bezahlen und das Grundbuchamt stellt eine Rechnung in Höhe von 1.800 € aus. Hiervon entfallen 600 € auf die Eintragung einer Hypothek, die der Absicherung eines Kredits zur Gebäudefinanzierung dient. Im Kaufvertrag wird festgelegt, dass Müller das Grundstück ab dem 1.5.01 nutzen kann. Die Verkehrswerte des Gebäudes und des Grund und Bodens stehen im Verhältnis von 3:1.

Zum Anschaffungspreis von 400.000 € sind noch die Nebenkosten von 20.000 € hinzuzurechnen (14.000 € + 4.800 € + 1.200 €), sodass sich ein Gesamtbetrag von 420.000 € ergibt. Die Kosten für die Eintragung der Hypothek ins Grundbuch stellen Finanzierungskosten dar, die nicht aktiviert werden dürfen[1]. Die Umsatzsteuer in der Notarrechnung kann als Vorsteuer geltend gemacht werden, wenn das Grundstück ausschließlich für Leistungen genutzt wird, die den Vorsteuerabzug ermöglichen. Von den gesamten Anschaffungskosten entfallen 315.000 € (3/4 von 420.000 €) auf das Gebäude und 105.000 € auf den Grund und Boden (1/4 von 420.000 €).

Da die Nutzung eines Gebäudes zeitlich begrenzt ist, muss es planmäßig abgeschrieben werden. Das Handelsrecht sieht keine speziellen Regelungen für die Gebäudeabschreibung vor. Die Bilanzierungspraxis orientiert sich regelmäßig an den **steuerrechtlichen Vorschriften**, die für Betriebsgebäude in § 7 Abs. 4 Satz 1 Nr. 1 EStG verankert sind. Diese Regelungen sind grundsätzlich mit dem Handelsrecht vereinbar. Die AfA für Gebäude wird ermittelt, indem ein fester Prozentsatz auf die Bemessungsgrundlage angewendet wird (**Prozentabschreibung**). Für Betriebsgebäude gilt im Regelfall:

Jährlicher Abschreibungsbetrag: 3% der Bemessungsgrundlage (AHK)

Beispiel: Das obige Gebäude von Unternehmer Müller ist ab dem 1.5.01 (= Übergang von Nutzen und Lasten) abzuschreiben. Der jährliche Abschreibungsbetrag beläuft sich auf 9.450 € (3% von 315.000 €). In 01 sind 8/12 zu verrechnen, somit 6.300 €. Der Restwert des Gebäudes beträgt am 31.12.01 noch 308.700 €.

Das Beispiel zeigt die Anwendung der steuerrechtlichen Regelung. Es wird ein fester Prozentsatz der Anschaffungskosten als Abschreibungsbetrag verrechnet. Dem Prozentsatz von 3% entspricht eine Nutzungsdauer von 33 1/3 Jahren, wobei im Steuerrecht vereinfachend von 33 Jahren ausgegangen wird. Insoweit besteht eine Verbindung zur linearen Abschreibungsmethode. Um die richtigen Abschreibungen zu ermitteln, muss aber die prozentuale Abschreibungsverrechnung vorgenommen werden. Das gilt insbesondere bei nachträglichen Herstellungskosten, die später behandelt werden.

Eine Abweichung vom prozentualen System entsteht, wenn die tatsächliche Nutzungsdauer eines Gebäudes **kürzer als 33 Jahre ist**. Wird z.B. nach Erwerb des Gebäudes festgestellt, dass die Nutzungsdauer nur 20 Jahre betragen wird, **muss** im Handelsrecht nach dem Vorsichtsprinzip eine Abschreibung auf die kürzere Nutzungsdauer erfolgen. Pro Jahr werden 15.750 € verrechnet (315.000 €/20 Jahre).

---

[1] Vgl. Horschitz, H./Groß, W./Fanck, B./Guschl, H./Kirschbaum, J./Schustek, H. (Bilanzsteuerrecht), S. 230.

Im Steuerrecht besteht nach § 7 Abs. 4 Satz 2 EStG ein **Wahlrecht** zur Anwendung einer kürzeren Nutzungsdauer als 33 Jahre. Da es sich um ein steuerrechtliches Wahlrecht handelt, kann es unabhängig von der Handelsbilanz ausgeübt werden. Das Maßgeblichkeitsprinzip gilt insoweit nicht.

Nachträgliche Herstellungskosten werden bei beweglichen und unbeweglichen Sachanlagen unterschiedlich behandelt. Während bei beweglichen Sachanlagen die neuen Herstellungskosten (Restbuchwert zuzüglich nachträglicher Herstellungskosten) auf die verbleibende Nutzungsdauer verteilt werden, müssen Gebäude mit einem festen Prozentsatz auf die neuen Anschaffungs- oder Herstellungskosten abgeschrieben werden. Dadurch kommt es zu einer Verlängerung der Nutzungsdauer über 33 Jahre hinaus.

Beispiel: Der Restwert eines Gebäudes beträgt am 31.12.20: 120.000 €. Die ursprünglichen Anschaffungskosten betrugen am 1.1.01: 300.000 €. Das Gebäude wird Mitte 21 erweitert, sodass 80.000 € Herstellungsaufwand zu aktivieren sind. Bei planmäßiger Abschreibung in Höhe von 3% der Anschaffungs- oder Herstellungskosten gilt[1]:

Bemessungsgrundlage:	300.000 € + 80.000 € = 380.000 € (neue Herstellungskosten als Basis der Abschreibung).
Abschreibungsbetrag:	3% von 380.000 € = 11.400 €.
Neuer Buchwert:	200.000 € (120.000 € zzgl. 80.000 €).
Restwert 31.12.21:	188.600 € (200.000 € abzgl. 11.400 €).
Rest-Nutzungsdauer:	37,54 Jahre.

Die nachträglichen Herstellungskosten, die Mitte des Jahres 21 anfallen, können in der Handelsbilanz vereinfachend dem Buchwert zum Jahresbeginn 21 zugerechnet werden. Der Herstellungsaufwand führt zur Verlängerung der Nutzungsdauer auf rund 37,54 Jahre. Zu den 20 Jahren vor der Erweiterung kommen weitere 17,54 Jahre hinzu, die sich wie folgt ergeben: (Buchwert) 200.000 €/(Jahresabschreibung) 11.400 € = 17,54 Jahre.

Die Zurechnung nachträglicher Herstellungskosten zum Buchwert am Jahresbeginn ist im Steuerrecht verpflichtend anzuwenden (R 7.4 Abs. 9 Satz 3 EStR). Im Handelsrecht ist von einem **Wahlrecht** auszugehen[2]. Es wird meistens ausgeübt, damit Handels- und Steuerbilanz übereinstimmen. Zusammenfassend gilt für die Gebäudeabschreibung:

Planmäßige Gebäudeabschreibung	
Regelfall:	Fester Prozentsatz von 3% der Anschaffungs- oder Herstellungskosten
Ausnahme:	Kürzere Nutzungsdauer als 33 Jahre: Abschreibung auf kürzere Nutzungsdauer
Nachträgliche Herstellungskosten:	Restbuchwert wird um nachträgliche Herstellungskosten erhöht. Neuer Abschreibungsbetrag: 3% der erhöhten AHK

Abb. 96: Planmäßige Gebäudeabschreibung

---

[1] Vgl. Horschitz, H./Groß, W./Fanck, B./Guschl, H./Kirschbaum, J./Schustek, H. (Bilanzsteuerrecht), S. 374-375.
[2] Vgl. Brösel, G./Olbrich, M. (Kommentar zu § 253 HGB), Rn. 464.

7.5 Finanzanlagen

Bei Finanzanlagen sind außerplanmäßige Abschreibungen vorzunehmen, wenn der beizulegende Stichtagswert auf Dauer gesunken ist (z.B. Kursverluste börsennotierter Wertpapiere infolge einer Rezession). Bei nicht dauernder Wertminderung besteht ein Abschreibungswahlrecht. Die Frage, wann eine dauernde Wertminderung vorliegt, ist nicht leicht zu beantworten. Zur Konkretisierung wird für das Handelsrecht vorgeschlagen, dass eine Wertminderung **von mehr als 30% der Anschaffungskosten** grundsätzlich als dauerhaft gilt[1]. Steuerrechtlich sind nach dem BMF-Schreiben zur Teilwertabschreibung andere Interpretationen der Dauerhaftigkeit anzuwenden[2].

Wenn in 01 Wertpapiere für 20.000 € erworben wurden, deren Kurswert am 31.12.02 noch 13.500 € beträgt, liegt die Wertminderung bei 32,5% und ist als dauernd anzusehen. Es muss eine Abschreibung erfolgen. Läge der Wert am 31.12.02 bei 16.000 €, würde nach dem obigen Kriterium noch keine dauernde Wertminderung vorliegen. Allerdings müssen hierbei auch die Umstände des Einzelfalls beachtet werden.

	Bewertung von Finanzanlagen
Erwerbsjahr	• Obergrenze: Anschaffungs- oder Herstellungskosten
Folgejahre	• Außerplanmäßige Abschreibungen: Pflicht bei dauernder Wertminderung, ansonsten Wahlrecht • Zuschreibung: Pflicht, falls Abschreibungsgrund entfällt
Abgangsjahr	• Keine Abschreibung

Abb. 97: Bewertung von Finanzanlagen

7.6 Vorräte, Forderungen und Wertpapiere

Zu den **Vorräten** zählen z.B. die Werkstoffe und die unfertigen bzw. fertigen Erzeugnisse des Industriebetriebs. Ihre Bewertung erfolgt grundsätzlich mit den Anschaffungs- oder Herstellungskosten. Nach dem strengen Niederstwertprinzip müssen am Bilanzstichtag gesunkene Börsen- oder Marktwerte bzw. beizulegende Stichtagswerte berücksichtigt werden. Hierbei erfolgt entweder eine Orientierung am Beschaffungs- oder am Absatzmarkt. In Einzelfällen sind beide Märkte gleichzeitig relevant.

Wertpapiere sind im Umlaufvermögen auszuweisen, wenn sie nicht dauernd dem Geschäftsbetrieb dienen sollen. Das ist z.B. der Fall, wenn spekulative Motive im Vordergrund stehen und ein kurzfristiger Verkauf zur Realisierung von Kursgewinnen beabsichtigt ist. Die kurzfristig gehaltenen Wertpapiere sind mit den Anschaffungskosten zu bewerten[3]. Am Bilanzstichtag ist ein niedrigerer Börsenwert anzusetzen, wobei das Minimum aus Beschaffungs- und Absatzwert maßgeblich ist.

---

[1] Vgl. Küting, K. (Abgrenzung), S. 1126.
[2] Vgl. BMF (Teilwertabschreibung), Rn. 17-20c.
[3] Nur bei Kreditinstituten gilt der Sonderfall, dass Wertpapiere des Handelsbestands mit dem beizulegenden Zeitwert bewertet werden (§ 340e Abs. 3 HGB).

7. Bewertung einzelner Posten

Die folgende Abbildung fasst die wesentlichen Aussagen zur Bewertung des Umlaufvermögens zusammen. Bei den Geldbeständen ist zu beachten, dass sie grundsätzlich nicht zu bewerten sind, wenn sie auf Euro lauten. Bei der Bewertung von Forderungen bestehen einige Besonderheiten, auf die nachfolgend eingegangen wird.

	Bewertung von Vorräten
Erwerbsjahr	• Obergrenze: Anschaffungs- oder Herstellungskosten
Bilanzstichtag	• Keine planmäßigen Abschreibungen • Außerplanmäßige Abschreibungen: Immer Pflicht • Relevante Werte: Börsen- oder Marktwert (hilfsweise: Beizulegender Stichtagswert)

Abb. 98: Bewertung von Vorräten

Die wichtigsten **Forderungen** entstehen durch den Absatz der betrieblichen Produkte und Dienstleistungen. Die Forderungen aus Lieferungen und Leistungen werden mit den Anschaffungskosten (Nennwert) bewertet. Das ist der Rechnungsbetrag inklusive Umsatzsteuer (= Bruttowert)[1]. Eine Abschreibung muss erfolgen, wenn der beizulegende Stichtagswert gesunken ist. Eine derartige Wertminderung kommt insbesondere durch das **Ausfallrisiko** zustande: Der Schuldner kann seine Verpflichtung nicht voll erfüllen.

Ein Forderungsausfall kann wahrscheinlich oder sicher stattfinden. Im ersten Fall kann der Zahlungsausfall nur geschätzt werden. Später kann sich herausstellen, dass der Abschreibungsbetrag zu hoch oder zu niedrig war. Im zweiten Fall sind endgültige Tatsachen vorhanden, es ist z.B. ein Insolvenzverfahren erfolglos abgeschlossen worden. Der Forderungsinhaber erhält nur den Restwert der Forderung (nach Abschreibung). Besonderheiten ergeben sich bei der Umsatzsteuer. Sie ist erst zu korrigieren, wenn der Forderungsausfall endgültig feststeht. Somit gilt:

Bewertung von Forderungen	
Grundsätzlich: Anschaffungskosten (Nennwert)	
Wahrscheinlicher Ausfall	Sicherer Ausfall
Abschreibung des erwarteten Betrags	Abschreibung des sicheren Betrags
Keine Umsatzsteuerkorrektur	Umsatzsteuerkorrektur

Abb. 99: Bewertung von Forderungen

Beispiel: Unternehmer Müller hat am 31.12.01 eine Forderung gegen Schulze in Höhe von 119.000 € (inkl. 19% USt). Schulze kann voraussichtlich nur 30% der Forderung bezahlen. Der Zahlungsausfall ist **wahrscheinlich**. Die Forderung wird Ende 01 mit 49.000 € bewertet: Nettowert der Forderung 30.000 € (30% von 100.000 €) zuzüglich voller Umsatzsteuer von 19.000 €. Letztere darf Ende 01 noch nicht korrigiert werden.

---
[1] Vgl. Döring, U./Buchholz, R. (Jahresabschluss), S. 122.

Erst wenn Schulze seine Verbindlichkeit nur teilweise bezahlt, steht der Forderungsausfall endgültig fest. Dann erhält Müller einen Teil der Umsatzsteuer vom Finanzamt zurück. Wenn Schulze die Forderung zur Hälfte bezahlt, lautet die Buchung: "Bank 59.500 und USt 9.500 an Forderung 49.000 und sonstige betriebliche Erträge 20.000".

Die Umsatzsteuer wird zur Hälfte vom Finanzamt erstattet, da Müller nicht wie geplant 100.000 € netto erhält, sondern nur 50.000 €. Hierauf entfällt eine Umsatzsteuer von 9.500 € und nicht wie geplant 19.000 €. Die Erstattung beträgt 9.500 €. Da Müller die Forderung in Höhe von 70% des Nettowerts abgeschrieben hat, der tatsächliche Ausfall aber nur 50% beträgt, entsteht ein sonstiger betrieblicher Ertrag von 20.000 €. – Wenn die Forderung Ende 01 sicher zu 70% ausfällt, wird sie mit 35.700 € (0,3 x 119.000 €) bewertet. Die Umsatzsteuer wird korrigiert, da der Zahlungsausfall endgültig ist.

Grundsätzlich sind Forderungen **einzeln** zu bewerten. Verfügt ein Unternehmen über einen sehr hohen Forderungsbestand (z.B. Internethandel), kann die Einzelbewertung schwierig sein. Es liegt ein Ausnahmefall nach § 252 Abs. 2 HGB vor, der eine **Pauschalabschreibung** (Pauschalwertberichtigung) rechtfertigt[1].

8. Bewertung von Entnahmen und Einlagen

Bei Einzelunternehmen und Personenhandelsgesellschaften (z.B. der OHG) sind oft Privatvorgänge zu berücksichtigen. Der Unternehmer nutzt z.B. ein betriebliches Fahrzeug privat oder er entnimmt Geld aus der Geschäftskasse für seinen Lebensunterhalt. Diese Entnahmen müssen bei der bilanziellen Erfolgsermittlung zugerechnet werden. Umgekehrt verhält es sich bei Einlagen. Sie müssen in Abzug gebracht werden.

Die Entnahme oder Einlage von Geld ist unproblematisch, da der Wert eindeutig feststeht. Schwieriger gestaltet sich die Bewertung von **Sachentnahmen**. Hierbei werden z.B. Waren oder Fahrzeuge in das Privatvermögen überführt. Bei **Sacheinlagen** werden zunächst privat genutzte Gegenstände in das Betriebsvermögen übernommen. Wenn zwischen der Entnahme bzw. Einlage von Sachen und ihren Nutzungen unterschieden wird, kann die folgende Systematik zugrunde gelegt werden:

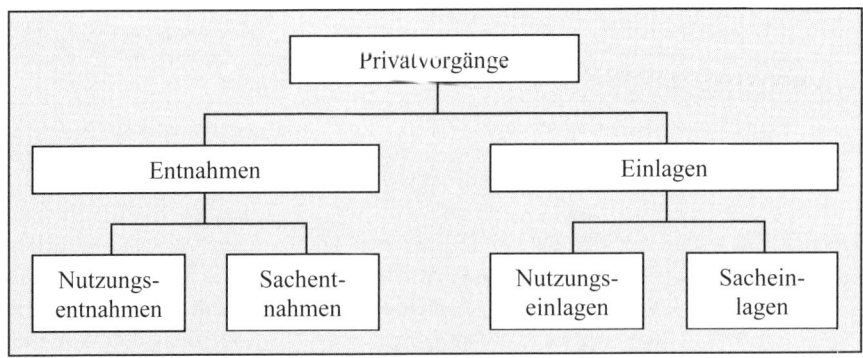

Abb. 100: Systematisierung von Privatvorgängen

---

[1] Vgl. Döring, U./Buchholz, R. (Jahresabschluss), S. 120.

8. Bewertung von Entnahmen und Einlagen

Die Bewertung von **Sachentnahmen** wird nicht direkt im HGB geregelt. Daher wird meist auf die steuerrechtlichen Bewertungsvorschriften zurückgegriffen. Nach dem Einkommensteuergesetz sind Sachentnahmen mit dem **Teilwert** zu bewerten (§ 6 Abs. 1 Nr. 4 EStG). Er wird wie folgt definiert:

> Betrag, den ein Erwerber des ganzen Betriebs im Rahmen des Gesamtkaufpreises für das einzelne Wirtschaftsgut ansetzen würde

Die in § 6 Abs. 1 Nr. 1 Satz 3 EStG angegebene Definition ist kaum anwendbar, da zunächst der Wert des Unternehmens (Gesamtkaufpreis) ermittelt werden müsste. Das ist mit großen Schwierigkeiten verbunden, sodass vereinfachende Überlegungen notwendig werden. Ein Erwerber des Betriebs würde höchstens den Wiederbeschaffungswert - die Wiederbeschaffungskosten - bezahlen, wenn ein betriebsnotwendiges Wirtschaftsgut (WG) nicht vorhanden wäre. Bei einem nicht betriebsnotwendigen Wirtschaftsgut wäre der Veräußerungswert relevant, da es verkauft werden würde. Für den Teilwert gelten daher die folgenden Grenzwerte[1]:

- Obergrenze: Wiederbeschaffungswert – betriebsnotwendige WG.
- Untergrenze: Veräußerungswert – nicht betriebsnotwendige WG.

Entnommene **Waren** werden im Regelfall wiederbeschafft, sodass sie zum Wiederbeschaffungswert bewertet werden[2]. Erfolgt die Entnahme kurz nach der Beschaffung, sind die Anschaffungskosten (Einkaufspreis zuzüglich Nebenkosten) relevant[3]. Das gilt insbesondere bei geringfügigen Preisschwankungen.

Entnommene **Sachanlagen** sind nur mit den Wiederbeschaffungskosten eines vergleichbaren Wirtschaftsguts bzw. Vermögensgegenstands zu bewerten, wenn es sich um einen betriebsnotwendigen Posten handelt. Nach der Entnahme muss für einen Ersatz gesorgt werden, indem eine funktionsgleiche Sachanlage beschafft wird. Andernfalls wäre der Veräußerungswert zugrunde zu legen. Die Nebenkosten der Beschaffung bzw. Veräußerung sind jeweils zu berücksichtigen.

Beispiel: Unternehmer Schulze schenkt seiner Tochter am 31.3.05 einen gebrauchten Firmenwagen, der zu Beginn des Jahres einen Restbuchwert von 12.000 € hat. Der jährliche Abschreibungsbetrag ist 4.000 €. Das Fahrzeug wird im Unternehmen nur gelegentlich eingesetzt. Der Veräußerungswert beträgt am 31.3.05 12.200 €, der Wiederbeschaffungswert ist 13.200 €.

Am 31.3.05 tätigt Schulze eine Entnahme, da das Fahrzeug endgültig aus dem Betriebsvermögen ausscheidet. Der Firmenwagen ist nicht betriebsnotwendig, da er nur noch gelegentlich genutzt wird. Somit ist der Veräußerungswert relevant. Der Restbuchwert liegt im Entnahmezeitpunkt bei 11.000 €, da bis zur Entnahme monatsgenaue Abschreibungen (1.000 €) zu verrechnen sind. Da der Veräußerungswert über dem Buchwert liegt, entstehen sonstige betriebliche Erträge in Höhe von 1.200 €. Da der Mehrbetrag keine eigene Leistung des Unternehmers darstellt, liegen insoweit keine Umsatzerlöse vor.

---

[1] Vgl. Federmann, R./Müller, S. (Bilanzierung), S. 437.
[2] Vgl. Falterbaum, H./Bolk, W./Reiß, W. (Bilanz), S. 975.
[3] Vgl. Kurz, D./Meissner, G. (Umsatzsteuer), S. 319.

Die Entnahme ist **umsatzsteuerpflichtig**, wenn beim Erwerb ein Vorsteuerabzug vorgenommen wurde. Die Buchung lautet für die obige Entnahme: "Privatkonto 14.518 an Betriebs- und Geschäftsausstattung (oder Konto Fuhrpark) 11.000, sonstige betriebliche Erträge 1.200 und Umsatzsteuer 2.318". Beim Eigenkapitalvergleich müssen dem Unterschiedsbetrag des Eigenkapitals 14.518 € wieder zugerechnet werden.

Auch die Bewertung von **Sacheinlagen** wird im Handelsrecht nicht geregelt, sodass - im Rahmen der GoB - wieder der steuerrechtliche Teilwert angewendet werden kann. Die Bewertung erfolgt grundsätzlich mit den Wiederbeschaffungskosten des Vermögensgegenstands im Einlagezeitpunkt. Erfolgt die Einlage innerhalb von drei Jahren nach der Anschaffung, gilt nach § 6 Abs. 1 Nr. 5 EStG:

- Bewertung zum Teilwert,
- maximal jedoch mit (fortgeführten) Anschaffungs- oder Herstellungskosten.

Innerhalb der Dreijahresfrist begrenzen die (fortgeführten) Anschaffungs- oder Herstellungskosten den Wert der Einlage. Mit der Regelung soll vermieden werden, dass im Privatvermögen erzielte Wertsteigerungen in die Betriebsebene verlagert werden[1].

Wenn in 01 Aktien für 10.000 € privat erworben wurden, kann ihr Wert z.B. in 02 auf 15.000 € gestiegen sein. Wenn der Unternehmer jedoch in 03 mit einer Kurssenkung auf 12.000 € rechnet, könnte er die Wertpapiere vorher ins Betriebsvermögen einlegen, um den Kursverlust von 3.000 € gewinnmindernd geltend zu machen. Die steuerrechtliche Regelung des § 6 Abs. 1 Nr. 5 EStG stellt sicher, dass die Aktien innerhalb von drei Jahren nur mit 10.000 € eingelegt werden dürfen. Somit entsteht ein Verlust erst dann, wenn der Teilwert der Aktien niedriger ist als 10.000 €.

Nach der Einlage ins Betriebsvermögen sind abnutzbare Wirtschaftsgüter planmäßig abzuschreiben. Die Höhe der AfA richtet sich nach den steuerrechtlichen Vorschriften. Somit ist insbesondere die lineare Abschreibungsmethode anzuwenden, die den Einlagewert planmäßig vermindert.

Beispiel: Unternehmer Müller nutzt ab dem 1.4.05 eine vorher privat genutzte Schrankwand in seinem Betrieb als Regal. Im Einlagezeitpunkt betragen die Wiederbeschaffungskosten für ein vergleichbares Möbelstück 2.100 €. Der Teilwert ist grundsätzlich relevant. Erfolgt die Einlage innerhalb von drei Jahren und betragen die fortgeführten Anschaffungskosten 1.600 €, ist maximal dieser Wert anzusetzen.

Ab dem 1.4.05 wird der Einlagewert um planmäßige Abschreibungen über die noch verbleibende Restnutzungsdauer vermindert. In 05 werden 9/12 des jährlichen Abschreibungsbetrags als Aufwand verrechnet.

Da ein **Vorsteuerabzug** bei der Einlage von Gegenständen nicht möglich ist[2], muss der Einlagewert grundsätzlich mit Umsatzsteuer berechnet werden. Die obigen Beträge sind als Bruttowerte (d.h. inklusive Umsatzsteuer) anzusehen.

---

[1] Vgl. Falterbaum, H./Bolk, W./Reiß, W. (Bilanz), S. 953.
[2] Vgl. Kurz, D./Meissner, G. (Umsatzsteuer), S. 348.

Viertes Kapitel: Bilanzierungsvorschriften für Kapitalgesellschaften

1. Zweck und Aufgaben des Jahresabschlusses

Bei **allen Kaufleuten** besteht der vorrangige Zweck des Jahresabschlusses im Gläubigerschutz. Die Kreditvergabe erfolgt auf der Basis eines vorsichtigen Vermögensausweises. Das Eigenkapital kann aber durch Entnahmen vermindert werden, wodurch das betriebliche Vermögen sinkt. Da auch das Privatvermögen haftet, findet insoweit ein Ausgleich statt. Eine Haftungsbeschränkung ist bei Einzelunternehmen und Personengesellschaften nicht möglich.

Das ist bei **Kapitalgesellschaften** anders. Zu den handelsrechtlichen Kapitalgesellschaften gehören insbesondere die Aktiengesellschaft (AG) und die GmbH, bei denen die Haftung jeweils auf das Gesellschaftsvermögen beschränkt ist. Dieses Vermögen umfasst die Summe aller Aktivposten, die in vollem Umfang für die betrieblichen Schulden haften. Dagegen haften die Gesellschafter nur mit ihrer Kapitaleinlage. Die Aktionäre einer Aktiengesellschaft können im Insolvenzfall höchstens den Betrag verlieren, den sie für ihre Aktien bezahlt haben.

Beispiel: Eine AG wurde Anfang 01 mit einem Grundkapital von nominell 1.000.000 € gegründet. Am 31.12.03 werden Vermögensgegenstände im Wert von 5.500.000 € und Schulden im Wert von 3.200.000 € bilanziert. Der Zeitwert der Vermögensgegenstände beträgt 6.500.000 €. Die Aktionäre haben für ihre Aktien 2.800.000 € bezahlt, da die Aktienausgabe mit einem Agio erfolgte.

Die Gesellschaft haftet mit ihrem gesamten Vermögen, das 6.500.000 € beträgt, da stille Reserven von 1.000.000 € vorhanden sind. Die Gesellschafter haften nur mit dem Grundkapital, das im Beispiel 1.000.000 € beträgt. Da die Aktionäre aber 2.800.000 € bezahlt haben, wäre ihr tatsächlicher Verlust deutlich höher.

Durch die Haftungsbeschränkung der Kapitalgesellschaften wird für die AG und GmbH ein gesetzliches Mindesteigenkapital vorgeschrieben. Es darf vor Auflösung der Gesellschaft nicht an die Anteilseigner zurückgezahlt werden. Die folgende Abbildung zeigt die Werte für das **Grundkapital** der AG und das **Stammkapital** einer "normalen" GmbH. Eine Sonderform der GmbH wird anschließend erläutert.

	Aktiengesellschaft	GmbH
Bezeichnung des Kapitals	Grundkapital	Stammkapital
Mindestbetrag	50.000 €	25.000 €
Rechtsgrundlage	§ 7 AktG	§ 5 Abs. 1 GmbHG

Abb. 101: Mindestkapital von Aktiengesellschaft und GmbH

Nach § 5a Abs. 1 GmbHG können die Gesellschafter auch eine **haftungsbeschränkte Unternehmergesellschaft** gründen, deren Stammkapital weniger als 25.000 € beträgt. Durch das verminderte Stammkapital werden die Gläubiger gefährdet. Daher besteht die Pflicht zur Bildung einer gesetzlichen Rücklage, die weder zeitlich noch betraglich begrenzt ist[1]. Die Rücklage muss jährlich wie folgt dotiert werden:

> Ein Viertel des Jahresüberschusses (abzüglich eines Verlustvortrags)

Beispiel: Die Gesellschafter A und B gründen am 1.4.01 eine haftungsbeschränkte Unternehmergesellschaft mit einem Stammkapital von 5.000 €. In 01 entsteht ein Gewinn von 40.000 € vor Steuern. Beim Ertragsteuersatz von 30% ergibt sich ein Jahresüberschuss von 28.000 € (Steuerrückstellung: 12.000 €). In die gesetzliche Rücklage müssen 7.000 € eingestellt werden – die restlichen 21.000 € werden als Bilanzgewinn ausgewiesen. Über diesen Betrag können die Gesellschafter frei entscheiden: Wenn sie ihn im Unternehmen behalten, erhöhen sich die Gewinnrücklagen.

Entsteht im Folgejahr ein Verlust, sind zur Verlustdeckung zunächst die Gewinnrücklagen zu verwenden. Nach ihrer vollständigen Auflösung kann die gesetzliche Rücklage zur Verlustdeckung eingesetzt werden. Bei einem Jahresfehlbetrag 02 (25.000 €) können zunächst die anderen Gewinnrücklagen (21.000 €) aufgelöst und anschließend noch 4.000 € aus der gesetzlichen Rücklage genommen werden, um den Verlust auszugleichen. Hierbei wurde allerdings vernachlässigt, dass durch einen steuerlichen Verlustrücktrag[2] noch eine Steuererstattung entsteht, die den handelsrechtlichen Verlust vermindert. Dieser steuerliche Aspekt wird aus didaktischen Gründen vernachlässigt. Im Folgenden steht die "klassische" GmbH im Mittelpunkt.

Das tatsächliche Gesellschaftsvermögen einer AG oder GmbH ist in der Praxis meist höher als die gesetzlichen Mindestbeträge. Damit eine Aktiengesellschaft erfolgreich wirtschaften kann, wird meist ein Vielfaches des Mindesteigenkapitals benötigt. Außerdem wächst das Reinvermögen im Laufe der Zeit durch die Einbehaltung von Gewinnen an, die als **Thesaurierung** bezeichnet wird.

Kapitalgesellschaften sind juristische Personen. Daher sind keine Entnahmen durch die Gesellschafter zulässig. Bei einer großen Aktiengesellschaft mit vielen Kleinaktionären würden Entnahmen der Gesellschafter zu einem "bilanziellen Chaos" führen. Daher werden Gewinne in einem formalen Verfahren an die Gesellschafter verteilt[3]:

- Bei der AG: Die Hauptversammlung der Aktionäre entscheidet über die Verwendung des Bilanzgewinns (§ 119 Abs. 1 AktG).
- Bei der GmbH: Die Gesellschafterversammlung entscheidet über die Verwendung des Ergebnisses (§ 46 GmbHG).

Die erwirtschafteten Gewinne eines Geschäftsjahres können ausgeschüttet oder einbehalten werden. **Ausschüttungen** sind Gewinnbeträge, die an die Gesellschafter gezahlt werden. Sie können von der Kapitalgesellschaft grundsätzlich nicht mehr zurückgefor-

---

[1] Vgl. Kußmaul, H./Ruiner, C. (Unternehmergesellschaft), S. 597.
[2] Vgl. Grefe, C. (Unternehmenssteuern), S. 306-307.
[3] Vgl. Wöhe, G./Döring, U./Brösel, G. (Betriebswirtschaftslehre), S. 220.

1. Zweck und Aufgaben des Jahresabschlusses

dert werden. Bei der Aktiengesellschaft werden Ausschüttungen als **Dividenden** bezeichnet. Einbehaltene (thesaurierte) Gewinnbeträge bleiben der Gesellschaft erhalten und erhöhen das Eigenkapital. Sie werden z.B. für Investitionen oder zur Verlustdeckung benötigt. In der Bilanz werden sie auf der Passivseite unter dem Posten "Gewinnrücklagen" ausgewiesen. Diese Rücklagen werden später noch weiter unterteilt.

Aus der Haftungsbegrenzung von Kapitalgesellschaften ergibt sich eine besondere **Gefährdung von Gläubigern**. Je mehr Gewinne die Gesellschaft verlassen, d.h. an die Gesellschafter ausgeschüttet werden, umso geringer ist das verbleibende Haftungskapital für die Kredite der Gläubiger. Die Fremdkapitalgeber sind daher an einer Kapitalerhaltung interessiert[1]. Die Ausschüttungen sollen aus Sicht der Gläubiger eingeschränkt werden, damit im Fall der Unternehmenszerschlagung noch Kapital zur Kredittilgung vorhanden ist.

Die Höhe der möglichen Ausschüttungen an die Gesellschafter hängt grundsätzlich vom ausgewiesenen Gewinn in der GuV-Rechnung (bzw. Bilanz) ab. Hierbei gilt die folgende grundlegende Beziehung, die später noch genauer erläutert wird:

> Hoher (niedriger) Gewinn = Hohe (niedrige) Ausschüttung

Somit sind Gläubiger grundsätzlich an niedrigen Gewinnausweisen interessiert. Hierdurch bleibt die Haftungsbasis (das Kapital) erhalten und Kredite sind im Insolvenzfall eher gesichert. Ohne weitere Bilanzadressaten bestände der Zweck der Rechnungslegung von Kapitalgesellschaften allein im Gläubigerschutz. Ein niedriger Erfolgs- und Vermögensausweis könnte verfolgt werden.

Allerdings sind bei einer Aktiengesellschaft auch die Interessen der Aktionäre (Anteilseigner, Investoren) zu berücksichtigen. Die Ziele der Eigenkapitalgeber sind nicht gleichartig. Mindestens zwei Gruppen sind zu unterscheiden[2]:

- Kleinaktionäre mit Konsumzielen. Sie streben meist nach hohen Dividenden.
- Großaktionäre mit Investitionszielen. Sie streben meist nach niedrigen Dividenden.

Kleinaktionäre wünschen hohe Dividendenzahlungen, um Konsumwünsche zu verwirklichen. Diese Aktionäre betrachten ihre Anteile wie ein Sparbuch, das regelmäßige Zinsen abwirft. Daher sollen auch die Aktien regelmäßige Dividenden erzielen. Die Wertsteigerung der Anteile wird eher vernachlässigt. Dagegen verfolgen **Großaktionäre** Investitionsziele: Sie setzen auf das Unternehmenswachstum und den Zuwachs des Aktienwerts. Die Konsumwünsche werden aus anderen Quellen finanziert.

Die Ziele der Aktionäre und Gläubiger sind entweder konform oder sie stehen im Konflikt zueinander. Da die Gläubiger an einer Kapitalerhaltung interessiert sind, wünschen sie niedrige Gewinne und Dividenden. Ihre Ziele entsprechen denen der Großaktionäre und widersprechen denen der Kleinaktionäre. Der Gesetzgeber muss einen Ausgleich schaffen, indem er die Rechnungslegungsvorschriften im Sinne der einen oder anderen Gruppe gestaltet.

---

[1] Vgl. Bieg, H./Kußmaul, H./Waschbusch, G. (Rechnungswesen), S. 23.
[2] Vgl. Heno, R. (Jahresabschluss), S. 6.

Nach den Vorstellungen des Gesetzgebers treten bei den Gesellschaftern einer GmbH derartige Konflikte nicht auf. Die GmbH ist die Kapitalgesellschaft kleiner und mittlerer Betriebe[1]. Sie verfügt regelmäßig nur über wenige Gesellschafter, bei denen keine oder nur geringe Interessensgegensätze bezüglich der Ausschüttungen unterstellt werden. Das kann in der Realität allerdings anders aussehen. Die folgende Abbildung zeigt die Interessen der einzelnen Gruppen bei der Aktiengesellschaft.

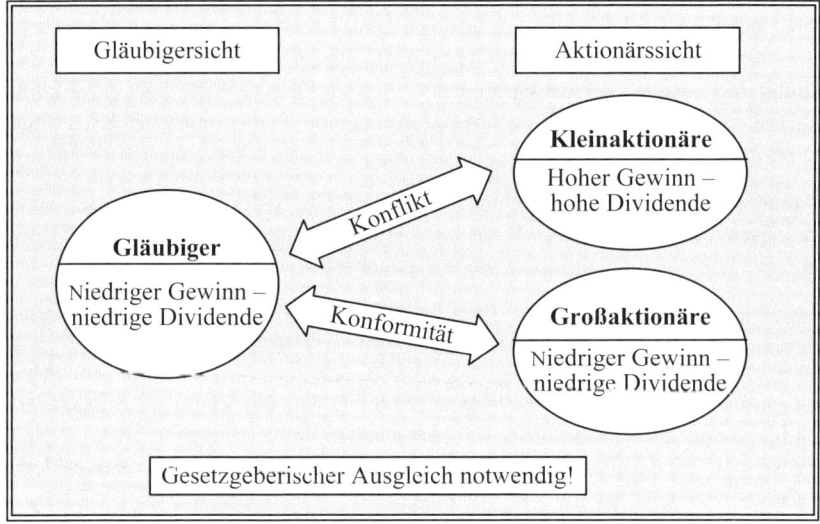

Abb. 102: Interessen von Gläubigern und Aktionären

Neben Gläubigern und Aktionären existieren bei einer Kapitalgesellschaft noch weitere Bilanzadressaten, wie z.B. die Arbeitnehmer, die Lieferanten und der Fiskus[2]. Ihre Ziele können in hohen oder niedrigen Gewinnen bestehen. Sie lassen sich einer der beiden beschriebenen Gruppen zuordnen. Als Beispiele lassen sich nennen:

- Älterer Arbeitnehmer mit Festgehalt: **Niedriger Gewinnausweis**. Die Kapitalerhaltung ist von primärer Bedeutung: Beim Arbeitsplatzverlust finden ältere Arbeitnehmer nur schwer eine neue Stelle.
- Jüngerer Arbeitnehmer mit gewinnabhängigem Gehalt: **Hoher Gewinnausweis** bedeutet hohes Einkommen. Die Kapitalerhaltung ist von sekundärer Bedeutung: Beim Arbeitsplatzverlust finden jüngere Arbeitnehmer eher eine neue Stellung.

Die Aufgaben des Jahresabschlusses werden bei Kapitalgesellschaften im Vergleich zu allen Kaufleuten um eine wichtige Funktion erweitert. Neben der Dokumentations- und Informationsfunktion ist die **Ausschüttungsregelungsfunktion** zu beachten. Sie ist insbesondere für Kapitalgesellschaften wichtig. Die möglichen Ausschüttungen an die Gesellschafter hängen im Wesentlichen vom ausgewiesenen Gewinn der GuV-Rechnung ab. Je höher der erzielte Gewinn eines Geschäftsjahres ist, umso mehr Ausschüttungen sind grundsätzlich möglich.

---

[1] Vgl. Wöhe, G./Döring, U./Brösel, G. (Betriebswirtschaftslehre), S. 224.
[2] Vgl. Bieg, H./Kußmaul, H./Waschbusch, G. (Rechnungswesen), S. 21.

1. Zweck und Aufgaben des Jahresabschlusses

Wird in einem Jahr kein Gewinn erzielt, sind Ausschüttungen nur möglich, wenn in den Vorjahren frei verfügbare Gewinnrücklagen gebildet wurden. Wurde kein Gewinn erzielt und sind auch keine Gewinnrücklagen vorhanden, können keine Ausschüttungen vorgenommen werden. Das gezeichnete Kapital – das Grundkapital der AG bzw. das Stammkapital der GmbH – darf vor der Auflösung der Gesellschaft nicht an die Gesellschafter zurückgezahlt werden. Somit stellt das im Jahresabschluss einer Kapitalgesellschaft ausgewiesene Eigenkapital ein (**Mindest-)Haftungskapital** für Gläubiger dar[1].

Ein Gewinn ist der positive Saldo von Erträgen und Aufwendungen, der sich nach den gesetzlichen Vorschriften ergibt. Je nachdem, wie die gesetzliche Vorschrift aufgebaut ist, ergibt sich bei Kapitalgesellschaften ein Einfluss auf den Gewinn und damit auf die Ziele der einzelnen Bilanzadressaten. Steigt der Wert eines Vermögensgegenstands nach einer außerplanmäßigen Abschreibung wieder an, kann der Gesetzgeber die Wertaufholung wie folgt regeln:

- Zuschreibungspflicht: Mehr Gewinn – Mehr Ausschüttungsmöglichkeiten: Die Entscheidung erfolgt zugunsten der Kleinaktionäre.
- Zuschreibungsverbot: Weniger Gewinn – Weniger Ausschüttungsmöglichkeiten: Die Entscheidung erfolgt zugunsten der Großaktionäre und Gläubiger.

Nach § 253 Abs. 5 HGB besteht grundsätzlich ein Wertaufholungsgebot, von dem nur der Firmenwert ausgeschlossen ist. Er darf auf Grund seines immateriellen Charakters nicht wieder erhöht werden. Durch die Zuschreibung steigt der Gewinn und die Kleinaktionäre werden begünstigt. Bei Kapitalgesellschaften beinhaltet die Ausschüttungsregelungsfunktion im Wesentlichen zwei Aspekte, zwischen denen abzuwägen ist[2]:

- **Mindestausschüttung**: Es soll ein Mindestgewinn ausgewiesen werden, der ausschüttungsfähig ist. Die Regelung ist im Sinne der Kleinaktionäre.
- **Ausschüttungsbegrenzung**: Es soll ein bestimmter Gewinn im Unternehmen verbleiben und vor Ausschüttungen geschützt werden. Die Regelung ist im Sinne der Großaktionäre und Gläubiger.

Zusammenfassend lässt sich festhalten, dass der vorrangige Rechnungslegungszweck auch bei Kapitalgesellschaften der Gläubigerschutz ist. Die Schutzfunktion besteht darin, dass tendenziell Ausschüttungen eingeschränkt werden, so dass ein möglichst hohes Haftungskapital im Unternehmen verbleibt[3]. Diese Funktion wird allerdings teilweise zugunsten der Kleinaktionäre eingeschränkt, die ebenfalls schutzwürdige Interessen aufweisen.

Die folgende Abbildung fasst die erweiterten Jahresabschlussaufgaben von Kapitalgesellschaften zusammen. Die Dokumentationsfunktion beinhaltet die Aufzeichnung aller Geschäftsvorfälle eines Jahres. Die Informationsfunktion umfasst die Selbstinformation der Unternehmer (Geschäftsleitung) und die Fremdinformation externer Gruppen (Gesellschafter und Gläubiger). Letztere sind auf die Informationen der Geschäftsleitung angewiesen. Die Ausschüttungsregelungsfunktion wurde bereits erläutert.

---

[1] Vgl. Heno, R. (Jahresabschluss), S. 13.
[2] Vgl. Bieg, H./Kußmaul, H./Waschbusch, G. (Rechnungswesen), S. 23-26.
[3] Das verdeutlichen auch die Ausschüttungssperren in § 268 Abs. 8 HGB, die später erläutert werden.

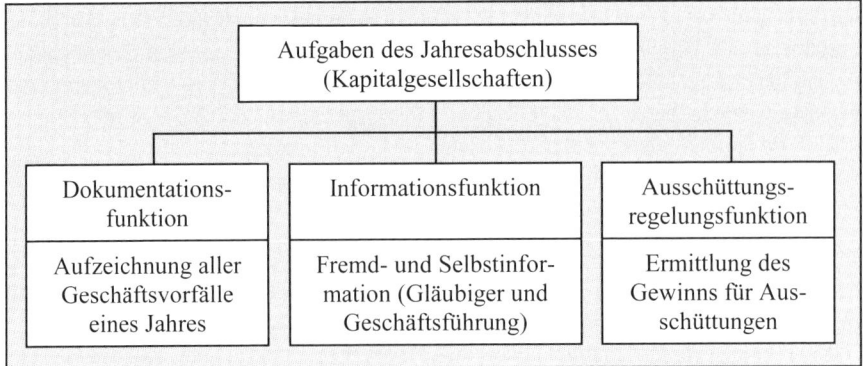

Abb. 103: Aufgaben des Jahresabschlusses (Kapitalgesellschaften)

2. Generalnorm der Rechnungslegung

Die Informationsfunktion des Jahresabschlusses wird für Kapitalgesellschaften genauer geregelt als für alle Kaufleute. Die ergänzenden Vorschriften enthalten eine **Generalnorm der Rechnungslegung**, die eine allgemeine Zielsetzung des Jahresabschlusses beschreibt. Nach § 264 Abs. 2 Satz 1 HGB soll der Jahresabschluss unter Beachtung der GoB ein den tatsächlichen Verhältnissen entsprechendes Bild der Vermögens-, Finanz- und Ertragslage vermitteln.

Bei einer Kapitalgesellschaft, die Inlandsemittent nach § 2 Abs. 7 WpHG ist, müssen die gesetzlichen Vertreter bei der Unterzeichnung des Jahresabschlusses schriftlich versichern, dass die obige Generalnorm nach bestem Wissen eingehalten wurde. Diese spezielle Unterzeichnungspflicht wird als **Bilanzeid** bezeichnet[1]. Im Einzelabschluss muss für den Lagebericht eine weitere, vergleichbare Erklärung erfolgen (§ 289 Abs. 1 Satz 5 HGB).

Um die gegenwärtigen und potenziellen Kleinaktionäre richtig zu informieren, muss der Jahresabschluss **Zukunftsinformationen** bereitstellen[2]. Nur mit diesen Informationen wird ein Anleger befähigt, optimale Anlageentscheidungen zu treffen. Wenn ein Anleger heute über ein Kapital von 5.000 € verfügt, will er für diesen Betrag eine **maximale Rendite** erzielen. Seine Anlagealternativen umfassen beispielsweise:

- Kauf festverzinslicher Wertpapiere (Fremdkapital): Zukünftige jährliche Zinsen von 6% (sicher). Rückzahlung nach fünf Jahren zum sicheren Nennbetrag von 5.000 €.
- Kauf von Aktien (Eigenkapital): Erwartung von zukünftigen jährlichen Dividenden von ca. 8% (unsicher). Beim Verkauf in fünf Jahren wird wahrscheinlich ein Betrag von 6.000 € erzielt werden können.

Würden die Daten beim Aktienkauf sicher eintreffen, müsste sich der Anleger – bei der gegebenen Zielsetzung – auf jeden Fall für die Aktien entscheiden, da sie höhere Erträge abwerfen. Da die Daten jedoch unsicher sind, muss der Anleger abwägen, inwieweit das

---

[1] Vgl. Ruhnke, K./Simons, D. (Rechnungslegung), S. 44.
[2] Vgl. Buchholz, R. (Rechnungslegung), S. 22.

höhere Risiko beim Aktienkauf durch den höheren Ertrag aufgewogen wird. Diese Entscheidung hängt unter anderem von seiner Risikoeinstellung und der Zuverlässigkeit der Daten ab. Je risikoscheuer ein Anleger ist, umso mehr Dividende erwartet er für ein bestimmtes Risiko.

Es wird deutlich, dass für gegenwärtige und potenzielle Kleinaktionäre zukünftige Erträge wichtig sind. Entsprechendes gilt für die Großaktionäre und die Gläubiger der Kapitalgesellschaft. Bei einer Kreditvergabeentscheidung durch Banken stehen die zukünftige Rückzahlung des gewährten Kapitals und die termingerechten Zinszahlungen im Vordergrund. Je höher die zukünftigen Erträge sind, umso eher können diese Ziele verwirklicht werden.

Somit ist die Ertragslage im **Idealfall** als zukünftige Ertragslage zu verstehen, die aber durch die Unsicherheit nicht eindeutig darzustellen ist. Daher hat der Gesetzgeber mit dem Verweis auf die GoB verdeutlicht, dass die Ertragslage in der **Realität** durch eine vergangenheitsorientierte GuV-Rechnung abzubilden ist.

Die Vermögens-, Finanz- und Ertragslage bilden die wirtschaftliche Lage einer Kapitalgesellschaft ab. Im Vergleich zu Einzelunternehmen und zu Personengesellschaften wird die Wirtschaftslage bei Kapitalgesellschaften erweitert. Die **Vermögenslage** wird in der Bilanz als Saldo der Vermögensgegenstände und Schulden (inklusive Rechnungsabgrenzungsposten) ermittelt. Daher ist der Begriff Reinvermögenslage genauer. Die **Ertragslage** wird in der GuV-Rechnung abgebildet. Zutreffender ist der Begriff Erfolgslage, da nicht nur Erträge, sondern auch Aufwendungen dargestellt werden[1].

Für die Abbildung der **Finanzlage** existiert im handelsrechtlichen Einzelabschluss kein spezielles Informationsinstrument. Eine Kapitalflussrechnung, die im zehnten Kapitel erläutert wird, ist im Einzelabschluss nur ausnahmsweise vorgeschrieben[2]. Die Finanzlage umfasst die gesamten finanziellen Mittel eines Unternehmens, wobei die Liquidität einen Schwerpunkt darstellt. Liquidität beinhaltet die Fähigkeit eines Unternehmens zur termingerechten Erfüllung seiner Zahlungsverpflichtungen ohne dass es zu Störungen des Betriebsprozesses kommt[3]. Die Finanzlage kann zu einem Zeitpunkt (zum Bilanzstichtag) oder für einen Zeitraum (für das gesamte Geschäftsjahr) bestimmt werden.

Wirtschaftliche Lage bei Kapitalgesellschaften		
Vermögenslage Reinvermögen zu einem bestimmten Zeitpunkt	**Finanzlage** Finanzielle Mittel im Zeitpunkt/Zeitraum	**Ertragslage** Erfolg in einem bestimmten Zeitraum
Instrument: Bilanz	Instrument: Kapitalflussrechnung (Im Einzelabschluss nur ausnahmsweise vorgeschrieben)	Instrument: GuV-Rechnung
Ziel: Vermittlung eines tatsächlichen Bildes im Rahmen der GoB		

Abb. 104: Komponenten der wirtschaftlichen Lage (Kapitalgesellschaften)

---

[1] Vgl. Baetge, J./Commandeur, D./Hippel, B. (Kommentar zu § 264 HGB), Rn. 16.
[2] Vgl. hierzu die Regelung in § 264 Abs. 1 Satz 2 HGB.
[3] Vgl. Wöhe, G./Bilstein, J./Ernst, D./Häcker, J. (Unternehmensfinanzierung), S. 25.

116 Viertes Kapitel: Bilanzierungsvorschriften für Kapitalgesellschaften

3. Größenklassen

Die richtige Abbildung der wirtschaftlichen Lage ist für die Gläubiger umso wichtiger, je größer die betreffenden Kapitalgesellschaften sind. Bei einer Aktiengesellschaft mit vielen Aktionären ist ein höherer Informationsbedarf vorhanden als bei einer Familien-GmbH mit nur wenigen Gesellschaftern. Daher hat der Gesetzgeber in § 267 HGB drei verschiedene Größenklassen festgelegt: Es werden große, mittelgroße und kleine Kapitalgesellschaften unterschieden. Zusätzlich werden in § 267a HGB **Kleinstkapitalgesellschaften** definiert. Für die anzuwendenden Vorschriften gilt sinngemäß:

| Kleinste KapG: "Milde" Vorschriften – Große KapG: "Strenge" Vorschriften |

Die Größenklassen lassen sich der folgenden Abbildung entnehmen. Für die Einordnung müssen **mindestens zwei** Merkmale erfüllt sein. Zur Vermeidung ständiger Umgliederungen sind Änderungen erst vorzunehmen, wenn die Kriterien an **zwei aufeinanderfolgenden** Stichtagen erfüllt sind (§ 267 Abs. 4 HGB). Welche Merkmale eingehalten werden ist gleichgültig: Es müssen immer zwei der drei Kriterien erfüllt sein.

Beispiel: Die M GmbH ist Ende 01 eine mittelgroße Kapitalgesellschaft. Ende 02 überschreitet sie Grenzwerte für die Umsatzerlöse und Bilanzsumme großer Kapitalgesellschaften. Ende 03 überschreitet sie die Merkmale für die Umsatzerlöse und die Arbeitnehmerzahl großer Gesellschaften – die Bilanzsumme wird nicht mehr überschritten. Dennoch ist die M-GmbH Ende 03 als große Gesellschaft zu behandeln.

	Größenklassen von KapG			
	Kleinste	**Kleine**	**Mittelgroße**	**Große**
Bilanzsumme (BS - in Mio. Euro)	BS ≤ 0,35	BS ≤ 6	6 < BS ≤ 20	BS > 20
Umsatzerlöse (UE - in Mio. Euro)	UE ≤ 0,7	UE ≤ 12	12 < UE ≤ 40	UE > 40
Arbeitnehmer (AN)	AN ≤ 10	AN ≤ 50	50 < AN ≤ 250	AN > 250

Abb. 105: Größenklassen für Kapitalgesellschaften

Beispiel: Für eine in 01 neu gegründete GmbH gelten die Merkmale der folgenden Abbildung. Zum Jahresende sind die Kriterien für eine mittelgroße Gesellschaft erfüllt. Damit wird sie nach § 267 Abs. 4 Satz 2 HGB als mittelgroß angesehen, da durch die Neugründung eine erstmalige Einstufung erfolgen muss. Ende 02 erfüllt die GmbH nur noch ein Kriterium für die mittelgroße Gesellschaft, so dass sie als klein einzustufen ist. Sie gilt aber weiter als mittelgroß, da die Einstufung zum ersten Mal erfolgt.

Erst Ende 03 erfolgt eine Umgliederung in die Kategorie kleine Gesellschaft, da zum zweiten Mal die entsprechenden Merkmale erfüllt sind. Entsprechend verhält es sich bei der Höherstufung: In 04 sind alle drei Kriterien für eine mittelgroße Gesellschaft erfüllt.

Eine Umgliederung erfolgt aber erst in 05, wenn zum zweiten Mal nacheinander mindestens zwei Kriterien erfüllt sind.

Periode	Bilanz-summe	Umsatz-erlöse	Arbeitnehmer-zahl	Einstufung	Rechts-folgen
01	6,3 Mio.	12,5 Mio.	45	Mittelgroß	Mittelgroß
02	6,1 Mio.	11,8 Mio.	42	Klein	Mittelgroß
03	5,9 Mio.	12,2 Mio.	46	**Klein**	**Klein**
04	6,2 Mio.	12,1 Mio.	52	Mittelgroß	Klein
05	5,8 Mio.	12,2 Mio.	51	**Mittelgroß**	**Mittelgroß**

Abb. 106: Beispiel zur Einstufung von Kapitalgesellschaften

Insbesondere kleine und kleinste Kapitalgesellschaften werden bei der Rechnungslegung entlastet[1]. Einige wichtige Vereinfachungen für **kleine** Kapitalgesellschaften sind:

- Für die Bilanz: Nach § 274a HGB Nr. 4 muss keine Steuerabgrenzung nach § 274 HGB erfolgen.
- Für die GuV-Rechnung: Nach § 276 HGB können bestimmte Posten zusammengefasst werden.
- Für den Lagebericht: Seine Aufstellung entfällt nach (§ 264 Abs. 1 Satz 4 HGB).

Für **Kleinstkapitalgesellschaften** nach § 267a HGB liegen die Werte für die Umsatzerlöse, Bilanzsumme und Arbeitnehmerzahl deutlich unter den Werten für kleine Gesellschaften nach § 267 HGB. Für diese Unternehmen gelten die Vereinfachungen für kleine Kapitalgesellschaften. Darüber hinaus bestehen aber noch weitere Vergünstigungen, die im Folgenden beispielhaft aufgeführt werden[2]:

- Vereinfachte Bilanzgliederung: Es muss nur eine verkürzte Bilanz erstellt werden, bei denen z.B. die Aktivposten zu den Gruppen "Anlagevermögen", "Umlaufvermögen" und "Rechnungsabgrenzungsposten" zusammengefasst werden.
- Vereinfachte GuV-Gliederung: Es kann eine Zusammenfassung bestimmter Posten erfolgen, die in § 275 Abs. 5 HGB festgelegt ist (siehe fünftes Kapitel).
- Bei Anwendung der Vereinfachungsregeln darf keine Bewertung von Vermögensgegenständen zum beizulegenden Zeitwert erfolgen (§ 253 Abs. 1 Satz 5 HGB). Stattdessen müssen die allgemeinen Bewertungsvorschriften angewendet werden.

Kapitalmarktorientierte Kapitalgesellschaften nach § 264d HGB gelten immer als große Gesellschaften (§ 267 Abs. 3 Satz 2 HGB). Eine Kapitalmarktorientierung liegt vor, wenn ein organisierter Kapitalmarkt durch die Ausgabe von Wertpapieren in Anspruch genommen wird oder die Zulassung solcher Wertpapiere zum Handel beantragt wurde. Das typische Beispiel sind Aktiengesellschaften, deren Aktien an einer inländischen Wertpapierbörse (z.B. der Frankfurter Börse) gehandelt werden.

---

[1] Mittelgroße Gesellschaften werden insbesondere bei der Offenlegung von Informationen entlastet. Vgl. Heno, R. (Jahresabschluss), S. 57.
[2] Vgl. im Einzelnen Wader, D./Stäudle, F. (Kleinstkapitalgesellschaften), S. 250-251.

4. Spezielle Ansatzvorschriften

4.1 Eigenkapital

4.1.1 Feste und variable Kapitalkonten

Kapitalgesellschaften weisen feste und variable Eigenkapitalkonten auf. Zu den **festen** Eigenkapitalkonten, die mit ihrem Nennbetrag anzusetzen sind (§ 272 Abs. 1 Satz 2 HGB), gehören die rechtsformabhängigen Komponenten[1]:

- Grundkapital der AG: Bilanzausweis als gezeichnetes Kapital.
- Stammkapital der GmbH: Bilanzausweis als gezeichnetes Kapital.

"Fest" ist nicht gleichzusetzen mit unveränderlich. Das Grundkapital einer AG kann z.B. durch eine ordentliche Kapitalerhöhung verändert werden, wobei neue Aktien ausgegeben werden. Dann erhalten die bisherigen Aktionäre ein Bezugsrecht für die neuen Aktien, damit sie ihren Anteil am Unternehmen konstant halten können[2].

Feste Eigenkapitalkonten reichen nicht aus, um das Eigenkapital einer Aktiengesellschaft oder GmbH richtig abzubilden. Werden in einem Geschäftsjahr Gewinne erzielt, erhöht sich das Eigenkapital. Bei Verlusten vermindert es sich. Diese Vorgänge müssen bilanziell berücksichtigt werden. Das bilanzielle Konto "Jahresüberschuss" gibt den Gewinn des laufenden Geschäftsjahres (nach Steuern) an. Ein Verlust wird auf dem Konto "Jahresfehlbetrag" ausgewiesen. Da sich die Erfolge jährlich ändern, weisen die Konten einen **variablen** Charakter auf.

Beispiel: Eine GmbH weist ein Stammkapital im Nennwert von 500.000 € auf. In 01 entsteht ein Gewinn von 150.000 € (Fall a) bzw. ein Verlust von 50.000 € (Fall b). Das Stammkapital wird als gezeichnetes Kapital und der Gewinn als Jahresüberschuss (JÜ) passiviert. Er führt zu einer Eigenkapitalmehrung und entspricht dem Gewinn, der sich in der GuV-Rechnung als Saldo der Erträge und Aufwendungen ergibt.

Auch ein Verlust wird auf der Passivseite der Bilanz ausgewiesen. Der Jahresfehlbetrag wird mit negativem Vorzeichen passiviert, wodurch das Eigenkapital sinkt. In beiden Fällen wird das gezeichnete Kapital mit 500.000 € ausgewiesen. Dieser Betrag stellt das **Mindesthaftungskapital** der Gesellschaft dar. Da es im Verlustfall reduziert wird, können die Gesellschafter in dieser Situation keine Ausschüttungen vornehmen. Der Jahresfehlbetrag bringt formal die Passivseite zum Ausgleich, da das Vermögen von 500.000 € auf 450.000 € gesunken ist. Die folgende Abbildung zeigt die bilanzielle Darstellung des Gewinn- und des Verlustfalls, wobei die Posten in Tausend Euro angegeben werden. Ertragsteuern werden vernachlässigt[3].

---

[1] Besonderheiten ergeben sich, wenn das gezeichnete Kapital nicht voll eingezahlt ist. Vgl. hierzu Coenenberg, A.G. /Haller, A./Schultze, W. (Jahresabschluss), S. 340-341.
[2] Vgl. im Einzelnen Bieg, H./Kußmaul, H. (Finanzierung), S. 92-96.
[3] Der Gewinn wird durch die Körperschaftsteuer (mit Solidaritätszuschlag) und die Gewerbesteuer gekürzt. Im Verlustfall kann bei der Körperschaftsteuer ein Verlustrücktrag in den vorangegangenen Veranlagungszeitraum erfolgen, wodurch sich eine Steuererstattung ergibt. Sie vermindert den handelsrechtlichen Verlust. Bei der Gewerbesteuer ist allerdings kein Verlustrücktrag möglich. Vgl. im Einzelnen Grefe, C. (Unternehmenssteuern), S. 347-349.

4. Spezielle Ansatzvorschriften

	Fall a) Gewinn				Fall b) Verlust	
A	Bilanz 31.12.01		P	A	Bilanz 31.12.01	P
Diverse VG	650	Gez. Kapital Jahresüberschuss	500 150	Diverse VG	450	Gez. Kapital 500 Jahresfehlbetrag -50
	650		650		450	450

Abb. 107: Jahresüberschuss und Jahresfehlbetrag

Für den **Jahresüberschuss 01** gilt Folgendes. Die Gesellschafter der GmbH entscheiden auf der Gesellschafterversammlung im Jahr 02 über den Gewinn (§ 46 Nr. 1 GmbHG)[1]. Die folgenden Verwendungen sind möglich:

- Vollständige Ausschüttung.
- Vollständige Thesaurierung (Einbehaltung).
- Teilweise Ausschüttung bzw. Thesaurierung.

Entscheiden sich die Gesellschafter in 02 zur vollständigen Ausschüttung, sinkt das Eigenkapital um 150.000 €. Buchungstechnisch wird ein Konto "Gewinnverwendung" eingerichtet[2], sodass gebucht wird: "Jahresüberschuss an Gewinnverwendung 150.000" und danach: "Gewinnverwendung an Bank 150.000".

Bei vollständiger Einbehaltung mit Erhöhung der Gewinnrücklagen wird gebucht: "Gewinnverwendung an Gewinnrücklagen 150.000". **Gewinnrücklagen** sind in Vorjahren erwirtschaftete und nicht ausgeschüttete Gewinne. Über diese Rücklagen können die Gesellschafter der GmbH frei verfügen.

Soll nur die Hälfte des Gewinns ausgeschüttet werden, wird der einbehaltene Teil meist den Gewinnrücklagen zugeführt. Es kann aber auch ein Vortrag in das neue Geschäftsjahr erfolgen, sodass der einbehaltene Gewinn auf dem Passivkonto "**Gewinnvortrag**" erscheint. Inhaltlich ergeben sich bei einer GmbH keine Unterschiede, da auch der Gewinnvortrag zur freien Verfügung der Gesellschafter steht.

Die folgende Abbildung stellt die entsprechenden Bilanzen gegenüber (Angaben in Tausend Euro). Der Jahresüberschuss 02 beträgt 100.000 €. Auf die Berücksichtigung von Ertragsteuern (Körperschaftsteuer mit Solidaritätszuschlag und Gewerbesteuer) wird aus didaktischen Gründen verzichtet[3].

Die Gewinnrücklagen bzw. der Gewinnvortrag betragen jeweils 75.000 € (50% des Jahresüberschusses 01 = 50% von 150.000 €). Die Buchung für den Gewinnvortrag (75.000 €) und den Ausschüttungsbetrag (75.000 €) lautet: "Gewinnverwendung 150.000 an Gewinnvortrag 75.000 und Bank 75.000".

---

[1] Die Besonderheiten der Aktiengesellschaft werden später erläutert.
[2] Vgl. Döring, U./Buchholz, R. (Jahresabschluss), S. 167.
[3] Beim Ertragsteuersatz von 30% auf einen Gewinn von 100.000 € wäre in der Bilanz eine Steuerrückstellung von 30.000 € (0,3 x 100.000 €) zu bilden. In der GuV-Rechnung erschiene ein Steueraufwand von 30.000 €. Es ergäbe sich ein Jahresüberschuss von 70.000 €.

```
|   | Gewinnrücklagen |   |   |   | Gewinnvortrag |   |
|---|---|---|---|---|---|---|
| A | Bilanz 31.12.02 | P | A | Bilanz 31.12.02 | P |
| Diverse VG | 675 | Gez. Kapital 500 Gewinnrücklagen 75 JÜ 100 | Diverse VG | 675 | Gez. Kapital 500 Gewinnvortrag 75 JÜ 100 |
|   | 675 | 675 |   | 675 | 675 |
```

Abb. 108: Gewinnrücklagen und Gewinnvortrag

Für den **Jahresfehlbetrag 01** gilt Folgendes. Ausschüttungen können im obigen Fall nicht erfolgen, da das Eigenkapital unter das gezeichnete Kapital gesunken ist. Das gezeichnete Kapital muss als Mindestkapital erhalten bleiben. Der Fehlbetrag aus 01 muss in das Geschäftsjahr 02 übernommen werden. Zu diesem Zweck wird ein **Verlustvortrag** in der handelsrechtlichen Bilanz ausgewiesen. Beläuft sich der neue Jahresüberschuss 02 auf 100.000 €, ergibt sich die folgende Bilanz zum 31.12.02.

A	Bilanz 31.12.02		P
Diverse Vermögensgegenstände	550.000	Gezeichnetes Kapital Verlustvortrag Jahresüberschuss	500.000 -50.000 100.000
	550.000		550.000

Abb. 109: Bildung eines Verlustvortrags

Der Verlustvortrag kann Ende 02 noch nicht ausgeglichen werden, da keine frei verfügbaren Gewinnrücklagen vorhanden sind. Der Jahresüberschuss kann nicht verwendet werden, da er dem Gewinn der GuV-Rechnung entsprechen muss. Damit ist ein Verlustausgleich erst in 03 möglich, wenn er von den Gesellschaftern beschlossen wird. Bei vollständiger Thesaurierung wird gebucht: "Jahresüberschuss an Gewinnverwendung 100.000" und "Gewinnverwendung 100.000 an Verlustvortrag 50.000 und Gewinnrücklagen 50.000". Der Posten "Verlustvortrag" wird in der Bilanz 02 negativ ausgewiesen. Kontentechnisch liegt ein passives Bestandskonto mit negativem Anfangsbestand vor. Durch Zugänge wird ein Ausgleich hergestellt.

Die folgende Abbildung fasst wichtige Eigenkapitaldefinitionen zusammen. Der Jahresüberschuss wird in der GuV-Rechnung nach Ertragsteuern ausgewiesen, sodass es sich um einen **Gewinn nach Steuern** handelt. Umgekehrt stellt der Jahresfehlbetrag einen **Verlust nach Steuern** dar, weil sich durch den steuerlichen Verlustrücktrag meist eine Steuererstattung ergibt[1]. Das gezeichnete Kapital findet sich in § 272 Abs. 1 Satz 1 HGB.

---

[1] Bei der Körperschaftsteuer ist ein Verlustrücktrag ins Vorjahr möglich. Wenn dort ein Gewinn erzielt wurde, ergibt sich eine Steuererstattung. Bei der Gewerbesteuer ist nur ein Verlustvortrag erlaubt. Vgl. Grefe, C. (Unternehmenssteuern), S. 306-307 und 347.

4. Spezielle Ansatzvorschriften

Wichtige Eigenkapitaldefinitionen	
• Jahresüberschuss:	Gewinn der Kapitalgesellschaft (KapG) im laufenden Geschäftsjahr nach Steuern
• Jahresfehlbetrag:	Verlust der KapG im laufenden Geschäftsjahr (nach Steuern)
• Gewinnvortrag:	Nicht verwendeter Gewinn der Vorjahre
• Verlustvortrag:	Nicht ausgeglichener Verlust der Vorjahre
• Gewinnrücklage:	Einbehaltene Gewinnbeträge aus den Vorjahren
• Gezeichnetes Kapital:	Kapital, auf das die Haftung der Gesellschafter für Verbindlichkeiten der Kapitalgesellschaft beschränkt ist

Abb. 110: Wichtige Eigenkapitaldefinitionen (Kapitalgesellschaft)

4.1.2 Kapital- und Gewinnrücklagen

Das HGB nennt in § 272 Abs. 2 HGB vier Fälle, die zu Kapitalrücklagen führen. In § 272 Abs. 3 werden die Gewinnrücklagen definiert. Die beiden Gruppen lassen sich wie folgt gegeneinander abgrenzen: Gewinnrücklagen werden vom Unternehmen erwirtschaftet und entstehen aus Gewinnen (Innenfinanzierung), während die Kapitalrücklagen durch die Zuführung finanzieller Mittel "von außen" zustande kommen (Außenfinanzierung)[1]. Somit gilt:

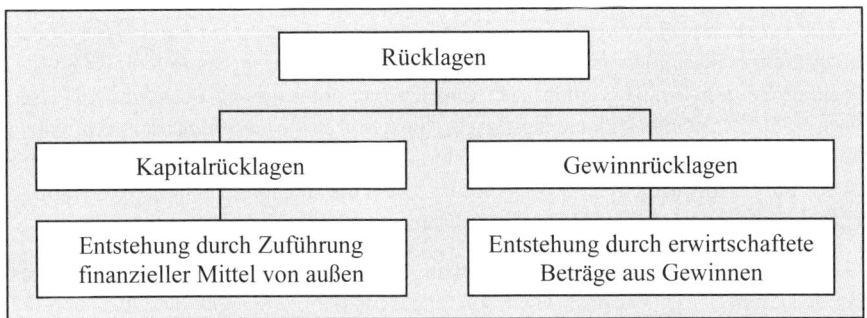

Abb. 111: Kapital- und Gewinnrücklagen

Zu den **Kapitalrücklagen** gehören nach § 272 Abs. 2 Nr. 1 HGB Agiobeträge, die bei der Ausgabe von Anteilen erzielt werden. Hierzu gehört insbesondere das Aufgeld (Agio), das bei der Aktienemission erzielt wird, wenn der Ausgabekurs über dem Nennwert der Aktie liegt.

Beispiel: Die X-AG wird in 01 neu gegründet. Das Grundkapital ist 500.000 €, welches in 500.000 Aktien zum Nennwert von je 1 € unterteilt wird. Die Ausgabe der Aktien erfolgt für 2,5 € pro Stück (Bankzahlung), sodass ein Agio von 1,5 € je Aktie entsteht. Die Gesellschaft erhält 1.250.000 €. Buchung: "Bank 1.250.000 an gezeichnetes Kapital 500.000 und Kapitalrücklage 750.000".

---
[1] Vgl. Wöhe, G./Kußmaul, H. (Bilanztechnik), S. 287.

Der Mehrbetrag von 1,5 € pro Stück (insgesamt 750.000 €) wird nicht von der Gesellschaft erwirtschaftet, sondern von außen (von den Gesellschaftern) zugeführt. Er muss in die Kapitalrücklage eingestellt werden. Das **Haftungskapital** (Gesellschaftsvermögen) der Aktiengesellschaft steigt. Die Gläubiger werden geschützt, da ihre Kredite besser abgesichert werden.

Wenn die Gesellschafter für bestimmte Vorzugsrechte bei der Ausgabe von Schuldverschreibungen (Fremdkapital) oder von Anteilen (Eigenkapital) Geld bezahlen, sind diese Beträge ebenfalls in die Kapitalrücklage einzustellen (§ 272 Abs. 2 Nr. 2 bzw. 3 HGB). Beispiele für derartige Rechte sind:

- Vorzugsrecht bei Schuldverschreibungen: Durch ein Wandlungsrecht kann ein Gläubiger zu einem Aktionär werden. Diese Obligation wird daher als **Wandelschuldverschreibung** bezeichnet.
- Vorzugsrecht bei Anteilen: Der prioritätische Dividendenanspruch bei Aktien. Die begünstigten Aktionäre erhalten zuerst einen Gewinn[1]. Das Recht ist sinnvoll, wenn der Gewinn nicht für alle Aktionäre reicht. Es wird eine Absicherung für den Fall ertragsschwacher Jahre erzielt.

Die Bildung dieser Kapitalrücklagen führt zur Erhöhung des Gesellschaftsvermögens. Hierdurch werden insbesondere die Gläubiger der Aktiengesellschaft geschützt, da die Rücklagen der Nummern 1 bis 3 des § 272 Abs. 2 HGB nur in Verlustfällen an letzter Stelle aufgelöst werden dürfen (§ 150 Abs. 3 AktG). Eine Ausschüttung ist **nicht** zulässig (eingeschränkte Verwendbarkeit).

Anders verhält es sich bei der Kapitalrücklage nach § 272 Abs. 2 Nr. 4 HGB: Sie ist auch bei Aktiengesellschaften frei verwendbar, kommt aber nur in speziellen Fällen zum Tragen[2]. Bei der GmbH werden z.B. **Nachschüsse** unter diesem Posten ausgewiesen. Nach § 26 Abs. 1 GmbHG kann der Gesellschaftsvertrag die Gesellschafter verpflichten, neben dem Stammkapital zusätzliche Zahlungen zu leisten (z.B. für Investitionsprojekte). Werden derartige Zahlungen geleistet, lautet die Buchung: "Bank an Kapitalrücklage". Die Rückzahlung der Nachschüsse ist nach § 30 Abs. 2 GmbHG möglich.

Die Abbildung fasst die Kapitalrücklagen aus Sicht der **Aktiengesellschaft** zusammen. Bei der GmbH bestehen, abgesehen von Nachschüssen, keine Verwendungsbeschränkungen bei den Kapitalrücklagen[3]. Somit können die Gesellschafter einer GmbH z.B. das Agio aus der Ausgabe neuer Geschäftsanteile jederzeit ausschütten.

Kapitalrücklagen einer AG			
Ausgabeagio	Agio bei Schuldverschreibungen	Agio für Vorzugsrechte bei Anteilen	Andere Zuzahlungen (**Nr. 4**)
Eingeschränkte Verwendbarkeit (**Nr. 1-3**)			Frei verwendbar

Abb. 112: Unterteilung von Kapitalrücklagen

---

[1] Vgl. im Einzelnen Bieg, H./Kußmaul, H. (Finanzierung), S. 81-83.
[2] Vgl. Coenenberg, A.G. /Haller, A./Schultze, W. (Jahresabschluss), S. 350.
[3] Vgl. Baetge, J./Kirsch, H.-J./Thiele, S. (Bilanzen), S. 507.

4. Spezielle Ansatzvorschriften

Zu den **Gewinnrücklagen** zählen die folgenden Gruppen (§ 272 Abs. 3 HGB). Ihre Verwendbarkeit ist unterschiedlich geregelt. Während die ersten drei Komponenten nur in ganz bestimmten Fällen aufgelöst werden dürfen, können die anderen Gewinnrücklagen jederzeit ausgeschüttet werden.

Gewinnrücklagen			
Gesetzliche	Rücklage für Anteile an einem herrschenden Unternehmen	Satzungsmäßige	Andere
Eingeschränkte Verwendbarkeit			Frei verwendbar

Abb. 113: Unterteilung von Gewinnrücklagen

Eine **gesetzliche Rücklage** ist für alle Aktiengesellschaften und die haftungsbeschränkte Unternehmergesellschaft vorgeschrieben[1]. Im Folgenden werden Aktiengesellschaften betrachtet. Nach § 150 Abs. 2 AktG müssen die Höhe und die Dotierung der Rücklage unterschieden werden. Ohne satzungsmäßige Sonderregelungen gilt:

Rücklagenhöhe: 10% des Grundkapitals.
Dotierung: 5% des Jahresüberschusses (abzüglich eines Verlustvortrags).

Beispiel: Die neu gegründete X-AG weist ein Grundkapital von 400.000 € auf. In 01 wird ein Jahresüberschuss von 100.000 € erwirtschaftet. Die Höhe der gesetzlichen Rücklage muss 10% des Grundkapitals betragen, somit 40.000 €. Die Dotierung erfolgt in 01 mit 5% von 100.000 €, somit 5.000 €. Wäre in 01 ein Jahresfehlbetrag entstanden, würde keine Dotierung erfolgen.

Bei der gesetzlichen Rücklage sind bestimmte Kapitalrücklagen einzubeziehen. Betroffen sind Kapitalrücklagen nach § 272 Abs. 2 **Nr. 1 bis 3** HGB. Insoweit vermindert sich die Höhe der gesetzlichen Rücklage. Hat die obige X-AG aus der Aktienemission ein Agio von 10.000 € erzielt, ist in dieser Höhe eine Kapitalrücklage vorhanden. Der gesetzlichen Rücklage müssen nur noch insgesamt 30.000 € zugeführt werden, da die Summe 40.000 € betragen muss.

Die Auflösung der gesetzlichen Rücklage (zusammen mit den Kapitalrücklagen nach § 272 Abs. 2 Nr. 1 bis 3 HGB) ist insbesondere in Verlustsituationen möglich. Vorab sind ein Gewinnvortrag und andere Gewinnrücklagen vollständig aufzulösen[2]. Die Einzelheiten werden für Aktiengesellschaften in § 150 Abs. 3 und 4 AktG geregelt. Die gesetzliche Rücklage soll zum Schutz der Gläubiger möglichst lange erhalten bleiben.

Die **Rücklage für Anteile an einem herrschenden Unternehmen oder mehrheitlich beteiligten Unternehmen** ist nach § 272 Abs. 4 HGB von Kapitalgesellschaften zu bilden, wenn sie Anteile an einem Unternehmen erwerben, das das eigene Unternehmen beherrscht. Dieser Fall liegt bei einem mehrheitlich beteiligtem Unternehmen vor, d.h. wenn die Anteilsquote über 50% liegt. Die folgende Abbildung verdeutlicht die Beziehungen zwischen Mutter- und Tochtergesellschaft (EK = Eigenkapital):

---

[1] Vgl. Kußmaul, H./Ruiner, C. (Unternehmergesellschaft), S. 597-599.
[2] Vgl. Coenenberg, A.G. /Haller, A./Schultze, W. (Jahresabschluss), S. 350-353.

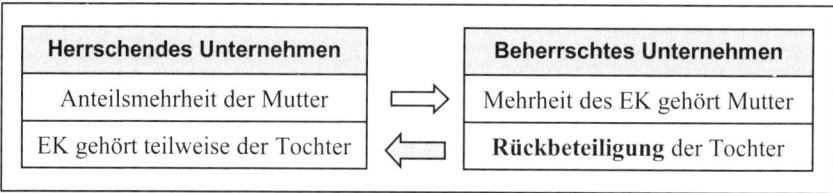

Abb. 114: Rückbeteiligung einer Tochtergesellschaft

Das herrschende Unternehmen ist die Muttergesellschaft eines Konzerns, der im sechsten und siebten Kapitel erläutert wird. Das beherrschte Unternehmen ist die Tochtergesellschaft. Im Regelfall besitzt die Mutter die Aktienmehrheit an der Tochter. Wenn die Tochter wiederum Anteile an der Mutter erwirbt, ist die Mutter indirekt an sich beteiligt (**Rückbeteiligung**). Die Anteile an der Mutter stellen **wirtschaftlich gesehen** eigene Anteile dar. Durch den indirekten Erwerb eigener Anteile werden die Gläubiger gefährdet, da Eigenkapital auf indirektem Weg an die Aktionäre zurückgezahlt wird.

Die Tochter muss eine ausschüttungsgesperrte Rücklage für die Anteile an der Mutter bilden. Hierzu werden frei verfügbare Rücklagen (z.B. andere Gewinnrücklagen) in eine ausschüttungsgesperrte "Rücklage an einem herrschenden oder mehrheitlich beteiligten Unternehmen" umgebucht. Die Rücklage ist bereits bei der Aufstellung des Jahresabschlusses zu bilden. Rückbeteiligungen dürfen bei Aktiengesellschaften nur in bestimmten Fällen durchgeführt werden (§ 71d i.V.m. § 71 AktG).

Beispiel: Die M-AG (Muttergesellschaft) ist zu 60% an der T-AG (Tochtergesellschaft) beteiligt. Die T-AG erwirbt Mitte 01 Aktien an der M-AG (5.000 Stück zu je 15 €), die grundsätzlich im Umlaufvermögen ausgewiesen werden (Anteile an verbundenen Unternehmen 75.000 €)[1]. In dieser Höhe werden andere Gewinnrücklagen bei der T-AG umgebucht: "Andere Gewinnrücklagen an Rücklage an einem herrschenden oder mehrheitlich beteiligten Unternehmen 75.000". Sind nicht genügend frei verfügbare Rücklagen vorhanden, wird ein Teil des Jahresüberschusses hierfür verwendet – die Bildung der Rücklage erfolgt dann zu Lasten des Bilanzgewinns.

Die ausschüttungsgesperrte Rücklage wird teilweise aufgelöst, wenn sich der Wert oder die Menge der Aktien vermindern. Wenn der Kurswert am 31.12.01 auf 50.000 € gesunken ist, muss eine Abschreibung der Wertpapiere um 25.000 € erfolgen. Da sich die Aktien im Umlaufvermögen befinden, besteht eine Abwertungspflicht. Gleichzeitig werden auf der Passivseite 25.000 € aus der ausschüttungsgesperrten Rücklage in andere Gewinnrücklagen zurückgebucht. Es gilt der folgende Zusammenhang:

Die ausschüttungsgesperrte Rücklage hängt vom Wert der aktivierten Anteile ab

Die nächste Abbildung zeigt die Wirkung der Anteile auf die Ausschüttungsmöglichkeiten der Tochter. Ohne Anteile könnten die anderen Gewinnrücklagen von 200.000 € an die Aktionäre ausgeschüttet werden (bei Vernachlässigung der gesetzlichen Rücklage und eines Gewinns). Mit Anteilen sinken die Möglichkeiten auf 125.000 €, da 75.000 € ausschüttungsgesperrt sind (RL = Rücklage; h.U. = herrschendes Unternehmen).

---

[1] Vgl. Coenenberg, A.G./Haller, A./Schultze, W. (Jahresabschluss), S. 354.

Ohne Anteile		Mit Anteilen	
A Bilanz 31.12.01 P		A Bilanz 31.12.01 P	
Diverse 700	Gez. Kapital 500	Diverse 625	Gez. Kapital 500
VG	Andere GRL 200	VG	RL für An- 75
		Anteile an 75	teile an h.U.
		verb. Unter-	Andere GRL 125
		nehmen	
700	700	700	700

Abb. 115: Bilanzierung von Anteilen am herrschenden Unternehmen

Die **satzungsmäßige Rücklage** ist von allen Kapitalgesellschaften zu bilden, deren Satzung (Statut) spezielle Rücklagen vorsieht. Die Satzung einer Kapitalgesellschaft wird bei der Unternehmensgründung beschlossen. Enthält sie eine Regelung, derzufolge z.B. vom frei verfügbaren Jahresüberschuss jeweils 10% in eine Rücklage einzustellen sind, entsteht eine weitere ausschüttungsgesperrte Rücklage. Oft dienen die Mittel der Eigenfinanzierung von Großinvestitionen. Die Auflösung der Rücklage ist dann nur für die satzungsmäßigen Zwecke möglich.

Unter dem Posten **"andere Gewinnrücklagen"** werden alle übrigen Gewinnrücklagen ausgewiesen. Sie unterliegen keinen Beschränkungen und können jederzeit aufgelöst werden (z.B. vom Vorstand einer AG). Die bisher vereinfachend als Gewinnrücklagen bezeichneten Posten stellen andere Gewinnrücklagen dar. Bei der GmbH entscheiden die Gesellschafter über ihre Bildung und Auflösung. Bei der Aktiengesellschaft haben Vorstand und Aufsichtsrat bestimmte Möglichkeiten, Teile des Jahresüberschusses den anderen Gewinnrücklagen zuzuführen. Hierauf wird im Folgenden eingegangen.

4.1.3 Formen des Erfolgsausweises

Die Gewinnverwendung der GmbH ist relativ einfach durchzuführen: Auf der Gesellschafterversammlung beschließen die Gesellschafter über die Höhe der Ausschüttung. Werden Mittel für Investitionen im Unternehmen benötigt, müssen Ausschüttungen eingeschränkt werden. Der kleine Gesellschafterkreis führt bei Interessengleichheit der Anteilseigner zu schnellen Einigungen bzw. zu Mehrheitsentscheidungen.

Bei Aktiengesellschaften gestaltet sich die Situation schwieriger. Es können mehrere Millionen Kleinaktionäre vorhanden sein, deren Ziele von denen der Großaktionäre abweichen. Zusätzlich müssen der Geschäftsleitung der Aktiengesellschaft (Vorstand), genügend Mittel für Investitionen zur Verfügung stehen. Der Vorstand kann nicht erwarten, dass die Kleinaktionäre auf Dividenden verzichten, um Investitionen zu finanzieren. Deshalb hat der Gesetzgeber dem Vorstand bestimmte Rechte für die Gewinnthesaurierung, die Einbehaltung von Gewinnen, zugesprochen. Diese Rechte beeinflussen den Erfolgsausweis, für den das HGB die folgenden Alternativen vorsieht. Hierbei besteht nach dem Gesetzestext grundsätzlich ein Wahlrecht für die Anwendung (§ 268 Abs. 1 HGB):

Formen des Erfolgsausweises		
Vor Ergebnisverwendung	Nach teilweiser Ergebnisverwendung	Nach vollständiger Ergebnisverwendung
Grundsätzlich: **Wahlrecht**		

Abb. 116: Formen des Erfolgsausweises

Allerdings muss nach herrschender Meinung die tatsächliche Situation der Gewinnverwendung zum Zeitpunkt der Bilanzerstellung berücksichtigt werden[1]. Somit wird das Wahlrecht faktisch eingeschränkt. Bei der GmbH und der Aktiengesellschaft ergeben sich die folgenden typischen Erfolgsausweise.

Der **Erfolgsausweis vor Ergebnisverwendung** ist insbesondere bei der GmbH relevant und wurde bereits behandelt. Haben die Gesellschafter bis zur Aufstellung des Jahresabschlusses noch nicht über die Ausschüttungshöhe oder die Rücklagenveränderung beschlossen, werden in der Bilanz die Posten "Jahresüberschuss" bzw. "Jahresfehlbetrag" und eventuell die Posten "Gewinnvortrag" bzw. "Verlustvortrag" ausgewiesen. Für die AG ist diese Form des Erfolgsausweises kaum möglich.

Der **Erfolgsausweis nach teilweiser Ergebnisverwendung** ist insbesondere bei der Aktiengesellschaft relevant, da die gesetzliche Rücklage im Jahresabschluss gebildet werden muss. Damit findet eine teilweise Verwendung des Jahresergebnisses statt. Darüber hinaus sind in vielen Fällen satzungsmäßige Rücklagen zu beachten. Die tatsächliche Situation der Gewinnverwendung erfordert die teilweise Ergebnisverwendung. Außerdem ist das Einbehaltungsrecht des Vorstands zu beachten. Bei der GmbH ist diese Ausweisform eher unüblich, sodass im Folgenden die Aktiengesellschaft im Mittelpunkt steht.

Der Erfolgsausweis nach teilweiser Ergebnisverwendung sieht die Posten "**Bilanzgewinn**" und "**Bilanzverlust**" vor. Diese Größen werden aus dem laufenden Jahresüberschuss bzw. Jahresfehlbetrag entwickelt. In den Bilanzgewinn werden Zuführungen zu den Rücklagen bzw. Entnahmen aus Rücklagen integriert. Von besonderer Bedeutung ist die Zuführung zu den anderen Gewinnrücklagen, da diese frei verfügbar sind. Ihre Dotierung ist davon abhängig, welche Organe der Aktiengesellschaft den Jahresabschluss feststellen.

Bei Aktiengesellschaften muss der Jahresabschluss formal festgestellt werden, damit er rechtlich verbindlich wird. Im Regelfall wird die **Feststellung** nach § 172 Abs. 1 AktG vom Vorstand und Aufsichtsrat (dem Kontrollorgan der Gesellschaft) vorgenommen. Sie verläuft grundsätzlich nach dem Schema:

- Aufstellung des Jahresabschlusses (und Lageberichts) durch den Vorstand,
- Prüfung und Billigung des Jahresabschlusses durch den Aufsichtsrat.

Der Vorstand muss außerdem einen **Gewinnverwendungsvorschlag** aufstellen, der die Einbehaltung und Ausschüttung von Gewinnen an die Aktionäre regelt (§ 170 Abs. 2 AktG). Im Verwendungsvorschlag wird insbesondere der Bilanzgewinn entwickelt, über

---

[1] Vgl. Coenenberg, A.G./Haller, A./Schultze, W. (Jahresabschluss), S. 363-364.

4. Spezielle Ansatzvorschriften

den die Aktionäre auf der **Hauptversammlung** zu entscheiden haben. Die nächste Abbildung zeigt die Ermittlung des Bilanzgewinns, wobei von einem Jahresüberschuss und der Feststellung des Jahresabschlusses durch Vorstand und Aufsichtsrat ausgegangen wird[1]. Die Ausgangsgröße wird durch die Dotierung verschiedener Rücklagen verändert.

Nach Deckung eines eventuellen Verlustvortrags und der Zuführung zur gesetzlichen Rücklage kann der Vorstand einen Teil des Jahresüberschusses nach § 58 Abs. 2 AktG den anderen Gewinnrücklagen zuführen. Der Betrag ist auf höchstens 50% des **korrigierten Jahresüberschusses** beschränkt, um Kleinaktionäre zu schützen. Sie sollen bestimmte Mindestausschüttungen erhalten. Bei Verlusten (d.h. bei einem Jahresfehlbetrag oder einem Verlustvortrag aus dem Vorjahr, der den Jahresüberschuss übersteigt) wird die gesetzliche Rücklage nicht dotiert.

Wenn eine Rücklage für Anteile an einem herrschenden oder mit Mehrheit beteiligten Unternehmen aus dem Jahresüberschuss gebildet wird, weil keine anderen Gewinnrücklagen verfügbar sind, muss dieser Betrag von der Bemessungsgrundlage 3 abgezogen werden. Verbleibt danach noch ein positiver Betrag, wird die satzungsmäßige Rücklage dotiert. Wenn die Aktionäre im Vorjahr den Bilanzgewinn nicht vollständig ausgeschüttet haben, erhöht der Gewinnvortrag den Bilanzgewinn im neuen Geschäftsjahr. Die Ausschüttungsmöglichkeiten steigen.

	Jahresüberschuss
-	Verlustvortrag
=	Bemessungsgrundlage 1 (BMG 1)
-	Dotierung der gesetzlichen Rücklage (5% der positiven BMG 1)
=	**Korrigierter Jahresüberschuss** (BMG 2)
-	Dotierung anderer Gewinnrücklagen durch den Vorstand der AG (maximal 50% der positiven BMG 2)
=	Bemessungsgrundlage 3 (BMG 3)
-	Dotierung der Rücklage für Anteile an einem herrschenden oder mehrheitlich beteiligten Unternehmen
-	Dotierung satzungsmäßiger Rücklagen
=	Bemessungsgrundlage 4 (BMG 4)
+	Gewinnvortrag
=	**Bilanzgewinn**

Abb. 117: Entwicklung des Bilanzgewinns

Beispiel: Der Jahresüberschuss 01 der neu gegründeten A-AG beträgt 400.000 € bei einem Grundkapital von 500.000 €. Nach der Satzung müssen in jedem Jahr 10% des verfügbaren Jahresüberschusses in eine gesonderte Rücklage eingestellt werden. Der Vorstand nutzt sein Thesaurierungsrecht voll aus. Damit gilt:

---

[1] Vgl. Coenenberg, A.G. /Haller, A./Schultze, W. (Jahresabschluss), S. 358.

1. **Gesetzliche Rücklage**: Sie muss nach § 150 Abs. 2 AktG 50.000 € betragen (10% des Grundkapitals). Zuführung in 01: 20.000 € (5% von 400.000 €). Restbetrag: 380.000 €.
2. **Andere Gewinnrücklagen**: Es werden 50% von 380.000 € vom Vorstand einbehalten und diesem Posten zugewiesen. Betrag: 190.000 €. Die gesetzliche Regelung ist vor der Satzung zu beachten. Restbetrag: 190.000 €.
3. **Satzungsmäßige Rücklage**: 19.000 € (10% von 190.000 €) werden dieser Rücklage zugewiesen. Damit beträgt der Bilanzgewinn 01: 171.000 €.

Gebucht wird: "GuV-Konto an Gewinnverwendung 400.000" und "Gewinnverwendung 400.000 an gesetzliche Rücklage 20.000, andere Gewinnrücklagen 190.000, satzungsmäßige Rücklagen 19.000 und Bilanzgewinn 171.000". Der im Soll des GuV-Kontos ausgewiesene Jahresüberschuss wird auf die einzelnen Rücklagenkonten gebucht.

Wäre aus dem Vorjahr ein Verlustvortrag von 80.000 € vorhanden, würden sich in 01 die folgenden Werte ergeben, da die BMG 1 nur noch 320.000 € beträgt:

1. Gesetzliche Rücklage: 5% von 320.000 € = 16.000 €, Rest 304.000 €.
2. Andere Gewinnrücklagen: 50% von 304.000 € = 152.000 €, Rest 152.000 €.
3. Satzungsmäßige Rücklagen: 10% von 152.000 € = 15.200 €.
4. Bilanzgewinn 01: 136.800 € (zur Verfügung der Aktionäre).

Wollen die Gesellschafter in 02 nur 100.000 € ausschütten, entsteht ein Gewinnvortrag von 36.800 €, der das Ausschüttungspotenzial des Folgejahres erhöht. Wäre in 03 nach Dotierung aller Rücklagen (Bemessungsgrundlage 4) ein Betrag von 60.000 € vorhanden, würden die Gesellschafter über einen Bilanzgewinn von 96.800 € auf der Hauptversammlung entscheiden können.

In der Praxis gibt es Gewinn- und Verlustjahre. Entsteht ein Jahresfehlbetrag, ist die Auflösung von anderen Gewinnrücklagen zweckmäßig, um einen positiven Bilanzgewinn auszuweisen und um Dividenden ausschütten zu können. Der Bestand der anderen Gewinnrücklagen begrenzt die Höhe der Ausschüttungen. Die gesetzliche Rücklage darf nur in Spezialfällen (meist im Verlustfall nach Auflösung anderer Rücklagen, § 150 Abs. 3 AktG) aufgelöst werden. Die gesetzliche Rücklage darf nicht ausgeschüttet werden.

Entsteht in einem Geschäftsjahr ein Jahresfehlbetrag von 100.000 € und sind andere Gewinnrücklagen von 150.000 € vorhanden, ist Folgendes zu beachten:

1. Dotierung gesetzlicher Rücklage: Entfällt, da kein Jahresüberschuss vorhanden ist.
2. Bilanzgewinn/Ausschüttung: Sind erst möglich, wenn der Fehlbetrag ausgeglichen ist. Sind andere Gewinnrücklagen von 150.000 € vorhanden, kann der Vorstand höchstens 50.000 € ausschütten. Der Jahresfehlbetrag kann durch die Auflösung von Gewinnrücklagen in einen Bilanzgewinn umgewandelt werden, um Dividenden an die Aktionäre zahlen zu können.

Sind dagegen nur andere Gewinnrücklagen von 80.000 € vorhanden, gelingt kein vollständiger Ausgleich. Es entsteht ein **Bilanzverlust** von 20.000 €, der als Verlustvortrag in das Folgejahr übernommen wird. Er wird in das nächste Bilanzergebnis integriert, da die teilweise Ergebnisverwendung nur den Posten "Bilanzgewinn/Bilanzverlust" erfasst. Entsteht ein neuer Jahresüberschuss von 20.000 €, wird der Verlustvortrag ausgeglichen.

Die dritte Form des Erfolgsausweises bei Kapitalgesellschaften ist der **Ausweis nach vollständiger Ergebnisverwendung**. Bei der GmbH können die Gesellschafter **vor** Aufstellung des Jahresabschlusses eine Entscheidung über die Gewinnverwendung treffen. Dann ist dieser Sachverhalt in der Bilanz zu berücksichtigen. Die Ausschüttungen stellen aus Sicht der GmbH eine Verbindlichkeit gegenüber den Gesellschaftern dar. Bei der Aktiengesellschaft ist diese Art des Erfolgsausweises nicht möglich, da die Hauptversammlung über den festgestellten Jahresabschluss entscheidet[1].

Beispiel: Der Jahresüberschuss 01 der X-GmbH beträgt 140.000 €. Am 1.2.02 entscheiden die Gesellschafter, die Hälfte auszuschütten bzw. zu thesaurieren. Der Jahresabschluss wird zum 31.3.02 aufgestellt. Darin werden die anderen Gewinnrücklagen um 70.000 € erhöht und "Verbindlichkeiten gegenüber Gesellschaftern 70.000" passiviert.

4.1.4 Behandlung eigener Anteile

Eine Aktiengesellschaft kann in den Fällen des § 71 AktG eigene Anteile erwerben. (z.B. zur Mitarbeiterbeteiligung oder zur Abwendung gefährlicher Situationen). Der Nennwert der eigenen Anteile ist nach § 272 Abs. 1a HGB vom gezeichneten Kapital abzuziehen. Da der Kurswert der Aktien meist über dem Nennwert liegt, wird der Mehrbetrag mit den frei verfügbaren Rücklagen (mit anderen Gewinnrücklagen) verrechnet. Sind nicht genügend Rücklagen vorhanden, darf kein Aktienerwerb stattfinden (§ 71 Abs. 2 Satz 2 AktG. Anschaffungsnebenkosten stellen Aufwand dar (§ 272 Abs. 1a Satz 3 HGB).

Der Erwerb eigener Aktien wird in wirtschaftlicher Hinsicht wie eine **Kapitalherabsetzung** behandelt. Die bisherigen Aktionäre verkaufen ihre Aktien an die Gesellschaft und erhalten den Zeitwert ihrer Anteile vergütet. Der Rückkauf wird bei der Aktiengesellschaft erfolgsneutral behandelt, indem das Eigenkapital vermindert wird.

Beispiel: Die X-AG hat Ende 01 ein gezeichnetes Kapital von 5.000.000 € (250.000 Aktien zu je 20 €) und andere Gewinnrücklagen von 800.000 €. In 02 werden 20.000 eigene Aktien erworben, um sie an Mitarbeiter zu übertragen. Für die Aktien werden 32,5 € pro Stück bezahlt (Nennwert 20 €, Agio 12 €, Nebenkosten 0,5 €). Dann werden das gezeichnete Kapital um 400.000 € (20.000 x 20) und die anderen Gewinnrücklagen um 240.000 € (20.000 x 12) vermindert. Die Nebenkosten von 10.000 € (20.000 x 0,5) stellen Aufwand dar. Buchung: "Gezeichnetes Kapital 400.000, andere Gewinnrücklagen 240.000 und sonstige betriebliche Aufwendungen 10.000 an Bank 650.000".

Die bilanzielle Darstellung erfolgt in einer Vorspalte. Vom gezeichneten Kapital in Höhe von 5.000.000 € werden Aktien im Nennwert von 400.000 € abgezogen, sodass in der Hauptspalte der Nettobetrag von 4.600.000 € erscheint.

A. Eigenkapital	(Vorspalte)	(Hauptspalte)
I. Gezeichnetes Kapital	5.000.000 €	
- Nennwert eigener Aktien	- 400.000 €	4.600.000 €

Abb. 118: Eigenkapitalausweis bei eigenen Anteilen

---

[1] Vgl. Baetge, J./Kirsch, H.-J./Thiele, S. (Bilanzen), S. 516.

Werden die eigenen Anteile später wieder veräußert, handelt es sich wirtschaftlich gesehen um eine **Kapitalerhöhung**[1]. Im obigen Beispiel werden für die Aktien beim Erwerb 32,5 € je Stück gezahlt (Nennwert 20 € je Stück). Wenn die Aktien wieder veräußert werden, sind die über den **Nennbetrag hinausgehenden Zahlungen** wie folgt zu behandeln (§ 272 Abs. 1b HGB):

1. In die frei verfügbaren Rücklagen wird der Betrag eingestellt, der beim Aktienerwerb mit diesen Rücklagen verrechnet wurde.
2. Ein darüber hinausgehender Betrag wird in die Kapitalrücklage Nr. 1 eingestellt.

Werden im obigen Beispiel beim späteren Verkauf 30 € je Aktie erzielt, sind 10 € in die anderen Gewinnrücklagen einzustellen. Beim Verkauf von 20.000 Aktien wird gebucht: "Bank 600.000 an gezeichnetes Kapital 400.000 und andere Gewinnrücklagen 200.000". Beim Verkauf für 35 € je Aktie werden 12 € in die anderen Gewinnrücklagen und 3 € in die Kapitalrücklage Nr. 1 eingestellt ("Bank 700.000 an gezeichnetes Kapital 400.000, andere Gewinnrücklagen 240.000, Kapitalrücklage 60.000"). Nebenkosten des Verkaufs stellen nach § 272 Abs. 1b Satz 4 HGB sonstige betriebliche Aufwendungen dar.

4.1.5 Rücklage bei phasengleicher Gewinnvereinnahmung?

Beim Gewinnausweis von Mutter- und Tochtergesellschaften ergibt sich normalerweise eine zeitliche Verschiebung zwischen der Gewinnentstehung bei der Tochter und dem Gewinnausweis bei der Mutter. Wenn die T-GmbH in 01 einen Jahresüberschuss von 700.000 € erzielt, der in 02 an die M-AG ausgeschüttet wird, erscheint der finanzielle Ertrag bei der Mutter erst in deren Jahresabschluss 02. Gebucht wird: "Bank 515.375 und Steueraufwand 184.625 an Erträge verbundener Unternehmen 700.000".

In bestimmten Fällen findet jedoch eine **phasengleiche Gewinnvereinnahmung** bei der Mutter- und der Tochtergesellschaft statt[2]. Das bedeutet, dass die M-AG bereits in 01 den Finanzertrag berücksichtigen muss. Eine wichtige Voraussetzung ist, dass vor Ende der Jahresabschlussprüfung bei der M-AG die Gesellschafterversammlung der T-GmbH stattgefunden hat und die Ausschüttung an die Mutter beschlossen wurde.

Beispiel: Die M-AG ist zu 100% an der T-GmbH beteiligt. Die phasengleiche Gewinnvereinnahmung wird angewendet und die T-GmbH beschließt in 02 rechtzeitig die Ausschüttung von 700.000 € an die M-AG. Dann wird der Gewinnanteil bei der Mutter bereits in deren Jahresabschluss 01 erfasst. Gebucht wird: "Forderungen gegen verbundene Unternehmen an Erträge aus verbundenen Unternehmen 700.000".

Nach § 272 Abs. 5 HGB ist eine ausschüttungsgesperrte Rücklage zu bilden, wenn in 01 Finanzerträge in der GuV-Rechnung der Mutter erfasst werden, auf die sie in 01 noch **keinen Anspruch** hat. Da der Ertragsausweis aber einen Anspruch voraussetzt, ist die Vorschrift im deutschen Bilanzrecht derzeit nicht wirksam[3]. Im obigen Beispiel ist **keine** Rücklage zu bilden. Die Auszahlung der Dividende wird in 02 gebucht: "Bank 515.375 und Steueraufwand 184.625 an Forderungen gegen verbundene Unternehmen 700.000".

---

[1] Vgl. Küting, K./Reuter, M. (Anteile), S. 498.
[2] Vgl. im Einzelnen Baetge, J./Kirsch, H.-J./Thiele, S. (Bilanzen), S. 327.
[3] Vgl. Baetge, J./Kirsch, H.-J./Thiele, S. (Bilanzen), S. 512.

4.2 Beteiligungen

Beteiligungen sind Anteile an Unternehmen, bei denen die wirtschaftliche und nicht die finanzielle Verbindung im Vordergrund steht. Es soll eine dauernde Verbindung geschaffen werden, die dem beteiligten Unternehmen dient (§ 271 Abs. 1 Satz 1 HGB). Diese Verbindung geht über eine reine Kapitalanlage hinaus und sichert z.B. Bezugsquellen für Rohstoffe oder festigt Vertriebswege im Einzelhandel[1].

Beispiel: In 01 erwirbt die Verlags-GmbH 25% der Aktien an der Druck-AG, um einen Einfluss auf die Durchführung ihrer Druckaufträge zu erlangen. Durch den hohen Anteil hat die GmbH einen großen Einfluss auf der Hauptversammlung und kann die Unternehmensentscheidungen der Druck-AG mit beeinflussen.

Beteiligungen sind oft in Wertpapieren verbrieft, wie z.B. bei Aktien. Das ist aber nach § 271 Abs. 1 Satz 2 HGB keine Voraussetzung. Auch Anteile an einer Personenhandelsgesellschaft, die nur vertraglich begründet werden, führen zu einer Beteiligung. Da die Gesellschafter einer OHG einen großen Einfluss auf die Geschäftsführung des Unternehmens ausüben können, ist eine wirtschaftliche Verbindung gegeben. Bei Anteilen an Kapitalgesellschaften besteht nach § 271 Abs. 1 Satz 3 eine widerlegbare Beteiligungsvermutung, wenn gilt:

> Anteile überschreiten 20% des Nennkapitals der Kapitalgesellschaft

Überschreitet die Beteiligung die 50%-Grenze, sind meist die Voraussetzungen für ein Mutter-Tochter-Verhältnis erfüllt. Dann liegen verbundene Unternehmen vor und es muss ein Konzernabschluss nach § 290 HGB aufgestellt werden. Im Einzelabschluss sind die Anteile verbundener Unternehmen speziell auszuweisen, um ihre wirtschaftliche Bedeutung hervorzuheben.

Anteile verbundener Unternehmen und Beteiligungen stellen Vermögensgegenstände dar, die zu den Finanzanlagen gehören. Ihre Bewertung unterscheidet sich nicht von der anderer Wertpapiere des Anlagevermögens. § 271 ist eine Vorschrift, die den Ausweis größerer Anteilsquoten an Unternehmen verdeutlichen will, um die Einflussmöglichkeiten aufzuzeigen. Dabei werden auch Ausleihungen an Beteiligungsunternehmen gesondert erfasst. Die folgende Abbildung fasst die Abstufungen der Anteile zusammen:

Einflussgrad	Eigenkapitalüberlassung	Fremdkapitalüberlassung
Hoch (Nr. 1 und 2)	Anteile verbundener Unternehmen	Ausleihungen an verbundene Unternehmen
Mittel (Nr. 3 und 4)	Beteiligung	Ausleihungen an Beteiligungsunternehmen
Gering (Nr. 5 und 6)	Wertpapiere des Anlagevermögens (AV)	Wertpapiere des AV oder sonstige Ausleihungen

Abb. 119: Systematisierung von Finanzanlagen

---

[1] Vgl. Heno, R. (Jahresabschluss), S. 280.

4.3 Latente Steuern

4.3.1 Konzept latenter Steuern

Die Gewinne von Kapitalgesellschaften unterliegen der Gewerbesteuer und der Körperschaftsteuer. Der Steuersatz der Gewerbesteuer ergibt sich als Produkt aus Steuermesszahl (3,5%) und Hebesatz der Gemeinde. Bei der Körperschaftsteuer (KSt) wird ein Steuersatz von 15% auf den Gewinn erhoben. Zusätzlich fällt ein Solidaritätszuschlag von 5,5% auf die Körperschaftsteuer an. Insgesamt ergibt sich beim Hebesatz von 400% ein Steuersatz von rund 30%[1]. Dieser Wert wird mit der Bemessungsgrundlage steuerlicher Gewinn multipliziert. Dabei wird vereinfachend unterstellt, dass keine Differenzen zwischen den Bemessungsgrundlagen der einzelnen Steuerarten existieren.

Für die Ertragsteuern müssen Kapitalgesellschaften Rückstellungen für ungewisse Verbindlichkeiten ansetzen. Der Ausweis erfolgt unter den Steuerrückstellungen. Handelsrechtlich liegt ein Steueraufwand vor, der in der GuV-Rechnung als Steuern vom Einkommen und Ertrag erscheint. Würden Handels- und Steuerbilanz **vor Steuern** dieselben Gewinne ausweisen, wären die Ertragsteuern identisch. Diese Gleichheit ist aber meist nicht gegeben. Bei zeitlichen Differenzen können die folgenden Fälle auftreten:

- Handelsbilanzgewinn ist zunächst höher als der Steuerbilanzgewinn.
- Handelsbilanzgewinn ist zunächst niedriger als der Steuerbilanzgewinn.

Beispiel: Anfang 01 wird eine Maschine für 100.000 € erworben, deren Nutzungsdauer vier Jahre beträgt. In der Handels- und Steuerbilanz wird wie folgt abgeschrieben:

- Handelsbilanz: Arithmetisch-degressiv mit den folgenden Abschreibungsbeträgen: 40.000 € – 30.000 € – 20.000 € – 10.000 €.
- Steuerbilanz: Linear mit vier gleichen Beträgen von 25.000 €, da im Steuerrecht die degressiven Abschreibungsmethoden unzulässig sind.

Die Gewinne **vor** Abschreibungen sind in der Handels- und Steuerbilanz identisch und betragen jeweils 400.000 €. Die Gewinne nach Abschreibungen und die dazugehörigen Steuerbeträge zeigt die folgende Abbildung (s = 30%). Die effektive Steuer richtet sich nach dem Steuerbilanzgewinn, die fiktive Steuer nach dem Handelsbilanzgewinn.

Periode	Gewinn (HB)	Fiktive Steuer	Gewinn (StB)	Effektive Steuer
01	360.000 €	108.000 €	375.000 €	112.500 €
02	370.000 €	111.000 €	375.000 €	112.500 €
03	380.000 €	114.000 €	375.000 €	112.500 €
04	390.000 €	117.000 €	375.000 €	112.500 €
Summe	1.500.000 €	450.000 €	1.500.000 €	450.000 €

Abb. 120: Gewinn- und Steuerdifferenzen in Handels- und Steuerbilanz

---

[1] Berechnung: $St = 0,15\,G + 0,15 \times 0,055\,G + 0,14\,G = 0,29825\,G$. Mit St = Steuer, G = steuerlicher Gewinn. Der erste Betrag kennzeichnet die KSt, der zweite Betrag den Solidaritätszuschlag auf die KSt und der dritte Betrag die Gewerbesteuer.

4. Spezielle Ansatzvorschriften

Würden die Ertragsteuern nach dem handelsrechtlichen Gewinn bemessen (= fiktive Steuer), ergäben sich in 01 und 02 niedrigere Steuern als nach dem Gewinn der Steuerbilanz (StB). Der Effekt kehrt sich in 03 und 04 um (Zweischneidigkeit der Bilanz): In der Handelsbilanz müssen in diesen Jahren mehr Steuern verrechnet werden. Da die handelsrechtliche Steuerrückstellung immer die effektiven Steuern erfasst, gilt aus Sicht der Handelsbilanz:

- In 01 und 02: Effektive Steuerlast zu hoch – zu viel Steueraufwand.
- In 03 und 04: Effektive Steuerlast zu niedrig – zu wenig Steueraufwand.

In 01 und 02 ist der handelsrechtliche Erfolg durch den erhöhten Aufwand zu niedrig. In 03 und 04 ist der Erfolg zu hoch. Gleichzeitig wird das Vermögen in 01 und 02 zu niedrig ausgewiesen. Da in diesen Jahren zu viele Steuern berücksichtigt werden, besteht ein zukünftiger Steuererstattungsanspruch. Er ist in der Handelsbilanz "versteckt" enthalten, sodass von einer **latenten Steuer** gesprochen wird[1]. In den Jahren 03 und 04 wird dieser Anspruch eingelöst, sodass der Vermögensausweis im Zeitablauf stimmt. Die Aktivierung und Auflösung latenter Steuern führt auch zum periodengerechten Erfolgsausweis.

Periode	Veränderung latenter Steuern	Bestand (Periodenende)
01	Mehr aktive: 4.500 €	Aktive latente Steuer: 4.500 €
02	Mehr aktive: 1.500 €	Aktive latente Steuer: 6.000 €
03	Weniger aktive: 1.500 €	Aktive latente Steuer: 4.500 €
04	Weniger aktive: 4.500 €	Aktive latente Steuer: 0 €
Summe	0	-

Abb. 121: Veränderung und Bestand latenter Steuern

Da in 01 die handelsrechtliche Steuerlast zu hoch ist, werden zum Ausgleich latente Steuern von 4.500 € aktiviert. In 02 ist die Steuerlast ebenfalls zu hoch, sodass weitere 1.500 € aktiviert werden. Der bilanzielle Bestand beträgt zum 31.12.02 (Ende Periode 02) 6.000 €. Dieser Maximalwert wird in 03 und 04 wieder abgebaut, sodass der Bestand Ende 04 auf null gesunken ist. Es handelt sich um zeitliche Gewinnunterschiede, bei denen automatisch ein Ausgleich stattfindet. Werden nur zeitliche Differenzen bei den latenten Steuern berücksichtigt, folgen sie dem GuV-orientierten **Timing-Konzept**.

Im HGB wird das weiter gefasste **Temporary-Konzept** verwendet. Bei diesem bilanzorientierten Konzept sind nicht nur zeitliche, sondern auch quasi-permanente Gewinnunterschiede zwischen Handels- und Steuerbilanz und die damit verbundenen latenten Steuern zu berücksichtigen[2]. **Quasi-permanente Differenzen** bestehen meist für eine unbestimmte Zeit und setzen oft eine zusätzliche Entscheidung voraus. Werden Schuldverschreibungen bei nicht dauernder Wertminderung im Handelsrecht außerplanmäßig abgeschrieben (Wahlrecht im HGB, Verbot im EStG), entfällt der automatische Ausgleich zwischen den Bilanzen, da keine planmäßigen Abschreibungen bei Wertpapieren

---

[1] Vgl. Coenenberg, A.G. /Haller, A./Schultze, W. (Jahresabschluss), S. 484-485.
[2] Vgl. Küting, K./Seel, C. (Steuern), S. 922.

verrechnet werden. Erst bei der Veräußerung oder bei einer späteren Zuschreibung werden Handels- und Steuerbilanz wieder in Gleichlauf gebracht. Das Temporary-Konzept ist **bilanzorientiert**, weil sich zeitliche und quasi-permanente Differenzen in der Bilanz erkennen lassen. Damit steht der richtige Vermögensausweis im Vordergrund[1].

Auf **permanente Differenzen** zwischen Handels- und Steuerbilanz sind keine latenten Steuern zu bilden. Wenn in 01 im Steuerrecht nicht-abzugsfähige Betriebsausgaben in Höhe von 11.900 € entstanden sind (inklusive USt, wenn kein Vorsteuerabzug besteht), steigt die Steuerlast in diesem Jahr um 3.570 € an (Steuersatz: 30%). Da kein späterer Ausgleich stattfindet, sind keine latenten Steuern zu berücksichtigen.

4.3.2 Fälle latenter Steuern

Die folgende Abbildung zeigt diverse Fälle, die bei **Aktivposten** zu latenten Steuern führen (aktive bzw. passive latente Steuern). Es gilt: VG = Vermögensgegenstände.

Latente Steuern bei **Aktivposten**	
HB-Wert < StB-Wert	HB-Wert > StB-Wert
• Degressive Abschreibung abnutzbarer Vermögensgegenstände • Bewertung von Vorräten nach Fifo-Methode bei sinkenden Preisen • Keine Aktivierung des Disagios • Außerplanmäßige Abschreibung im AV bei dauernder Wertminderung • Außerplanmäßige Abschreibung im UV bei nicht dauernder Wertminderung	• Aktivierung selbst geschaffener immaterieller VG im Anlagevermögen • Bewertung von Vorräten nach Fifo-Methode bei steigenden Preisen • VG nach § 246 Abs. 2 Satz 2 HGB, wenn gilt: Zeitwert > Buchwert • Wechselkurssteigerung kurzfristiger Fremdwährungsforderungen
Aktive latente Steuer	**Passive** latente Steuer

Abb. 122: Fälle aktiver und passiver latenter Steuern

Wird z.B. eine Maschine im Handelsrecht **geometrisch-degressiv** abgeschrieben, liegt ihr Wert zunächst unter dem steuerlichen Wert, da im EStG diese Abschreibungsmethode unzulässig ist. In der Steuerbilanz wird meist linear abgeschrieben, so dass sich die Unterschiede im Zeitablauf wieder ausgleichen.

Werden Vorräte im Handelsrecht nach der **Fifo-Methode** bewertet, liegt der handelsrechtliche Wert bei **kontinuierlichen Preissenkungen** unter dem steuerrechtlichen, da die Fifo-Methode im EStG unzulässig ist. Im Steuerrecht kann die Durchschnittsmethode oder die Lifo-Methode eingesetzt werden, wenn die Voraussetzungen erfüllt sind.

Im Handelsrecht besteht für den Ansatz des **Disagios** (= Differenz zwischen Auszahlungs- und Erfüllungsbetrag bei Verbindlichkeiten) ein Wahlrecht. Wird es genutzt, stimmen handels- und steuerrechtlicher Wert überein, da im Steuerrecht eine Ansatzpflicht

---
[1] Vgl. Baetge, J./Kirsch, H.-J./Thiele (Bilanzen), S. 549.

4. Spezielle Ansatzvorschriften

für das Disagio besteht (H 6.10 (Damnum) EStH). Erfolgt in der Handelsbilanz kein Ansatz, fallen die Werte insoweit auseinander und es entsteht ein aktive latente Steuer.

Bei einer voraussichtlich dauernden Wertminderung müssen im Handelsrecht **außerplanmäßige Abschreibungen** im Anlagevermögen verrechnet werden. Im Steuerrecht besteht ein Wahlrecht zur Vornahme einer Teilwertabschreibung. Wird das Wahlrecht nicht ausgeübt, liegt der Handelsbilanzwert unter dem Steuerbilanzwert und es entsteht eine aktive latente Steuer. Wird das Wahlrecht ausgeübt, entsteht keine latente Steuer.

Bei **Finanzanlagen** besteht handelsrechtlich ein Abschreibungswahlrecht, wenn die Wertminderung voraussichtlich nicht dauernd ist. Bei dauernder Wertminderung muss eine Abschreibung erfolgen. Bei Kapitalgesellschaften sind Gewinne von **Aktien** grundsätzlich steuerbefreit (§ 8b Abs. 2 KStG). Es treten keine latenten Steuern auf, da permanente Differenzen vorliegen (siehe Gliederungspunkt 2 des fünften Kapitels).

Im **Umlaufvermögen** gilt im HGB das strenge Niederstwertprinzip: Liegt der Stichtagswert unter den Anschaffungskosten, müssen Abschreibungen erfolgen. Im Steuerrecht besteht nur bei dauernder Wertminderung ein Abschreibungswahlrecht – ansonsten ein Abschreibungsverbot. Im letzten Fall entstehen aktive latente Steuern.

Der Handelsbilanzwert liegt zunächst **über** dem Steuerbilanzwert, wenn selbst geschaffene immaterielle Vermögensgegenstände im Anlagevermögen aktiviert werden, da ein Ansatz im Steuerrecht nach § 5 Abs. 2 EStG verboten ist. Wenn **Vorräte** bei kontinuierlich **steigenden Preisen** im Handelsrecht nach der Fifo-Methode bewertet werden, liegt der handelsrechtliche Wert am Bilanzstichtag über dem Steuerwert. Das gilt auch, wenn der Zeitwert der Vermögensgegenstände nach § 246 Abs. 2 Satz 2 HGB den Buchwert am Stichtag übersteigt. Im Steuerrecht darf der Buchwert nicht überschritten werden.

Auch durch **Wechselkurssteigerungen bei kurzfristigen Forderungen** entstehen passive latente Steuern[1]. Im Handelsrecht gilt in diesem Fall das Realisationsprinzip nicht, sodass ein Gewinn auszuweisen ist. Steuerrechtlich wird dieser Erfolg nicht berücksichtigt, sodass sich eine passive latente Steuer ergibt.

Auch bei **Passivposten** können latente Steuern auftreten. Beispiele sind:

- **Wechselkurssenkungen bei kurzfristigen** Fremdwährungsverbindlichkeiten. Die X-AG passiviert Ende 01 Darlehensverbindlichkeiten mit einer Restlaufzeit unter einem Jahr (Betrag: 100.000 US-Dollar). Der Kredit wurde mit dem Wechselkurs von 1:1,5 eingebucht ("Verbindlichkeiten gegenüber Kreditinstituten 150.000 €"). Sinkt der Wechselkurs auf 1:1,2 am Bilanzstichtag, nimmt die in Euro bewertete Verbindlichkeit ab. Handelsrechtlich entsteht ein Ertrag von 30.000 €, der steuerrechtlich nicht akzeptiert wird. Es ergeben sich passive latente Steuern.
- Differenzen bei **Abzinsung langfristiger Rückstellungen**. Im Steuerrecht ist die Abzinsung nach dem EStG mit 5,5% vorzunehmen. Im Handelsrecht legt die Bundesbank die Zinssätze monatlich fest, wobei sich meist Unterschiede zwischen Handels- und Steuerbilanzwert ergeben werden[2]. Ist der handelsrechtliche Zinssatz kleiner als 5,5%, liegt der handelsrechtliche Rückstellungswert über dem steuerrechtlichen Wert, sodass sich eine aktive latente Steuer ergibt.

---

[1] Vgl. Zwirner, C./Künkele, K.P. (Abgrenzung), S. 722-723.
[2] Vgl. Petersen, K./Zwirner, C. (Steuern), S. 422.

4.3.3 Bilanzierung latenter Steuern

Der **Ansatz** latenter Steuern wird in § 274 HGB geregelt. Während für passive latente Steuern eine Ansatzpflicht besteht, gilt für aktive latente Steuern ein Ansatzwahlrecht (siehe nächste Seite). In das Wahlrecht sind nach § 274 Abs. 1 Satz 4 HGB auch aktive latente Steuern auf Verlustvorträge einzubeziehen, die im Folgenden aus didaktischen Gründen vernachlässigt werden[1]. Da die aktiven latenten Steuern nicht selbstständig verwertbar sind, liegt kein Vermögensgegenstand vor. In der Gesetzesbegründung zum Bilanzrechtsmodernisierungsgesetz wird von einem **Sonderposten eigener Art** gesprochen[2]. Im Anhang sind Angaben nach § 285 Nr. 29 HGB vorzunehmen: Die relevanten Differenzen (bzw. Verlustvorträge) und die Steuersätze sind anzugeben.

Das Wahlrecht für aktive latente Steuern kann genutzt werden, um die Darstellung der wirtschaftlichen Lage zu beeinflussen. Hierbei ist jedoch das Stetigkeitsprinzip zu beachten: Werden aktive latente Steuern angesetzt, wenn sie zum ersten Mal auftreten, muss das Wahlrecht auch zukünftig ausgeübt werden. Im Folgenden wird vom Ansatz aktiver latenter Steuern ausgegangen.

Nach dem Temporary-Konzept lässt sich der Bestand der latenten Steuern aus dem Vergleich der Bilanzposten ableiten. Am Bilanzstichtag 01 wird eine Steuerabgrenzung vorgenommen, wobei die einzelnen Aktiv- und Passivposten der Handels- und Steuerbilanz miteinander verglichen werden. Somit wird eine **Einzeldifferenzenbetrachtung** durchgeführt[3]. Es gilt: A = Aktivposten, P = Passivposten, EK = Eigenkapital, BV = Betriebsvermögen. Der Ertragsteuersatz beträgt 30% (Angaben in Tausend Euro).

A	Handelsbilanz 31.12.01		P	A	Steuerbilanz 31.12.01		P
A_1	420	**EK**	**440**	A_1	400	**BV**	**420**
A_2	240	P_1	200	A_2	230	P_1	200
A_3	60	P_2	120	A_3	60	P_2	110
A_4	40			A_4	40		
	760		760		730		730

Abb. 123: Berechnung des Bestands latenter Steuern

Bei den Aktivposten liegen die handelsrechtlichen Bilanzwerte um insgesamt 30.000 € über den Steuerbilanzwerten. Hieraus resultiert eine passive latente Steuer von 9.000 € (Steuersatz: 30%). Beim Passivposten P_2 liegt der handelsrechtliche Wert um 10.000 € über dem Steuerbilanzwert. Durch diese Differenz entsteht eine aktive latente Steuer von 3.000 € (0,3 x 10.000 €). Bei unsaldiertem Ausweis sind aktive latente Steuern in Höhe von 3.000 € und passive latente Steuern in Höhe von 9.000 € auszuweisen.

Nach § 274 Abs. 1 Satz 3 HGB besteht ein **Wahlrecht** zwischen saldiertem und unsaldiertem Ausweis latenter Steuern. Trägt man die aktiven und passiven Steuerwerte aus

---

[1] Vgl. hierzu Kühne, E./Melcher, W./Wesemann, M. (Steuern), S. 1057-1058.
[2] Vgl. BMJ (BilMoG), S. 67-68. Auch passive latente Steuern werden in diesem Sinne interpretiert, da sie nur selten die Merkmale von Rückstellungen aufweisen.
[3] Vgl. Küting, K./Seel, C. (Steuern), S. 923.

4. Spezielle Ansatzvorschriften

dem obigen Beispiel in die Handelsbilanz ein, sinkt das handelsrechtliche Eigenkapital auf 434.000 € (440.000 € - 9.000 € + 3.000 €).

Wenn sich die aktiven und passiven latenten Steuern gleichmäßig über drei Jahre auflösen, gilt in 02 Folgendes: Die Auflösung der passiven latenten Steuer führt zu einem latenten Steuerertrag von 3.000 € (1/3 von 9.000 €). Durch die Auflösung der aktiven latenten Steuer entsteht ein latenter Steueraufwand von 1.000 € (1/3 von 3.000 €). Die Beträge sind in der GuV-Rechnung gesondert unter dem Posten "Steuern vom Einkommen und Ertrag" auszuweisen (siehe fünftes Kapitel).

Bei den latenten Steuern muss zwischen ihrem Bestand und ihrer Veränderung unterschieden werden. Der Bestand der latenten Steuern in der Bilanz ergibt sich aus dem Vergleich der einzelnen Bilanzposten, wie er oben durchgeführt wurde. Für die Veränderung der latenten Steuern gilt:

> Die GuV zeigt die Veränderungen der latenten Steuern eines Geschäftsjahrs

Der **Ausweis** aktiver latenter Steuern erfolgt unter den aktiven Rechnungsabgrenzungsposten (§ 266 Abs. 2 Buchst. D HGB). Entsprechendes gilt für die passiven latenten Steuern auf der Passivseite (§ 266 Abs. 3 Buchst. E HGB). Die aktiven und passiven latenten Steuern können getrennt ausgewiesen oder miteinander verrechnet werden. Es besteht ein **Saldierungswahlrecht** (§ 274 Abs. 1 Satz 3 HGB). Hierbei ist zu beachten, dass aktive latente Steuern, auch wenn sie nicht angesetzt werden sollen, bei der Berechnung der latenten Steuern zu berücksichtigen sind. Das Aktivierungswahlrecht bezieht sich nur auf den **Aktivüberhang** der latenten Steuern[1].

Beispiel: In der Bilanz Ende 01 entstehen zwei Sachverhalte mit latenten Steuern: Es ergeben sich eine aktive latente Steuer von 12.000 € und eine passive latente Steuer von 14.000 €. Wird die aktive latente Steuer angesetzt, können die beiden Posten auf der Aktiv- bzw. Passivseite getrennt oder saldiert (= passive latente Steuer 2.000 €) ausgewiesen werden. Wenn die aktiven latenten Steuern nicht angesetzt werden sollen, müssen sie dennoch in die Berechnung einbezogen werden. Auch in diesem Fall muss eine passive latente Steuer von 2.000 € ausgewiesen werden.

Nach § 285 Nr. 29 HGB müssen Kapitalgesellschaften im Anhang detaillierte Angaben zu den latenten Steuern machen. Die einzelnen Posten, bei denen Differenzen zwischen Handels- und Steuerbilanzwert auftreten, sind anzugeben. Außerdem müssen die relevanten Steuersätze dargestellt werden.

Die **Bewertung** der latenten Steuern hängt vom unternehmensindividuellen Steuersatz ab, der im Zeitpunkt des Abbaus der Differenz erwartet wird. Nach der **Liability-Methode** sind die zukünftigen Steuersätze zu verwenden[2]. Da sie meistens nicht bekannt sind, werden regelmäßig die aktuellen Steuersätze verwendet[3]. Wenn eine Steuersatzänderung in 01 beschlossen wird, die Anfang 02 in Kraft tritt, ist der Bestand der latenten Steuern Ende 01 bereits an die neuen Steuersätze anzupassen.

---

[1] Vgl. Küting, K./Seel, C. (Steuern), S. 924.
[2] Vgl. Scherrer, G. (Rechnungslegung), S. 302.
[3] Vgl. Coenenberg, A.G. /Haller, A./Schultze, W. (Jahresabschluss), S. 504.

	Bilanzierung latenter Steuern	
	Aktive	**Passive**
Ansatz (als Sonderposten)	Wahlrecht (Ausschüttungssperre bei Ausübung)	Pflicht
Ausweis	Unter aktiven RAP	Unter passiven RAP
Bewertung	Grundsätzlich zukünftiger Steuersatz	
Besonderheiten	Saldierungswahlrecht aktiver und passiver Steuern	

Abb. 124: *Bilanzierung aktiver und passiver latenter Steuern*

Kleine Kapitalgesellschaften brauchen nach § 274a Nr. 4 HGB die Regelung des § 274 HGB nicht anzuwenden. Allerdings gilt eine Ausnahme: Wenn passive latente Steuern zu einer Rückstellung für ungewisse Verbindlichkeiten nach § 249 Abs. 1 Satz 1 HGB führen, müssen auch kleine Kapitalgesellschaften eine latente Steuer ausweisen[1].

4.4 Aktivposten mit Ausschüttungssperre

Zum Gläubigerschutz hat der Gesetzgeber für bestimmte "gefährliche Posten" einer Kapitalgesellschaft eine Ausschüttungssperre festgelegt. Neben der bereits erläuterten phasengleichen Gewinnvereinnahmung nach § 272 Abs. 5 HGB werden in § 268 Abs. 8 HGB die folgenden Posten angeführt[2]:

- Selbst geschaffene immaterielle Vermögensgegenstände.
- Aktive latente Steuern.
- Bestimmte Vermögensgegenstände im Rahmen der Altersversorgung.

Es gilt: **Nach der Ausschüttung** muss der jeweilige Aktivposten (abzüglich passiver latenter Steuern) durch frei verfügbare Rücklagen (abzüglich eines Verlustvortrags, zuzüglich eines Gewinnvortrags) abgedeckt sein.

Die folgende Abbildung zeigt die Bilanz einer GmbH am 31.12.01. Es werden latente Steuern in Höhe von 14.000 € aktiviert. In 01 entstehen ein Jahresüberschuss in Höhe von 126.000 € und Ertragsteuern in Höhe von 54.000 € (Steuersatz 30%)[3]. Wenn maximal 232.000 € ausgeschüttet werden, bleiben noch andere Gewinnrücklagen in Höhe von 14.000 € übrig. Somit werden die aktivierten latenten Steuern durch frei verfügbare Rücklagen abgedeckt. Die gesetzliche Regelung wird eingehalten.

Wenn sich die aktive latente Steuer in den nächsten vier Jahren gleichmäßig auflöst, werden Ende 02 nur noch 10.500 € ausgewiesen (14.000 € - 3.500 €). Dieser Betrag muss wieder durch frei verfügbare Rücklagen abgesichert sein.

---

[1] Vgl. Kühne, E./Melcher, W./Wesemann, M. (Steuern), S. 1061.
[2] Eine weitere Ausschüttungssperre wird in § 253 Abs. 6 HGB bei Zinsdifferenzen von Alterversorgungsverpflichtungen festgelegt. Dieser spezielle Fall wird im Folgenden vernachlässigt.
[3] Multipliziert man den Jahresüberschuss von 126.000 € mit 30/70, erhält man den Steuerbetrag von 54.000 €. Der Gewinn vor Steuern ist 180.000 € (Probe: 0,3 x 180.000 € = 54.000 €).

4. Spezielle Ansatzvorschriften

		Max. Ausschüttung 232.000 (246.000 - 14.000)	
A		Bilanz 31.12.01	P
Diverse VG	886.000	Gezeichnetes Kapital	600.000
Aktive latente Steuern	14.000	Andere Gewinnrücklagen	120.000
		Jahresüberschuss	126.000
		Steuerrückstellungen	54.000
	900.000		900.000

Abb. 125: Wirkung der Ausschüttungssperre

Existiert neben einer aktiven noch eine passive latente Steuer, muss nur der übersteigende Betrag abgesichert sein. Wenn eine aktive latente Steuer von 14.000 € und eine passive Steuer von 12.000 € existieren, muss der verbleibende aktive Betrag von 2.000 € durch freie Rücklagen abgedeckt sein.

Bei einer **Aktiengesellschaft** ist der Erfolgsausweis mit teilweiser Ergebnisverwendung relevant. Somit wird ein Bilanzgewinn ausgewiesen, den die Aktionäre auf der Hauptversammlung in den meisten Fällen ausschütten werden. Dann muss bereits im Gewinnverwendungsvorschlag des Vorstands sichergestellt werden, dass im obigen Beispiel mindestens 14.000 € frei verfügbare Rücklagen erhalten bleiben.

Werden **selbst geschaffene immaterielle Vermögensgegenstände** in der Handelsbilanz aktiviert, entsteht eine passive latente Steuer, da im Steuerrecht ein Ansatzverbot für diesen Posten besteht. Die passive latente Steuer ist bei der Ausschüttungssperre zu berücksichtigen, die sich insoweit vermindert.

Beispiel: Ende 01 wird eine Entwicklung fertig gestellt, die aktiviert wird. Es entsteht ein selbst geschaffener immaterieller Vermögensgegenstand in Höhe von 300.000 €. Bei einem Steuersatz von 30% ergibt sich eine passive latente Steuer in Höhe von 90.000 €. Damit müssen nur 210.000 € durch freie Rücklagen abgesichert werden.

Wenn aus einer anderen Differenz zwischen Handels- und Steuerbilanz eine zusätzliche aktive latente Steuer von 120.000 € ensteht, müsste bei ihrem Ansatz und bei einer isolierten Betrachtung grundsätzlich nur der Saldo von 30.000 € ausschüttungsgesperrt sein (120.000 € - 90.000 €). Allerdings würde die passive latente Steuer von 90.000 € **doppelt** berücksichtigt werden. Das ist unzulässig, sodass insgesamt 330.000 € (420.000 € - 90.000 €) ausschüttungsgesperrt sind[1].

Vermögensgegenstände, die dem Zugriff der übrigen Gläubiger entzogen sind und ausschließlich der Absicherung von Altersversorgungsverpflichtungen dienen, sind nach § 253 Abs. 1 Satz 4 HGB zum beizulegenden Zeitwert (z.B. 600.000 €) zu bewerten. Liegt der Wert der Aktivposten über den Anschaffungskosten (z.B. 500.000 €), entsteht ein Ertrag von 100.000 €, der im Steuerrecht unzulässig ist. Somit entstehen bei einer Kapitalgesellschaft passive latente Steuern von 30.000 € (Steuersatz 30%). Die übrigen 70.000 € sind ausschüttungsgesperrt.

---

[1] Vgl. Küting, K./Seel, C. (Steuern), S. 925.

5. Spezielle Ausweisvorschriften

5.1 Bilanzgliederung

Für große und mittelgroße Kapitalgesellschaften ist in § 266 Abs. 2 und 3 HGB eine verbindliche Bilanzgliederung in **Kontoform** vorgeschrieben. Somit sind die Posten nebeneinander anzuordnen. Die Gliederung auf der folgenden Seite wird in Anlehnung an die handelsrechtlichen Vorschriften wiedergegeben. Das gesetzliche Schema legt den **Erfolgsausweis vor Ergebnisverwendung** zugrunde, so dass in der Bilanz der Jahresüberschuss (Jahresfehlbetrag) und der Gewinnvortrag (Verlustvortrag) erscheinen.

Für **kleine Kapitalgesellschaften** gelten Aufstellungserleichterungen: Sie müssen nur die Posten gesondert aufführen, die durch Buchstaben und römische Ziffern gekennzeichnet sind. Eine weitere Unterteilung ist nicht notwendig. Weitere Erleichterungen enthält § 274a HGB. **Kleinstkapitalgesellschaften** werden in § 266 Abs. 1 Satz 4 HGB weitere Vereinfachungen gewährt[1]. In der nächsten Abbildung gelten die folgenden Abkürzungen: AV = Anlagevermögen, Beteiligungsverhält. = Beteiligungsverhältnis, BGA = Betriebs- und Geschäftsausstattung, LuL = Lieferungen und Leistungen, verb. = verbundene, VG = Vermögensgegenstand.

Anmerkungen zu einzelnen Posten:
1. **Immaterielle Vermögensgegenstände**: Es wird zwischen selbst geschaffenen und entgeltlich erworbenen immateriellen Vermögensgegenständen differenziert, um die unterschiedliche Herkunft der Posten zu verdeutlichen. Selbst geschaffene immaterielle Posten sind gesondert auszuweisen, da sie nicht über den Markt gehandelt wurden und ihre Bewertung auf Kalkulationen beruht. Ein Ausweis erfolgt nur bei Ausübung des Ansatzwahlrechts nach § 248 Abs. 2 Satz 1 HGB.

   Zu den **gewerblichen Schutzrechten** gehören z.B. Patente, Marken, Urheberrechte. Patente werden für neue technische Gegenstände und Verfahren nach dem Patentgesetz gewährt. Die Marke als Bezeichnung für neue Produkte oder Dienstleistungen wird nach dem Markengesetz geschützt. Das Urheberrecht sichert Werke der Literatur, Wissenschaft und Kunst gegen unerlaubte Nachahmung.

   Zu den ähnlichen Rechten und Werten gehören z.B. Miet-, Pacht-, Bohrrechte und sonstige Nutzungsrechte mit gesicherter Rechtsposition, Belieferungsrechte, nicht geschützte Erfindungen[2]. Noch nicht abgeschlossene Entwicklungen können als "selbst geschaffene Rechte und Werte in der Entwicklung" ausgewiesen werden. **Konzessionen** sind öffentlich-rechtliche Genehmigungen für bestimmte Tätigkeiten (z.B. Taxiunternehmen und Gaststätten). **Lizenzen** berechtigen zur zeitlich (und oft räumlich) begrenzten Nutzung eines Rechts.

   Da der **derivative Firmenwert** nach § 246 Abs. 1 Satz 4 HGB als Vermögensgegenstand gilt, wird er in der Bilanzgliederung ebenfalls unter den immateriellen Vermögensgegenständen ausgewiesen (Posten "Geschäfts- oder Firmenwert"). Die geleisteten Anzahlungen auf immaterielle Posten sind gesondert darzustellen.

---

[1] Die Bilanzgliederung muss nur die mit Buchstaben gekennzeichneten Posten enthalten.
[2] Vgl. Federmann, R./Müller, S. (Bilanzierung), S. 331.

Aktiva	Bilanz	Passiva

A. **Anlagevermögen**
  I. Immaterielle VG
     1. Selbst geschaffene gewerbliche Schutzrechte und ähnliche Rechte und Werte
     2. Entgeltlich erworbene Konzessionen, gewerbliche Schutzrechte und ähnliche Rechte und Werte sowie Lizenzen an solchen Rechten
     3. Geschäfts- oder Firmenwert
     4. Geleistete Anzahlungen
  II. Sachanlagen
     1. Grundstücke, Bauten etc.
     2. Techn. Anlagen/Maschinen
     3. Andere Anlagen, BGA
     4. Geleistete Anzahlungen und Anlagen im Bau
  III. Finanzanlagen
     1. Anteile an verb. Unternehmen
     2. Ausleihungen an verb. Unternehmen
     3. Beteiligungen
     4. Ausleihungen an Unternehmen mit Beteiligungsverhält.
     5. Wertpapiere des AV
     6. Sonstige Ausleihungen
B. **Umlaufvermögen**
  I. Vorräte
     1. Roh-, Hilfs-, Betriebsstoffe
     2. Unfertige Erzeugnisse, unfertige Leistungen
     3. Fertige Erzeugnisse, Waren
     4. Geleistete Anzahlungen
  II. Forderungen und sonstige VG
     1. Forderungen aus LuL
     2. Forderungen gegen verb. Unternehmen
     3. Forderungen gegen Unternehmen mit Beteiligungsverhält.
     4. Sonstige VG
  III. Wertpapiere
     1. Anteile an verb. Unternehmen
     2. Sonstige Wertpapiere
  IV. Kasse, Bank, Schecks
C. **Rechnungsabgrenzungsposten**
D. **Aktive latente Steuern**
E. **Aktiver Unterschiedsbetrag**
		A. **Eigenkapital**
		  I. Gezeichnetes Kapital
		  II. Kapitalrücklage
		  III. Gewinnrücklagen
		     1. Gesetzliche Rücklage
		     2. Rücklage für Anteile an einem herrschenden oder mehrheitlich beteiligten Unternehmen
		     3. Satzungsmäßige Rücklagen
		     4. Andere Gewinnrücklagen
		  IV. Gewinn-/Verlustvortrag
		  V. Jahresüberschuss/Jahresfehlbetrag
		B. **Rückstellungen**
		  1. Rückstellungen für Pensionen und ähnliche Verpflichtungen
		  2. Steuerrückstellungen
		  3. Sonstige Rückstellungen
		C. **Verbindlichkeiten**
		  1. Anleihen, davon konvertibel
		  2. Verbindlichkeiten gegenüber Kreditinstituten
		  3. Erhaltene Anzahlungen auf Bestellungen
		  4. Verbindlichkeiten aus LuL
		  5. Verbindlichkeiten aus der Annahme gezogener und der Ausstellung eigener Wechsel
		  6. Verbindlichkeiten gegenüber verb. Unternehmen
		  7. Verbindlichkeiten gegenüber Unternehmen mit Beteiligungsverhältnis
		  8. Sonstige Verbindlichkeiten, davon aus Steuern, davon im Rahmen der sozialen Sicherheit
		D. **Rechnungsabgrenzungsposten**
		E. **Passive latente Steuern**

Abb. 126: Bilanzgliederung für Kapitalgesellschaften

2. **Sachanlagen**: Grundstücke sind unbebaute Teile der Erdoberfläche, also der reine Grund und Boden. **Außenanlagen** (z.B. Asphaltdecken für Parkplätze oder Grünflächen) sind selbstständige und abnutzbare Vermögensgegenstände, die gesondert ausgewiesen und abgeschrieben werden. Zu den Bauten gehören insbesondere Gebäude, die der betrieblichen Leistungserstellung oder der Verwaltung dienen. Unselbstständige Gebäudeteile (z.B. Fenster, Türen, Dächer) werden zusammen mit dem Gebäude abgeschrieben.

   Dagegen sind **Betriebsvorrichtungen** selbstständige Gebäudeteile, die unmittelbar dem Betriebsprozess dienen. Sie stellen eigene Vermögensgegenstände dar, die meist zu den technischen Anlagen gehören. Beispiele sind Förderbänder, Kfz-Hebebühnen, Lastenaufzüge oder Autowaschanlagen.

   Maschinen sind technische Einrichtungen zur Energieumwandlung, zum Ersatz oder zur Unterstützung der menschlichen Arbeitsleistung[1], die für die Leistungserstellung genutzt werden. Zur Betriebs- und Geschäftsausstattung gehören Einrichtungen, die meist nicht direkt produktiven Zwecken dienen (z.B. Telefone, Computer, Smartphones, Schreibtische). Die Fahrzeuge werden oft in einem gesonderten Posten "Fuhrpark" erfasst, der nach § 265 Abs. 5 HGB einfügt werden kann.

3. **Finanzanlagen**. Sie umfassen langfristige finanzielle Investitionen (z.B. Anteile oder Ausleihungen) und wurden bereits bei den Beteiligungen erläutert.

4. **Vorräte**: Rohstoffe bilden den Hauptbestandteil, Hilfsstoffe den Nebenbestandteil neuer Produkte. Betriebsstoffe werden im Produktionsprozess verbraucht. Das Ergebnis der Produktion sind unfertige und fertige Erzeugnisse. Unfertige Leistungen entstehen in Dienstleistungsunternehmen (z.B. eine nicht abgeschlossene EDV-Beratung durch einen gewerblichen Softwareanbieter). Waren werden im Handelsbetrieb erworben und der nicht abgesetzte Bestand wird aktiviert.

5. **Forderungen und sonstige Vermögensgegenstände**: Forderungen entstehen nach dem Realisationsprinzip, wenn ein Unternehmer seine vertragliche Leistungspflicht vollständig erfüllt hat und die Zahlung noch aussteht. Sind Beteiligungsverhältnisse vorhanden oder liegen verbundene Unternehmen vor, müssen die zugehörigen Forderungen gesondert ausgewiesen werden. Die sonstigen Vermögensgegenstände stellen einen Sammelposten dar. Hierzu gehören z.B. Versicherungsansprüche oder Steuererstattungsansprüche (z.B. Vorsteuerbeträge).

6. **Wertpapiere**: Alle kurzfristig gehaltenen Wertpapiere fallen unter diesen Posten, wobei die Anteile an verbundenen Unternehmen gesondert darzustellen sind. Eigene Anteile werden nicht auf der Aktivseite ausgewiesen, sondern mit dem Eigenkapital verrechnet.

7. **Aktive RAP**: Hierzu gehören die in § 250 HGB angeführten transitorischen Rechnungsabgrenzungsposten. Ein Disagio wird meist gesondert ausgewiesen.

8. **Latente Steuern**: Wird das Ansatzwahlrecht für die latenten Steuern genutzt, sind sie in einem speziellen Posten unter den RAP zu erfassen. Hiermit wird klargestellt, dass es sich nicht um Vermögensgegenstände handelt.

---

[1] Vgl. Federmann, R./Müller, S. (Bilanzierung), S. 337.

9. **Aktiver Unterschiedsbetrag aus der Vermögensverrechnung**: Ein aktiver Unterschiedsbetrag aus der Vermögensverrechnung wird ausgewiesen, wenn der Wert der absichernden Vermögensgegenstände die zugehörigen Altersversorgungsverpflichtungen übersteigt (§ 246 Abs. 2 Satz 2 HGB).

10. **Eigenkapital**: Die Eigenkapitalposten der Kapitalgesellschaft wurden bereits erläutert. In der Praxis tritt entweder ein Gewinn- oder Verlustvortrag bzw. ein Jahresüberschuss oder Jahresfehlbetrag auf.

11. **Rückstellungen**: Zu den sonstigen Rückstellungen gehören alle Verpflichtungen, die nicht Pensionen oder Steuern betreffen (z.B. Instandhaltungsrückstellungen).

12. **Verbindlichkeiten**: Anleihen sind Schuldverschreibungen, die feste Zinszahlungen beinhalten und zum Nennwert zurückzuzahlen sind. Verbindlichkeiten gegenüber Kreditinstituten umfassen Bankkredite. Erhält ein Unternehmen von einem Kunden eine Anzahlung auf eine zu erbringende Leistung, werden erhaltene Anzahlungen auf Bestellungen passiviert. Die Umsatzsteuer entsteht schon bei Zahlungseingang[1].

Stellt ein Unternehmen einen Wechsel aus, um seine Schulden zu tilgen, müssen die Wechselverbindlichkeiten gesondert dargestellt werden. Verbindlichkeiten gegenüber beteiligten Unternehmen bilden das Gegenstück zu den entsprechenden Forderungen. Die sonstigen Verbindlichkeiten bilden einen Sammelposten für verschiedene Verbindlichkeitsarten. Verbindlichkeiten aus Steuern (z.B. die Umsatzsteuer für den Monat Dezember) und gegen Sozialversicherungsträger sind speziell auszuweisen.

13. **Passive RAP und latente Steuern**: Diese Größen bilden das Gegenstück zu den entsprechenden Aktivposten. Die Einzelheiten wurden schon behandelt.

5.2 Gliederungsvorschriften und Postenerläuterungen

In § 265 HGB sind allgemeine Gliederungsgrundsätze festgelegt worden, die gleichermaßen für die Bilanz und GuV-Rechnung gelten. Die folgende Abbildung stellt einige wichtige Prinzipien zusammen:

Gliederungsgrundsätze (§ 265 HGB)	
Darstellungsstetigkeit:	Die Form der Darstellung, insbesondere die Gliederung ist beizubehalten
Vorjahresangaben:	Zu jedem Posten ist der Vorjahreswert anzugeben
Postenuntergliederung:	Posten dürfen weiter untergliedert werden. Neue Posten können hinzugefügt werden
Postenzusammenfassungen:	Posten dürfen unter bestimmten Umständen zusammengefasst werden

Abb. 127: Gliederungsgrundsätze

---

[1] Vgl. Döring, U./Buchholz, R. (Jahresabschluss), S. 72-73.

Beispiel: Die kleine X-GmbH weist Ende 01 die Aktivposten "immaterielle Vermögensgegenstände", "Sachanlagen" und "Finanzanlagen" aus. Ende 01 ergeben sich die folgenden Werte. Die Vorjahresbeträge werden in Klammern angegeben. Die gewählte Gliederung ist auch in den Jahren 02, 03 etc. zu verwenden (Darstellungsstetigkeit).

Aktivseite (mit Vorjahreswerten)		Passivseite
A. Anlagevermögen		
I. Immaterielle VG	200.000 (250.000)	Diverse Passivposten
II. Sachanlagen	280.000 (320.000)	
III. Finanzanlagen	300.000 (280.000)	
Weitere Aktivposten		

Abb. 128: Aktivseite mit Vorjahresbeträgen

Eine Besonderheit betrifft die Darstellung hoher Verluste von Kapitalgesellschaften. Nach § 268 Abs. 3 HGB ist auf der Aktivseite ein **nicht durch Eigenkapital gedeckter Fehlbetrag** auszuweisen, wenn das Eigenkapital durch Verluste aufgebraucht ist und die Passiva die Aktiva übersteigen.

Beispiel: Das Stammkapital der A-GmbH beträgt 500.000 €. Rücklagen sind nicht mehr vorhanden. In 02 wird ein Jahresfehlbetrag von 600.000 € erzielt. Normalerweise würde auf der Passivseite der Posten "Jahresfehlbetrag -600.000 €" ausgewiesen werden. Zur Verdeutlichung, dass eine gefährliche Situation vorliegt, muss auf der Aktivseite ein spezieller "Verlustindikator" erscheinen. Bilanztechnisch liegt eine Bilanzverlängerung vor: Auf der Aktivseite wird der nicht gedeckte Fehlbetrag 100.000 € aktiviert, wodurch auf der Passivseite der Jahresfehlbetrag um 100.000 € sinkt (Angaben in Tsd. Euro):

A	Bilanz 31.12.02			P
Div. Vermögensgegenstände	250	Gezeichnetes Kapital		500
Nicht durch Eigenkapital gedeckter Fehlbetrag	100	Jahresfehlbetrag	-600	
		davon nicht gedeckt	100	-500
		Schulden		350
	350			350

Abb. 129: Nicht durch Eigenkapital gedeckter Fehlbetrag

Auf der Passivseite erscheint in einer **Vorspalte** der Jahresfehlbetrag, der um den nicht gedeckten Betrag vermindert wird[1]. In der Hauptspalte werden -500.000 € ausgewiesen, wodurch sich ein Eigenkapital von null Euro ergibt. Auf der Aktivseite wird ein nicht durch Eigenkapital gedeckter Fehlbetrag von 100.000 € ausgewiesen. Es liegt eine **buchmäßige (formelle) Überschuldung** vor[2]. Sie ist von der materiellen Überschuldung im Sinne des Insolvenzrechts zu trennen, bei der Zeitwerte zugrunde gelegt werden.

---

[1] Vgl. Schildbach, T./Stobbe, T./Brösel, G. (Jahresabschluss), S. 223.
[2] Vgl. Baetge, J./Kirsch, H.-J./Thiele, S. (Bilanzen), S. 519.

6. Spezielle Bewertungsvorschriften

Die Bewertungsvorschriften für Kapitalgesellschaften entsprechen denen, die für alle Kaufleute gelten. Allerdings ergeben sich rechtsformspezifische Besonderheiten bei der **Wertaufholung**: Nach § 58 Abs. 2a AktG können Vorstand und Aufsichtsrat den Eigenkapitalanteil des Zuschreibungsbetrags den anderen Gewinnrücklagen zuführen (Wahlrecht). Dann wird ein Teil des Eigenkapitals dem Zugriff der Aktionäre entzogen. Der **Eigenkapitalanteil** ist der Betrag, der nach Ertragsteuern übrig bleibt.

Beispiel: Für die Besteuerung der X-AG gilt ein Ertragsteuersatz von 30%. Im Jahr 05 ist der Grund für eine vorherige außerplanmäßige Abschreibung entfallen, sodass eine Zuschreibung erfolgt. Hierdurch entsteht ein Ertrag von 50.000 € in der GuV-Rechnung, der zum Gewinn vor Steuern von 200.000 € führt (Jahresüberschuss: 140.000 €).

Der Jahresüberschuss wird um die gesetzliche Rücklage (5% von 140.000 €) und die Rücklagendotierung des Vorstands (maximal 50% von 133.000 €) vermindert. Bei größtmöglicher Thesaurierung bleiben 66.500 € im Unternehmen und der Bilanzgewinn ist 66.500 €. Allerdings kann der Bilanzgewinn durch den Eigenkapitalanteil der Wertaufholung in Höhe von 35.000 € (70% von 50.000 €, s = 30%) weiter vermindert werden. Dann entsteht im obigen Beispiel ein Bilanzgewinn von 31.500 € (66.500 € - 35.000 €).

7. Informationen im Anhang

Der **Anhang** gehört zum Jahresabschluss von Kapitalgesellschaften und soll einerseits die Posten der Bilanz und GuV-Rechnung erläutern (**Erläuterungsfunktion**). Im Anhang wird z.B. angegeben, wie sich der Wert der Sachanlagen im Zeitablauf verändert hat. Andererseits vermittelt der Anhang bestimmte Informationen, die über die Postenerläuterung hinausgehen. Diese **Ergänzungsfunktion** wird später erklärt.

Der Anhang enthält allgemeine und spezielle Pflichtangaben zu den einzelnen Jahresabschlussposten. Einige Angaben können auch in die Bilanz oder die GuV-Rechnung aufgenommen werden, so dass sich die folgende Struktur für den Anhang ergibt:

Angaben im Anhang		
Wahlweise Angaben	**Pflichtangaben**	
Angaben, die nicht in der Bilanz oder GuV-Rechnung erscheinen	Allgemeine	Spezielle
	Nach § 284 Abs. 2 HGB - Grundsatzinformationen -	Nach § 285 HGB - Detailinformationen -

Abb. 130: Vorschriften zum Anhang

Ein **Wahlrecht** betrifft z.B. die Erläuterung des Bilanzgewinns. Nach § 268 Abs. 1 HGB kann diese Angabe in der Bilanz oder im Anhang erfolgen. In der GuV-Rechnung sind die außerplanmäßigen Abschreibungen anzugeben. Diese Information kann wahlweise auch im Anhang erfolgen (§ 277 Abs. 3 Satz 1 HGB).

Allgemeine Pflichtangaben nach § 284 HGB haben mehr grundsätzlichen Charakter. Die folgende Abbildung zeigt die Inhalte des § 284 Abs. 2 HGB.

Angaben nach § 284 Abs. 2 HGB	
Nr. 1	Angabe der angewandten Bilanzierungs- und Bewertungsmethoden
Nr. 2	Begründung abweichender Bilanzierungs- und Bewertungsmethoden und Angabe des Einflusses auf die Vermögens-, Finanz- und Ertragslage
Nr. 3	Angabe wesentlicher Unterschiede zwischen den Werten nach der Gruppenbewertung bzw. den Verbrauchsfolgeverfahren und den letzten bekannten Börsenkursen oder Marktpreisen
Nr. 4	Angaben zu Fremdkapitalzinsen in den Herstellungskosten

Abb. 131: Allgemeine Angaben nach § 284 Abs. 2 HGB

Zu den Bilanzierungs- und Bewertungsmethoden zählen alle Verfahren, die den Ansatz, den Ausweis und die Bewertung der Posten betreffen. Bei der Bewertung sind z.B. die gewählten Abschreibungsmethoden abnutzbarer Vermögensgegenstände anzugeben. Hinsichtlich aller ausgeübten Bewertungswahlrechte (z.B. Einbeziehung allgemeiner Verwaltungskosten in die Herstellungskosten) müssen Angaben erfolgen[1].

Auch die Fremdwährungsumrechnung ist eine Bewertungsmethode. Erfolgt eine Lieferung ins Ausland, sind die Grundlagen der Währungsumrechnung für die entstehende Forderung anzugeben (Angabe des Kurses bei Erstbewertung). Auch die Kurse am Bilanzstichtag (Folgebewertung) sind festzuhalten, damit mögliche Gewinne oder Verluste von den Bilanzadressaten nachvollzogen werden können (siehe drittes Kapitel).

Wird eine Bilanzierungs- oder Bewertungsmethode gewechselt, müssen die maßgeblichen Gründe angeführt und die Auswirkungen auf die wirtschaftliche Lage der Kapitalgesellschaft angegeben werden (§ 284 Abs. 2 Nr. 2 HGB). Der Methodenwechsel darf nur in begründeten Ausnahmefällen erfolgen.

Bei der Bewertung von Vorräten mittels Verbrauchsfolgeverfahren ergeben sich regelmäßig Unterschiede zwischen dem vereinfachenden Wert und dem letzten Marktwert. Wenn diese Differenzen wesentlich sind, muss eine Angabe im Anhang erfolgen. Das gilt für den Fall, das der Marktwert über dem vereinfachenden Wert liegt, da ansonsten eine Abschreibungspflicht besteht. Werden Fremdkapitalzinsen in die Herstellungskosten einbezogen (Wahlrecht), sind Angaben über die Höhe der Zinsen und über den Verrechnungszeitraum vorzunehmen (§ 284 Abs. 2 Nr. 4 HGB).

Der Anhang enthält auch das **Anlagengitter** (§ 284 Abs. 3 HGB). Diese Übersicht gibt die Entwicklung der einzelnen Posten des Anlagevermögens im Zeitablauf wieder. Ausgehend von den Anschaffungs- oder Herstellungskosten sind die Zu- und Abgänge, die Umbuchungen, Zuschreibungen und Abschreibungen für die einzelnen Anlagegegenstände zu erfassen. Die Abschreibungen sind kumuliert und jahresbezogen anzugeben. Auch Änderungen der Abschreibungsbeträge sind gesondert auszuweisen.

---

[1] Vgl. Bitz, M./Schneeloch, D./Wittstock, W./Patek, G. (Jahresabschluss), S. 338.

Beispiel: Die Sachanlagen der X-AG werden am 1.7.01 für 500.000 € neu beschafft (Zugang). Bei einer Nutzungsdauer von zehn Jahren betragen die jährlichen Abschreibungen 50.000 € (lineare Methode). Auf 01 entfällt die Hälfte (25.000 €). Ende 01 ist noch ein Buchwert von 475.000 € vorhanden (= erste Zeile in der folgenden Abbildung).

Für den Anfangsbestand 02 sind die **historischen Anschaffungskosten** maßgeblich, also 500.000 €. Von diesem Wert werden in 02 die **kumulierten** Abschreibungen abgezogen, also die Abschreibungen für 01 und 02. Sie belaufen sich auf 75.000 € (25.000 € in 01 und 50.000 € für 02). Neuer Buchwert am Jahresende 02: 425.000 €. Aus der Differenz der Buchwerte am Jahresende 02 und 01 ergibt sich die Jahresabschreibung in Höhe von 50.000 € für 02 (475.000 € - 425.000 € = 50.000 €).

Die folgende Abbildung zeigt ein vereinfachtes Anlagengitter für die obigen Daten[1]. Es gilt: AB = Anfangsbestand, ZG = Zugänge, kum. = kumuliert, BW = Buchwert, jährl. = jährlich, Abschr. = Abschreibung. Angaben in Tausend Euro.

	AB	ZG	Kum. Abschr.	BW	BW Vorjahr	Jährl. Abschr.
01	-	500	25	475	-	25
02	500	-	75	425	475	50
03	500	100	145	455	425	70

Abb. 132: Vereinfachtes Anlagengitter

Werden Anfang 03 weitere Anlagen mit Anschaffungskosen von 100.000 € beschafft, liegen weitere **Zugänge** vor. Die planmäßigen Abschreibungen auf die neuen Zugänge betragen 20.000 € in 03, wenn eine lineare Abschreibung über fünf Jahre vorgenommen wird. Weitere planmäßige Abschreibungen in Höhe von 50.000 € sind auf die "alten" Anlagen zu verrechnen, die in 01 beschafft wurden. Die jährlichen Abschreibungen in 03 belaufen sich auf 70.000 €.

Die kumulierten Abschreibungen in 03 berechnen sich auf 145.000 € (25.000 € aus 01, 50.000 € aus 02 und 70.000 € aus 03). Ende 03 beträgt der Buchwert aller Anlagen noch 455.000 €. Die gesamten Anschaffungskosten von 600.000 € werden um die kumulierten Abschreibungen von 145.000 € gekürzt.

Scheidet eine Sachanlage aus dem Unternehmen aus, liegt ein **Abgang** vor, der mit den historischen Anschaffungskosten der Anlage zu bewerten ist. Außerdem werden die kumulierten Abschreibungen um den Anteil korrigiert, der auf die ausgeschiedene Sachanlage entfällt. **Umbuchungen** sind vorzunehmen, wenn ein Posten des Anlagevermögens seine Zugehörigkeit ändert (z.B. bei geplantem Verkauf einer Maschine).

Spezielle Pflichtangaben werden in § 285 HGB vorgeschrieben. Die Abbildung auf der folgenden Seite stellt beispielhaft einige Angabepflichten zusammen, die in diesem Lehrbuch behandelt wurden. Zu Einzelheiten wird auf die Literatur verwiesen[2].

---

[1] Vgl. das vollständige Schema bei Meyer, C. (Bilanzierung), S. 216-224.
[2] Vgl. Zwirner, C. (Anhangberichterstattung), S. 2303-2305.

Beispielhafte Angaben nach § 285 HGB	
Position	Inhalt
Nr. 13	Erläuterung des Zeitraums für die Abschreibung des entgeltlich erworbenen Firmenwerts
Nr. 22	Angabe der gesamten Forschungs- und Entwicklungskosten und des Teilbetrags, der als selbst geschaffene immaterielle Rechte aktiviert wurde
Nr. 25	Angaben zur Verrechnung von Vermögensgegenständen und Schulden im Rahmen von Altersversorgungsverpflichtungen (z.B. Ermittlung des beizulegenden Zeitwerts)
Nr. 28	Angaben zu den Beträgen nach § 268 Abs. 8 HGB, aufgeteilt nach Kategorien (selbst geschaffene immaterielle Vermögensgegenstände, aktive latente Steuern und zum Zeitwert bewertete Vermögensgegenstände)
Nr. 31	Art und Betrag von außerordentlichen Aufwendungen und Erträgen (z.B. Schäden durch Brände, die nicht von der Versicherung gedeckt werden)

Abb. 133: Spezielle Angaben nach § 285 HGB

Der Anhang vermittelt auch Informationen, die nicht im Jahresabschluss enthalten sind. Insoweit hat er eine **Ergänzungsfunktion**. Nach § 285 Nr. 3a HGB ist der Gesamtbetrag der sonstigen finanziellen Verpflichtungen anzugeben, wenn sie nicht in der Bilanz oder nach § 268 Abs. 7 HGB unter der Bilanz darzustellen sind. Die Angabe muss für die Finanzlage von Bedeutung sein. Als Beispiel lassen sich Verpflichtungen aus gesetzlichen Auflagen (z.B. für den Umweltschutz) anführen, die das Unternehmen zukünftig belasten werden[1]. Da diese Aufwendungen erst in der Zukunft entstehen werden, sind sie noch nicht zu bilanzieren. Auch eine Angabe unter der Bilanz entfällt, da es sich nicht um Haftungsverhältnisse handelt. Daher muss eine Angabe im Anhang erfolgen.

8. Informationen im Lagebericht

Kapitalgesellschaften müssen zusätzlich zum Jahresabschluss einen **Lagebericht** erstellen. Er enthält Informationen, die über die Inhalte des Jahresabschlusses hinausgehen. Die Abbildung auf der folgenden Seite gibt die Inhalte des Lageberichts nach § 289 Abs. 1 und 2 HGB wieder.

Im **Wirtschaftsbericht** sind die Entwicklung des Geschäftsverlaufs einschließlich des Geschäftsergebnisses und die Lage der Kapitalgesellschaft so darzustellen, dass sich ein realistisches Bild ergibt. Die gesamtwirtschaftlichen Rahmenbedingungen sind zu erläutern und wichtige unternehmensbezogene finanzielle Größen (z.B. der Auftragsbestand, die Umsatz- und Kostenentwicklungen) sind zu beschreiben[2]. Außerdem muss eine Analyse des Geschäftsverlaufs und des Geschäftsergebnisses vorgenommen werden. Die Gründe für die Entwicklung der Erfolgsgrößen müssen angegeben werden.

---

[1] Vgl. Coenenberg, A.G./Haller, A./Schultze, W. (Jahresabschluss), S. 872.
[2] Vgl. Baetge, J./Kirsch, H.-J./Thiele, S. (Bilanzen), S. 751-752.

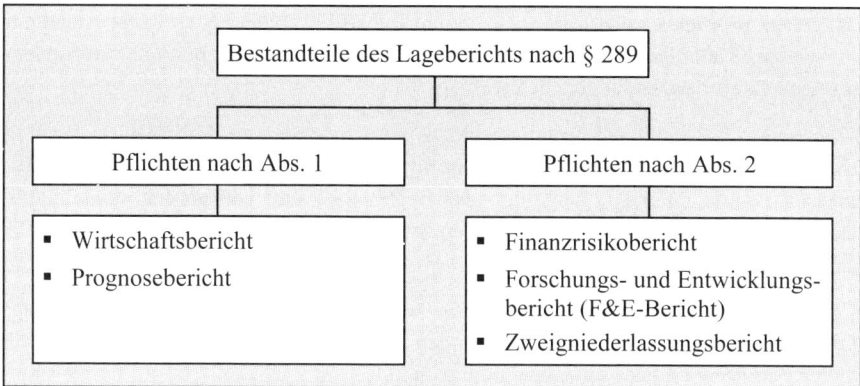

Abb. 134: Bestandteile des Lageberichts

Der **Prognosebericht** informiert über die zukünftigen Entwicklungsmöglichkeiten des Unternehmens. Dieser Bericht soll die geplanten Vorhaben des Unternehmens darstellen (z.B. die Erweiterung der betrieblichen Produktionsmöglichkeiten), wobei die hiermit verbundenen Chancen und Risiken beurteilt werden müssen. Werden die Kapazitäten erweitert, ergeben sich z.B. verbesserte Absatz- und Umsatzmöglichkeiten, aber es besteht auch das Risiko, dass sich die Absatzerwartungen nicht erfüllen. Üblicherweise wird ein Prognosezeitraum von **zwei Jahren** zugrunde gelegt[1].

Im **Finanzrisikobericht** sind Preisänderungs-, Ausfall- und Liquiditätsrisiken und Risiken aus Zahlungsstromschwankungen zu beschreiben, die mit Wertpapieren verbunden sind. Außerdem sind die Ziele und Methoden des Risikomanagements zu erläutern. Es ist zu beschreiben, ob und wie die Risiken aus Finanzgeschäften abgesichert werden.

Der **Forschungs- und Entwicklungsbericht** muss Angaben über durchgeführte und geplante Forschungs- und Entwicklungsprojekte des Unternehmens enthalten. Es können verbale, quantitative (z.B. Anzahl der Patente) oder monetäre Informationen vermittelt werden. Die Angabe der Geldbeträge für den Forschungs- und Entwicklungsbereich ist sinnvoll. Allerdings wird die Aufteilung auf einzelne Projekte nicht verlangt, damit die Konkurrenten aus diesen Informationen keine Wettbewerbsvorteile ziehen können[2].

Der **Zweigniederlassungsbericht** muss Angaben über die im In- und Ausland vorhandenen Zweigniederlassungen enthalten. Als Mindestinformation muss der Sitz der jeweiligen Niederlassungen angegeben werden.

Große Kapitalgesellschaften müssen im Wirtschaftsbericht auch nichtfinanzielle Leistungsindikatoren erläutern und ihre Entwicklung analysieren (§ 289 Abs. 3 HGB). Wenn Akiengesellschaften kapitalmarktorientiert sind, müssen sie die in § 289a HGB geforderten Angaben bereitstellen. Es muss z.B. die Aufteilung des gezeichneten Kapitals in Aktiengattungen (z.B. Stammaktien und Vorzugsaktien) erfolgen.

Zusätzlich müssen börsennotierte Aktiengesellschaften nach § 289a Abs. 2 HGB einen **Vergütungsbericht** erstellen. In ihm sind die Gehälter des Vorstands und Aufsichtsrats

---

[1] Vgl. Baetge, J./Kirsch, H.-J./Thiele, S. (Bilanzen), S. 761.
[2] Vgl. Coenenberg, A.G./Haller, A./Schultze, W. (Jahresabschluss), S. 949.

anzugeben. Hierbei ist auf erfolgsunabhängige und erfolgsabhängige Gehaltsbestandteile einzugehen. Außerdem müssen z.B. die Bedingungen für Aktienoptionen und sonstige Bezugsrechte für Aktien angegeben werden[1].

Durch das CSR-Richtlinie-Umsetzungsgesetz wurden mit den §§ 289b-f HGB neue Vorschriften zur **Corporate Social Responsability** (CSR), zur sozialen Verantwortung der Unternehmen, in das HGB eingefügt. Die Regelungen sind von großen kapitalmarktorientierten Kapitalgesellschaften anzuwenden, die im Jahresdurchschnitt mehr als 500 Arbeitnehmer beschäftigen (§ 289b Abs. 1 HGB).

In der **nichtfinanziellen Erklärung** (§ 289c HGB) werden zahlreiche Angaben von den Unternehmen gefordert, die in der folgenden Abbildung in Übersichtsform dargestellt werden. Im Rahmen der Umweltbelange sollen die Unternehmen z.B. auf den Wasserverbrauch oder den CO_2-Ausstoß (jeweils pro Jahr) eingehen. Bei der Bekämpfung der Korruption ist die Einführung unternehmensinterner Überwachungssysteme sinnvoll, um die Einhaltung von gesetzlichen und unternehmensinternen Regelungen sicherzustellen. Diese Regelkonformität wird als **Compliance** bezeichnet. Zu den Inhalten der übrigen Punkte muss aus Platzgründen auf die Literatur verwiesen werden[2].

Inhalt der nichtfinanziellen Erklärung					
Umweltbelange (z.B. Wasser- und Energieverbrauch)	Arbeitnehmerbelange (z.B. Mitarbeiterzufriedenheit)	Sozialbelange (z.B. Spenden für gemeinnützige Zwecke)	Achtung der Menschenrechte (z.B. Auswahl zertifizierter Lieferanten)	Bekämpfung der Korruption (z.B. Compliance-Systeme)

Abb. 135: Inhalt der nichtfinanziellen Erklärung

Zur Erläuterung der Inhalte der nichtfinanziellen Erklärung muss das Geschäftsmodell des Unternehmens beschrieben werden. Hierbei sind die verfolgten Konzepte z.B. zur Verbesserung der Umweltschutzmaßnahmen und die Konzeptergebnisse darzustellen. Gleichzeitig sind auch wesentliche Risiken, die mit der Geschäftstätigkeit verbunden sind, darzustellen[3].

Es wird deutlich, dass die Vorschriften im Bereich CSR hohe Anforderungen an die betreffenden Unternehmen stellen. Daher wurde die Berichtspflicht auf Großunternehmen beschränkt. Viele kleine und mittelgroße Unternehmen sind vermutlich nicht in der Lage, die Kosten für eine derart umfangreiche Datenerfassung und -aufbereitung zu tragen. Gleichzeitig ist fraglich, ob durch Berichtspflichten über den Umweltschutz oder die Arbeitnehmerbelange die tatsächlichen Verhältnisse verbessert werden. Meist werden nur durch gesetzliche Regelungen z.B. durch strengere Grenzwerte für CO_2-Emissionen Verbesserungen im Umweltschutz erreicht werden. Gleichzeitig müssten auch die gesetzlichen Kontrollen für die Einhaltung der entsprechenden Maßnahmen ausgeweitet werden. Insoweit bleibt noch viel zu tun, um die Lebensbedingungen zu verbessern.

---

[1] Vgl. Baetge, J./Kirsch, H.-J./Thiele, S. (Bilanzen), S. 777.
[2] Vgl. Boecker, C./Zwirner, C (Berichterstattung), S. 2156-2157.
[3] Vgl. Velte, P. (Zukunft), S. 2815.

Fünftes Kapitel: Vorschriften der GuV-Rechnung

1. Verfahren der Erfolgsermittlung

1.1 Gesamtkostenverfahren

Die Aufgabe der GuV-Rechnung besteht in der Erfolgsermittlung und in der Abbildung der Ertragslage. Der Unternehmer will wissen, ob er im Geschäftsjahr erfolgreich gewirtschaftet hat. Im Handelsrecht erhöhen **Erträge** den Gewinn und das Eigenkapital des Geschäftsjahres, während **Aufwendungen** es vermindern. Die Erfolgskomponenten sind der Periode zuzuordnen, in der sie entstanden sind (Periodisierungsprinzip). Die Erträge sind nach dem Realisationsprinzip zu verrechnen, während die Aufwendungen sachlich zuzurechnen bzw. zeitlich abzugrenzen sind (siehe erstes Kapitel).

Bei industrieller Fertigung kann die sachliche Zuordnung der Aufwendungen zu Problemen führen. In der folgenden Abbildung werden in 01: 10.000 Stück hergestellt, wobei Aufwendungen von 100.000 € anfallen. In derselben Periode werden 8.000 Stück für 160.000 € netto abgesetzt. Die Restmenge wird in 02 veräußert. Es stellt sich die Frage nach der Aufwandsverrechnung: Sollen die vollen 100.000 € auf die produzierte Menge verrechnet werden? Oder soll eine anteilige Verrechnung auf die abgesetzte Menge erfolgen? Die Abbildung verdeutlicht das Zurechnungsproblem.

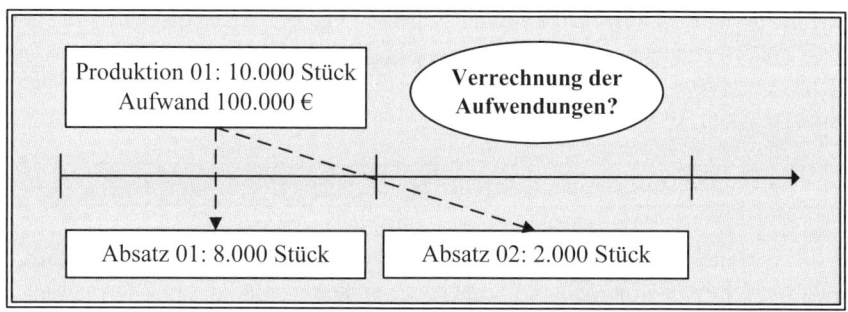

Abb. 136: Problem der Aufwandsverrechnung

Je nachdem, wie man diese Fragen beantwortet, gelangt man zum Gesamtkosten- oder Umsatzkostenverfahren. Zunächst wird das Gesamtkostenverfahren behandelt, bei dem die Herstellungskosten für die produzierte Menge, der **Produktionsaufwand**, im Mittelpunkt steht. Eine Bestandserhöhung wird bei diesem Verfahren wie folgt verrechnet, um den Periodenerfolg richtig zu bestimmen[1]:

- Aufwandsseite: Volle Verrechnung des Produktionsaufwands.
- Ertragsseite: Zusätzlicher Ertrag der Bestandserhöhung.

---

[1] Vgl. Wöhe, G./Kußmaul, H. (Bilanztechnik), S. 150-151.

Bei einer Bestandsminderung muss der Produktionsaufwand dagegen um den Wert der Bestandsverringerung erhöht werden. Mit den obigen Daten lässt sich für die Bestandserhöhung in 01 der folgende Gewinn ermitteln, wenn Ertragsteuern vernachlässigt werden. Aus didaktischen Gründen wird die GuV-Rechnung in **Kontoform** dargestellt[1].

Aufwand		GuV-Rechnung 01	Ertrag
Produktionsaufwand	100.000	Umsatzerlöse	160.000
Gewinn	80.000	Bestandserhöhung	20.000
	180.000		180.000

Abb. 137: Erfolgsermittlung nach Gesamtkostenverfahren

Da sich der Produktionsaufwand auf die Menge von 10.000 Stück bezieht, wird die Bestandsmehrung als Ertrag verrechnet. Der Wert beträgt 20.000 € (100.000 €/10.000 Stück x 2.000 Stück). Die Bewertung erfolgt mit den Herstellungskosten, die im dritten Kapitel erläutert wurden. Es müssen alle produktionsbedingten Kosten (für Material- und Fertigung) in die Lagermenge einbezogen werden, soweit sie eine angemessene Höhe aufweisen. Für die übrigen Kostenarten gilt nach § 255 Abs. 2 HGB:

- Allgemeine Verwaltungskosten[2]: Ansatzwahlrecht.
- Forschungs- und Vertriebskosten: Ansatzverbot.

Wird die Bewertung auf Vollkostenbasis durchgeführt, ist die Lagerbewertung **erfolgsneutral**. Würde kein Absatz stattfinden, also die gesamte Produktionsmenge auf Lager genommen, würden den gesamten Aufwendungen auf der Sollseite des GuV-Kontos der Wert der gesamten Lagermenge auf der Habenseite gegenüberstehen. Wird die Lagermenge mit allen angefallenen Kosten bewertet, gleichen sich die Aufwendungen und Erträge auf beiden Kontenseiten aus und es ergibt sich keine Erfolgswirkung. Da ein Erfolg erst beim Absatz entstehen soll, gilt bei der Vollkostenbewertung:

Vollkostenbewertung sichert den periodengerechten Erfolgsausweis

Da die **Vertriebskosten** nicht aktiviert werden dürfen, mindern sie in voller Höhe den Periodenerfolg. Wenn im obigen Beispiel Versandkosten von 2 € pro Stück entstehen, steigt der Aufwand um 16.000 € (8.000 Stück x 2 €/Stück) und der Erfolg sinkt in gleicher Höhe. Es ist kein Ausgleich durch die Höherbewertung der Bestandsänderung möglich (Ansatzverbot von Vertriebskosten).

Im obigen Beispiel wurde der Produktionsaufwand in der GuV-Rechnung undifferenziert ausgewiesen. Beim Gesamtkostenverfahren sind jedoch nach der gesetzlichen Bestimmung in § 275 Abs. 2 HGB die einzelnen Aufwandsarten anzugeben. Die folgende Abbildung zeigt eine beispielhafte Aufwandsunterteilung. Die produktionsbedingten Aufwendungen werden noch durch die Verwaltungs- und Vertriebskosten erhöht, die z.B. für das Verwaltungspersonal oder für den Versand der Produkte entstehen.

---

[1] Vgl. Meyer, C./Theile, C. (Bilanzierung), S. 144.
[2] Das Wahlrecht gilt auch für Sozialaufwendungen des Betriebs.

Aufwandsuntergliederung beim GKV
• Materialaufwand: 30.000 € ⎫
• Personalaufwand: 40.000 € ⎬ Produktionsaufwand
• Abschreibungen: 30.000 € ⎭ 100.000 €
Kostenartenorientierung

Abb. 138: Beispielhafte Aufwandsuntergliederung (GKV)

Da die Aufwendungen im Mittelpunkt stehen, wird das Gesamtkostenverfahren als **kostenartenorientiertes** Verfahren bezeichnet[1]. Das Gesamtkostenverfahren ist buchungstechnisch relativ einfach zu handhaben. Alle Aufwendungen gehen in das GuV-Konto ein, aus dem anschließend die GuV-Rechnung entwickelt wird[2]. Die Bestandserhöhung wird gebucht: "Fertige Erzeugnisse an Bestandserhöhung fertiger Erzeugnisse 20.000". Im Fall einer Bestandsminderung lautet die Buchung: "Bestandsminderung fertiger Erzeugnisse an fertige Erzeugnisse".

Da die Lagerbestandserhöhung explizit in Erscheinung tritt, ist die Kontensumme in diesem Fall beim Gesamtkostenverfahren (GKV) höher als beim Umsatzkostenverfahren (UKV). Bei einer Bestandsminderung sind die Kontensummen beider Verfahren gleich. Verwendet man die Begriffe Brutto- und Nettoverfahren, lässt sich bei Verwendung der Kontoform festhalten[3]:

GKV ist Bruttoverfahren – UKV ist Nettoverfahren
• Bestandserhöhung: Kontensumme GKV > Kontensumme UKV
• Bestandsminderung: Kontensumme GKV = Kontensumme UKV

Abb. 139: Vergleich von Gesamt- und Umsatzkostenverfahren

1.2 Umsatzkostenverfahren

Beim Umsatzkostenverfahren steht nicht die produzierte Menge x_p, sondern die abgesetzte Menge x_a im Mittelpunkt. Es werden die Herstellungskosten für die abgesetzte Menge, der **Umsatzaufwand**, verrechnet. Den Umsatzerlösen werden die zugehörigen Aufwendungen gegenübergestellt. Weichen die produzierte und abgesetzte Menge voneinander ab, ergeben sich die folgenden Effekte[4]:

- Bestandsmehrung: Verminderung des Produktionsaufwands.
- Bestandsminderung: Erhöhung des Produktionsaufwands.

---

[1] Die Verfahren verwenden den Kostenbegriff, obwohl in der Finanzbuchhaltung Aufwendungen verrechnet werden. Zwischen diesen Größen bestehen einige Unterschiede, die in der Literatur behandelt werden. Vgl. Wöhe, G./Döring, U./Brösel. G. (Betriebswirtschaftslehre), S. 635-640.
[2] Hierbei werden die Posten in Staffelform (= vertikal) angeordnet und den Bereichen "Betriebsergebnis" und "Finanzergebnis" zugeordnet.
[3] Vgl. Döring, U./Buchholz, R. (Jahresabschluss), S. 99.
[4] Vgl. Buchholz, R. (Rechnungslegung), S. 177.

Greift man auf die Zahlen des obigen Beispiels zurück, muss der Produktionsaufwand von 100.000 € für 10.000 Stück auf die Menge von 8.000 Stück umgerechnet werden. Da eine Bestandsmehrung stattfindet, wird beim Umsatzkostenverfahren der Aufwand vermindert. Statt 100.000 € werden 80.000 € als Umsatzaufwand verrechnet (100.000 €/ 10.000 Stück x 8.000 Stück). Die Umsatzerlöse betragen weiterhin 160.000 €, sodass sich ein Gewinn von 80.000 € ergibt. Die GuV-Rechnung in Kontoform lautet, wenn Ertragsteuern (z.B. die Gewerbesteuer) vernachlässigt werden:

Aufwand		GuV-Rechnung 01	Ertrag
Umsatzaufwand	80.000	Umsatzerlöse	160.000
Gewinn	80.000		
	160.000		160.000

Abb. 140: Erfolgsermittlung nach Umsatzkostenverfahren

Das Ergebnis des Umsatzkostenverfahrens stimmt mit dem des Gesamtkostenverfahrens überein. Voraussetzung ist die **gleiche Bewertung der Lagermenge**, die beim Umsatzkostenverfahren ebenfalls mit den Herstellungskosten erfolgt. Der Wert der Bestandserhöhung tritt nur implizit in Erscheinung, indem der Produktionsaufwand auf den Umsatzaufwand heruntergerechnet wird. Bei einer Bestandserhöhung ist daher die Kontensumme niedriger (Nettoverfahren).

Bei einer Bestandsminderung stimmen die Kontensummen beider Verfahren überein. Das Gesamtkostenverfahren verrechnet einen zusätzlichen Aufwand aus einer Bestandsminderung, während das Umsatzkostenverfahren einen erhöhten Umsatzaufwand in Abzug bringt. Diese Aufwendungen sind gleich.

Berücksichtigt man im obigen Beispiel die **Vertriebskosten** von 2 € je Stück für den Absatz von 8.000 Stück (insgesamt: 16.000 €), sinkt der Gewinn – wie beim Gesamtkostenverfahren – auf 64.000 €. Die Vertriebskosten müssen wieder in voller Höhe berücksichtigt werden, da sie für die abgesetzte Menge angefallen sind. Auch in diesem Fall werden die gleichen Erfolge ausgewiesen.

Die Aufwendungen werden beim Umsatzkostenverfahren nach Kostenträgern (nach Produkten) gegliedert, sodass das Verfahren **kostenträgerorientiert** ist. In der folgenden Abbildung wird der Umsatzaufwand für die abgesetzte Menge (80.000 €) beispielhaft auf die Produkte 1 bis 3 verteilt.

Aufwandsuntergliederung beim UKV		
▪ Aufwand für Produkt 1:	25.000 €	⎫
▪ Aufwand für Produkt 2:	15.000 €	⎬ Umsatzaufwand 80.000 €
▪ Aufwand für Produkt 3:	40.000 €	⎭
Kostenträgerorientierung		

Abb. 141: Beispielhafte Aufwandsuntergliederung (UKV)

2. Aufbau des Gesamtkostenverfahrens

Der Aufbau des Gesamtkostenverfahrens ist in § 275 Abs. 2 HGB festgelegt. Die Vorschrift verlangt die Anwendung der **Staffelform**, sodass gilt:

> Anordnung der Erfolgsposten untereinander (= vertikale Aufstellung)

Die Staffelform erlaubt die Bildung von Zwischensummen. Nach dem Ausweis der betrieblichen Erträge und Aufwendungen könnte z.B. die Zwischensumme "Betriebsergebnis" berechnet werden. Das **Betriebsergebnis** (operative Ergebnis) ist der Saldo aus Betriebserträgen (Posten Nr. 1 bis 4) und Betriebsaufwendungen (Posten Nr. 5 bis 8). Da der Ausweis vor Steuern und Zinsen erfolgt, wird auch die Bezeichnung **EBIT** (Earnings before interest and taxes = Ergebnis vor Zinsen und Steuern) verwendet.

> Betriebsergebnis (EBIT) = Betriebserträge - Betriebsaufwendungen (Nr. 1 bis 8)

Entsprechend lässt für das **Finanzergebnis** aus den Posten Nr. 9 bis 13 die folgende Gleichung ableiten:

> Finanzergebnis = Finanzerträge - Finanzaufwendungen (Nr. 9 bis 13)

Auch das Finanzergebnis ist eine Vorsteuergröße. Die Ertragsteuern (z.B. die Gewerbesteuer) werden im Posten Nr. 14 abgezogen, so dass sich anschließend der Erfolg nach Steuern (Posten Nr. 15) ergibt. Nach Abzug der sonstigen Steuern (z.B. der Grundsteuer für betriebliche Gebäude), erhält man den Jahresüberschuss (Jahresfehlbetrag).

Die Aufteilung des Gesamterfolgs in zwei Komponenten (**Erfolgsspaltung**) vermittelt dem Bilanzleser wichtige Informationen über den eigentlichen Leistungsprozess des Unternehmens[1]. Der gesonderte Ausweis eines **außerordentlichen Ergebnisses** ist nicht mehr vorgesehen. Dadurch sind selten anfallende Erfolgskomponenten nicht mehr in der GuV-Rechnung zu erkennen. Zum Ausgleich müssen im Anhang nach § 285 Nr. 31 HGB Angaben über Art und Betrag außergewöhnlicher Erträge und Aufwendungen vorgenommen werden, wenn sie nicht von untergeordneter Bedeutung sind.

Die Grundsätze des § 265 HGB, die für die Bilanz erläutert wurden, gelten auch für die GuV-Rechnung. Somit müssen z.B. die Vorjahresbeträge angegeben werden und es können weitere Postenuntergliederungen erfolgen. Wenn ein Posten nicht im gesetzlichen Schema erscheint, muss er neu eingefügt werden. Der Verlust aus dem Verkauf von Wertpapieren könnte z.B. als sonstiger finanzieller Aufwand bezeichnet werden.

Das vollständige Gliederungsschema ist von **Kapitalgesellschaften** zu befolgen. Allerdings sind in § 276 HGB Erleichterungen für kleine und mittelgroße Gesellschaften enthalten. Sie dürfen die Posten Nr. 1 bis 5 des Schemas als Rohergebnis ausweisen. Da für Einzelkaufleute und Personengesellschaften nur die §§ 238 bis 263 HGB gelten, müssen sie das Schema ebenfalls nicht vollständig anwenden.

---

[1] Vgl. Coenenberg, A.G./Haller, A./Schultze, W. (Jahresabschluss), S. 537-538.

Aufbau des Gesamtkostenverfahrens		
Gesetzliche Komponenten		Ökonomische Sicht
Nr. 1	Umsatzerlöse	**Betriebsergebnis** **(vor Steuern und** **Zinsen - EBIT)**
Nr. 2	Erhöhung oder Verminderung des Bestands an fertigen und unfertigen Erzeugnissen	
Nr. 3	Andere aktivierte Eigenleistungen	
Nr. 4	Sonstige betriebliche Erträge	
Nr. 5	Materialaufwand: a) Für Roh-, Hilfs- und Betriebsstoffe und Waren b) Für bezogene Leistungen	
Nr. 6	Personalaufwand: a) Löhne und Gehälter b) Sozialabgaben (mit Davon-Vermerk)	
Nr. 7	Abschreibungen: a) Auf immaterielle Vermögensgegenstände des Anlagevermögens und auf Sachanlagen b) Auf Vermögensgegenstände des Umlaufvermögens, soweit höher als üblich	
Nr. 8	Sonstige betriebliche Aufwendungen	
Nr. 9	Erträge aus Beteiligungen (mit Davon-Vermerk)	**Finanzergebnis** **(vor Steuern)**
Nr. 10	Erträge aus anderen Wertpapieren und Ausleihungen (mit Davon-Vermerk)	
Nr. 11	Sonstige Zinsen und ähnliche Erträge (mit Davon-Vermerk)	
Nr. 12	Abschreibungen auf Finanzanlagen und Wertpapiere des Umlaufvermögens	
Nr. 13	Zinsen und ähnliche Aufwendungen (mit Davon-Vermerk)	
Nr. 14	Steuern vom Einkommen und Ertrag	Ertragsteuern
Nr. 15	**Ergebnis nach Steuern (Erfolg nach Ertragsteuern)**	
Nr. 16	Sonstige Steuern	Sonstige Steuern
Nr. 17	**Jahresüberschuss/Jahresfehlbetrag (Erfolg nach Steuern)**	

Abb. 142: Gesetzlicher Aufbau des Gesamtkostenverfahrens

Erläuterungen zu den einzelnen Posten:

1. **Umsatzerlöse**: Nach § 277 Abs. 1 HGB gehören zu diesem Posten Erlöse aus dem Verkauf und der Vermietung/Verpachtung von Produkten sowie aus der Erbringung von Dienstleistungen. Die Umsatzsteuer und Erlösschmälerungen sind abzuziehen. Zu den Produkten gehören alle hergestellten Erzeugnisse des Unternehmens und die Waren im Handelsbetrieb. Auch die Nebenleistungen eines Unternehmens wie z.B. die Vermietung eines Grundstücks, gehören zu den Umsatzerlösen.

Beispiel: Die Möbel-AG produziert und veräußert in 01: 100 Tische zu je 500 € netto. Außerdem wurde in 01 ein unbebautes Grundstück für 2.000 € an einen benachbarten Unternehmer vermietet. Die Umsatzerlöse betragen in diesem Jahr 52.000 €. Auch wenn die Vermietungsleistung keine typische Leistung der Möbel-AG ist, gehören die Erträge zu den Umsatzerlösen.

2. **Erhöhung oder Verminderung des Bestands an fertigen und unfertigen Erzeugnissen**: Hierzu zählen nach § 277 Abs. 2 HGB zwei Bereiche:

   - Änderungen der Menge: Lageraufbau und Lagerabbau unfertiger und fertiger Erzeugnisse (einschließlich Inventurdifferenzen und Schwund).
   - Änderungen des Werts: Preisänderungen des Lagerbestands.

Die Bewertung der Bestandsänderung erfolgt grundsätzlich mit den Herstellungskosten[1]. Wertminderungen durch gesunkene Marktwerte werden nur unter diesem Posten ausgewiesen, soweit sie die üblichen Abschreibungen nicht überschreiten. Der übersteigende Teil ist unter Nr. 7b auszuweisen.

Beispiel: Die B-AG hat Anfang 01 einen Lagerbestand von 10.000 Stück, der Ende 01 auf 15.000 Stück gewachsen ist. Die Herstellungskosten betragen 12 € je Stück. Damit erscheint eine Bestandserhöhung von 60.000 € in der GuV-Rechnung.

Wenn der Verkaufspreis am Bilanzstichtag 11,80 € je Stück beträgt, muss eine Abwertung erfolgen. Der gesamte Bestand ist um 0,2 € je Stück abzuschreiben, wenn die Herstellungskosten aller Einheiten 12 € betragen. Die Abwertung von insgesamt 3.000 € (15.000 Stück x 0,2 €/Stück) wird als Bestandsminderung gebucht, wenn eine übliche Wertminderung vorliegt. Eine darüber hinausgehende Abwertung ist als Abschreibung auf Vermögensgegenstände des Umlaufvermögens zu erfassen[2].

3. **Andere aktivierte Eigenleistungen**: Hierzu zählen alle Erträge aus selbst erstellten Posten des Anlagevermögens (z.B. Sachanlagen), die längerfristig genutzt werden. Wird in 01 mit dem Bau einer Lagerhalle durch eigene Arbeitskräfte begonnen (Aufwand 01: 150.000 €), die in 02 fertig gestellt wird (Aufwand 02: 200.000 €), gelten Ende 01 die folgenden Ausweisformen:

   - Bilanz 31.12.01:   Anlagen im Bau 150.000 €.
   - GuV-Rechnung 01: Andere aktivierte Eigenleistungen 150.000 €.

Mit Fertigstellung in 02 erfolgt die Umbuchung auf das Konto "Bauten", das die Gebäude umfasst. Der Aufwand von 200.000 € in 02 führt in der GuV-Rechnung ebenfalls zu anderen aktivierten Eigenleistungen.

Auch Erträge aus selbst geschaffenen immateriellen Vermögensgegenständen des Anlagevermögens stellen bei der Aktivierung andere aktivierte Eigenleistungen dar. Wird in 01 mit der Entwicklung eines immateriellen Vermögensgegenstands begonnen (Betrag: 500.000 €), lautet die Buchung: "Selbst geschaffene Rechte und Werte in der Entwicklung an andere aktivierte Eigenleistungen 500.000". Bei der Fertigstellung in 02 wird gebucht, wenn weitere Aufwendungen von 400.000 € anfallen:

---

[1] Vgl. Küting, K. (Herstellungskosten), S. 422-426.
[2] Vgl. Bitz, M./Schneeloch, D./Wittstock, W./Patek, G. (Jahresabschluss), S. 322.

"Selbst geschaffene Rechte und Werte 900.000 an selbst geschaffene Rechte und Werte in der Entwicklung 500.000 und andere aktivierte Eigenleistungen 400.000".

4. **Sonstige betriebliche Erträge**: Dieser Ertragsposten weist einen Sammelcharakter auf. Er enthält betriebliche Erträge, die keine Umsatzerlöse darstellen. Beispiele:
   - Gewinne beim Verkauf von Sachanlagen (Nettoverkaufspreis > Restbuchwert im Veräußerungszeitpunkt)[1].
   - Erträge aus der privaten Nutzung betrieblicher Fahrzeuge.
   - Erträge aus der Zuschreibung von Sachanlagen oder von immateriellen Posten.
   - Erträge aus der Währungsumrechnung (§ 277 Abs. 5 Satz 2 HGB).

5. **Materialaufwand**: Er umfasst die im Industriebetrieb verbrauchten Roh-, Hilfs- und Betriebsstoffe. Im Handelsbetrieb ist der Wareneinsatz auszuweisen. Auch eine übliche Abwertung der jeweiligen Bestände nach dem strengen Niederstwertprinzip ist unter diesem Posten zu erfassen. Der unübliche Teil fällt unter Nr. 7b. Eine eindeutige Abgrenzung üblicher und unüblicher Aufwendungen ist kaum möglich[2].

Die ebenfalls unter Nr. 5 auszuweisenden bezogenen Leistungen müssen sich auf den Produktionsprozess beziehen. Allgemeine Dienstleistungen sind als sonstige betriebliche Aufwendungen darzustellen.

6. **Personalaufwand**: Unter Buchstabe a) werden die gesamten Bruttolöhne der Arbeiter, Angestellten und Auszubildenden ausgewiesen. Hierzu zählen auch die Urlaubslöhne, Weihnachtsgelder und sonstigen Zahlungen. Unter Buchstabe b) werden die Arbeitgeberanteile zur Sozialversicherung, Altersversorgung und Unterstützung ausgewiesen. Die im Gesamtbetrag enthaltenen Aufwendungen für die Altersversorgung sind durch einen "Davon-Vermerk" darzustellen (vgl. Nr. 9).

7. **Abschreibungen**: Unter Buchstabe a) sind die planmäßigen Abschreibungen auf immaterielle Vermögensgegenstände und auf Sachanlagen zu erfassen. Wertminderungen von Finanzanlagen gehören zum Finanzbereich und damit zu Nr. 12 des Gliederungsschemas. Außerplanmäßige Abschreibungen sind nach § 277 Abs. 3 HGB gesondert auszuweisen. Unter 7b) werden Abschreibungen auf Vermögensgegenstände des Umlaufvermögens ausgewiesen. Sie umfassen unübliche Wertminderungen bei sinkenden Marktwerten (siehe oben).

8. **Sonstige betriebliche Aufwendungen**: Dieser Posten stellt eine Restgröße dar, die alle Aufwendungen erfasst, die nicht zu den Nummern 5, 6 oder 7 gehören.
   - Verluste beim Verkauf von Sachanlagen (Nettoverkaufspreis < Restbuchwert).
   - Aufwand aus der Rückstellungsbildung und Währungsumrechnung.
   - Weitere Aufwendungen wie z.B. Aufwendungen für Rechts- und Steuerberatung, für betriebliche Mieten, für Reparaturen, für Versicherungen (der Betriebsfahrzeuge und Gebäude), für Beiträge.

9. **Erträge aus Beteiligungen**: Sie umfassen insbesondere Dividenden aus Aktien, wenn eine Beteiligung nach § 271 Abs. 1 HGB vorliegt. Bei der Auszahlung muss

---

[1] Vgl. Fink, C./Heyd, R. (Umsatzdefinition), S. 612.
[2] Vgl. Bitz, M./Schneeloch, D./Wittstock, W./Patek, G. (Jahresabschluss), S. 328.

der Schuldner eine **Kapitalertragsteuer (KapSt) von 25%** (zzgl. des Solidaritätszuschlags, kurz Soli, von 5,5%) an das Finanzamt abführen. Einem Unternehmer, der die Beteiligung im Betriebsvermögen hält, wird nicht die volle Dividende gutgeschrieben, sondern ein geringerer Betrag. Die Kapitalertragsteuer beträgt 0,25 x Dividende – der Soli 0,055 x KapSt. Daraus ergibt sich eine Gesamtbelastung in Höhe von 26,375% der Dividende (0,25 + 0,25 x 0,055 = 0,26375). Die Kapitalertragsteuer wird auf die private Einkommensteuer des Unternehmers angerechnet und ist damit ebenfalls als privat einzustufen (=Entnahme). Es gilt:

Beim Einzelunternehmen ist die Kapitalertragsteuer **kein Steueraufwand**

Beispiel: Unternehmer A besitzt eine Beteiligung an der X-AG. Er erhält in 01 eine Dividende in Höhe von 100.000 €. Die X-AG muss von diesem Betrag die Kapitalertragsteuer und den Solidaritätszuschlag an das Finanzamt abführen. Der Auszahlungsbetrag wird um insgesamt 26,375% gekürzt. A erhält 73.625 € (100.000 € - 26.375 €) auf sein betriebliches Bankkonto. Gebucht wird: "Bank 73.625 und Privatkonto 26.375 an Erträge aus Beteiligungen 100.000". Die Kapitalertragsteuer wird von der Einkommensteuerschuld abgezogen (entsprechendes gilt für den Soli).

Bei **Kapitalgesellschaften** wird bei Beteiligungserträgen ebenfalls die Kapitalertragsteuer (mit Solidaritätszuschlag) einbehalten. Diese Steuern stellen handelsrechtlich einen Steueraufwand dar (Steuern vom Einkommen und Ertrag), da die Kapitalgesellschaft (= der Betrieb) selbst die Steuern schuldet. Damit haben sie einen betrieblichen Charakter und stellen Aufwand dar. Die Buchung lautet: "Bank 73.625 und Steuern vom Einkommen und Ertrag 26.375 an Erträge aus Beteiligungen 100.000". Die einbehaltenen Steuerbeträge werden auf die Körperschaftsteuer (mit darauf entfallendem Solidaritätszuschlag) der Kapitalgesellschaft angerechnet. Es gilt:

Bei Kapitalgesellschaften ist die Kapitalertragsteuer **ein Steueraufwand**

Beteiligungserträge sind nach dem KStG grundsätzlich **steuerbefreit**. Die obigen Erträge in Höhe von 100.000 € werden für steuerliche Zwecke zunächst außerbilanziell abgezogen. Anschließend werden jedoch 5% als nicht abzugsfähige Betriebsausgabe wieder zugerechnet (§ 8b Abs. 5 Satz 1 KStG). Damit sind im Ergebnis 95.000 € der Dividende (und von Veräußerungsgewinnen) steuerfrei. Da zukünftig kein Ausgleich zwischen Handels- und Steuerbilanz erfolgt, liegt eine permanente Differenz vor. Es entstehen keine latenten Steuern auf Wertänderungen von Aktien. Da die Steuerfreiheit nur für Teilhaberpapiere gilt, sind bei zeitlichen Differenzen von Fremdkapitalpapieren (z.B. Darlehen, Obligationen) latente Steuern relevant.

Bei den Posten Nr. 9 bis 11 hat ein Vermerk stattzufinden, der den Anteil der Erträge aus verbundenen Unternehmen angibt (**"davon-Vermerk"**). Wenn in 01 Dividenden aus Beteiligungen von insgesamt 200.000 € entstehen, wobei 80.000 € von verbundenen Unternehmen gezahlt werden, ist der folgende Ausweis sinnvoll:
Nr. 9. Erträge aus Beteiligungen: 200.000 €
    davon aus verbundenen Unternehmen: 80.000 €

10. **Erträge aus anderen Wertpapieren und Ausleihungen**: Hierzu gehören alle Erträge aus Finanzanlagen (= Anlagevermögen), soweit sie nicht unter Nr. 9 fallen. Die obigen Aussagen über die Besteuerung (insbesondere die Einbehaltung der KapSt und des Solis) gelten entsprechend. Die Buchung von Zinsen einer langfristigen Obligation lautet grundsätzlich: "Bank und Steuern vom Einkommen und Ertrag an Erträge aus anderen Wertpapiere".

11. **Sonstige Zinsen und ähnliche Erträge**: Alle Erträge, die weder unter die Nr. 9 oder 10 fallen, sind unter dieser Restgröße auszuweisen. Im Wesentlichen handelt es sich um **Erträge aus Wertpapieren des Umlaufvermögens** und um Zinsen aus Bankguthaben. Veräußerungsgewinne von Wertpapieren und Zuschreibungen sind speziell auszuweisen. Auch Erträge aus der Abzinsung von Rückstellungen werden unter Nr. 11 erfasst (§ 277 Abs. 5 Satz 1 HGB).

12. **Abschreibungen auf Finanzanlagen und Wertpapiere des Umlaufvermögens**: Alle Wertminderungen des Finanzbereichs (im Anlage- und Umlaufvermögen) sind unter diesem Posten zu erfassen. Beispiele: Kursverluste bei kurzfristigen Wertpapieren oder Abwertungen von Obligationen. Verluste aus dem Verkauf von der Wertpapieren sind gesondert auszuweisen (z.B. als sonstiger finanzieller Aufwand).

13. **Zinsen und ähnliche Aufwendungen**: Die Kosten für aufgenommenes Fremdkapital, d.h. Zinsen für Kredite, Abschreibungen für ein aktiviertes Disagio sind unter diesem Posten auszuweisen. Eine Saldierung mit dem Posten Nr. 11 ist nach dem **Bruttoprinzip** verboten. Die Aufwendungen für verbundene Unternehmen sind gesondert auszuweisen. Der Zinsaufwand durch die Aufzinsung einer Rückstellung fällt ebenfalls unter Nr. 13.

14. **Steuern vom Einkommen und Ertrag**: Bei Einzelunternehmen und Personengesellschaften ist die Gewerbesteuer betrieblich veranlasst und mindert den Gewinn. Ihre grundsätzliche Berechnung wurde im zweiten Kapitel bei den Rückstellungen behandelt. Steuererstattungen führen zu einer Reduktion des Steueraufwands. Es findet eine Saldierung der Steuerbelastungen und Steuerentlastungen statt[1].

Bei Kapitalgesellschaften wird der Gewinn durch die Körperschaftsteuer (mit Solidaritätszuschlag) und durch die Gewerbesteuer vermindert. Vereinfachend gilt für die Körperschaftsteuer die Gleichung: KSt = 0,15 x G (mit G = Gewinn). Für den Solidaritätszuschlag gilt: Soli = 0,055 x KSt (eingesetzt 0,055 x 0,15 x G). Bei der Berechnung der Gewerbesteuer bestimmt der Hebesatz H der Gemeinde die Höhe des Steuersatzes: GewSt = 0,035 x H x Gewerbeertrag (Gewinn). Die Gewerbesteuermesszahl von 3,5% ist im GewStG kodifiziert. Bei Kapitalgesellschaften ist **kein Freibetrag** von der Bemessungsgrundlage abzuziehen.

Latente Steuern sind nach § 274 Abs. 2 Satz 3 HGB ebenfalls unter den Ertragsteuern zu erfassen, wobei ein gesonderter Ausweis zweckmäßig ist (Posten "latenter Steueraufwand" bzw. "latenter Steuerertrag"). Wenn sich in 01 ein effektiver Steueraufwand von 50.000 € und ein fiktiver Steueraufwand von 60.000 € ergibt und sich die Differenz in Höhe von 10.000 € im Folgejahr wieder umkehrt (02: effektive Steuer 75.000 €, fiktive Steuer 65.000 €), ist der folgende Ausweis zweckmäßig:

---

[1] Vgl. Coenenberg, A.G./Haller, A./Schultze, W. (Jahresabschluss), S. 552-553.

In 01: Steuern vom Einkommen und Ertrag (effektiver Steueraufwand): 50.000 €, latenter Steueraufwand: 10.000 €. Gesamt: 60.000 €. Buchungen für 01: "Steuern vom Einkommen und Ertrag an Steuerrückstellungen 50.000" und "Latenter Steueraufwand an passive latente Steuern 10.000".

In 02: Effektiver Steueraufwand: 75.000 €, latenter Steuerertrag: 10.000 €. Gesamt: 65.000 €. Buchungssätze für 02: "Steuern vom Einkommen und Ertrag an Steuerrückstellung 75.000" und "Passive latente Steuern an latente Steuererträge 10.000". Die latenten Steuern aus 01 werden aufgelöst.

15. **Ergebnis nach Steuern**: Es handelt sich um den handelsrechtlichen Gewinn nach Ertragsteuern. Die Berechnung der Steuern richtet sich nach den jeweiligen Steuergesetzen (EStG, KStG und GewStG).

16. **Sonstige Steuern**: Hierzu zählen insbesondere die Kfz-Steuer für betriebliche Fahrzeuge bzw. die Grundsteuer für Betriebsgrundstücke. Bei Grundstücken ist zu beachten, dass die Grunderwerbsteuer zu den Anschaffungsnebenkosten gehört und mit den Anschaffungskosten des Grundstücks zu aktivieren ist.

17. **Jahresüberschuss/Jahresfehlbetrag**: Der Gewinn bzw. Verlust der Kapitalgesellschaft im laufenden Geschäftsjahr nach (allen) Steuern. Bei Einzelunternehmen und Personenhandelsgesellschaften wird begrifflich nur der Gewinn bzw. Verlust ausgewiesen.

Beim Erfolgsausweis nach teilweiser Ergebnisverwendung wird ein Bilanzgewinn (Bilanzverlust) ausgewiesen. Die Entwicklung der Größen wird für Aktiengesellschaften in § 158 Abs. 1 AktG gesetzlich festgelegt und schließt sich an das Jahresergebnis an.

Beispiel: Die Y-AG hat in 05 einen Jahresfehlbetrag von 120.000 € erzielt. Aus den Vorjahren sind andere Gewinnrücklagen (80.000 €), Kapitalrücklagen Nr. 1 (30.000 €) und gesetzliche Rücklagen (20.000 €) vorhanden. Zur Verlustdeckung sind zuerst die frei verfügbaren Rücklagen zu verwenden, anschließend können die Kapitalrücklage und die gesetzliche Rücklage zur Verlustdeckung genutzt werden. Die Reihenfolge wird im Gesetz nicht festgelegt. Bei zunächst voller Auflösung der Kapitalrücklage ergibt sich:

Nr. 17		**Jahresfehlbetrag**	-120.000 €
Nr. 18		Entnahmen aus Kapitalrücklagen	+ 30.000 €
Nr. 19		Entnahmen aus Gewinnrücklagen	
	(a)	Aus gesetzlicher Rücklage	+ 10.000 €
	(b)	Aus anderen Gewinnrücklagen	+ 80.000 €
Nr. 20		**Bilanzgewinn**	0 €

Abb. 143: Entwicklung des Bilanzgewinns

Es ist zu beachten, dass sich die Auflösung der Posten **inhaltlich** nach § 150 Abs. 3 AktG richtet. Die **formale** Reihenfolge, in der die Posten ausgewiesen werden, kann hiervon abweichen. Im Beispiel werden die Entnahmen aus Kapitalrücklagen vor den Entnahmen aus anderen Gewinnrücklagen dargestellt. Tatsächlich sind die anderen Gewinnrücklagen aber nach § 150 Abs. 3 AktG **vor** den Kapitalrücklagen aufzulösen.

3. Aufbau des Umsatzkostenverfahrens

In § 275 Abs. 3 HGB wird die Gliederung des Umsatzkostenverfahrens dargestellt. Die Posten für das Finanzergebnis (Nr. 8 bis 12), für die Steuern und für die Erfolgsgrößen (Nr. 13 bis 16) sind mit Ausnahme der Nummerierung mit denen des Gesamtkostenverfahrens identisch. Da nur Unterschiede beim Betriebsergebnis bestehen, beschränken sich die folgenden Ausführungen auf diesen Bereich. Beim Umsatzkostenverfahren wird das Betriebsergebnis in den ersten sieben Posten des gesetzlichen Gliederungsschemas entwickelt, die in der folgenden Abbildung dargestellt werden.

Aufbau des Umsatzkostenverfahrens		
Gesetzliche Komponenten		Ökonomische Sicht
Nr. 1	Umsatzerlöse	
Nr. 2	Herstellungskosten der zur Erzielung der Umsatzerlöse erbrachten Leistungen (Umsatzaufwand)	
Nr. 3	Bruttoergebnis vom Umsatz	**Betriebsergebnis (vor Steuern und Zinsen – EBIT)**
Nr. 4	Vertriebskosten	
Nr. 5	Allgemeine Verwaltungskosten	
Nr. 6	Sonstige betriebliche Erträge	
Nr. 7	Sonstige betriebliche Aufwendungen	

Abb. 144: Betriebsergebnis beim Umsatzkostenverfahren

Die **Umsatzerlöse** umfassen wie beim Gesamtkostenverfahren grundsätzlich alle Leistungen, die ein Unternehmen für Dritte erbringt. Von den Umsatzerlösen werden die Herstellungskosten der entsprechenden Leistungen abgezogen. Es handelt sich um den **Umsatzaufwand**, der für alle Produkte (Kostenträger) in einer Gesamtgröße ausgewiesen wird. In der GuV-Rechnung findet keine produktbezogene Unterteilung statt. Da bei den Erträgen und Aufwendungen die gleichen Mengeneinheiten gegenübergestellt werden, wird das **Periodisierungsprinzip** eingehalten: Die Erträge und Aufwendungen werden sachlich abgegrenzt.

Wenn die **produzierte Menge der abgesetzten Menge entspricht** ($x_p = x_a$), sind keine Lagerbestandsänderungen (Bestandserhöhungen oder Bestandsminderungen) zu beachten. In diesem Fall ist der gesamte Produktionsaufwand zu verrechnen. Allerdings muss eine Umbuchung der Aufwendungen erfolgen, da sie in der Buchhaltung nach Aufwandsarten (z.B. Materialaufwand, Personalaufwand) erfasst werden.

Die folgende Abbildung verdeutlicht die Vorgehensweise. Der gesamte Personalaufwand 01 beträgt 500.000 €. Davon sind 150.000 € in der Fertigung für die Produktion der betrieblichen Leistungen angefallen. Dieser Aufwand gehört zum Posten "Herstellungskosten der zur Erzielung der Umsatzerlöse erbrachten Leistungen" (nachfolgend kurz: Umsatzaufwand). Die übrigen 350.000 € stellen allgemeine Verwaltungs- und Vertriebskosten dar, die unter den jeweiligen Posten ausgewiesen werden. Die Buchung lautet: "Umsatzaufwand 150.000, allgemeine Verwaltungskosten 270.000, Vertriebskosten 80.000 an Personalaufwand 500.000".

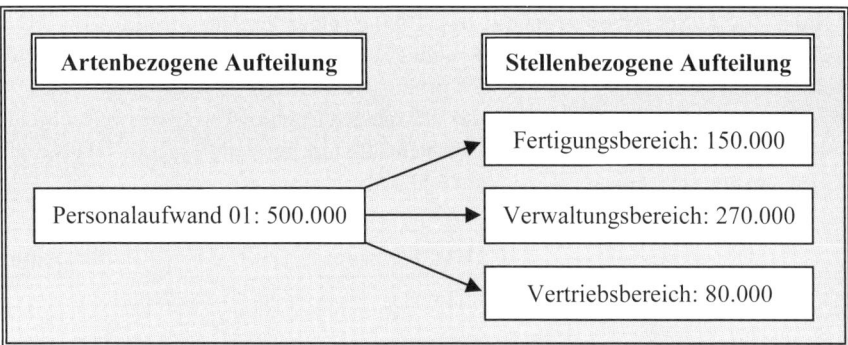

Abb. 145: *Umrechnung von Aufwendungen beim UKV*

Wenn die produzierte Menge nicht der abgesetzten Menge entspricht, kann es sich um eine Bestandsminderung ($x_p < x_a$) oder Bestandserhöhung ($x_p > x_a$) handeln. Bei einer **Bestandsminderung** gilt: Als Umsatzaufwand wird der gesamte Produktionsaufwand des Geschäftsjahres erfasst, der um die Bestandsminderung zu erhöhen ist. Letztere führt zu einem Abgang auf dem Konto "Fertigerzeugnisse".

Beispiel: Die Absatzmenge der A-AG beträgt in 02: 12.000 Stück. Es werden in diesem Jahr 10.000 Stück produziert, wofür Aufwendungen von 500.000 € anfallen. Die Verwaltungskosten 02 betragen 200.000 €, die Vertriebskosten 02: 80.000 €. Aus 01 befinden sich noch 3.000 Stück auf Lager, die jeweils mit 50 €/Stück bewertet werden (ohne Verwaltungskosten). Dann wird in 02 ein Umsatzaufwand von 600.000 € verrechnet: 500.000 € aus dem laufenden Geschäftsjahr und 100.000 € (2.000 Stück x 50 €/Stück) als Bestandsminderung aus dem Vorjahr. Die Verwaltungs- und Vertriebskosten aus 02 in Höhe von insgesamt 280.000 € vermindern den Erfolg zusätzlich. Der Bestand der Fertigerzeugnisse beträgt Ende 02 noch 1.000 Stück (bewertet zu 50 €/Stück).

Bei einer **Bestandserhöhung** muss der Lagerzugang mit den Herstellungskosten bewertet werden. Sie werden in § 255 Abs. 2 HGB definiert (siehe drittes Kapitel). Alle Kosten, die nicht in die Herstellungskosten einbezogen werden, stellen in voller Höhe Aufwand des Geschäftsjahres dar. Hierzu gehören:

- Vertriebskosten: Für sie besteht ein Ansatzverbot.
- Forschungskosten: Für sie besteht ebenfalls ein Ansatzverbot.
- Allgemeine Verwaltungskosten: Für sie besteht ein Ansatzwahlrecht. Wird es **nicht** ausgeübt, gehören die Verwaltungskosten **nicht** zu den Herstellungskosten und erscheinen im Posten "allgemeine Verwaltungskosten".

Wird das Wahlrecht für allgemeine Verwaltungskosten im Handelsrecht ausgeübt, werden sie in die Herstellungskosten einbezogen und gehören zum Umsatzaufwand. Der Posten "allgemeine Verwaltungskosten" wird dann beim Umsatzkostenverfahren nicht ausgewiesen. Im Folgenden wird davon ausgegangen, dass die Herstellungskosten in der Bilanz (zur Bewertung der Fertigerzeugnisse) mit denen des Umsatzkostenverfahrens (zur Bewertung des Umsatzaufwands) identisch sind[1].

---

[1] In der Literatur werden hierzu auch andere Meinungen vertreten. Vgl. Coenenberg, A.G./Haller, A./ Schultze, W. (Jahresabschluss), S. 554.

Beispiel: Die A-AG produziert in 02: 10.000 Stück eines Produkts, wofür Aufwendungen von 500.000 € anfallen. Die Verwaltungskosten 02 betragen 200.000 € und die Vertriebskosten 02: 80.000 €. Von der produzierten Menge werden 8.000 Stück für 900.000 € netto abgesetzt. Damit ergeben sich die dargestellten Erfolgsausweise: Im Fall a) werden die allgemeinen Verwaltungskosten aktiviert, im Fall b) nicht. Daraus ergibt sich ein um 40.000 € höherer Gewinn im Fall a).

	Fall a) Aktivierung	**Fall b) Keine Aktivierung**
Umsatzerlöse	900.000 €	900.000 €
Umsatzaufwand	560.000 €	400.000 €
Allg. Verwaltungskosten	-	200.000 €
Vertriebskosten	80.000 €	80.000 €
Gewinne	**260.000 €**	**220.000 €**

Abb. 146: Gewinnvergleich bei Aktivierung von Verwaltungskosten

Die Umsatzerlöse und die Vertriebskosten sind in beiden Fällen gleich. Unterschiede bestehen aber bei den Verwaltungskosten: Im Fall a) werden sie aktiviert, sodass die Lagermenge von 2.000 Stück mit 140.000 € (2.000 Stück x 700.000 €/10.000 Stück) bewertet wird. Damit werden nach dem Umsatzkostenverfahren 560.000 € (8.000 Stück x 70 €/Stück) als Umsatzaufwand behandelt. Im Fall b) wird zwar nur ein Umsatzaufwand von 400.000 € (8.000 Stück x 50 €/Stück) ausgewiesen, aber es werden die vollen Verwaltungskosten (200.000 €) als Aufwand behandelt. Dadurch ist der Gewinn 02 im Fall b) entsprechend niedriger als im Fall a).

Das **Bruttoergebnis vom Umsatz** stellt den Saldo aus Umsatzerlösen und Umsatzaufwand dar. Es handelt sich um eine Zwischensumme, von der die **Vertriebskosten** (z.B. Transportkosten, Personalkosten im Absatzbereich, Abschreibungen der Lieferfahrzeuge) und **allgemeinen Verwaltungskosten** (z.B. Kosten des Managements, Kosten für Verwaltungsgebäude, betriebliche Weiterbildung) abgezogen werden. Die Verrechnung dieser Kosten wurde bereits erläutert.

Die **sonstigen betrieblichen Erträge** entsprechen weitgehend denen des Gesamtkostenverfahrens[1]. Hierzu gehören Erträge, die nicht zu den Umsatzerlösen oder zum Finanzbereich gehören. Beispiele sind Erträge aus Rückstellungsauflösungen, aus dem Verkauf von Sachanlagen oder aus Zuschreibungen.

Zu den **sonstigen betrieblichen Aufwendungen** gehören beim Umsatzkostenverfahren alle Wertminderungen, die nicht dem Produktionsbereich (Umsatzaufwand), dem Vertriebsbereich oder dem Verwaltungsbereich zuzurechnen sind. Dabei können deutliche Unterschiede zwischen dem Gesamt- und Umsatzkostenverfahren auftreten.

Beispiel: Die A-AG veräußert am 1.7.01 die Büroausstattung der Rechnungswesenabteilung für 22.000 € zzgl. 19% USt (Buchwert: 32.000 €). Damit entsteht ein Verlust von 10.000 €, der beim Gesamtkostenverfahren unter dem Posten "sonstige betriebliche Auf-

---
[1] Vgl. Baetge, J./Kirsch, H.-J./Thiele, S. (Bilanzen), S. 633.

3. Aufbau des Umsatzkostenverfahrens

wendungen 10.000" erscheint (Buchung: "Bank 26.180 und sonstige betriebliche Aufwendungen 10.000 an Betriebs- und Geschäftsausstattung 32.000 und USt 4.180").

Beim Umsatzkostenverfahren gehört der Verlust zu den allgemeinen Verwaltungskosten, da die Abteilung Rechnungswesen zur Verwaltung gehört. Die sonstigen betrieblichen Aufwendungen werden beim Umsatzkostenverfahren wie folgt umgebucht: "Allgemeine Verwaltungskosten an sonstige betriebliche Aufwendungen 10.000".

Zu den sonstigen betrieblichen Aufwendungen zählen beim Umsatzkostenverfahren grundsätzlich die **Forschungskosten** und die **nicht aktivierten Entwicklungskosten**[1]. Diese Kosten gehören nicht zum Umsatzaufwand, da sie nicht für die abgesetzte Menge angefallen sind, sondern der Erzielung zukünftiger Umsatzerlöse dienen. Auch die **Abschreibung des derivativen Firmenwerts** gehört zu den sonstigen betrieblichen Aufwendungen, da diese Wertminderung für das Unternehmen insgesamt anfällt. Da es sich meist um große Beträge handelt, ist auch ein gesonderter Ausweis neben den anderen Hauptgruppen zulässig[2].

Beispiel: Bei der A-AG sind vom 1.1.01 bis 30.6.01 monatliche Forschungskosten von 200.000 € angefallen, um das theoretische Know-how für ein neues Produkt zu ermitteln. Vom 1.7.01 bis 31.12.01 wird ein funktionsfähiges Produkt entwickelt (monatlicher Aufwand: 150.000 €). Die Entwicklungskosten werden nicht aktiviert. Die Forschungskosten 01 (1.200.000 €) und die Entwicklungskosten (900.000 €) können im Umsatzkostenverfahren auch nach den sonstigen betrieblichen Aufwendungen gesondert ausgewiesen werden: Nr. 8 Forschungs- und Entwicklungskosten 2.100.000 €.

Eine weitere Besonderheit ergibt sich beim Umsatzkostenverfahren durch die Berücksichtigung von **anderen aktivierten Eigenleistungen**. Die nach Kostenarten erfassten Aufwendungen müssen am Jahresende nicht nur der Produktion, dem Vertrieb und der Verwaltung zugeteilt werden. Vielmehr muss ein Teil der Aufwendungen bei einer Bestandserhöhung fertiger Erzeugnisse bzw. bei anderen aktivierten Eigenleistungen den entsprechenden Aktivposten (Fertigerzeugnissen bzw. Gebäude) zugerechnet werden.

Beispiel: In 01 sind bei der A-AG die folgenden Aufwendungen angefallen: Materialaufwand 100.000 €, Personalaufwand 200.000 € und Abschreibungen 100.000 €. Hiervon entfallen 30% (= 120.000 €) auf eine neue Lagerhalle, die mit eigenem Personal erstellt wurde (Fertigstellung: 30.06.01). Die übrigen Aufwendungen (280.000 €) entfallen auf den Umsatzaufwand und die allgemeinen Verwaltungs- und Vertriebskosten.

Das Gebäude wird Ende Juni 01 mit 120.000 € aktiviert. Da beim Umsatzkostenverfahren kein Posten "andere aktivierte Eigenleistungen" existiert, muss der für die Herstellung entstehende Aufwand umgebucht werden: "Gebäude 120.000 an Materialaufwand 30.000, Personalaufwand 60.000 und Abschreibungen 30.000". Nur durch die Gebäudeabschreibung in der zweiten Jahreshälfte (3% von 120.000 = 3.600 €, davon 6/12 = 1.800 €) ergibt sich ein Erfolgseffekt. Da die Halle zur Lagerung der Produkte genutzt wird, erhöht sich der Umsatzaufwand um 1.800 €. In der GuV-Rechnung nach dem Umsatzkostenverfahren werden in 01 die Posten "Umsatzaufwand", "allgemeine Verwaltungskosten" und "Vertriebskosten" ausgewiesen.

---

[1] Vgl. Baetge, J./Kirsch, H.-J./Thiele, S. (Bilanzen), S. 634.
[2] Vgl. Bieg, H./Kußmaul, H./Waschbusch, G. (Rechnungswesen), S. 214.

4. GuV-Rechnung bei Kleinstkapitalgesellschaften

Kleinstkapitalgesellschaften können eine vereinfachte GuV-Rechnung nach § 275 Abs. 5 HGB aufstellen. Die Posten "sonstige Erträge" und "sonstige Aufwendungen" sind Sammelposten, die auch finanzielle Komponenten enthalten.

GuV-Rechnung von Kleinstkapitalgesellschaften		
Gesetzliche Komponenten		**Inhalt**
Nr. 1	Umsatzerlöse	Erlöse aus dem Verkauf von Produkten oder Waren bzw. aus sonstiger Leistungserbringung (Vermietung)
Nr. 2	Sonstige Erträge	Bestandserhöhungen, andere aktivierte Eigenleistungen, sonstige betriebliche Erträge, Finanzerträge
Nr. 3	Materialaufwand	Aufwand für Roh-, Hilfs- und Betriebsstoffe
Nr. 4	Personalaufwand	Aufwand für Löhne und Gehälter sowie gesetzliche Sozialabgaben
Nr. 5	Abschreibungen	Aufwand für planmäßige und außerplanmäßige Abschreibungen im Anlage- und Umlaufvermögen
Nr. 6	Sonstige Aufwendungen	Bestandsminderungen, sonstige betriebliche Aufwendungen, Finanzaufwendungen
Nr. 7	Steuern	Ertragsteuern auf Gewinne und sonstige Steuern
Nr. 8	JÜ/JF	Gewinn/Verlust im lfd. Geschäftsjahr nach Steuern

Abb. 147: Vereinfachte GuV-Rechnung bei Kleinstkapitalgesellschaften

Beispiel: Die kleine A-GmbH produziert in 01: 20.000 Stück eines Produkts, von dem in diesem Jahr 14.000 Stück zu je 42 € netto abgesetzt werden. Materialaufwendungen: 124.000 €, Personalaufwendungen: 180.000 € (davon 50% in der Produktion), Abschreibungen: 86.000 € (davon 26.000 € außerplanmäßig), sonstige betriebliche Aufwendungen: 11.200 €. Weiterhin sind Zinsaufwendungen von 6.800 € und Dividenden für einige Aktien von 12.600 € angefallen. Ertragsteuern sind zu vernachlässigen.

Die Herstellungskosten betragen 13,7 €/Stück (274.000 €/20.000 Stück). Sie enthalten den Materialaufwand, die Hälfte des Personalaufwands und die planmäßigen Abschreibungen. Die Bestandserhöhung von 82.200 € (6.000 x 13,7) und die Dividenden von 12.600 € führen zu den sonstigen Erträgen in Höhe von 94.800 €.

GuV-Rechnung 01 der A-GmbH		
Nr. 1	Umsatzerlöse	588.000 €
Nr. 2	Sonstige Erträge	+ 94.800 €
Nr. 3	Materialaufwand	- 124.000 €
Nr. 4	Personalaufwand	- 180.000 €
Nr. 5	Abschreibungen	- 86.000 €
Nr. 6	Sonstige Aufwendungen	- 18.000 €
Nr. 7	**Gewinn**	**274.800 €**

Abb. 148: Beispielhafte GuV-Rechnung einer Kleinstkapitalgesellschaft

Sechstes Kapitel: Vorschriften für Konzerne

1. Zweck und Aufgaben des Konzernabschlusses

Viele Unternehmen verstärken ihre wirtschaftlichen Kräfte, indem sie Anteile an anderen Unternehmen erwerben. Eine **Beteiligung** umfasst Anteile, die eine dauernde Verbindung zwischen den Unternehmen herstellen und dem Geschäftsbetrieb des Erwerbers dienen sollen (§ 271 Abs. 1 HGB). Das beteiligte Unternehmen nutzt Vorteile, wie z.B. das technische Know-how oder die Vertriebskanäle des Beteiligungsunternehmens. Im Folgenden werden die folgenden Begriffe verwendet:

- Beteiligtes Unternehmen: Erwirbt die Beteiligung.
- Beteiligungsunternehmen: Veräußert sein Eigenkapital ganz oder teilweise.

In Abhängigkeit von der Beteiligungsquote ergeben sich unterschiedliche Einflussmöglichkeiten auf das Beteiligungsunternehmen. Erwirbt ein Unternehmen die **Mehrheit** der Stimmrechte, kann es die Entscheidungen des Beteiligungsunternehmens bestimmen. Es liegen Mutter- und Tochterunternehmen vor. Diese verbundenen Unternehmen bleiben zwar rechtlich selbstständig, aber das Tochterunternehmen verliert seine wirtschaftliche Unabhängigkeit. Die Verbindung führt zum **Konzern**, der wie folgt definiert wird:

> Verbindung rechtlich selbstständiger Unternehmen, die wirtschaftlich von einem Mutterunternehmen abhängig sind

Im **Einzelabschluss**, der die wirtschaftlichen Verhältnisse eines einzelnen Unternehmens abbildet, werden die Anteile am Beteiligungsunternehmen unter den Finanzanlagen ausgewiesen. In Abhängigkeit von der Höhe der Anteilsquote lassen sich bei Anteilen an Kapitalgesellschaften grundsätzlich die folgenden Posten unterscheiden:

- Hohe Anteilsquote (über 50%): Anteile an verbundenen Unternehmen.
- Mittlere Anteilsquote (über 20% bis 50%): Beteiligungen.
- Niedrige Anteilsquote (bis 20%): Wertpapiere des Anlagevermögens.

In der Bilanz werden die Finanzanlagen entsprechend ausgewiesen. Trotz dieser Differenzierung wird die wirtschaftliche Lage des Konzerns nur unvollkommen erfasst. Es werden nur die Anteile an den Unternehmen bilanziert, aber es wird nicht das Reinvermögen des Beteiligungsunternehmens abgebildet, das sich hinter den Anteilen verbirgt.

Beispiel: Die Mutter-AG erwirbt in 01: 100% der Anteile an der T_1-AG bzw. T_2-AG, um mit diesen Tochterunternehmen wirtschaftliche Vorteile zu realisieren. Jedes Aktienpaket kostet 1.000.000 €. Die T_1-AG verfügt über ein Reinvermögen im Zeitwert von 800.000 €, während die T_2-AG nur ein Reinvermögen von 400.000 € aufweist. Da der Preis für beide Tochtergesellschaften gleich hoch ist, müssen Unterschiede bei den nicht bilanzierungsfähigen immateriellen Vermögensgegenständen bestehen, wenn das Vermögen richtig bewertet ist. Es werden unterschiedliche Firmenwerte bezahlt.

Im Einzelabschluss führt der Anteilserwerb beim Mutterunternehmen jeweils zu einem Aktivtausch: Die Finanzanlagen (Anteile an verbundenen Unternehmen) steigen und der Bankbestand nimmt ab. Im Einzelabschluss werden beide Vorgänge gleich behandelt, obwohl wesentliche Unterschiede bestehen. Das Reinvermögen der T_1-AG ist doppelt so hoch wie das der T_2-AG, welche im Gegenzug einen höheren Firmenwert aufweist. Diese Unterschiede werden im Einzelabschluss nicht deutlich und sollen deshalb im Konzernabschluss gezeigt werden. Die Forderung lautet:

> Verbesserte Darstellung der wirtschaftlichen Lage des Konzerns

Außerdem bestehen zwischen den Konzernunternehmen oft Liefer- oder Leistungsbeziehungen bzw. Kreditverhältnisse. Da die Unternehmen voneinander abhängig sind, besteht die Gefahr, dass unübliche Preise oder Zinsen vereinbart werden. Im Einzelabschluss müssen diese Werte verwendet werden, da die Mutter- und Tochterunternehmen rechtlich selbstständig sind. Im Konzernabschluss sind die Leistungsbeziehungen wieder rückgängig zu machen, wenn sich die Vermögensgegenstände am Bilanzstichtag noch bei einem Konzernunternehmen befinden.

Im **Konzernabschluss** sollen verbesserte Informationen über die Vermögens-, Finanz- und Ertragslage der verbundenen Unternehmen bereitgestellt werden. Der wichtigste Zweck dieses Abschlusses ist die **Informationsfunktion**, die wie beim Einzelabschluss (aller Kaufleute) die Selbst- und Fremdinformation umfasst. Bei der Selbstinformation erhalten interne Personen (die Mitglieder der Geschäftsführung) Daten über die Lage und Entwicklung des Konzerns[1]. Bei der Fremdinformation werden Daten an externe Personen (z.B. Gläubiger) übermittelt.

Darüber hinaus hat der Konzernabschluss eine **Dokumentationsfunktion** zu erfüllen. Sie umfasst aber nicht die Aufzeichnung der Geschäftsvorfälle, da die Buchführung in den rechtlich selbständigen Konzernunternehmen durchgeführt wird. Vielmehr müssen die Maßnahmen dokumentiert werden, die vom Einzel- zum Konzernabschluss überleiten[2]. Hierzu gehört insbesondere die Aufzeichnung der Konsolidierungsmaßnahmen, die im siebten Kapitel behandelt werden.

Der Konzernabschluss hat **keine Ausschüttungsregelungsfunktion**[3]. Die Höhe der Dividenden wird vom Erfolg im Einzelabschluss und von den frei verfügbaren Rücklagen bestimmt. Außerdem ist der Konzern kein Steuersubjekt. Der Konzernabschluss ist für die Besteuerung ohne Bedeutung. Auf der Konzernebene besteht keine Verbindung zwischen Handels- und Steuerbilanz. Es gilt:

> Konzernabschluss: Keine Ausschüttungsregelungsfunktion oder Steuerfunktion

Durch den Konzernabschluss wird auch der vorrangige handelsrechtliche Rechnungslegungszweck des Gläubigerschutzes besser verwirklicht. Da im Konzernabschluss das

---

[1] Vgl. Gräfer, H./Scheld, G. (Konzernrechnungslegung), S. 5.
[2] Vgl. Baetge, J./Kirsch, H.-J./Thiele, S. (Konzernbilanzen), S. 41.
[3] Vgl. Baetge, J./Kirsch, H.-J./Thiele, S. (Konzernbilanzen), S. 44.

hinter den Beteiligungen stehende Vermögen besser dargestellt wird, erhalten die Gläubiger realistischere Informationen über das Konzernvermögen. Die Kreditwürdigkeit des Konzerns kann besser beurteilt werden.

Gleichzeitig werden auch die Aktionäre geschützt, da sie bessere Informationen für den Aktienkauf erhalten. Der zutreffendere Vermögensausweis ermöglicht eine bessere Einschätzung der Aktienkurse hinsichtlich ihrer Angemessenheit.

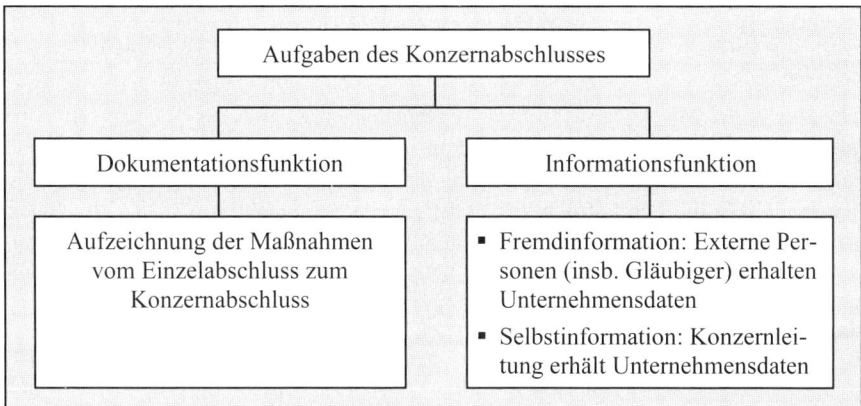

Abb. 149: Aufgaben des Konzernabschlusses

2. Konsolidierungsarten

Zur Erstellung der Konzernbilanz werden die Posten in den Bilanzen der Tochter- und Muttergesellschaft zusammengefasst: Alle Vermögensgegenstände, Schulden und Rechnungsabgrenzungsposten, sowie Sonderposten (z.B. der derivative Firmenwert oder die aktiven latenten Steuern) werden auf die entsprechenden Bilanzseiten übertragen. Da die Muttergesellschaft auch noch die Beteiligung an der Tochtergesellschaft ausweist, entsteht eine Doppelzählung, die anschließend ausgeglichen werden muss.

Beispiel: Die X-Mutter hat am 31.12.01 diverse Vermögensgegenstände und Anteile verbundener Unternehmen im Wert von jeweils 500.000 € im Einzelabschluss aktiviert. Die Passivseite zeigt ein gezeichnetes Kapital von 1.000.000 €. Die X-Mutter ist zu 100% an der Y-Tochter beteiligt, die diverse Vermögensgegenstände und ein gezeichnetes Kapital von jeweils 500.000 € ausweist (weitere Posten werden vernachlässigt). Die Addition der Bilanzposten führt zur folgenden vorläufigen Konzernbilanz (in Tausend Euro):

A	Vorläufige Konzernbilanz 31.12.01		P
Diverse VG	1.000	Gezeichnetes Kapital	1.500
Finanzanlagen (Anteile an verb. Unternehmen)	500		
	1.500		1.500

Abb. 150: Einfache Addition von Vermögensgegenständen

In der Konzernbilanz werden auch die Anteile verbundener Unternehmen in Höhe von 500.000 € ausgewiesen. Sie haben aber wirtschaftlich keinen Bestand mehr, da bereits alle Vermögensgegenstände der Tochter in die Konzernbilanz übernommen wurden. Bei einer Beteiligung von 100% gehört der Mutter das Vermögen der Tochter vollständig. In Höhe der Anteile verbundener Unternehmen kommt es zu einer Doppelzählung. Das gezeichnete Kapital der Tochter ist um 500.000 € zu vermindern, da ihr Vermögen in der Konzernbilanz erscheint. Zu buchen ist:

> Gezeichnetes Kapital an Anteile verbundener Unternehmen 500.000

Die Anteile der Mutter werden mit dem gezeichneten Kapital der Tochter verrechnet (konsolidiert), sodass von einer **Kapitalkonsolidierung** gesprochen wird. Sie muss im Fall verbundener Unternehmen regelmäßig durchgeführt werden und weist die Schwierigkeit auf, dass die Anschaffungskosten der Anteile meist nicht dem bilanziellen Eigenkapital der Tochter entsprechen. Oft sind stille Reserven und Firmenwerte zu berücksichtigen. Hat die X-Mutter für ihre Anteile 600.000 € gezahlt (Eigenkapital der Tochter 500.000 €), bleibt eine Differenz von 100.000 €. Sie ist wie folgt zu behandeln:

1. Als **stille Reserven**: Sind in den Vermögensgegenständen stille Reserven (Rücklagen) enthalten, werden sie dem jeweiligen Posten zugeordnet. Liegt der beizulegende Zeitwert eines Grundstücks z.B. um 40.000 € über seinem Buchwert, wird der Posten entsprechend höher bewertet.
2. Als **Firmenwert**: Verbleibt nach der Zuordnung von stillen Reserven noch ein Restbetrag, wird er als Firmenwert z.B. 60.000 € ausgewiesen.

Neben der kapitalmäßigen Verflechtung sind oft weitere Beziehungen zwischen Mutter und Tochter vorhanden: Liefer- oder Kreditverhältnisse. Die Konzernmutter gewährt ihrer Tochter z.B. ein Darlehen zu einem unüblichen Zinssatz. Auch diese Beziehungen müssen konsolidiert werden. Sie betreffen die einzelnen GuV-Rechnungen, die zur Erstellung der Konzern-GuV-Rechnung zunächst addiert werden. Erzielt die Mutter aus dem Darlehen z.B. Zinserträge von 10.000 €, hat die Tochter entsprechende Zinsaufwendungen, die ebenfalls miteinander zu verrechnen sind.

Der vollständige Ausgleich aller Beziehungen zwischen den einzelnen Konzernunternehmen wird als **Vollkonsolidierung** bezeichnet. Die kapitalmäßige Verbindung und alle leistungsmäßigen Beziehungen zwischen den Konzernunternehmen werden neutralisiert. Bei der Kapitalkonsolidierung übernimmt die Mutter alle Posten der Tochter. Das gilt selbst dann, wenn sie z.B. nur 80% der Anteile hält. Für 20% der Anteile muss ein Ausgleichsposten für Minderheitsgesellschafter gebildet werden, der im siebten Kapitel erläutert wird.

Die Vollkonsolidierung führt zur wirtschaftlichen Einheit aller Konzernunternehmen. Dies entspricht der **Einheitstheorie** (entity theory), nach der die einzelnen Konzernunternehmen als unselbstständige Betriebsstätten des Konzerns angesehen werden[1]. Zwischen den Abteilungen eines Unternehmens können keine Gewinne aus einem Leistungsaustausch entstehen und es werden keine Zinsen für Darlehen gezahlt. Daher müssen

---

[1] Vgl. Coenenberg, A.G./Haller, A./Schultze, W. (Jahresabschluss), S. 626.

diese Vorgänge im Rahmen der Konsolidierung rückgängig gemacht werden. Die Einheitstheorie wird in § 297 Abs. 3 Satz 1 HGB festgelegt.

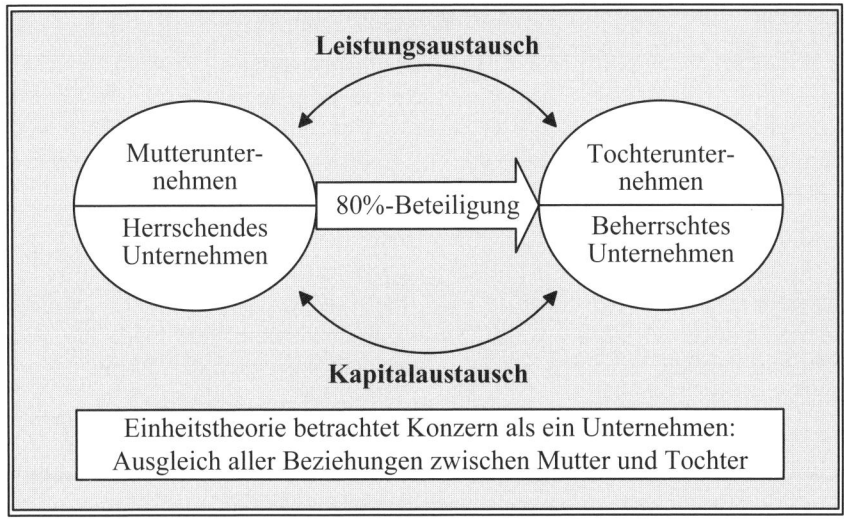

Abb. 151: Konzern als wirtschaftliche Einheit

Von der Vollkonsolidierung ist die **Teilkonsolidierung** (Quotenkonsolidierung) zu unterscheiden. Bei dieser Konsolidierungsform werden die Verbindungen zwischen den Unternehmen nur anteilig ausgeglichen. Nach § 310 Abs. 1 HGB darf die Quotenkonsolidierung bei Gemeinschaftsunternehmen angewendet werden. Wird das Wahlrecht nicht ausgeübt, muss das Gemeinschaftsunternehmen als assoziiertes Unternehmen behandelt werden[1]. Dann kommt die Equity-Methode zur Anwendung (siehe unten).

Beim **Gemeinschaftsunternehmen** üben mehrere voneinander unabhängige Partnerunternehmen gemeinsam die Führung über das Unternehmen aus. Kein Partner hat die Herrschaft über das Unternehmen inne – ansonsten müsste eine Vollkonsolidierung stattfinden. Wird die **Quotenkonsolidierung** angewendet, findet keine vollständige Übernahme der Vermögensgegenstände und Schulden durch die beteiligten Unternehmen statt. Die Posten werden nur nach Maßgabe der Beteiligung (d.h. anteilig, quotal) übernommen. Die Quotenkonsolidierung ist nur im Konzernabschluss anwendbar.

Beispiel: Die Konzernunternehmen X-AG und Y-AG sind jeweils zu 50% an der Z-AG beteiligt. Die X-AG und Y-AG sind voneinander unabhängig. Sie üben gemeinsam die Geschäftsführung bei der Z-AG (Gemeinschaftsunternehmen) aus. Die Z-AG weist Vermögensgegenstände (VG_1 bis VG_n) im Zeitwert von 500.000 € auf, die dem gezeichneten Kapital entsprechen (Schulden sind nicht vorhanden). Die X-AG hat für ihren Anteil 250.000 € bezahlt.

Bei der X-AG treten an die Stelle der Beteiligung 50% der Vermögensgegenstände VG_1 bis VG_n des Gemeinschaftsunternehmens. Diese Posten werden von der X-AG jeweils

---

[1] Vgl. Baetge, J./Kirsch, H.-J./Thiele, S. (Konzernbilanzen), S. 109.

zur Hälfte bilanziert, sodass insgesamt 250.000 € ausgewiesen werden. Das entspricht dem Wert der Beteiligung. Liegen die Anschaffungskosten der Beteiligung über dem Zeitwert des Eigenkapitals (z.B. 300.000 €), muss noch ein Firmenwert von 50.000 € aufgedeckt werden. Die Einzelheiten werden im achten Kapitel erläutert.

Die Teilkonsolidierung entspricht der **Interessentheorie** (property concept). Bei diesem Konzept wird kein Konzernabschluss, sondern nur ein erweiterter Einzelabschluss der Mutter aufgestellt[1]. Die anteiligen Vermögensgegenstände und Schulden treten an die Stelle der Beteiligung. Damit werden die Vermögensinteressen des Mutterunternehmens am Beteiligungsunternehmen deutlich[2]. Im HGB ist diese Theorie **nachrangig**.

Die Konzernrechnungslegung ist im HGB stufenweise aufgebaut. Da Mutter- und Tochterverhältnisse durch einen hohen Einflussgrad gekennzeichnet sind, muss eine Vollkonsolidierung stattfinden. Gemeinschaftsunternehmen sind durch einen mittleren Einflussgrad gekennzeichnet, sodass nur eine Quotenkonsolidierung erfolgt. Eine vollständige Übernahme des Reinvermögens in die Konzernbilanz findet nicht statt. Es gilt:

Abnehmender Einflussgrad = Abnehmender Konsolidierungsumfang

Diese Entwicklung setzt sich bei den **assoziierten Unternehmen** fort. An diesen Unternehmen besteht eine Beteiligung und es wird ein maßgeblicher Einfluss auf deren Geschäfts- und Finanzpolitik ausgeübt (§ 311 Abs. 1 Satz 1 HGB). Der Einflussgrad ist aber geringer als bei einem Gemeinschaftsunternehmen. Der Einfluss zeigt sich z.B. bei der Mitwirkung an wichtigen Unternehmensentscheidungen. Bei einer Beteiligung von mindestens 20% wird ein maßgeblicher Einfluss vermutet (§ 311 Abs. 1 Satz 2 HGB).

Bei assoziierten Unternehmen wird die Beteiligung **at equity** ("mit dem Eigenkapital") bewertet. Bei dieser **Equity-Methode** weist das beteiligte Unternehmen den aktuellen Wert des Eigenkapitals des assoziierten Unternehmens aus. Das Vermögen des Beteiligungsunternehmens wird nicht in die Bilanz des beteiligten Unternehmens übernommen. Es findet nur eine modifizierte Bewertung der Beteiligung statt[3].

Beispiel: Das Konzernunternehmen K-AG erwirbt Ende 01 einen Anteil von 20% an der L-AG. Die Anschaffungskosten der Beteiligung betragen 500.000 €. Das Eigenkapital der L-AG beträgt 2.000.000 €. In ihren Vermögensgegenständen sind 100.000 € stille Reserven vorhanden. Für die K-AG gilt somit.

- 20% von 2.000.000 € = 400.000 € - anteiliges Eigenkapital,
- 20% von 100.000 € = 20.000 € - anteilige stille Reserven,
- Restbetrag 80.000 € - Firmenwert.

Das Vermögen der L-AG wird **nicht** in die Konzernbilanz der K-AG übernommen. Dort wird die Beteiligung gesondert mit den Anschaffungskosten von 500.000 € ausgewiesen: "Beteiligung an assoziierten Unternehmen". Anschließend wird im **Konzernanhang** der gesamte Unterschiedsbetrag von 100.000 €, der aus den anteiligen stillen Reserven und

---

[1] Vgl. Coenenberg, A.G./Haller, A./Schultze, W. (Jahresabschluss), S. 626.
[2] Vgl. Baetge, J./Kirsch, H.-J./Thiele, S. (Konzernbilanzen), S. 19.
[3] Vgl. Gräfer, H./Scheld, G. (Konzernrechnungslegung), S. 290.

dem Firmenwert besteht, angegeben. Außerdem muss der Firmenwert (80.000 €) im Konzernanhang beziffert werden. In den Folgejahren wird der Unterschiedsbetrag fortgeführt. Die Einzelheiten werden im achten Kapitel erläutert.

Die Konsolidierungsmethoden bzw. der Beteiligungsausweis können wie folgt zusammengefasst werden. Da der Einfluss von links nach rechts abnimmt, wird von der **Stufenkonzeption** des Konzernbilanzrechts gesprochen[1].

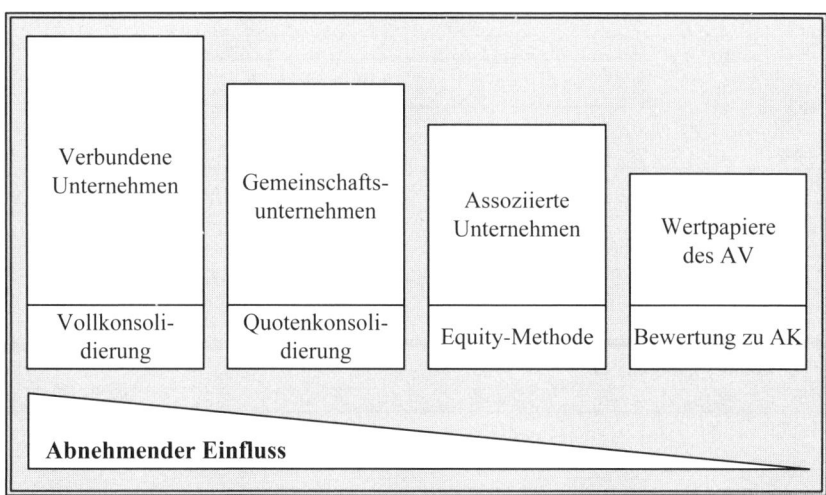

Abb. 152: Stufenkonzeption im Konzernabschluss

Die Quotenkonsolidierung und Equity-Methode werden nur angewendet, wenn die betreffenden Anteile von einem **Konzernunternehmen** gehalten werden. Es muss mindestens eine vollkonsolidierte Tochtergesellschaft vorhanden sein, sodass ein Konzern entsteht. Ohne Vollkonsolidierung kommen die Quotenkonsolidierung und damit auch die Equity-Methode nicht zur Anwendung[2].

Im Einzelabschluss gelten die allgemeinen Vorschriften für die Bewertung von Anteilen: Grundsätzlich sind die Anschaffungskosten relevant, wenn nicht am Bilanzstichtag eine Abwertung vorgenommen werden muss bzw. kann (§ 253 Abs. 3 Sätze 5 und 6 HGB). Die Anschaffungskosten dürfen nur selten überschritten werden (siehe drittes Kapitel).

Konzern liegt vor
- Gemeinschaftsunternehmen nach Quotenkonsolidierung oder Equity-Methode
- Assoziierte Unternehmen nach Equity-Methode
Konzern liegt nicht vor
- Bewertung von Anteilen an Gemeinschaftsunternehmen und assoziierten Unternehmen nach allgemeinen Vorschriften (grds. Anschaffungskosten)

Abb. 153: Bewertung von Anteilen im Konzern

---

[1] Vgl. Küting, K./Weber, C.-P./Dusemond, M./Küting, P./Wirth, J. (Konzernabschluss), S. 207.
[2] Vgl. Schildbach, T./Feldhoff, P. (Konzernabschluss), S. 101.

3. Vollkonsolidierung

3.1 Voraussetzungen für die Aufstellungspflicht

Die Vollkonsolidierung von Mutter- und Tochterunternehmen ist die wichtigste Form des Konzernabschlusses. Die Voraussetzungen für diese Konsolidierung sind in § 290 HGB enthalten und lassen sich wie folgt darstellen:

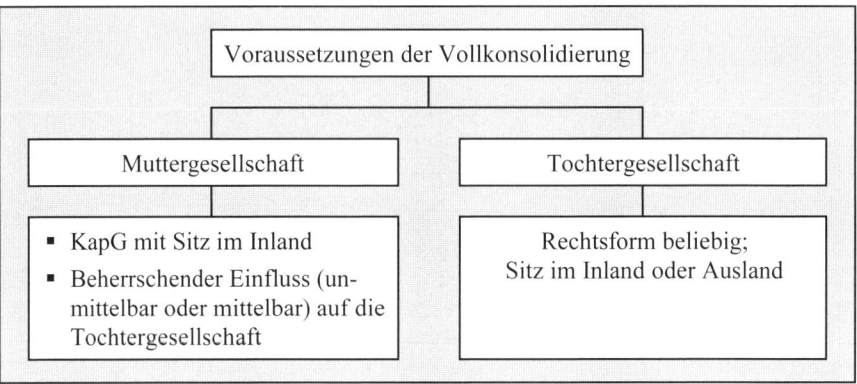

Abb. 154: Voraussetzungen der Vollkonsolidierung

Das Mutterunternehmen muss eine Kapitalgesellschaft sein, die ihren Sitz im Inland hat (z.B. die X-AG mit Sitz in Hannover). Die Rechtsform der Tochtergesellschaft und ihr Sitz sind irrelevant. Somit sind die Voraussetzungen für die Vollkonsolidierung erfüllt, wenn die X-AG in Hannover an der Spanien-OHG mit Sitz in Madrid beteiligt ist.

Der beherrschende Einfluss wird in § 290 Abs. 2 HGB konkretisiert. In den vier angeführten Fällen besteht **immer** ein beherrschender Einfluss, der international "control" genannt wird. Damit wird im HGB das Control-Konzept umgesetzt. Die folgende Abbildung fasst die Inhalte des § 290 Abs. 2 HGB zusammen:

Beherrschender Einfluss nach § 290 Abs. 2 HGB	
1. Stimmrechtsmehrheit:	Mutter verfügt (direkt/indirekt) über mehr als 50% der Stimmen bei der Tochter
2. Mitgliederbestimmung:	Mutter kann mehr als 50% der Mitglieder von Leitungsorganen bestellen oder abberufen und die Mutter ist Gesellschafterin
3. Beherrschungsvertrag oder Satzungsregel:	Mutter hat Beherrschungsvertrag mit der Tochter oder die Satzung sichert deren Einfluss
4. Zweckgesellschaft:	Mutter trägt wirtschaftlich gesehen die Mehrheit der Risiken und Chancen eines Unternehmens zur Erreichung eines eng begrenzten und genau definierten Ziels

Abb. 155: Beherrschender Einfluss nach § 290 Abs. 2 HGB

Verfügt das Mutterunternehmen über mehr als 50% der Stimmrechte beim Tochterunternehmen, kann sie dessen Entscheidungen bestimmen. Wenn die Tochter eine Aktiengesellschaft ist, kann die Mutter durch ihre Stimmenmehrheit z.B. die Zusammensetzung des Aufsichtsrats bestimmen, der grundsätzlich von der Hauptversammlung gewählt wird (§ 101 Abs. 1 AktG). Der Aufsichtsrat wiederum bestellt die Mitglieder des Vorstands (§ 84 Abs. 1 Satz 1 AktG), der die Aktiengesellschaft leitet.

Bei der Berechnung der Stimmenmehrheit sind auch indirekte Stimmen zu berücksichtigen, sodass eine **wirtschaftliche Inhaberschaft** maßgebend ist[1]. Dem Mutter- oder einem Tochterunternehmen übertragene Stimmrechte sind ebenfalls in die Berechnung einzubeziehen (§ 290 Abs. 3 Satz 2 HGB).

Beispiel: Die T-AG hat 1.000.000 Aktien ausgegeben. Jede Aktie beinhaltet eine Stimme. Die M-AG verfügt über 450.000 Aktien und die K-AG über 210.000 Aktien. Weder die M-AG noch die K-AG verfügen über eine direkte Stimmenmehrheit bei der T-AG. Wenn die M-AG allerdings mehrheitlich (z.B. mit 51%) an der K-AG beteiligt ist, ergibt sich die folgende Rechnung:

- Direkte Beteiligung der M-AG: 45%.
- Indirekte Beteiligung der M-AG: 21%.

Da die M-AG über die Mehrheit der Stimmrechte an der K-AG verfügt, sind ihr diese Stimmen in voller Höhe zuzurechnen. Somit hat die M-AG 66% der Stimmen inne und die T-AG ist in den Konzernabschluss einzubeziehen. Das gleiche Ergebnis stellt sich ein, wenn der M-AG von einer anderen Gesellschaft per Vertrag z.B. 7% der Stimmrechte an der T-AG dauerhaft übertragen werden. Die M-AG ist zwar nicht mehrheitlich beteiligt, aber sie verfügt durch die Übertragung über 52% der Stimmen (= Mehrheit).

Wenn die Mutter die Mehrheit der Mitglieder in Verwaltungs-, Leitungs- oder Aufsichtsorganen bestellen oder abberufen kann, beherrscht sie ebenfalls die Tochter. Bei einer Aktiengesellschaft muss die Mutter z.B. bei der Besetzung des Vorstands oder des Aufsichtsrats einen bestimmenden Einfluss ausüben können. Hierzu ist regelmäßig die Stimmenmehrheit erforderlich, sodass bereits die erste Bedingung erfüllt ist.

Durch einen Beherrschungsvertrag nach § 291 Abs. 1 AktG, in welchem eine Aktiengesellschaft ihre Leitung einem anderen Unternehmen überlässt, erlangt die Muttergesellschaft ebenfalls die Herrschaft über die Tochter. Eine vergleichbare Regelung kann auch in der Satzung der Tochter festgeschrieben werden. Zur Sonderfall der Zweckgesellschaften wird auf die Literatur verwiesen[2].

3.2 Befreiungen von der Aufstellungspflicht

Ein Konzernabschluss ist aufzustellen, wenn die Voraussetzungen aus § 290 HGB erfüllt sind. Dann sind nach § 294 Abs. 1 HGB grundsätzlich alle Tochtergesellschaften in den Konzernabschluss einzubeziehen. Allerdings bestehen einige Ausnahmen von diesem Grundsatz, die unter anderem in § 296 HGB enthalten sind. Wenn alle Tochtergesell-

---

[1] Vgl. Gräfer, H./Scheld, G. (Konzernrechnungslegung), S. 50.
[2] Vgl. Mujkanovic, R. (Zweckgesellschaften), S. 374-378.

schaften nach § 296 HGB nicht in den Konzernabschluss einbezogen werden brauchen, muss das Mutterunternehmen diesen Abschluss nicht aufstellen (§ 290 Abs. 5 HGB).

Auch die §§ 291 bis 293 HGB enthalten einige Befreiungen von der Aufstellungspflicht eines Konzernabschlusses[1]. Von großer praktischer Bedeutung ist die Entlastung kleiner Konzerne. Hierzu enthält **§ 293 HGB** eine größenabhängige Befreiungsregelung. Kleine Konzerne sollen von der Aufstellung eines Konzernabschlusses befreit werden, da seine Aufstellung viel Zeit in Anspruch nimmt und zu hohen Kosten führt.

Eine Befreiungswirkung tritt nur ein, wenn an **zwei aufeinanderfolgenden** Stichtagen jeweils **zwei der drei** in § 293 Abs. 1 Satz 1 HGB angeführten Grenzwerte eingehalten werden. Die Bruttomethode (§ 293 Abs. 1 Satz 1 Nr. 1 HGB) geht von der Addition der Bilanzsummen bzw. Umsatzerlöse der Konzernunternehmen aus und wird daher auch als **additive Methode** bezeichnet[2]. Das Verfahren ist relativ einfach anzuwenden.

Die Werte der Bilanzsumme und der Umsatzerlöse sind bei der Nettomethode (§ 293 Abs. 1 Satz 1 Nr. 2 HGB) niedriger als bei der Bruttomethode. Die Ursache ist darin zu sehen, dass bei der Nettomethode ein "Probe-Konzernabschluss" erstellt wird, sodass z.B. eine Kapitalkonsolidierung für die Ermittlung der Konzernbilanz durchzuführen ist. Dadurch sinkt die Bilanzsumme im Vergleich zur Bruttomethode. Die Nettomethode ist arbeitsintensiv und weist daher nur eine geringe praktische Bedeutung auf. Die Unternehmen können zu jedem Stichtag frei wählen, welche Methode sie anwenden wollen[3].

Größenklassen	Bruttomethode	Nettomethode
Bilanzsumme (Mio. Euro)	Bilanzsumme ≤ 24	Bilanzsumme ≤ 20
Umsatzerlöse (Mio. Euro)	Umsatzerlöse ≤ 48	Umsatzerlöse ≤ 40
Arbeitnehmer (AN)	AN ≤ 250	AN ≤ 250

Abb. 156: Größenklassen für Konzerne nach § 293 HGB

Beispiel: Die Mutter-AG und Tochter-AG weisen am 31.12.21 die folgenden Daten auf. In Klammern werden die Werte am 31.12.20 angefügt. Am 31.12.19 und in den Vorjahren bestand eine Aufstellungspflicht für den Konzernabschluss, da alle Größenmerkmale in jedem Jahr knapp überschritten wurden. Die **Bruttomethode** wird angewendet, sodass die einzelnen Werte der Mutter- und Tochterunternehmen zu addieren sind.

	Mutter-AG	Tochter-AG
Bilanzsumme	16,3 Mio. (16,3 Mio.)	7,6 Mio. (8,4 Mio.)
Umsatzerlöse	31,3 Mio. (30,9 Mio.)	17,2 Mio. (16,9 Mio.)
Arbeitnehmer	170 (165)	70 (65)

Abb. 157: Beispiel zur Einstufung von Konzernen

---

[1] Vgl. im Einzelnen Baetge, J./Kirsch, H.-J./Thiele, S. (Konzernbilanzen), S. 98-104.
[2] Vgl. Schildbach, T./Feldhoff, P. (Konzernabschluss), S. 92.
[3] Vgl. Bieg, H./Kußmaul, H./Waschbusch, G. (Rechnungswesen), S. 405-406.

Die folgende Abbildung zeigt, welche Werte am 31.12.21 bzw. 31.12.20 jeweils eingehalten oder überschritten werden. Eine Befreiung von der Aufstellungspflicht besteht ab dem 31.12.21, da zwei der drei Kriterien **zum zweiten Mal** eingehalten wurden.

	31.12.21	31.12.20
Bilanzsumme	23,9 - **eingehalten**	24,7 - überschritten
Umsatzerlöse	48,5 - überschritten	47,8 - **eingehalten**
Arbeitnehmer	240 - **eingehalten**	230 - **eingehalten**
Ergebnis	**Befreiung ab 31.12.21 möglich**	

Abb. 158: Befreiung von der Aufstellungspflicht

Wenn die Muttergesellschaft oder eine ihrer Töchter nach § 264d HGB kapitalmarktorientiert (insbesondere börsennotiert) sind, besteht nach § 293 Abs. 5 HGB für diesen kleinen Konzern eine Aufstellungspflicht. Wenn im obigen Beispiel entweder die Aktien der Mutter-AG oder die der Tochter-AG an einer in- oder ausländischen Börse gehandelt werden, muss die Mutter-AG auch ab Ende 21 einen Konzernabschluss aufstellen.

> Aufstellungspflicht für Konzernabschluss kleiner kapitalmarktorientierter Konzerne

Die Regelung des § 293 HGB ist sinngemäß anzuwenden, wenn die größenabhängige Befreiung endet. Eine Aufstellungspflicht für den Konzernabschluss besteht, wenn zwei der drei Kriterien **zum zweiten Mal** nacheinander nicht mehr eingehalten werden[1].

4. Konsolidierungskreis

Der Konsolidierungskreis im engeren Sinne legt alle Tochterunternehmen fest, die nach den Regeln der Vollkonsolidierung in den Konzernabschluss einzubeziehen sind. Wenn Gemeinschaftsunternehmen bzw. assoziierte Unternehmen vorhanden sind, wird der Konsolidierungskreis ausgeweitet. Somit ergibt sich die folgende Unterscheidung[2].

- Konsolidierungskreis im engeren Sinne: Einbeziehung der Tochterunternehmen im Wege der Vollkonsolidierung.
- Konsolidierungskreis im weiteren Sinne: Einbeziehung der Tochterunternehmen im Wege der Vollkonsolidierung **und** zusätzliche Einbeziehung von Gemeinschaftsunternehmen und assoziierten Unternehmen.

Grundsätzlich sind nach § 294 Abs. 1 HGB alle Tochterunternehmen, unabhängig von ihrem Sitz und von ihrer Rechtsform, in den Konzernabschluss einzubeziehen. Es gilt das **Weltabschlussprinzip**. Das Mutterunternehmen muss seinen Sitz im Inland haben. Wenn die inländische M-AG zu 80% an der bolivianischen T-AG beteiligt ist, muss die Tochter in den Konzernabschluss aufgenommen werden.

---

[1] Vgl. Baetge, J./Kirsch, H.-J./Thiele, S. (Konzernbilanzen), S. 105.
[2] Vgl. Bieg, H./Kußmaul, H./Waschbusch, G. (Rechnungswesen), S. 407-408.

Konsolidierungskreis (im engeren Sinne)	
Grundsatz:	Mutter- und Tochterunternehmen sind unabhängig vom Sitz und von der Rechtsform der Töchter einzubeziehen
Ausnahme:	Konsolidierungswahlrechte nach § 296 HGB

Abb. 159: Konsolidierungskreis i.e.S. (Vollkonsolidierung)

In § 296 Abs. 1 und 2 HGB werden insgesamt vier Fälle festgelegt, in denen die Einbeziehung von Tochterunternehmen unterbleiben kann (**Einbeziehungswahlrechte**). Zwei praktisch bedeutsame Fälle werden nachfolgend erläutert. Nach § 296 Abs. 1 Nr. 1 HGB (**Rechtsbeschränkung**) gilt: Wenn erhebliche und andauernde Beschränkungen die Ausübung der Rechte auf das Tochterunternehmen nachhaltig beeinträchtigen, braucht das Unternehmen nicht in den Konzernabschluss einbezogen zu werden. Somit besteht ein Einbeziehungswahlrecht. Die beschränkte Rechtsausübung bezieht sich auf das Vermögen oder die Geschäftsführung der Tochter[1].

Beispiel: Die M-AG ist zu 80% an der T-GmbH beteiligt. Durch falsche Unternehmensentscheidungen in der Vergangenheit gerät die GmbH in wirtschaftliche Schwierigkeiten und muss Insolvenz anmelden. Die Geschäftsführung wird vom Insolvenzverwalter übernommen, der mit einem Insolvenzplan versucht, den Fortbestand der GmbH zu sichern. Die M-AG kann ihre Rechte bei der Tochtergesellschaft nicht mehr ausüben. Damit besteht ein Wahlrecht auf Einbeziehung des Unternehmens in den Konzernabschluss[2].

Nach § 296 Abs. 1 Nr. 3 HGB (**Weiterverkaufsabsicht**) gilt: Werden Anteile an einem Tochterunternehmen nur erworben, um sie nach kurzer Zeit mit Gewinn zu veräußern, werden die mit den Anteilen verknüpften Stimmrechte nicht ausgeübt. Es liegt keine Beherrschung im Sinne des § 290 Abs. 2 Nr. 1 HGB vor.

Beispiel: Die A-Bank erwirbt in 01: 52% der Aktien an der C-AG, um sie Anfang 02 mit Gewinn weiter zu veräußern. Durch die Mehrheitsbeteiligung ist das Control-Konzept erfüllt (§ 290 Abs. 2 Nr. 1 HGB). Allerdings will die A-Bank ihre mit den Aktien verbundenen Stimmrechte nicht ausüben, da sie die Anteile nur zur Weiterveräußerung erworben hat. Daher hat der Gesetzgeber für diesen Fall ein Einbeziehungswahlrecht vorgesehen. Die A-Bank kann, aber sie muss keinen Konzernabschluss aufstellen.

Bei der Aufstellung des Konzernabschlusses gilt der **Grundsatz der Stetigkeit**[3]. Daher sind die Einbeziehungswahlrechte im Zeitablauf einheitlich auszuüben. Wird eine Tochter durch ein ausgeübtes Wahlrecht nicht in den Konzernabschluss einbezogen, gilt dies auch für andere Tochterunternehmen (bei gleichen Voraussetzungen). Wenn eine Einbeziehung unterbleibt, ist zu prüfen, ob ein assoziiertes Unternehmen nach § 311 HGB vorliegt. Wenn ein maßgeblicher Einfluss auf die Geschäfts- oder Finanzpolitik der nicht einbezogenen Unternehmen besteht, muss die Equity-Methode angewendet werden. Bei einer Beteiligung von mindestens 20% wird ein maßgeblicher Einfluss vermutet (§ 311 Abs. 1 Satz 2 HGB). Die Equity-Methode wird im achten Kapitel erläutert.

---

[1] Vgl. Baetge, J./Kirsch, H.-J./Thiele, S. (Konzernbilanzen), S. 113.
[2] Vgl. Gräfer, H./Scheld, G.A. (Konzernrechnungslegung), S. 75.
[3] Vgl. Baetge, J./Kirsch, H.-J./Thiele, S. (Konzernbilanzen), S. 111.

5. Einzelheiten zum Konzernabschluss

5.1 Anzuwendende Vorschriften des HGB

Die handelsrechtlichen Konzernvorschriften sind folgendermaßen aufgebaut. Gemäß § 298 Abs. 1 HGB sind auf den Konzernabschluss die Vorschriften für alle Kaufleute und die ergänzenden Normen für Kapitalgesellschaften entsprechend anzuwenden, soweit nicht spezielle Regelungen für Konzerne (z.B. zur Konsolidierung) festgelegt sind. Für das Mutterunternehmen sind die Vorschriften großer Kapitalgesellschaften anzuwenden, sodass keine Erleichterungen (z.B. bei der Bilanzgliederung) bestehen.

Auch im Konzernabschluss gelten die Grundsätze ordnungsmäßiger Buchführung (§ 297 Abs. 2 Satz 2 HGB). Für den Konzernabschluss reichen diese Grundsätze aber nicht aus, da spezielle Probleme auftreten können (z.B. bei der Kapitalkonsolidierung). Daher sind auf der Konzernebene zusätzliche **Konsolidierungsgrundsätze** zu beachten, die im siebten Kapitel erläutert werden.

Zur Interpretation der konzernspezifischen Grundsätze sind zweckmäßigerweise auch die Standards des DRSC heranzuziehen: DRS 21 (Kapitalflussrechnung) enthält z.B. Informationen über die Ausgestaltung der Kapitalflussrechnung. Für dieses Rechnungslegungsinstrument enthält das HGB keine Vorschriften. Daher ist es zu begrüßen, dass das DRSC verschiedene Regelungslücken geschlossen hat.

Wird der **Konzernabschluss nach IFRS** aufgestellt, ist § 315e HGB zu beachten. Danach sind die gültigen IFRS anzuwenden, soweit sie von der Europäischen Union akzeptiert wurden. Die Anerkennung der IFRS wird in einem formalisierten Verfahren vorgenommen, zu dem auf die Literatur verwiesen wird[1]. Auf der Homepage der EU werden die anerkannten IFRS publiziert. Allerdings sind auch für den IFRS-Konzernabschluss einige formale Pflichten des HGB anzuwenden: Die Aufstellung muss in deutscher Sprache erfolgen und die Postenbewertung hat in Euro zu erfolgen. Die Abschlüsse ausländischer Tochtergesellschaften sind nach § 308a HGB in Euro umzurechnen.

5.2 Generalnorm

Nach § 297 Abs. 2 HGB muss der Konzernabschluss ein den tatsächlichen Verhältnissen entsprechendes Bild der Vermögens-, Finanz- und Ertragslage vermitteln. Die Abbildung der wirtschaftlichen Lage muss unter Beachtung der Grundsätze ordnungsmäßiger Buchführung (GoB) erfolgen. Somit beschränken die GoB nicht nur im Einzelabschluss, sondern auch im Konzernabschluss den Aussagegehalt der Jahresabschlüsse[2].

Die Einschränkung führt z.B. dazu, dass im Konzernabschluss die Ertragslage nicht von den geplanten zukünftigen Gewinnen des Konzerns bestimmt wird. Stattdessen sind die Erträge und Aufwendungen der GuV-Rechnungen der einzelnen Konzernunternehmen aus dem vergangenen Geschäftsjahr relevant. Im Einzelnen gilt für die Komponenten der wirtschaftlichen Lage des Konzerns:

---

[1] Vgl. Lanfermann, G./Röhricht, V. (Auswirkungen), S. 826-828.
[2] Vgl. Schildbach, T./Feldhoff, P. (Konzernabschluss), S. 56.

- **Vermögenslage**: Abbildung in der Konzernbilanz als Saldo der Aktiva und der Passiva aller Konzernunternehmen zur Ermittlung des Reinvermögens (des Eigenkapitals) des Konzerns. Hierbei sind die allgemeinen Bewertungsvorschriften anzuwenden (z.B. Anschaffungskostenprinzip für Aktivposten). Allerdings wird das Vermögen der Tochtergesellschaft im Erwerbszeitpunkt neu bewertet, sodass stille Reserven aufgedeckt werden. Die Neubewertung findet auch statt, wenn die Mutter nicht alle Anteile an der Tochter erwirbt. In diesem Fall muss ein Ausgleichsposten für Minderheitsgesellschafter passiviert werden (siehe siebtes Kapitel).
- **Ertragslage**: Abbildung in der Konzern-GuV-Rechnung als Saldo der Erträge und Aufwendungen aller Konzernunternehmen zur Ermittlung des Konzernerfolgs. Die Erfolge, die auf konzerninterne Leistungen entfallen, sind zu konsolidieren, da der Konzern als ein einheitliches Unternehmen angesehen wird. Daher sind z.B. Zwischengewinne aus Warenlieferungen der Mutter an die Tochter aus Konzernsicht erst dann realisiert, wenn die Waren an Konzernfremde übertragen wurden.
- **Finanzlage**: Abbildung in der Kapitalflussrechnung, in der der Cash Flow ermittelt wird. Es ergeben sich Aussagen über die Zahlungsüberschüsse eines Geschäftsjahres und damit Informationen über der Liquiditätsentwicklung im Konzern. Die Kapitalflussrechnung wird im zehnten Kapitel näher erläutert.

5.3 Bestandteile des Konzernabschlusses

Die Bestandteile des Konzernabschlusses hängen davon ab, welches Rechnungslegungssystem von den Unternehmen angewendet wird. Die folgende Abbildung verdeutlicht die Möglichkeiten bzw. Pflichten:

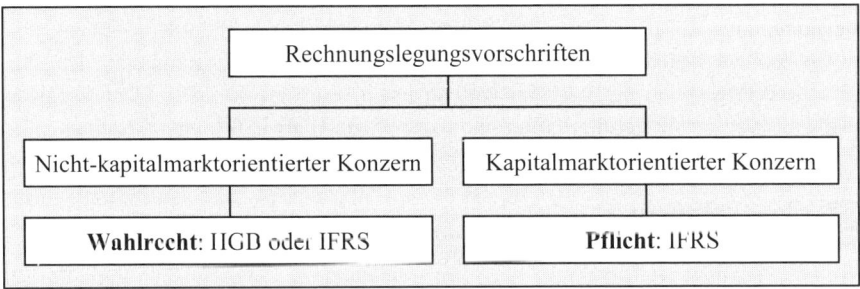

Abb. 160: Anzuwendende Rechnungslegungsvorschriften im Konzern

Ein Konzern, der keinen Kapitalmarkt in Anspruch nimmt, kann zwischen der Aufstellung nach dem HGB und nach IFRS wählen. In beiden Fällen sind die Bestandteile des Jahresabschlusses weitgehend gleich: Der handelsrechtliche **Konzernabschluss ohne Kapitalmarktorientierung** besteht aus der Konzernbilanz, der Konzern-GuV-Rechnung, dem Konzernanhang, der Kapitalflussrechnung und dem Eigenkapitalspiegel. Die Segmentberichterstattung kann im Handelsrecht wahlweise erfolgen. Wird ein IFRS-Abschluss aufgestellt, sind die entsprechenden internationalen Bestandteile darzustellen[1].

---

[1] Nach IFRS ist statt der GuV-Rechnung eine Gesamtergebnisrechnung aufzustellen, auf die im zehnten Kapitel eingegangen wird.

5. Einzelheiten zum Konzernabschluss

Der **Konzernabschluss mit Kapitalmarktorientierung** ist zwingend nach IFRS zu erstellen. Dabei ist die Segmentberichterstattung ein verbindlicher Bestandteil des Konzernabschlusses. Außerdem ist das Ergebnis je Aktie zu ermitteln. In bestimmten Fällen ist nach IFRS eine zusätzliche Bilanz zum Jahresbeginn zu erstellen[1].

	Ohne Kapitalmarktorientierung		Mit Kapitalmarktorientierung
	HGB	IFRS	IFRS
Konzernbilanz	Pflicht	Pflicht	Pflicht
Konzern-GuV-Rechnung (bzw. Gesamtergebnisrechnung)	Pflicht	Pflicht	Pflicht
Konzernanhang	Pflicht	Pflicht	Pflicht
Eigenkapitalveränderungsrechnung (Eigenkapitalspiegel)	Pflicht	Pflicht	Pflicht
Kapitalflussrechnung	Pflicht	Pflicht	Pflicht
Segmentberichterstattung	Wahlrecht	-	Pflicht
Ergebnis je Aktie	-	-	Pflicht

Abb. 161: Bestandteile des Konzernabschlusses

Für den HGB-Abschluss gilt: Die **Konzernbilanz** wird aus der Summe der Einzelbilanzen der Mutter- und Tochtergesellschaften abgeleitet (siehe siebtes Kapitel). Nach § 297 Abs. 1a HGB ist dem Konzernabschluss ein **Einleitungsteil** voranzustellen, der die Firma, den Sitz, das Registergericht und die beim Gericht registrierte Nummer des Mutterunternehmens enthält. Als **Registergericht** bezeichnet man die Amtsgerichte, die unter anderem das Handelsregister führen, das wichtige Unternehmensdaten enthält.

In der Konzernbilanz treten bestimmte Posten nicht mehr auf. Der im Einzelabschluss auf der Aktivseite ausgewiesene Posten "Anteile an verbundenen Unternehmen" wird bei der Kapitalkonsolidierung ausgeglichen. Wenn die Muttergesellschaft für alle Anteile mehr als den Zeitwert des Eigenkapitals der Tochter bezahlt hat, entsteht ein Firmenwert. Dieser Posten wird unter den immateriellen Vermögensgegenständen ausgewiesen.

In der Konzernbilanz werden auf der Aktivseite das Anlage- und Umlaufvermögen ausgewiesen. Danach erscheinen einige Sonderposten, wie z.B. Rechnungsabgrenzungsposten oder latente Steuern. Auf der Passivseite werden das Eigenkapital, die Rückstellungen, Verbindlichkeiten und Sonderposten ausgewiesen. Bei Aktiengesellschaften ist meist der Erfolgsausweis nach teilweiser Ergebnisverwendung relevant. Dann erscheint neben dem gezeichneten Kapital, der Kapitalrücklage, den Gewinnrücklagen (z.B. der gesetzlichen Rücklage und den anderen Gewinnrücklagen) der Konzernbilanzgewinn als spezieller Eigenkapitalposten. Durch Konsolidierungsmaßnahmen kann der Konzernbilanzgewinn aber vom entsprechenden Wert im Einzelabschluss abweichen.

---

[1] Vgl. hierzu die Ausführungen im neunten Kapitel (Gliederungspunkt 1.3).

Die **Konzern-GuV-Rechnung** kann handelsrechtlich und international nach dem Gesamt- oder Umsatzkostenverfahren durchgeführt werden. Die handelsrechtlichen Vorschriften für die Gliederung der Erfolgsrechnung sind auf den Konzernabschluss übertragbar. Entsprechendes gilt für die Gliederung der internationalen Erfolgsrechnung, die im zehnten Kapitel behandelt wird.

Die Konsolidierungsmaßnahmen beeinflussen im Regelfall den Erfolg des Konzerns. Dann weicht die Summe der Gewinne in den Einzelabschlüssen der Konzernunternehmen vom Gewinn des Konzernabschlusses ab. Auch im Konzern bilden die Konzernbilanz und Konzern-GuV-Rechnung ein geschlossenes System: Ein Gewinn der Konzern-GuV-Rechnung erhöht das Eigenkapital der Konzernbilanz, ein Verlust vermindert es.

Beispiel: Für die M-AG, die zu 100% an der T-AG beteiligt ist, wird Ende 01 in der Konzernbilanz ein Eigenkapital in Höhe von 500.000 € ermittelt: Gezeichnetes Kapital 300.000 €, gesetzliche Rücklage 30.000 €, andere Gewinnrücklagen 90.000 € und Konzernbilanzgewinn 80.000 €. In der Konzern-GuV-Rechnung für 02 wird ein Konzernjahresüberschuss in Höhe von 210.000 € ausgewiesen.

Der Gewinn nach Steuern in Höhe von 210.000 € führt z.B. zur Erhöhung der anderen Gewinnrücklagen um 110.000 € und des Konzernbilanzgewinns von 100.000 €. Damit ergibt sich Ende 02 ein vorläufiges Eigenkapital von 710.000 €. Geht man aber davon aus, dass der Bilanzgewinn 01 zur Hälfte an die Aktionäre ausgeschüttet wurde, beträgt das Konzerneigenkapital Ende 02 nur 660.000 € (500.000 € + 210.000 € - 50.000 €).

Der handelsrechtliche **Konzernanhang** hat im Wesentlichen die Aufgabe, die Konzernbilanz und Konzern-GuV-Rechnung zu erläutern. In § 313 Abs. 1 HGB werden grundlegende Angaben (z.B. über die Bilanzierungs- und Bewertungsmethoden im Konzernabschluss) verlangt. Nach § 313 Abs. 2 HGB müssen die in den Konzernabschluss einbezogenen Unternehmen beschrieben werden. Diese Informationen betreffen nicht nur Tochterunternehmen, sondern auch Gemeinschaftsunternehmen und assoziierte Unternehmen. Spezielle Angaben zum Konzernabschluss sind nach § 314 HGB zu vermitteln (z.B. über die Nutzungsdauer des Firmenwerts, § 314 Nr. 20 HGB).

Für die Kapitalflussrechnung, die Segmentberichterstattung und den Eigenkapitalspiegel (die Eigenkapitalveränderungsrechnung) stellt das HGB keine speziellen Vorschriften bereit. Das DRSC hat mit DRS 21 (Kapitalflussrechnung), DRS 3 (Segmentberichterstattung) und DRS 22 (Konzerneigenkapital) drei Standards vorgelegt, die Regelungen für diese Instrumente beinhalten. Die Standards sind vom Bundesministerium der Justiz veröffentlicht worden, sodass die GoB-Konformität vermutet wird (§ 342 Abs. 2 HGB). Die Einzelheiten werden im zehnten Kapitel erläutert.

Zusätzlich zum Konzernabschluss ist ein **Konzernlagebericht** zu erstellen[1], der aber nicht zum Konzernabschluss gehört. Die Inhalte des Konzernlageberichts sind in § 315 HGB beschrieben und mit denen vergleichbar, die für den Lagebericht auf der Ebene des Einzelabschlusses verlangt werden (siehe viertes Kapitel). Der Konzernlagebericht soll neben der Darstellung und Analyse des bisherigen Geschäftsverlaufs auch Informationen über die voraussichtliche Unternehmensentwicklung vermitteln[2].

---

[1] Vgl. hierzu Gräfer, H./Scheld, G. (Konzernrechnungslegung), S. 457-480.
[2] Vgl. Schildbach, T./Feldhoff, P. (Konzernabschluss), S. 358-359.

Auch in den Konzernabschuss sind Regelungen zur **Corporate Social Responsibility** (CSR) neu aufgenommen worden. In § 315b HGB wird die Pflicht zur nichtfinanziellen Konzernerklärung und mögliche Befreiungen davon festgelegt. § 315c HGB regelt die Inhalte der Erklärung, wobei im ersten Absatz der Vorschrift ein Verweis auf § 289c HGB erfolgt. Somit entsprechen die Inhalte auf der Konzernebene grundsätzlich denen im Einzelabschluss (siehe viertes Kapitel, Gliederungspunkt 8).

Die IFRS schreiben keinen Lagebericht vor. Der im Dezember 2010 veröffentlichte IFRS Practice Statement **management commentary** ist kein Pflichtbestandteil des internationalen Abschlusses. Der Managementbericht soll die folgenden Bereiche erläutern[1]: a) Geschäfts- und Rahmenbedingungen, b) Ziele und Strategien, c) Ressourcen, Risiken und Beziehungen, d) Geschäftsergebnis und Geschäftsaussichten, e) Leistungsmaßstäbe und Leistungsindikatoren. Im Vergleich zum Lagebericht sind die Inhalte des Managementberichts allgemeiner formuliert und stellen keine gleichwertige Alternative zum deutschen Lagebericht dar[2].

5.4 Aufstellung und Offenlegung

Die **Aufstellung** des Konzernabschlusses und des Konzernlageberichts hat nach § 290 Abs. 1 Satz 1 HGB durch das Mutterunternehmen zu erfolgen. Verantwortlich sind die gesetzlichen Vertreter der Kapitalgesellschaft, d.h. bei einer Aktiengesellschaft der Vorstand. Die Aufstellungsfrist beträgt grundsätzlich **fünf Monate** und wird damit im Vergleich zur Frist für den Einzelabschluss der Kapitalgesellschaft (drei Monate) um zwei Monate verlängert. Die zeitliche Ausdehnung erklärt sich durch die umfangreicheren Aufstellungsarbeiten für den Konzernabschluss. Wenn das Mutterunternehmen kapitalmarktorientiert ist (§ 290 Abs. 1 Satz 2 HGB), verkürzt sich die Aufstellungsfrist auf **vier Monate**. Die Anleger sollen schneller über die Wirtschaftslage informiert werden.

Da die Jahresabschlüsse verschiedener Unternehmen zusammengefasst werden, muss ein einheitlicher **Aufstellungsstichtag** gefunden werden. Wenn die Geschäftsjahre der einzelnen Konzernunternehmen voneinander abweichen, ist nach § 299 Abs. 1 HGB der Stichtag des Mutterunternehmens relevant. Nach § 299 Abs. 2 Satz 1 HGB "sollen" die Abschlüsse der Tochterunternehmen zu diesem Zeitpunkt aufgestellt werden. Es müssen sachliche Gründe für differierende Stichtage von Mutter- und Tochterunternehmen vorliegen. Ein willkürliches Abweichen vom Konzernabschlussstichtag ist unzulässig[3].

Liegt der Abschlussstichtag eines Konzernunternehmens **mehr als drei Monate** vor dem Abschlussstichtag der Mutter, muss ein **Zwischenabschluss** erstellt werden. Innerhalb der dreimonatigen Frist kann der Jahresabschluss der Tochter grundsätzlich übernommen werden. Allerdings sind nach § 299 Abs. 3 HGB Vorgänge von besonderer Bedeutung für die Vermögens-, Finanz- und Ertragslage eines Konzernunternehmens entweder im Konzernabschluss zu berücksichtigen oder im Konzernanhang anzugeben. Die Aufnahme in den Konzernabschluss erfolgt durch Korrekturbuchungen.

---

[1] Vgl. Unrein, D. (Management), S. 68.
[2] Vgl. Grottke, M./Höschele, D. (Anwendungsempfehlungen), S. 130.
[3] Vgl. Baetge, J./Kirsch, H.-J./Thiele, S. (Konzernbilanzen), S. 136.

Beispiel: Das Geschäftsjahr 02 der Mutter-AG endet am Jahresende, d.h. am 31.12.02. Die Tochter-AG erstellt ihren Abschluss wie folgt: a) Zum 31.12.02, b) zum 31.10.02, c) zum 31.08.02. Die unterschiedlichen Abschlussstichtage der Tochter (Fälle b) und c)) sind branchenbedingt, da das Hauptgeschäft im Sommer stattfindet.

Im Fall a) ergeben sich keine Probleme, da die Stichtage der Mutter und Tochter gleich sind. Im Fall b) liegt eine zeitlich unbedeutende Abweichung vor: Die Werte des Tochterabschlusses vom 31.10.02 können grundsätzlich für den Konzernabschluss zum 31.12.02 verwendet werden[1]. Nur dann, wenn sich in den Monaten November und Dezember 02 Geschäftsvorfälle von besonderer Bedeutung ereignet haben, müssen sie berücksichtigt werden. Ein Geschäftsvorfall, der in diesen beiden Monaten zu einem überdurchschnittlich hohen Ertrag bei der Tochter führt, wäre in der Konzernbilanz und Konzern-GuV-Rechnung für 02 nachzubuchen[2].

Im Fall c) wird die Dreimonatsfrist nicht eingehalten. Daher **muss** die Tochter-AG zum 31.12.02 einen Zwischenabschluss erstellen. Hierdurch wird eine genaue stichtagsbezogene Bilanzierung und Bewertung auf der Konzernebene sichergestellt. Allerdings entstehen zusätzliche Aufstellungskosten für einen weiteren Abschluss.

Die folgende Abbildung fasst die Aussagen zusammen: Fall a) stellt die ideale Situation dar. Im Fall c) muss ein Zwischenabschluss erstellt werden – im Fall b) reicht die Nachbuchung wichtiger Geschäftsvorfälle aus.

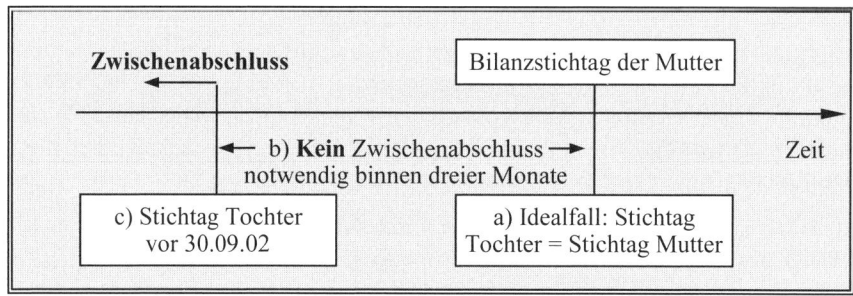

Abb. 162: Zwischenabschlüsse der Tochtergesellschaften

Die **Offenlegung** des Konzernabschlusses ist in § 325 Abs. 3 HGB geregelt, der auf die Vorschriften zur Offenlegung des Einzelabschlusses verweist. Somit gilt: Die Offenlegung hat unverzüglich nach der Vorlage an die Gesellschafter zu erfolgen, wobei eine zeitliche Obergrenze von zwölf Monaten besteht. Die Unterlagen müssen in deutscher Sprache und in Euro publiziert werden. Bei kapitalmarktorientierten Konzernen muss die Offenlegung nach vier Monaten erfolgen (§ 325 Abs. 4 HGB).

Die Offenlegung des Konzernabschlusses erfolgt im elektronischen Bundesanzeiger. Die zu veröffentlichenden Daten müssen dem Betreiber dieser Plattform in elektronischer Form übermittelt werden (siehe erstes Kapitel).

---

[1] Hierbei sind die Bilanzen der Mutter und Tochter zu vereinheitlichen, wenn abweichende Bilanzierungsmethoden verwendet werden (siehe siebtes Kapitel).

[2] Im Konzernabschluss 03 darf der bereits für 02 berücksichtigte Vorgang nicht mehr erscheinen, obwohl er im Einzelabschluss der Tochter enthalten ist.

Siebtes Kapitel: Vorschriften zur Vollkonsolidierung

1. Entwicklung des Konzernabschlusses

Ausgangspunkt für die Vollkonsolidierung sind die Einzelabschlüsse des Mutterunternehmens und ihrer Töchter. Diese Abschlüsse werden durch die unterschiedliche Ausübung von gesetzlich zugelassenen Wahlrechten beim Ansatz und bei der Bewertung beeinflusst. Beim Ansatz ist das Wahlrecht für selbst geschaffene immaterielle Vermögensgegenstände im Anlagevermögen (§ 248 Abs. 2 Satz 1 HGB) von großer praktischer Bedeutung. Bei der Bewertung spielt das Wahlrecht zur Einbeziehung allgemeiner Verwaltungskosten in die Herstellungskosten (§ 255 Abs. 2 HGB) eine bedeutende Rolle.

Beispiel: Die Mutter-AG ist im Einzelabschluss an hohen Gewinnausweisen interessiert. Daher werden in die Herstellungskosten ihrer Produkte auch die allgemeinen Verwaltungskosten einbezogen. Die Tochter-AG kalkuliert ohne diese Kosten, sodass ihr Gewinn insoweit niedriger ausfällt.

Damit werden die Erfolge der Mutter- und Tochtergesellschaft nach unterschiedlichen Methoden ermittelt. Im Konzernabschluss ist eine einheitliche Bewertung vorzunehmen, da es sich gedanklich um den Abschluss eines einzigen Unternehmens handelt. Daher ist zur Vereinheitlichung der Einzelabschlüsse nach dem folgenden Schema vorzugehen:

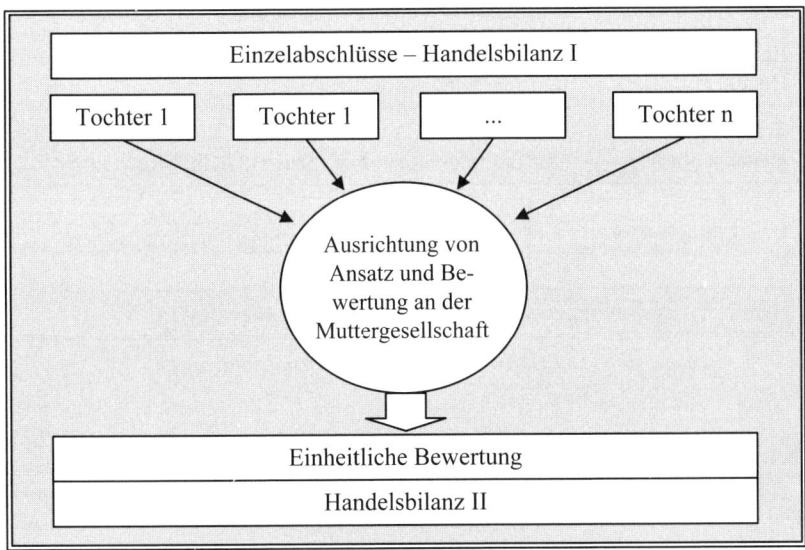

Abb. 163: Vereinheitlichung von Abschlüssen

Der Ansatz und die Bewertung der einzelnen Aktiv- und Passivposten in den Einzelabschlüssen der Töchter werden an die Bilanzierung der Mutter angepasst. Die Mutter kann auf der Konzernebene alle Wahlrechte neu ausüben. Die Umbewertung in den Bilanzen führt zur **Handelsbilanz II**. Es gilt:

Handelsbilanz II: Vereinheitlichte Bilanzen der Mutter- und Tochtergesellschaften

Nach der Vereinheitlichung sind die Posten der Tochterunternehmen neu zu bewerten. Die in den Vermögensgegenständen und Schulden enthaltenen stillen Reserven sind aufzudecken[1]. Hieraus ergibt sich die **Handelsbilanz III**. Anschließend werden für die Konzernbilanz die einzelnen aktiven und passiven Posten der Mutter und Tochter addiert, um die **Summenbilanz** zu ermitteln. In der GuV-Rechnung führt die Addition der einzelnen Ertrags- und Aufwandsposten zur **Summen-GuV-Rechnung**. Da die Einzelabschlüsse (Bilanzen und GuV-Rechnungen) der Mutter- und Tochterunternehmen ausgeglichen sind, gilt das auch für den Gesamtabschluss auf der Konzernebene (Konzernbilanz und Konzern-GuV-Rechnung).

Zur Vermeidung von Doppelzählungen müssen verschiedene Konsolidierungen vorgenommen werden. Neben der Kapitalkonsolidierung sind die Schulden-, Zwischenergebnis-, Aufwands- und Ertragskonsolidierung durchzuführen. Danach erhält man die Konzernbilanz und Konzern-GuV-Rechnung.

Einzelabschlüsse aller Unternehmen (Handelsbilanz I)	
Schritte	Inhalt
1. Erstellung der Handelsbilanz II:	Ausrichtung der Bilanzierung am Mutterunternehmen (mit Möglichkeit zur Neuausübung von Wahlrechten)
2. Erstellung der Handelsbilanz III:	Neubewertung der Vermögensgegenstände und Schulden (Aufdeckung stiller Reserven)
3. Erstellung des Summenabschlusses:	Addition der Aktiva/Passiva bzw. Erträge/Aufwendungen zur Summenbilanz bzw. Summen-GuV-Rechnung
4. Vornahme der Konsolidierungen:	• Kapitalkonsolidierung • Schulden-, Zwischenergebnis-, Aufwands- und Ertragskonsolidierung
Konzernabschluss (nach Einheitstheorie)	

Abb. 164: Entwicklung des Konzernabschlusses

2. Konsolidierungsgrundsätze

Zunächst sind bei der Erstellung der Einzelabschlüsse der Mutter- und Tochtergesellschaften die im ersten Kapitel erläuterten Bilanzierungsgrundsätze zu befolgen. Bei der Konsolidierung sind weitere Prinzipien zu beachten. Die folgende Abbildung zeigt die wesentlichen Konsolidierungsgrundsätze im Überblick.

---

[1] Es könnten auch stille Lasten (z.B. durch Unterbewertung von Passivposten) vorhanden sein, die durch das Vorsichtsprinzip eher selten auftreten und im Folgenden vernachlässigt werden.

Wichtige Konsolidierungsgrundsätze	
1. Vollständigkeit:	Sämtliche Vermögensgegenstände, Schulden, Rechnungsabgrenzungsposten und Sonderposten sind nach dem Recht der Mutter in den Konzernabschluss aufzunehmen
2. Einheitlichkeit:	Bewertung der Vermögensgegenstände und Schulden erfolgt einheitlich nach den anwendbaren Bewertungsmethoden der Mutter
3. Unabhängigkeit:	Ansatz- und Bewertungswahlrechte können unabhängig von den Einzelabschlüssen ausgeübt werden
4. Stetigkeit:	Kontinuität im Ansatz und in der Bewertung von Posten sowie Beibehaltung von Gliederungen und Postenabgrenzungen
5. Wesentlichkeit:	Vermittlung entscheidungsrelevanter Informationen

Abb. 165: Wichtige Konsolidierungsgrundsätze

Nach dem **Vollständigkeitsgrundsatz** sind alle Posten der Bilanz und GuV-Rechnung nach den Rechtsvorschriften des Mutterunternehmens anzusetzen (§ 300 Abs. 2 HGB). Da in den Konzernabschluss grundsätzlich alle Tochterunternehmen auf der Welt einzubeziehen sind, gelten in den Einzelabschlüssen die unterschiedlichsten Bilanzierungsvorschriften. Sie sind an die Vorschriften des inländischen Mutterunternehmens, also an die handelsrechtlichen Regelungen großer Kapitalgesellschaften, anzupassen.

Beispiel: Die inländische M-AG muss bei einem Posten das Ansatzverbot nach § 248 Abs. 2 Satz 2 HGB beachten. Die ausländische Tochter hat einen derartigen Posten nach ihren Landesvorschriften aktiviert. Nach dem Recht der M-AG darf der Posten nicht in der Konzernbilanz erscheinen. Es muss eine Korrektur bei der Tochter erfolgen.

Der **Einheitlichkeitsgrundsatz** bezieht sich auf die anwendbaren (= möglichen) Bewertungsmethoden der Mutter und nicht auf die angewandten (= tatsächlichen) Methoden. Das könnte z.B. bedeuten, dass die Herstellungskosten fertiger Erzeugnisse in beliebiger Weise mit oder ohne allgemeine Verwaltungskosten bewertet werden können, da beides mit dem HGB vereinbar ist. Die willkürliche Bewertung vergleichbarer Posten wird aber in der Literatur nicht akzeptiert[1]. Vielmehr sind art- und funktionsgleiche Vermögensgegenstände einheitlich zu bewerten. Somit gilt:

Einheitliche Bewertung art- und funktionsgleicher Vermögensgegenstände

Wenn das Mutterunternehmen Kraftstoffe mit der Fifo-Methode bewertet, da keine getrennte Lagerung erfolgt, müssen auch die Tochterunternehmen dieses Verfahren anwenden[2]. Allerdings könnten Schmierstoffe, die nur im Tochterunternehmen vorhanden sind, z.B. nach der Durchschnittsmethode bewertet werden. Eine willkürliche Bewertung liegt

---
[1] Vgl. Schildbach, T./Feldhoff, P. (Konzernabschluss), S. 60.
[2] Vgl. Coenenberg, A.G./Haller, A./Schultze, W. (Jahresabschluss), S. 653.

nicht vor, da Kraft- und Schmierstoffe nicht funktionsgleich sind. Ein einzelnes Unternehmen könnte diese Stoffe auch unterschiedlich bewerten. Der Gedanke der Einheitstheorie wird nicht gefährdet.

Hinsichtlich der Bewertung von Fertigerzeugnissen ergibt sich eine Einheitlichkeit nur bei gleichartigen Produkten. Wenn die Mosel-AG in die Herstellungskosten ihres Weins auch die allgemeinen Verwaltungskosten einbezieht, muss die Franken-AG entsprechend kalkulieren. Die Franken-AG kann aber die nur von ihr produzierten Traubensäfte ohne allgemeine Verwaltungskosten bewerten. Die Mutter legt die Bewertungsmethoden nur für die Produkte fest, die bei ihr und den jeweiligen Tochterunternehmen relevant sind. Allerdings sind gleichartige Produkte bei verschiedenen Töchtern im Konzernabschluss einheitlich zu kalkulieren.

Der Einheitlichkeitsgrundsatz gilt nicht nur für die Bewertung der Bilanzposten, sondern auch für den Ansatz[1]. Wenn die Muttergesellschaft bei einer Kreditaufnahme ein Disagio im Konzernabschluss aktiviert, muss die Tochtergesellschaft entsprechend verfahren. Im Einzelabschluss gilt das Stetigkeitsprinzip auch beim Ansatz von Bilanzposten. Die in § 246 Abs. 3 HGB verankerte Regelung gilt auch im Konzern (§ 298 Abs. 1 HGB).

Der **Unabhängigkeitsgrundsatz** besagt, dass die geltenden Wahlrechte auf der Ebene des Konzernabschlusses **neu ausgeübt** werden können. Beispiele sind:

- Ansatzwahlrechte (§ 300 Abs. 2 Satz 2 HGB): Disagio, Entwicklungskosten.
- Bewertungswahlrechte (§ 308 Abs. 1 Satz 2 HGB):
  a) Einbeziehung von allgemeinen Verwaltungskosten in die Herstellungskosten.
  b) Abschreibung von Finanzanlagen bei nicht dauernder Wertminderung.
  c) Methodenwahlrechte (z.B. Verbrauchsfolgeverfahren).

Werden Bewertungswahlrechte neu ausgeübt, muss im Anhang eine Begründung erfolgen. Die Wahlrechtsausübung wird durch das **Stetigkeitsprinzip** beschränkt. Auch im Konzernabschluss gelten die Ansatz-, Ausweis- und Bewertungsstetigkeit, die im ersten Kapitel erläutert wurden. Außerdem sind nach § 297 Abs. 3 Satz 2 HGB die Konsolidierungsmethoden beizubehalten. Werden im Konzernabschluss 01 die allgemeinen Verwaltungskosten in die Konzernherstellungskosten einbezogen, ist auch in den Folgejahren in dieser Weise zu kalkulieren.

Der Grundsatz der **Wesentlichkeit** zwingt nur zur Angabe von Informationen, die eine Entscheidungswirkung entfalten können. Hierdurch wird die Wirtschaftlichkeit der Abschlusserstellung gewährleistet. Der Nutzen zusätzlicher Informationen ist den Kosten der Informationsbeschaffung gegenüberzustellen[2].

Zusammenfassend ist festzustellen, dass die Muttergesellschaft eines Konzerns über einige Möglichkeiten verfügt, um das Konzernvermögen und den Konzernerfolg zu beeinflussen. Die im Einzelabschluss der Mutter- und Tochtergesellschaften vorhandenen Wahlrechte können im Rahmen des Stetigkeitsprinzips im Konzern neu ausgeübt werden. Es kann eine eigenständige **Konzernbilanzpolitik** durchgeführt werden[3].

---

[1] Vgl. Küting, K./Tesche, T./Tesche, J. (Stetigkeitsgrundsatz), S. 659.
[2] Vgl. Schildbach, T./Feldhoff, P. (Konzernabschluss), S. 69.
[3] Vgl. Gräfer, H./Scheld, G.A. (Konzernrechnungslegung), S. 116.

3. Kapitalkonsolidierung

3.1 Zeitpunkt und Inhalt der Erstkonsolidierung

Die Kapitalkonsolidierung ist im Wesentlichen in § 301 HGB geregelt. Zur Erstellung der Konzernbilanz sind die folgenden Komponenten zu verrechnen:

- Beim Mutterunternehmen: Anteile (am Tochterunternehmen).
- Beim Tochterunternehmen: Eigenkapital.

Die Anteile werden im Einzelabschluss als "Anteile an verbundenen Unternehmen" unter den Finanzanlagen ausgewiesen, da der Anteilserwerb eine dauernde Verbindung mit dem Tochterunternehmen herstellen soll. Die erste Kapitalkonsolidierung (Erstkonsolidierung) und ihre Methoden werden didaktisch wie folgt behandelt:

1. Beteiligungsquote 100%: Die Mutter verfügt über alle Anteile, sodass keine Minderheitsgesellschafter existieren. Erläuterung im Gliederungspunkt 3.2.
2. Beteiligungsquote unter 100%: Die Mutter verfügt über mehr als 50% der Anteile, aber sie ist nicht zu 100% beteiligt. Somit sind Minderheitsgesellschafter zu berücksichtigen. Erläuterung im Gliederungspunkt 3.3.

Das Eigenkapital umfasst sämtliche Eigenkapitalposten, die für die jeweilige Rechtsform relevant sind. Bei Kapitalgesellschaften ist zwischen dem Erfolgsausweis vor Ergebnisverwendung und nach teilweiser Ergebnisverwendung zu unterscheiden. Die vollständige Ergebnisverwendung wird im Folgenden vernachlässigt, da sie nur eine geringe praktische Bedeutung aufweist. Alle Eigenkapitalposten der folgenden Abbildung sind zu konsolidieren.

Der Jahreserfolg und der Ergebnisvortrag sind für die Zeit **vor dem Anteilserwerb** einzubeziehen[1]. Im Erwerbszeitpunkt vergütet die Mutter im Kaufpreis auch die Gewinne der Tochter, die bis zum Vertragsabschluss erwirtschaftet wurden. Wenn die M-AG am 1.7.01 alle Anteile an der T-AG erwirbt, die bis zu diesem Zeitpunkt einen Jahresüberschuss von 140.000 € erzielt hat, wird dieser Betrag von der M-AG im Kaufpreis berücksichtigt. Der Gewinn der zweiten Jahreshälfte steht der M-AG direkt zu.

Konsolidierungspflichtiges Eigenkapital	
Ausweis vor Ergebnisverwendung	Erfolgsausweis nach teilweiser Ergebnisverwendung
• Gezeichnetes Kapital • Kapitalrücklagen • Gewinnrücklagen • Gewinnvortrag/Verlustvortrag • Jahresüberschuss/Jahresfehlbetrag	• Gezeichnetes Kapital • Kapitalrücklagen • Gewinnrücklagen • Bilanzgewinn/Bilanzverlust

Abb. 166: Konsolidierungspflichtiges Eigenkapital

---

[1] Vgl. Schildbach, T./Feldhoff, P. (Konzernabschluss), S. 144.

Beispiel: Die Mutter-AG erwirbt am 1.10.05 alle Anteile an der Tochter-AG zum Preis von 5.000.000 €. Die Tochter hat in 05 einen Jahresüberschuss von 400.000 € erzielt, der gleichmäßig entstanden ist. Somit erwirbt die Mutter am 1.10.05 einen Gewinnanteil von 300.000 € (3/4 von 400.000 €), der im Kaufpreis berücksichtigt wird. Der Betrag ist zu konsolidieren. Die verbleibenden 100.000 € stehen der Mutter vollständig zu, da ihr die Tochter-AG im letzten Quartal zu 100% gehört.

Die gesetzlichen Vorschriften für die Bildung und Auflösung der Eigenkapitalkonten (z.B. der gesetzlichen Rücklage) sind auf der Konzernebene ohne Bedeutung. Der Konzernabschluss hat insbesondere eine Informationsfunktion zu erfüllen, bei der die wirtschaftlichen Verhältnisse im Vordergrund stehen. Daher sind Kapitalerhaltungsfragen, die im Einzelabschluss von Bedeutung sind, auf der Konzernebene irrelevant. Die gesetzliche Rücklage und die Kapitalrücklagen der Tochter sind "normale" Bestandteile des Eigenkapitals und werden konsolidiert.

Wenn das Tochterunternehmen zulässigerweise **eigene Anteile** erworben hat, werden sie nach § 272 Abs. 1a HGB mit dem Eigenkapital saldiert (siehe viertes Kapitel). Verfügt die Tochter über Anteile an der Muttergesellschaft (Rückbeteiligung), werden sie in der Konzernbilanz als eigene Anteile der Mutter behandelt und mit deren gezeichnetem Kapital verrechnet (§ 301 Abs. 4 HGB)[1].

Nach der Erwerbsmethode ist die Konsolidierung in dem **Zeitpunkt** durchzuführen, in dem ein Mutter-Tochterverhältnis entsteht. Deshalb wird in § 301 Abs. 2 Satz 1 HGB dieser Zeitpunkt zugrunde gelegt. Erwirbt die Mutter-AG am 1.7.01 alle Anteile an der Tochter-AG, muss zu diesem Zeitpunkt die erste Kapitalkonsolidierung erfolgen. Können die Werte des übernommenen Reinvermögens der Tochter im Erwerbszeitpunkt nicht endgültig ermittelt werden, sieht § 301 Abs. 2 Satz 2 HGB einen Zeitraum von zwölf Monaten für mögliche Wertanpassungen vor.

Wenn zwischen der Entstehung des Mutter-Tochter-Verhältnisses und der erstmaligen Aufstellung des Konzernabschlusses eine längere Zeitspanne liegt, sind nach § 301 Abs. 2 Satz 3 HGB bei der Kapitalkonsolidierung die Wertverhältnisse im Zeitpunkt des ersten Konzernabschlusses zu verwenden. Es handelt sich um eine Vereinfachungsregelung, da nicht die früheren Werte des Vermögens der Tochter zu bestimmen sind.

Beispiel: Die M-AG erwirbt am 1.7.01 alle Anteile an der T-AG. Da der entstehende Konzern als klein einzustufen ist, unterbleibt nach § 293 HGB die Aufstellung des Konzernabschlusses. Ende 08 hat der Konzern jedoch eine Größe erreicht, die die Erstellung des ersten Konzernabschlusses notwendig macht. Dann sind für die Kapitalkonsolidierung die Werte des Reinvermögens der Tochter Ende 08 zugrunde zu legen.

Bei der Vollkonsolidierung übernimmt das Mutterunternehmen **alle** Aktiv- und Passivposten des Tochterunternehmens. Mit dem Kauf der Anteile findet auch ein fiktiver Erwerb der einzelnen Vermögensgegenstände, Schulden und Sonderposten statt. Nach der **Erwerbsmethode** (Purchase Method) stellen die beizulegenden Zeitwerte der einzelnen Bilanzposten die Anschaffungskosten dar. Diese Werte bilden die Grundlage für die Erst- und Folgekonsolidierung, da die Anschaffung einen einmaligen und festen Charakter hat.

---

[1] Vgl. im Einzelnen Küting, K./Reuter, M. (Anteile), S. 500.

Der beizulegende Zeitwert wird bei einigen Vermögensgegenständen **über** den Buchwerten liegen, sodass stille Reserven aufgedeckt werden. Damit gilt:

> Erwerb aktiver und passiver Posten mit Aufdeckung stiller Reserven

Das Handelsrecht geht grundsätzlich von der Erwerbsmethode aus. Daher ist nach § 301 Abs. 1 Satz 2 HGB die **Neubewertungsmethode** für die Bewertung des übernommenen Reinvermögens anzuwenden. Die stillen Reserven werden nach Erstellung der Handelsbilanz II aufgedeckt. Allerdings sind Rückstellungen und latente Steuern nach den Vorschriften des Einzelabschlusses zu bewerten (§ 301 Abs. 1 Satz 3 HGB). In der Summenbilanz erscheinen die meisten Posten mit ihren aktuellen Zeitwerten. Die Konsolidierung erfolgt grundsätzlich mit dem Zeitwert des Eigenkapitals (= neubewertetes Vermögen vermindert um neubewertete Schulden)[1].

3.2 Erstkonsolidierung ohne Minderheitsgesellschafter

3.2.1 Neubewertungsmethode ohne latente Steuern

Die Neubewertungsmethode wird für eine **Beteiligungsquote von 100%** erläutert, d.h. die Muttergesellschaft M-AG erwirbt **alle Anteile** an dem Tochterunternehmen T-AG. Der Anteilserwerb erfolgt am Jahresende 01[2]. Die M-AG bezahlt 400.000 € für die Anteile und vergütet damit auch den Gewinn der Tochter aus 01. In der Handelsbilanz der T-AG sind Vermögensgegenstände im Buchwert von 250.000 € enthalten, deren Zeitwert 300.000 € beträgt (= 50.000 € stille Reserven). Schulden werden vernachlässigt.

Nach der Erwerbsmethode hat die Mutter mit dem Erwerb der Beteiligung auch die einzelnen Vermögensgegenstände der Tochter angeschafft. Neben dem Share Deal (Kauf der Anteile) findet gedanklich ein Asset Deal statt, der den Erwerb der einzelnen Vermögensgegenstände zum Inhalt hat. Hierbei werden die stillen Reserven aufgedeckt, die hauptsächlich durch Bewertungsunterschiede zustandekommen:

- **Unterbewertung von Aktiva**: Das Anlagevermögen wie z.B. ein Grundstück hat einen höheren beizulegenden Zeitwert als den Buchwert. Das Umlaufvermögen, z.B. ein Warenposten enthält stille Reserven, da der Verkaufspreis im Regelfall über den Anschaffungskosten liegt.
- **Überbewertung von Passiva**: Langfristige Fremdwährungsverbindlichkeiten werden im Einzelabschluss zu hoch bewertet, wenn der Wechselkurs am Bilanzstichtag gesunken ist. Der unrealisierte Gewinn darf nicht berücksichtigt werden. Rückstellungen sind wie im Einzelabschluss zu bewerten.

Die stillen Reserven werden im Zuge der Konsolidierung aufgedeckt. Dabei werden auch Posten angesetzt, die im Einzelabschluss durch Nicht-Ausübung eines Ansatzwahlrechts nicht aktiviert wurden (z.B. selbst geschaffene immaterielle Vermögensgegenstände des

---

[1] Vgl. Baetge, J./Kirsch, H.-J./Thiele, S. (Konzernbilanzen), S. 184.
[2] In der Praxis erfolgt der Erwerb der Anteile meist zu einem bestimmten Zeitpunkt, wie z.B. zum 1.1.02 (0 Uhr). Im Folgenden wird der Anteilserwerb aus didaktischen Gründen vereinfacht.

Anlagevermögens nach § 248 Abs. 2 HGB). Im Folgenden werden die Vermögensgegenstände (VG) vereinfachend als "Diverse VG" ausgewiesen. Dahinter verbergen sich die einzelnen Posten des Anlage- und Umlaufvermögens der jeweiligen Unternehmen.

Für die erste Durchführung der Kapitalkonsolidierung (**Erstkonsolidierung**) gilt: Im ersten Schritt werden die Handelsbilanzen II der Mutter und Tochter aus den Einzelabschlüssen entwickelt. Anschließend werden die stillen Reserven in den Posten der Tochterbilanzen aufgedeckt, so dass man die **Handelsbilanz III** erhält.

Die folgende Abbildung zeigt die Handelsbilanzen III für das obige Beispiel (Angaben in Tausend Euro, Erfolgsausweis vor Ergebnisverwendung[1], ohne Ertragsteuern, ohne gesetzliche Rücklage). Die bilanzierten Anteile der M-AG stellen "Anteile an verbundenen Unternehmen" dar. Die aufgedeckten stillen Reserven von 50.000 € werden auf der Passivseite in einer **Neubewertungsrücklage** (NRL) erfasst.

Mutterunternehmen				Tochterunternehmen			
A	Bilanz 31.12.01		P	A	Bilanz 31.12.01		P
Diverse VG	500	Gez. Kapital	800	Diverse VG	300	Gez. Kapital	200
Anteile	400	Jahresüberschuss	100			NRL	50
						Jahresüberschuss	50
	900		900		300		300

Abb. 167: Handelsbilanzen III für die Konsolidierung

Die Erstellung der Summenbilanz (zweiter Schritt zur Entwicklung der Konzernbilanz) und die Durchführung der Kapitalkonsolidierung (dritter Schritt) erfolgen in einer horizontalen Darstellung. Die Posten der Handelsbilanz II der Muttergesellschaft und die der Handelsbilanz III der Tochtergesellschaft werden in die ersten Spalten übernommen und senkrecht angeordnet. Anschließend erfolgt die horizontale Addition der Posten.

In der Konsolidierungsspalte werden die Anteile verbundener Unternehmen der Mutter (Wert: 400.000 €) mit dem Zeitwert des Eigenkapitals der Tochter (Wert: 300.000 €) verrechnet. Die Differenz von 100.000 € führt zum entgeltlich erworbenen **Geschäfts- oder Firmenwert** (kurz: Firmenwert). Für diesen Posten besteht im Konzernabschluss eine spezielle Ansatzpflicht nach § 301 Abs. 3 Satz 1 HGB. Die Buchung lautet:

Konsolidierungsbuchung:			
Gezeichnetes Kapital	200.000 /	Anteile verbundener	400.000
Jahresüberschuss	50.000	Unternehmen	
Neubewertungsrücklage	50.000		
Firmenwert	100.000		

Abb. 168: Buchung der Erstkonsolidierung

---

[1] Bei der AG wird grundsätzlich der Erfolgsausweis nach teilweiser Ergebnisverwendung angewendet (siehe viertes Kapitel). Dann ist der Posten "Bilanzgewinn" der Tochter zu konsolidieren.

3. Kapitalkonsolidierung

Die nach der Kapitalkonsolidierung verbleibenden Posten werden zusammengefasst und in der letzten Spalte ausgewiesen. Es handelt sich um die aktiven und passiven Posten der Konzernbilanz, die senkrecht angeordnet sind.

	Posten	M-AG	T-AG	Summen-bilanz	Konsolidierung Soll	Konsolidierung Haben	Konzern-bilanz
Aktiva	Diverse VG	500	300	800			800
	Anteile	400	-	400	a) 400		-
	Firmen-wert	-	-	-	a) 100		100
	Summe	900	300	1.200			900
Passiva	Gez. Kapital	800	200	1.000	a) 200		800
	NRL	-	50	50	a) 50		-
	JÜ	100	50	150	a) 50		100
	Summe	900	300	1.200	400	400	900

Abb. 169: Ablauf der Erstkonsolidierung

Die folgende Abbildung zeigt die **Konzernbilanz** in Kontoform. Die Bilanz weist auf der Aktivseite die Summe der Vermögensgegenstände der Mutter- und Tochtergesellschaften aus. Für das Vermögen der Mutter gelten die Buchwerte, für das Vermögen der Tochter die Zeitwerte. Auf der Passivseite erscheint das Eigenkapital der Muttergesellschaft. Durch die Kapitalkonsolidierung wird auf der Aktivseite noch ein positiver Firmenwert in Höhe von 100.000 € ausgewiesen.

A	Konzernbilanz 31.12.01		P
Firmenwert	100.000	Gezeichnetes Kapital	800.000
Diverse VG	800.000	Jahresüberschuss	100.000
	900.000		900.000

Abb. 170: Konzernbilanz

Die **Gliederung** der Konzernbilanz entspricht grundsätzlich der von großen und mittelgroßen Kapitalgesellschaften im Einzelabschluss. Allerdings werden konzernspezifische Posten gesondert ausgewiesen[1]. Der Firmenwert aus der Kapitalkonsolidierung wird z.B. neben den Firmenwerten aus den Einzelabschlüssen dargestellt. Außerdem werden die Begriffe angepasst: Im Konzernabschluss wird z.B. der Begriff Konzernjahresüberschuss für den Erfolg des Konzerns verwendet. Im Folgenden muss jedoch aus Platzgründen weiterhin die Bezeichnung "Jahresüberschuss" verwendet werden.

---

[1] Vgl. Gräfer, H./Scheld, G.A. (Konzernrechnungslegung), S. 95-97.

3.2.2 Neubewertungsmethode mit latenten Steuern

Bisher wurde die Kapitalkonsolidierung ohne latente Steuern durchgeführt. Nach § 306 Satz 1 HGB sind im Konzernabschluss latente Steuern auf (zeitliche und quasi-permanente) Wertdifferenzen zwischen Handels- und Steuerbilanz zu berücksichtigen, die durch Konsolidierungsmaßnahmen entstehen. Die in den Einzelabschlüssen der Mutter und Tochter nach § 274 HGB bilanzierten latenten Steuern werden unverändert in den Konzernabschluss übernommen. Diese Steuern werden wie "normale" Aktiva und Passiva der Tochter behandelt. Somit gilt:

§ 306 HGB regelt zusätzliche latente Steuern aus Konsolidierungsmaßnahmen

Beispiel: Die M-AG ist zu 100% an der T-AG beteiligt. Die Tochter weist in ihrem Jahresabschluss eine passive latente Steuer von 20.000 € aus, die in den Konzernabschluss übernommen wird. Entsteht bei der Konsolidierung eine weitere passive latente Steuer von z.B. 15.000 € nach § 306 HGB, kann sie mit denen des Einzelabschlusses zusammengefasst werden (§ 306 Satz 6 HGB). Gesamtbetrag passiver latenter Steuern: 35.000 €.

Im vorigen Gliederungspunkt wurde die Erstkonsolidierung für den Fall erklärt, dass die Mutter alle Anteile an der Tochter für 400.000 € erwirbt. Der Buchwert des Eigenkapitals der Tochter betrug 250.000 €, der Zeitwert 300.000 €. Es wurden 50.000 € stille Reserven aufgedeckt. Damit werden die Vermögensgegenstände aus handelsrechtlicher Sicht **höher** bewertet als im Steuerrecht, wo das Anschaffungskostenprinzip gilt und die Bewertung zu 250.000 € erfolgt. Es besteht eine Bewertungsdifferenz von 50.000 €, die zu **passiven latenten Steuern** in Höhe von 15.000 € führt, wenn ein Steuersatz in Höhe von 30% zugrunde gelegt wird[1].

Die latenten Steuern werden bei Aufdeckung der stillen Reserven des Tochterunternehmens erfolgsneutral gebildet (Buchung: "Diverse Vermögensgegenstände 50.000 an Neubewertungsrücklage 35.000 und passive latente Steuern 15.000"). Durch die latenten Steuern sinken die Neubewertungsrücklage und der Zeitwert des Eigenkapitals der Tochter. Gleichzeitig steigt das Fremdkapital in der Konzernbilanz. Die passiven latenten Steuern werden bei der Erstkonsolidierung **erfolgsneutral** gebildet. Es gilt:

Erfolgsneutrale Behandlung latenter Steuern bei der Erstkonsolidierung

Da die latenten Steuern zur Verminderung der Neubewertungsrücklage führen, muss der Firmenwert entsprechend steigen. Die folgende Abbildung stellt die Konsolidierungsbuchungen mit und ohne latente Steuern gegenüber. Der Firmenwert steigt im Steuerfall um 15.000 € im Vergleich zum Nicht-Steuerfall. Die passiven latenten Steuern werden in die Konzernbilanz übernommen und sind in den Folgejahren in Abhängigkeit von den zugehörigen Posten weiterzuentwickeln. Wenn stille Reserven in einer Maschine mit einer Restnutzungsdauer von fünf Jahren enthalten sind, werden sie über fünf Jahre abgeschrieben. Die passiven latenten Steuern werden über diesen Zeitraum aufgelöst.

---

[1] Im Konzern ist ein unternehmensindividueller Steuersatz zugrunde zu legen (§ 306 Satz 5 i.V.m. § 274 Abs. 2 Satz 1 HGB). Somit gilt für die stillen Reserven der Tochter deren Steuersatz.

3. Kapitalkonsolidierung   195

Konsolidierungsbuchung ohne latente Steuern:			
Gezeichnetes Kapital	200.000	/ Anteile verbundener	400.000
Jahresüberschuss	50.000	Unternehmen	
Neubewertungsrücklage	50.000		
Firmenwert	100.000		
Konsolidierungsbuchung mit latenten Steuern:			
Gezeichnetes Kapital	200.000	/ Anteile verbundener	400.000
Jahresüberschuss	50.000	Unternehmen	
Neubewertungsrücklage	35.000		
Firmenwert	115.000		

Abb. 171: Buchung der Erstkonsolidierung (mit und ohne latente Steuern)

Der **Firmenwert** aus der Erstkonsolidierung muss im Konzernabschluss aktiviert werden (§ 301 Abs. 3 Satz 1 HGB), obwohl kein Vermögensgegenstand vorliegt (siehe zweites Kapitel). Steuerrechtlich besteht insoweit ein Ansatzverbot. Somit würde eine passive latente Steuer entstehen, da der handelsrechtliche Wert höher ist als die steuerrechtliche Größe. Nach § 306 Satz 3 HGB gilt jedoch[1]:

> Ansatzverbot für latente Steuern auf den Firmenwert

Das Ansatzverbot wird damit begründet, dass der Firmenwert eine Restgröße darstellt[2]. Außerdem würden latente Steuern auf den Firmenwert zu einer "Aufblähung" dieses Postens führen[3]. In der obigen Abbildung entsteht ein Firmenwert von 115.000 €, wenn latente Steuern bei den neubewerteten Vermögensgegenständen berücksichtigt werden. Der Firmenwert (als Restgröße) steigt, da die latenten Steuern das neubewertete Eigenkapital der Tochter vermindern.

Würden passive latente Steuern auf den Firmenwert selbst verrechnet, würde das Fremdkapital in der Konzernbilanz zunehmen und gleichzeitig der Firmenwert wachsen. Bei einem Wert vor Steuern in Höhe von 115.000 € und einem Steuersatz von 30% stiege der Firmenwert um 49.285,7 € auf insgesamt 164.285,7 € (115.000 + 49.285,7)[4]. Berechnet man von 164.285,7 € wieder die latente Steuer, ergibt sich der gesuchte Betrag von 49.285,7 €. Die Zunahme des Firmenwerts wird deutlich. Um den Effekt zu vermeiden, werden im HGB **keine latenten Steuern auf den Firmenwert selbst** verrechnet.

Nach § 306 HGB gilt für aktive und passive latente Steuern, die auf der Konzernebene entstehen, eine **Ansatzpflicht**. Im Einzelabschluss besteht dagegen ein Wahlrecht für den Ansatz aktiver latenter Steuern, soweit sie passive latente Steuern übersteigen. Auch im Konzernabschluss wird das Temporary-Konzept verwendet, sodass latente Steuern aus zeitlichen und quasi-permanenten Wertdifferenzen zwischen Handels- und Steuerbilanz entstehen. Zur Bewertung latenter Steuern wird in § 306 Satz 5 HGB auf § 274

---
[1] Auch für "outside basis differences" sind nach § 306 Satz 4 HGB keine latenten Steuern zu bilden. Vgl. zu diesen latenten Steuern Loitz, R. (Steuern), S. 1111-1115.
[2] Vgl. BMJ (BilMoG), S. 83.
[3] Vgl. Coenenberg, A.G./Haller, A./Schultze, W. (Jahresabschluss), S. 787.
[4] Berechnung der latenten Steuern auf den Firmenwert: 0,3/0,7 x 115.000 € = 49.285,7 €.

Abs. 2 HGB verwiesen. Die latenten Steuern aus dem Einzelabschluss können mit denen des Konzernabschlusses zusammengefasst werden (§ 306 Satz 6 HGB).

Die passiven latenten Steuern aus der Erstkonsolidierung sind aufzulösen, wenn sich die Bewertungsunterschiede zwischen Handels- und Steuerbilanz wieder ausgleichen. Wenn sich die stillen Reserven von 50.000 € in einem abnutzbaren Vermögensgegenstand befinden, der linear über zehn Jahre abgeschrieben wird, sinken die stillen Reserven jährlich um 5.000 €. Die zugehörigen passiven latenten Steuern werden jährlich um 1.500 € vermindert (0,3 x 5.000 €). Die Auflösung wird **erfolgswirksam** vorgenommen. Die Buchung lautet: "Passive latente Steuern an latenter Steuerertrag 1.500".

Im Folgenden werden die latenten Steuern aus didaktischen Gründen meist vernachlässigt. Nur bei der Zwischenergebniskonsolidierung wird dargestellt, inwieweit sich latente Steuern bei konzerninternen Lieferungen ergeben können. Zu den latenten Steuern bei der Schulden-, Zwischenergebnis-, Aufwands- und Ertragskonsolidierung wird auf die Literatur verwiesen[1].

3.3 Erstkonsolidierung mit Minderheitsgesellschaftern

Wenn die Beteiligung der Muttergesellschaft am Tochterunternehmen unter 100% liegt, sind **Minderheitsgesellschafter** (kurz: Minderheiten) zu beachten. Ihnen gehören die verbleibenden, meist geringen Anteile. Da bei der Vollkonsolidierung sämtliche Vermögensgegenstände und Schulden in die Konzernbilanz übernommen werden, bilanziert die Mutter mehr Reinvermögen als ihr zusteht. Damit muss für die Minderheiten ein Ausgleich geschaffen werden. Zur Erläuterung der Erstkonsolidierung wird das folgende Beispiel verwendet.

Beispiel: Die M-AG hat für 80% der Anteile an der T-AG 650.000 € bezahlt. Der Erwerb erfolgte am Jahresende 01. Die Bilanz der Tochter weist Vermögensgegenstände von 500.000 € aus. Das gezeichnete Kapital beträgt 400.000 € und der Jahresüberschuss beläuft sich auf 100.000 €. Die stillen Reserven in den Vermögensgegenständen summieren sich auf 100.000 €. Ertragsteuern werden vernachlässigt.

Wenn die M-AG das Reinvermögen der Tochter von insgesamt 600.000 € (inklusive stiller Reserven) in ihrer Konzernbilanz ausweist, hat sie den Minderheitsgesellschaftern 20% des Reinvermögens vorenthalten. Da der M-AG nur 80% des buchmäßigen Eigenkapitals (zuzüglich 80% stiller Reserven) zustehen, muss dieser Sachverhalt in der Bilanz verdeutlicht werden. Den Minderheitsgesellschaftern werden 20% des Reinvermögens zugeordnet, indem ein spezieller Posten im Eigenkapital der Konzernbilanz gebildet wird. Dadurch wird ersichtlich, dass der M-AG nicht das gesamte Eigenkapital gehört.

§ 307 Abs. 1 HGB schreibt vor, dass für die Minderheitsgesellschafter in der Konzernbilanz ein Posten für **nicht beherrschende Anteile** zu bilden ist. Da die Minderheitsgesellschafter ebenfalls am Unternehmen beteiligt sind, gehören ihre Anteile zum Eigenkapital der Konzernbilanz. Die Höhe des Postens wird für das obige Beispiel erläutert (EK = Eigenkapital). Dabei gilt:

---

[1] Vgl. Baetge, J./Kirsch, H.-J./Thiele, S. (Konzernbilanzen), S. 465-470.

3. Kapitalkonsolidierung

Aufteilung des Eigenkapitals der Tochter	
Muttergesellschaft (80%)	Minderheiten (20%)
Buchwert EK: 400.000	Buchwert EK: 100.000
Stille Reserven: 80.000	Stille Reserven: 20.000
Firmenwert: 170.000	Firmenwert: -

Abb. 172: Aufteilung des Eigenkapitals

Der Mutter werden 80% des Eigenkapitals (80% von 500.000 €) und 80% der stillen Reserven (80% von 100.000 €) zugeordnet. Die übrigen Anschaffungskosten entfallen auf den Firmenwert von 170.000 €. Auf die Minderheitsgesellschafter entfallen 20% des Eigenkapitals (20% von 500.000 €) und 20% der stillen Reserven (20% von 100.000 €). Daraus errechnen sich nicht beherrschende Anteile 120.000 €. Allerdings gilt[1]:

Minderheitsgesellschafter erhalten keinen Anteil am Firmenwert

Das Verbot lässt sich damit erklären, dass die Vorteile aus dem Kauf des Unternehmens (z.B. Zugang zu neuen Märkten, Nutzung von Vertriebswegen) nur für die Mutter relevant sind. Nur die Mutter hat für diese Vorteile Geld bezahlt. Die folgende Abbildung zeigt die Entwicklung der Konzernbilanz (nbA = nicht beherrschende Anteile, NRL = Neubewertungsrücklage).

	Posten	M-AG	T-AG	Summenbilanz	Konsolidierung Soll	Konsolidierung Haben	Konzernbilanz
Aktiva	Diverse VG	800	600	1.400			**1.400**
	Anteile	650	-	650		a) 650	-
	Firmenwert	-	-	-	a) 170		**170**
	Summe	1.450	600	2.050			**1.570**
Passiva	Gez. Kapital	1.000	400	1.400	a) 320 b) 80		**1.000**
	NRL	-	100	100	a) 80 b) 20		-
	JÜ	450	100	550	a) 80 b) 20		**450**
	nbA	-	-	-		b) 120	**120**
	Summe	1.450	600	2.050	770	770	**1.570**

Abb. 173: Ablauf der Erstkonsolidierung (mit Minderheiten)

---

[1] Vgl. Coenenberg, A.G./Haller, A./Schultze, W. (Jahresabschluss), S. 691.

Bei der Tochtergesellschaft wurden die stillen Reserven in den einzelnen Vermögensgegenständen bereits aufgedeckt, sodass auf der Passivseite eine Neubewertungsrücklage (NRL) in Höhe von 100.000 € erscheint. In der Summenbilanz werden die Werte der Mutter- und Tochtergesellschaften zusammengefasst. Bei der Kapitalkonsolidierung müssen zwei Buchungen ausgeführt werden. Zum einen müssen die Anteile der Mutter mit dem anteiligen Eigenkapital der Tochter verrechnet werden. Zum anderen muss den Minderheitsgesellschaftern ein Anteil am Eigenkapital zugeordnet werden. Die Konsolidierungsbuchungen lauten:

Konsolidierungsbuchung Muttergesellschaft a):			
Gezeichnetes Kapital	320.000	/ Anteile verbundener	650.000
Jahresüberschuss	80.000	Unternehmen	
Neubewertungsrücklage	80.000		
Firmenwert	170.000		
Konsolidierungsbuchung Minderheitsgesellschafter b):			
Gezeichnetes Kapital	80.000	/ Nicht beherrschende	120.000
Jahresüberschuss	20.000	Anteile	
Neubewertungsrücklage	20.000		

Abb. 174: Buchung der Erstkonsolidierung (mit Minderheiten)

Die folgende Abbildung zeigt die Konzernbilanz mit Minderheitsgesellschaftern. Auf der Aktivseite werden die Vermögensgegenstände der Mutter- und Tochterunternehmen und der Firmenwert ausgewiesen, soweit er von der M-AG bezahlt wurde. Auf der Passivseite erscheinen das Eigenkapital der Mutter, die nicht beherrschenden Anteile der Minderheitsgesellschafter und der Jahresüberschuss (ohne Ertragsteuern):

A	Konzernbilanz 31.12.01		P
Firmenwert	170.000	Gezeichnetes Kapital	1.000.000
Diverse Vermögensgegenstände	1.400.000	Nicht beherrschende Anteile	120.000
		Jahresüberschuss	450.000
	1.570.000		1.570.000

Abb. 175: Konzernbilanz (mit Minderheiten)

3.4 Folgekonsolidierungen

3.4.1 Neubewertungsmethode ohne Minderheitsgesellschafter

Die **Erstkonsolidierung** findet statt, wenn ein Tochterunternehmen erstmals in den Konzernabschluss aufgenommen wird. Diese Konsolidierung ist erfolgsneutral, d.h. der Konzernerfolg wird nicht beeinflusst. Das ändert sich bei der **Folgekonsolidierung**, die in den Jahren nach der Erstkonsolidierung vorzunehmen ist. Die folgende Abbildung zeigt die einzelnen Merkmale. Die Folgekonsolidierung ist aber nur solange erfolgswirksam, wie stille Reserven aus der Erstkonsolidierung bzw. ein dabei entstandener Firmenwert als Aufwand zu verrechnen sind.

	Erstkonsolidierung	**Folgekonsolidierung**
Merkmal	Erste Kapitalkonsolidierung von Mutter und Tochter	Zweite und weitere Kapitalkonsolidierungen
Inhalt	**Erfolgsneutrale** Aufdeckung der stillen Reserven und des Firmenwerts	**Erfolgswirksame** Fortführung der stillen Reserven und des Firmenwerts

Abb. 176: Erst- und Folgekonsolidierung

Im Folgenden wird zunächst unterstellt, dass die Muttergesellschaft über **alle Anteile** an der Tochter verfügt. Somit sind keine Minderheitsgesellschafter vorhanden. Sie werden erst im nächsten Gliederungspunkt berücksichtigt. Bei der Folgekonsolidierung ergeben sich die nachstehenden Erfolgswirkungen:

- Verteilung stiller Reserven: Das höher bewertete abnutzbare Anlagevermögen ist auf die Restnutzungsdauer abzuschreiben. Das gilt auch für die erstmals aktivierten immateriellen Vermögensgegenstände, für die das Ansatzwahlrecht im Einzelabschluss nicht ausgeübt wurde. Da diese Posten durch den Anteilserwerb der Mutter entgeltlich erworben wurden, müssen sie im Konzern aktiviert werden.
- Verteilung des Firmenwerts: Er ist nach § 309 HGB zu behandeln.

Beispiel: Die M-AG übernimmt zum 31.12.01 im Zuge der Erstkonsolidierung Maschinen der Tochter in den Konzernabschluss. Der Buchwert der Posten beträgt 100.000 €, der beizulegende Zeitwert 120.000 €. Die Restnutzungsdauer beläuft sich auf vier Jahre bei linearer Abschreibung. Die Aufwendungen betragen:

- Im Einzelabschluss: 25.000 € (100.000 €/4 Jahre).
- Im Konzernabschluss: 30.000 € (120.000 €/4 Jahre).
  Mehraufwand im Konzern: 5.000 € (Gewinnminderung).

Die erfolgsneutrale Erstkonsolidierung führt im Folgejahr durch die Abschreibung stiller Reserven zur **erfolgswirksamen Folgekonsolidierung**. Auch die Abschreibung des Firmenwerts ist erfolgswirksam vorzunehmen. § 309 Abs. 1 HGB verweist auf die Regelungen für alle Kaufleute, sodass der Firmenwert planmäßig über die Nutzungsdauer abzuschreiben ist. Als Abschreibungsverfahren wird im Regelfall die lineare Abschreibungsmethode verwendet. Kann die Nutzungsdauer nicht angegeben werden, gilt im Konzernabschluss (wie im Einzelabschluss) eine Obergrenze von zehn Jahren.

Beispiel: Die M-AG hat die T-AG zum 31.12.01 erstmals in den Konzernabschluss aufgenommen. Es entsteht ein Firmenwert in Höhe von 100.000 € aus der Erstkonsolidierung. Da die Nutzungsdauer nicht genau festgelegt werden kann, erfolgt die Abschreibung über zehn Jahre. Bei linearer Methode wird der Firmenwert mit jährlich 10.000 € abgeschrieben. In dieser Höhe entsteht im Konzernabschluss ein zusätzlicher Aufwand, verglichen mit der Summe der Aufwendungen in den Einzelabschlüssen. Der Gewinn ist im Konzern um 10.000 € niedriger als die Summe der einzelnen Gewinne in den Erfolgsrechnungen von Mutter und Tochter.

Die **Technik** der Folgekonsolidierung entspricht der der Erstkonsolidierung. Es wird eine Summenbilanz aus den neuen Bilanzen der Mutter- und Tochtergesellschaften im Folgejahr gebildet. Die einzelnen Bilanzposten der Unternehmen haben sich durch die wirtschaftlichen Tätigkeiten im neuen Geschäftsjahr verändert. Da die Erstkonsolidierung in der Vergangenheit liegt und einen unveränderlichen Vorgang darstellt, gilt:

> Inhaltliche Wiederholung der Erstkonsolidierung

Die Buchung für die Erstkonsolidierung wird grundsätzlich gleich durchgeführt. Allerdings können sich im Einzelabschluss bestimmte Änderungen ergeben haben, wenn z.B. ein Jahresüberschuss der Tochter aus 01 in Höhe von 100.000 € in 02 den Gewinnrücklagen zugewiesen wurde. Dann werden bei der Erstkonsolidierungsbuchung statt des Jahresüberschusses die Gewinnrücklagen um diesen Betrag vermindert.

Beispiel: Die M-AG erwirbt am **31.12.01** alle Anteile an der T-AG (100%-Beteiligung). Die Mutter bilanziert zu diesem Zeitpunkt diverse Vermögensgegenstände 500.000 €, Anteile an verbundenen Unternehmen 400.000 €, gezeichnetes Kapital 800.000 € und Jahresüberschuss 100.000 € (ohne Ertragsteuern). Die Tochter bilanziert diverse Vermögensgegenstände von 250.000 €, ein gezeichnetes Kapital von 200.000 € und einen Jahresüberschuss von 50.000 €. In ihren Vermögensgegenständen sind stille Reserven von 50.000 € enthalten.

Die **Bilanzwerte zum 31.12.02** für die Mutter und Tochter haben sich im Geschäftsjahr 02 verändert und werden in der zweiten und dritten Spalte der folgenden Abbildung dargestellt (Angaben in Tausend Euro).

	Posten	M-AG	T-AG	Summen-bilanz	Konsolidierung Soll	Konsolidierung Haben	Konzern-bilanz
Aktiva	Diverse VG	600	370	970		b) 10	960
	Anteile	400	-	400		a) 400	-
	Firmen-wert	-	-	-	a) 100	b) 10	90
	Summe	1.000	370	1.370			1.050
Passiva	Gez. Kapital	800	200	1.000	a) 200		800
	GRL	100	50	150	a) 50		100
	NRL	-	50	50	a) 50		-
	JÜ	100	70	170	b) 20		150
	Summe	1.000	370	1.370	430	430	1.050

Abb. 177: Ablauf der Folgekonsolidierung (ohne Minderheiten)

3. Kapitalkonsolidierung

Die Gewinne aus 01 wurden aus Vereinfachungsgründen vollständig einbehalten und den Gewinnrücklagen (GRL) zugeführt (Mutter: 100.000 €, Tochter: 50.000 €). Die Jahresüberschüsse 02 betragen 100.000 € für die Mutter und 70.000 € für die Tochter. Bei der Tochter werden wieder die stillen Reserven in Höhe von 50.000 € aufgedeckt, sodass in dieser Höhe eine Neubewertungsrücklage (NRL) ausgewiesen wird.

Nach Addition der einzelnen Bilanzposten ist die Erstkonsolidierung zu wiederholen. Da der Jahresüberschuss aus 01 bei der Tochter in die Gewinnrücklagen (GRL) gebucht wurde, lautet die **Erstkonsolidierungsbuchung a)**: "Gezeichnetes Kapital 200.000, Gewinnrücklagen 50.000, Neubewertungsrücklage 50.000 und Firmenwert 100.000 an Anteile verbundener Unternehmen 400.000".

Um die erste Folgekonsolidierung für 02 durchführen zu können, müssen die Posten aus der Erstkonsolidierung zum **31.12.02** fortgeführt werden. Die stillen Reserven befinden sich in verschiedenen abnutzbaren Vermögensgegenständen, wobei gilt:

- Stille Reserven: 50.000 €. Lineare Verteilung über eine Restnutzungsdauer von fünf Jahren – somit entsteht ein zusätzlicher Aufwand von 10.000 € im Konzern.
- Firmenwert: 100.000 €. Lineare Abschreibung über zehn Jahre, wodurch ein zusätzlicher Aufwand von 10.000 € entsteht.

Die gesamten Aufwendungen von 20.000 € werden in der Konsolidierungsspalte durch **Konsolidierungsbuchung b)** umgesetzt: "Jahresüberschuss 20.000 an diverse Vermögensgegenstände 10.000 und Firmenwert 10.000". Die Buchung führt in der Konzernbilanz zum richtigen Jahresüberschuss des Konzerns in Höhe von 150.000 € (170.000 € abzgl. 20.000 €). Allerdings muss auch noch die Konzern-GuV-Rechnung angepasst werden, damit die Gewinne in beiden Rechenwerken übereinstimmen.

Für die **Konzern-GuV-Rechnung** gilt: Die Addition der Gewinne für 02 von Mutter- und Tochtergesellschaft führt zu einem vorläufigen Konzerngewinn von 170.000 € in der Summen-GuV-Rechnung. Anschließend müssen noch die zusätzlichen Abschreibungen auf die stillen Reserven und den Firmenwert verrechnet werden. Die Buchung lautet: "Abschreibung auf diverse Vermögensgegenstände 10.000 und Abschreibung auf Firmenwert 10.000 an Jahresüberschuss 20.000". Damit wird auch in der Konzern-GuV-Rechnung der richtige Konzerngewinn von 150.000 € ausgewiesen.

Bei der **zweiten Folgekonsolidierung** für 03 müssen die schon vorgenommenen Abschreibungen der ersten Folgekonsolidierung berücksichtigt werden. In 03 darf keine doppelte Abschreibung erfolgen, da sonst der Konzerngewinn 03 zu stark sinkt. Daher wird die Buchung aus 02 **erfolgsneutral** durchgeführt, indem die Gewinnrücklagen reduziert werden[1]. Buchung: "Gewinnrücklagen 20.000 an diverse Vermögensgegenstände 10.000 und Firmenwert 10.000". Somit wird im Konzern nur der Aufwand des Jahres 03 in Höhe von 20.000 € verrechnet: Je 10.000 € für die stillen Reserven und den Firmenwert. Die Abschreibungsbuchung 03 entspricht der des Jahres 02. Außerdem wird die Erstkonsolidierung aus 01 wiederholt.

Im obigen Beispiel sind der Firmenwert nach zehn und die stillen Reserven der Vermögensgegenstände nach fünf Jahren vollständig abgeschrieben. Die Kapitalkonsolidierung

---

[1] Vgl. Coenenberg, A.G./Haller, A./Schultze, W. (Jahresabschluss), S. 693-694.

ist aber weiterhin durchzuführen, da die Anschaffung der Anteile einen festen Vorgang in der Vergangenheit bildet. Die Konsolidierungsbuchung ist wie folgt zu buchen: "Gezeichnetes Kapital 200.000, Gewinnrücklagen 200.000 an Anteile verbundener Unternehmen 400.000". Die Minderung der Gewinnrücklagen umfasst den Firmenwert aus der Erstkonsolidierung (100.000 €), die stillen Reserven (50.000 €) und den ersten Jahresüberschuss (50.000 €) der Tochter. Da der Firmenwert und die stillen Reserven voll abgeschrieben sind, findet eine **erfolgsneutrale Folgekonsolidierung** statt.

Der zeitliche Ablauf der Folgekonsolidierung wird in der folgenden Abbildung zusammengefasst. Zum 31.12.01 erwirbt die Mutter alle Anteile an einer Tochtergesellschaft, wobei stille Reserven aufgedeckt werden und ein Firmenwert entsteht. Diese Posten müssen in den Folgejahren weiterentwickelt werden. Durch die Verrechnung von Abschreibungen sinkt der Konzerngewinn im Vergleich zur Summe der Gewinne der einzelnen Konzernunternehmen. In 02 verändern sich die Posten in den Bilanzen und GuV-Rechnungen: Bei der Mutter und Tochter sind neue Posten zu berücksichtigen. Der Gewinn des Jahres 02 steht der Mutter in voller Höhe zu, da ihr die Tochtergesellschaft vollständig gehört.

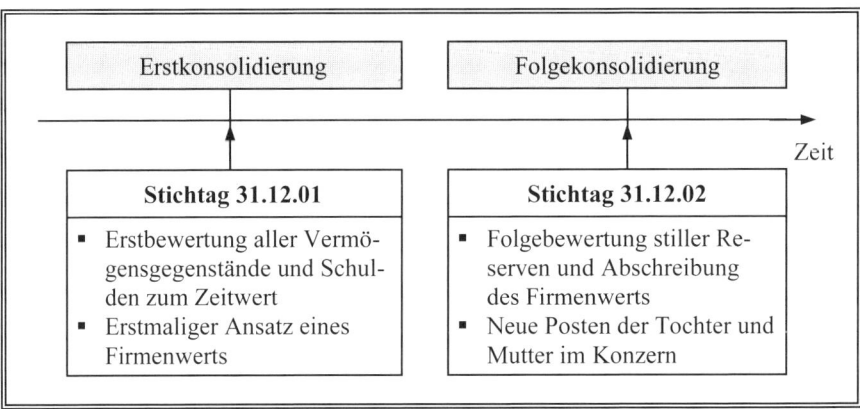

Abb. 178: Zeitlicher Ablauf von Erst- und Folgekonsolidierung

3.4.2 Neubewertungsmethode mit Minderheitsgesellschaftern

Wenn die Muttergesellschaft nicht alle Anteile an der Tochter besitzt, wird ihr bei der Erstkonsolidierung nur ein Teil des Eigenkapitals zugerechnet. Der Rest gehört den Minderheitsgesellschaftern und wird in der Konzernbilanz durch den Posten "nicht beherrschende Anteile" im Eigenkapital kenntlich gemacht. Bei der Folgekonsolidierung sind die Minderheiten ebenfalls zu beachten: Ihnen steht ein Teil des Gewinns der Tochtergesellschaft zu und sie müssen einen Teil der Aufwendungen tragen, die z.B. durch die Abschreibung stiller Reserven entstehen.

In Gliederungspunkt 3.3 wurde Ende 01 die erste Konzernbilanz mit Minderheitsgesellschaftern erstellt. Die M-AG war zu 80% an der T-AG beteiligt, sodass 20% auf die Minderheitsgesellschafter entfielen. In der Konzernbilanz 01 wurden für diese Aktionäre nicht beherrschende Anteile in Höhe von 120.000 € passiviert.

3. Kapitalkonsolidierung

Die M-AG erzielt in 02 einen Jahresüberschuss von 300.000 € und die T-AG einen Jahresüberschuss von 200.000 €. Die Addition der Gewinne führt in der Summen-GuV-Rechnung zu einem vorläufigen Konzerngewinn von 500.000 €. Von dieser Größe werden anschließend noch die Abschreibungen auf die stillen Reserven in den Vermögensgegenständen und auf den Firmenwert abgezogen. In der Konsolidierungsspalte werden die entsprechenden Buchungen vorgenommen. Die zusätzlichen Aufwendungen führen dazu, dass der Konzerngewinn niedriger ist als die Summe der Gewinne der einzelnen Konzernunternehmen.

Im Beispiel aus Gliederungspunkt 3.3 verfügte die Tochter-AG über 100.000 € stiller Reserven in den Vermögensgegenständen. Unterstellt man eine zehnjährige Nutzungsdauer und eine lineare Abschreibungsmethode, ergibt sich ein jährlicher Aufwandsbetrag von 10.000 €. Wird der Firmenwert von 170.000 € gleichmäßig über fünf Jahre verteilt, ergibt sich ein jährlicher Aufwandsbetrag von 34.000 €. Der Gewinn in der **Konzern-GuV-Rechnung** beträgt 456.000 € (500.000 € - 10.000 € - 34.000 €). Davon entfallen 38.000 € auf die Minderheitsgesellschafter, wie die folgende Abbildung zeigt. Dieser Anteil muss nach § 307 Abs. 2 HGB in der Konzern-GuV-Rechnung nach dem Jahresüberschuss speziell ausgewiesen werden.

	Muttergesellschaft	Minderheitsgesellschafter
Vorläufiger Konzerngewinn (500.000)	460.000 (300.000 + 160.000)	40.000 (20% von 200.000)
Abschreibung stiller Reserven in VG (10.000)	8.000	2.000
Abschreibung des Firmenwerts (34.000)	34.000	-
Endgültiger Konzerngewinn (456.000)	418.000	38.000

Abb. 179: Gewinnanteile in der Konzern-GuV-Rechnung

Die M-AG verfügt auf der Konzernebene über ihren eigenen Jahresüberschuss von 300.000 € und erhält außerdem 80% des Jahresüberschusses der Tochter (160.000 €). Den Minderheitsgesellschaftern werden 40.000 € als Gewinnanteil der T-AG zugerechnet (0,2 x 200.000 €). Der Aufwand aus der Abschreibung stiller Reserven ist von der Mutter und den Minderheiten anteilig zu tragen.

Da im Konzernabschluss nur der Firmenwert für die Muttergesellschaft aufgedeckt wird, betreffen seine Abschreibungen nur die Konzernmutter[1]. Somit wird ihr der Aufwand von 34.000 € allein zugerechnet. In der **Konzernbilanz** wird der Gewinnanteil der Minderheiten dem Posten "nicht beherrschende Anteile" zugerechnet. Ende 01 wurde ein Betrag von 120.000 € im Eigenkapital der Konzernbilanz ausgewiesen. Durch den auf die Minderheitsgesellschafter entfallenden Gewinnanteil (nach Abschreibungen) von 38.000 € steigt der Wert auf 158.000 € in der neuen Konzernbilanz Ende 02.

---

[1] Vgl. Gräfer, H./Scheld, G.A. (Konzernrechnungslegung), S. 177.

Die folgende Abbildung zeigt die vollständige Konzernbilanz zum 31.12.02. Der Firmenwert von 136.000 € (170.000 € - 34.000 €) ergibt sich als Restwert nach Abschreibungen. Der in der Konzernbilanz Ende 01 bilanzierte Jahresüberschuss von 450.000 € wurde Ende 02 in die Gewinnrücklagen übernommen. Der neue Jahresüberschuss von 418.000 € stellt den Anteil der Muttergesellschaft dar. Die nicht beherrschenden Anteile wurden oben berechnet. Das gezeichnete Kapital wird mit 1.000.000 € ausgewiesen.

Die Bilanzsumme auf der Passivseite beläuft sich auf 2.026.000 €. Diese Summe muss auch für die Aktivseite gelten. Da der Firmenwert 136.000 € beträgt, werden die diversen Vermögensgegenstände per Saldo mit 1.890.000 € aktiviert. Sie umfassen die Aktiva der Mutter- und Tochtergesellschaft. Das Vermögen der Tochter besteht aus den noch vorhandenen Posten vom Zeitpunkt der Erstkonsolidierung Ende 01 und den in 02 neu erworbenen Posten.

A	Konzernbilanz 31.12.02		P
Firmenwert	136.000	Gezeichnetes Kapital	1.000.000
Diverse Vermögens-gegenstände	1.890.000	Nicht beherrschende Anteile	158.000
		Gewinnrücklagen	450.000
		Jahresüberschuss	418.000
	2.026.000		2.026.000

Abb. 180: *Konzernbilanz nach Folgekonsolidierung (mit Minderheiten)*

3.5 Spezialfall: Negativer Firmenwert

Die Muttergesellschaft vergütet nicht immer die stillen Reserven eines Tochterunternehmens, auch wenn sie vorhanden sind. Es können z.B. Finanzierungsprobleme genutzt werden, um den Preis der Anteile zu drücken. Der Unternehmenskäufer bekommt ein Unternehmen für einen Preis, der unter dem Zeitwert seines Eigenkapitals liegt. Dann ergibt sich nach § 301 Abs. 3 Satz 1 HGB ein negativer Unterschiedsbetrag aus der Kapitalkonsolidierung, der auch als **negativer Firmenwert** bezeichnet werden kann. Es ist zu beachten, dass unabhängig vom gezahlten Preis der Mutter grundsätzlich gilt[1]:

> Volle Aufdeckung stiller Reserven bei der Neubewertungsmethode

Beispiel: Die X-AG weist in ihrer Bilanz zum 31.12.01 ein buchmäßiges Eigenkapital von 500.000 € aus. Der beizulegende Zeitwert des Eigenkapitals beträgt 700.000 €, da stille Reserven von 200.000 € in den Vermögenswerten vorhanden sind. Die Y-AG erwirbt zum 31.12.01 alle Aktien der X-AG und bezahlt: a) 1.000.000 €, b) 700.000 €, c) 600.000 €. Somit ergeben sich die folgenden Firmenwerte: Im Fall a) entsteht ein positiver Firmenwert, im Fall b) ein Firmenwert von null. Im letzten Fall ergibt sich ein

---

[1] Nach § 301 Abs. 1 Satz 3 HGB sind Rückstellungen und latente Steuern nach den grundlegenden Vorschriften (§§ 253 Abs. 1 und 2 bzw. 274 Abs. 2 HGB) zu bewerten.

negativer Firmenwert von 100.000 €, da die Mutter nicht den Zeitwert des Eigenkapitals der Tochter vergütet.

Positive und negative Firmenwerte		
Anschaffungskosten	Stille Reserven	Firmenwert
a) Zahlung über Zeitwert	Volle Aufdeckung	Positiv: 300.000
b) Zahlung des Zeitwerts	Volle Aufdeckung	Null
c) Zahlung unter Zeitwert	Volle Aufdeckung	**Negativ: 100.000**

Abb. 181: Beispiel für positive und negative Firmenwerte

Beispiel: Die Pharma-AG stellt Medikamente her. Ihre wirtschaftliche Lage ist angespannt, da zahlreiche Patente ausgelaufen sind und die Konkurrenz die Produkte günstiger anbieten kann. Die Pharma-AG hat eine 100%ige Tochter: Die T-AG stellt Pflanzenschutzmittel her. Der Buchwert ihres Eigenkapitals (gezeichnetes Kapital) beläuft sich auf 500.000 €, der Zeitwert des Eigenkapitals liegt bei 700.000 €.

Ein Konkurrent, der über die ungünstige Situation informiert ist, bietet für die Aktien der T-AG einen Betrag von 500.000 €, die sofort gezahlt werden sollen. Die Pharma-AG entscheidet sich trotz des niedrigen Betrags zum Verkauf, um durch den Erhalt liquider Mittel die Hauptgesellschaft zu retten. Der Erwerber erzielt einen **Lucky buy**[1], einen Glückskauf oder ein "Schnäppchen", kurz gesagt: Er macht ein gutes Geschäft!

Die Anschaffungskosten der Anteile (100%) betragen 500.000 € und das neu bewertete Eigenkapital der Tochter 700.000 €. Es entsteht ein Lucky Buy von 200.000 €. Er wird unter dem Posten "Unterschiedsbetrag aus der Kapitalkonsolidierung" nach dem Eigenkapital ausgewiesen (§ 301 Abs. 3 Satz 1 HGB). Buchung der Kapitalkonsolidierung: "Gezeichnetes Kapital 500.000 und Neubewertungsrücklage 200.000 an Anteile verbundener Unternehmen 500.000 und Unterschiedsbetrag aus der Kapitalkonsolidierung 200.000". Dieser Unterschiedsbetrag hat **Eigenkapitalcharakter** und gehört zu den Rücklagen[2]. Die Auflösung des Postens hängt von den zugehörigen Aktivposten ab.

Wenn sich die stillen Reserven von 200.000 € in einer Maschine befinden, deren Restnutzungsdauer fünf Jahre beträgt, sind sie nach dieser Zeit realisiert. Wenn stille Reserven von 150.000 € in Maschine A (Restnutzungsdauer zehn Jahre) und 50.000 € in Maschine B (Restnutzungsdauer fünf Jahre) vorhanden sind, ergibt sich eine gewichtete durchschnittliche Restnutzungsdauer von 8,75 Jahren für die Auflösung[3]. Berechnung: 150.000/200.000 x 10 Jahre + 50.000/200.000 x 5 Jahre = 8,75 Jahre. Bei dieser Nutzungsdauer wird im Konzern erfolgswirksam gebucht: "Passiver Unterschiedsbetrag aus der Kapitalkonsolidierung an sonstige betriebliche Erträge 22.857,14".

Ein passiver Unterschiedsbetrag kann auch dadurch zustande kommen, dass auf die zu erwerbende Tochter eine Belastung zukommen wird, die bilanziell aber noch nicht zu

---
[1] Vgl. Gräfer, H./Scheld, G.A. (Konzernrechnungslegung), S. 162.
[2] Vgl. Küting, K./Weber, C.-P./Dusemond, M./Küting, P./Wirth, J. (Konzernabschluss), S. 403.
[3] Vgl. Lüdenbach, N./Freiberg, J. (Konzernabschluss), S. 621.

berücksichtigen ist. Dieser negative Firmenwert wird in der Literatur auch als **Badwill** bezeichnet[1]. Wenn die T-AG bei der Verarbeitung der Pflanzenschutzmittel möglicherweise verbotene Stoffe verwendet hat, können zukünftig Schadensersatzzahlungen relevant werden. Diese Belastungen sind noch nicht zu passivieren. Der Badwill hat **Fremdkapitalcharakter** und gehört bilanziell zu den Rückstellungen. Der negative Betrag ist realisiert, wenn die Belastung eintritt, also eine Rückstellung zu bilden ist.

Ein dritter, eher "technischer" Grund für einen passiven Unterschiedsbetrag sind **Thesaurierungen** bei der Tochter, die zwischen Anteilserwerb der Mutter und erstmaliger Aufstellung des Konzernabschlusses stattfinden. Wenn die Mutter am 31.12.01 alle Anteile an der Tochter erwirbt und ein kleiner Konzern entsteht, kann auf die Erstellung des Konzernabschlusses verzichtet werden. Ist am 31.12.05 ein Konzernabschluss aufzustellen, weil der Konzern gewachsen ist, kann sich das Eigenkapital der Tochter durch zwischenzeitliche Thesaurierungen soweit erhöht haben, dass ein negativer Firmenwert entsteht[2]. Der Betrag wird in die Gewinnrücklagen bzw. den Gewinnvortrag eingestellt[3].

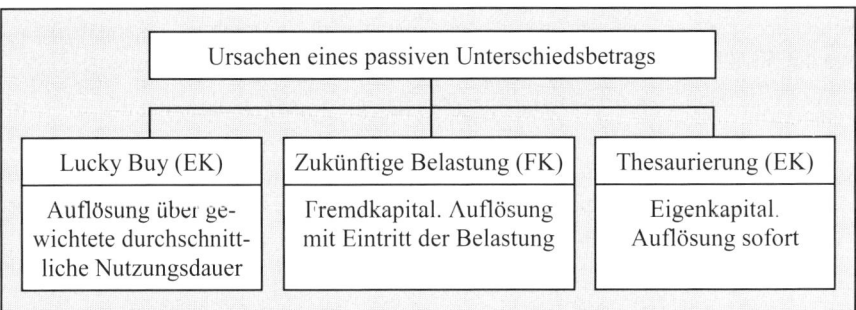

Abb. 182: *Ursachen und Behandlung passiver Unterschiedsbeträge*

4. Schuldenkonsolidierung

Zwischen der Mutter und ihren Tochtergesellschaften bestehen meist Leistungsbeziehungen. Es können z.B. Lieferungen der M-AG an die T-AG erfolgen, wobei die Muttergesellschaft einen Gewinn erzielt, der im Konzern zu konsolidieren ist. Diese Fälle werden im nächsten Gliederungspunkt behandelt. Zunächst werden **Schuldverhältnisse** zwischen Konzernmutter und Konzerntochter untersucht. Diese Rechtsverhältnisse sind nach der Einheitstheorie rückgängig zu machen, da zwischen den einzelnen Abteilungen eines Unternehmens keine Forderungen und Verbindlichkeiten bestehen können.

Die **Schuldenkonsolidierung** ist in § 303 HGB geregelt. Sie betrifft alle Forderungen und Verbindlichkeiten, die zwischen den Konzernunternehmen bestehen und in den jeweiligen Einzelabschlüssen bilanziert werden. Die Aufzählung in § 303 HGB ist unvollständig. Die folgenden Posten sind aufzurechnen, wobei auch umgekehrte Verhältnisse möglich sind (z.B. Ausleihungen der Tochter an die Mutter). Wenn im Konzern mehrere

---

[1] Vgl. Küting, K./Weber, C.-P./Dusemond, M./Küting, P./Wirth, J. (Konzernabschluss), S. 403.
[2] Nach § 301 Abs. 2 Satz 4 HGB erfolgt die Erstkonsolidierung mit dem Eigenkapital am 31.12.05.
[3] Vgl. Lüdenbach, N./Freiberg, J. (Konzernabschluss), S. 621.

Tochtergesellschaften bestehen, sind auch die Forderungen und Verbindlichkeiten zwischen den Tochtergesellschaften untereinander auszugleichen.

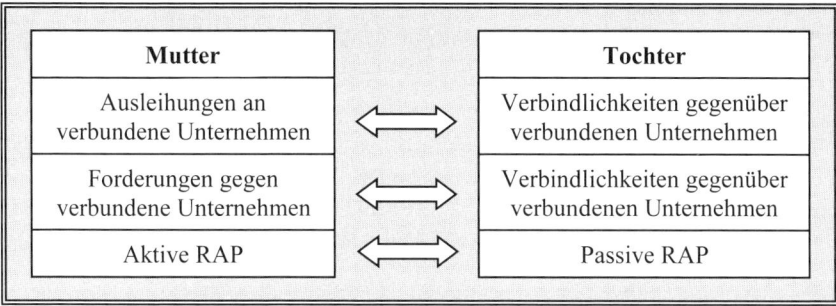

Abb. 183: Konsolidierungspflichtige Schuldverhältnisse

Ausleihungen an verbundene Unternehmen werden im Einzelabschluss der Mutter im Anlagevermögen ausgewiesen. Es handelt sich meist um langfristige Kapitalforderungen (z.B. Darlehen mit fünfjähriger Laufzeit). Dagegen haben die **Forderungen gegen verbundene Unternehmen** einen kurzfristigen Charakter. Sie stammen oft aus konzerninternen Lieferungen und sind im Umlaufvermögen zu aktivieren. In beiden Fällen passiviert die Tochter Verbindlichkeiten gegenüber verbundenen Unternehmen.

Die **aktiven Rechnungsabgrenzungsposten** der Mutter stimmen im Regelfall mit den entsprechenden passiven Posten der Tochter überein. Wenn die Mutter z.B. im Dezember die Miete von 2.000 € für den folgenden Januar im Voraus an die Tochter bezahlt, bildet die Mutter einen aktiven RAP (2.000 €) und die Tochter einen passiven RAP.

Im Idealfall können die Forderungen und Verbindlichkeiten einfach ausgebucht werden, da sie betragsmäßig übereinstimmen. Wenn die Mutter einen Betrag von 100.000 € langfristig an ihre Tochter ausgeliehen hat, werden zunächst die einzelnen Bilanzen addiert (Bildung der Summenbilanz). Anschließend wird im Rahmen der Schuldenkonsolidierung gebucht: "Verbindlichkeiten gegenüber verbundenen Unternehmen an Ausleihungen an verbundene Unternehmen 100.000". Der Vorgang wird erfolgsneutral korrigiert.

In der Realität stimmen Forderungen und Verbindlichkeiten oft nicht überein. Das Imparitätsprinzip führt im Einzelabschluss zu einer ungleichen Behandlung von Aktiv- und Passivposten. Dabei sind Aktiva eher abzuwerten und Passiva eher aufzuwerten, sodass sich (unechte und echte) Aufrechnungsdifferenzen ergeben können. **Unechte Aufrechnungsdifferenzen** entstehen durch fehlerhafte Buchungen oder durch zeitliche Unterschiede in der Entstehung von Forderungen und Verbindlichkeiten in den Einzelabschlüssen der Mutter- und Tochtergesellschaften[1].

Beispiel: Die Mutter-AG versendet am 30.12.01 Waren an die Tochter (Preis: 100.000 € zzgl. 19% USt). Die Mutter bilanziert eine Forderung von 119.000 € in der Bilanz 01. Die Tochter erhält die Ware am 3.1.02 und wird erst zu diesem Zeitpunkt wirtschaftlicher Eigentümer (siehe zweites Kapitel). Die Passivierung der Verbindlichkeit von 119.000 € erfolgt erst in 02. Die unterschiedliche zeitliche Behandlung führt zu einer Aufrech-

---

[1] Vgl. Gräfer, H./Scheld, G. (Konzernrechnungslegung), S. 210.

nungsdifferenz, die im Konzernabschluss korrigiert werden muss, indem z.B. die Verbindlichkeit schon in 01 erfasst wird[1].

Echte Aufrechnungsdifferenzen sind schwieriger zu handhaben. Sie sind oft eine Folge der unterschiedlichen Bewertung von aktiven und passiven Posten im Einzelabschluss. Im Regelfall bleibt auf der Passivseite der Summenbilanz eine Differenz stehen.

Beispiel: Die M-AG verfügt über 100% der Anteile an der T-GmbH. Die M-AG lässt der GmbH große Spielräume bei der Geschäftspolitik. Durch falsche Entscheidungen gerät die T-GmbH Ende 01 in Zahlungsschwierigkeiten. Zu diesem Zeitpunkt hat die Mutter Waren im Wert von 100.000 € zzgl. 19% USt geliefert[2]. Ein Forderungsausfall von 50% ist wahrscheinlich. Somit ist die Hälfte des Nettobetrags der Forderung abzuschreiben:

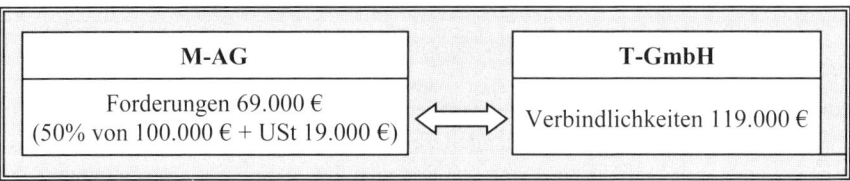

Abb. 184: Echte Aufrechnungsdifferenz

In der Summenbilanz weichen die Aktiv- und Passivposten voneinander ab. Die passive Differenz von 50.000 € ist erfolgswirksam auszugleichen und erhöht den Konzerngewinn. Die Buchung aus Sicht der Konzernbilanz lautet: "Verbindlichkeiten gegenüber verbundenen Unternehmen 119.000 an Forderungen gegen verbundene Unternehmen 69.000 und Jahresüberschuss 50.000" (beim Erfolgsausweis vor Ergebnisverwendung). In der Konzern-GuV-Rechnung werden der Jahresüberschuss um 50.000 € erhöht und die außerplanmäßigen Abschreibungen auf Forderungen in gleicher Höhe vermindert.

Wenn die T-GmbH in 02 wieder erfolgreich ist und in 03 ihre Schulden vollständig bezahlt, wird im Einzelabschluss 03 der M-AG ein Ertrag gebucht, der den Jahresüberschuss 03 erhöht. Im Konzern muss die Veränderung rückgängig gemacht werden, sodass der Konzernerfolg um 50.000 € sinkt. In 01 und 03 verhalten sich die Erfolge im Einzel- und Konzernabschluss entgegengesetzt. Weitere Fälle **echter Differenzen** sind:

1. Fremdwährungsgeschäfte: Die M-AG erhält in 01 ein langfristiges Darlehen in Höhe von 100.000 US-Dollar von der T-AG, an der die M-AG zu 100% beteiligt ist. Beide Gesellschaften haben ihren Sitz im Inland[3]. Der Erstkurs beträgt 1 US-Dollar = 1 Euro (Preisnotierung), der Stichtagskurs beläuft sich auf 1 US-Dollar = 1,1 Euro. Am Abschlussstichtag muss die Verbindlichkeit der M-AG nach dem Höchstwertprinzip aufgewertet werden, sodass die Mutter eine Verbindlichkeit von 110.000 € bilanziert. Bei der Tochter ist die **langfristige Forderung** weiterhin mit 100.000 € zu bewerten. Am Bilanzstichtag besteht in den Einzelabschlüssen eine Differenz von 10.000 €.

---

[1] Vgl. Schildbach, T./Feldhoff, P. (Konzernabschluss), S. 213.
[2] Ein Gewinn aus dem Warenverkauf wird vernachlässigt. Er ist im Rahmen der Zwischenergebniskonsolidierung auszugleichen, die im nächsten Gliederungspunkt erläutert wird.
[3] Da beide Gesellschaften ihren Sitz im Inland haben, müssen sie die Vorschriften des HGB anwenden. Wäre die T-AG eine ausländische Tochter, müsste ihr Jahresabschluss nach § 308a HGB umgerechnet werden. Siehe hierzu die Ausführungen im 8. Gliederungspunkt.

Die Konsolidierungsbuchung lautet: "Verbindlichkeiten gegenüber verbundenen Unternehmen 110.000 an Forderungen gegen verbundene Unternehmen 100.000 und Jahresüberschuss 10.000". Außerdem muss der Jahresüberschuss in der Konzern-GuV-Rechnung um 10.000 € steigen. Die sonstigen betrieblichen Aufwendungen, die durch die Währungsumrechnung entstehen (§ 277 Abs. 5 Satz 2 HGB), sind auf der Konzernebene zu neutralisieren ("Jahresüberschuss an sonstige betriebliche Aufwendungen 50.000").

2. Unverzinsliche Forderungen: Die Mutter gewährt ihrer Tochter Ende 01 ein unverzinsliches Darlehen (Betrag: 100.000 €, Laufzeit: zwei Jahre, Marktzinssatz: 10%). Die Mutter muss die unverzinsliche Darlehensforderung im Einzelabschluss abzinsen[1], während die Tochter die Verbindlichkeit zum Rückzahlungsbetrag passivieren muss. Die Aufrechnungsdifferenz beträgt Ende 01 rd. 17.355 €, da wie folgt bilanziert wird:

Mutter: Forderungen 82.645 € (100.000 €/$1,1^2$).
Tochter: Verbindlichkeiten 100.000 €.

Konsolidierungsbuchung aus Sicht der Konzernbilanz: "Verbindlichkeiten gegenüber verbundenen Unternehmen 100.000 an Forderungen gegen verbundene Unternehmen 82.645 und Jahresüberschuss 17.355". Außerdem muss der Jahresüberschuss in der Konzern-GuV-Rechnung um 17.355 € steigen, indem der Zinsaufwand vermindert wird ("Jahresüberschuss an Zinsaufwand 17.355"). Ist die Schuldenkonsolidierung von untergeordneter Bedeutung für den Konzern, kann sie nach § 303 Abs. 2 HGB unterbleiben.

5. Zwischenergebniskonsolidierung

5.1 Erfolgsunterschiede im Einzel- und Konzernabschluss

Die in § 304 HGB geregelte Zwischenergebniskonsolidierung soll Gewinne aus konzerninternen Lieferungen ausgleichen, die sich am Bilanzstichtag noch im Konzern befinden. Da noch kein Umsatz mit Dritten vorliegt, ist aus Sicht des Konzerns noch **kein Erfolg** entstanden. Wenn die Mutter-AG in 01 eine Warenmenge von 10.000 Stück an ihre Tochter liefert, die hiervon 8.000 Stück an Dritte veräußert, entsteht im Konzern nur ein Erfolg für 8.000 Stück. Die Lagermenge von 2.000 Stück erscheint in der Konzernbilanz. Ihre Bewertung darf **nicht** mit den Anschaffungskosten der Tochter erfolgen, wenn die Mutter die Waren mit Gewinn veräußert. Der Zwischengewinn muss konsolidiert werden. Entsprechendes gilt für Industrieunternehmen.

Beispiel: Die Mutter-AG verarbeitet Holz zur Herstellung von Möbeln. Sie liefert in 01 an die Tochter-GmbH 10.000 Holzplatten für Tische. Die Herstellungskosten bei der Mutter-AG betragen insgesamt 100.000 €. Die Lieferung erfolgt mit einem Gewinnzuschlag von 50% zum Preis von 150.000 € netto – die Umsatzsteuer wird vernachlässigt. Bei der Tochter-GmbH werden die unfertigen Erzeugnisse zu fertigen Tischen verarbeitet. Ende 01 hat die Tochter-GmbH noch nicht an Konzernfremde geliefert.

Im **Einzelabschluss** der Mutter-AG entsteht in 01 mit der Lieferung ein Gewinn von 50.000 €. Bei der Tochter sind Anschaffungskosten von 150.000 € relevant, sodass bei

---
[1] Vgl. Meyer, C./Theile, C. (Bilanzierung), S. 147.

ihr der Anschaffungsvorgang erfolgsneutral ist. Die Produktionskosten, die bei der Verarbeitung zu fertigen Erzeugnissen anfallen, erhöhen den Wert der Produkte. Sie werden bis zur Veräußerung an Dritte als erfolgsneutrale Bestandserhöhung behandelt (Buchung beim GKV: "Fertige Erzeugnisse an Bestandserhöhung fertiger Erzeugnisse").

Im **Konzernabschluss** muss der Gewinn der Mutter in 01 neutralisiert werden. Bei Lieferungen zwischen den Konzernunternehmen darf nach der Einheitstheorie kein Gewinn entstehen. Daher sind Zwischenergebnisse aus dem Konzernabschluss zu entfernen. Es lassen sich die folgenden Fälle unterscheiden:

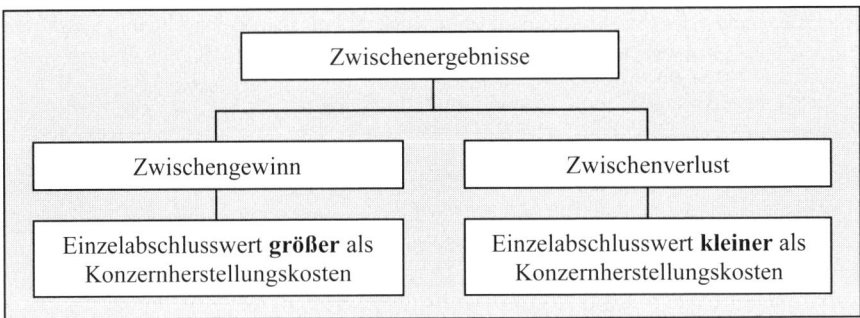

Abb. 185: Zwischenergebnisse im Herstellungsfall

Der **Einzelabschlusswert** ist der zur Bestandsbewertung verwendete Wertansatz im Einzelabschluss des empfangenden Unternehmens, wobei von der (nach Konzernmaßstäben vereinheitlichten) Handelsbilanz II ausgegangen wird[1]. Der Einzelabschlusswert enthält meist einen Gewinnzuschlag des liefernden Unternehmens. Wenn die Herstellungskosten der liefernden Mutter 10 € pro Stück betragen (= Konzernherstellungskosten) und ein Gewinnzuschlag von 50% verrechnet wird, beträgt der **Verrechnungspreis** zwischen den Konzernunternehmen 15 € pro Stück. Bei Lieferung von 10.000 Stück erzielt die Mutter Umsatzerlöse von insgesamt 150.000 €.

Die Tochter hat Anschaffungskosten in gleicher Höhe, wenn mögliche Nebenkosten wie z.B. Transportkosten vernachlässigt werden[2]. Der Einzelabschlusswert beträgt 15 € pro Stück und der im Konzern zu vermindernde Zwischengewinn 5 € pro Stück (15 €/Stück abzüglich 10 €/Stück). Da die Konzernherstellungskosten mit oder ohne allgemeine Verwaltungskosten ermittelt werden können, sind **konsolidierungspflichtige** und **konsolidierungsfähige** Zwischengewinne zu unterscheiden.

Beispiel: Der Verrechnungspreis betrug im obigen Fall 15 € pro Stück. Die Konzernherstellungskosten betragen mit allgemeinen Verwaltungskosten 10 € pro Stück (Wertobergrenze) und ohne Verwaltungskosten 7 € pro Stück (Wertuntergrenze). Der Zwischengewinn von 5 € pro Stück muss eliminiert werden, da maximal zu 10 € bewertet werden darf. Dieser Gewinnbetrag ist konsolidierungspflichtig (eliminierungspflichtig). Ein weiterer Zwischengewinn von 3 € pro Stück ist konsolidierungsfähig (eliminierungs-

---

[1] Vgl. Küting, K./Weber, C.-P./Dusemond, M./Küting, P./Wirth, J. (Konzernabschluss), S. 510.
[2] Vgl. zu besonderen Bewertungsfragen Coenenberg, A.G./Haller. A./Schultze, W. (Jahresabschluss), S. 745-751.

fähig), da auch die Wertuntergrenze gewählt werden kann. Wird der niedrige Wert im Konzernabschluss verwendet, **muss** der zusätzliche Zwischengewinn von 3 € pro Stück konsolidiert werden.

Da im Konzernabschluss ein **Wahlrecht** besteht, die Bewertung mit oder ohne allgemeine Verwaltungskosten vorzunehmen, wirkt sich das Wahlrecht auch auf den zu konsolidierenden Zwischengewinn aus. Hierbei ist das Stetigkeitsprinzip zu beachten. Auch im Konzern sind die Ansatz- und Bewertungsmethoden beizubehalten, sodass die Herstellungskosten grundsätzlich immer in der gleichen Weise zu berechnen sind.

Für den **Zwischenverlust** gelten die Aussagen mit umgekehrtem Vorzeichen. Liegt der Verrechnungspreis unter der Wertuntergrenze, entsteht ein konsolidierungspflichtiger Zwischenverlust. Die Differenz zur Wertobergrenze stellt den konsolidierungsfähigen Zwischenverlust dar. Er ist bei der Bewertung mit allgemeinen Verwaltungskosten relevant. Wenn im Beispiel der Verrechnungspreis der Mutter 6 € pro Stück beträgt, ergeben sich bei einer Wertuntergrenze von 7 € und einer Wertobergrenze von 10 € die folgenden Zwischenverluste:

- Konsolidierungspflichtiger Verlust: 1 € pro Stück.
- Konsolidierungsfähiger Verlust: 3 € pro Stück (zusätzlich).

Während beim Zwischengewinn im Konzernabschluss eine Abwertung der Lieferungen erfolgen muss, wird bei einem **Zwischenverlust eine Aufwertung** erforderlich. Im Konzern müssen die Lieferungen höher bewertet werden, um den Verlust auszugleichen. Für die Herstellungskosten im Konzern gilt:

	Konzernherstellungskosten
Untergrenze	- Materialeinzelkosten und Materialgemeinkosten - Fertigungseinzelkosten und Fertigungsgemeinkosten (inklusive Sondereinzelkosten) - Spezielle Konzernkosten
Obergrenze	- Untergrenze zzgl. allgemeine Verwaltungskosten

Abb. 186: Konzernherstellungskosten

Die Bestandteile der Herstellungskosten sind aus dem dritten Kapitel bekannt. Die **speziellen Konzernherstellungskosten** treten nur auf der Konzernebene auf. Hierbei kann es sich um Kosten handeln, die im Einzelabschluss nicht aktiviert werden dürfen (z.B. Vertriebskosten). Im Konzernabschluss besteht eine Ansatzpflicht, wenn es sich um Transportkosten für Lieferungen zwischen Mutter- und Tochterunternehmen handelt.

Im Beispiel liefert die Mutter Holzplatten zur Fertigung von Tischen an ihre Tochter. Wenn für den Transport zwischen den Konzernunternehmen Vertriebskosten anfallen, liegen aus Konzernsicht aktivierungspflichtige Gemeinkosten vor[1], da die Herstellung noch nicht abgeschlossen ist. Dagegen darf die Mutter im Einzelabschluss diese Vertriebskosten nicht aktivieren (Aktivierungsverbot nach § 255 Abs. 2 Satz 4 HGB). Für

---

[1] Vgl. Gräfer, H./Scheld, G. (Konzernrechnungslegung), S. 226.

die Kostenzuordnung muss der Konzern wie ein einziges Unternehmen behandelt werden. Es gilt die Einheitstheorie, die im sechsten Kapitel behandelt wurde.

Die Konsolidierungstechnik wird anhand des obigen Beispiels erläutert. Die Mutter-AG liefert unfertige Erzeugnisse an die Tochter, sodass sie Umsatzerlöse von 150.000 € erzielt. Die Herstellungskosten der Mutter (= diverse Aufwendungen) haben 100.000 € betragen, sodass im Einzelabschluss ein Gewinn (Jahresüberschuss) von 50.000 € entsteht. Alle Zahlungen erfolgen per Bank[1]. Die Buchungen **im Einzelabschluss** der Mutter lauten für die Produktion und den Absatz (ohne Umsatzsteuer): "Diverse Aufwendungen an Bank 100.000" und "Bank an Umsatzerlöse 150.000". Die Tochter bucht im Einzelabschluss: "Unfertige Erzeugnisse an Bank 150.000".

Im **Konzernabschluss** gilt Folgendes: In der Konzernbilanz dürfen die am Jahresende noch vorhandenen unfertigen Erzeugnisse (ufE) nicht mit 150.000 €, sondern nur mit 100.000 € bewertet werden. Durch diese Abwertung wird der Gewinn aus der Lieferung der Mutter konsolidiert. Die Buchung aus Sicht der Konzernbilanz lautet: "Jahresüberschuss an unfertige Erzeugnisse 50.000".

In der Konzern-GuV-Rechnung dürfen keine Umsatzerlöse erscheinen, da noch kein Umsatz mit konzernfremden Abnehmern stattgefunden hat. Die unfertigen Erzeugnisse haben den Konzern noch nicht verlassen und müssen noch bearbeitet werden, damit absatzfähige Fertigerzeugnisse entstehen.

Bei Anwendung des Gesamtkostenverfahrens muss aus Sicht des Konzerns eine Bestandserhöhung unfertiger Erzeugnisse gebucht werden (100.000 €). Da die Bestandserhöhung um 50.000 € unter den Umsatzerlösen liegt, sinkt der Konzern-Jahresüberschuss entsprechend. Konsolidierungsbuchung aus Sicht der Konzern-GuV-Rechnung: "Umsatzerlöse 150.000 an Bestandserhöhung unfertiger Erzeugnisse 100.000 und Jahresüberschuss 50.000". Da der Jahresüberschuss im GuV-Konto auf der Sollseite erscheint, führt die Buchung auf der Habenseite zu einer Verminderung dieses Postens.

Die **Umsatzsteuer** auf konzerninterne Lieferungen führt zu keinen großen Änderungen. Für den Zwischengewinn des liefernden Unternehmens ist der Nettopreis relevant, da die Umsatzsteuer dem Finanzamt geschuldet wird. Somit entsteht bei der Mutter-AG eine Umsatzsteuerschuld von 28.500 € (19% von 150.000 €), bei der Tochter-AG ein gleich hoher Vorsteueranspruch. Schulden und Forderungen gegenüber konzernfremden Personen (hier: dem Finanzamt) werden in die Konzernbilanz übernommen.

5.2 Berücksichtigung latenter Steuern

Latente Steuern treten bei der Zwischenergebniskonsolidierung auf, wenn sich Differenzen zwischen dem Konzernbilanzwert und dem entsprechenden Steuerwert ergeben. Am Beispiel eines Handelskonzerns wird der Steuereffekt verdeutlicht. Die M-AG liefert in 01 Waren für 50.000 € netto an die T-AG. Die Anschaffungskosten der Mutter betrugen 20.000 €, sodass sich im Einzelabschluss ein Gewinn von 30.000 € ergibt. Die

---

[1] Bei Lieferungen auf Ziel ergeben sich Forderungen und Verbindlichkeiten (bei der Mutter bzw. Tochter). Sie sind bei der Schuldenkonsolidierung auszugleichen.

Waren befinden sich am Jahresende noch im Lager der T-AG. Im Einzelabschluss treten keine latenten Steuern auf, da keine Differenzen zwischen den handels- und steuerrechtlichen Werten bestehen. Es gilt:

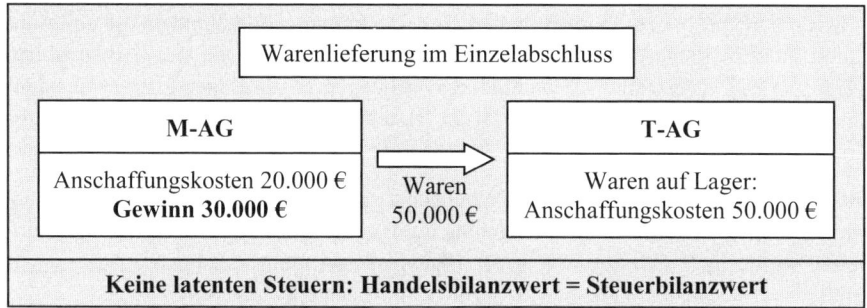

Abb. 187: Warenlieferung im Einzelabschluss - mit Gewinn

Aus Sicht des Konzerns darf der Zwischengewinn von 30.000 € nicht ausgewiesen werden, da die Ware den Konzern noch nicht verlassen hat. Die Bewertung erfolgt mit 20.000 € (Buchung in der Konzernbilanz: "Jahresüberschuss an Waren 30.000"). Da im Steuerrecht eine Bewertung mit 50.000 € erfolgt, liegt der handelsrechtliche Wert im Konzern um 30.000 € unter dem Steuerwert. Es entstehen **aktive latente Steuern**[1].

Beim Ertragsteuersatz der Tochter von 30% wird im Konzern gebucht: "Aktive latente Steuern an latenter Steuerertrag 9.000". Hierdurch wird der Steueraufwand ausgeglichen, der im Einzelabschluss der M-AG für den Gewinn von 30.000 € entsteht.

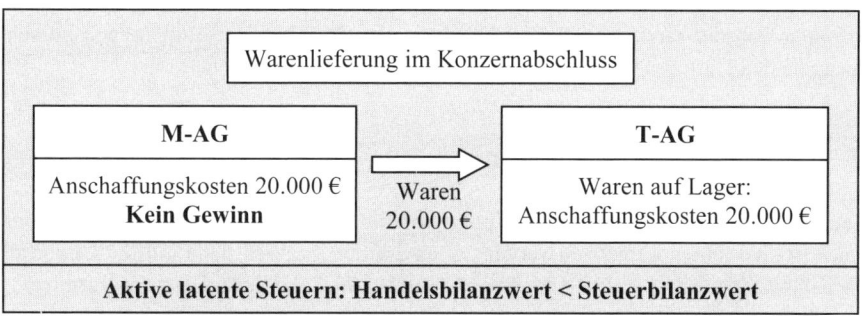

Abb. 188: Warenlieferung im Konzernabschluss - ohne Gewinn

Wenn die Waren in 02 von der T-AG an Konzernfremde für 50.000 € netto veräußert werden, ergibt sich aus Konzernsicht ein Gewinn von 30.000 € und die latenten Steuern werden aufgelöst. Entsteht durch eine Lieferung der Mutter an die Tochter ein Verlust, muss er auf der Konzernebene ausgeglichen werden, wenn die Ware den Konzern noch nicht verlassen hat. Der handelsrechtliche Wert liegt über dem Steuerwert, sodass gilt:

Konsolidierung des Zwischenverlusts führt zu passiven latenten Steuern im Konzern

---

[1] Vgl. Baetge, J./Kirsch, H.-J./Thiele, S. (Konzernbilanzen), S. 470.

6. Aufwands- und Ertragskonsolidierung

Die Konzern-GuV-Rechnung enthält die Erträge und Aufwendungen eines Geschäftsjahres aus Sicht des Konzerns. Die Konzern-GuV-Rechnung wird wie die Konzernbilanz entwickelt: Zunächst wird eine Summen-GuV-Rechnung gebildet, indem die einzelnen Ertrags- und Aufwandsposten aus den Erfolgsrechnungen der Mutter und Tochter addiert werden. Anschließend sind Konsolidierungsbuchungen vorzunehmen, die verschiedene Posten aus Konzernsicht verändern. In der letzten Spalte des Schemas ergibt sich die Konzern-GuV-Rechnung.

Bisher wurden die Konsolidierungsbuchungen zunächst in der Konzernbilanz und anschließend in der Konzern-GuV-Rechnung durchgeführt. Wenn Erfolgswirkungen auftraten, wurde beim Erfolgsausweis vor Ergebnisverwendung der Posten "Jahresüberschuss" in der Konzernbilanz bzw. Konzern-GuV-Rechnung angepasst.

Die in § 305 HGB geregelte Aufwands- und Ertragskonsolidierung betrifft nur die Konzern-GuV-Rechnung. Es werden Leistungen konsolidiert, die sich **nicht** in der Bilanz niederschlagen. Hierbei handelt es sich im Wesentlichen um Leistungen aus Schuldverhältnissen wie z.B. Darlehens- und Mietverhältnissen. Sie führen in der GuV-Rechnung des Leistungsnehmers zu Zins- und Mietaufwendungen bzw. beim Leistungsgeber zu Zinserträgen und Umsatzerlösen.

Beispiel: Die Mutter-AG gewährt der Tochter-AG Anfang 01 ein langfristiges Darlehen in Höhe von 100.000 €. Der angemessene Zinssatz beträgt 10%. In 01 erzielt die Mutter-AG Zinserträge von 10.000 €, denen Zinsaufwendungen bei der Tochter in gleicher Höhe gegenüberstehen. Nach Addition der einzelnen GuV-Posten (Bildung der Summen-GuV-Rechnung) werden Zinsertrag und Zinsaufwand konsolidiert. Die Buchung lautet: "Zinsertrag an Zinsaufwand 10.000". Zusätzlich ist eine Schuldenkonsolidierung vorzunehmen, die den Darlehensbetrag bei der Mutter und Tocher ausgleicht.

7. Konzern-GuV-Rechnung

Die GuV-Rechnung kann auch im Konzernabschluss nach dem Gesamt- oder dem Umsatzkostenverfahren aufgebaut werden. Auch auf der Konzernebene gilt die Definition der Umsatzerlöse nach § 277 Abs. 1 HGB. Somit zählen die Erträge aus der Vermietung von Grundstücken zu den Umsatzerlösen. Zur vollständigen Gliederung der Konzern-GuV-Rechnung wird auf die Literatur verwiesen[1]. Die erste Konzern-GuV-Rechnung wird bei der ersten Folgekonsolidierung erstellt, wie das folgende Beispiel zeigt.

Beispiel: Die M-AG erwirbt am 30.6.01 alle Anteile an der T-AG. Im ersten Halbjahr hat die T-AG einen Jahresüberschuss von 210.000 € erzielt. Dieser Gewinn gehört zum Eigenkapital der T-AG und wird im Kaufpreis der Mutter vergütet. Die Erstkonsolidierung erfolgt am 30.6.01. Wenn die Mutter ihren Einzelabschluss zum 31.12.01 erstellt, muss sie auch noch einen Konzernabschluss aufstellen. Die erste Folgekonsolidierung wird durchgeführt, wobei regelmäßig Abschreibungen auf die stillen Reserven im Konzern anfallen. Die erste Konzern-GuV-Rechnung umfasst das zweite Halbjahr 01.

---

[1] Vgl. Gräfer, H./Scheld, G.A. (Konzernrechnungslegung), S. 100-102.

7. Währungsumrechnung 215

Zur Erstellung der Konzern-GuV-Rechnung werden die einzelnen Posten der GuV-Rechnungen der Mutter und Tochter addiert. Man erhält die Summen-GuV-Rechnung. Die bei der Folgekonsolidierung des Kapitals vorzunehmenden erfolgswirksamen Abschreibungen auf die stillen Reserven und den Firmenwert führen zu folgendem Effekt:

| Summe des Konzerngewinns < Summe der Gewinne in Einzel-GuV-Rechnungen |

Um den Aufbau der Konzern-GuV-Rechnung nicht zu umfangreich zu gestalten, wird die Kapitalkonsolidierung im Folgenden vernachlässigt. Stattdessen werden die folgenden beiden Fälle bei der Erstellung der GuV-Rechnung behandelt.

1. Fall: Die Mutter liefert in 01 an die Tochter unfertige Erzeugnisse in Höhe von 150.000 € (Umsatzerlöse). Die Aufwendungen der Mutter betragen 100.000 €, sodass sich ein Jahresüberschuss von 50.000 € ergibt. Die Tochter verarbeitet die unfertigen Erzeugnisse in 01 zu Fertigerzeugnissen (Aufwand: 120.000 €), die aber noch nicht veräußert werden. Somit ergibt sich eine Bestandserhöhung in der GuV-Rechnung. Im Einzelabschluss entsteht ein Gewinn von 50.000 € bei der Mutter. Er darf im Konzernabschluss nicht auftreten und muss konsolidiert werden. Steuern werden vernachlässigt (Angaben in Abbildungen in Tausend Euro).
2. Fall: Es gelten obigen Daten, aber jetzt veräußert die Tochter alle Fertigerzeugnisse an Dritte für 400.000 €. Im Konzern entsteht ein Gewinn in Höhe von 180.000 € (400.000 € - 220.000 €). Im Einzelabschluss gilt dasselbe: Bei der Mutter entsteht ein Gewinn von 50.000 € - der Restbetrag von 130.000 € fällt bei der Tochter an.

Im ersten Fall ergibt sich die folgende Darstellung. In den Posten der Mutter sind auch die Innenumsätze an die Tochter enthalten. Zur Verdeutlichung werden diese Werte in Klammern angegeben; sie sind nicht zusätzlich zu berücksichtigen. Die Tochter aktiviert die unfertigen Erzeugnisse, die anschließend durch die Verarbeitung in der GuV-Rechnung als Bestandsminderung 150.000 € erscheinen. Gleichzeitig findet eine Bestandserhöhung fertiger Erzeugnisse statt, die insgesamt 270.000 € beträgt: Unfertige Erzeugnisse 150.000 € und Verarbeitungsaufwand 120.000 €. Der Vorgang ist erfolgsneutral.

Posten	Mutter		Tochter		Summen-GuV-Rechnung		Konsolidierung		Konzern-GuV	
	S	H	S	H	S	H	S	H	S	H
Umsätze	-	1.200 (150)	-	600	-	1.800	150	-	-	1.650
Bestandsänderung	-	-	150	270	150	270	-	100	-	220
Aufwand	800 (100)	-	420	-	1.220	-	-	-	1.220	-
JÜ	400 (50)	-	300	-	700	-	-	50	650	-
Summe	1.200	1.200	870	870	2.070	2.070	150	150	1.870	1.870

Abb. 189: Entwicklung der Konzern-GuV-Rechnung (Bestandserhöhung)

216   *Siebtes Kapitel: Vorschriften zur Vollkonsolidierung*

In der Summen-GuV-Rechnung werden alle Posten addiert. Die Bestandsänderung umfasst die Bestandsminderung unfertiger Erzeugnisse im Soll (150.000 €) und die Bestandserhöhung fertiger Erzeugnisse (270.000 €) im Haben. In der Konsolidierungsspalte muss der Zwischengewinn der Mutter von 50.000 € neutralisiert werden. Die Umsatzerlöse sinken um 150.000 € (Buchung im Soll) und die Bestandsänderung um 100.000 €, da aus Konzernsicht nur eine Bestandserhöhung von 220.000 € gilt.

Konsolidierungsbuchung:			
Umsatzerlöse	150.000 /	Bestandsänderung	100.000
		Jahresüberschuss	50.000

Abb. 190: Konsolidierungsbuchung der Konzern-GuV-Rechnung

Im zweiten Fall werden die Fertigerzeugnisse an Dritte veräußert, sodass aus Sicht des Konzerns in 01 ein Gewinn entsteht. Beim Preis von 400.000 € entsteht im Konzern ein Gewinn von 180.000 € (400.000 € - 220.000 €). Auch aus den Einzelabschlüssen ergibt sich dieser Betrag: Bei der Mutter entsteht ein Jahresüberschuss von 50.000 € durch die Lieferung an die Tochter. Bei der Tochter entsteht ein Jahresüberschuss von 130.000 €: Umsatzerlöse (400.000 €) abzüglich Aufwendungen (270.000 €).

Im zweiten Fall steigen die Umsatzerlöse der Tochter durch den Verkauf der fertigen Erzeugnisse von 600.000 € auf 1.000.000 €. Eine Bestandserhöhung ist in der GuV-Rechnung nicht zu berücksichtigen, da ein Absatz der Produkte erfolgt. Zu konsolidieren sind die Umsatzerlöse der Mutter in Höhe von 150.000 € und die Bestandsminderung unfertiger Erzeugnisse bei der Tochter. Die Umsätze fallen bei der Tochter an und die Bestandsminderung ist aus Konzernsicht ohne Bedeutung. In der Konzern-GuV-Rechnung erscheint ein um 180.000 € höherer Gewinn (verglichen mit Fall 1).

Posten	Mutter		Tochter		Summen-GuV-Rechnung		Konsolidierung		Konzern-GuV-Rechnung	
	S	H	S	H	S	H	S	H	S	H
Umsätze	-	1.200 (150)	-	1.000	-	2.200	150	-	-	2.050
Bestandsänderung	-	-	150	-	150	-	-	150	-	-
Aufwand	800 (100)	-	420	-	1.220	-	-	-	1.220	
JÜ	400 (50)	-	430	-	830	-	-	-	830	-
Summe	1.200	1.200	1.000	1.000	2.200	2.200	150	150	2.050	2.050

Abb. 191: Entwicklung der Konzern-GuV-Rechnung (Veräußerung)

Die folgende Abbildung zeigt die Posten des **Betriebsergebnisses** nach dem Gesamtkostenverfahren aus Konzernsicht. Abkürzungen: betr. = betrieblich, lgfr. = langfristig, VG = Vermögensgegenstände, RHB = Roh-, Hilfs- und Betriebsstoffe.

Konzern-GuV-Rechnung nach GKV		
Nr. 1	Umsatzerlöse	Erträge aus Leistungen (z.B. Produktverkäufe) an Konzernfremde
Nr. 2	Bestandsänderung unfertiger und fertiger Erzeugnisse	Bestandserhöhung oder Bestandsminderung (zu Konzernherstellungskosten)
Nr. 3	Andere aktivierte Eigenleistungen	Erträge aus selbst geschaffenen langfristigen Vermögensgegenständen
Nr. 4	Sonstige betr. Erträge	Erträge, die keine Umsatzerlöse sind
Nr. 5	Materialaufwand	Aufwand durch Verbrauch von RHB
Nr. 6	Personalaufwand	Aufwand durch Einsatz von Personal
Nr. 7	Abschreibungen auf VG des Anlage- und Umlaufvermögens	Wertminderungen kurz- und langfristiger Vermögensgegenstände
Nr. 8	Sonstige betr. Aufwendungen	Übrige betriebliche Aufwendungen

Abb. 192: Gliederung der Konzern-GuV-Rechnung nach GKV

8. Währungsumrechnung

Nach § 294 Abs. 1 HGB müssen alle Tochterunternehmen in den Konzernabschluss einbezogen werden, wenn keine Befreiungsvorschriften bestehen. Da der handelsrechtliche Konzernabschluss in Euro aufzustellen ist (§ 298 Abs. 1 i.V.m. § 244 HGB), müssen auf fremde Währung lautende Jahresabschlüsse der Tochtergesellschaften umgerechnet werden. Nach § 308a HGB ist die **modifizierte Stichtagskursmethode** anzuwenden[1]. Alle Bilanzposten – mit Ausnahme des Eigenkapitals – werden mit dem aktuellen Devisenkassamittelkurs umgerechnet[2]. Im Folgenden wird wieder vereinfachend von einem Einheitskurs und der Preisnotierung ausgegangen.

Für das Eigenkapital ist der **historische Kurs** anzuwenden. Bei der Erstellung des ersten Konzernabschlusses kann der Kurs im Erwerbszeitpunkt des ausländischen Tochterunternehmens verwendet werden[3]. Damit treten bei der Erstkonsolidierung keine Umrechnungsdifferenzen auf, da alle Posten mit einem einheitlichen Stichtagskurs umgerechnet werden. Wenn sich das Eigenkapital, z.B. die Gewinnrücklagen, nach dem Erwerb der Tochter erhöhen, wird der Erhöhungsbetrag mit dem dann gültigen Wechselkurs umgerechnet. Für die bereits vorhandenen Rücklagen gilt weiterhin der historische Kurs.

Damit treten in den Folgejahren regelmäßig **Umrechnungsdifferenzen** auf. Sie sind nach § 308a Satz 3 HGB in der Konzernbilanz als "Eigenkapitaldifferenz aus Währungsumrechnung" (nach den Rücklagen) auszuweisen. Je nachdem, wie sich die Kurse verhalten, können positive oder negative Rücklagen auftreten.

Da die Posten der Konzern-GuV-Rechnung im Laufe des Geschäftsjahres entstehen und sich die Wechselkurse innerhalb eines Jahres mehrfach ändern können, erfolgt die Umrechnung mit einem **Durchschnittskurs**. Es handelt sich um den Mittelwert der im Ge-

---
[1] Vgl. Baetge, J./Kirsch, H.-J./Thiele, S. (Konzernbilanzen), S. 157.
[2] Vgl. hierzu die Ausführungen im dritten Kapitel, Gliederungspunkt 2.2.
[3] Vgl. Küting, K./Mojadadr, M. (Währungsumrechnung), S. 1875.

schäftsjahr gültigen Umrechnungskurse[1]. Da die Einzelheiten der Kursberechnung nicht gesetzlich geregelt sind, kann z.B. der Mittelwert der jeweils am Monatsende gültigen Devisenkassamittelkurse gebildet werden. Zusammenfassend gilt für § 308a HGB:

Konzernbilanz	Konzern-GuV-Rechnung
• Grundsätzlich: Umrechnung aller Posten mit dem Devisenkassamittelkurs am Bilanzstichtag • Eigenkapital: Umrechnung mit historischem Kurs - neue Bestände mit dem Stichtagskurs	Umrechnung der Erträge und Aufwendungen mit dem Durchschnittskurs
Umrechnungsdifferenzen: Ausweis als "Eigenkapitaldifferenz aus Währungsumrechnung" (nach den Rücklagen)	

Abb. 193: Währungsumrechnung im Konzernabschluss

Beispiel: Die deutsche M-AG ist seit langem zu 100% an der amerikanischen US-AG beteiligt. Die Mutter erhält im Januar 02 die in US-Dollar bewertete Bilanz ihrer Tochter zum 31.12.01. Es gilt der Umrechnungskurs: 1 US-Dollar = 1,2 Euro. Beim Erwerb der Anteile an der US-AG galt ein Wechselkurs von 1:1. Im Laufe des Jahres 01 war ein Durchschnittskurs von 1:1,1 relevant. Die Ertragsteuern werden aus didaktischen Gründen vernachlässigt (= keine Steuerrückstellung in der Bilanz).

Die folgende Abbildung zeigt die in US-Dollar und Euro bewerteten Bilanzen (Angaben in Tausend Euro). Das Anlage- und das Umlaufvermögen werden mit dem Stichtagskurs umgerechnet (1:1,2). Für das gezeichnete Kapital wird der historische Kurs (1:1) und für den Jahresüberschuss der Durchschnittskurs (1:1,1) verwendet. Da die Posten der GuV-Rechnung mit dem Durchschnittskurs umgerechnet werden, gilt das auch für den per Saldo entstehenden Jahresüberschuss. Es entsteht eine Eigenkapitaldifferenz in Höhe von 130.000 €, die nach den Rücklagen ausgewiesen wird (§ 308a Satz 3 HGB).

US-Dollar			Euro		
A	Bilanz 31.12.01	P	A	Bilanz 31.12.01	P
Anlagevermögen 400	Gez. Kap.	600	Anlagevermögen 480	Gez. Kap.	600
Umlaufvermögen 300	Jahresüberschuss	100	Umlaufvermögen 360	JÜ	110
				EK-Differenz	**130**
700		700	840		840

Abb. 194: Beispielhafte Umrechnung von Bilanzposten

Die Konsolidierung der Jahresabschlüsse der Mutter und Tochtergesellschaft erfolgt mit der umgerechneten Bilanz bzw. GuV-Rechnung der Tochter. Die Währungsumrechnung ist den einzelnen Konsolidierungsmaßnahmen quasi vorzuschalten.

---

[1] Vgl. Küting, K./Mojadadr, M. (Währungsumrechnung), S. 1875.

Achtes Kapitel: Ergänzende Vorschriften im Konzernabschluss

1. Quotenkonsolidierung

1.1 Bilanzierung von Gemeinschaftsunternehmen

Im letzten Kapitel wurde die Vollkonsolidierung von Mutter- und Tochtergesellschaften behandelt. Hierbei wird das Reinvermögen der Tochter vollständig in den Konzernabschluss übernommen, auch wenn der Mutter nicht alle Anteile am Tochterunternehmen gehören. Im Fall einer Beteiligung unter 100% wird ein Posten "nicht beherrschende Anteile" für Minderheitsgesellschafter im Eigenkapital der Konzernbilanz gebildet, der den Anteil der außenstehenden Gesellschafter kennzeichnet.

Anders verhält es sich bei der **Quotenkonsolidierung**: Bei dieser Konsolidierungsform übernehmen die beteiligten Partnerunternehmen (Gesellschafterunternehmen) das Vermögen des Gemeinschaftsunternehmens anteilig nach Maßgabe ihrer Beteiligungsquote. Damit können **keine** Anteile von Minderheiten in der Konzernbilanz auftreten. Die folgende Abbildung zeigt die Verhältnisse mit zwei Partnerunternehmen (zu je 50%):

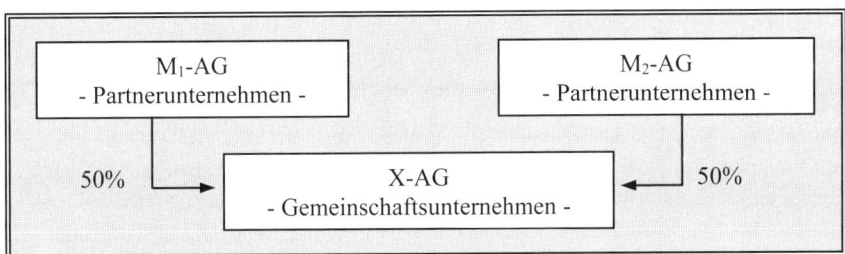

Abb. 195: Anteile am Gemeinschaftsunternehmen

An der X-AG sind die M_1-AG und M_2-AG zu jeweils 50% beteiligt. Beide Partnerunternehmen gehören als Muttergesellschaften zu unterschiedlichen Konzernen und sind somit voneinander **unabhängig**. Es genügt allerdings, wenn ein Partnerunternehmen zu einem Konzern gehört[1]. Wichtig ist die gemeinschaftliche Führung der X-AG: Entscheidungen in den wesentlichen Bereichen ihrer Finanz- und Geschäftspolitik müssen einvernehmlich, d.h. einstimmig getroffen werden[2]. Die gemeinschaftliche Führung muss tatsächlich ausgeübt werden – die Möglichkeit zur Ausübung ist nicht ausreichend.

Der Unternehmensbegriff beinhaltet eine auf längere Dauer gerichtete Tätigkeit. Die Durchführung von **einmaligen** Projekten stellt dagegen kein Gemeinschaftsunternehmen dar. Oft werden Gemeinschaftsunternehmen auch als Joint Ventures bezeichnet. In der

---
[1] Vgl. Gräfer, H./Scheld, G.A. (Konzernrechnungslegung), S. 256.
[2] Vgl. Küting, K./Weber, C.-P./Dusemond, M./Küting, P./Wirth, J. (Konzernabschluss), S. 225.

internationalen Rechnungslegung wird dieser Begriff oft anders interpretiert[1], so dass zu prüfen ist, ob dann ein Gemeinschaftsunternehmen im Sinne des HGB vorliegt.

Zusammengefasst gelten für ein **Gemeinschaftsunternehmen** folgende Merkmale[2]:
- Gemeinschaftliche Führung durch mindestens zwei Partnerunternehmen,
- Unabhängigkeit der Partnerunternehmen voneinander,
- auf Dauer angelegte Tätigkeit,
- tatsächliche Ausübung der gemeinsamen Führung.

Die Vorschriften für Gemeinschaftsunternehmen finden sich in § 310 HGB. Weitere Regelungen enthält DRS 9 (Bilanzierung von Anteilen an Gemeinschaftsunternehmen im Konzernabschluss). Für die Bilanzierung dieser Anteile können die Quotenkonsolidierung oder die Equity-Methode angewendet werden. Das **Wahlrecht** kann für jedes Gemeinschaftsunternehmen individuell ausgeübt werden[3]. Die M-AG kann ihre Anteile am Gemeinschaftsunternehmen A nach der Quotenkonsolidierung behandeln und die am Gemeinschaftsunternehmen B nach der Equity-Methode bewerten. Insoweit gilt das Stetigkeitsprinzip nicht.

Im Folgenden wird die Quotenkonsolidierung erläutert – die Equity-Methode wird im nächsten Gliederungspunkt behandelt. Das Merkmal der Quotenkonsolidierung ist:

> Anteilige Übernahme aller Aktiv- und Passivposten (ohne des Eigenkapitals) in die Abschlüsse der Partnerunternehmen

Im vorigen Beispiel übernehmen die beiden Partnerunternehmen jeweils 50% der Posten der X-AG. Da die M_1-AG und M_2-AG zu (verschiedenen) Konzernen gehören, werden die Posten anteilig in den jeweiligen Konzernabschluss übernommen.

Nach § 310 Abs. 2 HGB sind zahlreiche Vorschriften über die Vollkonsolidierung bei der Quotenkonsolidierung entsprechend anzuwenden. Das Reinvermögen ist auch bei der Quotenkonsolidierung nach der **Neubewertungsmethode** zu bewerten, so dass die stillen Reserven aufzudecken sind und meist ein Firmenwert entsteht. Im Folgenden wird aus didaktischen Gründen zunächst von der Gründung eines Gemeinschaftsunternehmens ausgegangen, bei der noch keine stillen Reserven und kein Firmenwert zu berücksichtigen sind. Anschließend wird das Beispiel erweitert.

Beispiel: Die M_1-AG und M_2-AG gründen Ende 01 die X-AG. Jedes Partnerunternehmen übernimmt die Hälfte der X-Aktien und erhält 50% der Stimmrechte. Das Grundkapital der X-AG beträgt 1.000.000 €, das sofort für die Aktivposten A_1 bis A_3 verwendet wird. Im Folgenden wird die M_1-AG betrachtet, deren Einzelabschluss diverse Vermögensgegenstände (div. VG) im Wert von 400.000 € und die Beteiligung am Gemeinschaftsunternehmen in Höhe von 500.000 € enthält. Im Folgenden gilt vereinfachend: Angaben in Tausend Euro, Erfolgsausweis vor Ergebnisverwendung, ohne Ertragsteuern und ohne gesetzliche Rücklage.

---

[1] Vgl. Küting, K./Weber, C.-P./Dusemond, M./Küting, P./Wirth, J. (Konzernabschluss), S. 221-223.
[2] Vgl. Gräfer, H./Scheld, G.A. (Konzernrechnungslegung), S. 256-257.
[3] Vgl. Küting, K. (Kapitalkonsolidierung), S. 1400.

1. Quotenkonsolidierung

Partnerunternehmen				Gemeinschaftsunternehmen			
A	Bilanz M_1-AG Ende 01		P	A	Bilanz X-AG Ende 01		P
Div. VG	400	Gez. Kap.	700	A_1	500	Gez. Kap.	1.000
Beteiligung	500	Jahresüberschuss	200	A_2	300		
				A_3	200		
	900		900		1.000		1.000

Abb. 196: Bilanzen von Partner- und Gemeinschaftsunternehmen

Die M_1-AG übernimmt gemäß ihrem Anteil 50% der Aktivposten in ihre Konzernbilanz (50% von A_1 bis A_3). Das anteilige gezeichnete Kapital (500.000 €) wird mit der Beteiligung verrechnet, wobei gebucht wird: "Gezeichnetes Kapital an Beteiligung 500.000". Die Konzernbilanz hat das folgende Aussehen, wenn aus didaktischen Gründen die Posten anderer Konzernunternehmen (von mindestens einer vollkonsolidierten Tochtergesellschaft vernachlässigt werden:

A	Konzernbilanz 31.12.01		P
Diverse VG	400.000	Gezeichnetes Kapital	700.000
A_1	250.000	Jahresüberschuss	200.000
A_2	150.000		
A_3	100.000		
	900.000		900.000

Abb. 197: Konzernbilanz mit Gemeinschaftsunternehmen

Die Aktivseite der Konzernbilanz umfasst die diversen Vermögensgegenstände der M_1-AG und die anteiligen Posten des Gemeinschaftsunternehmens. Auf der Passivseite der Konzernbilanz erscheint das Eigenkapital der Muttergesellschaft. Wichtig ist, dass die Quotenkonsolidierung nur im Konzernabschluss angewendet werden darf, sodass mindestens **eine Vollkonsolidierung** einer Tochtergesellschaft stattfinden muss.

1.2 Durchführung der Kapitalkonsolidierung

1.2.1 Erstkonsolidierung von Gemeinschaftsunternehmen

Wenn ein Gemeinschaftsunternehmen mehrere Jahre erfolgreich gearbeitet hat, haben sich meist stille Reserven und ein Firmenwert gebildet. Für diesen Fall wird das Ausgangsbeispiel erweitert. Die M_3-AG erwirbt Ende 05 von der M_1-AG den 50%-Anteil an der X-AG für 810.000 €. Es sind stille Reserven von 140.000 € vorhanden, die sich wie folgt verteilen: 40.000 € auf Aktivposten A_1 und 100.000 € auf Aktivposten A_2. Die folgende Abbildung zeigt die Bilanzen des Gemeinschaftsunternehmens Ende 05 vor und nach der Neubewertung (Angaben in Tausend Euro, NRL = Neubewertungsrücklage, JÜ = Jahresüberschuss, ohne Ertragsteuern, ohne gesetzliche Rücklage).

X-AG vor Neubewertung			X-AG nach Neubewertung		
A	Bilanz 31.12.05	P	A	Bilanz 31.12.05	P
A_1	540	Gez. Kap. 800	A_1	580	Gez. Kap. 800
A_2	400	Jahresüber- 400	A_2	500	NRL 140
A_3	260	schuss	A_3	260	JÜ 400
	1.200	1.200		1.340	1.340

Abb. 198: Neubewertung von Gemeinschaftsunternehmen

Mit **Ertragsteuern** (Steuersatz 30%) gilt: Der Jahresüberschuss sinkt auf 280.000 € und es entsteht eine Steuerrückstellung von 120.000 € (0,3 x 400.000 €). Bei der Aufdeckung stiller Reserven sind **latente Steuern** zu berücksichtigen (§ 310 Abs. 2 i.V.m. § 306 HGB)[1]. Es entstehen passive latente Steuern bei der Erstkonsolidierung, die erfolgsneutral behandelt werden. Für die Neubewertungsrücklage gilt im Steuerfall:

Rücklage 98.000 € – passive latente Steuern 42.000 € (0,3 x 140.000 €)

Bei der Quotenkonsolidierung wird das Reinvermögen anteilig übernommen. Damit werden auch nur die latenten Steuern in der Konzernbilanz ausgewiesen, die auf die anteiligen stillen Reserven entfallen. Für die erwerbende M_3-AG gilt: Auf 49.000 € stille Reserven (50% von 98.000 €) entfallen 21.000 € passive latente Steuern. Diese Steuern werden in den Folgejahren aufgelöst, wenn sich die stillen Reserven abbauen.

Ohne Ertragsteuern gilt: Das neue Partnerunternehmen (M_3-AG) bezahlt für den Anteil am Gemeinschaftsunternehmen 810.000 €. Als Gegenleistung erhält sie die Hälfte des Reinvermögens, nämlich 670.000 € (50% von 1.340.000 €). Die Differenz in Höhe von 140.000 € führt zu einem positiven **Firmenwert**. Buchung der Erstkonsolidierung:

Konsolidierungsbuchung:				
Gezeichnetes Kapital	400.000	/	Beteiligung	810.000
Jahresüberschuss	200.000			
Neubewertungsrücklage	70.000			
Firmenwert	140.000			

Abb. 199: Buchung der Erstkonsolidierung

Die **Kapitalkonsolidierung** von Gemeinschaftsunternehmen wird wie die Vollkonsolidierung von Tochterunternehmen durchgeführt. Im HGB wird auf die entsprechenden Vorschriften verwiesen (§ 310 Abs. 2 HGB). Für die Erstkonsolidierung werden die Pos-

---

[1] Wie bei der Vollkonsolidierung werden keine latenten Steuern auf den Firmenwert verrechnet (siehe siebtes Kapitel).

1. Quotenkonsolidierung

ten des Mutterunternehmens und der Tochter- und Gemeinschaftsunternehmen in Spaltenform nebeneinander angeordnet. Anschließend wird die Summenbilanz gebildet. Nach der Konsolidierung ergibt sich in der letzten Spalte die Konzernbilanz.

In der folgenden Abbildung (Angaben in Tausend Euro) werden die diversen Vermögensgegenstände der M_3-AG und die Aktivposten der X-AG in die ersten beiden Spalten eingetragen. Für die X-AG werden jeweils 50% der neubewerteten Vermögensgegenstände ausgewiesen. Die Posten von Tochterunternehmen werden vernachlässigt.

	Posten	M_3-AG	X-AG	Summen-bilanz	Konsolidierung Soll	Konsolidierung Haben	**Konzern-bilanz**
Aktiva	Div. VG	170	-	170			**170**
	A_1	-	290	290			**290**
	A_2	-	250	250			**250**
	A_3	-	130	130			**130**
	Beteiligung	810	-	810		a) 810	**-**
	FW	-	-	-	a) 140		**140**
	Summe	980	670	1.650			**980**
Passiva	Gez. Kapital	800	400	1.200	a) 400		**800**
	NRL	-	70	70	a) 70		**-**
	JÜ	180	200	380	a) 200		**180**
	Summe	980	670	1.650	810	810	**980**

Abb. 200: Erstkonsolidierung von Gemeinschaftsunternehmen

Die Addition der einzelnen Bilanzwerte führt zur Summe der Bilanzposten in der Summenbilanz. Anschließend wird in die Konsolidierungsspalte die obige Erstkonsolidierungsbuchung eingetragen. Zuletzt erscheinen die Daten für die Konzernbilanz in senkrechter Form. Die Konzernbilanz sieht wie folgt aus (vereinfachte Darstellung). Der Firmenwert wird unter den immateriellen Vermögensgegenständen ausgewiesen.

A	Konzernbilanz 31.12.05		P
Diverse VG	170.000	Gezeichnetes Kapital	800.000
A_1	290.000	Jahresüberschuss	180.000
A_2	250.000		
A_3	130.000		
Firmenwert	140.000		
	980.000		980.000

Abb. 201: Konzernbilanz mit Gemeinschaftsunternehmen

1.2.2 Folgekonsolidierung von Gemeinschaftsunternehmen

Für die erste **Folgekonsolidierung** gilt: Am Ende des nächsten Jahres (Ende 06) erstellt das Gemeinschaftsunternehmen eine neue Bilanz und GuV-Rechnung. Sie enthalten die jeweiligen Posten am Bilanzstichtag 06 bzw. für das Geschäftsjahr 06. Das Partnerunternehmen, die M_3-AG, übernimmt wieder die Hälfte der Bilanzposten bzw. der Ertrags- und Aufwandsposten (der GuV-Rechnung) des Gemeinschaftsunternehmens.

Neben der Erstkonsolidierungsbuchung muss eine Folgekonsolidierungsbuchung erfolgen, die die Abschreibung der stillen Reserven und des Firmenwerts betrifft. Im Beispiel weisen die Vermögensgegenstände des Gemeinschaftsunternehmens stille Reserven von 40.000 € im Posten A_1 und 100.000 € im Posten A_2 auf. Wenn der Posten A_1 (z.B. eine Maschine) über acht Jahre planmäßig abgeschrieben wird, entstehen Abschreibungen von 5.000 €, die den Erfolg des Gemeinschaftsunternehmens vermindern. Von diesem Betrag entfallen 50% auf die M_3-AG, also 2.500 €. Wenn Posten A_2 zum nicht abnutzbaren Anlagevermögen gehört, wird er unverändert fortgeführt.

Auch der Firmenwert von 140.000 € muss abgeschrieben werden. Bei fünfjähriger Nutzungsdauer und gleichmäßiger Verteilung entsteht ein Aufwand in Höhe von 28.000 € (140.000 €/5 Jahre). Der Gesamtaufwand von 30.500 € (2.500 € + 28.000 €) mindert den Jahresüberschuss der M_3-AG im Konzern. In der Konzernbilanz wird gebucht[1]:

Konsolidierungsbuchung:			
Jahresüberschuss	30.500 /	Firmenwert	28.000
		Maschine	2.500

Abb. 202: Buchung der Folgekonsolidierung - Konzernbilanz

Die zweite Folgekonsolidierung Ende 07 wird entsprechend durchgeführt. Hierbei sind die Erstkonsolidierung und die erste Folgekonsolidierung erfolgsneutral vorzunehmen. Die Einzelheiten wurden im siebten Kapitel bei der Vollkonsolidierung behandelt und sind auf die Quotenkonsolidierung zu übertragen.

Zum Firmenwert ist Folgendes festzustellen: Wenn die M_3-AG für ihren Anteil am Gemeinschaftsunternehmen mehr als den anteiligen Zeitwert des Eigenkapitals bezahlt, entsteht ein **positiver Firmenwert**. Wenn die M_3-AG den anteiligen Zeitwert nicht vergütet, ist ein **negativer Firmenwert** zu berücksichtigen. Für diesen Posten kommen dieselben Ursachen infrage wie beim negativen Firmenwert der Vollkonsolidierung. Im Folgenden wird der Fall eines **Lucky Buys** erläutert.

Beispiel: Die M_3-AG bezahlt jetzt für den Anteil an der X-AG 600.000 €. Das Reinvermögen der X-AG wird voll aufgedeckt und beträgt wieder 1.340.000 €. Auf die M_3-AG entfallen 50%, somit 670.000 €. Da nur 600.000 € gezahlt werden, entsteht ein negativer Firmenwert in Höhe von 70.000 €. Eine Ursache kann sein, dass das veräußernde Unternehmen dringend einen Käufer sucht, da es finanzielle Probleme aufweist. Die M_3-AG

---

[1] Zusätzlich muss eine Erhöhung der Abschreibungen für die Maschine und den Firmenwert in der Konzern-GuV-Rechnung erfolgen, wodurch der Jahresüberschuss sinkt. Die Buchung lautet: "Abschreibungen auf Firmenwert 28.000 und Maschine 2.500 an Jahresüberschuss 30.500".

hat dann einen **Lucky buy** (Glückskauf) erzielt. Für die Firmenwerte bei quotaler Übernahme des Vermögens sind drei Fälle zu unterscheiden (EK = Eigenkapital):

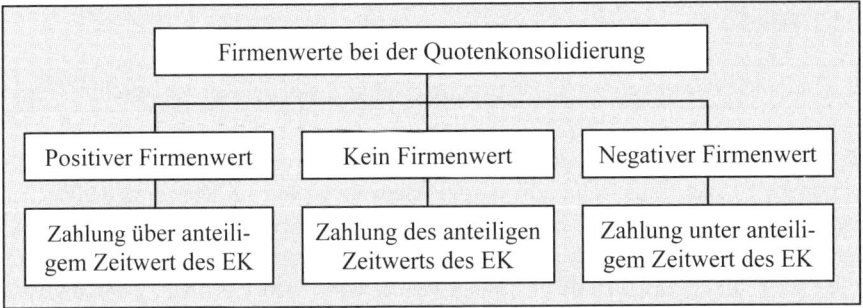

Abb. 203: *Firmenwerte bei der Quotenkonsolidierung*

Neben der Kapitalkonsolidierung sind auch bei der Quotenkonsolidierung eine Schulden-, Zwischenergebnis- und Aufwands- und Ertragskonsolidierung vorzunehmen, wenn entsprechende Leistungen zwischen den Unternehmen ausgetauscht werden. Wenn die M_3-AG Waren an die X-AG für 12.000 € netto liefert (Anschaffungskosten 5.000 €), entsteht im Einzelabschluss der M_3-AG ein Gewinn von 7.000 €.

Im Konzernabschluss muss eine **anteilige Zwischenergebniskonsolidierung** erfolgen. Wenn sich die Ware noch im Konzern befindet, müssen 50% des Gewinns (= 3.500 €) ausgeglichen werden. In diesem Fall treten im Konzernabschluss latente Steuern auf: Beim Zwischengewinn entstehen aktive latente Steuern vom 1.050 € (s = 30%); beim Zwischenverlust passive latente Steuern. Mit dem Verkauf an Dritte ist der Gewinn im Konzern realisiert und die latenten Steuern sind aufzulösen.

2. Equity-Methode

2.1 Bilanzierung von assoziierten Unternehmen

Ein Unternehmen, das in einen Konzernabschluss aufgenommen wird, kann einen maßgeblichen Einfluss auf die Geschäfts- oder Finanzpolitik eines anderen Unternehmens ausüben, an dem eine Beteiligung besteht. Dann liegt ein **assoziiertes Unternehmen** vor. Nach § 311 Abs. 1 Satz 1 HGB müssen die folgenden Merkmale erfüllt werden:

- Maßgeblicher Einfluss auf die Geschäfts- und Finanzpolitik eines konzernfremden Unternehmens,
- Ausübung des Einflusses von einem Konzernunternehmen,
- Vorhandensein einer Beteiligung (§ 271 Abs. 1 HGB).

Ein maßgeblicher Einfluss wird nach § 311 Abs. 1 Satz 2 HGB vermutet, wenn die Beteiligungsquote **mindestens 20%** beträgt (Anteilsquote ≥ 20%). Wenn die T-GmbH ein Stammkapital von 200.000 € aufweist und die M-AG hiervon 40.000 € besitzt, ist sie mit 20% an der GmbH beteiligt. Im Konzernabschluss ist die Beteiligung mit der Equity-Methode zu bewerten, wenn die Vermutung nicht widerlegt wird.

Anders als Tochter- und Gemeinschaftsunternehmen werden assoziierte Unternehmen **nicht** in den Konzernabschluss übernommen, d.h. die Anteile werden nicht konsolidiert. Stattdessen erfolgt ein verbesserter Ausweis des Beteiligungwerts im Konzernabschluss. Somit gilt:

> Keine Konsolidierung von assoziierten Unternehmen im Konzernabschluss

Bei der **Equity-Methode** hängt der Wert der Beteiligung vom Eigenkapital (equity) des assoziierten Unternehmens ab. Die Equity-Methode ist nur im Konzernabschluss anwendbar. Im Einzelabschluss gelten die bekannten Bewertungsvorschriften, sodass die Anschaffungskosten maßgeblich sind. Sie sind auch dann relevant, wenn die Equity-Methode nach § 311 Abs. 2 HGB nicht angewendet wird, weil die Beteiligung am assoziierten Unternehmen von untergeordneter Bedeutung für die Vermögens-, Finanz- und Ertragslage (VFE-Lage) des Konzerns ist. In diesem Fall gilt:

> Verzicht auf Equity-Methode bei untergeordneter Bedeutung für VFE-Lage möglich

Die Equity-Methode ist nicht nur für assoziierte Unternehmen relevant, sondern auch für Gemeinschaftsunternehmen, für die die Quotenkonsolidierung nicht gewählt wird. Auch die Anteile an Tochtergesellschaften, die nach § 296 HGB nicht in den Konzernabschluss einbezogen werden, sind nach der Equity-Methode zu bewerten. Diese Unternehmen werden auch als **untypische assoziierte Unternehmen** bezeichnet[1].

Die Einzelheiten der Bewertung assoziierter Unternehmen werden in § 312 HGB festgelegt[2]. Für den Zeitpunkt der Erstkonsolidierung ist nach § 312 Abs. 3 Satz 1 HGB grundsätzlich der Zeitpunkt des Anteilserwerbs maßgeblich. Wenn die M-AG am 1.7.01 eine 25%-Beteiligung erwirbt, muss zu diesem Zeitpunkt das Reinvermögen des assoziierten Unternehmens neu bewertet werden. Allerdings gelten die zeitlichen Vereinfachungsregelungen der Vollkonsolidierung auch bei assoziierten Unternehmen.

Wendet das assoziierte Unternehmen andere Bewertungsmethoden für seine Bilanzposten an, als im Konzernabschluss verwendet werden, **kann** nach § 312 Abs. 5 Satz 1 HGB eine Vereinheitlichung vorgenommen werden. Es besteht ein **Wahlrecht** zur konzerneinheitlichen Bewertung[3]. Wird die Bewertung jedoch nicht angepasst, muss eine Anhangangabe vorgenommen werden.

Die Equity-Methode betrifft die Beteiligungsbewertung, also die kapitalmäßige Beziehung zwischen den Unternehmen. Daher müssen andere Leistungsbeziehungen grundsätzlich nicht ausgeglichen werden. Allerdings gilt für Zwischenergebnisse nach § 312 Abs. 5 Satz 3 HGB: Wenn die maßgeblichen Sachverhalte bekannt oder zugänglich sind, müssen die Zwischenergebnisse konsolidiert werden[4]. Entsprechendes gilt auch für die Berücksichtigung von latenten Steuern nach § 306 HGB.

---

[1] Vgl. Baetge, J./Kirsch, H.-J./Thiele, S. (Konzernbilanzen), S. 369-370.
[2] Weitere Regelungen enthält DRS 8 (Bilanzierung von Anteilen an assoziierten Unternehmen im Konzernabschluss).
[3] Vgl. Schildbach, T./Feldhoff, P. (Konzernabschluss), S. 179.
[4] Vgl. Küting, K./Weber, C.-P./Dusemond, M./Küting, P./Wirth, J. (Konzernabschluss), S. 671.

2.2 Anteilsbewertung nach Buchwertmethode

Nach § 312 Abs. 1 HGB ist die Equity-Methode in Form der **Buchwertmethode** anzuwenden. Ein Unterschiedsbetrag zwischen dem Buchwert der Beteiligung und dem anteiligen Buchwert des Eigenkapitals des assoziierten Unternehmens ist im Konzernanhang anzugeben. Der auf den Firmenwert entfallende Anteil muss gesondert ausgewiesen werden. Nach § 312 Abs. 2 HGB ist das Vermögen des assoziierten Unternehmens neu zu bewerten.

Beispiel: Die Konzernmutter K-AG erwirbt Ende 01 einen 20%-Anteil an der L-AG. Die Anschaffungskosten der Beteiligung betragen 500.000 €. Das Eigenkapital der L-AG beläuft sich auf 2.000.000 €. In ihren Vermögensgegenständen sind 100.000 € stille Reserven vorhanden, die durch die Neubewertung aufgedeckt werden. Die Beteiligung an der L-AG lässt sich wie folgt aufschlüsseln, wenn latente Steuern vernachlässigt werden:

- 20% von 2.000.000 € = 400.000 € - anteiliges Eigenkapital (Buchwert),
- 20% von 100.000 € = 20.000 € - anteilige stille Reserven,
- Restbetrag 80.000 € - Firmenwert.

Im **Konzernanhang** ist der gesamte Unterschiedsbetrag von 100.000 € und der auf den Firmenwert entfallende Anteil von 80.000 € anzugeben. Im Folgejahr 02 ist die Beteiligung am assoziierten Unternehmen weiterzuführen. Für diese **Equity-Fortschreibung** sind die stillen Reserven den einzelnen Bilanzposten zuzuordnen und fortzuschreiben. Abnutzbare Vermögensgegenstände des Anlagevermögens sind über ihre Restnutzungsdauer abzuschreiben, wodurch sich der Buchwert der Beteiligung vermindert.

Der Beteiligungsbuchwert hängt bei der Equity-Methode vom Eigenkapital ("equity") des assoziierten Unternehmens ab. Erhöht sich das Eigenkapital z.B. durch Gewinne, steigt der Buchwert der Beteiligung. Vermindert sich das Eigenkapital, z.B. durch Verluste oder Gewinnausschüttungen, sinkt der Buchwert der Beteiligung. Es sind noch weitere Fälle denkbar, die einen Einfluss auf die Höhe des Beteiligungsbuchwerts haben[1]. Die folgende Abbildung zeigt die wesentlichen Einflussfaktoren:

Fortschreibung des Beteiligungsbuchwerts	
Erhöhung	**Verminderung**
Gewinne des assoziierten Unternehmens	<ul><li>Verluste des assoziierten Unternehmens</li><li>Abschreibung stiller Reserven und des Firmenwerts</li><li>Vereinnahmte Gewinne</li></ul>

Abb. 204: Fortschreibung des Beteiligungsbuchwerts

Beispiel: Die L-AG aus dem obigen Beispiel erzielt in 02 einen Jahresüberschuss von 140.000 €. Hiervon werden 5% (7.000 €) der gesetzlichen Rücklage zugeführt und weitere 33.000 € werden vom Vorstand thesauriert. Somit ergibt sich ein Bilanzgewinn von 100.000 €, über den die Aktionäre auf der Hauptversammlung in 03 entscheiden.

---

[1] Vgl. Baetge, J./Kirsch, H.-J./Thiele, S. (Konzernbilanzen), S. 374.

Durch den Gewinn von 140.000 € steigt das Eigenkapital der L-AG in 02. Auf die K-AG entfallen 20% des Gewinns (28.000 €), wodurch der Beteiligungsbuchwert steigt. In der GuV-Rechnung muss dieser Gewinnanteil nach § 312 Abs. 4 Satz 2 HGB speziell ausgewiesen werden (z.B. als Erträge aus assoziierten Unternehmen[1]).

Durch Abschreibungen auf die anteiligen stillen Reserven und den Firmenwert nimmt der Beteiligungsbuchwert der K-AG in 02 ab. Die betreffenden Posten sind über ihre verbleibende Nutzungsdauer abzuschreiben. Geht man davon aus, dass sich die stillen Reserven in den Vermögensgegenständen (insgesamt 20.000 €) über acht Jahre gleichmäßig verteilen, entsteht ein jährlicher Aufwand von 2.500 €.

Bei der Bewertung des Firmenwerts verweist § 312 Abs. 2 Satz 3 HGB auf § 309 HGB Wenn der Firmenwert linear über fünf Jahre abgeschrieben wird, ergibt sich ein zusätzlicher Aufwand in Höhe von 16.000 €. Der Gesamtaufwand von 18.500 € mindert den Buchwert der Beteiligung. Der Unterschiedsbetrag weist Ende 02 noch einen Wert von 81.500 € (100.000 € - 18.500 €) auf und ist im Konzernanhang anzugeben. Ende 02 wird die Beteiligung mit 509.500 € in der Konzernbilanz ausgewiesen:

> Beteiligung Ende 02: 500.000 € + 28.000 € - 18.500 € = 509.500 €

Der Beteiligungsbuchwert liegt über den Anschaffungskosten von 500.000 €, die bei der Equity-Methode im Konzernabschluss **keine Obergrenze** darstellen. Der Beteiligungsbuchwert entspricht dem anteiligen Buchwert des Eigenkapitals des assoziierten Unternehmens, wenn keine stillen Reserven und kein Firmenwert vorhanden sind (oder bereits abgeschrieben wurden). Daher wird für die Equity-Methode in der Literatur auch die Bezeichnung **Spiegelbildmethode** gewählt[2].

In 03 entscheiden die Aktionäre, dass der Bilanzgewinn von 100.000 € vollständig ausgeschüttet wird. Außerdem wird in 03 ein Jahresüberschuss in Höhe von 210.000 € erzielt. Die Abschreibungen auf die stillen Reserven und den Firmenwert wurden oben berechnet und summieren sich auch in 03 auf 18.500 €. Beteiligungsbuchwert Ende 03:

> Beteiligung Ende 03: 509.500 € + 42.000 € - 20.000 € - 18.500 = 513.000 €

Vom Jahresüberschuss entfallen 20% (42.000 €) auf die K-AG und erhöhen den Beteiligungsbuchwert. Vom ausgeschütteten Bilanzgewinn erhält die K-AG ebenfalls 20% (20.000 €). Dieser Anteil vermindert den Beteiligungsbuchwert, da das Eigenkapital des assoziierten Unternehmens durch die Ausschüttung sinkt.

Bei der Equity-Methode sind **latente Steuern** zu berücksichtigen, wenn die Daten bekannt oder zugänglich sind (§ 312 Abs. 5 Satz 3 HGB). Im Beispiel werden stille Reserven von 100.000 € bei der L-AG aufgedeckt, die anteilig auf die K-AG entfallen. Da dies steuerlich nicht möglich ist, liegt der Handelsbilanzwert über dem Steuerbilanzwert. Es entsteht eine passive latente Steuer, die bei der Equity-Fortschreibung zu beachten ist[3].

---

[1] Vgl. Gräfer, H./Scheld, G.A. (Konzernrechnungslegung), S. 100.
[2] Vgl. Küting, K./Weber, C.-P./Dusemond, M./Küting, P./Wirth, J. (Konzernabschluss), 656.
[3] Vgl. Baetge, J./Kirsch, H.-J./Thiele, S. (Konzernbilanzen), S. 472.

Neuntes Kapitel: Bilanzierung nach IFRS

1. Grundlagen

1.1 Entwicklung von IFRS

Am 29.6.1973 wurde das IASC (International Accounting Standards Committee) gegründet, um internationale Vorschriften mit weltweitem Geltungsbereich zu entwickeln[1]. Diese Vorschriften wurden zunächst IAS (International Accounting Standards) genannt. Seit 2002 werden die neu entwickelten Vorschriften als IFRS (International Financial Reporting Standards) bezeichnet.

Die Entwicklung der internationalen Vorschriften erfolgt durch das **International Accounting Standards Board** (IASB) mit Sitz in London. Damit werden die Regelungen in englischer Sprache veröffentlicht. Die Standards stellen die wichtigsten Rechnungslegungsvorschriften dar. Zu ihnen gehören die (älteren) IAS und (neueren) IFRS. Die älteren Standards bleiben solange gültig, bis sie durch aktuellere Regelungen ersetzt werden. Für das IASB gilt:

> Hauptaufgabe des IASB: Entwicklung von Rechnungslegungsvorschriften

Mittlerweile sind mehr als 150 Organisationen aus über 100 Ländern Mitglieder der IFRS-Foundation, wodurch sich der internationale Charakter der Gesamtorganisation offenbart. Aus deutscher Sicht soll das DRSC (Deutsches Rechnungslegungs Standards Committee) nationale Interessen vertreten (§ 342 Abs. 1 Satz 1 Nr. 3 HGB).

Die vom IASB verabschiedeten Standards sollen von allen Unternehmen auf der Welt angewendet werden. Die IFRS weisen eine weltweite **Standardisierungsfunktion** auf, wenn sie von allen Unternehmen angewendet werden. Alle Jahresabschlüsse könnten bei einheitlicher Sprache und Währung direkt miteinander verglichen werden. Eine Voraussetzung ist allerdings, dass die IFRS **keine Wahlrechte** beinhalten, deren Ausübung zu unterschiedlichen Erfolgen führen würde[2]. Außerdem müssen die internationalen Vorschriften eindeutig sein, d.h. keinen Interpretationsspielraum lassen.

> Standardisierungsvoraussetzungen: Einheitliche Sprache und Währung.
> Außerdem: Keine Wahlrechte und eindeutige Vorschriften

Ein wichtiger Schritt zur weltweiten Anwendung der IFRS gelang im Mai 2000, als die internationale Wertpapieraufsichtsbehörde IOSCO (International Organization of Securities Commissions) empfohlen hat, die IFRS künftig als Börsenzulassungsstandards an

---

[1] Vgl. Wagenhofer, A. (Rechnungslegungsstandards), S. 69.
[2] Vgl. Buchholz, R. (Rechnungslegung), S. 3.

nationalen Börsen zuzulassen[1]. An der New York Stock Exchange werden die IFRS von der amerikanischen Börsenaufsichtsbehörde SEC (Securities and Exchange Commission) noch nicht vollständig anerkannt. Allerdings hat die SEC im Dezember 2007 für Emittenten mit Sitz außerhalb der USA (z.B. deutsche Aktiengesellschaften) die IFRS als Rechnungslegungsstandard zugelassen[2]. Die IFRS müssen in der **Originalfassung** des IASB angewendet werden. Eine AG mit Sitz in Würzburg, die ihre Aktien an der New Yorker Börse notieren lassen will, kann einen Abschluss nach IFRS bereitstellen.

Will die Würzburg-AG in Deutschland einen Einzel- oder Konzernabschluss nach IFRS aufstellen, darf sie nur die von der EU anerkannten IFRS anwenden. Die EU prüft in einem speziellen Verfahren[3], ob die "Original-IFRS" mit Europäischem Recht vereinbar sind. Es könnte sich somit die Situation ergeben, dass "Original-IFRS" und "EU-IFRS" voneinander abweichen und insoweit eine Anpassung für die USA notwendig wäre.

1.2 Umstellung von HGB auf IFRS

Seit dem 1.1.2005 können deutsche Kapitalgesellschaften die IFRS im **Einzelabschluss** zum Zweck der Offenlegung anwenden. Die Information der Gesellschafter kann durch einen IFRS-Abschluss erfolgen. Die Höhe der Ausschüttungen richtet sich aber weiterhin nach dem frei verfügbaren Eigenkapital (insbesondere den anderen Gewinnrücklagen) des HGB-Abschlusses. Damit sind grundsätzlich **zwei** Jahresabschlüsse zu erstellen, wodurch die Aufstellungskosten für die Unternehmen steigen. Im Folgenden wird aus didaktischen Günden unterstellt, dass eine deutsche Kapitalgesellschaft einen Abschluss nach HGB und IFRS in getrennten Rechnungskreisen erstellt.

Bei der Umstellung auf IFRS zum Zweck der Offenlegung muss zwischen der Erst- und Folgebewertung unterschieden werden. Die **Erstbewertung** beinhaltet die erstmalige Umstellung vom HGB auf IFRS. Es wird eine **Eröffnungsbilanz** zum Jahresbeginn aufgestellt, in der alle Posten nach IFRS zu bilanzieren sind[4]. Es sind alle Standards anzuwenden, die in Kraft sind, also von der Europäischen Union anerkannt wurden. Die Einzelheiten der Umstellung sind in IFRS 1 (Erstmalige Anwendung der IFRS) geregelt.

Dieser Standard legt den Grundsatz der **retrospektiven Anwendung** fest, d.h. alle Sachverhalte in der Bilanz eines Unternehmens sind so zu behandeln, als wäre schon immer nach IFRS bilanziert worden[5]. Wenn das Reinvermögen nach IFRS im Vergleich zum HGB steigt, wird dieser Betrag nach IFRS 1.11 erfolgsneutral in die Gewinnrücklagen (retained earnings) eingestellt.

Beispiel: In der Handelsbilanz der X-GmbH werden zum 31.12.20 (= 1.1.21) die Posten A_1 bis A_3 mit insgesamt 600.000 € ausgewiesen. In 20 entsteht ein Jahresüberschuss von 100.000 €. Das gezeichnete Kapital beträgt 500.000 €. Am 1.1.21 wird eine IFRS-Eröffnungsbilanz aufgestellt. Die Posten A_1 bis A_3 stimmen mit denen der Handelsbilanz dem

---

[1] Vgl. Kirsch, H. (Rechnungslegung), S. 8.
[2] Vgl. Grünberger, D. (IFRS), S. 25.
[3] Vgl. hierzu Lanfermann, G./Röhricht, V. (Auswirkungen), S. 826-830.
[4] Vgl. Wagenhofer, A. (Rechnungslegungsstandards), S. 520.
[5] Vgl. Theile, C. (Anwendung), S. 1747.

1. Grundlagen

Grunde nach überein. Allerdings ist Posten A_1 um 50.000 € höher zu bewerten. Posten A_4 wurde handelsrechtlich nicht angesetzt, ist aber nach den IFRS zu berücksichtigen. Insgesamt ist das Reinvermögen in der IFRS-Bilanz um 150.000 € höher als in der Handelsbilanz. Die Differenz erscheint in den Gewinnrücklagen (GRL) nach IFRS.

Die folgende Abbildung zeigt die vereinfachte IFRS-Eröffnungsbilanz (Angaben in Tausend Euro, ohne Ertragsteuern, deutsche Postenbezeichnungen). Der Erfolgsausweis findet vor Ergebnisverwendung statt, sodass ein Jahresüberschuss (JÜ) ausgewiesen wird[1].

Erstbewertung

A	HGB-Bilanz 1.1.21		P	A	IFRS-Bilanz 1.1.21		P
A_1	250	Gez. Kapital	500	A_1	300	Gez. Kap.	500
A_2	220	JÜ	100	A_2	220	JÜ	100
A_3	130			A_3	130	GRL	150
				A_4	100	(IFRS)	
	600		600		750		750

Abb. 205: Erstbewertung nach IFRS

Die **Folgebewertung** umfasst die weitere Entwicklung der einzelnen Posten nach IFRS. Wenn der Posten A_1 über fünf Jahre linear abzuschreiben ist, sinkt der Handelsbilanzgewinn im Folgejahr um 50.000 € und der IFRS-Gewinn um 60.000 € (Restwerte Ende 21: 200.000 € nach HGB und 240.000 € nach IFRS). In 21 ist mit neuen Differenzen zwischen IFRS und HGB zu rechnen. In der nächsten Abbildung ist z.B. der Posten A_5 nach IFRS neu zu bilanzieren (kein Ansatz nach dem HGB). Die Gewinnrücklagen nach IFRS betragen Ende des Jahres 21: 240.000 €. Sie sind aber nicht ausschüttungsfähig. Nach deutschem Recht können von der GmbH Ende 21 nur die handelsrechtlichen Gewinnrücklagen und der Jahresüberschuss ausgeschüttet werden (Summe: 300.000 €).

Folgebewertung

A	HGB-Bilanz 31.12.21		P	A	IFRS-Bilanz 31.12.21		P
A_1	200	Gez. Kapital	500	A_1	240	Gez. Kap.	500
A_2	180	GRL	100	A_2	180	GRL	100
A_3	420	JÜ	200	A_3	420	JÜ	200
				A_4	80	GRL-	240
				Neu A_5	120	(IFRS)	
	800		800		1.040		1.040

Abb. 206: Folgebewertung nach IFRS

---

[1] Da in der IFRS-Bilanz grundsätzlich keine Erfolgsgrößen erscheinen, muss der Jahresüberschuss den Rücklagen zugeordnet werden. Die Bilanzgliederung wird später erläutert.

Die Pflicht zur Angabe von **Vergleichsinformationen** nach IAS 1.38 für jeden Posten[1] der Bilanz und GuV-Rechnung bewirkt den folgenden Zeiteffekt: Wenn zum **31.12.2021** erstmals ein gültiger IFRS-Abschluss offen gelegt werden soll, muss die Umstellung bereits zum **1.1.2020** vollzogen werden[2]. Dann können in 2020 die Vorjahreserträge und Vorjahresaufwendungen für die GuV-Rechnung und Ende 2020 die Vorjahreswerte für die Bilanzposten ermittelt werden. Für die Umstellung gilt allgemein:

> Zum Beginn des Vorjahres, das vor dem ersten IFRS-Abschluss liegt

Anders als im Einzelabschluss, für den weiterhin das HGB gilt, fand im **Konzernabschluss kapitalmarktorientierter Unternehmen** ein endgültiger Systemwechsel vom HGB auf IFRS statt. Seit dem 1.1.2005 sind die IFRS auf der Konzernebene anzuwenden. Aus den IFRS-Einzelabschlüssen der Mutter- und Tochterunternehmen wird nach den Konsolidierungen der Konzernabschluss abgeleitet. Die Posten aus der Erstkonsolidierung sind in den Folgejahren weiterzuentwickeln.

1.3 Aufbau von IFRS

Die Rechnungslegungsvorschriften des HGB umfassen nur wenige Seiten. Die Normen sind kurz und relativ allgemein gehalten. Oft fehlen Definitionen und viele Begriffe sind auslegungsbedürftig. Im HGB findet sich keine Definition für den Begriff "Vermögensgegenstand". Seine Merkmale wurden in der Literatur entwickelt (siehe erstes Kapitel). Wann eine Wertminderung voraussichtlich dauernd ist, wird in § 253 Abs. 5 HGB nicht festgelegt. Der Begriff "dauernd" ist auszulegen, damit er eindeutig anwendbar ist.

Die Kürze der Vorschriften kann als Vorteil des HGB angesehen werden. Aber damit geht der Nachteil der Auslegungsbedürftigkeit einher. Das HGB ist ein Gesetz, das von politischen Instanzen (Bundestag und Bundesrat) verabschiedet wurde und einen allgemeingültigen Charakter aufweist (**code law-System**). Für das HGB gilt:

> Vorteile: Allgemeingültigkeit und Kürze – Nachteil: Auslegungsbedürftigkeit

Dem steht das **case law-System** der angelsächsischen Rechtstradition gegenüber. Es enthält nur wenige allgemeingültige Regelungen, stattdessen viele Einzelvorschriften. Die Bilanzierungsvorschriften sind ausführlicher, aber es kommt auch zu Wiederholungen. Der Begriff asset (Vermögenswert) wird im Conceptual Framework definiert. Aber in einigen Standards wird die Definition wiederholt, sodass der Umfang der Vorschriften steigt. Die vollständige Textausgabe der IFRS umfasst weit über 1.000 Seiten.

> Vorteil der IFRS: Ausführlichkeit - Nachteile: Umfang, Wiederholungen

---

[1] IAS 1.38A sieht unter anderem die Aufstellung zweier Bilanzen vor, um die Vorjahreswerte darzustellen. Das führt zum selben Ergebnis wie die Angabe der Vorjahreswerte in einer einzigen Bilanz (Klammerangabe). Diese Vorgehensweise dürfte daher auch zulässig sein.
[2] Vgl. Grünberger, D. (IFRS), S. 473.

1. Grundlagen

Die IFRS-Regelungen sind umfangreich und oft kompliziert. Daher ist ihre Anwendung für kleine Unternehmen schwierig, die meist keine spezielle Rechnungswesenabteilung besitzen. Daher hat das IASB am 9.7.2009 einen speziellen Standard veröffentlicht, die IFRS for Small and Medium-sized Entities (kurz: SMEs). Für diese Unternehmen gelten kürzere und einfachere Vorschriften[1]. Der Standard ist für deutsche Unternehmen aber nicht verbindlich. Nach der grundlegenden Modernisierung des HGB im Jahr 2009 hat der deutsche Gesetzgeber kein Interesse an der kurzfristigen Einführung der IFRS for SMEs[2]. Das HGB soll auch zukünftig die Basis der deutschen Rechnungslegung bilden.

Das **IFRS-System** besteht im Wesentlichen aus **drei Teilen**, die in der nächsten Abbildung dargestellt werden. Die Inhalte werden von unten nach oben spezieller. Die **Standards** bilden das Kernstück der Rechnungslegung und umfassen die älteren IAS und die neueren IFRS. Die Standards regeln einzelne Sachverhalte des Jahresabschlusses, wie z.B. den Ansatz und die Bewertung von Sachanlagen in IAS 16 oder von immateriellen Vermögenswerten in IAS 38. Ihre Inhalte werden später genauer behandelt. Auf die Interpretations wird in diesem Lehrbuch nicht weiter eingegangen, da sie meist spezielle Sachverhalte regeln, die über den Inhalt des Buches hinausgehen.

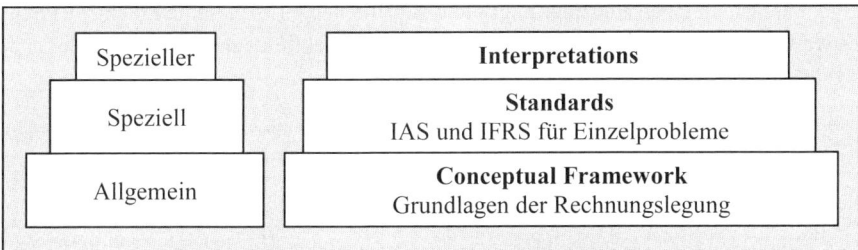

Abb. 207: Aufbau des IFRS-Systems

Die Grundlagen der Rechnungslegung werden im **Conceptual Framework** (kurz CF) geregelt. Das Rahmenwerk wurde vom IASB überarbeitet und im März 2018 in neuer Form veröffentlicht. Im Gegensatz zu den Standards und Interpretations sind die Inhalte dieses Grundlagenwerks aber nicht direkt verbindlich. Sie kommen nach IAS 8.11(b) ergänzend zur Anwendung, wenn unklare Sachverhalte zu interpretieren sind.

In der folgenden Abbildung werden die Bereiche des Conceptual Frameworks in Übersichtsform dargestellt[3]. Im ersten Abschnitt (Abschn.) werden die Zielsetzungen der Finanzberichterstattung behandelt. Anschließend werden die qualitativen Anforderungen an die Rechnungslegung und die aufzustellenden Abschlüsse erläutert. Im vierten Abschnitt werden die Aktiv- und Passivposten (assets and liabilities) der Bilanz und die Erträge (income) und Aufwendungen (expenses) der GuV-Rechnung definiert.

Der fünfte Abschnitt behandelt den Ansatz und die Ausbuchung von Posten. Der sechste Abschnitt stellt Bewertungskategorien für Bilanzposten zusammen. Der siebte Abschnitt

---

[1] Vgl. den Überblick bei Buchholz, R. (Rechnungslegung), S. 259-264.
[2] Vgl. Winkeljohann, N./Morich, S. (Mittelstand), S. 1633. Am 29.5.2009 trat das Bilanzrechtsmodernisierungsgesetz in Kraft, das zur Überarbeitung vieler Vorschriften führte.
[3] Vgl. Kirsch, H. (Conceptual), S. 234.

enthält formale Anforderungen, die an den Jahresabschluss gestellt werden (z.B. an die Gliederung der Bilanz und GuV). Die Gliederungsvorschriften werden in IAS 1 aber noch genauer behandelt. Der achte Abschnitt enthält Regelungen zur Kapitalerhaltung.

Inhalte des Conceptual Frameworks			
Abschn. 1	Zielsetzungen	Abschn. 5	Ansatz und Ausbuchung
Abschn. 2	Qualitative Anforderungen	Abschn. 6	Bewertung
Abschn. 3	Abschlüsse und Berichter- stattende Einheit	Abschn. 7	Darstellung und Angaben
Abschn. 4	Bestandteile von Abschlüssen	Abschn. 8	Kapital und -erhaltung

Abb. 208: Inhalte des Conceptual Frameworks

Die folgende Abbildung zeigt die Bestandteile der IFRS-Abschlüsse in deutscher und englischer Sprache. Kapitalmarktorientierte Gesellschaften müssen zusätzlich noch eine Segmentberichterstattung vornehmen und das Ergebnis je Aktie berechnen[1]. Die englischen Bezeichnungen sind allerdings nicht verpflichtend. Die Gesamtergebnisrechnung kann z.B. als "statement of comprehensive income" oder "statement of profit or loss and other comprehensive income" bezeichnet werden[2].

Bestandteile von Jahresabschlüssen nach IFRS	
Komponenten	
1. Bilanz (am Abschlussstichtag)	Statement of financial position (as at the end of the period)
2. Gesamtergebnisrechnung, bestehend aus: - GuV-Rechnung - Sonstiges Ergebnis	Statement of comprehensive income: - Income statement - Other comprehensive income
3. Eigenkapitalveränderungsrechnung	Statement of changes in equity
4. Kapitalflussrechnung	Statement of cash flows
5. Anhang	Notes
6. Vergleichsinformationen	Comparative information
7. Bilanz (am Beginn der Vorperiode)	Statement of financial position (as at the beginning of the preceding period)

Abb. 209: Bestandteile von Jahresabschlüssen nach IFRS

Der IFRS-Abschluss muss in **drei Fällen** eine weitere Bilanz zum Beginn des Geschäftsjahres enthalten (IAS 1.40A): Bei rückwirkender Anwendung einer Bilanzierungsmethode, bei rückwirkender Anpassung eines Bilanzpostens oder bei der Umgliederung von

---

[1] Vgl. Buchholz, R. (Rechnungslegung), S. 24.
[2] Für die Bilanz kann auch der Begriff "balance sheet" verwendet werden. Vgl. Federmann, R./ Müller, S. (Bilanzierung), S. 16.

Bilanzposten. Wenn die Auswirkungen eines dieser Fälle wesentlich sind, muss eine Zusatzbilanz zum Jahresanfang erstellt werden.

Beispiel: Die A-AG erstellt den IFRS-Abschluss zum 31.12.21. In diesem Abschluss werden die Sachanlagen neu gegliedert, um die wirtschaftlichen Verhältnisse besser darzustellen. Dann muss auch zum Jahresbeginn 21 (= 1.1.21) eine entsprechend gegliederte Bilanz erstellt werden. Da jede Bilanz die Werte des Vorjahres enthält, umfasst der Jahresabschluss 21 die Bilanzangaben an drei Zeitpunkten: Ende 21, Ende 20 (= Anfang 21) und Ende 19 (als Vorjahresangaben der Bilanz Ende 20). In allen drei Bilanzen wird die neue Gliederung der Sachanlagen verwendet, um die Vergleichbarkeit des Postens (der Jahresabschlüsse) für die Bilanzadressaten sicherzustellen.

Die formalen Regelungen für den Jahresabschluss sind in IAS 1 unvollständig. Es fehlen z.B. Fristen für die Aufstellung und Offenlegung des Jahresabschlusses[1]. Deutsche Kapitalgesellschaften, die anstelle des HGB-Abschlusses einen IFRS-Abschluss offenlegen wollen, müssen hierbei die Vorschriften des Handelsrechts beachten. Die Aufstellungs- und Offenlegungsfristen wurden im ersten Kapitel dieses Buches behandelt.

Die Standards umfassen die älteren IAS und die neueren IFRS. Die folgenden beiden Abbildungen stellen wichtige IAS und IFRS zusammen. Da viele der älteren Standards im Zeitablauf ersetzt wurden, sind mittlerweile zahlreiche Lücken entstanden. Es gibt z.B. keine IAS 3, 4, 5 oder 6 mehr.

IAS	Bezeichnung	Kurzinhalte
IAS 1	Presentation of Financial Statements	Prinzipien der Rechnungslegung, Bestandteile des Abschlusses, Gliederungsvorschriften
IAS 2	Inventories	Bewertung von Vorräten, Anwendbarkeit von Verbrauchsfolgeverfahren
IAS 7	Statement of Cash flows	Aufbau von Kapitalflussrechnungen
IAS 12	Income Taxes	Effektive und latente Ertragsteuern
IAS 16	Property, Plant and Equipment	Ansatz und Bewertung von Sachanlagen nach cost model und revaluation model
IAS 32	Financial Instruments: Presentation	Definition von Finanzinstrumenten, Schulden und Eigenkapital
IAS 36	Impairment of Assets	Wertminderung von Vermögenswerten
IAS 37	Provisions, contingent Liabilities and contingent Assets	Ansatz und Bewertung von bestimmten Schulden und Rückstellungen
IAS 38	Intangible Assets	Ansatz und Bewertung immaterieller Vermögenswerte (cost model/revaluation model)

Abb. 210: Überblick über wichtige IAS (ohne Konzern)

---

[1] Vgl. Hayn, S./Waldersee, G.G. (IFRS), S. 77 und 79.

IFRS	Bezeichnung	Kurzinhalte
IFRS 1	First-time Adoption of IFRS	Umstellung des Jahresabschlusses auf IFRS
IFRS 7	Financial Instruments: Disclosures	Ausweis einzelner Gruppen von Wertpapieren, Darstellung des Risikos aus Wertpapieren
IFRS 8	Segment Reporting	Informationen über Geschäftssegmente
IFRS 9	Financial Instruments	Klassifikation, Ansatz und Bewertung aktiver und passiver Finanzinstrumente
IFRS 13	Fair Value Measurement	Bestimmung des beizulegenden Zeitwerts
IFRS 15	Revenue from Contracts with Customers	Realisation von Erträgen insbesondere bei Kauf- und Werkverträgen

Abb. 211: Überblick über wichtige IFRS (ohne Konzern)

2. Zweck und Aufgaben des IFRS-Abschlusses

Das Handelsrecht stellt die Interessen der Gläubiger in den Vordergrund. Bei Aktiengesellschaften sind aber auch die Ziele der Kleinaktionäre zu beachten. Im Zweifelsfall hat der Gläubigerschutz einen höheren Stellenwert als der Anlegerschutz. Daher legt das HGB einen hohen Wert auf die Erhaltung des Haftungskapitals. Neben der Dokumentation und Information ist die Ausschüttungsregelungsfunktion die dritte Aufgabe des Jahresabschlusses der Kapitalgesellschaft (siehe viertes Kapitel).

Der Jahresabschluss nach IFRS soll verschiedenen Adressaten nutzen. Neben Investoren werden im Conceptual Framework Gläubiger und andere Kreditoren angeführt. Es wird unterstellt, dass die Informationen für Anleger auch für die anderen Adressaten relevant sind. Somit konzentriert sich die IFRS-Rechnungslegung auf die Informationsbedürfnisse der **Investoren**[1]. Für die Rechnungslegungszwecke nach HGB und IFRS gilt:

HGB: Gläubigerorientierung – IFRS: Investorenorientierung

Die Aufgaben des Jahresabschlusses nach IFRS sind:

- **Dokumentation**: Aufzeichnung sämtlicher Geschäftsvorfälle des Berichtszeitraums (reporting period) durch doppelte Buchführung. Hierbei ist grundsätzlich ein Zeitraum von zwölf Monaten maßgeblich.
- **Information**: Bereitstellung von entscheidungsrelevanten Informationen, d.h. von Daten, die die Handlungen der Investoren beeinflussen können. Daher muss die wirtschaftliche Lage des Unternehmens (Vermögens-, Finanz- und Ertragslage) im IFRS-Abschluss den tatsächlichen Verhältnissen entsprechend dargestellt werden. Es gilt die Generalnorm der **fair presentation**, der angemessenen Darstellung.

---

[1] Vgl. Achleitner, A.-K./Behr, G./Schäfer, D. (Rechnungslegung), S. 59.

Die **Ausschüttungsregelung** ist keine Aufgabe des IFRS-Abschlusses[1]. Der im Jahresabschluss ermittelte Gewinn bildet nicht zwingend die Basis für Ausschüttungen an die Aktionäre. Würde man die Anwendung der IFRS für Kapitalgesellschaften zur Pflicht machen, könnten bzw. müssten ergänzende Vorschriften zur Bestimmung der ausschüttungsfähigen Beträge festgelegt werden, die die Anteilseigner erhalten können.

Der IFRS-Abschluss hat auch **keine Bedeutung** für die steuerrechtliche Gewinnermittlung. Eine Verknüpfung von IFRS-Bilanz und Steuerbilanz wird nicht angestrebt. Daher müsste im Fall einer verpflichtenden Anwendung der IFRS im Einzelabschluss immer eine zusätzliche steuerrechtliche Gewinnermittlung erfolgen. Derzeit gilt:

Keine Ausschüttungsregelungsfunktion oder steuerrechtliche Funktion

3. Prinzipien der IFRS-Rechnungslegung

Die Prinzipien der IFRS-Rechnungslegung finden sich im Conceptual Framework und in einzelnen Standards, insbesondere in IAS 1 (Darstellung des Abschlusses). Im März 2018 wurde vom IASB das überarbeitete Conceptual Framework veröffentlicht, dessen Inhalte im Folgenden zugrunde gelegt werden[2].

Die Rechnungslegungsprinzipien des Rahmenwerks haben nur einen ergänzenden Charakter für die Standards und Interpretations. Dagegen sind Grundsätze, die in einzelnen Standards genannt werden, zwar verpflichtend, aber sie gelten grundsätzlich nur für die im Standard beschriebenen Sachverhalte. Eine Ausnahme bildet IAS 1 (Darstellung des Abschlusses), der einen Grundlagencharakter aufweist. Aus didaktischen Gründen wird im Folgenden eine vereinfachende Übersicht über die internationalen Grundsätze dargestellt[3], die sich an den handelsrechtlichen GoB des ersten Kapitels orientiert.

Bilanzierungsgrundsätze nach IFRS	
Bilanzidentität	Es gilt: Anfangsbilanz = Schlussbilanz des Vorjahres
Fortführung	Grds. ist vom Fortbestand des Unternehmens auszugehen
Einzelbewertung	Jedes asset/jede liability ist für sich zu bewerten
Stichtagsprinzip	Die Bewertung erfolgt nach den Verhältnissen am Stichtag
Vorsichtsprinzip	Wertänderungen nach oben und unten sind zu beachten
Periodisierung	Es gilt: Erfolg = Erträge - Aufwendungen
Stetigkeit	Keine Änderungen der Ansatz- und Bewertungsmethoden

Abb. 212: Bilanzierungsgrundsätze nach IFRS

---

[1] Vgl. Hayn, S./Waldersee, G.G. (IFRS), S. 57.
[2] Vgl. zu Einzelheiten Kirsch, H. (Framework), S. 165-170.
[3] Die im Conceptual Framework enthaltenen Prinzipien sind teilweise sehr abstrakt gefasst. Vgl. hierzu Pellens, B./Fülbier, R.U./Gassen, J./Sellhorn, T. (Rechnungslegung), S. 106-111.

Der Grundsatz der **Bilanzidentität** gilt auch in der internationalen Rechnungslegung: Alle Vermögenswerte (assets) und Schulden (liabilities) der Schlussbilanz zum 31.12.01 werden unverändert in die Anfangsbilanz des Folgejahres (= 1.1.02) übernommen. Die Bilanzen sind auch nach IFRS jährlich zu erstellen, so dass der Bilanzstichtag meist der 31.12. eines Jahres ist. Das Berichtsjahr (reporting period, IAS 1.37) umfasst grundsätzlich einen Zeitraum von einem Jahr. Es kann aber in Ausnahmefällen kürzer und (in geringem Maße) sogar etwas länger als ein Jahr sein[1].

Nach IAS 1.25 gilt das **Unternehmensfortführungsprinzip** (going concern principle). Der Grundsatz bildet ein fundamentales Prinzip der Rechnungslegung. Danach ist von der Annahme der Unternehmensfortführung auszugehen, solange ihr nicht rechtliche oder tatsächliche Gründe entgegenstehen. Der wichtigste rechtliche Grund, der gegen die Unternehmensfortführung spricht, ist die Insolvenz. Wenn sich das Unternehmen in wirtschaftlichen Schwierigkeiten befindet, ist zu prüfen, inwieweit der Fortbestand gesichert ist. Der Grundsatz entspricht dem des Handelsrechts.

Der **Einzelbewertungsgrundsatz** soll Wertkompensationen von Bilanzposten verhindern, wenn sich Werte der betreffenden Posten (z.B. zweier Aktien im Umlaufvermögen) gegenläufig entwickeln. Der Grundsatz ist insbesondere dann wichtig, wenn die Regelungen für Wertsteigerungen und Wertminderungen ungleich sind (siehe erstes Kapitel). Da nach IFRS Aktien meist mit dem aktuellen Zeitwert bewertet werden, spielt der Einzelbewertungsgrundsatz insoweit eine geringere Rolle. Allerdings wird er in verschiedenen Standards speziell festgelegt (z.B. IAS 2, 16 und 36)[2].

In einigen Fällen muss vom Einzelbewertungsgrundsatz abgewichen werden, weil seine Umsetzung zu kostspielig oder nicht möglich ist. Das betrifft insbesondere die Vorräte eines Unternehmens, die nicht getrennt gelagert werden. In diesen Fällen können nach IAS 2 Bewertungsvereinfachungsverfahren, wie die Durchschnittsmethode oder Fifo-Methode, zur Anwendung kommen.

Nach dem **Stichtagsprinzip** sind die Verhältnisse am Bilanzstichtag für die Bewertung des Vermögens und der Schulden maßgeblich. Wenn die Anschaffungskosten einer Aktie in 01: 20 € betragen und am 31.12.01 auf 18 € sinken, muss eine Abwertung erfolgen. Das gilt auch dann, wenn der Kurs nach dem Bilanzstichtag auf 22 € steigt.

Im Conceptual Framework vom März 2018 wurde der Grundsatz der **Vorsicht** (prudence) wieder eingefügt, nachdem er im Conceptual Framework vom September 2010 nicht mehr enthalten war[3]. Im Gegensatz zum HGB, das grundsätzlich nur Wertänderungen unter die Anschaffungs- oder Herstellungskosten berücksichtigt ("klassisches" Vorsichtsprinzip mit asymmetrischer Ausrichtung), ist der Vorsichtsgrundsatz nach IFRS symmetrisch konzipiert, so dass gilt:

Wertänderungen sind nach oben und unten grds. gleich zu berücksichtigen

---

[1] Vgl. Buchholz, R. (Rechnungslegung), S. 39-40.
[2] Vgl. Wagenhofer, A. (Rechnungslegungsstandards), S. 133.
[3] Im alten Framework vom November 2003 wurde das Vorsichtsprinzip in Paragraf 37 erläutert. Danach sollten Vermögenswerte bzw. Erträge nicht zu hoch und Schulden bzw. Aufwendungen nicht zu niedrig bewertet werden. Der Grundsatz wurde nicht ins CF von 2010 übernommen.

3. Prinzipien der IFRS-Rechnungslegung

Damit ist das internationale Vorsichtsprinzip letztlich unbestimmt, da es keine eindeutige Bewertungsrichtung vorgibt. In einigen Standards wird ein Vorsichtsgedanke speziell berücksichtigt, wie z.B. bei der Bildung einer Wertberichtigung für erwartete Kreditverluste bei bestimmten Finanzinstrumenten (IFRS 9.5.5.1).

Die internationalen Vorschriften streben eine möglichst zeitgemäße Bewertung des Vermögens an, damit die Bilanzadressaten ein realistisches Bild von der Wirtschaftslage des Unternehmens erhalten. Auch wenn die Vereinbarkeit von "klassischem" Vorsichtsprinzip und zeitgemäßer Vermögensbewertung etwas schwierig ist, sollte im Conceptual Framework der Gedanke einer im Zweifelsfall eher niedrigeren Bewertung von Aktiva (und höheren Bewertung von Passiva) eindeutiger formuliert werden. Es gilt:

> Vorsichtsprinzip beinhaltet im Zweifelsfall einen niedrigeren Vermögensausweis

Der periodengemäße Erfolgsausweis wird auch von den IFRS angewendet. Das Konzept der **Periodenabgrenzung** (accrual basis) wird im Conceptual Framework und in IAS 1.27 festgelegt. Der Erfolg eines Geschäftsjahres wird von wirtschaftlichen Größen, d.h. von Erträgen und Aufwendungen bestimmt. Sie können von den zugehörigen Ein- und Auszahlungen abweichen. Werden in 01 Waren geliefert, die erst Anfang 02 bezahlt werden, entsteht schon in 01 ein Ertrag beim Lieferanten. Periodenübergreifende Zahlungen (z.B. eine Mietvorauszahlung in 01 für 02) sind durch Rechnungsabgrenzungsposten (aktive RAP, prepaid expenses) den Geschäftsjahren zuzurechnen. Es gilt:

> Periodenerfolg = Erträge - Aufwendungen

Erträge werden nach dem **Realisationsprinzip** ausgewiesen, das in IFRS 15 (Erlöse aus Verträge mit Kunden) definiert wird. Ein Ertrag ist bei einem Kaufvertrag auszuweisen, wenn ein Unternehmen die **Verfügungsmacht** (control) über einen Vermögenswert auf den Abnehmer übertragen hat. Das ist regelmäßig der Fall, wenn die Ware an den Kunden ausgeliefert wurde, er also darüber verfügen kann. Die Aufwendungen eines Geschäftsjahres sind sachlich oder zeitlich zu verrechnen[1]. Da die Periodenabgrenzung nach IFRS der des HGB entspricht, kann auf das erste Kapitel verwiesen werden.

Der Grundsatz der **Stetigkeit** bezieht sich auf den Ansatz, den Ausweis und die Bewertung der Bilanzposten. Außerdem müssen die Bewertungsmethoden in gleicher Weise angewendet werden. Der Stetigkeitsgrundsatz ist insbesondere dann von Bedeutung, wenn die Rechnungslegungsvorschriften Wahlrechte beinhalten. Eine unterschiedliche Ausübung von Wahlrechten für vergleichbare Posten ist zu vermeiden. Die Möglichkeiten zur Durchführung bilanzpolitischer Maßnahmen soll vermieden werden.

Bei den IFRS kann in bestimmten Fällen eine Wahl zwischen verschiedenen Bewertungsmethoden erfolgen: Die Bewertung von Sachanlagen kann nach dem Kosten- oder dem Neubewertungsmodell vorgenommen werden. Wird z.B. für Grundstücke das Neubewertungsmodell gewählt, sind nach dem Stetigkeitsprinzip alle Immobilien eines Unternehmens auf diese Weise zu bewerten.

---

[1] Vgl. Buchholz, R. (Rechnungslegung), S. 42-43.

Zusätzlich zu den oben beschriebenen sechs Grundsätzen aus der vorigen Abbildung werden im Conceptual Framework die folgenden Prinzipien festgelegt:

1. **Wirtschaftliche Betrachtungsweise** (substance over form): Nach CF 2.12 gilt, dass die Bilanzierung nicht zwingend beim rechtlichen Eigentümer erfolgt. Wenn eine Partei den überwiegenden Nutzen aus einer Sache zieht, wird sie zum wirtschaftlichen Eigentümer und muss die Bilanzierung vornehmen. Als Beispiele lassen sich anführen: Lieferungen unter Eigentumsvorbehalt, Sicherungsübereignung oder Factoring. In diesen Fällen zieht der wirtschaftliche Eigentümer die Nutzungen aus einer Sache oder kann über sie verfügen. Daher muss er die Bilanzierung vornehmen. Der Grundsatz entspricht dem des Handelsrechts.

   Beispiel: Die A-AG erhält am 28.12.01 Rohstoffe im Wert von 50.000 € netto unter **Eigentumsvorbehalt** bis zur vollständigen Bezahlung. Die AG begleicht die Rechnung Anfang 02. Dennoch bilanziert die Gesellschaft den Posten in ihrer Bilanz zum 31.12.01, da sie wirtschaftlicher Eigentümer der Rohstoffe ist. Das Unternehmen kann sie verarbeiten, um Produkte herzustellen und zu veräußern. Es gilt:

   > Bilanzierung erfolgt beim wirtschaftlichen Eigentümer, wenn er die überwiegenden Nutzungen aus einer Sache zieht oder über sie verfügen kann

2. **Wesentlichkeit** (materiality): Für die Bilanzadressaten der internationalen Jahresabschlüsse sind nicht alle Informationen der Bilanz entscheidungsrelevant. Daher können nach dem Grundsatz der Wesentlichkeit geringwertige Posten sofort abgeschrieben werden. Dies betrifft geringwertige Sachanlagen und immaterielle Vermögenswerte. Alle anderen Posten (z.B. Wertpapiere) sind nach ihrer Art entscheidungsrelevant – unabhängig vom Wert des betreffenden Postens[1]. Sie müssen nach dem **Vollständigkeitsgrundsatz** (completeness) angesetzt werden, wenn die Ansatzvoraussetzungen erfüllt sind.

   Die IFRS geben keine Grenzwerte für die Geringwertigkeit vor. Das steuerrechtliche **Wahlrecht** zur Sofortabschreibung von geringwertigen Wirtschaftsgütern mit Anschaffungskosten bis 800 € ist auch international anwendbar[2]. Allerdings können insbesondere bei großen Kapitalgesellschaften auch etwas "großzügigere" Grenzwerte verwendet werden[3].

   Beispiel: Die B-AG erwirbt am 1.7.01 einen Schreibtisch für 800 € netto, ein neues Kalkulationsprogramm für 700 € netto und zehn spekulative Aktien für je 50 €. Der Schreibtisch (= Sachanlage) und das Kalkulationsprogramm (= immaterieller Vermögenswert) können sofort abgeschrieben werden[4]. Dagegen sind die Aktien zu aktivieren, obwohl ihre Anschaffungskosten insgesamt nur 500 € betragen. Da die Aktien mit Gewinn (oder Verlust) veräußert werden können und meist jährliche Dividenden erzielen, sind sie unabhängig von ihrem Wert als entscheidungsrelevant einzustufen.

---

[1] Vgl. Buchholz, R. (Rechnungslegung), S. 32-33.
[2] Vgl. Pellens, B./Fülbier, R.U./Gassen, J./Sellhorn, T. (Rechnungslegung), S. 432.
[3] Vgl. Buchholz, R. (Rechnungslegung), S. 32.
[4] Wenn keine Sofortabschreibung erfolgt, werden die Posten aktiviert und über die Nutzungsdauer abgeschrieben.

4. Ansatzvorschriften nach IFRS

4.1 Definition von Vermögen und Schulden

In der IFRS-Bilanz werden Vermögenswerte (assets) aktiviert und Schulden (liabilities) passiviert. Der Ausgleich erfolgt durch das Eigenkapital (equity) auf der Passivseite der Bilanz. Da sich die internationalen Vorschriften primär an Kapitalgesellschaften wenden, ist beim Eigenkapital zwischen festen (gezeichnetes Kapital) und variablen Bestandteilen (Rücklagen) zu unterscheiden (siehe Gliederungspunkt 5 des Kapitels).

Eine Aktivierung bzw. Passivierung ist vorzunehmen, wenn die folgenden Definitionen erfüllt sind. Für einzelne Posten, insbesondere für immaterielle Vermögenswerte, wird die Erfüllung weiterer Kriterien in den entsprechenden Standards verlangt, damit ein Ansatz erfolgt. Die Definitionen für Aktivposten ist in CF 4.3[1] und für Passivposten in CF 4.26 enthalten:

Assets und liabilites nach IFRS	
Asset: Gegenwärtige wirtschaftliche Ressource, die als Ergebnis vergangener Ereignisse von der Bericht erstattenden Einheit kontrolliert wird	**Liability**: Gegenwärtige Verpflichtung zur Übertragung wirtschaftlicher Ressourcen als Ergebnis vergangener Ereignisse
Wirtschaftliche Ressouce: Jedes Recht, das das Potenzial verkörpert, einen wirtschaftlichen Nutzen zu schaffen	
Bei Erfüllung der Definitionen: Aktivierungspflicht/Passivierungspflicht	

Abb. 213: Ansatz von assets und liabilities

Die wirtschaftliche Ressource stellt ein **Recht** dar, wobei der Begriff weit gefasst wird: Es sind nicht nur gesetzliche oder vertraglich geschützte Rechtspositionen gemeint, sondern auch faktische Verhältnisse, die dem Unternehmen ein Potenzial zur Einnahmenerzielung einräumen[2]. Außerdem muss nur die Möglichkeit bestehen, einen wirtschaftlichen Nutzen (= Zufluss von Einnahmen oder die Vermeidung von Ausgaben) zu realisieren. Der Zufluss muss nicht sicher oder wahrscheinlich sein (CF 4.14).

Die berichterstattende Einheit, das bilanzierende Unternehmen, muss die Verfügungsmacht (**control**) über das Recht haben. Eine GmbH, die ein Urheberrecht zur Herstellung einer Hochleistungsbatterie für Elektrofahrzeuge gekauft hat, kann alle Entscheidungen über die Verwendung des Rechts treffen. Die Technologie kann z.B. zur Herstellung von Batterien im eigenen Unternehmen verwendet werden. Möglich wäre aber auch die Vermietung des Rechts an Dritte.

Ein Unternehmen hat dagegen keine Verfügungsmacht über die Weiterbildungskosten seiner Mitarbeiter. Das erlangte Wissen steckt in den "Köpfen" der Angestellten, die im

---

[1] CF steht für Conceptual Framework, die Zahl 4 für den vierten Abschnitt und die Zahl 3 für den Paragrafen.
[2] Vgl. Kirsch, H. (Conceptual), S. 236.

Rahmen ihrer Arbeitsverträge Dienste für den Arbeitgeber erbringen müssen. Das Unternehmen kann das Wissen als solches aber nicht an Dritte veräußern. Daher stellen die Kosten für Aus- und Weiterbildung kein asset dar. Es besteht ein Ansatzverbot. Klarstellend wird in IAS 38.69(b) die sofortige Aufwandsverrechnung (Ansatzverbot) festgeschrieben. Auch für andere "kritische" immaterielle Posten wie z.B. Werbekampagnen und Gründungskosten eines Unternehmens (z.B. Kosten für Notar und Handelsregistereintragung) werden in IAS 38.69 Ansatzverbote festgelegt. Die folgende Abbildung fasst die Merkmale von assets zusammen:

Merkmale von assets		
1. Rechtsentstehung	2. Vergangenheitsbezug	3. Verfügungsmacht
Möglicher wirtschaftlicher Nutzen durch zukünftige Einzahlungen oder ersparte Auszahlungen	Rechtsentstehung durch Entscheidung in der Vergangenheit	Freie Entscheidung über das Recht (z.B. Verkauf, Vermietung)

Abb. 214: Merkmale von assets

Nach dem HGB sind aktive latente Steuern und aktive Rechnungsabgrenzungsposten keine Vermögensgegenstände, da sie nicht selbstständig verwertbar sind. Sie haben den Charakter von "Sonderposten", für die spezielle Ansatzregelungen gelten. Nach IFRS erfüllen diese Posten die Assetdefinition, so dass ein Ansatz erfolgen muss. Passive latente Steuern und passive Rechnungsabgrenzungsposten erfüllen die Definition einer liability, da sie aus rechtlichen Gründen zu einem Ressourcenabfluss führen. Nach den IFRS besteht eine Ansatzpflicht. Auch nach dem HGB müssen diese Posten auf Grund spezieller Vorschriften passiviert werden. Somit ergibt sich das folgende Schema:

	Ansatz spezieller Posten	
Posten	IFRS	HGB
Latente Steuern	Aktive und passive Ansatzpflicht	Aktive Ansatzwahlrecht, passive Ansatzpflicht
Rechnungsabgrenzungsposten	Aktive und passive Ansatzpflicht	Aktive und passive Ansatzpflicht

Abb. 215: Ansatz spezieller Posten

Zusammenfassend wird deutlich, dass der Begriff "asset", der als Vermögenswert übersetzt wird, inhaltlich anders interpretiert wird als der handelsrechtliche Begriff "Vermögensgegenstand". Die Begriffe können **nicht** gleichgesetzt werden. Die Unterscheidung zwischen Schulden und liabilities dürfte geringer ausfallen: In beiden Fällen handelt es sich um Verpflichtungen, die in der Vergangenheit entstanden sind und zukünftig grundsätzlich zu einem Ressourcenabfluss führen werden[1].

---

[1] Ein Ressourcenabfluss könnte z.B. bei Prozesskostenrückstellungen vermieden werden, wenn das Unternehmen überraschend freigesprochen wird.

4.2 Immaterielle Vermögenswerte

Immaterielle Vermögenswerte sind "gefährliche" Posten, da ihre Existenz und ihr Wert durch die fehlende Substanz nur schwer nachweisbar sind. Werden die Posten dauernd im Unternehmen eingesetzt, gehören sie zum Anlagevermögen und müssen die in IAS 38 (Immaterielle Vermögenswerte) enthaltenen Ansatzkriterien zusätzlich zur Assetdefinition erfüllen[1]. Sind alle Merkmale der folgenden Abbildung erfüllt, besteht eine Ansatzpflicht, ansonsten ein Ansatzverbot.

Immaterielle Vermögenswerte - Postenspezifische Ansatzkriterien -		
Identifizierbarkeit	Beherrschung	Künftiger wirtschaftlicher Nutzen
Klare Abgrenzbarkeit von anderen Posten	Ausübung aller Rechte zur Cash flow-Erzielung	Erzielung eines Cash flows (direkt/indirekt)

Abb. 216: Zusatzkriterien für immaterielle Vermögenswerte

Die **Identifizierbarkeit** stellt sicher, dass der Posten tatsächlich vorhanden ist. Er muss sich gegenüber anderen Vermögenswerten eindeutig abgrenzen lassen. Nach IAS 38.12 ist das Kriterium in zwei Fällen erfüllt:
- Bei **Separierbarkeit**: Der immaterielle Wert kann für sich veräußert, vermietet oder auf sonstige Weise genutzt werden[2]. Damit ist der Nachweis erbracht, dass er unabhängig von anderen Posten existiert, also tatsächlich vorhanden ist. Auch ein rechtlich **nicht** geschütztes Produktionsverfahren könnte für sich veräußert werden und erfüllt die Bedingung.
- Bei **Rechtsentstehung**: Der immaterielle Wert entsteht durch vertragliche oder sonstige Rechte. Auf die Übertragbarkeit kommt es nicht an. Ein Belieferungsrecht entsteht durch den Vertragsabschluss zwischen Lieferant und Abnehmer. Auch wenn der Lieferant das Recht nicht auf Dritte übertragen darf, ist das Recht eindeutig vorhanden und das Kritierium ist erfüllt.

Bei Separierbarkeit erfolgt ein indirekter Nachweis des immateriellen Werts. Erst aus der Verwertbarkeit folgt, dass der Posten tatsächlich vorhanden ist. Bei der Entstehung von Rechten liegt ein direkter Nachweis vor. Es bestehen Verträge oder Urkunden, die die Existenz des Postens nachweisen.

Die **Beherrschung** beinhaltet die Ausübung von Rechten, um den künftigen Nutzenzufluss für das Unternehmen zu sichern. Wird gegen ein Urheberrecht verstoßen, kann der Rechtsinhaber den Verursacher auf Unterlassung und auf Entschädigung verklagen. Dem Urheber steht der Nutzen aus dem Recht zu. Das Kriterium entspricht dem der Verfügungsmacht in der Assetdefinition. Die Kriterien in IAS 38 müssen noch mit den Anforderungen des Conceptual Frameworks abgestimmt werden. Das gilt auch für das dritte Kriterium, das letztlich auch in der Assetdefinition enthalten ist.

---

[1] Für immaterielle Posten im Umlaufvermögen gilt IAS 2 (Vorräte), der keine speziellen Ansatzkriterien enthält. Durch den kurzfristigen Verbleib im Unternehmen ist das Risiko geringer.
[2] Vgl. Schmidbauer, R. (Vermögenswerte), S. 1443.

Für den Ansatz von **Entwicklungskosten** (development costs) wird in IAS 38.57 die Erfüllung von sechs weitere Kriterien verlangt. So muss das Unternehmen unter anderem die Absicht zur Fertigstellung der Entwicklung und die Fähigkeit zu ihrer Nutzung nachweisen[1]. Ein Ansatz erfolgt ab dem Zeitpunkt, in dem erstmals alle notwendigen Merkmale erfüllt sind (**Ansatzpflicht**).

Entwicklung beinhaltet die Umsetzung von theoretischem Wissen in die Praxis. Hierzu gehört z.B. die Konstruktion eines funktionsfähigen Prototyps. In der Automobilindustrie werden z.B. Concept Cars produziert, um neue Modelltypen auf Messen vorzustellen. Der Entwicklungsphase ist regelmäßig eine Forschungsphase vorgelegt. Entsprechend fallen **Forschungskosten** (research costs) vor der Entwicklungsphase an und beziehen sich auf die Gewinnung des theoretischen Wissens (Grundlagenwissens). Für die Concept Cars müssen vielleicht vorher neue Antriebssysteme erforscht werden (z.B. Brennstoffzellenmotor). Für Forschungskosten besteht ein **Ansatzverbot**.

> Entwicklungskosten sind bei Einhaltung von Zusatzkriterien anzusetzen -
> Forschungskosten dürfen nicht angesetzt werden (Verbot)

Im Handelsrecht besteht ein Ansatzwahlrecht für eigene Entwicklungskosten. Anders als bei IFRS werden im HGB aber keine speziellen Ansatzkriterien festgelegt. Die Aktivierung hängt davon ab, ob ein Vermögensgegenstand vorliegt oder nicht[2]. Abgrenzungsprobleme können sich bei unfertigen Entwicklungen ergeben, deren Eigenschaft als Vermögensgegenstand oft noch nicht abschließend beurteilt werden kann.

In IAS 38 wird versucht, die immateriellen Posten vollständig zu erfassen, wobei die Art ihrer Entstehung (Eigenerstellung oder Fremdbezug) nicht im Vordergrund steht. Es werden zusätzliche Kriterien für den Ansatz festgelegt, deren Erfüllung in der Praxis aber oft nur schwer nachprüfbar ist. Das gilt insbesondere für die Ansatzkriterien von Entwicklungskosten. In diesem Fall liegt ein verdecktes Bilanzierungswahlrecht vor[3].

Damit besteht die Gefahr einer **Bilanzpolitik**, indem die Unternehmen die Ansatzvoraussetzungen in Abhängigkeit von ihren Zielen erfüllen: Wird ein hohes Vermögen gewünscht, werden die Nachweise so erbracht, dass ein Ansatz erfolgen kann. Durch die Beeinflussung des Vermögens sinkt die Verlässlichkeit internationaler Abschlüsse. Um die Anwendung der IFRS zu erleichtern, werden in IAS 38 einige Ansatzverbote festgelegt. Nach IAS 38.63 sind die Aufwendungen für die folgenden selbst geschaffenen Posten nicht aktivierbar. Bei entgeltlichem Erwerb besteht dagegen Ansatzpflicht.

Spezielle Ansatzverbote nach IAS 38.63 Selbst geschaffene ...			
Markennamen (für neue Produkte)	Drucktitel (für neue Literaturwerke)	Verlagsrechte (für neue Autoren)	Kundenlisten und Ähnliches

Abb. 217: Spezielle Ansatzverbote nach IAS 38.63

---

[1] Vgl. im Einzelnen von Eitzen, B./Moog, T./Pyschny, H. (Entwicklungskosten), S. 358-360.
[2] Vgl. Theile, C. (Immaterielle), S. 1067.
[3] Vgl. Kirsch, H. (Rechnungslegung), S. 44.

4.3 Firmenwert

Es sind originäre und derivative Firmenwerte voneinander zu unterscheiden. **Originäre** oder selbst geschaffene Firmenwerte entstehen im Laufe der Zeit durch eine erfolgreiche unternehmerische Tätigkeit. Der Posten umfasst z.b. den guten Ruf eines Unternehmens und dessen effiziente Organisation. Der selbst geschaffe Firmenwert darf nicht aktiviert werden. Das gilt sowohl im HGB als auch nach IFRS[1]. Unabhängig von der Erfüllung der Assetdefinition wird in IAS 38.48 ein spezielles Ansatzverbot festgelegt.

Der **derivative** oder entgeltlich erworbene Firmenwert entsteht dadurch, dass der gezahlte Kaufpreis eines Unternehmens höher ist als der Zeitwert seines Eigenkapitals. Im Handelsrecht ist der Posten kein Vermögensgegenstand, aber durch die gesetzliche Fiktion in § 246 Abs. 1 Satz 4 HGB gilt der Firmenwert als zeitlich begrenzt nutzbarer Vermögensgegenstand und muss deshalb aktiviert werden.

Nach IFRS besteht für den **derivativen Firmenwert** eine Ansatzpflicht. Der Käufer des Unternehmens erhält das Recht, alle Vorteile des erworbenen Unternehmens zu nutzen. Dazu gehören alle materiellen und immateriellen Komponenten. Letztere haben ebenfalls einen Einfluss auf die zukünftigen Erträge. Außerdem hat der Käufer grundsätzlich die Verfügungsmacht über das Unternehmen und seinen Firmenwert. Damit liegt nach IFRS ein asset vor, sodass sich eine Ansatzpflicht ergibt.

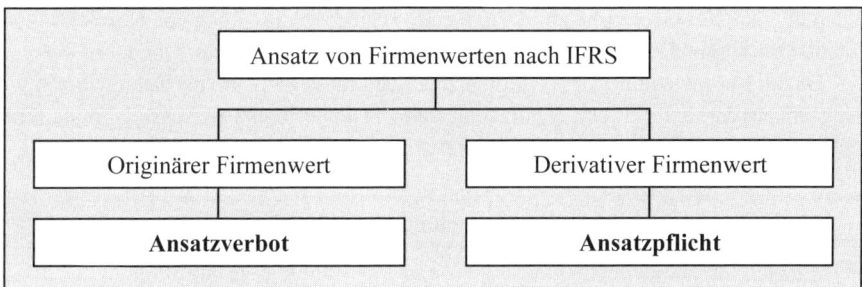

Abb. 218: Ansatz von Firmenwerten nach IFRS

4.4 Finanzinstrumente

IFRS 9 (Finanzinstrumente) behandelt z.B. den Ansatz und die Bewertung von Wertpapieren, wie z.B. Aktien oder Obligationen. Der Standard ist sehr umfangreich und regelt sowohl die Bilanzierung originärer und derivativer als auch aktiver und passiver Finanzinstrumente. Im Folgenden werden nur aktive Komponenten behandelt, die in IAS 32 (Finanzinstrumente: Angaben) definiert werden.

Nach IAS 32.11 sind **Finanzinstrumente** Verträge, die bei einem Unternehmen zum finanziellen Vermögenswert und beim anderen Unternehmen zu einer finanziellen Verbindlichkeit oder zu einem Eigenkapitalinstrument führen. Wenn die X-AG am 1.7.01 Aktien der Y-AG erwirbt, gilt für die beiden Parteien:

---

[1] Vgl. Heno, R. (Jahresabschluss), S. 114 und 132.

- Die X-AG aktiviert die Aktien, die finanzielle Vermögenswerte darstellen.
- Die Y-AG hat einen Teil ihres Grundkapitals (Eigenkapitals) an die X-AG veräußert, sodass ein **Eigenkapitalinstrument** vorliegt. Es handelt es sich um einen Vertrag, der einen Restanspruch am Reinvermögen der Y-AG begründet.

Finanzielle Vermögenswerte umfassen neben Aktien z.B. Bargeld, Forderungen aus Lieferungen und Leistungen und erworbene Anleihen[1]. IFRS 9 sieht drei **Kategorien** von Finanzinstrumenten vor, die für die Bewertung maßgeblich sind:

Kategorien von Finanzinstrumenten		
AC-Kategorie	FVTOCI-Kategorie	FVTPL-Kategorie
Bewertung zu fortgeführten Anschaffungskosten	Erfolgsneutrale Bewertung zum fair value	Erfolgswirksame Bewertung zum fair value

Abb. 219: Kategorien von Finanzinstrumenten

Finanzinstrumente at AC (amortised cost) werden mit den Anschaffungskosten bewertet. Bestehen beim Erwerb Differenzen zwischen Nominal- und Marktzins, entstehen ein Agio bzw. Disagio, die bis zur Rückzahlung der Schuldverschreibung reduziert bzw. erhöht werden. Hierauf wird bei der Bewertung genauer eingegangen.

Beispiel: Die X-AG erwirbt am 1.7.01 eine Schuldverschreibung im Nennwert von 100.000 € (Nominalzins: 2,5%). Der Marktzins einer vergleichbaren Obligation beträgt 3%. Da der Marktzins über dem Nominalzins liegt, muss der Kurs der Schuldverschreibung sinken, damit die Effektivverzinsung steigt[2]. Die Differenz zwischen Nominalwert und Kurswert ist ein **Disagio**. Für Finanzinstrumente at AC gelten folgende Merkmale:

Finanzinstrumente at AC	
Geschäftsmodellbedingung	Zahlungsstrombedingung
Unternehmen hat die Absicht, Einnahmen zu erzielen - subjektiv	Finanzinstrument gewährleistet zu festen Zeitpunkten Erträge - objektiv

Abb. 220: Finanzinstrumenten at AC

Das erste Kriterium stellt auf die Ziele des Unternehmens ab. Werden Finanzinstrumente erworben, um langfristig Zinsen zu erzielen, ist die Bedingung erfüllt. Es handelt sich um ein **subjektives Kriterium**, da die Entscheidung vom Unternehmen getroffen wird. Das zweite Kriterium fordert, dass vertraglich vereinbarte Zeitpunkte bestehen, zu denen Zins- und Tilgungszahlungen zu leisten sind. Somit handelt es sich um ein **objektives Kriterium**. Da nur Schuldinstrumente (z.B. Darlehen mit festen Zins- und Tilgungszeitpunkten oder Obligationen) diese Bedingung erfüllen, können nur solche Finanzinstrumente zur AC-Kategorie gehören[3].

---

[1] Vgl. Grünberger, D. (IFRS), S. 144.
[2] Vgl. Buchholz, R. (Rechnungslegung), S. 137-138.
[3] Vgl. Berger, J./Struffert, R./Nagelschmitt, S. (Finanzinstrumente), S. 1077.

Finanzinstrumente der **FVTOCI-Kategorie** (fair value through other comprehensive income) werden erfolgsneutral zum fair value, d.h. zum aktuellen Wert, bilanziert. Ergeben sich Änderungen im Vergleich zu den Anschaffungskosten, wird eine Rücklage im Eigenkapital gebildet. Es entsteht kein Ertrag oder Aufwand in der GuV-Rechnung. Allerdings werden im sonstigen Ergebnis (other comprehensive income, OCI) die erfolgsneutralen Wertänderungen dargestellt. Insoweit findet eine Information statt.

Finanzinstrumente at FVTOCI müssen die Geschäftsmodell- und die Zahlungsstrombedingung erfüllen und darüber hinaus muss die Möglichkeit eines Verkaufs bestehen. Damit gehören grundsätzlich nur Schuldinstrumente zu dieser Kategorie[1]. Allerdings besteht für Eigenkapitalinstrumente ein **unwiderrufliches Wahlrecht** für eine erfolgsneutrale Bewertung. Die Entscheidung muss beim Erwerb für jede Aktie getroffen werden.

Alle Wertpapiere, die die Merkmale der obigen beiden Kategorien nicht oder nicht vollständig erfüllen, sind erfolgswirksam zum fair value zu bewerten. Sie gehören zur **FVTPL-Kategorie** (fair value through profit or loss). Damit ist für Eigenkapitalinstrumente grundsätzlich die erfolgswirksame Bewertung relevant, da die Ausschüttungen jährlich beschlossen werden und meist betragsmäßig variieren. Die Wertänderungen von Aktien sind grundsätzlich erfolgswirksam in der GuV-Rechnung zu erfassen.

Wertpapiere, die zu Handelszwecken gehalten werden (financial assets held for trading), gehören immer zur FVTPL-Kategorie. Es handelt sich um spekulative Wertpapiere. Darüber hinaus existiert die Möglichkeit zur Nutzung der **fair value-Option**, d.h. die wahlweise Zuordnung von Finanzinstrumenten in die erfolgswirksame fair value-Kategorie[2]. Die in IFRS 9 enthaltenen Wahlrechte erschweren die einheitliche Bewertung der Finanzinstrumente und gefährden die Standardisierungsfunktion der IFRS.

4.5 Latente Steuern

Nach IFRS sind latente Steuern grundsätzlich dann zu berücksichtigen, wenn die internationalen Bilanzwerte von denen des Steuerrechts abweichen. Latente Steuern werden in IAS 12 (Ertragsteuern) geregelt. Bei einer großen deutschen Kapitalgesellschaft, die den Jahresabschluss nach dem HGB aufstellt und die Offenlegung eines speziellen IFRS-Abschlusses wählt, sind die Ertragsteuern nach dem EStG, KStG (mit Solidaritätszuschlag) und dem GewStG zu bestimmen. Die IFRS gehen vom bilanzorientierten **Temporary-Konzept** aus. Damit führen die folgenden Unterschiede zu latenten Steuern:

- **Zeitliche**: Der Unterschied zwischen internationalen und steuerlichen Bilanzposten gleicht sich automatisch aus. Beispiel: Abnutzbare Sachanlagen. Am Ende der Nutzungsdauer muss die Differenz zwischen IFRS-Wert und Steuerwert durch die Abschreibungen null sein und die latenten Steuern gleichen sich wieder aus.
- **Quasi-permanente**: Der Wertunterschied zwischen IFRS und Steuerrecht gleicht sich nur durch eine zusätzliche Entscheidung aus. Wenn nach IFRS eine außerplanmäßige Abschreibung von Grundstücken erfolgt, die steuerlich unzulässig ist, bleibt die Differenz solange bestehen, bis eine Zuschreibung oder ein Verkauf erfolgt.

---

[1] Vgl. Grünberger, D. (IFRS), S. 147.
[2] Vgl. Hayn, S./Waldersee, G.G. (IFRS), S. 175.

Beispiel: In 01 wird ein unbebautes Grundstück für 100.000 € gekauft. Zum Jahresende wird es nach IFRS mit 90.000 € bewertet, sodass eine außerplanmäßige Abschreibung stattfindet. Nach dem EStG ist diese Abschreibung unzulässig, da die Wertminderung keinen dauernden Charakter hat. Die Differenz von 10.000 € bleibt solange bestehen, bis nach IFRS eine Zuschreibung auf 100.000 € vorgenommen wird.

Der IFRS-Bilanzwert liegt in 01 um 10.000 € unter dem steuerrechtlichen Wert. Beim Steuersatz von 30% für Kapitalgesellschaften ist die tatsächliche Steuerlast um 3.000 € zu hoch. Nach IFRS ist eine aktive latente Steuer von 3.000 € zu bilden, um einen Ausgleich herzustellen. Sie wird bei einer Zuschreibung auf die Anschaffungskosten wieder aufgelöst. Auch beim Verkauf des Grundstücks wird die Differenz beseitigt.

Auch die IFRS verwenden das im vierten Kapitel erläuterte Temporary-Konzept. Somit werden auf permanente Differenzen zwischen IFRS-Bilanz und Steuerbilanz keine latenten Steuern gebildet. Die aktiven latenten Steuern (deferred tax assets) stellen Vermögenswerte dar, weil sie wirtschaftliche Ressourcen sind, die vom Unternehmen kontrolliert werden. Passive latente Steuern (deferred tax liabilities) stellen gegenwärtige Verpflichtungen zur Übertragung wirtschaftlicher Ressourcen dar. **Latente Steuern** entstehen bei aktiven und passiven Bilanzposten wie folgt[1]:

	Aktivposten	Passivposten
Aktive latente Steuern	IFRS-Wert < Steuerwert	IFRS-Wert > Steuerwert
Passive latente Steuern	IFRS-Wert > Steuerwert	IFRS-Wert < Steuerwert

Abb. 221: Latente Steuern bei Bilanzposten

Beispiel: Nach IFRS wird der in 01 neu beschaffte Aktivposten A_1 am 31.12.01 mit 10.000 € (Fall a) bzw. 6.000 € (Fall b) bewertet. Nach dem EStG ist der Aktivposten mit 8.000 € zu bewerten. Beim Steuersatz von 30% entsteht im Fall a) eine passive latente Steuer von 600 € (0,3 x 2.000 €). Im Fall b) ist eine aktive latente Steuer in gleicher Höhe zu bilden. Die Buchungen lauten:

Buchung latenter Steuern bei Aktivposten
Fall a): Deferred tax expense/Deferred tax liabilities 600 (Latenter Steueraufwand/passive latente Steuer)
Fall b): Deferred tax assets/Deferred tax income 600 (Aktive latente Steuer/latenter Steuerertrag)

Abb. 222: Buchung latenter Steuern bei Aktivposten

Da das vorliegende Lehrbuch die Grundzüge des Jahresabschlusses nach HGB und IFRS behandelt, werden die IFRS-Buchungen in vereinfachter Weise durchgeführt. Zu weiterführenden Informationen wird auf die Literatur verwiesen[2].

---

[1] Vgl. Grünberger, D. (IFRS), S. 311.
[2] Vgl. Buchholz, R. (Rechnungslegung), S. 95-96.

Bei der Bewertung latenter Steuern ist grundsätzlich vom zukünftigen Steuersatz auszugehen. Da dieser ungewiss ist, wird aus Objektivierungsgründen meistens der aktuelle Wert verwendet. Wurden allerdings vor dem Bilanzstichtag Steuersatzänderungen beschlossen, sind sie bei der Bewertung zu berücksichtigen[1].

4.6 Rückstellungen

Die Bilanzierung von Rückstellungen wird in IAS 37 (Rückstellungen, Eventualverbindlichkeiten und Eventualforderungen) behandelt. Pensionsrückstellungen werden speziell in IAS 19 (Leistungen an Arbeitnehmer) geregelt. Nach IFRS sind nur für Verpflichtungen gegenüber Dritten (Außenverpflichtungen) Rückstellungen (provisions) zu bilden. Für **Aufwandsrückstellungen**, wie z.B. für Instandhaltungsrückstellungen, gilt:

Passivierungsverbot von Aufwandsrückstellungen nach IFRS

Die Kriterien für den Ansatz von Verbindlichkeitsrückstellungen werden in IAS 37.14 festgelegt und lassen sich der nächsten Abbildung entnehmen. Der Standard konkretisiert die Definition der liability, die im Conceptual Framework enthalten ist (CF 4.26).

Ansatz von Rückstellungen		
Vergangenheitsbezug	Wahrscheinlichkeit	Schätzbarkeit
Gegenwärtige Verpflichtung aus Ereignis der Vergangenheit	Ressourcenabfluss tritt mit über 50% Wahrscheinlichkeit ein	Verlässliche Bestimmbarkeit der Verpflichtung

Abb. 223: Ansatz von Rückstellungen

Die Verpflichtung muss durch ein vergangenes Ereignis verursacht worden sein und das Unternehmen kann sich ihr aus rechtlichen oder faktischen Gründen nicht entziehen. Rechtliche Gründe ergeben sich aus Gesetzen oder Verträgen. Faktische Gründe liegen vor, wenn das Unternehmen

- durch sein bisheriges Verhalten, durch öffentliche Ankündigungen oder eine konkrete Aussage die Übernahme bestimmter Verpflichtungen angedeutet hat und
- eine gerechtfertigte Erwartung bei den betreffenden Parteien geweckt hat, dass es diesen Verpflichtungen nachkommen wird.

Beispiel: Die Kulant-AG wirbt in einer Kampagne mit einer Garantieverlängerung für ein Produkt, die zwei Jahre über die gesetzliche Frist hinausgeht. Treten Schäden innerhalb des gesetzlichen Garantiezeitraums auf, handelt es sich um rechtliche Verpflichtungen. Darüber hinausgehende Schäden führen zu faktischen Verpflichtungen der AG, weil sich das Unternehmen durch sein Verhalten dazu verpflichtet hat, auch Schäden zu übernehmen, die außerhalb der Garantiefrist liegen.

---

[1] Vgl. Ruhnke, K./Simons, D. (Rechnungslegung), S. 399.

Die Verpflichtung muss eine Wahrscheinlichkeit von **mehr als 50%** aufweisen[1], damit ein Ansatz erfolgt. Außerdem muss ihr Betrag verlässlich geschätzt werden können. Beträgt die Wahrscheinlichkeit eines möglichen Ressourcenabflusses 50% oder weniger, liegt eine **Eventualschuld** (contingent liability) vor, die im Anhang zu erläutern ist. Eine Passivierung findet nicht statt.

Wird ein Ressourcenabfluss als unwahrscheinlich eingestuft, findet der betreffende Vorgang überhaupt keine Berücksichtigung im Jahresabschluss. Eine Konkretisierung der Unwahrscheinlichkeit findet in IAS 37 nicht statt. In der Literatur wird z.B. ein Wert von 10% oder weniger angegeben[2]. Unsichere Verpflichtungen lassen sich wie folgt zusammenfassen[3]:

Unsichere Verpflichtungen nach IFRS		
Wahrscheinlicher Ressourcenabfluss	Möglicher Ressourcenabfluss	Unwahrscheinlicher Ressourcenabfluss
Rückstellung in der Bilanz	Nur Anhangangabe (Eventualschuld)	Keine Berücksichtigung im Jahresabschluss

Abb. 224: Unsichere Verpflichtungen nach IFRS

Rückstellungen für drohende Verluste aus schwebenden Geschäften stellen einen Sonderfall der Verpflichtungen dar. Liegt nach IAS 37.68 ein **belastender Vertrag** vor, ist eine Rückstellung zu bilden. Ein derartiger Vertrag ist wie folgt definiert:

Kosten der vertraglichen Verpflichtung > erwarteter wirtschaftlicher Nutzen

Beispiel: Die X-AG bestellt am 15.12.01 Ware für 50.000 € netto (zzgl. 19% USt), die im Januar 02 geliefert wird. Am Bilanzstichtag steht fest, dass die Ware voraussichtlich nur für 40.000 € netto zu veräußern sein wird. Es droht ein Verlust von 10.000 €, der durch eine Rückstellung (provision) zu berücksichtigen ist. In 02 wird die Ware (merchandise) geliefert und die Rückstellung ist aufzulösen. Die Vorsteuer hat den Charakter einer sonstigen Forderung ("other receivables"). Die Buchungen lauten:

Buchung von Drohverlustrückstellungen
In 01: Other expenses/Current provisions 10.000 (Sonstige Aufwendungen/Kurzfristige Rückstellung)
In 02: Current provision/Other income 10.000 (Kurzfristige Rückstellung/Sonstige Erträge)
Merchandise 50.000, other receivables 9.500/Cash 59.500 (Waren und sonstige Forderungen (Vorsteuer) an Bank)

Abb. 225: Buchung von Drohverlustrückstellungen

---

[1] Vgl. Pellens, B./Fülbier, R.U./Gassen, J./Sellhorn/T. (Rechnungslegung), S. 511.
[2] Vgl. Grünberger, D. (IFRS), S. 223.
[3] Vgl. Kirsch, H. (Rechnungslegung), S. 184.

5. Ausweisvorschriften nach IFRS

Die IFRS schreiben kein verbindliches Schema für die Bilanzgliederung vor. In IAS 1 (Darstellung des Abschlusses) werden nur die Mindestinhalte für die Bilanz festgelegt. Die Bilanzinhalte müssen so dargestellt werden, dass eine **fair presentation** (angemessene Darstellung) der Vermögenslage erfolgt. Diese Bedingung wird eingehalten, wenn die Ansatz-, Ausweis- und Bewertungsvorschriften für die Bilanzposten erfüllt werden.

Die Aktivseite der Bilanz wird nach der **Fristigkeit** gegliedert (IAS 1.60). Auf der Aktivseite werden zunächst das Anlagevermögen (non current assets) und danach das Umlaufvermögen (current assets) ausgewiesen. Letzteres ist dazu bestimmt, im normalen Geschäftszyklus veräußert oder verbraucht zu werden (IAS 1.66a).

Auch die Passivseite wird nach der Fristigkeit gegliedert. Da das Eigenkapital am längsten zur Verfügung steht, wird es über den lang- und kurzfristigen Schulden (non current bzw. current liabilities) ausgewiesen. Die folgende Abbildung zeigt die Bilanzgliederung für eine **Kapitalgesellschaft** in Kontoform mit wesentlichen Inhalten nach IAS 1.54[1].

Assets	Statement of financial position	Liabilities and equity
A. Non current assets		**A. Capital and reserves**
I. Intangible assets		I. Issued capital
II. Property, plant and equipment		II. Reserves
III. Non current financial assets		**B. Non current liabilities**
IV. Deferred tax assets		I. Non current financial liabilities
B. Current assets		II. Deferred tax liabilities
I. Inventories		III. Provisions
II. Trade and other receivables		**C. Current liabilities**
III. Current financial assets		I. Trade and other payables
IV. Prepaid expenses		II. Current financial liabilities
V. Cash and cash equivalents		III. Provisions
		IV. Deferred income

Abb. 226: Bilanzgliederung nach IFRS

Im **Anlagevermögen** werden die immateriellen Vermögenswerte (intangible assets), Sachanlagen (property, plant and equipment), Finanzanlagen (non current financial assets) und die aktiven latenten Steuern (deferred tax assets) als Oberposten ausgewiesen. Nach dem Grundsatz der Wesentlichkeit in IAS 1.29 sind meist noch weitere Untergliederungen vorzunehmen. Die Sachanlagen umfassen z.B. Grundstücke und Gebäude (land and buildings), technische Anlagen und Maschinen (machinery), Büroausstattung (office equipment) und Kraftfahrzeuge (motor vehicles).

---

[1] Vgl. Lüdenbach, N./Hoffmann, W.-D. (IFRS-Bilanz), S. 93.

Auch die einzelnen Standards sehen oft spezielle **Angaben** (disclosure) vor, die jeweils am Schluss der jeweiligen Vorschrift angeführt werden. Für die immateriellen Vermögenswerte sind in IAS 38.118-128 verschiedene Angaben zu vermitteln. Es müssen z.B die Abschreibungsverfahren für immaterielle Vermögenswerte mit begrenzter Nutzungsdauer angegeben werden.

Das **Umlaufvermögen** besteht aus den Vorräten (inventories), Forderungen aus Lieferungen und Leistungen (trade receivables), sonstigen Forderungen (other receivables), kurzfristigen finanziellen Vermögenswerten (current financial assets), aktiven RAP (prepaid expenses) und Zahlungsmitteln (cash). Da die Vorsteuer nach dem UStG eine Forderung gegenüber dem Finanzamt darstellt und die (eigene) Umsatzsteuer den Charakter einer Verbindlichkeit aufweist, können die folgenden Begriffe verwendet werden:

Vorsteuer: Other receivables - Umsatzsteuer: Other payables

Das **Eigenkapital** umfasst bei Kapitalgesellschaften feste Bestandteile wie z.B. das gezeichnete Kapital (issued capital). Das Grundkapital einer AG wird nur selten geändert, da hierbei viele rechtliche Aspekte zu beachten sind. Zu den variablen Bestandteilen gehören insbesondere die Gewinnrücklagen und der jährliche Gewinn.

Ein wichtiger Bestandteil der Gewinnrücklagen ist die gesetzliche Rücklage bei Aktiengesellschaften, die jährlich mit 1/20 des Jahresüberschusses zu dotieren ist (Maximalwert 1/10 des Grundkapitals). Die Gewinnrücklagen und der Gewinn werden in der internationalen Bilanz im Posten einbehaltene Ergebnisse (retained earnings) zusammengefasst. Der Erfolg ist grundsätzlich nur aus der GuV-Rechnung ersichtlich[1].

Die **langfristigen Schulden** mit einer Laufzeit von mehr als einem Jahr werden in die Kategorien langfristige Verbindlichkeiten (non current financial liabilities), passive latente Steuern (deferred tax liabilities) und Rückstellungen (provisions) unterteilt. Kurzfristige Schulden (Laufzeit bis zu einem Jahr) umfassen:

- Verbindlichkeiten aus Lieferungen und Leistungen (trade payables) und sonstige Verbindlichkeiten (other payables).
- Kurzfristige Verbindlichkeiten (current financial liabilities).
- Rückstellungen (provisions): Hierzu gehört auch die Steuerrückstellung, die als tax provision bezeichnet werden kann. Bei deutschen Kapitalgesellschaften sind die Körperschaftsteuer (mit Solidaritätszuschlag) und die Gewerbesteuer relevant.
- Passive Rechnungsabgrenzungsposten (deferred income).

Bei der Bilanzgliederung sind verschiedene **Ausweisprinzipien** zu beachten:

- Saldierungsverbot (IAS 1.32): Vermögenswerte und Schulden dürfen grundsätzlich nicht saldiert werden.
- Angabe von Vorjahreswerten (IAS 1.38): Zu jedem Posten sind die entsprechenden Vorjahresbeträge anzugeben.
- Darstellungsstetigkeit (IAS 1.45): Die Darstellung und der Ausweis der Posten sind beizubehalten.

---

[1] Vgl. Buchholz, R. (Rechnungslegung), S. 94.

6. Bewertungsvorschriften nach IFRS

6.1 Immaterielle Vermögenswerte

6.1.1 Bewertung nach Anschaffungskostenmodell

Nach IAS 38.72 können immaterielle Vermögenswerte entweder nach dem Anschaffungskostenmodell oder dem Neubewertungsmodell bewertet werden.

Bewertung von intangible assets	
Anschaffungskostenmodell	Neubewertungsmodell
Bewertung erfolgt grds. zu Anschaffungskosten abzüglich Abschreibungen	Bewertung erfolgt grds. zum beizulegenden Zeitwert (fair value) - Nur bei aktivem Markt -

Abb. 227: Bewertung von intangible assets

Beim Anschaffungskostenmodell stehen die **Anschaffungskosten** eines entgeltlich erworbenen immateriellen Vermögenswerts im Mittelpunkt. Sie werden wie im Handelsrecht kalkuliert: Anschaffungspreis zuzüglich direkt zurechenbarer Nebenkosten (z.B. für Rechtsübertragung). Preisnachlässe vermindern die Anschaffungskosten. Die Umsatzsteuer gehört nur dann zum Erwerbsvorgang, wenn sie nicht als Vorsteuer abgezogen werden kann. Ein Vorsteuerabzug ist nach deutschem Steuerrecht grundsätzlich möglich, wenn der Posten zur Erzielung umsatzsteuerpflichtiger Leistungen eingesetzt wird.

Beispiel: Am 1.3.01 erwirbt die X-AG ein Recht für 100.000 € zzgl. 7% USt[1]. Der Anwalt, der den Kaufvertrag ausgefertigt hat, stellt eine Rechnung in Höhe von 4.000 € zzgl. 19% USt aus. Das im Recht verkörperte Know-how wird für umsatzsteuerpflichtige Leistungen genutzt, so dass die Vorsteuer voll abgezogen werden kann. Somit betragen die Anschaffungskosten 104.000 €. Die Vorsteuer bildet keinen Bestandteil der Erwerbskosten, da sie keine Belastung darstellt (der Betrag wird vom Finanzamt erstattet).

Die **Herstellungskosten** eines immateriellen Vermögenswerts sind relevant, wenn ein Posten im Unternehmen neu erstellt wird, also kein Erwerb von Dritten erfolgt. Durch die hohen Beträge sind die Entwicklungskosten (z.B. für technische Verfahren) von besonderer Bedeutung. Nach IAS 38.66 sind zunächst solche Kosten zu kalkulieren, die direkt zurechenbar sind (Einzelkosten). Produktionsbedingte Gemeinkosten sind ebenfalls zu verrechnen, sodass die Herstellungskosten **produktionsbedingte Vollkosten** darstellen[2]. Sonstige allgemeine Gemeinkosten sind nicht in die Herstellungskosten einzubeziehen (IAS 38.67). Auch für Vertriebs- und Verwaltungskosten gilt ein Ansatzverbot. Unter zeitlichem Aspekt gilt:

Aktivierung von Entwicklungskosten: Ab Erfüllungszeitpunkt aller Kriterien

---

[1] Nach § 12 Abs. 2 Nr. 7c UStG gilt ein begünstigter Steuersatz in Höhe von 7%.
[2] Vgl. Ruhnke, K./Simons, D. (Rechnungslegung), S. 438-439 mit Verweis auf S. 287-293.

Beispiel: Die Z-AG entwickelt ab Anfang 01 ein neues Verfahren zur Konservierung von Lebensmitteln. In den ersten neun Monaten fallen Aufwendungen in Höhe von insgesamt 1.000.000 € an. Aber erst am 1.7.01 sind alle Ansatzvoraussetzungen erfüllt. Im dritten Quartal fallen weitere 500.000 € an. Die Entwicklung ist am 1.10.01 fertig gestellt. Zu diesem Zeitpunkt sind Entwicklungskosten von 500.000 € zu aktivieren. Die Aufwendungen der ersten sechs Monate sind dagegen als Aufwand zu behandeln, da die Ansatzvoraussetzungen nicht erfüllt sind. Insgesamt fallen für die Entwicklung Aufwendungen von 1.500.000 € an (Zeitraum 1.1. bis 30.9). Beim Gesamtkostenverfahren werden andere aktivierte Eigenleistungen in Höhe von 500.000 € als Ertrag ausgewiesen.

Immaterielle Vermögenswerte weisen meist eine begrenzte Nutzungsdauer auf[1]. Daher sind sie planmäßig abzuschreiben. Die Nutzungsdauer ergibt sich oft aus vertraglichen Bestimmungen. Für die **planmäßige Abschreibung** sind verschiedene Methoden anwendbar. Im Regelfall wird die lineare Methode (straight-line method) zum Einsatz kommen, wenn keine speziellen Hinweise auf einen anderen Wertminderungsverlauf vorliegen. Im Zugangsjahr wird der Abschreibungsbetrag grundsätzlich monatsgenau verrechnet, damit eine genaue Aufwandserfassung stattfindet.

Beispiel: Die Herstellungskosten von 500.000 € für die Entwicklungskosten im obigen Beispiel sind gleichmäßig über eine Nutzungsdauer von zehn Jahren zu verteilen. Es ergibt sich ein jährlicher Abschreibungsbetrag von 50.000 €, wovon in 01: 12.500 € zu Aufwand führen (3/12 von 50.000 € im vierten Quartal). Gebucht wird: "Amortisation expenses/Development costs 12.500". Die Aufwandsposten werden im zehnten Kapitel bei der GuV-Rechnung behandelt.

Außerplanmäßige Abschreibungen sind nach IAS 36 (Wertminderung von Vermögenswerten) vorzunehmen, wenn externe Informationsquellen wie gesunkene Marktwerte auf die Wertminderung eines assets hinweisen. Ist der erzielbare Betrag (recoverable amount) niedriger als der Restbuchwert nach planmäßiger Abschreibung, muss eine außerplanmäßige Abschreibung (impairment) erfolgen. Für den erzielbaren Betrag gilt:

Erzielbarer Betrag (recoverable amount) Maximum der folgenden Werte	
Beizulegender Zeitwert abzgl. der Verkaufskosten (fair value less costs to sell)	Nutzungswert (value in use)
Inhaltlich: Absatzpreis vermindert um Veräußerungskosten	Inhaltlich: Barwert zukünftiger Einzahlungsüberschüsse
= externer Wert (Veräußerungsfall)	= interner Wert (Nutzungsfall)

Abb. 228: Bestimmung des recoverable amounts

Beispiel: Die X-AG nutzt ab 01 ein entgeltlich erworbenes Patent mit begrenzter Nutzungsdauer zur Produktion von Hochleistungsbatterien. Buchwert am 31.12.02 (nach planmäßiger Abschreibung): 200.000 €. Nach Veröffentlichung eines Gutachtens, das

---

[1] Nach IAS 38.107 werden immaterielle Posten mit unbegrenzter Nutzungsdauer nicht abgeschrieben. Vgl. Ruhnke, K./Simons, D. (Rechnungslegung), S. 438-439 mit Verweis auf S. 287-293.

auf mögliche Brandgefahren durch Überhitzung hinweist, wäre beim Verkauf nur noch ein Betrag von 180.000 € zu erzielen (Veräußerungskosten: 2.500 €). Bei weiterer Nutzung des Verfahrens im Unternehmen werden am Ende der nächsten vier Jahre Einzahlungsüberschüsse von jeweils 52.000 € erwartet (Zinssatz 8%).

Der Nettoveräußerungspreis beträgt 177.500 €. Der Nutzungswert errechnet sich als Barwert der zukünftigen, unsicheren Einzahlungsüberschüsse. Legt man die erwarteten Einzahlungen zugrunde, ergibt sich ein Wert von rund 172.231 € (52.000 €/1,08 + ... + 52.000 €/1,08^4). Somit ist der erzielbare Betrag 177.500 €, da der höhere Wert zu wählen ist. Es muss eine außerplanmäßige Abschreibung erfolgen, die zu einem **impairment expense** (Wertminderungsverlust) von 22.500 € führt. Die Buchung lautet:

Impairment expense/Patents 22.500

Beliefe sich im obigen Fall der Nutzungswert z.B. auf 205.352 €, wäre keine außerplanmäßige Abschreibung vorzunehmen. Der erzielbare Betrag würde vom Nutzungswert bestimmt, der über dem Restbuchwert liegt. In IAS 36.30 bis 36.57 werden detaillierte Anweisungen für die Berechnung des Nutzungswerts gegeben. In IAS 36 wird auch die Unsicherheit berücksichtigt, die bisher vernachlässigt wurde. Somit werden Investitionsrechenverfahren bei Unsicherheit angewendet (z.B. die Sicherheitsäquivalentmethode). Zu weiteren Informationen wird auf die Literatur verwiesen[1].

Die Bestimmung des Nutzungswerts enthält verdeckte Bewertungswahlrechte[2], die zur Durchführung von **Bilanzpolitik** genutzt werden können. Der obige Wert von 205.352 € ergibt sich, wenn Beträge von 62.000 € (statt 52.000 €) zugrunde gelegt werden. Diese etwas erhöhten Werte dürften sich durch eine geringfügige Änderung der Daten aus der Unternehmensplanung fast immer begründen lassen. Damit besteht Gefahr der Beeinflussung der Bilanzwerte seitens der bilanzierenden Unternehmen. Die Verlässlichkeit der Jahresabschlussinformationen nimmt ab.

Entfällt der Abschreibungsgrund zu einem späteren Zeitpunkt, findet eine Wertaufholung (reversal of an impairment expense) statt. Es muss eine **Zuschreibung** auf den gestiegenen erzielbaren Betrag erfolgen. Maximal dürfen die ursprünglichen fortgeführten Anschaffungskosten angesetzt werden (IAS 36.117) – sie bilden die Obergrenze der Bewertung. Die Zuschreibung eines zuvor außerplanmäßig abgeschriebenen Firmenwerts ist unzulässig, da ansonsen ein originärer Firmenwert aktiviert würde. Dieses System der Zuschreibung ist aus dem Handelsrecht bekannt (siehe drittes Kapitel). Es gilt:

Zuschreibung von immateriellen Posten	
Zuschreibungspflicht, falls gilt: Erzielbarer Betrag > Buchwert am Stichtag (Obergrenze ursprüngliche fortgeführte AK)	Zuschreibungsverbot für derivativen Firmenwert

Abb. 229: Zuschreibung von immateriellen Posten

---

[1] Vgl. Buchholz, R. (Rechnungslegung), S. 108-110.
[2] Vgl. Kirsch, H. (Rechnungslegung), S. 44.

6.1.2 Bewertung nach Neubewertungsmodell

Anstelle des Anschaffungskostenmodells kann die Bewertung immaterieller Posten auch nach dem Neubewertungsmodell erfolgen. Zwischen den beiden Methoden besteht ein **Wahlrecht**, das stetig auszuüben ist. Beim Neubewertungsmodell wird ein immaterieller Vermögenswert beim Erwerb zunächst mit seinen Anschaffungs- oder Herstellungskosten bewertet. In den Folgejahren wird eine Neubewertung (revaluation) zum **fair value** (beizulegender Zeitwert) durchgeführt. Die inhaltliche Bestimmung dieses Werts erfolgt nach IFRS 13 (Bewertung zum beizulegenden Zeitwert).

In IFRS 13.9 wird der beizulegende Zeitwert allgemein für assets und liabilities beschrieben. Für einen Vermögenswert gelten die folgenden Merkmale:

Fair value: Preis, der beim Verkauf des Vermögenswerts im Rahmen einer gewöhnlichen Transaktion zwischen Marktteilnehmern am Bewertungstag erzielt würde.
- Relevanz des Absatzmarkts
- Gewöhnlicher Verkauf, d.h. kein Notverkauf
- Bewertung aus theoretischer Sicht am Stichtag

Abb. 230: Merkmale des fair values

Der Bewertung muss eine Übertragung eines Objekts zwischen Marktteilnehmern (Anbieter und Nachfrager) zugrunde liegen, wobei auf einen Veräußerungspreis (exit price) abgestellt wird. Es dürfen keine ungewöhnlichen Umstände (z.B. Notverkauf eines Pkws zur Begleichung von Schulden) unterstellt werden. Da von einem Preis ausgegangen wird, sind Transaktionskosten (z.B. Vertragskosten) grundsätzlich nicht zu berücksichtigen. Eine Ausnahme bilden Transportkosten für die Lieferung zum Markt.

Die fair value-Definition geht von einem Marktpreis aus. Die Marktteilnehmer müssen unabhängig voneinander sein, über hinreichende Informationen verfügen und bereit sein, die Transaktion durchzuführen. Außerdem müssen möglichst viele Anbieter und Nachfrager vorhanden sein, damit sich ein objektiver Preis bilden kann. Da diese Voraussetzungen nicht für alle Güter vorhanden sind, wird in IFRS 13 eine **Bewertungshierarchie** aufgestellt, wobei unveränderte Marktpreise für identische Vermögenswerte auf aktiven Märkten die oberste Ebene (level 1) darstellen[1].

Da der fair value immaterieller Vermögenswerte meist nur schwer zu bestimmen ist, wird für die Neubewertungsmethode in IAS 38.75 die Existenz eines **aktiven Markts** gefordert. Es soll eine nachvollziehbare Wertermittlung der substanzlosen Posten sichergestellt werden. Der aktive Markt wird im Anhang A von IFRS 13 wie folgt definiert:

Markt, auf dem Transaktionen über Vermögenswerte (bzw. Schulden) mit ausreichender Häufigkeit und ausreichendem Volumen stattfinden

---

Eine Konkretisierung des Begriffs "ausreichend" fehlt in der Definition. Die grundlegende Voraussetzung für einen Handel ist die Existenz mehrerer gleichartiger Produkte (z.B.

---

[1] Vgl. Große, J.-V. (Fair Value), S. 291.

6. Bewertungsvorschriften nach IFRS   257

Fahrzeuge einer bestimmten Automarke). Diese Bedingung ist bei immateriellen Vermögenswerten nur selten erfüllt[1]. Urheberrechte und Patente sind meist einzigartige Güter und daher kann sich kein Marktpreis bilden. Bei den meisten immateriellen Vermögenswerten kommt das Neubewertungsmodell nur selten zum Einsatz.

Die Bewertung von **intangible assets mit begrenzter Nutzungsdauer** lässt sich wie folgt zusammenfassen, wenn das revaluation model vernachlässigt wird.

	Bewertung von intangible assets
Erwerbsjahr	• Anschaffungs- oder Herstellungskosten • Abschreibung: Grundsätzlich monatsgenau
Folgejahre	• Verfahren: Meist linear (andere möglich) • Nutzungsdauer: Meist vertraglich bestimmt • Außerplanmäßige Abschreibungen: Pflicht, falls gilt: erzielbarer Betrag < Restbuchwert • Zuschreibung: Pflicht (mit Obergrenze)

Abb. 231: Bewertung von intangible assets

6.2 Firmenwert

Die Bilanzierung von Firmenwerten wird in IFRS 3 (Unternehmenszusammenschlüsse) geregelt. Wird ein Unternehmen erworben und ein Kaufpreis bezahlt, der über dem Zeitwert des Eigenkapitals liegt, entsteht ein ansatzpflichtiger Firmenwert (Goodwill).

Nach IFRS gilt der Goodwill als nicht abnutzbarer Posten. Daher wird keine planmäßige Abschreibung verrechnet. Es ist eine jährliche Überprüfung der Werthaltigkeit vorzunehmen. Wird dabei festgestellt, dass der Firmenwert gesunken ist, muss eine außerplanmäßige Abschreibung erfolgen. Es gilt:

Abschreibung des Goodwill nach IFRS	
Planmäßige Abschreibung	Außerplanmäßige Abschreibung
Verbot	Pflicht, wenn Stichtagswert gesunken

Abb. 232: Abschreibung des Goodwill nach IFRS

Wird festgestellt, dass der Firmenwert **nicht** gesunken ist, können zwei Gründe maßgeblich sein. Entweder sind die ursprünglichen Faktoren noch wirksam, die im Firmenwert abgegolten wurden. Oder die Faktoren sind nicht mehr aktiv und es wirken neue Komponenten, die vom Unternehmen aufgebaut wurden. Dann liegt ein originärer Firmenwert vor, der nicht bilanziert werden darf (IAS 38.48). Es besteht die Gefahr, dass der entgeltliche Firmenwert im Zeitablauf durch einen originären Firmenwert ersetzt wird[2].

---
[1] In IAS 38.78 werden z.B. frei handelbare Taxi- oder Fischereilizenzen genannt.
[2] Vgl. Siegel, T. (Bilanzierung), S. 750.

6.3 Sachanlagen

6.3.1 Bewertung nach Anschaffungskostenmodell

Beim Erwerb bilden die Anschaffungs- oder Herstellungskosten einer Sachanlage die Obergrenze der Bewertung. Bei der Folgebewertung kann zwischen dem Anschaffungskosten- und Neubewertungsmodell gewählt werden (IAS 16.29). Beim **Anschaffungskostenmodell** werden die Anschaffungskosten planmäßig über die Nutzungsdauer abgeschrieben. Als Verfahren werden in IAS 16.62 die lineare, degressive und leistungsabhängige Methode genannt. Die Nutzungsdauer stellt den Zeitraum der Nutzbarkeit des assets dar. Maßgebend ist die geplante Verwendungsdauer im Unternehmen, die von der Investitionsplanung abhängt. Im Zugangsjahr wird monatsgenau abgeschrieben, um den Aufwand richtig erfassen zu können.

Sachanlagen mit einem geringen Wert ("geringwertige Wirtschaftsgüter") können nach dem Grundsatz der **Wesentlichkeit** sofort als Aufwand behandelt werden. Die IFRS enthalten keine genauen Grenzwerte für die Sofortabschreibung. Die steuerrechtlichen Abschreibungsregeln für geringwertige Wirtschaftsgüter nach § 6 Abs. 2 EStG dürften auch nach IFRS anwendbar sein. Der steuerrechtliche Grenzwert von 800 € ist nach den internationalen Regelungen allerdings nicht bindend[1]. Wird ein PC für 800 € zzgl. 19% USt per Bank erworben, lautet die Buchung bei Sofortabschreibung:

> Other expenses 800, other receivables 152/Cash 952
> (Sonstige Aufwendungen, Vorsteuer/Bank)

Außerplanmäßige Abschreibungen sind vorzunehmen, wenn der erzielbare Betrag unter den fortgeführten Anschaffungskosten liegt (Abschreibungspflicht). Die Einzelheiten wurden im vierten Kapitel bei der Bewertung immaterieller Posten behandelt. Spätere Wertsteigerungen sind bis zu den ursprünglichen fortgeführten Anschaffungskosten zu berücksichtigen, wenn der Abschreibungsgrund wieder entfällt. Zusammengefasst gilt:

	Bewertung von property, plant and equipment - cost model -
Erwerbsjahr	<ul><li>Anschaffungs- oder Herstellungskosten</li><li>Abschreibung: Grundsätzlich monatsgenau</li><li>Sofortabschreibung geringer assets möglich (Wahlrecht)</li></ul>
Folgejahre	<ul><li>Verfahren: Linear, geometrisch-degressiv, nach Leistung</li><li>Nutzungsdauer: Nach betrieblicher Planung</li><li>Außerplanmäßige Abschreibungen: Pflicht, falls erzielbarer Betrag < Restbuchwert</li><li>Zuschreibung: Pflicht (mit Obergrenze)</li></ul>

Abb. 233: Bewertung von property, plant and equipment – cost model

---

[1] Vgl. Buchholz, R. (Rechnungslegung), S. 32.

6.3.2 Bewertung nach Neubewertungsmodell

Sachanlagen können auch nach dem **Neubewertungsmodell** bewertet werden (IAS 16.31-16.42). Normalerweise erfolgt alle drei bis fünf Jahre eine Neubewertung zum fair value, der nach IFRS 13 zu ermitteln ist. Die Bestimmung von Marktpreisen ist nicht bei allen Sachanlagen in gleicher Weise möglich: Für Fahrzeuge existiert meist ein großer Gebrauchtwagenmarkt, während für Grundstücke und Gebäude oft nur Einzelwerte zu bestimmen sind. Bei der Neubewertung können Wertänderungen nach oben und unten auftreten. Wertsteigerungen sind zunächst erfolgsneutral zu berücksichtigen, indem eine Neubewertungsrücklage in der Bilanz gebildet wird.

Nach der Neubewertung werden die weiteren planmäßigen Abschreibungen vom geänderten Wert vorgenommen, der über die restliche Nutzungsdauer verteilt wird[1]. Die Neubewertungsrücklage (revaluation surplus) kann unverändert fortgeführt oder anteilig in die Gewinnrücklagen (einbehaltene Ergebnisse) umgebucht werden (**Wahlrecht**)[2]. Im Folgenden wird von der Ausübung des Wahlrechts ausgegangen.

Wird bei der Neubewertung ein **gesunkener fair value** festgestellt und ist keine Neubewertungsrücklage vorhanden, entsteht sofort ein Aufwand. Ist eine Rücklage vorhanden, muss sie zunächst aufgelöst werden. Anschließend wird eine außerplanmäßige Abschreibung verrechnet. Spätere Zuschreibungen sind bis zu den fortgeführten ursprünglichen Anschaffungskosten erfolgswirksam zu verrechnen (darüber hinaus erfolgsneutral).

Das Wahlrecht zwischen dem cost model und dem revaluation model ist **stetig** auszuüben. Einerseits muss eine einheitliche Anwendung für eine Gruppe von Sachanlagen erfolgen: Alle Gebäude eines Unternehmens sind z.B. nach dem revaluation model zu bewerten. Andererseits muss die Methode im Zeitablauf beibehalten werden. Das Wahlrecht ist faktisch nur einmal auszuüben, nämlich beim erstmaligen Erwerb eines völlig neuen Postens. Auch bei der Neubewertung ist IAS 36 (Wertminderung von Vermögenswerten) zu beachten[3]. Dieser Aspekt wird im Folgenden vernachlässigt.

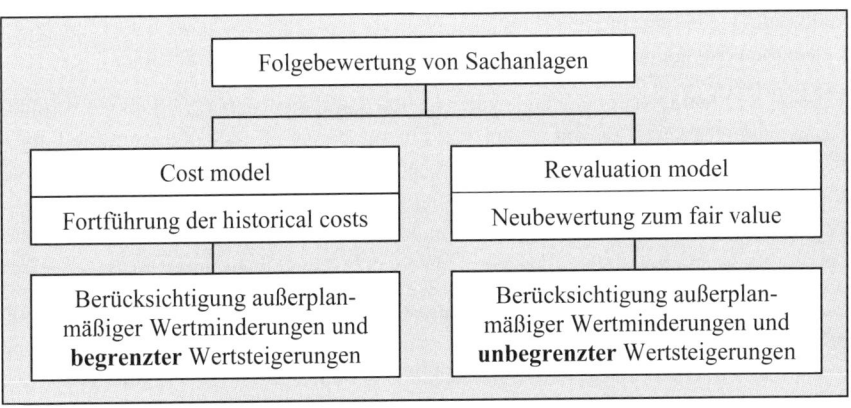

Abb. 234: Folgebewertung von Sachanlagen

---

[1] Vgl. Müller, S./Reinke, J. (Neubewertungsmethode), S. 18.
[2] Vgl. Heno, R. (Jahresabschluss), S. 246.
[3] Vgl. Müller, S./Reinke, J. (Neubewertungsmethode), S. 19.

Beispiel: Die X-AG erwirbt am 1.1.01 ein Gebäude für 500.000 € mit einer Nutzungsdauer von 50 Jahren, das jährlich mit 10.000 € linear abgeschrieben wird (Grund und Boden wird vernachlässigt). Am 31.12.10 beträgt der Buchwert 400.000 €. Es wird ein fair value von 480.000 € ermittelt, so dass beim Neubewertungsmodell eine Zuschreibung erfolgt (Buchung: "Buildings/Revaluation surplus 80.000"). Es entsteht eine Neubewertungsrücklage von 80.000 € in der Bilanz. In 11 werden 12.000 € als Abschreibung verrechnet (480.000 €/40 Jahre) und die Rücklage wird mit 2.000 € in die retained earnings umgebucht (80.000 €/40 Jahre). Latente Steuern werden vernachlässigt.

AK am 1.1.01: 500.000 € (Abschreibung 10.000 €/Jahr)		
Zeitpunkt	Gebäudewert	Neubewertungsrücklage
31.12.10 vorläufig	400.000 €	-
31.12.10 endgültig	480.000 €	80.000 €
31.12.11	468.000 €	78.000 €

Abb. 235: Beispiel zur Neubewertung von Gebäuden

Der Saldo aus Gebäudewert und (anteilig umgebuchter) Neubewertungsrücklage ergibt die fortgeführten Anschaffungskosten. Am 31.12.11 erhält man einen Betrag in Höhe von 390.000 € (468.000 € - 78.000 €). Diesen Wert erhält man auch, wenn im obigen Fall die Anschaffungskosten elf Mal um die jährlichen Abschreibungsbeträge vermindert werden: 500.000 - 11 x 10.000 = 390.000 €. Für die Neubewertungsrücklage gilt[1]:

Anteilige Umbuchung in retained earnings oder unveränderte Weiterführung

Die Umbuchung erscheint sinnvoll, da man durch die Saldierung von Aktivposten und zugehöriger Neubewertungsrücklage die fortgeführten Anschaffungskosten erhält und somit eine Beziehung zum ursprünglichen Wertverlauf herstellen kann. Außerdem dürfte die Neubewertungsrücklage im Zeitverlauf am Markt erwirtschaftet werden.

Am 31.12.12 betragen der Gebäudewert 456.000 € und die Rücklage 76.000 €. Wird bei der zweiten Neubewertung ein gesunkener fair value von z.B. 400.000 € ermittelt, muss die Neubewertungsrücklage mit 56.000 € über den Aktivposten aufgelöst werden (Rest: 20.000 €). Sinkt der fair value sogar auf 342.000 €, wird die Rücklage vollständig aufgelöst und es wird zusätzlich ein Aufwand (impairment expense) von 38.000 € verrechnet. Der Wert von 342.000 € wird über verbleibenden 38 Jahre abgeschrieben.

Wenn nach einer außerplanmäßigen Abschreibung eine Wertaufholung stattfindet, ist bis zur Höhe der fortgeführten Anschaffungskosten eine erfolgswirksame Zuschreibung vorzunehmen. Darüber hinaus wird eine Rücklage gebildet. Bei einer Wertminderung auf 342.000 € gelten im Folgejahr die folgenden Daten:

- Restwert am 31.12.13: 333.000 € (342.000 € - 9.000 €).
- Fortgeführte Anschaffungskosten: 370.000 € (500.000 € - 13 x 10.000 €).

---

[1] Vgl. Müller, S./Reinke, J. (Neubewertungsmethode), S. 18.

6. Bewertungsvorschriften nach IFRS

Wenn der fair value Ende 13: 370.000 € beträgt, werden 37.000 € erfolgswirksam zugeschrieben. Wäre der beizulegende Zeitwert am 31.12.13 noch weiter gestiegen, wäre der über 370.000 € hinausgehende Betrag erfolgsneutral zu behandeln, indem eine Neubewertungsrücklage gebildet wird[1].

Wird eine Sachanlage **veräußert**, muss ihr Restwert ausgebucht werden. Wenn der Buchwert bei Verkauf über den fortgeführten Anschaffungskosten liegt, sind die stillen Reserven realisiert und fließen dem Unternehmen in liquider Form zu. Damit gilt für die Neubewertungsrücklage im Verkaufsfall:

Pflicht zur Umbuchung der Neubewertungsrücklage bei Verkauf des assets

Im Verkaufsfall muss die Neubewertungsrücklage in die retained earnings umgebucht werden[2]. Eine Weiterführung ist nicht zulässig, da sich der zugehörige Vermögenswert nicht mehr im Unternehmen befindet.

Beispiel: Die Neu-AG wendet das Neubewertungsmodell an. Am 1.4.05 wird eine Maschine für 10.000 € zzgl. 19% USt per Bankzahlung veräußert, wobei noch eine Neubewertungsrücklage von 2.000 € besteht. Der Veräußerungspreis entspricht dem Buchwert, der bereits um die anteiligen Abschreibungen des Jahres 05 gekürzt wurde. Die Buchung lautet: "Cash 11.900/Machinery 10.000, other payables 1.900". Die Neubewertungsrücklage muss wie folgt umgebucht werden: "Revaluation surplus/Retained earnings 2.000". Die Auflösung der Rücklage führt nicht zum Ertrag in der GuV-Rechnung. Der Betrag von 2.000 € wird im sonstigen Ergebnis (other comprehensive income) erfasst.

Variante: Die Veräußerung erfolgt zum Preis von 9.800 € zzgl. 19% USt, der Buchwert ist unverändert 10.000 €. In diesem Fall sind 200 € aus der Neubewertungsrücklage über den Aktivposten aufzulösen. In die retained earnings gehen nur noch 1.800 € ein. Die zusammengefasste Buchung lautet: "Cash 11.662, revaluation surplus 2.000/Machinery 10.000, retained earnings 1.800, other payables 1.862".

Insgesamt gilt für die Bewertung von Sachanlagen nach dem Neubewertungsmodell:

	Bewertung von propety, plant and equipment **- revaluation model -**
Erwerbsjahr	▪ Anschaffungs- oder Herstellungskosten ▪ Abschreibung: Grundsätzlich monatsgenau
Folgejahre	▪ Neubewertung zum fair value (mit Rücklagenbildung) ▪ Planmäßige Abschreibungen vom fair value (Beibehaltung oder Umbuchung der Rücklage in retained earnings) ▪ Sinkender fair value: 1. Rücklagenauflösung, 2. Abschreibung ▪ Bei Wertaufholung: 1. Zuschreibung, 2. Rücklagenbildung

Abb. 236: Bewertung von property, plant and equipment - revaluation model

---

[1] Vgl. Ruhnke, K./Simons, D. (Rechnungslegung), S. 421-423.
[2] Vgl. Wagenhofer, A. (Rechnungslegungsstandards), S. 372.

6.4 Finanzinstrumente

In IFRS 9 werden drei Gruppen von Finanzinstrumenten unterschieden, deren Merkmale bereits erläutert wurden. Es handelt sich um die Kategorien:

- AC (amortised cost): Bewertung mit fortgeführten Anschaffungskosten.
- FVTOCI (fair value through other comprehensive income): Bewertung zum fair value, aber erfolgsneutral (Erfassung im OCI der Gesamtergebnisrechnung).
- FVTPL (fair value through profit or loss): Bewertung zum fair value, aber erfolgswirksam (Ausweis der Erfolge in der GuV-Rechnung).

Im Folgenden werden Schuldverschreibungen (Anleihen) als Beispiele für Fremdkapitalinstrumente bzw. Aktien als Beispiele für Eigenkapitalinstrumente betrachtet. Die Bewertungen im Anschaffungszeitpunkt (Erstbewertung) und danach (Folgebewertung) werden in der nächsten Abbildung dargestellt (AK = Anschaffungskosten).

	Bewertung von financial instruments		
	Kategorie AC	Kategorie FVTOCI	Kategorie FVTPL
Erstbewertung	Fair value (mit Nebenkosten)	Fair value (mit Nebenkosten)	Fair value (ohne Nebenkosten)
Folgebewertung	AK bzw. fortgeführte AK (bei Zinsdifferenz)	Fair value-Bewertung mit Rücklagenbildung	Fair value mit Erfolgsausweis

Abb. 237: Bewertung von Finanzinstrumenten

Bei der **Bewertung zu fortgeführten Anschaffungskosten** werden Schuldverschreibungen mit ihrem fair value bewertet, wobei direkte Nebenkosten (z.B. Bankgebühren) zu berücksichtigen sind. Damit erfolgt die Erstbewertung mit den Anschaffungskosten. Bestehen im Aufnahmezeitpunkt keine Zinsdifferenzen (zwischen der erworbenen Anleihe und dem Marktzinssatz), sind die Anschaffungskosten auch zukünftig relevant.

Besteht dagegen eine **Zinsdifferenz im Erwerbszeitpunkt**, wird eine erfolgswirksame Zu- oder Abschreibung in den Folgejahren vorgenommen. Wenn beim Kauf einer Anleihe der Marktzins größer ist als der Nominalzins, wird ein Disagio verrechnet, sodass der Preis der Anleihe unter ihrem Nennwert liegt. Hierdurch steigt der Effektivzins der Anleihe. In den Folgejahren wird die Zinsdifferenz erfolgswirksam zugeschrieben und am Ende der Laufzeit ist eine erfolgsneutrale Rückzahlung möglich[1].

Beispiel: Die X-AG erwirbt Anfang 01 eine Anleihe mit vierjähriger Laufzeit und einem Nennwert von 50.000 € (Nominalzins 8%). Da der Marktzins höher ist, wird ein Disagio von 2% verrechnet, sodass nur 49.000 € bezahlt werden müssen. Hierdurch steigt der Effektivzinssatz der Anleihe auf rund 8,6128% und es wird eine Gleichheit mit dem Marktzins erzielt[2]. Die Anleihe wird beim Erwerb mit 49.000 € bewertet und in den Folgejahren bis zum Nennwert zugeschrieben, wie die folgende Abbildung zeigt.

---

[1] Vgl. Buchholz, R. (Rechnungslegung), S. 138.
[2] Berechnung des Effektivzinses: $0 = 49.000 - 4.000/(1+i) - 4.000/(1+i)^2 + ... - 54.000/(1+i)^4$. Die Zahlung von 49.000 € muss dem Barwert der Zinsen und des Rückzahlungsbetrags entsprechen.

Zeit	Bewertung	Effektive Zinsen	Nominelle Zinsen	Disagio
Anfang 01	49.000	-	-	1.000
Ende 01	49.220,27	4.220,27	4.000	-220,27
Ende 02	49.459,51	4.239,24	4.000	-239,24
Ende 03	49.719,36	4.259,85	4.000	-259,85
Ende 04	50.001,59	4.282,23	4.000	-282,23

Abb. 238: Bewertung einer Anleihe zu fortgeführten Anschaffungskosten

In 01 erhält die X-AG Zinsen von 4.000 € (8% von 50.000 €), wenn die Kapitalertragsteuer und der Solidaritätszuschlag vernachlässigt werden. Die effektiven Zinsen betragen 4.220,27 € (0,086128 x 49.000 €). Die Wertpapiere werden mit 220,27 € zugeschrieben und insoweit werden die Anschaffungskosten fortgeführt. Buchung: "Cash 4.000, financial instruments at AC 220,27/Finance income 4.220,27". Der Zinsertrag wird erfolgswirksam behandelt. Der Wert der Anleihe wächst jährlich und erreicht im Rückzahlungszeitpunkt den Nennwert von 50.000 € (mit geringer Rundungsdifferenz).

Bei der **erfolgsneutralen Bewertung** zum fair value (Kategorie FVTOCI) werden die Nebenkosten im Anschaffungszeitpunkt aktiviert. Die Wertänderungen am Bilanzstichtag werden in einer Eigenkapitalrücklage erfasst, die als fair value-Rücklage (fair value-surplus) bezeichnet werden kann. Je nach Wertentwicklung ist am Bilanzstichtag eine positive oder eine negative Rücklage auszuweisen. Zunächst wird die erfolgsneutrale Bewertung von **Aktien** erklärt. Das Wahlrecht zwischen erfolgsneutraler und -wirksamer Bewertung wird zugunsten der Erfolgsneutralität ausgeübt.

Beispiel: Die A-AG erwirbt in 01 eine Aktie für 98 € (Bankgebühr 2 €). Bei der Anschaffung wird die Aktie mit 100 € aktiviert. Steigt der Wert am Bilanzstichtag Ende 01 auf 120 € (Fall a), entsteht eine positive fair value-Rücklage in Höhe von 20 €. Im Fall b) sinkt der fair value auf 90 €, sodass eine negative Rücklage in Höhe von 10 € ausgewiesen wird. Buchung im Fall a): "Financial instruments at FVTOCI/Fair value-surplus 20", im Fall b): "Fair value-surplus/Financial instruments at FVOCI 10".

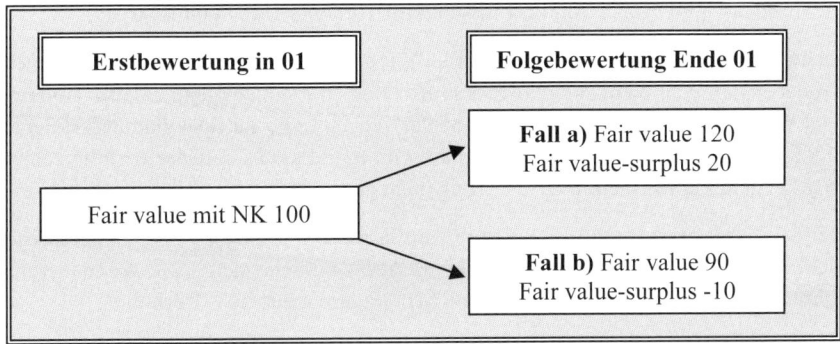

Abb. 239: Erfolgsneutrale fair value-Bewertung von Aktien

Die Erfolgsneutralität der Rücklage bleibt auch beim **Verkauf** der Aktien erhalten. Ein Gewinn bzw. Verlust wird direkt mit den retained earnings verrechnet. Es gilt:

> Kein Erfolgsausweis beim Verkauf erfolgsneutraler **Eigen**kapitalinstrumente

Wenn die Aktie im vorigen Fall a) Anfang 02 für 125 € veräußert wird, steigt die Rücklage zunächst um weitere 5 € an. Anschließend wird die gesamte Rücklage von 25 € in die Gewinnrücklagen (einbehaltene Ergebnisse – retained earnings) umgebucht: "Fair value-surplus/Retained earnings 25". Findet der Verkauf zu einem Kurswert statt, der unter dem Buchwert liegt, wird eine vorhandene positive fair value-Rücklage vermindert und nur der Rest erhöht die retained earnings. Entsteht beim Verkauf eine negative Rücklage, findet eine Verminderung dieses Eigenkapitalpostens statt.

Wird die Aktie im obigen Fall b) Anfang 02 für 90 € veräußert, sinken die retained earnings um 10 €. Werden beim Verkauf nur 85 € erzielt, wird die fair value-Rücklage um weitere 5 € vermindert (insgesamt -15 €). Anschließend erfolgt die Auflösung über die retained earnings mit der Buchung: "Retained earnings/Fair value-surplus 15".

Schuldverschreibungen der Kategorie FVTOCI werden ebenfalls nach dem obigen Schema bewertet. Die Wertänderungen des fair values ergeben sich bei festverzinslichen Wertpapieren insbesondere durch Zinsänderungen, die **nach** dem Erwerb stattfinden[1]. Beim Verkauf von Fremdkapitalinstrumenten findet jedoch ein **Recycling** statt, d.h. die zunächst erfolgsneutral behandelte Rücklage wird erfolgswirksam aufgelöst:

> Erfolgsausweis beim Verkauf erfolgsneutraler **Fremd**kapitalinstrumente

Beispiel: Ende 01 wird eine Schuldverschreibung at FVTOCI mit 50.800 € bewertet, die zugehörige fair value-Rücklage beträgt 800 €. Die Veräußerung erfolgt zum bilanzierten Wert. Dann erscheint in der GuV-Rechnung für 01 ein Finanzertrag in Höhe von 800 €. Gebucht wird: "Cash/Financial instruments at FVTOCI 50.800" und "Fair value-surplus 800/Finance income 800".

Findet ein Verkauf für 50.500 € statt, wird die Rücklage in Höhe von 300 € über das Wertpapier aufgelöst. In der GuV-Rechnung erscheint ein Finanzertrag von 500 €. Buchungen: "Fair value-surplus 800/Financial instruments at FVTOCI 300, finance income 500" und "Cash 50.500/Financial instruments at FVTOCI 50.500".

Zu den Finanzinstrumenten der Kategorie FVTPL gehören alle Eigenkapitalinstrumente, bei denen das Wahlrecht zur erfolgsneutralen Bewertung nicht genutzt wird. Außerdem sind Wertpapiere, deren Erwerb zu Handelszwecken (z.B. zur Spekulation) erfolgt, immer erfolgswirksam zu bewerten. Bei diesen **financial assets held for trading** kann das Wahlrecht auf erfolgsneutrale Bewertung nicht ausgeübt werden.

Bei der **erfolgswirksamen Bewertung** zum fair value (Kategorie FVTPL) werden die Nebenkosten im Anschaffungszeitpunkt als Aufwand behandelt[2]. Die Wertänderungen führen zu Finanzerträgen bzw. Finanzaufwendungen in der GuV-Rechnung.

---

[1] Vgl. zur Berechnung Buchholz, R. (Rechnungslegung), S. 144-145.
[2] Vgl. Hayn, S./Waldersee, G.G. (IFRS), S. 177.

Beispiel: Die A-AG erwirbt Mitte 01 eine Aktie für 98 € (Nebenkosten 2 €). Aktiviert werden 98 €. Die Nebenkosten werden sofort als Aufwand gebucht. Steigt der Wert am Bilanzstichtag Ende 01 auf 120 € (Fall a), entsteht ein Finanzertrag in Höhe von 22 € ("Financial instruments at FVTPL/Finance income 22"). Sinkt der Wert am Bilanzstichtag auf 90 € (Fall b), entsteht ein finanzieller Aufwand von 8 €. Die Buchung lautet: "Finance expense/Financial instruments at FVTPL 8".

Jedes Wertpapier beinhaltet ein gewisses Ausfallrisiko. Da es unterschiedliche Dimensionen annehmen kann, enthält IFRS 9 ein Stufenmodell der Kreditrisiken. Dies wird im Folgenden vernachlässigt. Zu Einzelheiten wird auf die Literatur verwiesen[1].

6.5 Vorräte

Vorräte umfassen nach IAS 2.6 Vermögenswerte, die im normalen Geschäftsverkehr veräußert werden sollen (z.B. Waren) oder im Produktionsprozess eingesetzt werden (z.B. Werkstoffe). Die Bewertung erfolgt mit den Anschaffungs- oder Herstellungskosten, die auch als **historical costs** bezeichnet werden können. Die **Anschaffungskosten** umfassen den Anschaffungspreis, der um direkt zurechenbare Nebenkosten erhöht und um Preisnachlässe vermindert wird. Zu den **Herstellungskosten** gehören die folgenden Teile:

Herstellungskosten nach IFRS	
Pflicht:	Produktionsbedingte Kosten (z.B. Einzelkosten für Material und Gemeinkosten für Abschreibungen) – jeweils in angemessener Höhe
Verbot:	- Unangemessene Produktionskosten (z.B. übermäßiger Materialverbrauch) - Allgemeine Verwaltungskosten (z.B. Geschäftsführung) - Vertriebskosten

Abb. 240: Herstellungskosten nach IFRS

Liegt der **Nettoveräußerungswert** (net realisable value) unter den historischen Kosten, muss auf den niedrigeren Wert abgeschrieben werden. Zur Berechnung des Nettoveräußerungswerts ist der im normalen Geschäftsverkehr erzielbare Preis um die Veräußerungskosten zu vermindern. Bei unfertigen Erzeugnissen müssen die Kosten der Fertigstellung berücksichtigt werden. Es wird eine absatzmarktorientierte Bewertung vorgenommen, da die Vorräte meist zur Veräußerung bestimmt sind.

Beispiel: Die Industrie-AG produziert im November 01: 500 Stück eines Produkts, deren Herstellungskosten 1.000 € pro Stück betragen. Am 31.12.01 sind noch 300 Stück auf Lager. Durch einen unerwarteten Preiseinbruch werden beim Verkauf in 02 voraussichtlich nur noch 900 € netto pro Stück erzielt werden können. Hierbei fallen noch 50 € Kosten je Stück für den Transport an, die die AG zu tragen hat.

Ende 01 beträgt der Nettoveräußerungswert durch einen Preisverfall 850 €. Da er unter den Herstellungskosten liegt, muss der niedrigere Wert beachtet werden. Es entsteht ein Verlust in Höhe von 150 € pro Stück (insgesamt: 45.000 € = 300 Stück x 150 €/Stück).

---

[1] Vgl. Buchholz, R. (Rechnungslegung), S. 139-141.

Beim Gesamtkostenverfahren wird gebucht: "Changes in inventories of finished goods/ Finished goods 45.000". Im Folgejahr findet eine erfolgsneutrale Veräußerung statt. Der Verlust wird vorgezogen, sodass eine **verlustfreie Bewertung** stattfindet.

Wenn die Gründe für eine außerplanmäßige Abschreibung später entfallen, muss eine **Wertaufholung** erfolgen. Hierbei dürfen die Anschaffungs- oder Herstellungskosten nicht überschritten werden.

Beispiel: Es gelten die vorherigen Daten der Industrie-AG. Ende 02 seien noch 100 Stück des alten Bestands auf Lager. Der Absatzpreis hat sich wieder erholt, so dass der Restbestand in 03 mit Gewinn veräußert werden kann. Die Zuschreibung beträgt 150 € je Stück, wodurch die Abschreibungen zum Teil wieder rückgängig gemacht werden. Gebucht wird: "Finished goods/Changes in inventories of finished goods 15.000".

Die Bewertung der Vorräte hat grundsätzlich nach dem Einzelbewertungsprinzip zu erfolgen. Zur Bewertungsvereinfachung wird in IAS 2.25 nur die Fifo-Methode als **Verbrauchsfolgeverfahren** zugelassen. Auch die Durchschnittsmethode kann in verschiedenen Formen angewendet werden[1]. Die gewählte Methode ist beizubehalten. Außerdem ist bei art- und funktionsgleichen Vorräten dasselbe Verfahren zu wählen[2].

6.6 Schulden

Zu den Schulden (liabilities) gehören die Rückstellungen, die Verbindlichkeiten und die passiven transitorischen Rechnungsabgrenzungsposten. Letztere werden zeitanteilig bewertet – es gilt der **Grundsatz der Periodenabgrenzung**: Wenn die A-AG am 1.10.01 die gesamte Miete von 12.000 € für ein vermietetes Grundstück (Zeitraum ein Jahr) im Voraus erhält, muss eine Abgrenzung für neun Monate erfolgen (Geschäftsjahr =Kalenderjahr). Auf 02 entfällt zeitlich gesehen 9/12 der Gesamtzahlung.

Buchung passiver Rechnungsabgrenzungsposten
Ende 01: Bank 12.000/Other income 3.000, deferred income 9.000 (Bank/Sonstige Erträge und passiver RAP)
In 02: Deferred income/Other income 9.000 (Passiver RAP/Sonstige Erträge)

Abb. 241: Buchung passiver Rechnungsabgrenzungsposten

Die Bewertung von **Rückstellungen** wird in IAS 37 (Rückstellungen, Eventualverbindlichkeiten und Eventualforderungen) festgelegt. Nach IAS 37.36 ist die bestmögliche Schätzung der Ausgabe zur Erfüllung der Verpflichtung relevant. Bei einer Einzelverpflichtung (z.B. beim Schadensersatzprozess) ist grundsätzlich das wahrscheinlichste Ereignis und die dabei auftretenden Ausgaben zugrunde zu legen (IAS 37.40). Allerdings können hierbei noch Korrekturen notwendig werden, um die Verpflichtungshöhe bestmöglich abzubilden.

---

[1] Vgl. Pellens, B./Fülbier, R.U./Gassen, J./Sellhorn, T. (Rechnungslegung), S. 496-499.
[2] Vgl. Kümpel, T. (Bewertung), S. 2613.

Beispiel: Die Y-AG stellt für einen Kunden ein Solarkraftwerk her. Auf Grund der komplizierten Technologie schätzt die Y-AG die folgenden Garantieverpflichtungen nach der Übergabe des Kraftwerks an den Abnehmer: 1.000.000 € (45%), 1.500.000 € (25%), 2.000.000 € (25%), 3.000.000 € (5%). Würde man bei dieser Einzelverpflichtung nur den wahrscheinlichsten Wert von 1.000.000 € als Rückstellungswert verwenden, bliebe mehr als die Hälfte der möglichen Schadenshöhen unberücksichtigt.

In diesem Fall ist der **Medianwert der Verpflichtung** ein geeigneter Rückstellungswert. Es handelt sich um den Betrag, für den gilt, dass mit einer Wahrscheinlichkeit von jeweils weniger als 50% ein höherer oder niedriger Betrag realisiert wird[1]. Im obigen Fall wird die Rückstellung mit 1.500.000 € bewertet, da dieser Wert eine Eintrittswahrscheinlichkeit von insgesamt über 50% aufweist.

Bei einer Vielzahl von Verpflichtungen mit unterschiedlichen Eintrittswahrscheinlichkeiten stellt der **Erwartungswert** die bestmögliche Schätzung dar. Die X-AG stellt Gartenmöbel her, bei denen innerhalb eines Jahres erfahrungsgemäß Mängel auftreten, die zu reparieren sind. Die X-AG schätzt die folgenden Reparaturkosten in der Garantiezeit: 40.000 € (15%), 80.000 € (80%), 120.000 € (5%). Daraus errechnet sich ein Erwartungswert in Höhe von 76.000 €.

Nach IAS 37.45 sind Rückstellungen abzuzinsen, wenn der Zinseffekt eine wesentliche Wirkung aufweist. Dann ist der Barwert der erwarteten Ausgaben zu verwenden. Eine Abzinsung dürfte erforderlich sein, wenn die Verpflichtung nach einem Zeitraum von mehr als einem Jahr eintritt[2]. Umgekehrt gilt für **kurzfristige Verpflichtungen**:

Keine Abzinsung kurzfristiger Verpflichtungen mit Laufzeit bis zu einem Jahr

Verbindlichkeiten sind bei ihrer Aufnahme mit dem beizulegenden Zeitwert zu passivieren (IFRS 9.5.1.1). Dieser Wert entspricht inhaltlich dem **Barwert** der Verbindlichkeit. Die Folgebewertung wird grundsätzlich mit den fortgeführten Anschaffungskosten nach der **Effektivzinsmethode** (IFRS 9.5.2.1 i.V.m 9.4.1.1) vorgenommen. Die Fortführung des Anschaffungswerts ist beim Agio bzw. Disagio von Bedeutung. Sie entstehen, wenn der Auszahlungsbetrag einer Verbindlichkeit über bzw. unter dem Rückzahlungsbetrag liegt. In diesem Fall weicht der Effektivzinssatz vom Nominalzinssatz ab.

Beispiel: Anfang 01 emittiert die A-AG eine Anleihe von 50.000 € (nomineller Zinssatz 8%, Auszahlung zu 49.000 €). Bei einer Laufzeit von vier Jahren und nachschüssiger Zinszahlung beträgt der Effektivzinssatz 8,6128%. Die Daten entsprechen denen des Beispiels aus Gliederungspunkt 6.4 (Bewertung einer Anleihe zu fortgeführten Anschaffungskosten). Die A-AG erhält 49.000 € und muss Ende jeden Jahres 4.000 € nominelle Zinsen bezahlen (8% von 50.000 €). Außerdem ist Ende 04 das Kapital (50.000 €) fällig.

Für 01 ergibt sich ein Zinsaufwand (effektive Zinsen) in Höhe von 4.220,27 € (0,086128 x 49.000 €). Da die nominellen Zinsen 4.000 € betragen, wird der Betrag von 220,27 € der Verbindlichkeit zugerechnet, die Ende 01 mit 49.220,27 € passiviert wird. In den Folgejahren wird entsprechend verfahren. Ende 04 sind zum einen die Zinsen zu buchen,

---

[1] Vgl. Kirsch, H. (Rechnungslegung), S. 188.
[2] Vgl. Pellens, B./Fülbier, R.U./Gassen, J./Sellhorn, T. (Rechnungslegung), S. 516.

die sich im letzten Jahr ergeben (effektive Zinsen von 4.282.23 €; 0,086128 x 49.719,36).
Zum anderen ist die Rückzahlung des Anleihebetrags zu buchen. In der folgenden Abbildung wird Ende 04 vereinfachend der Nominalwert von 50.000 € ausgebucht, obwohl bei korrekter Berechnung ein geringer Restwert übrigbleibt[1]. Es gilt: fin. = financial.

Buchung von Zinsaufwendungen bei Anleihen
Ende 01: Finance expense 4.220,27/Cash 4.000, non current fin. liabilities 220,27 (Finanzaufwand/Bank und langfristige Verbindlichkeiten)
Ende 04: Finance expense 4.282.23/Cash 4.000, non current fin. liabilities 282,23 (Finanzaufwand/Bank und langfristige Verbindlichkeiten) Non current fin. liabilities/Cash 50.000 (Langfristige Verbindlichkeiten/Bank)

Abb. 242: Buchung von Zinsaufwendungen bei Anleihen

Die Zahlung des Betrags von 4.000 € am Ende jeden Jahres wird wie folgt aufgeteilt: Der Inhaber der Schuldverschreibung erhält den Nettobetrag (2.945 €) auf sein Bankkonto. Das zuständige Finanzamt erhält die Kapitalertragsteuer zzgl. Solidaritätszuschlag in Höhe von insgesamt 1.055 € (0,26375 x 4.000 €). Gehört das Wertpapier beim Empfänger zum Betriebsvermögen, werden die Abzugszugsteuern bei den entsprechenden Ertragsteuern (Körperschaftsteuer und Solidaritätszuschlag) angerechnet.

Bei kurzfristigen Verbindlichkeiten spielen Zinseffekte kaum eine Rolle, sodass Abzinsungen entfallen. **Kurzfristig** bedeutet eine Rückzahlung innerhalb des gewöhnlichen Geschäftszyklusses oder innerhalb von **zwölf** Monaten nach dem Bilanzstichtag. Auch bei geringen Zinsunterschieden wird auf die Abzinsung verzichtet, da die Wertdifferenzen minimal sind. Zusammengefasst gilt für langfristiger Verbindlichkeiten:

Bewertung von langfristigen Verbindlichkeiten (mit Disagio: Effektivzins > Nominalzins)	
Erstbewertung	Folgebewertung
Fair value (beizulegender Zeitwert) Inhaltlich: Barwert	Fortgeführte Anschaffungskosten Zuschreibung auf Rückzahlungsbetrag

Abb. 243: Bewertung von Verbindlichkeiten mit Disagio

Verbindlichkeiten sind handelsrechtlich mit dem Erfüllungsbetrag zu bewerten. Eine Abzinsung ist unzulässig. Das Disagio **kann** nach § 250 Abs. 3 HGB aktiviert und über die Laufzeit des Kredits verteilt werden. Im letzten Beispiel müssten dann 50.000 € passiviert werden und es könnte (= Wahlrecht) das Disagio von 1.000 € aktiviert werden. Bei entsprechender Verteilung des Disagios kann ein Barwertansatz erzielt werden[2].

---

[1] Bei den gegebenen Daten ergibt sich Ende 04 ein Rückzahlungsbetrag von 50.001,59 € (siehe Punkt 6.4 Finanzinstrumente). Die Differenz zum Nennwert wird erfolgswirksam ausgebucht.
[2] Vgl. Buchholz, R. (Rechnungslegung), S. 169.

Zehntes Kapitel: Weitere Informationsinstrumente nach IFRS

1. Gesamtergebnisrechnung

1.1 Verfahren der Erfolgsermittlung

Nach IFRS wird eine **Gesamtergebnisrechnung** aufgestellt, die alle Eigenkapitaländerungen eines Geschäftsjahres erfasst. Im Folgenden wird zunächst die GuV-Rechnung dargestellt, die anschließend um das sonstige Ergebnis erweitert wird.

Bei der GuV-Rechnung nach IFRS kann der Erfolg mit dem Gesamtkostenverfahren (**nature of expense method**) oder dem Umsatzkostenverfahren (**cost of sales method**) ermittelt werden. Die folgende Abbildung zeigt die Gliederung der GuV-Rechnung (statement of profit or loss oder income statement) in Staffelform[1]. Im Schema wird zunächst das Betriebsergebnis dargestellt, anschließend folgt das Finanzergebnis. Nach Abzug der Steueraufwendungen (für sonstige Steuern, z.B. die Grundsteuer und für Ertragsteuern, z.B. die Gewerbesteuer) ergibt sich der Periodengewinn (profit). Nach IAS 1.32 besteht ein **Saldierungsverbot** zwischen sachlich gleichen Erträgen und Aufwendungen.

Income statement (nature of expense method)	
1. Revenue 2. Other income 3. Changes in inventories of finished goods and work in progress 4. Raw materials and consumables used 5. Employee benefits expense 6. Depreciation/amortisation expense 7. Other expenses	1. Umsatzerlöse 2. Sonstige Erträge 3. Bestandsveränderungen fertiger und unfertiger Erzeugnisse 4. Aufwand für Roh-, Hilfs- und Betriebsstoffe 5. Personalaufwand 6. Abschreibungsaufwand 7. Sonstige Aufwendungen
= **Operating profit/loss**	= **Betriebsergebnis**
8. Finance income 9. Finance expense	8. Finanzerträge 9. Finanzaufwendungen
= Profit or loss before tax	= Periodenergebnis vor Steuern
10. Other tax expense 11. Income tax expense	10. Sonstiger Steueraufwand 11. Ertragsteueraufwand
= **Profit/Loss**	= **Periodengewinn/Periodenverlust**

Abb. 244: Gliederung der GuV-Rechnung (nature of expense method)

---

[1] Vgl. Kirsch, H. (Rechnungslegung), S. 321 mit einigen Änderungen.

Die obige Gliederung muss in vielen Fällen erweitert werden, um den Anlegern entscheidungsrelevante Informationen vermitteln zu können. Die folgende Abbildung erläutert einige Posten der GuV-Rechnung:

Erläuterungen zur GuV-Rechnung	
1. Bestandsveränderungen	<ul><li>Mengenmäßige Bestandserhöhungen oder -minderungen, bewertet mit Herstellungskosten</li><li>Wertmäßige Bestandserhöhungen oder Bestandsminderungen, Abschreibung von Beständen</li></ul>
2. Andere aktivierte Eigenleistungen	Ertragskonto beim Ansatz selbst erstellter Posten (z.B. Entwicklungskosten). IFRS-Bezeichnung: Work performed by the entity and capitalised
3. Abschreibungen	<ul><li>Planmäßige Abschreibungen von Sachanlagen (depreciation expense)</li><li>Planmäßige Abschreibungen immaterieller Posten (amortisation expense)</li><li>Außerplanmäßige Abschreibungen (impairment expense)</li></ul>
4. Ertragsteueraufwand	<ul><li>Effektive Steueraufwendungen (Körperschaftsteuer mit Solidaritätszuschlag und Gewerbesteuer).</li><li>Latente Steueraufwendungen/Steuererträge. Anpassung des effektiven Steueraufwands an die Steuer gemäß IFRS-Ergebnis</li></ul>

Abb. 245: Erläuterungen zur GuV-Rechnung

Beispiel: Die A-AG hat in 01: 5.000 Produkte hergestellt. In 01 wurden 70% abgesetzt (624.750 € inkl. 19% USt). Für die Produktion wurde Material im Wert von 180.000 € verbraucht. Die Personalaufwendungen belaufen sich auf 245.000 €, wovon 160.000 € allgemeine Verwaltungskosten darstellen. Die Abschreibungen der Maschinen betragen 120.000 € (davon 40.000 € außerplanmäßig). Weitere nicht produktive Kosten: 18.000 € (other expenses). Das Finanzergebnis und die Ertragsteuern werden vernachlässigt.

Die folgende Abbildung zeigt die Erfolgsentwicklung. Die **Umsatzerlöse** (**revenue**) umfassen die typischen Erträge eines Unternehmens (z.B. den Warenverkauf im Handel). Allgemein werden Erträge nach IFRS als **income** bezeichnet[1]. Im Beispiel ergeben sich Umsatzerlöse in Höhe von 525.000 € (624.750 €/1,19).

Bei IFRS wird die Bestandserhöhung auf Vollkostenbasis berechnet, sodass der Materialaufwand mit 180.000 €, der Personalaufwand mit 85.000 € (ohne allgemeine Verwaltungskosten) und die planmäßigen Abschreibungen mit 80.000 € einzubeziehen sind. Die außerplanmäßigen Abschreibungen gehören nicht zu den Herstellungskosten und werden im Folgenden vereinfachend unter den sonstigen Aufwendungen ausgewiesen. Der Wert der Bestandserhöhung beträgt 103.500 € (345.000 €/5.000 Stück x 1.500 Stück).

---

[1] Vgl. CF 4.68, wonach gilt: Erträge entstehen durch Zunahmen von assets oder Abnahmen von liabilities, wobei sich die Änderungen im Eigenkapital niederschlagen.

Income statement 01	
1. Revenue	525.000 €
2. Changes in inventories of finished goods	+ 103.500 €
3. Raw materials and consumables used	- 180.000 €
4. Employee benefits expense	- 245.000 €
5. Depreciation expense	- 80.000 €
6. Other expenses	- 58.000 €
= Operating profit	= 65.500 €

Abb. 246: Beispiel zur GuV-Rechnung (nature of expense method)

Der Erfolg der GuV-Rechnung wird anschließend durch das OCI ergänzt. Das other comprehensive income umfasst erfolgsneutrale Wertänderungen (z.B. Wertsteigerungen von Maschinen). Das Gesamtergebnis (comprehensive income) ergibt sich wie folgt:

Other comprehensive income (OCI) 01	
1. Profit	65.500 €
2. Income of revaluation of machinery	+ 18.000 €
3. Expense of financial instruments at FVTOCI	- 10.200 €
4. Other comprehensive income (OCI)	7.800 €
= Total comprehensive income	= 73.300 €

Abb. 247: Beispiel zum other comprehensive income

Neben dem erwirtschafteten Gewinn von 65.500 € fand in 01 eine erfolgsneutrale Zuschreibung von Maschinen im Neubewertungsmodell statt (18.000 €). Außerdem wurde eine erfolgsneutrale Abwertung von Finanzinstrumenten der Kategorie FVTOCI in Höhe von 10.200 € vorgenommen. Das OCI beträgt 7.800 € und der Gesamtgewinn 73.300 €, wenn Ertragsteuern vernachlässigt werden[1].

Beim **Umsatzkostenverfahren** werden die Umsatzerlöse zunächst um den Umsatzaufwand gekürzt, um den **Bruttogewinn** (gross profit) zu ermitteln. Der Umsatzaufwand ergibt sich als Produkt aus abgesetzter Menge und den Herstellungskosten pro Stück. Letztere umfassen die Fertigungs- und Materialkosten, wobei auch Gemeinkosten in angemessener Höhe einzubeziehen sind. Die allgemeinen Verwaltungs- und Vertriebskosten stellen in voller Höhe Periodenaufwand dar.

Zu den **sonstigen Aufwendungen** gehören alle Aufwendungen, die weder dem Produktionsbereich, noch dem Verwaltungs- oder Vertriebsbereich zuzuordnen sind. Beispiele sind überhöhte Gemeinkosten bei der Fertigung, Verluste beim Verkauf von Sachanlagen oder außerplanmäßige Abschreibungen. Forschungskosten dürfen nicht aktiviert werden

---

[1] Die erfolgsneutralen Vorgänge führen im Regelfall zu latenten Steuern, da im deutschen Steuerrecht die Anschaffungs- oder Herstellungskosten nicht überschritten werden dürfen.

und werden meist gesondert ausgewiesen. Auch nicht aktivierungsfähige Entwicklungskosten für neue Produkte sind gesondert anzugeben. Das folgende Schema zeigt die Entwicklung des Betriebsergebnisses nach dem Umsatzkostenverfahren:

Income statement (cost of sales method)	
1. Revenue 2. Cost of sales	1. Umsatzerlöse 2. Umsatzaufwand
= **Gross profit**	= **Bruttogewinn**
3. Other income 4. Distribution costs 5. Administrative expenses 6. Other expenses	3. Sonstige Erträge 4. Vertriebskosten 5. Allgemeine Verwaltungskosten 6. Sonstige Aufwendungen
= **Operating profit/loss**	= **Betriebsergebnis**

Abb. 248: Gliederung der GuV-Rechnung (cost of sales method)

1.2 Ertragsausweis nach IFRS 15

Der **Ertragsausweis** wird in IFRS 15 (Erlöse aus Verträgen mit Kunden) geregelt. Der Standard unterscheidet zwischen zeitpunkt- und zeitraumbezogenen Leistungen.

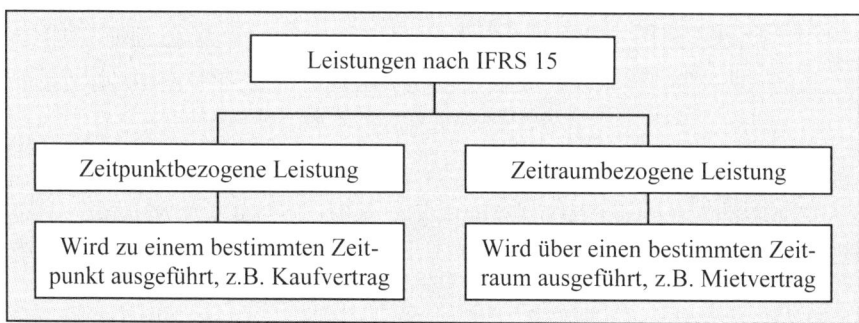

Abb. 249: Leistungen nach IFRS 15

Beim Kaufvertrag erhält der Käufer im Zeitpunkt der Übergabe einer Sache die Verfügungsmacht und der Verkäufer erfasst die Erträge in seiner GuV-Rechnung. Der Ertragsausweis (das Realisationsprinzip) folgt dem **control-Konzept**[1]. Bei zeitraumbezogenen Leistungen wird die Leistung jeweils in bestimmten Perioden erbracht.

Nach IFRS 15 gehören auch **Werkverträge** zu den zeitraumbezogenen Leistungen. Bei diesen Verträgen verpflichtet sich der Auftragnehmer, einen Gegenstand (z.B. ein Gebäude) nach den Vorgaben des Auftraggebers zu erstellen. Der Unternehmer (= Auftragnehmer) hat einen Anspruch auf Vergütung der Leistung, der nach § 641 Abs. 1 BGB entsteht, wenn der Kunde (= Auftraggeber) das Werk abgenommen (akzeptiert) hat.

---

[1] Vgl. Wüstemann, J./Wüstemann, S. (Revenue), S. 930.

Beispiel: Die Bau-AG erhält den Auftrag, für die Z-AG ein Gebäude zu erstellen. Der Festpreis beträgt 100 Mio. € netto. Hierin sind 10 Mio. € Gewinn enthalten. Der Baubeginn erfolgt am 1.7.01, Fertigstellung am 30.6.03 (Bauzeit zwei Jahre). Am Ende des Jahres 01 ist das Gebäude zu einem Viertel (= 25%) fertig gestellt.

International wird die Bewertung unfertiger Leistungen nach der **percentage of completion-method** (Gewinnausweis nach Fertigstellungsgrad) durchgeführt[1]. Das unfertige Gebäude (= unfertiges Erzeugnis) wird am Jahresende 01 mit den Herstellungskosten zzgl. Gewinnzuschlag von 2.500.000 € (25% von 10.000.000 €) bewertet. Im **HGB** erfolgt die Bewertung der unfertigen Leistung mit den Herstellungskosten. Ein Gewinn wird erst ausgewiesen, wenn die Fertigstellung und Abnahme des Werks durch den Auftraggeber erfolgt (Ende 03). Handelsrechtlich wird die **completed contract-method** angewendet (Gewinnausweis nach Fertigstellung), die durch das Vorsichtsprinzip gekennzeichnet ist. Unterschiede zwischen den Methoden sind bei der **Langfristfertigung** von Bedeutung, wenn die Fertigungsdauer mindestens einen Bilanzstichtag überschreitet.

	Erfolgsausweis nach IFRS	Erfolgsausweis nach HGB
Gewinn 01	2,5 Mio. Euro (25%)	-
Gewinn 02	5 Mio. Euro (50%)	-
Gewinn 03	2,5 Mio. Euro (25%)	10 Mio. Euro
Summe	10 Mio. Euro	10 Mio. Euro

Abb. 250: Erfolgsausweise bei Langfristfertigung

Ein Anwendungsproblem der percentage of completion-method besteht bei der Messung des Fertigstellungsgrads. Meist wird hierbei die **Kostenverhältnismethode** angewendet, bei der sich die Fertigstellung aus dem Verhältnis "tatsächliche Kosten eines Geschäftsjahres/geplante Gesamtkosten" ergibt. Allerdings ergeben sich bei langfristigen Projekten oft Kostensteigerungen, so dass die Methode schnell komplex wird[2]. Dann ist fraglich, ob die percentage of completion-method die Ertragslage richtig abbildet. Die completed contract-method dürfte in vielen Fällen die bessere Alternative darstellen.

2. Eigenkapitalveränderungsrechnung

2.1 Bestandteile des Eigenkapitals

Im **Handelsrecht** wird eine Aufstellung der Eigenkapitalveränderungsrechnung nur im Konzernabschluss verlangt. Der **Eigenkapitalspiegel** soll die Entwicklung der Eigenkapitalposten vom Jahresanfang bis zum Jahresende abbilden. Da das HGB keine Vorschriften für dieses Informationsinstrument enthält, hat das DRSC in DRS 22 (Konzerneigenkapital) entsprechende Regelungen entwickelt[3].

---
[1] Vgl. Hayn, S./Waldersee, G.G. (IFRS), S. 219.
[2] Vgl. Buchholz, R. (Rechnungslegung), S. 162-163.
[3] Vgl. Baetge, J./Kirsch, H.-J./Thiele, S. (Konzernbilanzen), S. 559-562.

Bei **IFRS** ist eine **Eigenkapitalveränderungsrechnung** verpflichtend. Um ihre Funktionsweise zu erklären, ist zunächst das Eigenkapital von Kapitalgesellschaften näher zu erläutern. Die wesentlichen Eigenkapitalgruppen sind:

- Issued capital: Gezeichnetes Kapital.
- Reserves: Rücklagen.

Diese Posten reichen aber nicht aus, um alle Eigenkapitalbewegungen bei Kapitalgesellschaften abzubilden. Das gilt auch für deutsche Aktiengesellschaften, bei denen strenge Vorschriften für die Erhaltung des Gesellschaftskapitals vorhanden sind. Daher müssen die Rücklagen (reserves) weiter unterteilt werden.

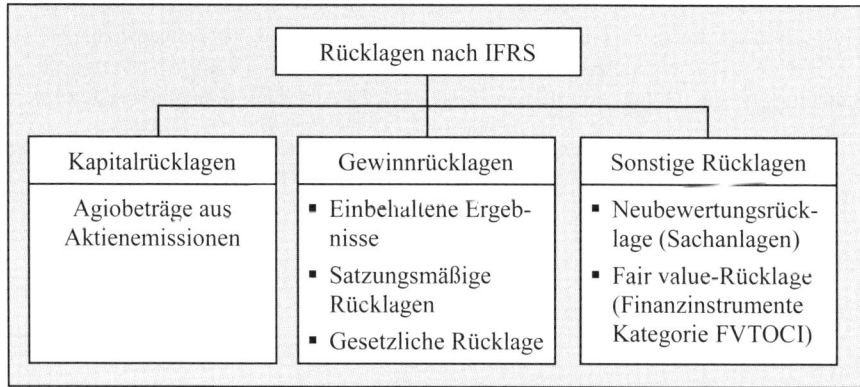

Abb. 251: Rücklagen nach IFRS

Es werden Kapitalrücklagen, Gewinnrücklagen und sonstige Rücklagen unterschieden[1]. **Kapitalrücklagen** (share premium) umfassen Beträge, die von den Gesellschaftern geleistet und nicht vom Unternehmen erwirtschaftet werden (z.B. Agio einer Aktienemission). Entsprechendes gilt auch für die **sonstigen Rücklagen** (other reserves), die sich aus marktbedingten Wertsteigerungen ergeben. Steigt der beizulegende Zeitwert für ein Grundstück durch eine verstärkte Nachfrage am Grundstücksmarkt, wächst die Neubewertungsrücklage für diesen Posten bei Anwendung des Neubewertungsmodells.

Die **Gewinnrücklagen** (revenue reserves) werden aus erwirtschafteten Gewinnen gebildet. Die unternehmerische Tätigkeit führt zu Erträgen und Aufwendungen, aus der im positiven Fall ein Periodengewinn (profit) resultiert. Dieser Gewinn ist um die Ertragsteuern zu kürzen. Die Gewinnrücklagen setzen sich aus verschiedenen Komponenten zusammen, die nachfolgend erläutert werden.

Die **einbehaltenen Ergebnisse** (retained earnings) umfassen den Periodengewinn des laufenden Geschäftsjahres und die nicht ausgeschütteten Gewinne der Vorjahre. Wenn in 02 ein Gewinn von 140.000 € nach Steuern erzielt wird, erhöht er die retained earnings. Anschließend werden aus den retained earnings andere Rücklagen, wie z.B. die gesetzliche Rücklage (legal reserve) dotiert. Dividenden vermindern ebenfalls die einbehaltenen Ergebnisse. In der IFRS-Bilanz wird grundsätzlich **kein Erfolg** ausgewiesen. Ein

---

[1] Vgl. Coenenberg, A.G./Haller, A./Schultze, W. (Jahresabschluss), S. 376.

2. Eigenkapitalveränderungsrechnung

Gewinn oder Verlust wird nur in der GuV-Rechnung dargestellt, die bereits erläutert wurde. Die GuV-Rechnung wird um das sonstige Ergebnis erweitert.

Die satzungsmäßigen Rücklagen (statutory reserves) werden im Gesellschaftsvertrag (Satzung) der Gesellschaft festgelegt. Die gesetzliche Rücklage ist nach deutschem Aktienrecht für Aktiengesellschaften zu bilden. Jährlich muss 1/20 des Jahresüberschusses (abzüglich eines eventuellen Verlustvortrags) in diese Rücklage eingestellt werden. Die Obergrenze der gesetzlichen Rücklage beträgt 1/10 des Grundkapitals. Eine Zuführung über diesen Maximalbetrag hinaus ist grundsätzlich nicht zulässig.

Die IFRS enthalten keine Aussage zur Ausschüttungsfähigkeit einzelner Bilanzposten. Die Dividenden werden nach den nationalen Vorschriften, d.h. für Aktiengesellschaften nach dem AktG berechnet. Eine freie Verfügbarkeit besteht nur für die retained earnings. Die Kapitalrücklage, die satzungsmäßige Rücklage und die gesetzliche Rücklage können nur in bestimmten Fällen aufgelöst werden. Auch die sonstigen Rücklagen dürften ausschüttungsgesperrt sein, da sie noch nicht durch einen Umsatzakt realisiert sind.

2.2 Veränderung des Eigenkapitals

Für den Aufbau der Eigenkapitalveränderungsrechnung sind in IAS 1 nur Mindestanforderungen festgelegt. Der folgende Aufbau ist zweckmäßig und wird grundsätzlich auch in DRS 22 verwendet[1]:

- Kopfzeile: Ausweis der relevanten Eigenkapitalposten.
- Kopfspalte: Ausweis der relevanten Einflussgrößen zur Veränderung des Eigenkapitals, wie z.B. Periodenerfolg, Dividenden.

Die nächste Abbildung zeigt das Schema einer Eigenkapitalveränderungsrechnung mit wesentlichen Eigenkapitalposten und Einflussgrößen. Wenn weitere Komponenten entscheidungsrelevant sind, müssen Ergänzungen vorgenommen werden. Da das **Gesamtergebnis** (total comprehensive income) das Periodenergebnis und das sonstige Ergebnis umfasst, wird es aufgeteilt: Das Gesamtergebnis erhöht die einbehaltenen Ergebnisse und bei einer Wertsteigerung von Sachanlagen die Neubewertungsrücklage.

	Eigenkapitalveränderungsrechnung				
	Gez. Kapital	Gesetzliche Rücklage	Einbehaltene Ergebnisse	Sonstige Rücklagen	Σ
Bestand 1.1.01					
• Gesamtergebnis • Ausschüttungen					
Bestand 31.12.01					Σ

Abb. 252: Aufbau einer Eigenkapitalveränderungsrechnung

---

[1] Vgl. Baetge, J./Kirsch, H.-J./Thiele, S. (Konzernbilanzen), S. 561. Da sich DRS 22 auf das Konzerneigenkapital bezieht, ist das angegebene Schema umfassender gestaltet worden.

Beispiel: Die A-AG verfügt zum 31.12.01 über das folgende handelsrechtliche Eigenkapital: Grundkapital 500.000 €, gesetzliche Rücklage 20.000 €, andere Gewinnrücklagen 240.000 €, Bilanzgewinn 160.000 €. In 02 beschließt die Hauptversammlung die vollständige Ausschüttung des Bilanzgewinns. In 02 entsteht ein neuer Jahresüberschuss von 340.000 €, von dem 17.000 € in die gesetzliche Rücklage einzustellen sind (1/20 von 340.000 €). Bei einer erfolgsneutralen Bewertung von Sachanlagen ist der fair value um 40.000 € gestiegen. Ertragsteuern werden vernachlässigt.

Zum 1.1.02 bestehen die einbehaltenen Ergebnisse (retained earnings) nach IFRS aus dem Bilanzgewinn und den anderen Gewinnrücklagen (insgesamt: 400.000 €). Das gezeichnete Kapital (issued capital) und die gesetzliche Rücklage (legal reserves) belaufen sich auf 500.000 € bzw. 20.000 €. Die Ausschüttungen vermindern die retained earnings, während der Periodenerfolg 02 (Jahresüberschuss) sie vermehrt. Ein Teil des Jahresüberschusses wird in die gesetzliche Rücklage umgebucht, wenn sie noch nicht ihren Maximalwert erreicht hat. Die erfolgsneutrale Neubewertung ist im Gesamtergebnis enthalten und erhöht die revaluation surplus (Neubewertungsrücklage).

In englischer Sprache kann das **statement of changes in equity** wie folgt aussehen. Die Angaben erfolgen in Euro, negative Beträge werden in Klammern angeführt. Die Ausgangs- und Endwerte stimmen mit den Bilanzposten überein. Transfers bezeichnen Umbuchungen. In der Kopfzeile können die erfolgsneutralen Posten (z.B. revaluation surplus) auch zum other comprehensive income (OCI) zusammengefasst werden[1].

	Statement of changes in equity				
	Issued capital	Legal reserves	Retained earnings	Revaluation surplus	Σ
Balance sheet 1.1.02	500.000	20.000	400.000	-	920.000
▪ Total comprehensive income			340.000	40.000	380.000
▪ Transfer to legal reserves		17.000	(17.000)		-
▪ Dividends paid			(160.000)		(160.000)
Balance sheet 31.12.02	500.000	37.000	563.000	40.000	1.140.000

Abb. 253: Beispiel zum statement of changes in equity

In der Eigenkapitalveränderungsrechnung (oder im Anhang) ist eine Angabe über die ausgeschütteten Dividenden vorzunehmen. Auch das **Ergebnis je Aktie** (earnings per share) ist dort anzugeben. Zur Berechnung dieser Kennzahl wird der Gewinn grundsätzlich durch die Anzahl der Aktien geteilt. Bei einem Gewinn von 5.000.000 € und einer Aktienzahl von 1.000.000 Stück berechnet sich ein Ergebnis je Aktie von 5 €. Allerdings treten in der Praxis oft Besonderheiten auf, z.B. bei Dividenden für Vorzugsaktien. Gewinnausschüttungen für diese Anteile sind vom Periodenergebnis abzuziehen[2].

---

[1] Vgl. Zülch, H./Fischer, D. (Financial), S. 1768.
[2] Vgl. im Einzelnen Kirsch, H. (Rechnungslegung), S. 470-471.

3. Kapitalflussrechnung

3.1 Abbildung der Finanzlage

Im **Handelsrecht** wird im Einzelabschluss grundsätzlich keine Kapitalflussrechnung verlangt. Auf der Konzernebene ist sie ein Pflichtbestandteil des Konzernabschlusses. Das HGB enthält keine speziellen Vorschriften für die Ausgestaltung der Kapitalflussrechnung, sodass zweckmäßigerweise der vom DRSC entwickelte DRS 21 (Kapitalflussrechnung) verwendet wird (aktuelle Fassung vom Dezember 2017).

Bei **IFRS** gehört die **Kapitalflussrechnung** (Statement of cash flows) zum Jahres- und Konzernabschluss. Die relevanten Vorschriften finden sich in IAS 7. Die Kapitalflussrechnung soll die Entwicklung der finanziellen Mittel für einen Zeitraum abbilden (Zeitraumrechnung). Die Anlage und Aufnahme finanzieller Mittel sind zu optimieren. Hierzu würden im Idealfall die zukünftigen Ein- und Auszahlungsgrößen in einem **Finanzplan** gegenübergestellt werden. Die Zahlungsströme wären im Rahmen einer zukunftsorientierten Unternehmensplanung zu bestimmen.

Die finanziellen Überschüsse und Engpässe könnten auf monatlicher oder jährlicher Basis ermittelt werden. Die Kapitalflussrechnung müsste Plandaten verwenden, die subjektiv und unsicher sind. Daher wird die Finanzlage im Realfall durch eine vergangenheitsorientierte Kapitalflussrechnung abgebildet. Sie soll die Quellen der Ein- und Auszahlungen des abgelaufenen Geschäftsjahres bestimmen, sodass gewisse Aussagen über die Liquidität in diesem Zeitraum gewonnen werden.

Die **Liquidität** ist die Fähigkeit eines Unternehmens zur fristgemäßen Erfüllung fälliger Verbindlichkeiten bei reibungslosem Ablauf des Betriebsprozesses[1]. Notverkäufe von Vermögensgegenständen sind zu vermeiden, da sie den Betriebsprozess entweder stören oder sogar unterbrechen. Im Idealfall stehen in jedem beliebigen Zeitpunkt genau die Mittel bereit, die zur Bezahlung der jeweiligen Verpflichtungen benötigt werden.

Die Liquidität ist außerdem von Bedeutung, weil ihre Nichteinhaltung zur Insolvenz des Unternehmens führen kann. Investoren, die Aktien solcher Unternehmen besitzen, unterliegen einem erhöhten Risiko. Deshalb muss die Liquidität fortlaufend überwacht werden. Sie bildet einen wesentlichen Bestandteil der **Finanzlage**, für die gilt[2]:

> Darstellung des gesamten Investitions- und Finanzbereichs eines Unternehmens unter besonderer Beachtung der Liquidität

3.2 Veränderung der Finanzlage

In der Bilanz werden die einzelnen Aktiv- und Passivposten zu einem bestimmten Zeitpunkt, dem Ende des Geschäftsjahres, abgebildet. Es handelt sich um eine Zeitpunktrechnung. Mit zwei aufeinanderfolgenden Bilanzen lassen sich die Veränderungen der

---

[1] Vgl. Wöhe, G./Bilstein, J./Ernst, D./Häcker, J. (Unternehmensfinanzierung), S. 25.
[2] Vgl. Buchholz, R. (Rechnungslegung), S. 192.

einzelnen Posten in einer **Beständedifferenzenbilanz** darstellen. Da jede einzelne Bilanz ausgeglichen ist, gilt das auch für die aus ihnen abgeleitete Beständedifferenzenbilanz.

Beispiel: Zum 31.12.01 werden in der Bilanz nur die Posten Waren und Bank in Höhe von jeweils 50.000 € ausgewiesen (Eigenkapital: 100.000 €). Am Ende des Folgejahres (31.12.02) sind die Waren vollständig abgesetzt worden, wodurch der Bankbestand auf 160.000 € gewachsen ist. Das Eigenkapital beträgt ebenfalls 160.000 €.

Die Abnahme der Waren (-50.000 €) und die Zunahme des Bankbestands (+110.000 €) führen per Saldo zu einer Aktivmehrung von 60.000 €. Sie entspricht der Zunahme des Eigenkapitals auf der Passivseite (Gewinn: 60.000 €). Beide Seiten entsprechen sich, sodass die Beständedifferenzenbilanz ausgeglichen ist. Diese Systematik wird auch dann eingehalten, wenn im Gegensatz zu diesem einfachen Beispiel eine Vielzahl verschiedener Aktiv- und Passivposten zu berücksichtigen sind.

Will man die Entwicklung eines bestimmten Bilanzpostens untersuchen, muss dieser isoliert betrachtet werden. Bei der Untersuchung der Liquiditätsentwicklung müssen insbesondere die Ursachen für die Veränderung des Bankkontos herausgestellt werden. Im obigen Beispiel wird das Bankkonto isoliert, sodass die folgende Gleichung gilt:

| Bank +110.000 € = Waren +50.000 € und Gewinn +60.000 €. |

Nach diesem Schema arbeitet eine **Kapitalflussrechnung** mit Fondsbildung[1]. Es wird ein spezieller Fonds gebildet und es werden die Ursachen seiner Veränderung untersucht. Ein **Fonds** lässt sich wie folgt definieren:

| Zusammenfassung bestimmter Bilanzposten zu einer Einheit |

Da die liquiden Mittel von großer Bedeutung für ein Unternehmen sind, wird in IAS 7 (Kapitalflussrechnung) ein **Finanzmittelfonds** definiert. Dieser Fonds umfasst Zahlungsmittel und Zahlungsmitteläquivalente, die die folgenden Inhalte aufweisen[2]:

- Zahlungsmittel: Schecks, Kassenbestände, Guthaben bei Kreditinstituten.
- Zahlungsmitteläquivalente: Diese Finanzmittel müssen jederzeit und ohne weitere Risiken in Zahlungsmittel umgetauscht werden können. Sie dürfen maximal eine Restlaufzeit von drei Monaten aufweisen, wobei der Erwerbszeitpunkt zählt. Anteile an Unternehmen haben keine Restlaufzeit und zählen daher regelmäßig nicht zu den Zahlungsmitteläquivalenten[3].

Beispiel: Die A-AG verfügt am 31.12.01 über folgende Bilanzposten: Kasse: 14.930 €, Girokonto: 23.420 €, Geldmarktkonto (mit monatlicher Kündigung): 20.000 €, Geldmarktkonto (mit halbjährlicher Kündigung): 50.000 €, langfristige Obligation 150.000 € (Ende 01 beträgt die Restlaufzeit drei Monate). Der Finanzmittelfonds beträgt 58.350 €. Die Obligation und das Geldmarktkonto mit halbjährlicher Kündigung gehören nicht dazu, weil der Zeitraum für ihre Liquidierung zu lang ist.

---

[1] Vgl. Bieg, H./Kußmaul, H./Waschbusch, G. (Rechnungswesen), S. 246.
[2] Vgl. Coenenberg, A.G./Haller, A./Schultze, W. (Jahresabschluss), S. 828.
[3] Vgl. Pellens, B./Fülbier, R.U./Gassen, J./Sellhorn, T. (Rechnungslegung), S. 200.

Im Laufe des Geschäftsjahres wird der Zahlungsmittelfonds durch eine Vielzahl verschiedener Einflussgrößen verändert: Durch Zu- oder Abnahmen des Anlage- oder Umlaufvermögens bzw. des Eigen- oder Fremdkapitals. Eine Systematisierung wird notwendig, die von IFRS und DRS 21 (im Handelsbetrieb) wie folgt vorgenommen wird:

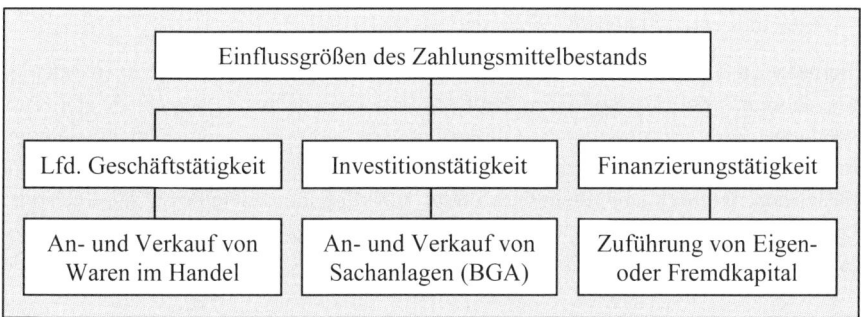

Abb. 254: *Einflussgrößen des Zahlungsmittelbestands*

Der Wareneinkauf führt im Handel zu Mittelabflüssen, wenn die Bezahlung der Lieferanten erfolgt. Barverkäufe an Kunden ziehen Mittelzuflüsse nach sich. Weitere Abflüsse entstehen durch die Bezahlung des Personals, der Mieten und der sonstigen betrieblichen Aufwendungen. Die laufende Geschäftstätigkeit stellt den **operativen Bereich** eines Unternehmens dar. Auszahlungen des Investitionsbereichs entstehen durch den Erwerb und die Bezahlung von Betriebsgebäuden, Firmenfahrzeugen oder von Betriebsausstattung. Kreditaufnahmen und Kredittilgungen gehören zur Finanzierungstätigkeit.

In einzelnen Fällen, wie z.B. der Behandlung von Zinsen, Dividenden und Ertragsteuern, treten Zuordnungsprobleme auf. Sollen die Zinsen für einen Kredit zur Finanzierung von Warengeschäften der laufenden Geschäftstätigkeit oder dem Finanzierungsbereich zugeordnet werden? Nach DRS 21 gehören die Zahlungen zum Finanzierungsbereich. Nach IAS 7 können sie im operativen Bereich oder im Investitions- bzw. Finanzierungsbereich erfasst werden[1]. Diese Details werden im Folgenden aber vernachlässigt.

Alle Veränderungen, die in den obigen Bereichen stattfinden, schlagen sich letztlich bilanziell nieder. Ein Barverkauf mit Gewinn führt zur Abnahme des Warenbestands und zur Erhöhung von Kasse und Eigenkapital (Gewinn). Der Kauf einer Maschine auf Ziel verändert das Anlagevermögen und die Lieferantenverbindlichkeiten. In der GuV-Rechnung findet nur der erste Vorgang einen Niederschlag, da er erfolgswirksam ist. Der Zielkauf ist dagegen erfolgsneutral und berührt die GuV-Rechnung nicht.

Der Finanzmittelfonds umfasst liquide Mittel (Zahlungsmittel und Zahlungsmitteläquivalente) und wird im Laufe des Geschäftsjahres durch Ein- und Auszahlungen verändert. Die Differenz dieser Zahlungen wird als **Cash flow** bezeichnet. Für die Berechnung des **vollständigen** Cash flows eines Jahres muss auf die bilanziellen Veränderungen zurückgegriffen werden, da nur dort alle drei Bereiche berücksichtigt werden. Der Cash flow **aus laufender Geschäftstätigkeit** kann dagegen auf zwei Arten berechnet werden:

---

[1] Vgl. Coenenberg, A.G./Haller, A./Schultze, W. (Jahresabschluss), S. 845 sowie die Gegenüberstellung auf S. 846.

- Direkte Methode: Cash flow = Einzahlungen - Auszahlungen.
- Indirekte Methode: Cash flow = Jahresüberschuss ± Korrekturen.

Bei der direkten Methode wird jeder einzelne Vorgang auf seine Zahlungswirksamkeit untersucht. Im Handelsbetrieb muss bei jedem Warenverkauf geprüft werden, ob Zahlungsmittel zufließen oder nicht. Diese Vorgehensweise ist sehr arbeitsintensiv, sodass meist die indirekte Methode bevorzugt wird.

Hierbei wird der Erfolg der GuV-Rechnung um die nicht zahlungswirksamen Aufwendungen und Erträge korrigiert, um den Cash flow eines Jahres zu berechnen[1]. Die Aufwendungen (z.B. Abschreibungen) müssen zugerechnet werden, da sie nicht zahlungswirksam sind. Nicht zahlungswirksame Erträge (z.B. Rückstellungsauflösungen) sind abzuziehen. Dadurch enthält ein Gewinn nur noch liquide Bestandteile. Wird bei IFRS das Gesamtergebnis als Basis gewählt, muss ein neutraler Gewinn aus dem OCI abgezogen werden, da er nicht zu liquiden Mitteln führt. Im Folgenden wird vom Erfolg der GuV-Rechnung ausgegangen, um den Cash flow auf indirekte Weise zu ermitteln.

International stellt das **EBITDA** (Earnings before interest, taxes, depreciation and amortisation) eine vereinfachte Cash flow-Ermittlung dar[2]. Dem Betriebsergebnis (EBIT) werden die Abschreibungen auf Sachanlagen (depreciation expense) und auf immaterielle Vermögenswerte (amortisation expense) wieder zugerechnet. Wenn keine weiteren nicht zahlungswirksamen Korrekturen zu beachten sind, erhält man auf diesem indirekten Weg den Cash flow.

Beispiel: Die Handels-AG hat in 01 Einzahlungen aus dem Warenverkauf in Höhe von 700.000 €. Die Auszahlungen für Wareneinkäufe betragen 400.000 €, die Abschreibung der Geschäftsausstattung 120.000 €. Aus der Auflösung von Rückstellungen sind Erträge von 20.000 € entstanden. Der Gewinn beträgt 200.000 €, wenn Ertragsteuern vernachlässigt werden. In der folgenden Abbildung werden die Methoden miteinander verglichen, wobei sich derselbe Cash flow ergibt.

Direkte Methode		Indirekte Methode	
Einzahlungen	700.000 €	Gewinn (ohne Steuern)	200.000 €
Auszahlungen	-400.000 €	Nicht zahlungswirksamer Aufwand	+120.000 €
		Nicht zahlungswirksamer Ertrag	-20.000 €
Cash flow	**300.000 €**	**Cash flow**	**300.000 €**

Abb. 255: Vergleich von direkter und indirekter Methode

Die direkte und die indirekte Methode ermitteln denselben Cash flow aus laufender Geschäftstätigkeit, wenn alle nicht zahlungswirksamen Vorgänge beim Periodengewinn korrigiert werden. Der Cash flow aus Investitionstätigkeit muss aber immer direkt ermittelt werden. Werden Sachanlagen gekauft und bezahlt, ergibt sich in diesem Zeitpunkt ein Mittelabfluss in Höhe der Anschaffungskosten. Die Umsatzsteuer stellt einen durchlaufenden Posten dar. In der GuV-Rechnung werden nur die jährlichen Abschreibungen

---

[1] Vgl. Bitz, M./Schneeloch, D./Wittstock, W./Patek, G. (Jahresabschluss), S. 554.
[2] Vgl. Coenenberg, A.G./Haller, A./Schultze, W. (Jahresabschluss), S. 1118.

berücksichtigt, die keinen Rückschluss auf den Mittelabfluss erlauben. Auch im Finanzierungsbereich ist meist nur die direkte Ermittlungsmethode anwendbar. Es gilt:

| Direkte Cash flow-Ermittlung im Investitions- und Finanzierungsbereich |

Die indirekte Ermittlung der Zahlungsströme ist von großer praktischer Bedeutung, da auf die GuV-Rechnung zurückgegriffen werden kann. Einige Erfolgskomponenten der GuV-Rechnung lassen sich hinsichtlich der Zahlungswirksamkeit eindeutig festlegen.

Zahlungseffekte von Erfolgsgrößen	
Nicht zahlungswirksamer Aufwand	Nicht zahlungswirksamer Ertrag
• Abschreibungen • Zuführung zu Rückstellungen • Bestandsminderungen	• Zuschreibungen • Auflösung von Rückstellungen • Bestandserhöhungen
Zurechnung	**Abrechnung**

Abb. 256: Zahlungseffekte von Erfolgsgrößen

Bei den Aufwandsgrößen sind neben den Abschreibungen die Zuführungen zu Rückstellungen und die Bestandsminderungen nicht mit Auszahlungen verbunden. Umgekehrt sind bei den Erträgen die Zuschreibungen, Rückstellungsauflösungen und Bestandserhöhungen nicht mit Einzahlungen verbunden.

Beispiel: In der GuV-Rechnung 02 wird ein Gewinn von 150.000 € ausgewiesen. Steuern werden vernachlässigt. Die Abschreibungen betragen 20.000 €, die Bestandserhöhung fertiger Erzeugnisse 40.000 €. Die Abschreibungen werden als nicht zahlungswirksamer Aufwand dem Gewinn zugerechnet und die Bestandserhöhung abgezogen. Damit ergibt sich ein Cash flow von 130.000 € (150.000 € + 20.000 € - 40.000 €) für das Jahr 02.

4. Anhang

4.1 Erläuterung des Jahresabschlusses

Im **Handelsrecht** hat der Anhang im Wesentlichen zwei Funktionen. Er soll die Posten der Bilanz und GuV-Rechnung erläutern und das Zustandekommen dieser Informationen erklären (Erläuterungsfunktion). Daher sind z.B. die Bilanzierungs- und Bewertungsmethoden im Anhang anzugeben. Außerdem soll der Anhang weitere Informationen über das Unternehmen vermitteln, sodass er auch eine Ergänzungsfunktion aufweist.

Nach **IFRS** hat der Anhang vergleichbare Aufgaben zu erfüllen. Die an ihn gestellten Anforderungen sind in IAS 1 (Darstellung des Abschlusses) festgelegt. Nach IAS 1.112 hat der Anhang die folgenden Funktionen zu übernehmen[1]:

---

[1] Vgl. Kirsch, H. (Rechnungslegung), S. 431.

- Erläuterungsfunktion: Darstellung von Angaben zu den Grundlagen der Abschlusserstellung und den besonderen Bilanzierungs- und Bewertungsmethoden.
- Entlastungsfunktion: Darstellung von Angaben, die nach IFRS verlangt werden, aber nicht in anderen Bestandteilen des Abschlusses enthalten sind.
- Ergänzungsfunktion: Bereitstellung von Zusatzinformationen, die nicht in anderen Bestandteilen des Abschlusses enthalten sind, aber für ihr Verständnis relevant sind.

Bei den Grundlagen der Abschlusserstellung ist eine Erklärung über die Einhaltung der IFRS nach IAS 1.16 aufzunehmen. Bei den Bilanzierungs- und Bewertungsmethoden sind z.B. die Bewertungsbasis und die Abschreibungsmethoden anzugeben. In den Standards werden oft spezielle Angabepflichten vorgeschrieben. In IAS 16.77 werden z.B. spezielle Angaben zur Neubewertung von Sachanlagen verlangt (Zeitpunkt der Neubewertung, Einsatz unabhängiger Gutachter etc.). Diese Angaben sind nicht in den Zahlenwerken enthalten und müssen daher in den Anhang aufgenommen werden.

Die Zusatzinformationen umfassen z.B. Angaben zu Eventualschulden, die noch nicht bilanzierungspflichtig sind. Außerdem sind Angaben zu den Risikomanagementzielen und Risikomanagementmethoden des Unternehmens vorzunehmen. Dies betrifft insbesondere Finanzanlagen und die damit verbundenen Risiken[1].

4.2 Segmentberichterstattung

Im **Handelsrecht** besteht im Konzernabschluss grundsätzlich ein Wahlrecht für den Segmentbericht (§ 297 Abs. 1 Satz 2 HGB). Unabhängig von der Ausübung sind im Konzernanhang nach § 314 Abs. 1 Nr. 3 HGB bestimmte Mindestaufgliederungen der Umsatzerlöse vorzunehmen. Eine Segmentberichterstattung ist für börsennotierte Muttergesellschaften eines Konzerns verbindlich festgelegt[2]. Da im HGB keine Vorschriften für die Gestaltung der Segmentberichterstattung vorhanden sind, ist die Anwendung von DRS 3 (Segmentberichterstattung) zweckmäßig.

Bei **IFRS** ist eine Segmentberichterstattung insbesondere für Unternehmen verpflichtend, deren Anteile oder Schuldtitel an einem organisierten Wertpapiermarkt gehandelt werden[3]. Die Regelungen zur Segmentberichterstattung sind in IFRS 8 (Geschäftssegmente) festgelegt. Das Informationsinstrument ist für Anleger wichtig, da in der Bilanz bzw. GuV-Rechnung nur **Gesamtgrößen** erscheinen (z.B. der Jahresüberschuss insgesamt). Eine Aufteilung (Segmentierung) des Erfolgs auf einzelne Produktgruppen oder Länder findet nicht statt. Diese Untergliederung kann genauere Informationen über die Ertragslage vermitteln. Es wird eine Risikoanalyse der Erträge möglich, da z.B. die Abhängigkeit von einzelnen Produktgruppen deutlich wird.

Nach IFRS folgt die Segmentberichterstattung dem **management approach**. Damit wird die Segmentabgrenzung verwendet, die für die interne Berichterstattung bzw. Unterneh-

---

[1] Vgl. Kirsch, H. (Rechnungslegung), S. 432.
[2] Im Einzelabschluss ist eine Segmentberichterstattung grundsätzlich nicht vorgesehen. Eine Ausnahme gilt für kapitalmarktorientierte Kapitalgesellschaften nach § 264 Abs. 1 Satz 2 HGB: Sie können eine Segmentberichterstattung vornehmen (Wahlrecht).
[3] Vgl. Fink, C./Ulbrich, P. (Segmentberichterstattung), S. 235.

menssteuerung zugrunde gelegt wird. Der management approach liegt auch DRS 3 zugrunde. Die nach IFRS 8.5 zu bildenden **operativen Segmente** (operating segments) müssen die folgenden Merkmale aufweisen[1]:

- Geschäftsaktivitäten führen potenziell oder tatsächlich zu Aufwendungen und Erträgen.
- Operative Ergebnisse werden von zentralen Entscheidungsträgern überwacht und bilden die Grundlage für die Steuerung und Überwachung des Unternehmens.
- Gesonderte Rechnungslegungsdaten sind verfügbar.

Damit nicht zu viele berichtspflichtige Segmente gebildet werden, müssen sie aus qualitativer Sicht entscheidungsrelevant sein. Außerdem müssen die Unternehmensbereiche bestimmte quantitative Merkmale erfüllen. Eine Berichtspflicht besteht nur, wenn die Segmente einen der in der folgenden Abbildung dargestellten Grenzwerte überschreiten. Hierdurch wird sichergestellt, dass nur über wesentliche Segmente berichtet wird.

Bei den Umsatzerlösen sind für jedes Segment die Umsätze mit Dritten (externe Umsätze) und mit anderen Segmenten (interne Umsätze) zusammenzufassen und danach in Relation zum Gesamtumsatz zu setzen. Beim Erfolg sind entweder 10% des Gewinns (oder Verlusts) zu nehmen, wobei der absolut höhere Betrag zählt. Es findet **keine Saldierung** von Gewinn- und Verlustsegmenten statt. Wenn zwei Segmente Gewinne von insgesamt 200.000 € und zwei weitere Segmenten Verluste von insgesamt -250.000 € erzielen, sind 10% von 250.000 € maßgeblich. Der Grenzwert für die Berichtspflicht beträgt somit 25.000 €. Alle Unternehmensbereiche, die keines der drei Kriterien erfüllen, werden zu einem **Sammelsegment** zusammengefasst[2].

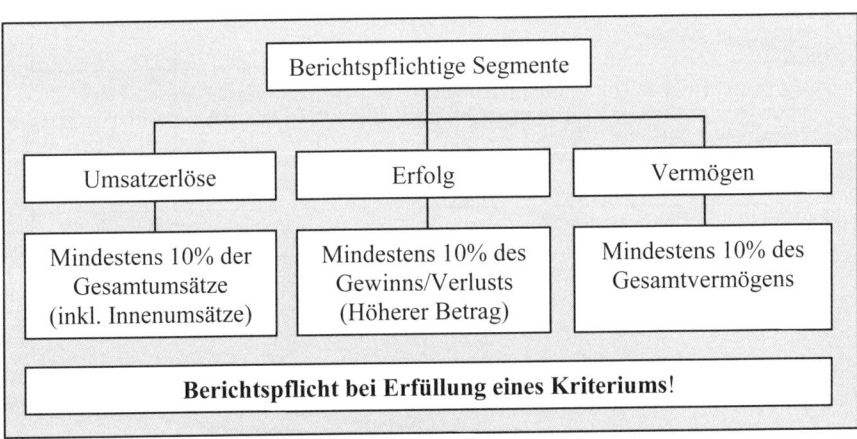

Abb. 257: Berichtspflichtige Segmente

Beispiel: Die X-AG stellt Fahrräder in verschiedenen Varianten her. Die Daten für die gesamten Umsatzerlöse, den Gewinn und das Vermögen der Produkte (= operating segments) lassen sich der folgenden Abbildung entnehmen (Angaben in Tausend Euro). Die Segmente Tourenräder und Mountainbikes überschreiten jeweils alle drei Kriterien. Bei

---
[1] Vgl. Alvarez, M./Büttner, M. (Segments), S. 309.
[2] Vgl. Müller, S./Peskes, M. (Segmentberichterstattung), S. 820.

den übrigen beiden Segmenten wird kein Kriterium überschritten, sodass sie zu einem Sammelsegment zusammengefasst werden. Die Informationen für die beiden Produkte werden insgesamt vermittelt. Ein spezieller Ausweis entfällt.

	Touren-räder	Mountain-bikes	Renn-räder	Trekking-räder	Summe
Umsatzerlöse	2.600	2.500	500	600	6.200
Gewinn	700	580	100	120	1.500
Vermögen	620	620	120	140	1.500
Berichtspflicht	**Ja**	**Ja**	**Nein**	**Nein**	

Abb. 258: Beispiel für berichtspflichtige Segmente

Die wesentlichen Segmentinformationen lassen sich der folgenden Abbildung entnehmen. Sie sind nach IFRS 8 und DRS 3 weitgehend identisch:

Merkmale	IFRS 8	DRS 3
Segmenterträge mit Dritten (externe Kunden)	Ja	Ja
Intersegmentäre Umsatzerlöse	Ja	Ja
Segmentergebnis	Ja	Ja
Segmentabschreibungen	Ja	Ja
Segmentvermögen (ohne Finanzanlagen)	Ja	Ja
Segmentinvestitionen	Ja	Ja
Zinsaufwand/Zinsertrag	Ja	Ja
Zahlungsunwirksame Größen	Ja	Ja

Abb. 259: Wesentliche Segmentinformationen[1]

Die **Segmenterträge** mit Dritten umfassen die Umsatzerlöse, die in einem Segment mit externen Kunden erzielt werden. Um die gesamten Erträge eines Segments zu erhalten, müssen zusätzlich noch die **intersegmentären Umsatzerlöse** berücksichtigt werden. Bei einem Fahrzeughersteller können z.B. Lieferungen des Segments "Motoren" an das Segment "Fahrzeuge" stattfinden. Die Bewertung erfolgt mit internen Verrechnungspreisen, die auf unterschiedliche Weise ermittelt werden können.

Vermindert man die Gesamterträge eines Segments um den Wertverzehr, der bei der Umsatzerzielung anfällt, erhält man das Segmentergebnis. Hierbei ergibt sich jedoch eine inhaltliche Unbestimmtheit, die sich aus dem management approach ergibt.

---

[1] Vgl. das vollständige Schema bei Alvarez, M./Büttner, M. (Segments), S. 317.

Bei der Unternehmenssteuerung kommen verschiedene Erfolgsgrößen zur Anwendung. Die Segmente werden nicht immer nach dem Betriebsergebnis der GuV-Rechnung geführt, das sich als Differenz der Erträge und Aufwendungen ergibt. Möglich ist z.B. eine Erfolgssteuerung mit dem kalkulatorischen Gewinn, der sich als Überschuss der Leistungen und Kosten ergibt. Diese Erfolgsgröße wird im internen Rechnungswesen ermittelt und unterscheidet sich insbesondere durch die kalkulatorischen Kosten vom operativen Gewinn nach IFRS[1].

Wenn das **Segmentergebnis** mit dem internen Rechnungswesen ermittelt wird, stimmt die Summe dieser Erfolgsgrößen nicht mit dem Betriebsergebnis nach IFRS überein: Die Summe der Teilgrößen führt nicht zur Gesamtgröße. Daher muss in einer **Überleitungsrechnung** eine Anpassung erfolgen, indem der Abzug kalkulatorischer Kosten wieder rückgängig gemacht wird.

Die Erfassung der **Segmentabschreibungen** ist notwendig, um den Cash flow für die Segmente zu berechnen. Bei der indirekten Ermittlung des Cash flows aus der laufenden Geschäftstätigkeit müssen die nicht zahlungswirksamen Aufwendungen dem Periodenergebnis wieder zugerechnet werden. Daher müssen auch andere wesentliche **zahlungsunwirksame Größen** für jedes Segment mitgeteilt werden.

Das **Segmentvermögen** umfasst die immateriellen und materiellen Vermögenswerte, die bei den einzelnen Segmenten eingesetzt werden[2]. Die Bewertung erfolgt nach den internen Vorschriften des Unternehmens, sodass eventuelle Korrekturen notwendig werden, damit die Summe der Vermögenswerte in den Segmenten mit dem Vermögen der Bilanz übereinstimmt.

Die **Segmentinvestitionen** beinhalten den Betrag der neu angeschafften materiellen und immateriellen Vermögenswerte. Bei den **Zinsaufwendungen** und **Zinserträgen** handelt es sich um die Aufwendungen und Erträge, die durch die Nutzung bzw. Überlassung von Fremdkapital entstehen. Zusätzlich zu den obigen Informationen sind noch weitere Angabepflichten zu erfüllen, zu denen auf die Literatur verwiesen wird[3].

Die folgende Abbildung zeigt eine beispielhafte Segmentberichterstattung mit drei Segmenten (Angaben in Tausend Euro). In der ersten Zeile erscheinen die Umsatzerlöse mit Dritten (externe Segmenterträge) und in der zweiten Zeile die internen Umsätze. Letztere müssen in der Überleitungsrechnung wieder rückgängig gemacht werden, um eine Doppelzählung zu vermeiden[4]. Nur die externen Erträge erscheinen in der GuV-Rechnung.

Nach Abzug der segmentbezogenen Aufwendungen (z.B. der Segmentabschreibungen) erhält man die Segmentergebnisse. Ihre Summe beläuft sich zunächst auf 434.000 €. Wenn kalkulatorische Kosten abgezogen wurden (z.B. 6.000 €), müssen sie wieder zugerechnet werden, da sie in der GuV-Rechnung keine Bedeutung haben. In der Abbildung erhält man ein Gesamtergebnis in Höhe von 440.000 € (434.000 € + 6.000 €).

---

[1] Vgl. Müller, S./Peskes, M. (Segmentberichterstattung), S. 823.
[2] Vgl. Fink, C./Ulbrich, P. (Segmentberichterstattung), S. 238.
[3] Vgl. Alvarez, M./Büttner, M. (Segments), S. 316-318.
[4] Die internen Umsätze führen beim Empfängersegment regelmäßig zu Aufwendungen. Die hierin enthaltenen Gewinnanteile sind in der Überleitungsrechnung als "Intersegmentergebnis" zu korrigieren. Dieser Aspekt wird im Beispiel vernachlässigt.

	Segmentberichterstattung				
	Segment A	Segment B	Segment C	Überleitungsrechnung	Unternehmen
Externe Segmenterträge Interne Segmenterträge	240 12	280 14	200 10	- -36	720 -
Summe	252	294	210	-36	720
Segmentergebnis	140	162	132	+6	440
Weitere Daten	...	...	...	...	...

Abb. 260: Beispiel zur Segmentberichterstattung

5. Konzernabschluss

5.1 Vorschriften für den IFRS-Konzern

Im **Handelsrecht** bauen die Regelungen zum Konzern auf den Vorschriften für alle Kaufleute und den ergänzenden Normen für Kapitalgesellschaften auf. Die §§ 290 bis 314 HGB enthalten konzernspezifische Vorschriften, die unter anderem zur Konsolidierung notwendig sind. Die §§ 315 bis 315d HGB behandeln im Wesentlichen den Lagebericht und die Inhalte zur nichtfinanziellen Konzernerklärung. § 315e HGB beinhaltet die Anwendung der IFRS im Konzernabschluss.

Bei den **IFRS** werden die Vorschriften zum Konzern in verschiedenen Standards geregelt. In IFRS 3 werden die Kapitalkonsolidierung und Bilanzierung von Firmenwerten behandelt. Dieser Standard enthält die Vorschriften zur Vollkonsolidierung von Mutter- und Tochtergesellschaften. Die Muttergesellschaft muss einen Konzernabschluss aufstellen, bei dem alle Kapital- und Leistungsbeziehungen zwischen der Mutter und ihren Tochtergesellschaften eliminiert werden.

IFRS 3 erlaubt die Anwendung des **Full Goodwill-Approachs**, sodass der Firmenwert auch dann in voller Höhe angesetzt werden kann, wenn die Mutter nicht über alle Anteile an der Tochtergesellschaft verfügt. Auch für die Minderheitsgesellschafter wird ein Firmenwert ausgewiesen, wenn der Ansatz gewählt wird. Alternativ kann der **Purchased Goodwill-Approach** gewählt werden. Dann wird nur der Firmenwert der Mutter aktiviert. Die Einzelheiten werden später behandelt.

IFRS 10 befasst sich mit der Beherrschung (control) von Unternehmen. Dieses Kriterium bildet die Grundlage für die Aufstellung von Konzernabschlüssen, IFRS 11 regelt die Bilanzierung von Gemeinschaftsunternehmen und IAS 28 erläutert die Funktionsweise der Equity-Methode bei assoziierten Unternehmen. IAS 27 legt die Bewertung von Finanzinstrumenten in **Einzelabschlüssen** (separate financial statements) fest. Nach IAS 27.10 können Beteiligungen entweder mit den Anschaffungskosten, nach IFRS 9 oder mit der Equity-Methode bewertet werden[1].

---

[1] Vgl. Buchholz, R. (Rechnungslegung), S. 149.

5. Konzernabschluss

IAS	Bezeichnung	Kurzinhalte
IAS 27	Separate Financial Statements	Bewertung von Beteiligungen in Einzelabschlüssen, Behandlung von Dividenden
IAS 28	Investments in Associates and Joint Ventures	• Definition assoziierter Unternehmen • Equity-Methode
IFRS	**Bezeichnung**	**Kurzinhalte**
IFRS 3	Business Combinations	• Kapitalkonsolidierung nach Erwerbsmethode (Neubewertung des Vermögens) • Behandlung von Firmenwerten (Full oder Purchased Goodwill Method)
IFRS 10	Consolidated Financial Statements	• Merkmale des Control-Konzepts • Vorschriften zur Konsolidierung
IFRS 11	Joint Arrangements	Bilanzierung von Gemeinschaftsunternehmen

Abb. 261: *Überblick über Standards zum Konzern*

Die **Bestandteile des Konzernabschlusses** nach IFRS entsprechen denen des Einzelabschlusses. Es müssen eine Konzernbilanz, eine Konzerngesamtergebnisrechnung, eine Konzernkapitalflussrechnung, eine Konzerneigenkapitalveränderungsrechnung und ein Konzernanhang erstellt werden. In drei Fällen muss noch eine zusätzliche Bilanz zum Beginn des frühesten Vergleichszeitraums aufgestellt werden (siehe neuntes Kapitel). Der Konzernanhang beinhaltet eine zusammenfassende Darstellung der wesentlichen Rechnungslegungsmethoden und sonstige Erläuterungen.

Kapitalmarktorientierte Konzerne müssen zusätzlich eine Segmentberichterstattung erstellen. Außerdem muss das Ergebnis je Aktie ermittelt werden. Die Aufstellung des Managementberichts (management commentary) ist auch im Konzern nicht verpflichtend. Deutsche Muttergesellschaften, die einen IFRS-Konzernabschluss aufstellen, müssen noch einen Lagebericht nach den Vorschriften des HGB erstellen.

5.2 Konsolidierungsarten

Der Konzernabschluss nach IFRS folgt der **Einheitstheorie**. Die wirtschaftlichen Verhältnisse des Konzern werden so dargestellt, als wäre der Konzern ein einziges Unternehmen. Die rechtliche Selbstständigkeit der einzelnen Konzernunternehmen tritt in den Hintergrund – sie werden als unselbstständige Abteilungen eines Unternehmens angesehen. Alle Beziehungen zwischen den Konzernunternehmen, die bei einem einzigen Unternehmen nicht auftreten würden, sind zu beseitigen. Werden Lieferungen zwischen den Konzernunternehmen durchgeführt, müssen Zwischengewinne neutralisiert werden, wenn die Produkte den Konzern noch nicht verlassen haben. Die Vollkonsolidierung von Mutter- und Tochtergesellschaften führt zum **Konsolidierungskreis im engeren Sinne**[1].

---
[1] Vgl. Buchholz, R. (Rechnungslegung), S. 225.

Der Konzernabschluss (consolidated financial statement) vermittelt eine angemessene Darstellung der wirtschaftlichen Lage des Unternehmensverbunds. Diese Informationen werden als verlässlicher angesehen als die des Einzelabschlusses, so dass gilt[1]:

> Konzernabschluss ist informativer als der Einzelabschluss

Neben der Muttergesellschaft und ihren Tochterunternehmen sind in den Konzernabschluss nach IFRS auch noch Gemeinschaftsunternehmen und assoziierte Unternehmen aufzunehmen. Ein **Gemeinschaftsunternehmen** (joint venture) wird von mindestens zwei Partnerunternehmen geführt[2]. Die beteiligten Unternehmen verfügen meist über gleiche Anteile und sind vertraglich zur gemeinsamen Führung des Gemeinschaftsunternehmens verpflichtet. Für die Bilanzierung der Beteiligung gilt (IFRS 11.24):

> Anwendung der Equity-Methode für Anteile an Gemeinschaftsunternehmen

Beispiel: Die B-AG und C-AG sind zu je 50% an der Joint-GmbH beteiligt, die ein Gemeinschaftsunternehmen darstellt. Die B-AG hat die Anteile am 1.7.01 für 500.000 € von der A-AG erworben, wobei die folgenden Daten für die Joint-GmbH galten: Buchwert des Eigenkapitals 780.000 € und stille Reserven 60.000 € (= Zeitwert des Eigenkapitals 840.000 €). Im Folgenden wird die Beteiligung der B-AG weiter betrachtet.

Im **Einzelabschluss** kann die Beteiligung mit den Anschaffungskosten, nach IFRS 9 oder nach der Equity-Methode bewertet werden. Im Erwerbszeitpunkt führen alle Methoden zum gleich hohen Ausgangswert von 500.000 €. Erst in den Folgejahren ergeben sich Bewertungsunterschiede nach den einzelnen Verfahren. Wird die Equity-Methode im Einzel- und Konzernabschluss gewählt, ergeben sich keine Wertdifferenzen.

Die Anschaffungskosten werden bei der Equity-Methode nach Maßgabe des übernommenen Eigenkapitals aufgeteilt. Dem Posten "interests in joint ventures 500.000" stehen im obigen Beispiel die folgenden Eigenkapitalteile gegenüber:

- 50% des Buchwerts des Eigenkapitals: 390.000 € (50% von 780.000 €),
- 50% der stillen Reserven: 30.000 € (50% von 60.000 €),
- Restbetrag: Firmenwert 80.000 €.

Die stillen Reserven werden nach Maßgabe der ihnen zugrunde liegenden Posten aufgelöst. Wenn sich die stillen Reserven im abnutzbaren Anlagevermögen befinden, entsteht in 01 ein Abschreibungsaufwand von 3.000 € bei einer Nutzungsdauer von fünf Jahren und linearer Abschreibungsmethode (30.000 €/5 x 6/12). Der Firmenwert wird nach IFRS nicht planmäßig abgeschrieben. Insoweit ergibt sich kein Erfolgseffekt.

Die Gewinne des Gemeinschaftsunternehmens erhöhen den Wert der Beteiligung, Verluste vermindern ihn. Werden Vermögenswerte erfolgsneutral zum fair value bewertet (z.B. Finanzinstrumente der Kategorie FVTOCI), führt die Wertsteigerung zur Zunahme

---

[1] Vgl. Pellens, B./Fülbier, R.U./Gassen, J./Sellhorn, T. (Rechnungslegung), S. 132.
[2] Abgrenzungsprobleme können zur gemeinschaftlichen Tätigkeit bestehen, die im Konzernabschluss anders behandelt wird als Anteile an einem Joint Venture. Vgl. hierzu Küting, K./Weber, C.-P./Dusemond, M./Küting, P./Wirth, J. (Konzernabschluss), S. 221-223.

des Eigenkapitals und damit anteilig zur Erhöhung des Beteiligungswerts. Umgekehrt verhält es sich bei einer Abwertung. Gewinnausschüttungen und Abschreibungen auf stille Reserven vermindern den Beteiligungswert. Somit gilt[1]:

Veränderung der Beteiligung (Equity-Methode)	
Erhöhung des Beteiligungswerts	Verminderung des Beteiligungswerts
▪ Gewinne des joint ventures ▪ Erhöhungen des OCI	▪ Verluste des joint ventures ▪ Verminderungen des OCI ▪ Gewinnausschüttungen ▪ Abschreibungen auf stille Reserven

Abb. 262: Veränderung der Anteilswerte nach Equity-Methode

Beispiel: Die Joint-GmbH erwirtschaftet in der zweiten Hälfte 01 einen Gewinn von 120.000 € (Anteil der B-AG: 60.000 €). Außerdem werden Aktien at FVTOCI am Bilanzstichtag um 24.000 € höher bewertet. Hiervon entfallen 12.000 € auf die B-AG. Da auch noch der Aufwand durch Abschreibung stiller Reserven zu beachten ist (3.000 €, Berechnung siehe oben), ergibt sich Ende 01 ein neuer Beteiligungswert von 569.000 €, der sich wie folgt berechnet:

$$500.000\ \text{€} + 60.000\ \text{€} + 12.000\ \text{€} - 3.000\ \text{€} = 569.000\ \text{€}$$

Ein **assoziiertes Unternehmen** liegt vor, wenn von einem Konzernunternehmen ein maßgeblicher Einfluss auf dieses Unternehmen ausgeübt wird. Es darf sich nicht um ein Tochterunternehmen oder Gemeinschaftsunternehmen handeln. Der maßgebliche Einfluss besteht in der Mitwirkung an den finanz- und geschäftspolitischen Entscheidungen. Bei einem Stimmrechtsanteil von **mindestens 20%** wird der Einfluss vermutet. Die Anteile an assoziierten Unternehmen werden ebenfalls nach der Equity-Methode bilanziert. Wenn Gemeinschaftsunternehmen und assoziierte Unternehmen in den Konsolidierungskreis einbezogen werden, entsteht ein Konsolidierungskreis im weiteren Sinne.

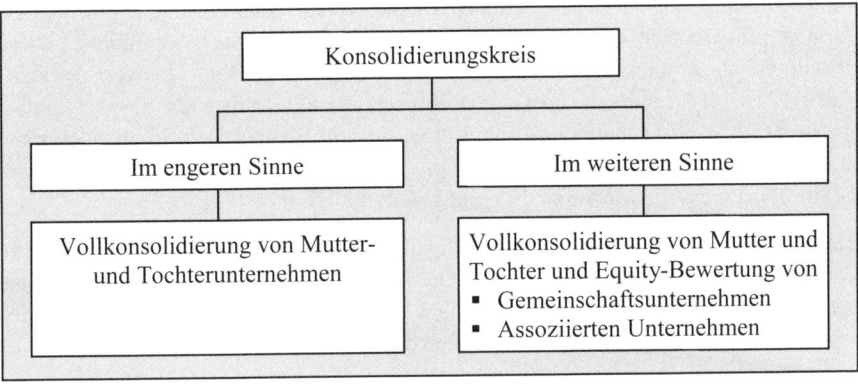

Abb. 263: Konsolidierungskreise nach IFRS

---

[1] Vgl. Buchholz, R. (Rechnungslegung), S. 225.

5.3 Vollkonsolidierung

5.3.1 Pflicht zur Durchführung

Im **Handelsrecht** wird die Vollkonsolidierung durchgeführt, wenn eine Muttergesellschaft mit Sitz im Inland einen beherrschenden Einfluss auf eine Tochtergesellschaft hat. Der Einfluss kann auf verschiedene Arten ausgeübt werden. In § 290 Abs. 2 HGB werden vier Fälle definiert, in denen ein beherrschender Einfluss vorliegt. Im HGB wird das Control-Konzept umgesetzt.

In IFRS 10 (Konzernabschlüsse) wird ebenfalls das Control-Konzept angewendet. Es wird allgemeiner und umfassender formuliert als im Handelsrecht. Das Control-Konzept ist erfüllt, wenn die folgenden Merkmale erfüllt sind[1].

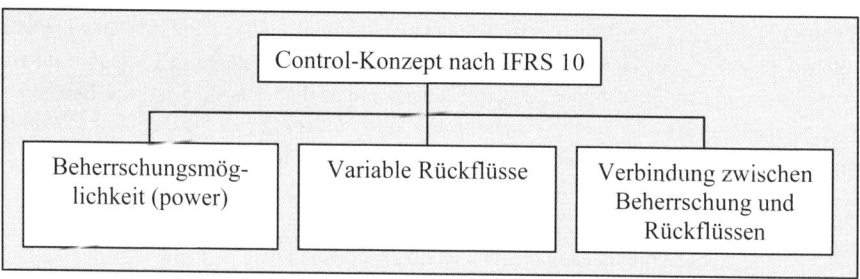

Abb. 264: Control-Konzept nach IFRS

Eine Muttergesellschaft muss die Möglichkeit haben, die Tochter zu beherrschen. Die **Beherrschungsmöglichkeit** wird am einfachsten erreicht, wenn die Muttergesellschaft die (direkte oder indirekte) Mehrheit der Stimmrechte an der Tochtergesellschaft besitzt[2]. Dann kann die Mutter die wichtigsten Organe der Tochter besetzen und ihren Willen bei allen unternehmerischen Entscheidungen der Tochter durchsetzen. Auch vertragliche Regelungen können zu einer Stimmenmehrheit führen.

Beispiel: Die A-B-OHG verfügt über 48% der Stimmen an der Z-AG. Sie hat mit dem Aktionär Klein, der über vier Prozent der Anteile verfügt, einen Vertrag abgeschlossen. Darin verpflichtet sich der Aktionär dauerhaft, auf allen Hauptversammlungen präsent zu sein und so zu stimmen, wie es die Gesellschafter A und B als Vertreter der OHG machen. Nach IFRS muss die OHG einen Konzernabschluss aufstellen. Sie verfügt über insgesamt 52% der Stimmen und somit über die Stimmenmehrheit. Nach IFRS muss auch eine Personengesellschaft als Muttergesellschaft einen Konzernabschluss aufstellen. Im HGB muss die Mutter eine Kapitalgesellschaft sein.

Die unternehmerischen Entscheidungen, die die Mutter bei der Tochter trifft, müssen zu Veränderungen ihrer Rückflüsse führen. Die Rückflüsse müssen also variabel sein und es muss eine Verbindung zwischen ihnen und den Entscheidungen der Mutter vorhanden sein. Als Beispiel lassen sich die Dividenden der Tochter anführen, wobei allerdings der

---

[1] Vgl. Küting, K./Mojadadr, M. (IFRS 10), S. 275.
[2] In Einzelfällen liegt eine Beherrschungsmöglichkeit auch vor, wenn keine Stimmenmehrheit oder vertragliche Regelungen vorliegen. Vgl. Erchinger, H./Melcher, W. (IFRS 10), S. 1232.

5. Konzernabschluss

Begriff "Rückflüsse" sehr breit angelegt ist[1]. Wenn die Mutter bei der Tochter eine neue Produktreihe einführt, deren Absatzerwartungen sich nicht erfüllen, sinken der Gewinn und damit auch die möglichen Ausschüttungen der Tochter an die Mutter. Letztere ist damit variablen Rückflüssen ausgesetzt.

Im **Handelsrecht** bestehen bei der Aufstellung des Konzernabschlusses und der Einbeziehung von Konzernunternehmen einige Wahlrechte. Nach § 293 HGB kann die Aufstellung eines Konzernabschlusses unterbleiben, wenn bestimmte Größenklassen eingehalten werden. Nach den **IFRS** ist auch im Konzernabschluss der Grundsatz der Wesentlichkeit (materiality) zu beachten. Wenn alle Tochterunternehmen zusammen von untergeordneter Bedeutung sind, kann auf die Einbeziehung verzichtet werden[2]. Es gilt:

> Nach IFRS: Keine konkreten Grenzwerte für befreiende Konzernabschlüsse

Das Handelsrecht enthält in § 296 Abs. 1 HGB unter anderem Einbeziehungswahlrechte, wenn Stimmrechte nicht ausgeübt werden können ("Rechtsbeschränkung") oder eine Verkaufsabsicht der erworbenen Anteile besteht ("Weiterverkaufsabsicht"). Bei IFRS muss in beiden Fällen eine Einbeziehung erfolgen. Werden Anteile mit Verkaufsabsicht erworben, ist IFRS 5 (Zur Veräußerung gehaltene langfristige Vermögenswerte und aufgegebene Geschäftsbereiche) anzuwenden. Nach diesem Standard gelten für die übernommenen Vermögenswerte und Schulden im Konzernabschluss besondere Bewertungs- und Ausweisvorschriften[3].

Ausnahmen von der Einbeziehungspflicht		
Merkmal	HGB	IFRS
Rechtsbeschränkung	Wahlrecht	Pflicht
Weiterverkaufsabsicht	Wahlrecht	Pflicht

Abb. 265: Ausnahmen von der Einbeziehungspflicht

5.3.2 Konsolidierungsgrundsätze

Der Ablauf der Vollkonsolidierung nach IFRS ist grundsätzlich mit der handelsrechtlichen Vorgehensweise vergleichbar. Ausgangspunkt sind die vereinheitlichten Einzelabschlüsse nach IFRS. Es erfolgen Additionen der einzelnen Bilanz- bzw. GuV-Posten zur Erstellung der Summenbilanz bzw. der Summen-GuV-Rechnung. Danach müssen Konsolidierungen durchgeführt werden, um Doppelzählungen zu vermeiden oder solche Erfolge zu neutralisieren, die aus Sicht des Konzerns noch nicht entstanden sind.

Das **Handelsrecht** enthält einige Bilanzierungswahlrechte. Daher müssen auf der Ebene des Konzerns **Vereinheitlichungen** stattfinden, damit die Informationen des Konzern-

---
[1] Vgl. Erchinger, H./Melcher, W. (Neuerungen), S. 1233.
[2] Vgl. Schildbach, T./Feldhoff, P. (Konzernabschluss), S. 113.
[3] Vgl. Pellens, B./Fülbier, R.U./Gassen, J./Sellhorn, T. (Rechnungslegung), S. 137.

abschlusses nach einheitlchen Maßstaben vermittelt werden. Die Tochtergesellschaften müssen ihre Bilanzierungsmethoden auf die der Muttergesellschaft ausrichten, sodass die Handelsbilanz II entsteht. Die Einzelheiten wurden im siebten Kapitel erläutert.

Die **IFRS** enthalten nur wenige ausdrückliche Wahlrechte. In einigen Standards besteht allerdings die Möglichkeit, unterschiedliche Bewertungsmethoden zu wählen, wobei das Stetigkeitsprinzip zu beachten ist. Die Bewertung von Sachanlagen kann z.B. nach dem Anschaffungskosten- oder dem Neubewertungsmodell erfolgen, die im neunten Kapitel beschrieben wurden.

Beispiel: Die Mutter-AG bewertet alle Sachanlagen nach dem Neubewertungsmodell, während die Tochter-AG das Anschaffungskostenmodell verwendet. Die unterschiedlichen Methoden sind zu vereinheitlichen. Allerdings wird in IFRS 10.B87 nicht festgelegt, dass eine Ausrichtung an der Bilanzierung des Mutterunternehmens zu erfolgen hat. Hiervon dürfte aber auszugehen sein, da die Mutter-AG die Verfügungsmacht innehat.

Die **Erstkonsolidierung** muss zu dem Zeitpunkt erfolgen, in dem das Control-Verhältnis erstmals besteht. Ab diesem Zeitpunkt sind die Erträge und Aufwendungen von neu erworbenen Tochtergesellschaften in den Konzernabschluss einzubeziehen[1]. Grundsätzlich ist der Tag des Mehrheitserwerbs der maßgebliche Stichtag für die Erstkonsolidierung. Wenn die Mutter-AG am 1.8.02 alle Anteile an der Tochter-AG erwirbt, muss die Erstkonsolidierung an diesem Tag durchgeführt werden.

Bei **abweichenden Geschäftsjahren** der Mutter- und Tochtergesellschaften muss die Tochter einen Zwischenabschluss auf den Bilanzstichtag der Mutter erstellen, wenn es nicht undurchführbar ist (IFRS 10.B92). Muss hiervon ausgegangen werden, ist der letzte Abschluss der Tochter zu verwenden, wobei wesentliche Vorgänge zwischen ihrem Aufstellungszeitpunkt und dem Konzernstichtag zu berücksichtigen sind. Weichen die Stichtage um mehr als **drei Monate** voneinander ab, ist ein Zwischenabschluss unabdingbar.

Bei IFRS werden keine Aufstellungs- und Offenlegungsfristen für den Konzernabschluss festgelegt. Deutsche Muttergesellschaften, die einen IFRS-Konzernabschluss aufstellen müssen, haben insoweit die Vorschriften des HGB zu beachten.

5.3.3 Kapitalkonsolidierung

Bei der Vollkonsolidierung verbundener Unternehmen ist eine Kapitalkonsolidierung vorzunehmen. Zunächst ist die Erstkonsolidierung durchzuführen, an die sich spätere Folgekonsolidierungen anschließen. Wenn die Konzernunternehmen aus Aktiengesellschaften bestehen, sind die folgenden Posten zu verrechnen:

- Beim Mutterunternehmen (parent): Die im Einzelabschluss ausgewiesenen investments in subsidiaries (Anteile an Tochtergesellschaften). Sie umfassen regelmäßig mehr als 50% der Anteile der Tochter.
- Beim Tochterunternehmen (subsidiary): Issued capital and reserves (gezeichnetes Kapital und Rücklagen). Zu den Rücklagen gehören die Kapitalrücklagen, Gewinnrücklagen und sonstigen Rücklagen. Letztere enthalten die aufgedeckten stillen Re-

---

[1] Vgl. Erchinger, H./Melcher, W. (Neuerungen), S. 1235.

serven in den Sachanlagen (bei Anwendung des Neubewertungsmodells) oder in den Finanzinstrumenten. Alle anderen stillen Reserven werden bei der Neubewertung des Vermögens der Tochter aufgedeckt und in eine spezielle Rücklage eingestellt.

Die Kapitalkonsolidierung nach IFRS 3 enthält ein **Wahlrecht**: Entweder wird der Firmenwert in voller Höhe angesetzt (**Full Goodwill-Approach**) oder beteiligungsproportional, d.h. soweit er von der Mutter bezahlt wurde (**Purchased Goodwill-Approach**)[1]. Im ersten Fall wird auch der Firmenwert aufgedeckt, der auf die Minderheitsgesellschafter entfällt. Dieser Ansatz unterscheidet sich somit deutlich von der handelsrechtlichen **Neubewertungsmethode**, die dem Purchased Goodwill-Approach entspricht.

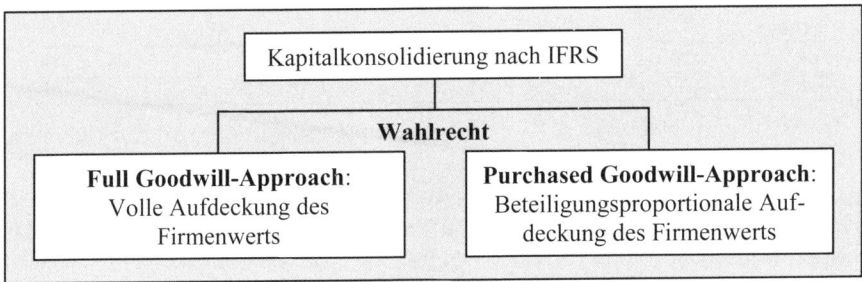

Abb. 266: Kapitalkonsolidierung nach IFRS

Der Firmenwert wird in IFRS 3 wie folgt definiert: gesamter fair value des erworbenen Unternehmens abzüglich seines Nettovermögens (assets vermindert um liabilities, jeweils bewertet zum beizulegenden Zeitwert)[2]. Bei einer Anteilsquote von 100% existieren keine Minderheitsgesellschafter, sodass gilt:

> Anteilsquote 100%: Full Goodwill-Approach = Purchased Goodwill-Approach

Beispiel: Die A-AG erwirbt alle Anteile an der X-AG für 5.000.000 € (= gesamter fair value). Für die X-AG gilt: Fair value der assets 6.100.000 €, liabilities 3.200.000 €. Daraus ergibt sich ein Zeitwert des Eigenkapitals von 2.900.000 € (50% gezeichnetes Kapital und 50% Rücklagen). Da die Mutter 5.000.000 € bezahlt, entsteht ein Goodwill von 2.100.000 €. Die Konsolidierungsbuchung lautet: "Issued capital 1.450.000, reserves 1.450.000, goodwill 2.100.000/Investments in subsidiaries 5.000.000".

Bei einer Beteiligungsquote **unter 100%** (aber größer als 50%) sind Minderheitsgesellschafter vorhanden. Ihre Minderheitsanteile werden non-controlling interest genannt und in der Konzernbilanz im Eigenkapital ausgewiesen. Beim Full Goodwill-Approach erhalten die Minderheiten nicht nur einen Anteil am beizulegenden Zeitwert des Tochtervermögens, sondern auch am Firmenwert des gesamten Unternehmens.

Beispiel: Die Mutter zahlt Ende 01 für einen Anteil an verbundenen Unternehmen in Höhe von 80%: 4.000.000 € (investments in subsidiaries). Darüber hinaus bilanziert die

---
[1] Vgl. Küting, K./Wirth, J. (Combinations), S. 462.
[2] Vgl. Pellens, B./Sellhorn, T./Amsoff, H. (Reform), S. 1750.

Mutter (parent) diverse Vermögenswerte (various assets) von 5.000.000 €. Die Bilanzen der Mutter und Tochter (subsidiary) lassen sich der folgenden Abbildung entnehmen (Angaben in Tausend Euro, cap. = capital). Die stillen Reserven wurden aufgedeckt.

Parent			Subsidiary		
Balance sheet 31.12.01			Balance sheet 31.12.01		
Various assets	5.000	Issued cap. 6.000	Various assets	6.100	Issued cap. 1.450
Investments	4.000	Reserves 3.000			Reserves 1.450
					Liabilities 3.200
	9.000	9.000		6.100	6.100

Abb. 267: IFRS-Bilanzen der Mutter und Tochter

Wenn die Mutter im obigen Fall 80% der Anteile für 4.000.000 € übernimmt, stehen ihr 80% des Eigenkapitals der Tochter zu (80% von 2.900.000 € = 2.320.000 €). Der Firmenwert der Mutter beträgt 1.680.000 € (4.000.000 € - 2.320.000 €). Den Minderheiten werden 20% des Eigenkapitals der Tochter (580.000 €) und bei Hochrechnung ein Firmenwert von 420.000 € zugerechnet (1.680.000 € x 0,2/0,8). Die Buchungen lauten:

1. Mutter: "Issued capital 1.160.000, reserves 1.160.000, goodwill 1.680.000/Investments in subsidiaries 4.000.000".
2. Minderheiten: "Capital 290.000, reserves 290.000, goodwill 420.000/Non-controlling interest 1.000.000".

Die Konzernbilanz hat das folgende Aussehen. Der Firmenwert umfasst den Anteil der Mutter (1.680.000 €) und den der Tochter (420.000 €). Außerdem werden die gesamten Vermögenswerte der Mutter und Tochter aktiviert (5.000.000 € + 6.100.000 €). Das Eigenkapital besteht aus dem Reinvermögen der Mutter und den Minderheitsanteilen.

Assets	Consolidated financial statement		Liabilities/Equity
Goodwill	2.100.000	Issued capital	6.000.000
Various assets	11.100.000	Reserves	3.000.000
		Non-controlling interest	1.000.000
		Liabilities	3.200.000
	13.200.000		13.200.000

Abb. 268: IFRS-Konzernbilanz (Full Goodwill-Approach)

Beim Purchased Goodwill-Approach wird nur der Firmenwert der Mutter ausgewiesen (1.680.000 €). Problematisch ist beim Full Goodwill-Approach die Hochrechnung des Firmenwerts auf Basis des Anteils der Mutter[1]. Hierbei wird unterstellt, dass die Vorteile

---

[1] Vgl. Küting, K./Wirth, J. (Goodwill), S. 4.

aus dem Unternehmenserwerb im gleichen Verhältnis auf die Mutter und die Minderheiten entfallen. Tatsächlich wird die Muttergesellschaft aber stärker von der Kooperation profitieren und deshalb auch bereit sein, einen höheren Firmenwert zu bezahlen als die Minderheitsgesellschafter. Bei einer Hochrechnung des Firmenwerts wird dieser Posten noch suspekter als bisher[1].

Bei der **Folgekonsolidierung** sind die aufgedeckten stillen Reserven in den nächsten Jahren weiterzuentwickeln. Das abnutzbare Anlagevermögen muss z.B. über die Nutzungsdauer abgeschrieben werden. Insoweit sinkt der Konzerngewinn im Vergleich zur Summe der Gewinne in den Einzelabschlüssen der Mutter und Tochter. Da der **positive Firmenwert** (Goodwill) nach IFRS nicht planmäßig abgeschrieben wird, entsteht insoweit kein Aufwand auf der Konzernebene. Nur wenn der jährliche **Werthaltigkeitstest** (impairment test) eine Wertminderung anzeigt, muss eine außerplanmäßige Abschreibung erfolgen. Zu Einzelheiten wird auf die Literatur verwiesen[2].

Bezahlt die Mutter für eine Tochter weniger als den Zeitwert des Eigenkapitals, entsteht ein **negativer Firmenwert**. In diesem Fall ist wie folgt vorzugehen:

1. Bewertungsüberprüfung: Zunächst sind die Anschaffungskosten der Beteiligung und die Werte der übernommenen Bilanzposten zu prüfen. Bewertungsfehler sind hauptsächlich in den übernommenen Posten der Tochterunternehmen zu finden.
2. Ertragsbehandlung: Sollte nach einer Überprüfung ein passiver Unterschiedsbetrag verbleiben, ist er **sofort** als Ertrag zu behandeln. Inhaltlich kann es sich z.B. um einen Glückskauf (lucky buy) handeln, bei dem ein Unternehmen zu einem niedrigen Preis erworben wird. Hierauf wurde bereits im siebten Kapitel eingegangen.

Beispiel: Die Parent-AG übernimmt zum 31.12.01 alle Anteile an der Subsidiary-AG (Beteiligung zu 100%). Buchwert des Eigenkapitals der Tochter: 800.000 € (Zeitwert 1.000.000 €). Anschaffungskosten der Anteile: 920.000 €.

Die Parent-AG erhält ein Reinvermögen im Zeitwert von 1.000.000 €, wofür sie nur 920.000 € bezahlt. Es entsteht ein negativer Firmenwert von 80.000 €. Nach IFRS 3 muss die Bewertung überprüft werden. Fehler können insbesondere bei der Neubewertung des übernommenen Vermögens entstehen: Vielleicht ist ein Gebäude der Tochter nicht wie gedacht 350.000 €, sondern nur 300.000 € wert. Die Korrektur der Werte führt zur Verminderung der Differenz. Sollte nach der Überprüfung noch ein negativer Firmenwert vorhanden sein, wird er als **Ertrag** behandelt. Anders als im HGB ist in der IFRS-Konzernbilanz kein passiver Unterschiedsbetrag auszuweisen (**Ansatzverbot**).

Der Ertrag aus einem negativen Firmenwert darf in der GuV-Rechnung nicht als außerordentlich bezeichnet werden[3]. Es könnte ein gesonderter Ausweis als "income from acquisition" (Ertrag aus Erwerbsvorgängen) erfolgen.

Die folgende Abbildung zeigt die Buchungen, wenn im Beispiel a) keine Wertkorrektur vorzunehmen ist bzw. b) eine Wertkorrektur um 50.000 € erfolgt. Die Anschaffungskosten der Anteile betragen 920.000 €. Somit entsteht bei a) ein Ertrag von 80.000 €, bei

---

[1] Vgl. Pellens, B./Sellhorn, T./Amsoff, H. (Reform), S. 1755.
[2] Vgl. Pellens, B./Fülbier, R.U./Gassen, J./Sellhorn, T. (Rechnungslegung), S. 882-889.
[3] Vgl. Grünberger, D. (IFRS), S. 443.

b) dagegen nur in Höhe von 30.000 €. Im Fall b) findet vorab eine Abwertung des Gebäudes statt ("Reserves/Buildings 50.000"), sodass das Eigenkapital der Tochter sinkt und nur noch 950.000 € beträgt.

1. Buchung zur Anteilsverrechnung – **ohne Wertkorrektur a)**:			
Capital and reserves	1.000.000 /	Investments in subsidiaries	920.000
		Income from acquisition	80.000
2. Buchung zur Anteilsverrechnung – **mit Wertkorrektur b)**:			
Capital and reserves	950.000 /	Investments in subsidiaries	920.000
		Income from acquisition	30.000

Abb. 269: Buchungen zum negativen Firmenwert (IFRS)

5.3.4 Weitere Konsolidierungen

Auch nach IFRS gilt der Gedanke der Einheitstheorie, nach der die Tochterunternehmen quasi unselbständige Abteilungen des Unternehmens darstellen. Daher müssen alle Leistungsbeziehungen zwischen den Konzernunternehmen eliminiert werden. Es sind eine Schulden-, Zwischenergebnis- und Aufwands- und Ertragskonsolidierung durchzuführen. Die IFRS enthalten hierfür nur allgemeine Regelungen. Methodische Unterschiede zum HGB dürften aber nicht bestehen, sodass entsprechend vorgegangen werden kann. Im Folgenden wird nur die **Zwischenergebniskonsolidierung** kurz dargestellt.

Im Handelsrecht besteht ein Wahlrecht zur Einbeziehung der allgemeinen Verwaltungskosten in die Herstellungskosten. Nach IFRS dürfen diese Kosten nicht aktiviert werden. Hieraus können unterschiedliche Zwischenergebnisse resultieren.

Beispiel: Die Mutter liefert an ihre Tochter Waren für 15 € pro Stück (netto). Die produktionsbedingten Vollkosten pro Stück betragen 10 €. Würden auch die allgemeinen Verwaltungskosten verrechnet, ergäbe sich ein Wert von 12 € pro Stück. Im HGB liegt die Wertobergrenze bei 12 € pro Stück und die Wertuntergrenze bei 10 € pro Stück. Es entstehen konsolidierungspflichtige Gewinne (3 € je Stück) und konsolidierungsfähige Gewinne (2 € je Stück). Bei IFRS ist die Bewertung mit 10 € pro Stück vorzunehmen, sodass ein konsolidierungspflichtiger Zwischengewinn von 5 € je Stück entsteht.

	IFRS	HGB
Verrechnungspreis	15 €/Stück	15 €/Stück
Herstellungskosten		
▪ Obergrenze	10 €/Stück	12 €/Stück
▪ Untergrenze	10 €/Stück	10 €/Stück
Konsolidierungspflichtig	5 €/Stück	3 €/Stück
Konsolidierungsfähig	-	2 €/Stück

Abb. 270: Vergleich von Zwischengewinnen (IFRS - HGB)

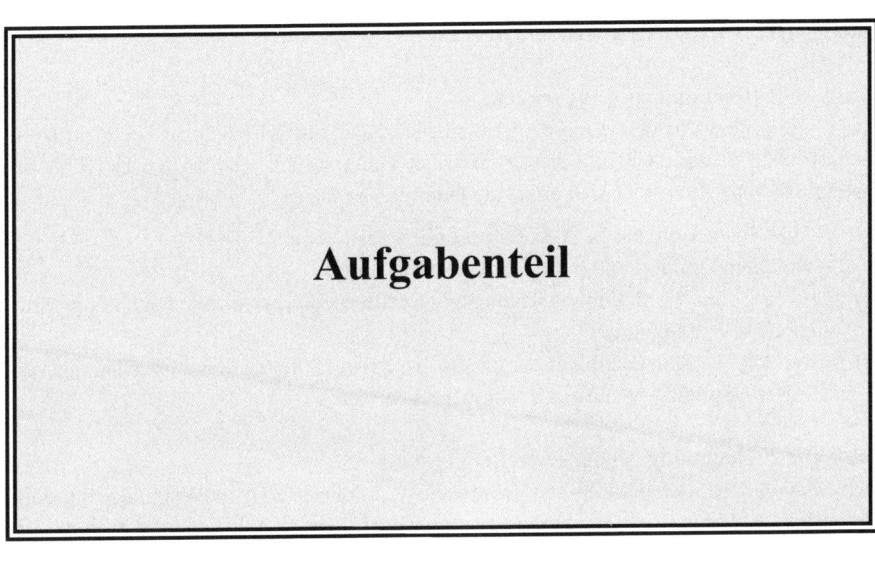

Aufgaben zum ersten Kapitel

Aufgabe 1 (Rechnungslegungszweck)
Die X-Bank gewährt dem Einzelunternehmer Schulze am 2.1.01 einen Kredit in Höhe von 100.000 €, der nach fünf Jahren in voller Höhe zurückzuzahlen ist. Der Zinssatz beträgt 6%. Die Zinsen werden am Ende jeden Jahres fällig.
a) Welche Interessen hat die X-Bank bezüglich des Kredits?
b) In welchem Umfang haftet ein Einzelunternehmer?
c) Gewährleisten die Rechnungslegungsvorschriften eine Erhaltung der Haftungssubstanz beim Kreditnehmer?
d) Inwieweit werden Gläubiger durch die handelsrechtlichen Rechnungslegungsvorschriften geschützt, wenn ein Kredit vergeben wurde?

Aufgabe 2 (Rechnungslegungszwecke)
Einzelhändler Müller betreibt seit Jahren ein Handelsgeschäft in Würzburg mit zehn Angestellten. Er hat Kredite in Höhe von durchschnittlich 200.000 € bei der X-Bank. Die jährliche Zinsbelastung beträgt durchschnittlich 20.000 €. Der Angestellte Müller ist 52 Jahre alt und bezieht ein Gehalt von monatlich 4.000 € (die Sozialversicherung ist zu vernachlässigen). Es wird ein 13. Monatsgehalt gezahlt. Großhändler Schulze liefert Waren an Müller im Wert von durchschnittlich 250.000 € pro Jahr (inklusive Gewinnaufschlag von 25%).
Tragen Sie die Interessen der einzelnen Bilanzadressaten in das Schema ein.

Bilanzadressat	Allgemeines Interesse	Finanzielles Interesse

Aufgabe 3 (Bilanz und GuV-Rechnung)
Buchdruckermeister Otto Müller nimmt seine gewerbliche Tätigkeit am 1.4.01 auf. Sein Eigenkapital beträgt zu diesem Zeitpunkt 200.000 € – Schulden existieren nicht. Zum 31.12.01 erstellt er den Jahresabschluss. Für 01 betragen die Erträge 220.000 € und die Aufwendungen 130.000 €. Das Eigenkapital wurde nur durch betriebliche Vorgänge verändert. Ertragsteuern sind zu vernachlässigen.
a) Wie hoch ist der Erfolg des Geschäftsjahres? Wo wird er ausgewiesen?

b) Wie hoch ist das Reinvermögen am Ende des Geschäftsjahres? Wo wird es ausgewiesen?
c) Welche Verbindung besteht zwischen dem Erfolg und dem Vermögen?
d) Muss Otto Müller das Geschäftsjahr unbedingt zum 31.12.01 abschließen?

Aufgabe 4 (Eigen- und Fremdkapital)
a) Stellen Sie die Eigenschaften von Eigen- und Fremdkapital gegenüber, indem Sie die jeweiligen Merkmale bejahen oder verneinen.

	Eigenkapital	Fremdkapital
Feste Vergütung		
Leitungsbefugnis		
Feste Laufzeit		

b) Erläutern Sie die einzelnen Merkmale des Eigenkapitals am Beispiel eines Einzelunternehmens.

Aufgabe 5 (Kaufleute nach HGB)
Komplettieren Sie die folgenden Aussagen zu den Kaufleuten des HGB. Lösungsvorschläge sind in Klammern angegeben.
a) Die Architektur-AG ist ein Kaufmann nach .... (§ 1 HGB/§ 6 HGB).
b) Die A-B-OHG betreibt umfangreiche Immobiliengeschäfte im In- und Ausland und ist daher .... (Formkaufmann/Istkaufmann/ kein Kaufmann).
c) Die Kultur-GmbH befasst sich mit der Durchführung von Ausstellungen für unbekannte Künstler auf gemeinnütziger Basis und ist daher .... (kein Kaufmann/Formkaufmann/Istkaufmann).
d) Otto Meier betreibt einen kleinen Kiosk, der nur an einzelnen Tagen geöffnet hat und dessen Umsatz höchstens 10.000 € pro Jahr beträgt, wodurch es sich um .... (einen Istkaufmann/keinen Kaufmann/ einen Formkaufmann) handelt.
e) Rechtsanwalt Hans Rechtslinks betreibt seine Kanzlei in Würzburg und erzielt einen jährlichen Umsatz von ca. 5.000.000 €, sodass es sich um .... (keinen Kaufmann/einen Istkaufmann/einen Formkaufmann) handelt.

Aufgabe 6 (Buchführungsbefreiung)
Unternehmer A betreibt seit langer Zeit ein Unternehmen. Bisher hat er die Werte in § 241a HGB deutlich überschritten. In den letzten Jahren galten folgende Werte:

Jahr 19: Jahresüberschuss 58.000 € – Umsatzerlöse 592.000 €.
Jahr 20: Jahresüberschuss 61.000 € – Umsatzerlöse 598.000 €.
Jahr 21: Jahresüberschuss 60.000 € – Umsatzerlöse 600.000 €.
Jahr 22: Jahresüberschuss 58.000 € – Umsatzerlöse 596.000 €.

Schneider möchte so schnell wie möglich auf die handelsrechtliche Buchführung verzichten. Ab welchem Zeitpunkt ist das möglich?

Aufgabe 7 (Buchführungsbefreiung)
Kleinunternehmer Schulze hat sich von der Buchführung befreien lassen, da die Grenzwerte aus § 241a HGB bisher unterschritten wurden. Im Jahr 20 hat er einen steuerlichen Gewinn von 58.000 € nach der Einnahmenüberschussrechnung und steuerliche Betriebseinnahmen von 585.000 € erzielt. In 20 sind Forderungen von 40.000 € netto entstanden, die bei der Einnahmenüberschussrechnung nicht berücksichtigt wurden - sie sind noch nicht in liquider Form zugeflossen (noch nicht auf dem Bankkonto eingegangen). Die obigen Forderungen enthalten einen Gewinnanteil von 25%.

Kann die Buchführungsbefreiung auch noch für das Jahr 21 wahrgenommen werden?

Aufgabe 8 (Rechnungslegungsvorschriften)
Kreuzen Sie die richtigen Aussagen zu den Rechnungslegungsvorschriften an.
a) 0 Für einen Einzelunternehmer gelten handelsrechtlich die §§ 264 bis 289f HGB.
b) 0 Für eine AG gelten handelsrechtlich nur die §§ 264 bis 289f HGB.
c) 0 Von einer OHG mit voll haftenden Gesellschaftern sind die §§ 238 bis 289f HGB anzuwenden.
d) 0 Die Vorschriften für einen Konzern bauen auf den Normen auf, die für alle Kaufleute und für Kapitalgesellschaften gelten.
e) 0 Für eine AG gelten handelsrechtlich die §§ 238 bis 263 HGB und ergänzend die §§ 264 bis 289f HGB.
f) 0 Wenn Rechtsvorschriften des Aktiengesetzes (AktG) für eine Aktiengesellschaft von denen des HGB abweichen, hat das HGB Vorrang.
g) 0 Wenn Rechtsvorschriften des AktG für eine Aktiengesellschaft von denen des HGB abweichen, hat das AktG Vorrang.
h) 0 Für eine GmbH existiert kein rechtsformspezifisches Gesetz.
i) 0 Die Rechnungslegungsvorschriften des HGB funktionieren – vereinfacht ausgedrückt – nach dem Prinzip "vom Allgemeinen zum Speziellen".
j) 0 Das HGB unterteilt die Rechnungslegungsvorschriften für Kapitalgesellschaften nach der Größe, wobei nur kleine und große Gesellschaften unterschieden werden.
k) 0 Die internationalen Vorschriften nach IFRS können seit Anfang 2005 von allen Unternehmen angewendet werden, um ihre Rechtspflichten zu erfüllen.
l) 0 Konzernabschlüsse sind von der Konzernmutter aufzustellen, wenn sie bei einer anderen Kapitalgesellschaft einen beherrschenden Einfluss hat.

Aufgabe 9 (Jahresabschlüsse nach HGB und IFRS)
Für die X-GmbH gelten die folgenden Bilanzdaten zum 31.12.10: langfristiges Vermögen 300.000 €, Verbindlichkeiten gegenüber Kreditinstituten 160.000 €, Stammkapital 100.000 €, kurzfristiges Vermögen 120.000 €, andere Gewinnrücklagen 40.000 €. Der

auf der Passivseite verbleibende Betrag stellt den Gewinn des Jahres 10 dar. Er unterliegt einem Ertragsteuersatz in Höhe von 30%.

a) Erstellen Sie die Handelsbilanz zum 31.12.10 mit den gegebenen Daten.
b) Wie hoch sind die möglichen Ausschüttungen?
c) Nach IFRS ist das langfristige Vermögen um 80.000 € höher zu bewerten. Wie kann die X-GmbH diese Information nutzen?

Aufgabe 10 (Bestandteile des Jahresabschlusses)
Komplettieren Sie die folgenden Aussagen zum Jahresabschluss bzw. Lagebericht nach dem HGB (ohne kapitalmarktorientierte Kapitalgesellschaften).

a) Der Jahresabschluss einer großen Aktiengesellschaft besteht aus den Komponenten ....
b) Bei einer mittelgroßen GmbH ist zusätzlich zum Jahresabschluss ein .... aufzustellen.
c) Der Jahresabschluss besteht bei einer OHG aus ....
d) Bei einer kleinen Aktiengesellschaft muss zusätzlich zum Jahresabschluss .... aufgestellt werden.
e) Bei einem Einzelunternehmen besteht der Jahresabschluss aus ....

Aufgabe 11 (Aufstellungsfrist)
Die A-B-OHG besteht aus den Gesellschaftern A und B, die zu jeweils 50% an der Gesellschaft beteiligt sind. A erkrankte Ende 01 und fuhr im Jahr 02 zur Kur. B hat die Aufstellung des Jahresabschlusses 01 übernommen. Am 15.04.02 sind die Bilanz und GuV-Rechnung fertiggestellt – alle handelsrechtlichen Vorschriften wurden beachtet. Um bei der C-Bank (dem wichtigsten Gläubiger) einen guten Eindruck zu hinterlassen, soll die Formatierung noch im Detail verbessert werden. Am 15.05.02 liegt ein mustergültiger Abschluss vor. Nach seiner Rückkehr aus der Kur unterzeichnen beide Gesellschafter den Abschluss (15.07.02). Die OHG befindet sind in wirtschaftlich "gesunden" Verhältnissen.

a) Wann wurde der Jahresabschluss 01 aufgestellt?
b) Ist der Jahresabschluss rechtzeitig aufgestellt worden?
c) Welche Bedeutung hat die Unterzeichnung?
d) Wer muss den Jahresabschluss bei der OHG unterzeichnen?

Aufgabe 12 (Offenlegungsfrist)
Die Vorstandsmitglieder Müller und Schulze der nicht kapitalmarktorientierten X-AG sind sich über die gesetzlichen Offenlegungsfristen im Unklaren. Müller sagt: Die Frist beträgt genau zwölf Monate. Schulze meint dagegen: Die Frist beträgt höchstens zwölf Monate. Welche Aussage gilt?

Aufgabe 13 (Offenlegung)
a) Welche gesetzlichen Offenlegungsregeln gelten derzeit für die Jahresabschlüsse aller Kaufleute?

b) Jemand stellt die folgende Behauptung auf: "Der Jahresabschluss würde seine Aufgaben besser erfüllen, wenn eine allgemeine Verpflichtung zur Offenlegung eingeführt würde." Stimmen Sie dieser Aussage zu?

Aufgabe 14 (GoB)
Welche der folgenden Aussagen zu den GoB sind richtig? Kreuzen Sie die entsprechenden Antworten an.
a) 0 Zu den GoB gehören nur Grundsätze, die die laufende Buchführung betreffen.
b) 0 Die deduktive GoB-Ermittlung orientiert sich an den Bilanzierungsgewohnheiten ordentlicher Kaufleute.
c) 0 Die induktive GoB-Ermittlung orientiert sich nicht am Zweck der Rechnungslegung.
d) 0 Die deduktive GoB-Ermittlung orientiert sich am Zweck der Rechnungslegung.
e) 0 Die induktive GoB-Ermittlung orientiert sich an den Bilanzierungsgewohnheiten gewissenloser und schlampiger Kaufleute.
f) 0 Die GoB gewährleisten die Flexibilität des HGB.
g) 0 Das DRSC hat die gesetzliche Aufgabe, Grundsätze ordnungsmäßiger Rechnungslegung für alle Kaufleute zu entwickeln.
h) 0 Das DRSC hat unter anderem die gesetzliche Aufgabe, Grundsätze über die Konzernrechnungslegung zu entwickeln.
i) 0 Viele Vorschriften des Einkommensteuerrechts haben im Lauf der Zeit den Charakter von GoB gewonnen.
j) 0 Die Standards des DRSC gelten in erster Linie für Konzernunternehmen und nicht für den Einzelabschluss.
k) 0 Die Standards des DRSC gelten immer auch für Einzelkaufleute.

Aufgabe 15 (Induktive Ermittlung)
Im Jahr 11 tritt erstmals ein bilanzierungspflichtiger Sachverhalt auf, für den das HGB keine Regelung vorsieht. Um die GoB zu konkretisieren, wird eine repräsentative Umfrage unter ordentlichen Kaufleuten vorgenommen, die zu folgendem Ergebnis führt: 40% wenden Methode A an, 38% die Methode B, 12% die Methode C und 10% die Methode D.
Erläutern Sie das auftretende Problem bei induktiver Festlegung der GoB.

Aufgabe 16 (Bilanzidentitätsprinzip)
Unternehmer Müller legt die folgenden Bilanzen seines Unternehmens vor. Die einzelnen Aktivposten werden durch die Bezeichnungen A_1 bis A_4 dargestellt (Angaben in Tausend Euro).

A	Bilanz zum 31.12.01		P	A	Bilanz zum 1.1.02		P
A_1	400	EK	900	A_1	400	EK	800
A_2	350			A_2	350		
A_3	100			A_4	50		
A_4	50						
	900		900		800		800

a) Erläutern Sie den Grundsatz der Bilanzidentität allgemein. Wurde er von Müller beachtet?
b) Welcher Erfolg ergibt sich für 02 mit den obigen Bilanzen? Gehen Sie davon aus, dass in 02 Erträge von 240.000 € und Aufwendungen von 80.000 € in der GuV-Rechnung ausgewiesen werden. Welches Problem tritt auf?

Aufgabe 17 (Zweischneidigkeit der Bilanz)
Die Produkt-OHG erwirbt Anfang 01 eine Maschine im Wert von 200.000 €. Die Nutzungsdauer beträgt vier Jahre, die planmäßige Abschreibung erfolgt gleichmäßig. Die OHG hat die Möglichkeit, in 01 eine einmalige Zusatzabschreibung in Höhe von 20% der Anschaffungskosten vorzunehmen. Die OHG möchte viel Aufwand möglichst früh verrechnen. Tragen Sie die Werte für die planmäßige Abschreibung mit bzw. ohne Zusatzabschreibung in die Tabelle ein. Markieren Sie die Periode, in der sich die Zweischneidigkeit auswirkt.

	Periode 01	Periode 02	Periode 03	Periode 04
Planmäßige Abschreibung (ohne Zusatz)				
Planmäßige Abschreibung (mit Zusatz)				
Zweischneidigkeit				

Aufgabe 18 (Unternehmensfortführungsprinzip)
Unternehmer Müller betreibt eine Gaststätte am Rande eines Naturparks. Für 01 ist der Jahresabschluss zu erstellen. Geschäfts- und Kalenderjahr stimmen überein – Bilanzstichtag ist der 31.12.01. Die folgenden Sachverhalte sind zu beurteilen:

a) Müller wird Ende 01 die Erlaubnis zum Betrieb der Gaststätte zum 31.03.02 entzogen, weil nachträglich bekannt wird, dass er Alkoholiker ist.
b) Müller beschließt Ende 01 seine Gaststätte Mitte 03 zu schließen, um sich altersbedingt zur Ruhe zu setzen.
c) Müller rechnet Ende 01 damit, dass in 02 eine Autobahn durch den Park gebaut wird, wodurch dessen Attraktivität stark herabgesetzt wird. Daher rechnet er mit der Einstellung seines Geschäftsbetriebs in 02.
d) Müller konnte in 01 oft seine Rechnungen nicht termingerecht bezahlen und muss in 02 mit einem Insolvenzverfahren rechnen, das zum Ende des Unternehmens führen wird.

Welche Gründe für die Unternehmensbeendigung liegen vor und welche Konsequenzen ergeben sich für das Unternehmensfortführungsprinzip?

Aufgabe 19 (Einzelbewertung)
Ein Unternehmer erwirbt in 01 für seinen Betrieb einen betrieblichen Pkw für 30.000 € netto. Der Unternehmer will die Räder, die Karosserie und den Motor jeweils gesondert bilanzieren, um das Einzelbewertungsprinzip einzuhalten. Der Kaufpreis soll durch eine Schätzung auf die einzelnen Komponenten aufgeteilt werden. Stimmen Sie diesem Vorgehen zu?

Aufgabe 20 (Wertkompensationen)
Die Finanz-OHG erwirbt in 01 zwei Aktienpakete zur längerfristigen Anlage liquider Mittel. Die Aktien A_1 kosten 10.000 € und die Aktien A_2 12.000 €. Am 31.12.01 haben sich die Werte wie folgt entwickelt: A_1: 6.000 €, A_2: 17.000 €. Die Wertänderungen haben dauernden Charakter. Die Anschaffungskosten bilden die Obergrenze der Bewertung, Wertminderungen sind zu beachten.
a) Wie wird in 01 im Fall der Gesamtbewertung vorgegangen?
b) Wie wird in 01 im Fall der Einzelbewertung vorgegangen?
c) Weshalb wird im HGB ein Einzelbewertungsprinzip benötigt?

Aufgabe 21 (Stichtagsprinzip)
Unternehmer Meier hat aus einer Warenlieferung in 01 eine Forderung gegenüber Schulze in Höhe von 20.000 € netto (die USt ist zu vernachlässigen). Da Schulzes Unternehmen wirtschaftliche Probleme aufweist, wurde die Forderung bei Meier im Jahresabschluss 01 (Stichtag: 31.12.01) mit null Euro bewertet. Im Dezember 02 gewinnt Schulze im Lotto. Mit dem Gewinn will er seine Schulden vollständig tilgen und das Unternehmen umstrukturieren. Meier stellt den Jahresabschluss 02 am 28.02.03 auf. Er erhält die Informationen vom Lottogewinn und Schulzes Tilgungsabsichten wie folgt: Fall I): 15.02.03 – Fall II): 15.03.03.
a) Wie wirkt sich der Lottogewinn von Schulze in den Fällen I) und II) auf den Abschluss von Meier zum 31.12.02 aus?
b) Welche Auswirkungen hätte ein Lottogewinn, den Schulze im Januar 03 erzielt, auf den Abschluss von Meier zum 31.12.02?

Aufgabe 22 (Realisationsprinzip)
Die A-B-OHG schließt im Dezember 01 einen Vertrag über die Lieferung von Waren ab: Es sind 20.000 Stück zu je 25 € netto zu liefern. Die Auslieferung erfolgt erst Anfang 02. Die OHG hat für die Ware selbst 15 € pro Stück bezahlt.
a) Wann entsteht der Gewinn? Wie hoch ist er? Welches Prinzip gilt?
b) Wie werden Gläubiger durch den vorsichtigen Erfolgsausweis geschützt?

Aufgabe 23 (Niederstwertprinzip)
Unternehmer Müller erwirbt am 1.7.01 ein unbebautes Grundstück für 300.000 €. Am 31.12.01 ist der beizulegende Stichtagswert auf 250.000 € gesunken (voraussichtlich nicht dauernde Wertminderung).
Wie ist am Bilanzstichtag zu bewerten, wenn das Grundstück langfristig als Lagerplatz genutzt wird (Fall a) bzw. zum Weiterkauf erworben wurde (Fall b)?

Aufgabe 24 (Höchstwertprinzip)
Die Inter-OHG erhält in 01 eine Warenlieferung aus dem Ausland, wobei eine umgerechnete Verbindlichkeit in Höhe von 100.000 € entsteht. Am Bilanzstichtag wird die Lieferantenverbindlichkeit in einen langfristigen Kredit umgewandelt. Zu diesem Zeitpunkt haben sich die Wechselkurse aber verändert, sodass nach einer Umrechnung die folgenden Beträge gelten: Fall a) 115.000 € bzw. Fall b) 95.000 €.
Wie wird die Fremdwährungsverbindlichkeit am 31.12.01 bewertet?

Aufgabe 25 (Niederstwertprinzip)
Welche der folgenden Aussagen zum Niederstwertprinzip sind nach geltendem HGB richtig? Kreuzen Sie entsprechend an.

a) 0 Bei voraussichtlich dauernder Wertminderung im Anlagevermögen muss eine Abwertung vorgenommen werden.
b) 0 Im Umlaufvermögen gilt das gemilderte Niederstwertprinzip.
c) 0 Werden Wertpapiere für spekulative Zwecke erworben, gilt für diesen Posten das gemilderte Niederstwertprinzip.
d) 0 Bei voraussichtlich dauernder Wertminderung im Umlaufvermögen kann eine Abwertung vorgenommen werden.
e) 0 Ist der Wert eines selbst genutzten Gebäudes auf Dauer gesunken, muss eine Abwertung vorgenommen werden.
f) 0 Ist der Wert eines selbst genutzten Gebäudes vorübergehend gesunken, muss eine Abwertung vorgenommen werden.
g) 0 Ist der Wert eines selbst genutzten Gebäudes vorübergehend gesunken, darf keine Abwertung vorgenommen werden.
h) 0 Ist der Wert eines Gebäudes, das veräußert werden soll, vorübergehend gesunken, kann eine Abwertung vorgenommen werden.
i) 0 Wertpapiere, die zum Zweck einer dauernden Anlage erworben wurden, sind nach dem gemilderten Niederstwertprinzip zu bewerten.

Aufgabe 26 (Periodisierungsprinzip)
Unternehmer X produziert in 01 Fertigerzeugnisse: 40.000 Stück zu 40 € je Stück (Herstellungskosten - HK). Das Gehalt des Produktionsleiters beträgt 5.000 € pro Monat. Zusätzlich muss Unternehmer X Sozialaufwendungen in Höhe von 1.000 € pro Monat tragen (Arbeitgeberanteil zur Sozialversicherung). Die Wertminderung der Produktionsanlagen beträgt 40.000 € in 01. In 01 werden 60% der Erzeugnisse zum Preis von 100 € (netto) je Stück abgesetzt.

a) Welche Erträge und Aufwendungen sind in 01 zu berücksichtigen?
b) Wie hoch ist der Periodenerfolg? Wie lauten die relevanten Prinzipien bzw. Abgrenzungen (Gehalt und Wertminderung sind nicht Teil der HK)?

Aufgabe 27 (Periodisierungsprinzip)
Das Eigenkapital eines Einzelunternehmens beläuft sich zum 31.12.01 auf 650.000 €. In 02 werden Erträge von 810.000 € und Aufwendungen von 360.000 € erwirtschaftet. Zusätzlich überweist der Unternehmer zum Lebensunterhalt monatlich 5.000 € vom betrieblichen auf das private Bankkonto.

a) Wie hoch ist der Erfolg nach der GuV-Rechnung?
b) Wie hoch ist das Eigenkapital am 31.12.02? Wie hoch ist der Erfolg bei bilanzieller Gewinnermittlung?
c) In welchem Verhältnis stehen die Erfolge aus a) und b) zueinander?

Aufgabe 28 (Bilanzielle Erfolgsermittlung)
Das Eigenkapital hat sich in einem Einzelunternehmen wie folgt entwickelt: 31.12.01: 80.000 €, 31.12.02: 140.000 €, 31.12.03: 210.000 €. Die folgenden Privatvorgänge sind zu berücksichtigen: Entnahmen 02: 50.000 €, Einlagen 02: 40.000 €, Entnahmen 03: 12.000 €, Einlagen 03: 85.000 €.

Wie hoch ist der Erfolg des **Geschäftsjahres 03**?

Aufgabe 29 (Bilanzielle Erfolgsermittlung)
Das Eigenkapital beträgt am 31.12.02: 60.000 €, am 31.12.03: 138.000 €. In 03 wurden die folgenden Ereignisse richtig berücksichtigt:
a) Bezahlung der Büromiete vom privaten Bankkonto: 12 x 2.000 €.
b) Bezahlung der Einkommensteuer für 02 (5.000 €) vom privaten Bankkonto.
c) Bezahlung der Kirchensteuer (500 €) vom betrieblichen Bankkonto.

Wie hoch ist der Erfolg für 03?

Aufgabe 30 (Gewinnverteilung der OHG)
Der Gewinn der X-Y-OHG beträgt – vor Verrechnung der folgenden Aufwendungen – 150.000 € in 01. Herr X ist zu 30% und Herr Y zu 70% beteiligt. Die OHG nutzt ein Grundstück von Herrn X als Lagerplatz, der hierfür eine Miete von 2.000 € pro Monat bekommt. Die Geschäfte der OHG werden von Herrn Y geführt, der hierfür ein Gehalt von 3.000 € pro Monat erhält.

a) Wie hoch ist der endgültige Gewinn der OHG und wie hoch sind die Anteile der Gesellschafter, wenn spezielle Verträge abgeschlossen werden?
b) Wie hoch ist der Gewinn der OHG und wie hoch sind die Anteile der Gesellschafter, wenn die Miete und das Gehalt als Entnahmen (Vorabgewinn) behandelt werden?

Aufgabe 31 (Verlustverteilung der OHG)
Es gelten die Daten aus der vorigen Aufgabe mit der folgenden Änderung: Die X-Y-OHG erzielt in 01 einen Verlust in Höhe von 150.000 €.

a) Wie hoch ist der endgültige Verlust der OHG und wie hoch sind die Anteile der Gesellschafter, wenn spezielle Verträge abgeschlossen werden?
b) Wie hoch ist der Verlust der OHG und wie hoch sind die Anteile der Gesellschafter, wenn die Beträge als Entnahmen behandelt werden?
c) Werden im Fall b) die richtigen Verlustanteile zugerechnet? Kann durch die Vereinbarung eines Vorabgewinns das Problem gelöst werden?

Aufgabe 32 (Stetigkeitsprinzip)
Die Kreativ-OHG erstellt Werbekonzepte für diverse Kunden. Die Kreativität zeigt sich auch bei der Aufstellung ihrer Jahresabschlüsse. Es gilt:

- Die Gliederungen werden jedes Jahr unterschiedlich gestaltet, um den Gläubigern immer "etwas Neues bieten zu können". Auch für die Postenbezeichnungen lassen sich die Gesellschafter etwas Neues einfallen. Sie werden in einer Fantasiesprache formuliert, die sich jedes Jahr ändert.
- Die betrieblichen Fahrzeuge, deren Wertverlauf vergleichbar ist, werden zum Teil linear und zum Teil degressiv abgeschrieben. Außerdem werden die Verfahren zur Vorratsbewertung jedes Jahr neu festgelegt.

a) Erläutern Sie, ob die Ausweis- und die Bewertungsstetigkeit eingehalten werden.
b) Welche Gründe haben den Gesetzgeber bewogen, ein Stetigkeitsprinzip im Handelsrecht festzuschreiben?

Aufgabe 33 (Maßgeblichkeitsprinzip)
Kreuzen Sie die richtigen Aussagen zum Maßgeblichkeitsprinzip an.

a) 0 Werden in der Handelsbilanz selbst geschaffene Patente im Anlagevermögen angesetzt, wird das Maßgeblichkeitsprinzip eingehalten.
b) 0 Werden in der Handelsbilanz Aktien im Anlagevermögen angesetzt, wird das Maßgeblichkeitsprinzip formal eingehalten.
c) 0 Werden in der Handelsbilanz selbst geschaffene Patente im Umlaufvermögen angesetzt, wird das Maßgeblichkeitsprinzip durchbrochen.
d) 0 Wird in der Handelsbilanz ein entgeltlich erworbener Firmenwert angesetzt, wird das Maßgeblichkeitsprinzip formal eingehalten.
e) 0 Wird in der Handelsbilanz ein Kredit passiviert, wird das Maßgeblichkeitsprinzip formal eingehalten.
f) 0 Wird eine Maschine in der Handelsbilanz mit den Anschaffungskosten bewertet, wird das Maßgeblichkeitsprinzip durchbrochen.
g) 0 Wird in der Steuerbilanz eine steuerrechtliche Sonderabschreibung vorgenommen, gilt das Maßgeblichkeitsprinzip nicht.

Aufgabe 34 (Maßgeblichkeitsprinzip)
Das Eigenkapital eines Einzelunternehmens beträgt am 31.12.01: 400.000 € (keine Privatvorgänge in 01). Zum 31.12.02 sind in der Handelsbilanz folgende Posten zu berücksichtigen: Aktivierungspflichtige Posten: Wert 600.000 €, Posten mit Aktivierungswahlrecht (Disagio): 20.000 €, passivierungspflichtige Posten: 160.000 €.

a) Wie hoch ist das handelsrechtliche Eigenkapital zum 31.12.02 ohne Wahlrechtsausübung? Wie hoch ist der handelsrechtliche Erfolg 02?
b) Wie hoch ist das steuerrechtliche Betriebsvermögen zum 31.12.02? Wie hoch ist der steuerrechtliche Erfolg 02?
c) Welche Erfolgswirkungen ergeben sich in Handels- und Steuerbilanz durch die Auflösung des Disagios in den Folgejahren?

Aufgabe 35 (Maßgeblichkeitsprinzip)
Die A-B-OHG bilanziert eine Maschine, deren Wert Ende 01 vorübergehend außerplanmäßig gesunken ist. Wird das Maßgeblichkeitsprinzip eingehalten?

Aufgabe 36 (Maßgeblichkeitsprinzip)
In 01 wurden kurzfristige Wertpapiere für 10.000 € erworben. Am Bilanzstichtag ist ihr Wert vorübergehend auf 8.600 € gesunken. Wird das Maßgeblichkeitsprinzip eingehalten?

Aufgabe 37 (Einheitsbilanz)
Handels- und Steuerbilanz eines Einzelunternehmens sind zum 31.12.01 identisch. Das Eigenkapital (Betriebsvermögen) beträgt 500.000 €. Zum 31.12.02 ist das Reinvermögen auf 650.000 € gewachsen. In 02 wurden in der Handelsbilanz zwei Posten nicht aktiviert, die in der Steuerbilanz anzusetzen sind: A_1 mit 40.000 €, A_2 mit 60.000 €. Posten A_1 wird in 03 veräußert; der Wert von A_2 nimmt um 1/3 ab.

a) Wie hoch ist der handelsrechtliche Erfolg in 02?
b) Wie hoch ist der steuerrechtliche Erfolg in 02? Kann eine Einheitsbilanz ohne Zusatzrechnung aufgestellt werden?
c) Welche zusätzliche steuerrechtliche Erfolgswirkung ergibt sich in 03?

Aufgabe 38 (Einheitsbilanz)
Unternehmer Müller weist Ende 05 unter anderem die folgenden Posten im Anlagevermögen seiner Handelsbilanz aus: Ein entgeltlich erworbenes Patent mit vorläufigem Stichtagswert von 200.000 € und langfristige Wertpapiere mit vorläufigem Stichtagswert von 220.000 €. Müller stellt fest, dass der Wert des Patents vorübergehend auf einen Wert von 160.000 € gesunken ist. Bei den Wertpapieren liegt eine dauernde Wertminderung auf 150.000 € vor.

Kann Müller Ende 05 eine Einheitsbilanz erstellen, ohne dass eine Zusatzrechnung notwendig wird?

Aufgabe 39 (Bilanzielle Erfolgsermittlung)
Daten für das Einzelunternehmen von A: Eigenkapital 31.12.01: -12.000 €, Eigenkapital 31.12.02: 46.200 €. In 02 sind die folgenden Privatvorgänge angefallen: Entnahmen: 50.000 €, Einlagen: 14.000 €. Das steuerliche Betriebsvermögen ist Ende 01 um 8.000 € und Ende 02 um 4.000 € höher als das handelsrechtliche Eigenkapital.

Wie hoch sind der handels- und steuerliche Erfolg des Geschäftsjahres 02?

Aufgaben zum zweiten Kapitel

Aufgabe 1 (Vermögensgegenstand)
Software-Unternehmer Hans Computnix ist Kaufmann im Sinne des HGB und zur Aufstellung eines Jahresabschlusses verpflichtet. In 01 erwirbt er die Posten unter a) und b) und der Geschäftsvorfall c) ist zu berücksichtigen:

a) Einen gebrauchten Transporter zum Vertrieb der Software (Wert 40.000 € netto).
b) Ein neues EDV-Programm, welches im Unternehmen langfristig eingesetzt werden soll: 50.000 € netto.
c) Durchführung einer großen Werbekampagne für insgesamt 500.000 € netto, um den Bekanntheitsgrad des Unternehmens zu erhöhen. Die Kampagne besteht aus Anzeigenwerbung und Fernsehspots.

Prüfen Sie, ob die Voraussetzungen für einen Vermögensgegenstand vorliegen.

Aufgabe 2 (Vollständigkeitsgebot)
Komplettieren Sie die Aussagen, indem Sie einen der folgenden Begriffe in die jeweiligen Lücken eintragen: Vermögensgegenstand, Schulden, aktive Rechnungsabgrenzungsposten, Verbindlichkeiten, Rückstellungen.

a) Wird in 01 die Kfz-Versicherung für ein Jahr im Voraus gezahlt, muss am Jahresende ein .... in der Bilanz angesetzt werden.
b) Ist in 01 eine Verpflichtung entstanden, deren Höhe nicht genau zu bestimmen ist, muss eine .... passiviert werden.
c) Wird in 01 ein Darlehen aufgenommen, welches nach fünf Jahren in voller Höhe zurückzuzahlen ist, wird eine .... passiviert.
d) Wird eine Standardmaschine gekauft, handelt es sich um einen zu aktivierenden ....
e) Aktive .... gehören nicht zu den ...., sondern stellen spezielle Aktivposten dar.
f) Zu den passivierungspflichtigen .... gehören .... und ....

Aufgabe 3 (Derivativer Firmenwert)
Unternehmer Müller erwirbt am 1.7.01 das Unternehmen von Schulze. Müller zahlt 5.000.000 € (Zeitwert des Eigenkapitals des Unternehmens: 4.200.000 €).

Welcher Posten entsteht und wie ist er zu bilanzieren?

Aufgabe 4 (Bilanzierung von Posten)
Unternehmer Komplett legt Ihnen die folgende Bilanz zum 31.12.01 vor. Für die gemieteten Büroräume hat er die in 01 gezahlte Jahresmiete von 48.000 € (12 x 4.000 €) aktiviert. Das Mitarbeiter Know-how ergibt sich als Summe der Kosten für verschiedene Weiterbildungslehrgänge, an denen das Personal teilgenommen hat. In der folgenden

Bilanz werden die übrigen Posten zusammengefasst. Ihr Ansatz und ihre Bewertung sind nicht zu beanstanden. Die Hypothekenverbindlichkeit dient der Finanzierung der Wohnung, in der Komplett wohnt. Die übrigen Verbindlichkeiten wurden zur Finanzierung des Betriebs aufgenommen. Überprüfen und korrigieren Sie bei Bedarf die Bilanz!

A	Bilanz zum 31.12.01		P
Eigentumswohnung	240.000	Eigenkapital	390.000
Gemietete Büroräume	48.000	Hypothekenverbindlichkeit	130.000
Mitarbeiter Know-how	20.000		
Diverse Vermögensgegenstände	312.000	Verbindlichkeiten gegenüber Kreditinstituten	100.000
	620.000		620.000

Aufgabe 5 (Eigenkapital)

Ein Einzelunternehmen weist zum 1.1.01 die folgenden Aktiva (A_1 bis A_3) bzw. Passiva (P_1) auf (in Euro): A_1: 230.000, A_2: 100.000, A_3: 50.000, P_1: 260.000. Ende des Jahres 01 (= 31.12.01) haben sich folgende Veränderungen ergeben: A_1: Abnahme um 50.000, A_2: Zunahme um 30.000, A_3: Zunahme um 90.000 – P_1: Zunahme um 220.000.

a) Tragen Sie die Bilanzposten in die Bilanzen ein, ermitteln Sie die Bilanzsummen und Eigenkapitalbestände zum 1.1.01 und 31.12.01.

A	Bilanz zum 1.1.01	P	A	Bilanz zum 31.12.01	P
A_1			A_1		
A_2		P_1	A_2		P_1
A_3			A_3		

b) Wie hoch ist der Erfolg für 01, wenn keine Privatvorgänge stattfanden?

Aufgabe 6 (Wirtschaftliches Eigentum)

Welche der folgenden Aussagen sind richtig? Kreuzen Sie entsprechend an.

a) 0 Beim unechten Factoring erfolgt die Bilanzierung der übertragenen Forderungen beim Forderungskäufer.

b) 0 Beim echten Factoring erfolgt die Bilanzierung der übertragenen Forderungen beim Forderungskäufer.

c) 0 Bei der Sicherungsübereignung erfolgt die Bilanzierung des Sicherungsguts beim Sicherungsgeber.

d) 0 Bei Lieferung unter Eigentumsvorbehalt wird die Ware solange beim Verkäufer bilanziert, bis der Käufer die Ware bezahlt hat.

e) 0 Bei Lieferung unter Eigentumsvorbehalt sind rechtliches und wirtschaftliches Eigentum immer identisch.

f) 0 Beim Grundstückserwerb erfolgt die Bilanzierung beim Erwerber, wenn der Kaufvertrag abgeschlossen ist.

g) 0 Beim Grundstückserwerb erfolgt die Bilanzierung beim Erwerber, wenn Nutzen und Lasten übergegangen sind.
h) 0 Wirtschaftlicher Eigentümer ist beim Finance Leasing im Regelfall, wer einen Gegenstand überwiegend nutzen kann.

Aufgabe 7 (Eigentumsvorbehalt)
Großhändler Groß liefert an Einzelhändler Ein am 15.12.01 Ware im Wert von 50.000 € netto. Die Lieferung erfolgt unter der Bedingung der vollständigen Bezahlung des Kaufpreises. Die Bezahlung erfolgt erst Mitte Januar 02. Es gilt: Geschäftsjahr = Kalenderjahr. Die Umsatzsteuer ist zu vernachlässigen.

a) Was bilanziert Groß am 31.12.01? Welches Prinzip ist zu beachten?
b) Was bilanziert Ein am 31.12.01? Ist er Eigentümer der Ware?

Aufgabe 8 (Betriebs- und Privatvermögen)
Unternehmer Müller produziert Werbemagazine. Anfang 01 erwirbt er einen DVD-Recorder für 4.000 € zzgl. 19% USt. Die Nutzungsdauer beträgt fünf Jahre, die Abschreibung erfolgt linear. Der laufende Aufwand beträgt 1.200 € zzgl. 19% USt. Die Nutzung wird mit einem gesonderten Betriebsstundenzähler gemessen und beträgt in 01: 700 Stunden für den Betrieb, 300 Stunden privat. Es besteht ein voller Vorsteuerabzug.

a) Ist der DVD-Recorder zu bilanzieren?
b) Wie wird der private Nutzungsanteil gebucht?

Aufgabe 9 (Betriebs- und Privatvermögen)
Es gelten die Daten der vorigen Aufgabe mit der folgenden Änderung: Die betriebliche Nutzung beträgt 400 Stunden, die private Nutzung 600 Stunden.

a) Welche Bilanzierungsmöglichkeiten bestehen?
b) Wie ist vorzugehen, wenn das Betriebsvermögen möglichst gering sein soll? Wie ist zu buchen?

Aufgabe 10 (Betriebs- und Privatvermögen)
Am 1.7.01 wird ein Pkw erworben, der in 01 20.000 km genutzt wird (12.000 km betrieblich, Rest privat). Preis 30.000 € zzgl. 19% USt (Nutzungsdauer sechs Jahre, lineare Abschreibung). Die Kfz-Versicherung bzw. Kfz-Steuer betragen für ein halbes Jahr 600 € bzw. 400 €. Hierauf entfällt keine Umsatzsteuer, sodass auch kein Vorsteuerabzug besteht. Weitere Kosten in 01: 2.000 € zzgl. 19% USt. Es besteht ein Vorsteuerabzug für betriebliche Vorleistungen, soweit sie der Umsatzsteuer unterlegen haben.

a) Welche Bilanzierungsmöglichkeiten bestehen?
b) Wie wird die private Nutzung berücksichtigt?

Aufgabe 11 (Betriebs- und Privatvermögen)
Welche der folgenden Aussagen über die Zuordnung eines beweglichen Vermögensgegenstands sind richtig? Kreuzen Sie entsprechend an.

a) 0 Bei einem betrieblichen Nutzungsanteil von 40% besteht ein Wahlrecht hinsichtlich der Zuordnung zum Betriebs- oder Privatvermögen.

b) 0 Bei einem privaten Nutzungsanteil von 45% besteht ein Wahlrecht hinsichtlich der Zuordnung zum Betriebs- oder Privatvermögen.
c) 0 Bei einem privaten Nutzungsanteil von 50% besteht ein Wahlrecht hinsichtlich der Zuordnung zum Betriebs- oder Privatvermögen.
d) 0 Bei einem betrieblichen Nutzungsanteil von 60% muss die Zuordnung zum Betriebsvermögen erfolgen.
e) 0 Bei einem betrieblichen Nutzungsanteil von 75% kann die Zuordnung zum Privatvermögen erfolgen.
f) 0 Bei einem betrieblichen Nutzungsanteil von 9% kann die Zuordnung zum Privatvermögen erfolgen.
g) 0 Bei einem privaten Nutzungsanteil von 95% muss die Zuordnung zum Privatvermögen erfolgen.
h) 0 Bei einem privaten Nutzungsanteil von 20% kann die Zuordnung zum Betriebsvermögen erfolgen.

Aufgabe 12 (Veräußerung von Betriebsvermögen)
Unternehmer B besitzt seit mehreren Jahren einen Pkw, der zu 70% betrieblich und zu 30% privat genutzt wird. Der Restbuchwert beträgt bei Verkauf Mitte 06 noch 6.400 €. Der Veräußerungserlös ist 7.400 € zzgl. 19% USt. Da das Fahrzeug nur zu 70% betrieblich genutzt wird, ist Blau der Meinung, dass der Veräußerungsgewinn von 1.000 € auch nur zu 70% zu betrieblichen Erträgen führt.
a) Stimmen Sie dieser Vorgehensweise zu?
b) Wie wird der Verkauf des Pkws gebucht, wenn der Veräußerungspreis dem betrieblichen Bankkonto gutgeschrieben wird?

Aufgabe 13 (Aufteilung von Gebäuden)
Die Anschaffungskosten eines Gebäudes betragen 600.000 €. Der Grund und Boden hat 270.000 € gekostet. Das Gebäude wird zu 2/3 betrieblich und zu 1/3 privat genutzt. Der Grund und Boden wird wie folgt genutzt: Auf das Gebäude entfallen 180 qm. Die übrigen 720 qm werden je zur Hälfte betrieblich bzw. privat genutzt.
a) Welcher Anteil des Gebäudes ist zu bilanzieren?
b) Welcher Anteil des Grund und Bodens ist zu bilanzieren?

Aufgabe 14 (Zuordnung von Gebäuden)
Markieren Sie jeweils den richtigen Teil bzw. die richtigen Teile der Klammerbegriffe.
a) Grund und Boden gehört zu den (beweglichen/unbeweglichen/materiellen/immateriellen) Vermögensgegenständen.
b) (Bewegliche/unbewegliche) Vermögensgegenstände werden in Abhängigkeit vom Nutzungsgrad entweder dem Betriebs- oder Privatvermögen zugeordnet.
c) Grund und Boden stellt (abnutzbares/nicht abnutzbares) Vermögen dar.
d) Wird ein Gebäude zu 75% betrieblich und zu 25% privat genutzt, beträgt der betriebliche Anteil (100%/75%/25%) und der private Anteil (25%/0%/75%).
e) Weist ein Gebäude mit Anschaffungskosten von 510.000 € eine Nutzungsfläche von 600 qm auf, von denen 200 qm privat genutzt werden, dürfen (510.000 €/ 340.000 €/ 170.000 €) nicht aktiviert werden.

Aufgabe 15 (Immaterielle Vermögensgegenstände)
Unternehmer Schlau beginnt am 20.3.01 mit der Entwicklung einer Batterie zum Antrieb von Elektrofahrzeugen. Die Entwicklung ist am 15.10.01 abgeschlossen (monatliche Herstellungskosten: 300.000 €). Die Serienfertigung wird von Schlau selbst übernommen, der das Know-how aber auch jederzeit veräußern könnte. Das Wissen ist zehn Jahre lang nutzbar (gleichmäßige Entwertung).

Wie werden die Entwicklungskosten in 01 von Schlau behandelt, wenn er einen hohen Vermögensausweis anstrebt?

<u>Hinweis</u>: Gehen Sie vereinfachend davon aus, dass alle Monate gleich lang sind und 30 Tage umfassen. Die Aufwendungen für die Entwicklung werden tagesgenau berücksichtigt.

Aufgabe 16 (Immaterielle Vermögensgegenstände)
Unternehmer Schulze erfindet einen neuen Biokraftstoff: Beginn der Entwicklung am 1.10.01, Abschluss am 31.10.03. Monatlich fallen Herstellungskosten von 100.000 € an. Infolge technischer Probleme ist Ende 01 noch sehr unsicher, ob die Entwicklung erfolgreich abgeschlossen werden kann. Erst Ende 02 ist davon auszugehen, dass das Projekt mit Erfolg beendet werden wird.

a) Wie wird Ende 01 bilanziert?
b) Wie wird Ende 02 bilanziert?

Aufgabe 17 (Entwicklungskosten)
Unternehmer Pfiffig führt verschiedene Forschungs- und Entwicklungsarbeiten durch. Um die Belastung auf den Straßen zu reduzieren, will Pfiffig ein Schwimmsystem für Lkws erfinden, damit die Fahrzeuge auch Flüsse nutzen können. Ab dem 1.5.01 erforscht er, wie sich Lkws überhaupt im Wasser fortbewegen können. Parallel dazu setzt eine Entwicklungsgruppe die Ergebnisse beim Bau eines Lkw-Prototyps um. Monatlich entstehen Aufwendungen von insgesamt 200.000 €. Hiervon verrechnet Pfiffig pauschal 50% als Entwicklungskosten und aktiviert am 31.12.01 einen Betrag von insgesamt 800.000 €.

Stimmen Sie der Vorgehensweise zu?

Aufgabe 18 (Ansatzpflichten und Ansatzverbote)
Die Verlags-OHG vermarktet die Werke verschiedener Autoren. In 01 werden diverse Drucktitel erworben bzw. selbst erstellt. In den folgenden Fällen sind jeweils Kosten in Höhe von 200.000 € netto angefallen.

a) Selbst geschaffener Drucktitel, der längerfristig genutzt werden soll.
b) Entgeltlich erworbener Drucktitel, der in 02 an einen anderen Verlag veräußert werden soll.
c) Entgeltlich erworbener Drucktitel, der längerfristig genutzt werden soll.
d) Selbst geschaffener Drucktitel, der in 02 an einen anderen Verlag veräußert werden soll.

Wie sind die Fälle a) bis d) zu behandeln?

Aufgabe 19 (Firmenwert)
Der bisher angestellte Herr Meier gewinnt im Lotto 1.500.000 €. Er verwirklicht seinen Traum und kauft sich ein Unternehmen. Es kostet 1.200.000 € und umfasst Aktivposten zum Buchwert von 800.000 € (zusätzliche stille Reserven 20%) und Schulden im Wert von 240.000 €.

a) Wie hoch ist der derivative Firmenwert?
b) Handelt es sich um einen Vermögensgegenstand? Wie ist der Ansatz des derivativen Firmenwerts im HGB geregelt?

Aufgabe 20 (Firmenwert)
Kreuzen Sie die richtigen Aussagen zum Firmenwert an.

a) 0 Für den entgeltlich erworbenen Firmenwert besteht ein Ansatzwahlrecht.
b) 0 Entsteht der Firmenwert eines Unternehmens im Laufe der Zeit, besteht für den Posten eine Ansatzpflicht.
c) 0 Der originäre Firmenwert ist ein Vermögensgegenstand.
d) 0 Der derivative Firmenwert ergibt sich als Differenz aus dem Kaufpreis eines Unternehmens und dem Buchwert seines Eigenkapitals.
e) 0 Im Einzelabschluss ist ein entgeltlicher Firmenwert auszuweisen, wenn er durch einen Asset Deal zustande kommt.
f) 0 Der derivative Firmenwert ergibt sich als Differenz aus dem Kaufpreis eines Unternehmens und dem Zeitwert seines Eigenkapitals.
g) 0 Im Einzelabschluss ist ein entgeltlicher Firmenwert auszuweisen, wenn er durch einen Share Deal zustande kommt.

Aufgabe 21 (Unentgeltliche Sachanlagen)
Maschinenfabrikant Müller erstellt mit seinen Arbeitnehmern eine Maschine, die im Unternehmen selbst genutzt werden soll. Die Maschine wird Ende 01 fertig gestellt und hat zu Aufwendungen von 400.000 € geführt. Eine Veräußerung wäre für 500.000 € netto möglich.
Wie ist die Maschine Ende 01 zu behandeln?

Aufgabe 22 (Unengeltliche Sachanlagen)
Unternehmer Meier hat sein Unternehmen am 1.7.01 neu eröffnet. Mitte Juli erhält er von einem EDV-Fachgeschäft einen Computer im Wert von 600 € geschenkt. Der Inhaber des EDV-Geschäfts geht davon aus, dass Meier seine Software und weitere Geräte zukünftig bei ihm erwerben wird. Meier will sein Vermögen möglichst hoch ausweisen.
Wie wird der Vorgang bei Meier behandelt?

Aufgabe 23 (Finanzanlagen)
Markieren Sie den richtigen Teil der Klammerangabe.

a) Werden Wertpapiere mit kurzfristiger Anlageabsicht erworben, handelt es sich um (Finanzanlagen/Wertpapiere des Umlaufvermögens).
b) Aktien gehören zu den (Teilhaberpapieren/Gläubigerpapieren), die eine (befristete/unbefristete) Laufzeit aufweisen und deren Verzinsung (variabel/fix) ist.

c) Wenn die X-AG der Y-AG einen langfristigen Kredit gewährt, handelt es sich um (Wertpapiere des Umlaufvermögens/Wertpapiere des Anlagevermögens/Ausleihungen).
d) Zu den Kapitalforderungen gehören (Aktien/ungesicherte Darlehen/GmbH-Anteile/Bundesschatzbriefe/Anteile an Aktienfonds/hypothekarisch gesicherte Darlehen).

Aufgabe 24 (Antizipative RAP)
Komplettieren Sie das folgende Schema für antizipative Rechnungsabgrenzungsposten (RAP).

	Antizipative RAP	
	Aktive	Passive
Verhältnis von Leistung und Zahlung		
Bilanzieller Ausweis		

Aufgabe 25 (Buchung von RAP)
Geben Sie jeweils die Art des Abgrenzungspostens und die Buchungssätze für **01 und 02** an. Die USt wird vernachlässigt. Es gilt: Geschäftsjahr = Kalenderjahr.

a) Unternehmer A bezahlt im November 01 die Miete für Büroräume vom betrieblichen Bankkonto: 6.000 € für Dezember 01 und Januar 02 (je zur Hälfte).
b) Unternehmer B bezahlt im November 01 die Miete für Büroräume vom privaten Bankkonto: 6.000 € für Dezember 01 und Januar 02 (je zur Hälfte).
c) Unternehmer C vermietet Lagerräume und erhält am 1.4.01 die Miete für vier Jahre im Voraus: 48.000 € (Monatsbetrag also 1.000 €). Die Gutschrift erfolgt am 1.4.01 auf dem betrieblichen Bankkonto.
d) Unternehmer D bezahlt Anfang Oktober 01 die Miete vom Bankkonto mit der Bezeichnung "Geschäftskonto Unternehmen". Der Gesamtbetrag von 30.000 € entfällt je zur Hälfte auf die private Wohnung und das Büro. Die Vorauszahlung betrifft in beiden Fällen die nächsten sechs Monate.
e) Unternehmer D erhält am 1.4.02 die Miete für Geschäftsräume für die letzten sechs Monate. Zugang auf dem betrieblichen Bankkonto (Gesamtbetrag: 7.200 €).

Aufgabe 26 (Aussagen zu RAP)
Welche der folgenden Aussagen über Rechnungsabgrenzungsposten (RAP) sind richtig? Kreuzen Sie die entsprechenden Antworten an (ohne USt).

a) 0 Antizipative aktive RAP sind durch das Merkmal "Erst Aufwand, dann Auszahlung" gekennzeichnet.
b) 0 Antizipative passive RAP sind durch das Merkmal "Erst Einnahme, dann Ertrag" gekennzeichnet.
c) 0 Transitorische passive RAP sind durch das Merkmal "Erst Ertrag, dann Einnahme" gekennzeichnet.

d) 0 Transitorische aktive RAP sind durch das Merkmal "Erst Ausgabe, dann Aufwand" gekennzeichnet.
e) 0 Wird im Dezember 01 die Miete für die private Wohnung für Januar 02 vom betrieblichen Bankkonto im Voraus gezahlt (1.500 €), wird ein aktiver RAP von 1.500 € gebildet.
f) 0 Wird im Dezember 01 die Miete für die private Wohnung für Januar 02 vom privaten Bankkonto im Voraus gezahlt (1.500 €), wird ein aktiver RAP von 1.500 € gebildet.
g) 0 Wird im Dezember 01 die Miete für die Büroräume für Januar 02 vom privaten Bankkonto im Voraus gezahlt (1.500 €), wird nach Buchung der Einlage ein aktiver RAP von 1.500 € gebildet.

Aufgabe 27 (Instandhaltungsrückstellung)
Welche der folgenden Aussagen zu Instandhaltungsrückstellungen sind richtig? Kreuzen Sie die entsprechenden Antworten an.

a) 0 Wird eine in 01 unterlassene Instandhaltung einer eigenen Maschine im März 02 nachgeholt, besteht im Handelsrecht eine Passivierungspflicht.
b) 0 Wird eine in 01 unterlassene Instandhaltung einer eigenen Maschine im April 02 nachgeholt, besteht im Handelsrecht eine Passivierungspflicht.
c) 0 Wird eine in 01 unterlassene Instandhaltung einer gemieteten Maschine (mit Instandhaltungspflicht im Mietvertrag) im Februar 02 nachgeholt, besteht im Handelsrecht eine Passivierungspflicht.
d) 0 Wird eine in 01 unterlassene Instandhaltung einer gemieteten Maschine (mit Instandhaltungspflicht im Mietvertrag) im April 02 nachgeholt, besteht im Handelsrecht eine Passivierungspflicht.
e) 0 Wird eine in 01 unterlassene Instandhaltung einer eigenen Maschine im Mai 02 nachgeholt, besteht im Handelsrecht ein Passivierungswahlrecht.

Aufgabe 28 (Ungewisse Verbindlichkeiten)
Prüfen Sie, ob Rückstellungen für ungewisse Verbindlichkeiten zum 31.12.02 in der Handelsbilanz eines Einzelunternehmens zu bilden sind. Alle Verpflichtungen sind ungewiss (d.h. ihre Höhe ist nicht eindeutig bestimmbar) und hinreichend konkretisiert (d.h. es bestehen stichhaltige Gründe). Somit ist nur die Verpflichtung gegen Dritte und die rechtliche Verursachung zu prüfen.

a) Berechnete Gewerbesteuer für 02: 5.000 €.
b) Berechnete Einkommensteuer für 02: 3.200 €.
c) Beitrag zur Berufsgenossenschaft 02: 4.000 € - 03: 4.500 €.
d) Der Unternehmer setzt in 02 gemietete Maschinen ein. Im Mietvertrag hat er sich verpflichtet, die Maschinen am Ende der Mietlaufzeit generalüberholt zurückzugeben. Ende 02 ist ein Betrag von 15.000 € angemessen.
e) Die Buchführungsarbeiten für Dezember 02 und Januar 03 werden Ende Januar 03 durchgeführt. Betrag jeweils: 500 €.
f) Die Genehmigung zum Abbau eines Erzvorkommens wurde mit der Auflage der späteren Wiederaufforstung erteilt. Auch in 02 findet ein Abbau statt. Ende 02 ist ein Betrag von 50.000 € angemessen.

Aufgabe 29 (Drohverluste)
Die A-B-OHG bestellt am 1.10.01 Rohstoffe, die am 1.3.02 geliefert werden. Mit der Lieferung wird der Rechnungsbetrag in Höhe von 200.000 € fällig. Die Umsatzsteuer wird vernachlässigt. Ende Dezember stellt A fest, dass die Rohstoffpreise gesunken sind und jetzt ein Bezug für 180.000 € möglich wäre. Bilanzstichtag ist der 31.12.01.
a) Welches Geschäft liegt am 31.12.01 vor? Wie wird es im Regelfall bilanziert?
b) Was ist im obigen Fall handelsrechtlich zu veranlassen?

Aufgabe 30 (Derivative Finanzinstrumente)
Am 1.12.01 schließt Unternehmer Müller aus spekulativen Gründen einen Vertrag zum Kauf von 2.500 C-Aktien zum Terminkurs von 80 € je Aktie ab. Das Termingeschäft wird am 28.2.02 ausgeführt. Am 31.12.01 beträgt der Tageskurs 95 € je Aktie. Am 28.02.02 beläuft sich der Kurs auf 85 € je Aktie. Steuern sind zu vernachlässigen.
a) Wie wird das Geschäft am 31.12.01 bilanziert?
b) Welcher Erfolg entsteht am 28.2.02? Wie wird gebucht, wenn nur die Gewinne bzw. Verluste ausgezahlt werden, also keine Aktienübertragung stattfindet?

Aufgabe 31 (Gewerbesteuerrückstellung)
Bei einem Einzelunternehmen beträgt der Handelsbilanzgewinn in 01: 64.000 € (vor Steuern). Steuerrechtlich sind 16.000 € (nach dem EStG) zuzurechnen und 4.000 € (nach dem GewStG) abzurechnen. Der Hebesatz der Gemeinde beträgt 420%.
a) Wie hoch ist die Gewerbesteuerrückstellung in der Handelsbilanz?
b) Wie wird in der Steuerbilanz vorgegangen?

Aufgabe 32 (Steuerrückstellungen)
Es gelten die Daten der vorigen Aufgabe, wobei es sich jetzt um die X-GmbH handelt.
a) Wie hoch ist die Gewerbesteuerrückstellung in der Handelsbilanz?
b) Welche weitere Rückstellung für Ertragsteuern ist in der Handelsbilanz der GmbH zu bilden? Wie wird diese Rückstellung in der Steuerbilanz behandelt?

Aufgabe 33 (Disagio)
Unternehmer Schulze nimmt Anfang 01 einen Kredit von 400.000 € auf, der nach vier Jahren zum vollen Betrag zurückzuzahlen ist. Die Auszahlung erfolgt zu 98%, sodass ein Disagio entsteht.
a) Wie ist das Disagio Anfang 01 beim periodengerechten Erfolgsausweis behandelt?
b) Wie wird das Disagio in 01 und 02 aufgelöst?

Aufgabe 34 (Disagio)
Wie wäre das Disagio in der vorigen Aufgabe in 01 und 02 aufzulösen, wenn der Kredit in den vier Jahren gleichmäßig getilgt wird (= jährliche Tilgung)?

Aufgabe 35 (Disagio)
Darlehensaufnahme am 1.10.01: 300.000 € (Laufzeit vier Jahre). Das Disagio beträgt 4.080 € (quartalsmäßige Tilgung, beginnend zum 31.12.01). Wie wird das Disagio periodengerecht in den einzelnen Jahren aufgelöst?

Aufgabe 36 (Ansatzverbote)
Unternehmer Schneider öffnet sein neues Unternehmen am 1.7.01. Hierbei entstehen Kosten für Steuer- und Rechtsberatung in Höhe von 10.000 € zzgl. 19% USt. In seiner Eröffnungsbilanz zum 1.7.01 aktiviert Müller den Posten "selbst geschaffene immaterielle Vermögensgegenstände" in Höhe von 10.000 €, weil er die Aufwendungen über eine Nutzungsdauer von zehn Jahren verteilen will.
Stimmen Sie der Vorgehensweise zu?

Aufgabe 37 (Eigenkapital der OHG)
An der A-B-C-OHG sind die Gesellschafter A, B und C zu je einem Drittel beteiligt. Gesellschafter A hat Ende 01 ein Eigenkapital von 100.000 €. Der Gewinn für 02 beträgt 210.000 €. Für die Mitarbeit in der OHG erhält A ein Gehalt, das als Entnahme zu verrechnen ist (12 x 5.000 €).
Wie hoch ist das Eigenkapital von A am 31.12.02?

Aufgabe 38 (Bilanzerstellung)
Aus dem Inventar des EDV-Händlers Meier zum 31.12.01 erhalten Sie folgende Informationen: Computer (zum Verkauf bestimmt) 20.000 €, Computer (Büro): 35.000 €, Forderungen gegen Kunden: 119.000 €, vorausbezahlte Büromiete für Januar 02: 2.000 €, Gebäude: 400.000 €, Büroausstattung: 45.000 €, Wertpapiere zur Zwischenanlage: 35.000 €, Drucker (zum Verkauf bestimmt): 55.000 €, Aktien als Liquiditätsreserve: 60.000 €, Lieferfahrzeuge: 120.000 €, Bankkredite: 120.000 €, ungewisse Verpflichtung aus einer anhängigen Klage: rund 60.000 €, einige längerfristig angelegte festverzinsliche Wertpapiere: 85.000 €, für das erste Halbjahr 02 erhaltene Zinsen: 10.000 € (Bankgutschrift), Bankguthaben und Kassenbestände: 14.000 €.
Erstellen Sie die Bilanz zum 31.12.01 nach dem Schema im zweiten Kapitel.

Aufgaben zum dritten Kapitel

Aufgabe 1 (Anschaffungskosten)
Der Preis einer Maschine beträgt 150.000 € zzgl. 19% USt. Für den Transport muss der Empfänger 2.000 € zzgl. 19% USt bezahlen. Die Transportversicherung kostet 500 € (umsatzsteuerfrei). Die Einzelkosten der Installation betragen 3.000 €. Die Schulungskosten des Personals für die Bedienung der Anlage belaufen sich auf 4.000 €. Der Lieferant gewährt einen Rabatt von 3% auf den Anschaffungspreis.
Berechnen Sie die Anschaffungskosten bei vollem Vorsteuerabzug.

Aufgabe 2 (Anschaffungskosten)
Wie hoch sind die Anschaffungskosten der Aufgabe 1 bei 40% Vorsteuerabzug?

Aufgabe 3 (Anschaffungskosten)
Händler Müller erhält am 1.10.01 eine Warenlieferung im Wert von 40.000 €. Die Umsatzsteuer ist zu vernachlässigen. Der Lieferant gewährt ein halbjähriges Zahlungsziel, wofür er einen Jahreszins von 3% in Rechnung stellt. Zum 31.12.01 (Bilanzstichtag) ist die Ware noch auf Lager. Müller bewertet sie mit 40.300 €.
a) Wie kommt Müller auf diesen Wert?
b) Ist diese Bewertung handelsrechtlich zulässig?

Aufgabe 4 (Anschaffungskosten)
Die A-B-OHG erwirbt für 400.000 € ein unbebautes Grundstück als Lagerplatz. Der Kaufvertrag wird am 1.7.01 abgeschlossen, der Übergang von Nutzen und Lasten findet am 1.10.01 statt. Die Grunderwerbsteuer beträgt 3,5% des Preises. Am 1.2.02 erhält die OHG eine Rechnung der Gemeinde über einen Abwasserkanal, der zum Grundstück führt. Betrag: 3.000 €.
a) Wann wird das Grundstück bei der OHG bilanziert?
b) Wie sind die Kosten der Gemeinde einzuordnen?
c) Berechnen Sie die Anschaffungskosten des Grundstücks.

Aufgabe 5 (Herstellungskosten)
In einem Unternehmen werden im Geschäftsjahr 01: 12.000 Stück eines Produkts gefertigt. Abgesetzt werden 8.000 Stück. Die Materialeinzelkosten betragen 20 € je Stück. Zusätzlich sind 50% Materialgemeinkosten zu verrechnen. Die Fertigungseinzelkosten betragen 40 € pro Stück. Zusätzlich sind 150% Fertigungsgemeinkosten zu verrechnen (angemessener Zuschlag: 120%). Die Verwaltungsgemeinkosten belaufen sich auf 80% der gesamten Material- und Fertigungskosten. Außerdem fallen Vertriebskosten in Höhe von 12 € je Stück an, wobei es sich um Einzelkosten handelt.
a) Wie hoch ist die Wertuntergrenze pro Stück? Wie hoch ist der Lagerwert?
b) Wie hoch ist die Wertobergrenze pro Stück? Wie hoch ist der Lagerwert?

Aufgabe 6 (Herstellungskosten)
Die Gemeinkosten betragen in einem Unternehmen 50.000 € pro Monat. Es handelt sich in voller Höhe um Fixkosten. Normalerweise werden pro Monat 20.000 Stück eines Produkts A gefertigt. Durch einen sinkenden Auftragseingang können nur noch 8.000 Stück hergestellt werden. Die Einzelkosten betragen 40 € pro Stück. Der Lagerbestand beträgt 2.000 Stück.

a) Wie hoch sind die Kosten pro Stück bzw. der gesamte Lagerwert des Produkts A, wenn die tatsächlichen Kosten verrechnet werden?
b) Welche Herstellungskosten pro Stück dürfen für A maximal verrechnet werden? Wie hoch ist der gesamte Lagerwert?
c) Welcher Wert wird aus Gläubigersicht vorgezogen?

Aufgabe 7 (Herstellungskosten)
Unterstreichen Sie die richtigen Teile der Klammeraussagen.

a) Bei sinkender Ausbringungsmenge (sinken/steigen) die Stückkosten, wenn bei einer Vollkostenkalkulation alle Fixkosten verrechnet werden.
b) Bei stark sinkender Ausbringungsmenge (dürfen/müssen/dürfen nicht) alle Gemeinkosten auf die Lagermenge verrechnet werden.
c) Die Beschränkung der Gemeinkostenverrechnung auf einen (möglichst hohen/angemessenen/möglichst niedrigen) Teil ist im Sinne des Gläubigerschutzes, da der Kaufmann sein Vermögen (eher hoch/eher niedrig/eher gleichmäßig) ausweisen soll.
d) Die Wertuntergrenze der Herstellungskosten bilden (alle Einzelkosten/alle Einzelkosten ohne Vertriebskosten/alle Einzel- und Gemeinkosten/alle Einzel- und Gemeinkosten, ohne allgemeine Verwaltungs- und Vertriebskosten).

Aufgabe 8 (Anschaffungs- oder Herstellungskosten)
Welche der folgenden Aussagen sind richtig? Kreuzen Sie entsprechend an.

a) 0 In die Anschaffungskosten können nach dem HGB Finanzierungskosten einbezogen werden (Wahlrecht).
b) 0 In die Herstellungskosten dürfen handelsrechtlich keine Finanzierungskosten einbezogen werden (Verbot).
c) 0 Eine nachträgliche Veränderung der Anschaffungskosten ist im HGB ausgeschlossen, da der Anschaffungsvorgang abgeschlossen ist.
d) 0 Die Herstellungskosten müssen nach dem HGB immer auf Vollkostenbasis ermittelt werden.
e) 0 Die Schulungskosten des Personals, das eine neu beschaffte Maschine bedienen muss, gehören zu den Anschaffungsnebenkosten der Maschine.
f) 0 Beträgt die Vorsteuer einer neuen Fertigungsanlage insgesamt 40.000 €, gehören bei einem Vorsteuerabzug in Höhe von 40% 16.000 € zu den Anschaffungskosten.
g) 0 Die außerplanmäßige Abschreibung einer Maschine darf nach dem HGB nicht in die Herstellungskosten der gefertigten Produkte einbezogen werden.
h) 0 Die Verrechnung der Kosten für den betrieblichen Kindergarten in die Herstellungskosten der gefertigten Produkte ist wahlweise möglich.
i) 0 Wird eine Maschine für 200.000 € zzgl. 19% USt beschafft, betragen die Anschaffungskosten 238.000 €, wenn kein Vorsteuerabzug möglich ist.

Aufgabe 9 (Nachträgliche Herstellungskosten)
Unternehmer A hat in 01 eine Entwicklung durchgeführt, die Ende 01 mit 800.000 € aktiviert wird. Ende 03 beträgt der Restwert noch 600.000 €. Im März 04 wird der beantragte Patentschutz gewährt, wofür eine einmalige Gebühr von 10.000 € zu zahlen ist. Wie sind die Patentkosten zu behandeln? Welche Vereinfachungsregelung besteht?

Aufgabe 10 (Beizulegender Zeitwert)
Unternehmer B hat Mitte 01 aus spekulativen Gründen Aktien gekauft, die er bei einer erwarteten Kurssteigerung wieder veräußern will. Die Anschaffungskosten betragen 13.000 €. Ende 01 ist der Kurswert auf 17.500 € gestiegen. A will die Aktien mit dem Zeitwert bewerten und den Gewinn von 4.500 € in der GuV-Rechnung ausweisen.

Stimmen Sie dieser Vorgehensweise zu?

Aufgabe 11 (Beizulegender Zeitwert)
Unternehmer Müller erwirbt Mitte 01 börsennotierte Aktien für 200.000 € zur Absicherung von Altersversorgungsverpflichtungen, die zum beizulegenden Zeitwert bewertet werden. Ende 01 ist der beizulegende Zeitwert 240.000 €, Ende 02: 265.000 €. Da die Aktien ab Anfang 03 nicht mehr börsennotiert sind, kann auch der beizulegende Zeitwert nicht mehr ermittelt werden.

a) Wie werden die Wertpapiere Ende 01 und 02 bewertet?
b) Wie ist Anfang 03 vorzugehen?

Aufgabe 12 (Altersversorgungsverpflichtungen)
Unternehmer S sichert Mitte 01 seinen Arbeitnehmern eine Betriebsrente zu. Alle rechtlichen Voraussetzungen sind erfüllt. Die Pensionsrückstellung berechnet sich Ende 01 auf 380.000 €. Zur Absicherung hat S in 01 langfristige Wertpapiere für 350.000 € erworben. Die Wertpapiere und Altersversorgungsverpflichtungen werden in 01 an einen Treuhänder übertragen, der die Verwaltung übernimmt. Am Jahresende ist der beizulegende Zeitwert der Wertpapiere auf 330.000 € gesunken. Die Bilanzierung der Wertpapiere und der Rückstellung erfolgt beim wirtschaftlichen Eigentümer S.

a) Wie werden die relevanten Posten Ende 01 bewertet?
b) Wie erfolgt der Ausweis der relevanten Posten?

Aufgabe 13 (Altersversorgungsverpflichtungen)
Es gelten die Angaben der vorigen Aufgabe mit der folgenden Änderung: Der beizulegende Zeitwert der Wertpapiere ist am Jahresende auf 410.000 € gestiegen.

a) Wie werden die relevanten Posten Ende 01 bewertet?
b) Wie erfolgt der Ausweis der relevanten Posten?

Aufgabe 14 (Bewertung von Verbindlichkeiten)
Unternehmer Müller nimmt am 1.10.01 ein Darlehen mit fünfjähriger Laufzeit auf: Nennwert: 100.000 €, Auszahlungsbetrag 97.000 € (= 3% Disagio). Die Rückzahlung hat am Ende der Laufzeit zu 100% zu erfolgen.

Wie erfolgt die Bewertung der Verbindlichkeit am 31.12.01?

Aufgabe 15 (Bewertung von Rückstellungen)
Die Buchführungsarbeiten für Dezember 01 sind im Januar 02 zu erledigen. Hierfür sind 10 Stunden des Buchhalters zu berücksichtigen (Lohnsatz 20 €, der Arbeitgeberanteil zur Sozialversicherung beträgt 12%). Weitere Kosten: anteilige Bürokosten 150 € und Computerkosten 50 €.
Welche Verpflichtungsart liegt vor und wie ist sie zu bewerten?

Aufgabe 16 (Rückstellungen und Umsatzsteuer)
In 01 wurde die Instandhaltung eines Lkws unterlassen, mit dem umsatzsteuerfreie Umsätze getätigt werden, die den Vorsteuerabzug ausschließen. Im März 02 (Fall I) bzw. April 02 (Fall II) wird die Instandhaltung ausgeführt, deren Kosten auf 2.000 € zzgl. 19% USt geschätzt werden.

a) In welchem Fall muss im Jahresabschluss 01 eine Rückstellung gebildet werden?
b) Wie ist die mögliche Rückstellung zu bewerten?

Aufgabe 17 (Bewertung langfristiger Rückstellungen)
In einem Unternehmen entsteht Anfang 06 eine Verpflichtung, die in fünf Jahren zu erfüllen ist. Der Erfüllungsbetrag Ende 10 beträgt 400.000 € und der relevante Zinssatz beläuft sich auf 5%. Die Bewertung erfolgt nach dem BMF-Schreiben zur Abzinsung langfristiger Verpflichtungen.

a) Wie wird die Rückstellung Ende 06 bewertet?
b) Wie wird die Rückstellung Ende 07 bewertet?

Aufgabe 18 (Buchung langfristiger Rückstellungen)
Es gelten die Daten der vorigen Aufgabe. Wie lauten die Buchungen für die Rückstellungen und Abzinsungen Ende 06 und Ende 07?

Aufgabe 19 (Unterjährige Rückstellungsbewertung)
Es gelten die Daten aus der vorletzten Aufgabe mit der folgenden Änderung: Die Verpflichtung entsteht erst am 1.7.06. Wie ist die Rückstellung Ende 06 zu bewerten, wenn die Vorgehensweise des entsprechenden BMF-Schreibens zugrunde gelegt wird (= zeitanteilige Zuführung des nominellen Rückstellungsbetrags)?

Aufgabe 20 (Verbrauchsfolgeverfahren)
Unternehmer Müller erwirbt in 01 zur Beheizung seines Schmelzofens nacheinander die folgenden Rohstoffmengen (Kohle): 1.000 kg à 15 €/kg, 1.400 kg à 18 €/kg und 600 kg à 16 €/kg. Am Ende des Jahres sind noch 720 kg auf Lager. Anfangsbestand zum 1.1.01: 300 kg à 12 €/kg.

a) Ermitteln Sie nach den einzelnen Verbrauchsfolgeverfahren die Werte für die Verbräuche und die Endbestände und tragen Sie diese in die Tabelle auf der nächsten Seite ein.
b) Wie wären die jeweiligen Endbestände handelsrechtlich zu bewerten, wenn am Bilanzstichtag ein Wert von 11 €/kg zu verwenden wäre?

	Fifo-Methode	Lifo-Methode
Verbrauch		
Endbestand		

Aufgabe 21 (Verbrauchsfolgeverfahren)
Kreuzen Sie die richtigen Antworten zu den Verbrauchsfolgeverfahren an.

a) 0 Das Fifo-Verfahren führt bei kontinuierlich steigenden Preisen grundsätzlich zur höchsten Bewertung des Endbestands an Vorräten.
b) 0 Das Lifo-Verfahren kann nicht zur vereinfachenden Bewertung von Rohstoffen im Rahmen der GoB eingesetzt werden.
c) 0 Das Lifo-Verfahren führt bei kontinuierlich steigenden Preisen grundsätzlich zur niedrigsten Bewertung des Endbestands an Vorräten.
d) 0 Das Fifo-Verfahren kann zur vereinfachenden Bewertung von Wertpapieren des Umlaufvermögens im Rahmen der GoB eingesetzt werden.
e) 0 Die Durchschnittsmethode kann auch zur Bewertung von annähernd gleichwertigen beweglichen Vermögensgegenständen eingesetzt werden.
f) 0 Das Lifo-Verfahren kann auch zur Bewertung von annähernd gleichwertigen beweglichen Vermögensgegenständen eingesetzt werden.
g) 0 Das Fifo-Verfahren kann nur zur vereinfachenden Bewertung genutzt werden, wenn es nicht der tatsächlichen Verbrauchsfolge widerspricht.

Aufgabe 22 (Durchschnittsbewertung)
Buchdruckermeister Müller erwirbt in 01 zu verschiedenen Zeitpunkten Papier für die Produktion von Büchern. Der Anfangsbestand am 1.1.01 ist null. Am 1.3.01 werden 100.000 Bogen zu je 15 €/Bogen, am 1.9.01: 80.000 Bogen zu je 12 €/Bogen und am 1.12.01: 60.000 Bogen zu 14 €/Bogen erworben. Am 31.12.01 sind noch 25.000 Bogen auf Lager. Die Umsatzsteuer wird vernachlässigt.

a) Wie wird der Endbestand nach der Durchschnittsmethode bewertet?
b) Wie erfolgt der Ausweis in der Bilanz?

Aufgabe 23 (Währungsumrechnung)
Die Inter-OHG gewährt am 1.10.01 ihrem ausländischen Abnehmer einen normal verzinslichen Kredit in Höhe von 400.000 US-Dollar (Umrechnungskurs: 1 US-Dollar = 0,9 Euro). Die Ausleihung (Forderung) hat eine Laufzeit von zwei Jahren. Am 31.12.01 ist der Umrechnungskurs auf 0,85 Euro gefallen (Fall a) bzw. auf 0,95 Euro gestiegen (Fall b).
Wie wird die Forderung am 31.12.01 in den Fällen a) und b) bewertet?

Aufgabe 24 (Währungsumrechnung)
Es gelten die Daten der vorigen Aufgabe mit folgender Änderung: Es handelt sich um eine Ausleihung, deren Laufzeit nur sechs Monate beträgt. Wie wird die Forderung am 31.12.01 in den Fällen a) und b) bewertet?

Aufgabe 25 (Bewertungseinheiten)
Unternehmer Schulze nimmt am 1.10.05 bei einer amerikanischen Bank einen Kredit von 200.000 US-Dollar zu marktüblichen Zinsen auf. Die Laufzeit beträgt sechs Monate. Am 1.10.05 beträgt der Wechselkurs zwischen US-Dollar und Euro 1:0,8, am Bilanzstichtag 1:0,9 und am Erfüllungstag (31.3.06) 1:0,95. Zur Währungsabsicherung schließt Schulze am 1.10.05 ein Termingeschäft ab und erwirbt 200.000 US-Dollar per Termin 31.3.06 (Terminkurs: 1:0,85). Es wird eine Bewertungseinheit gebildet.

Wie wird der Kredit am Bilanzstichtag bewertet?

Aufgabe 26 (Bewertungseinheiten)
Es gelten die Daten der vorigen Aufgabe mit folgender Änderung: Schulze schließt ein Währungstermingeschäft in Höhe von 140.000 US-Dollar ab.

Wie wird der Kredit am Bilanzstichtag bewertet?

Aufgabe 27 (Planmäßige Abschreibungen)
Eine Fertigungsanlage hat einen Anschaffungspreis von 500.000 € zzgl. 19% USt. Es besteht ein voller Vorsteuerabzug. Direkte Nebenkosten sind in Höhe von 40.000 € netto zu verrechnen. Die Lieferung erfolgt Anfang 01. Die Nutzungsdauer beträgt acht Jahre (Abschreibungsprozentsatz: 25% bei geometrisch-degressiver Abschreibungsmethode). Die maximale Anzahl von Betriebsstunden beträgt 1.080.000. Verbrauchte Stunden in 01: 220.000, in 02: 240.000. Wie hoch sind die handelsrechtlichen Abschreibungen in 01 und 02, wenn die folgenden Verfahren angewendet werden?

a) Lineare Abschreibungsmethode.
b) Geometrisch-degressive Abschreibungsmethode.
c) Arithmetisch-degressive Abschreibungsmethode.
d) Leistungsabschreibung.

Aufgabe 28 (Geometrisch-degressive Abschreibung)
Es gelten die Daten der vorigen Aufgabe. Welches Problem besteht bei der geometrisch-degressiven Abschreibungsmethode am Ende der Nutzungsdauer (nach acht Jahren), wenn die Fertigungsanlage dann wertlos ist? Wie kann es gelöst werden?

Aufgabe 29 (Abschreibungen im Zugangsjahr)
Eine Maschine wird am 12.10.01 geliefert (Anschaffungskosten: 120.000 €, Nutzungsdauer acht Jahre). Im Zugangsjahr wird monatsgenau abgeschrieben.

a) Wie hoch sind die handelsrechtlichen Abschreibungen in 01 bei Anwendung der linearen Methode?
b) Wie hoch sind die handelsrechtlichen Abschreibungen in 01 bei Anwendung der geometrisch-degressiven Methode (20%)?
c) Kann die Maschine im Steuerrecht geometrisch-degressiv abgeschrieben werden?

Aufgabe 30 (Abschreibungen im Folgejahr)
Es gelten die Daten der vorigen Aufgabe. Wie hoch sind die Abschreibungen im Folgejahr 02 bei Anwendung der linearen bzw. geometrisch-degressiven Methode?

Aufgabe 31 (Buchung der Veräußerung)
Der Restwert einer Maschine beträgt am Jahresbeginn 60.000 €. Der Jahresbetrag der Abschreibung beläuft sich auf 20.000 €. Am 25.9. des betreffenden Jahres wird die Maschine für 42.400 € zzgl. 19% USt veräußert (Bankgutschrift).
Wie lauten die Buchungssätze im Verkaufsjahr (monatsgenaue Abschreibung im Abgangsjahr)?

Aufgabe 32 (Planmäßige Abschreibungen)
Kreuzen Sie die richtigen Aussagen zu den planmäßigen Abschreibungen an.
a) 0   Im Steuerrecht ist die arithmetisch-degressive Abschreibungsmethode nicht anwendbar.
b) 0   Im Handelsrecht sind geometrisch-degressive Abschreibungen zulässig, wenn es dem Wertverlauf des Anlagegutes entspricht.
c) 0   Im Handels- und Steuerrecht sind nur lineare Abschreibungen zulässig.
d) 0   Im Steuerrecht ist die arithmetisch-degressive Abschreibung nur bei Sachanlagen erlaubt.
e) 0   Die geometrisch-degressive Abschreibung führt zum Restwert von null.
f) 0   Im Handelsrecht ist die arithmetisch-degressive Abschreibung eine zulässige Methode zur Abschreibung von Sachanlagen.
g) 0   Im Steuerrecht müssen immaterielle Vermögensgegenstände linear abgeschrieben werden.
h) 0   Im Handelsrecht sind entgeltlich erworbene immaterielle Vermögensgegenstände geometrisch-degressiv abzuschreiben, wenn es ihrem Wertverlauf entspricht.
i) 0   Finanzanlagen sind im Handels- und Steuerrecht linear abzuschreiben.
j) 0   Bei einem Jahresabschreibungsbetrag von 60.000 € und dem Zugang am 10.5.01 werden in 01 Abschreibungen von 40.000 € verrechnet.
k) 0   Bei einem Jahresabschreibungsbetrag von 60.000 € und dem Abgang am 10.5.05 werden in 05 Abschreibungen von 40.000 € verrechnet.
l) 0   Bei einem Jahresabschreibungsbetrag von 60.000 € und dem Zugang am 10.9.01 werden in 01 Abschreibungen von 40.000 € verrechnet.
m) 0   Wird ein abnutzbarer Vermögensgegenstand im Laufe eines Jahres veräußert, wird der gesamte Abschreibungsbetrag dieses Jahres verrechnet.
n) 0   Bei der Leistungsabschreibung werden die Abschreibungsbeträge im Zugangsjahr immer monatsgenau verrechnet.

Aufgabe 33 (Beizulegender Stichtagswert)
Ein Unternehmer erwirbt am 1.7.01 eine Maschine für 500.000 €. Die Umsatzsteuer ist zu vernachlässigen. Die Nutzungsdauer ist zehn Jahre, die Abschreibung erfolgt linear (monatsgenau). Am 31.12.02 würde eine vergleichbare neue Maschine 450.000 € kosten (Nutzungsdauer zehn Jahre). Bei einer Veräußerung am 31.12.02 würde für die genutzte Maschine ein Preis von 400.000 € erzielt werden. Die vom Verkäufer zu tragenden Veräußerungskosten werden mit 4.000 € veranschlagt. Die Maschine wird im Unternehmen ständig eingesetzt und ist voll ausgelastet.

a) Welcher Markt ist von Bedeutung?
b) Berechnen Sie den beizulegenden Stichtagswert zum 31.12.02.

Aufgabe 34 (Niedrigere Werte)
Wertpapierhändler Karl Aktie hat am 31.12.01 Wertpapiere der Sorte XY im Umlaufvermögen. Die Anschaffungskosten betrugen in 01: 42 € pro Stück. Am 31.12.01 ist ein Verkauf für 41 € möglich, wobei 1,5 € Veräußerungskosten zu tragen sind. Eine Wiederbeschaffung ist zu 41 € zzgl. 50 Cent Gebühr möglich.
a) Welcher Wert ist am 31.12.01 relevant?
b) Muss eine Abschreibung am Bilanzstichtag erfolgen?

Aufgabe 35 (Dauernde Wertminderung)
Die Anschaffungskosten einer Fertigungsanlage betragen Anfang 01 480.000 €. Die Nutzungsdauer wird auf acht Jahre festgelegt (lineare Abschreibung ohne Restwert). Am 31.12.02 beträgt der beizulegende Stichtagswert 200.000 € (Fall a) – 100.000 € (Fall b).
a) Wie viele Jahre liegen diese Werte unter den planmäßigen Restbuchwerten?
b) Liegen dauernde Wertminderungen vor? Müssen außerplanmäßige Abschreibungen vorgenommen werden oder besteht ein Abschreibungsverbot?

Aufgabe 36 (Vornahme außerplanmäßiger Abschreibungen)
Kreuzen Sie die richtigen Antworten zur außerplanmäßigen Abschreibung an.
a) 0 Bei einer voraussichtlich dauernden Wertminderung von Sachanlagen muss eine außerplanmäßige Abschreibung erfolgen.
b) 0 Bei einer voraussichtlich nicht dauernden Wertminderung im Umlaufvermögen kann eine außerplanmäßige Abschreibung erfolgen.
c) 0 Bei einer voraussichtlich nicht dauernden Wertminderung von Finanzanlagen muss eine außerplanmäßige Abschreibung erfolgen.
d) 0 Bei einer voraussichtlich dauernden Wertminderung im Umlaufvermögen kann eine außerplanmäßige Abschreibung erfolgen.
e) 0 Bei einer voraussichtlich nicht dauernden Wertminderung von Sachanlagen darf keine außerplanmäßige Abschreibung erfolgen.
f) 0 Bei einer voraussichtlich nicht dauernden Wertminderung von Finanzanlagen darf eine außerplanmäßige Abschreibung erfolgen.

Aufgabe 37 (Außerplanmäßige Abschreibungen)
Unterstreichen Sie die richtigen Aussagen in den Klammern.
a) Im Anlagevermögen gilt das (strenge Niederstwertprinzip/gemilderte Niederstwertprinzip).
b) Bei betriebsnotwendigen Rohstoffbeständen muss eine Abschreibung vorgenommen werden, wenn der (Marktwert/Marktpreis) für vergleichbare Rohstoffe gesunken ist. Hierbei ist der (Beschaffungsmarkt/Absatzmarkt) relevant.
c) Bei Überbeständen von Rohstoffen ist bzw. sind der (Beschaffungsmarkt/Absatzmarkt/beide Märkte) relevant.
d) Im Umlaufvermögen gilt das (Höchstwertprinzip/Mittelwertprinzip/strenge Niederstwertprinzip/gemilderte Niederstwertprinzip).
e) Bei Waren und Wertpapieren des Umlaufvermögens ist der (Veräußerungswert/Wiederbeschaffungswert/niedrigere Wert aus Veräußerungs- und Wiederbeschaffungswert) relevant.

Aufgabe 38 (Geringwertige Wirtschaftsgüter)
Unternehmer Müller erwirbt in 01 einen Computer für 1.000 € zzgl. 19% USt und ein Smartphone für 740 € zzgl. 19% USt. Es besteht ein voller Vorsteuerabzug.
a) Prüfen Sie, ob es sich um GWG nach § 6 Abs. 2 EStG handelt.
b) Wie können die beiden Posten in 01 nach § 6 Abs. 2 EStG behandelt werden?

Aufgabe 39 (Geringwertige Wirtschaftsgüter)
Unternehmer Schulze erwirbt in 01 einen Bürotisch für 928,2 € inkl. 19% USt. Schulze kann die Umsatzsteuer nicht als Vorsteuer geltend machen.
Liegt ein GWG vor? Wie wird bei Bankzahlung gebucht?

Aufgabe 40 (Zuschreibungen)
Der Preis einer Fertigungsanlage beträgt Anfang 01: 500.000 € zzgl. 19% USt. Ein voller Vorsteuerabzug ist möglich. Die Nutzungsdauer ist zehn Jahre, die Abschreibung erfolgt linear. Am 31.12.02 ist der beizulegende Stichtagswert auf 180.000 € gesunken. Am 31.12.04 ist der Wert wieder gestiegen und beträgt 320.000 €.
a) Wie ist am 31.12.02 in der Handelsbilanz zu bewerten?
b) Wie ist am 31.12.04 in der Handelsbilanz zu bewerten?

Aufgabe 41 (Immaterielle Vermögensgegenstände)
Ein Unternehmen erwirbt am 1.4.01 ein Patent für 840.000 €. Die Umsatzsteuer ist zu vernachlässigen. Die Nutzungsdauer beträgt zwanzig Jahre. Es wird eine Einheitsbilanz erstellt. Wie hoch sind die handelsrechtlichen Abschreibungsbeträge in 01 und 02?

Aufgabe 42 (Derivativer Firmenwert)
Kreuzen Sie die richtigen Aussagen zum derivativen Firmenwert im Handelsrecht an.
a) 0 Der derivative Firmenwert ist immer über zehn Jahre abzuschreiben.
b) 0 Der derivative Firmenwert wird geometrisch-degressiv abgeschrieben, wenn diese Methode den Wertverlauf richtig widerspiegelt.
c) 0 Der Firmenwert kann im Handelsrecht immer über fünfzehn Jahre abgeschrieben werden, da diese Nutzungsdauer im Steuerrecht gilt.
d) 0 Der Firmenwert ist immer linear abzuschreiben.
e) 0 Der Firmenwert ist außerplanmäßig abzuschreiben, wenn die Wertminderung voraussichtlich dauernd ist.
f) 0 Entfällt der Grund, der zu einer außerplanmäßigen Abschreibung des Firmenwerts geführt hat, darf dieser Posten nicht zugeschrieben werden.
g) 0 Der derivative Firmenwert kann außerplanmäßig abgeschrieben werden, wenn die Wertminderung voraussichtich von Dauer ist.
h) 0 Entfällt der Grund, der zu einer außerplanmäßigen Abschreibung des Firmenwerts geführt hat, muss dieser Posten zugeschrieben werden.

Aufgabe 43 (Derivativer Firmenwert)
Am 1.4.01 beträgt der derivative Firmenwert eines Unternehmens 450.000 €. Der Käufer aktiviert den Firmenwert und will ihn linear und monatsgenau über die grundsätzliche Nutzungsdauer abschreiben.

a) Wie hoch sind die handelsrechtlichen Abschreibungen in 01 und 02?
b) Wie hoch sind die steuerrechtlichen Abschreibungen in 01 und 02?
c) Welcher Effekt ergibt sich bei Erstellung einer Einheitsbilanz in 01?

Aufgabe 44 (Derivativer Firmenwert)
Anfang 01 entsteht ein derivativer Firmenwert in Höhe von 8.000.000 €. Die Nutzungsdauer des Postens hängt im Wesentlichen von einem Geschäftsleiter ab, der in acht Jahren in den Ruhestand gehen will. Daher wird planmäßig über acht Jahre abgeschrieben. Am 31.12.03 verstirbt der Geschäftsleiter unerwartet. Der Firmenwert sinkt am Stichtag auf 2.000.000 €.

a) Wie ist der Firmenwert Ende 01 bis Ende 03 zu bewerten?
b) Welche Abschreibungsbeträge sind in 04 und 05 zu verrechnen?

Aufgabe 45 (Bewegliche Sachanlagen)
Die Anschaffungskosten einer Maschine betragen am 10.10.01: 200.000 €. Die Nutzungsdauer beläuft sich auf zehn Jahre. Im Handelsrecht wird geometrisch-degressiv mit 25% abgeschrieben (monatsgenau), um den Wertverlauf richtig zu erfassen.

a) Wie hoch sind die handelsrechtlichen Abschreibungen in 01 und wie hoch ist der Restwert in der Handelsbilanz am 31.12.01?
b) Ist die Erstellung einer Einheitsbilanz möglich?

Aufgabe 46 (Bewegliche Sachanlagen)
Die Anschaffungskosten einer Fertigungsanlage betragen 400.000 € am 1.1.01. Die Nutzungsdauer beträgt zehn Jahre, wobei ein Restwert in Höhe von 20.000 € am Ende dieses Zeitraums zugrunde gelegt wird. Handelsrechtlich wird geometrisch-degressiv abgeschrieben, wobei der Abschreibungsprozentsatz zu berechnen ist.
Wie hoch sind die handelsrechtlichen Abschreibungen in 01?

Aufgabe 47 (Herstellungskosten von Gebäuden)
Bauunternehmer Meier erstellt auf einem eigenen Grundstück (Anschaffungskosten 100.000 €) ein Verwaltungsgebäude für Schulze. Meier erhält Rechnungen in Höhe von 250.000 € zzgl. 19% USt von den Handwerkern. Nach der Fertigstellung will Schulze das Gebäude ab dem 1.10.01 mieten. Schulze führt umsatzsteuerpflichtige Leistungen aus. Wie sollte sich Bauunternehmer Meier bei der Behandlung der Umsatzsteuer verhalten?

Aufgabe 48 (Gebäudeabschreibung)
Unternehmer Schulze schließt am 1.3.01 einen Kaufvertrag über ein Bürogebäude ab. Der Übergang von Nutzen und Lasten ist der 1.8.01. Der Preis beträgt 400.000 €, die Notargebühren betragen 1.000 €. Die Grunderwerbsteuer beläuft sich auf 3,5% des Kaufpreises. Die Umsatzsteuer ist zu vernachlässigen. Der Abschreibungsprozentsatz beträgt drei Prozent der Anschaffungskosten.
Wie hoch sind die Abschreibungen in 01 und der Restbuchwert am 31.12.01?

Aufgabe 49 (Gebäudeabschreibung)
Die Anschaffungskosten eines betrieblichen Gebäudes betragen am 1.10.01: 520.000 €. Unmittelbar nach dem Erwerb werden Bauschäden festgestellt, die die Nutzungsdauer auf 25 Jahre begrenzen. Ein entsprechendes Baugutachten liegt vor. Unternehmer Müller will das Gebäude am 31.12.01 mit 516.100 € bewerten.
a) Wie kommt Müller auf diesen Wert?
b) Ist dieser Wert handelsrechtlich zulässig?

Aufgabe 50 (Gebäudeabschreibung)
Unternehmer Schulze erwirbt Anfang 01 (= Übergang von Nutzen und Lasten) ein Gebäude mit Anschaffungskosten von 200.000 €, welches ausschließlich betrieblich genutzt wird. In 01 werden ein (betrieblicher) Lastenaufzug und ein Personenaufzug eingebaut, wodurch zusätzliche Kosten von jeweils 50.000 € entstehen. Beide Aufzüge sind am 1.10.01 fertig gestellt. Ohne Umsatzsteuer.
a) Wie wird der Lastenaufzug bilanziell behandelt?
b) Wie wird der Personenaufzug bilanziell behandelt?

Aufgabe 51 (Nachträgliche Herstellungskosten)
Ein betriebliches Gebäude hat Anschaffungskosten von 500.000 €. Die Nutzung beginnt am 1.4.01. Die Abschreibung erfolgt mit 3% der Anschaffungskosten. Am 1.7.02 wird ein Anbau fertig gestellt, der 100.000 € gekostet hat.
a) Wie hoch ist der Abschreibungsbetrag in 01? Wie hoch ist der Restwert?
b) Wie hoch ist der Abschreibungsbetrag in 02? Wie hoch ist der Restwert?

Aufgabe 52 (Finanzanlagen)
Herr Müller erwirbt Anfang 01 betrieblich notwendige Aktien, die längerfristig im Unternehmen verbleiben sollen. Die Anschaffungskosten betragen 50.000 €. Am 31.12.01 ist der Wert dieser Finanzanlagen auf 40.000 € (Fall a) bzw. 30.000 € (Fall b) gesunken.
Muss in den Fällen a) bzw. b) eine außerplanmäßige Abschreibung erfolgen oder nicht?

Aufgabe 53 (Forderungen)
Unternehmer Schulze hat am Bilanzstichtag (31.12.01) zwei Forderungen aus Lieferungen und Leistungen im Bestand. Die Forderung A hat einen Nennwert von 238.000 € und die Forderung B einen Nennwert von 178.500 € (jeweils inkl. 19% USt). Die Forderung A wird wahrscheinlich zu 50% ausfallen. Forderung B fällt sicher zu 60% aus.
Wie sind die Forderungen am Bilanzstichtag zu bewerten?

Aufgabe 54 (Sachentnahmen)
Unternehmer Müller bezieht am 1.5.01 Waren für 15.000 € zzgl. 19% USt. Er verbraucht im Mai 01 einen Teil der Waren (5%) für eigene Zwecke. Die Warenpreise verändern sich in 01 nicht. Es besteht ein voller Vorsteuerabzug.
Geben Sie die Buchungssätze für den Warenbezug (Bankzahlung) und den privaten Warenverbrauch an.

Aufgabe 55 (Sachentnahmen)
Schulze entnimmt am 1.10.06 einen gebrauchten Kleintransporter aus seinem Betrieb, um ihn nur noch privat einzusetzen. Der Buchwert beträgt am 1.10.06 noch 5.000 €. Ein vergleichbares Fahrzeug würde zu diesem Zeitpunkt 6.500 € zzgl. 19% USt kosten. Der Veräußerungswert beträgt 5.500 € netto. Schulze bestellt nach der Entnahme bei seinem Händler ein Ersatzfahrzeug. Schulze führt Leistungen aus, die zum Vorsteuerabzug berechtigen.
a) Wie ist die Entnahme zu bewerten?
b) Wie wird die Umsatzsteuer bei der Entnahme behandelt?

Aufgabe 56 (Sacheinlagen)
Herr Schneider erwirbt am 1.5.01 einen Schreibtisch zum Preis von 3.000 € zzgl. 19% USt. Der Schreibtisch wird zunächst vollständig privat genutzt. Am 30.4.03 stellt Herr Schneider den Schreibtisch in sein Büro und nutzt ihn ab diesem Zeitpunkt ausschließlich betrieblich. Die Nutzungsdauer des Schreibtischs beträgt zehn Jahre bei gleichmäßiger Entwertung. Am 30.4.03 hat der Schreibtisch die folgenden Teilwerte: a) 2.500 € bzw. b) 3.000 €.

Wie ist die Einlage am 30.4.03 in den beiden Fällen a) und b) zu bewerten?

Aufgabe 57 (Privatvorgänge und Erfolgsermittlung)
Für das Einzelunternehmen von Herrn Schulze gelten die folgenden Daten: Eigenkapital zum 31.12.01: 400.000 €, zum 31.12.02: 440.000 €. In 02 wurden Sachentnahmen im Wert von 32.000 € netto durchgeführt, für die ein Vorsteuerabzug bestand. Außerdem wurde Ende 02 ein bisher privat gebrauchter Schreibtisch im Wert von 2.000 € in das Betriebsvermögen überführt.

Wie hoch ist der Erfolg für 02?

Aufgaben zum vierten Kapitel

Aufgabe 1 (Haftungsbeschränkte Unternehmergesellschaft)
Die Gesellschafter Wenig und Knapp gründen 1.10.01 eine haftungsbeschränkte Unternehmergesellschaft mit einem Stammkapital von 8.000 €. In 01 wird ein Jahresfehlbetrag von 10.000 € erwirtschaftet. In 02 entsteht ein Jahresüberschuss von 40.000 €.
a) Wie hoch ist die gesetzliche Rücklage Ende 01?
b) Wie hoch ist die gesetzliche Rücklage Ende 02? Welchen Betrag können die Gesellschafter maximal ausschütten?

Aufgabe 2 (Haftungsbeschränkte Unternehmergesellschaft)
Die Gesellschafter A und B haben in 01 eine haftungsbeschränkte Unternehmergesellschaft mit 10.000 € gegründet. Nach einigen Gewinnjahren hat die gesetzliche Rücklage Ende 05 einen Stand von 40.000 € erzielt. Da das Haftungskapital mit 50.000 € bereits doppelt so hoch ist wie der Mindestwert einer normalen GmbH, wollen die Gesellschafter ab 06 die gesetzliche Rücklage nicht mehr dotieren.
Stimmen Sie dieser Vorgehensweise zu? Hinweis: Lesen Sie § 5a Abs. 5 GmbHG.

Aufgabe 3 (Bilanzadressaten)
Die Modell-AG ist eine Aktiengesellschaft, die in jedem Geschäftsjahr 50% ihres Gewinns an die Aktionäre ausschüttet. Es sind drei Gruppen von Bilanzadressaten vorhanden. Anton Klein gehört zu den **Kleinaktionären**: er besitzt nur fünf Aktien. Karl Gross gehört zu den **Großaktionären**: er verfügt über 250.000 Aktien. Willi Geldher ist ein **Gläubiger**, der der AG einen Kredit von 500.000 € gewährt hat. Die gesamte Aktienzahl beträgt 2.000.000 Stück. Die Aktiengesellschaft hat die Möglichkeit, durch Ausübung von Bilanzierungswahlrechten für 01 einen Gewinn von 1.000.000 € oder von 400.000 € auszuweisen.
a) Welche Ziele weisen die einzelnen Gruppen auf?
b) Welche minimalen bzw. maximalen Gewinnanteile erhalten Anton Klein und Karl Gross?

Aufgabe 4 (Ausschüttungsregelungsfunktion)
Tragen Sie die beiden Aspekte der Ausschüttungsregelungsfunktion in die folgende Abbildung ein und erläutern Sie kurz ihre jeweiligen Inhalte. Geben Sie auch die relevanten Adressatengruppen an.

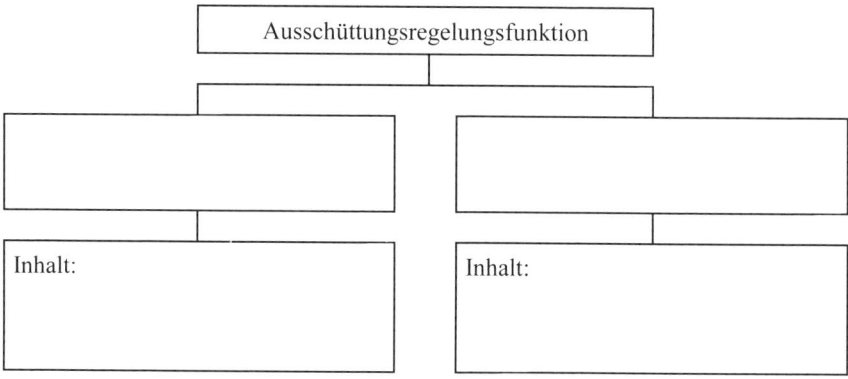

Aufgabe 5 (Wirtschaftliche Lage)
Tragen Sie die Definitionen der Komponenten der wirtschaftlichen Lage einer Kapitalgesellschaft in das Schema ein.

Begriffe	Definitionen
Vermögenslage	
Ertragslage	
Finanzlage	

Aufgabe 6 (Größenklassen)
Die nicht börsennotierte X-AG ist zum 31.12.18 eine mittelgroße Kapitalgesellschaft, für die sich im Zeitablauf die folgenden Daten ergeben.

Ende der Periode	Bilanzsumme	Umsatzerlöse	Arbeitnehmer	Einstufung	Rechtsfolge
19	20,9 Mio.	41,2 Mio.	230		
20	19,8 Mio.	39,5 Mio.	260		
21	21,2 Mio.	41,7 Mio.	270		
22	21 Mio.	41 Mio.	240		
23	19,8 Mio.	39,5 Mio.	249		

Stufen Sie die X-AG richtig ein und beurteilen Sie zu den einzelnen Stichtagen, welche Rechtsfolgen eintreten. Die Daten beziehen sich auf das Ende der jeweiligen Periode.

Aufgabe 7 (Eigenkapital)
Markieren Sie in den folgenden Aussagen den richtigen Teil.

a) Der Gewinn des laufenden Geschäftsjahres einer Kapitalgesellschaft wird als (Jahresfehlbetrag/Gewinnvortrag/Gewinnrücklage/Jahresüberschuss) bezeichnet. Es ist ein Gewinn (vor Steuern/nach Steuern).

b) Entscheidet die Gesellschafterversammlung einer GmbH speziell über die Einbehaltung und Zuweisung eines Gewinnbetrags, wird der Posten (Gewinnrücklagen/Jahresüberschuss/Gewinnvortrag) erhöht.

c) Kann bei einer GmbH ein Jahresfehlbetrag nicht ausgeglichen werden, erscheint im neuen Geschäftsjahr der Posten (Gewinnvortrag/Verlustvortrag/Jahresfehlbetrag) auf der Passivseite (Erfolgsausweis vor Ergebnisverwendung).

d) In einer Aktiengesellschaft wird der Posten (gezeichnetes Kapital/Gewinnrücklagen/Jahresüberschuss) erhöht, wenn eine ordentliche Kapitalerhöhung stattgefunden hat.

e) Wird in einer GmbH nur beschlossen, dass die Hälfte des Jahresüberschusses ausgeschüttet wird, erhöht die andere Hälfte (die Gewinnrücklagen/den Gewinnvortrag/das gezeichnete Kapital).

f) Werden von einer Aktiengesellschaft Aktien über dem Nennbetrag ausgegeben, verändern sich die Eigenkapitalposten (Gewinnrücklagen/Bilanzgewinn/Gewinnvortrag/gezeichnetes Kapital/Kapitalrücklage).

Aufgabe 8 (Eigenkapital der AG und GmbH)
Welche der folgenden Aussagen sind richtig? Kreuzen Sie entsprechend an.

a) 0 Das Grundkapital der AG beträgt mindestens 25.000 € und wird in der Bilanz als gezeichnetes Kapital ausgewiesen.

b) 0 Das Stammkapital der AG beträgt mindestens 25.000 € und wird in der Bilanz als gezeichnetes Kapital ausgewiesen.

c) 0 Das Grundkapital der GmbH beträgt mindestens 50.000 € und wird in der Bilanz als gezeichnetes Kapital ausgewiesen.

d) 0 Das Grundkapital der GmbH beträgt mindestens 25.000 € und wird in der Bilanz als gezeichnetes Kapital ausgewiesen.

e) 0 Das Stammkapital der GmbH beträgt mindestens 25.000 € und wird in der Bilanz als gezeichnetes Kapital ausgewiesen.

f) 0 Das Grundkapital der AG beträgt mindestens 25.000 € und wird in der Bilanz als Grundkapital ausgewiesen.

g) 0 Das Grundkapital der AG beträgt mindestens 50.000 € und wird in der Bilanz als gezeichnetes Kapital ausgewiesen.

h) 0 Das Grundkapital der AG darf nicht höher sein als 50.000 €.

i) 0 Das Grundkapital der AG muss höher sein als 50.000 €.

j) 0 Eine Aktiengesellschaft haftet nur mit ihrem Grundkapital für ihre Verbindlichkeiten.

k) 0 Eine Aktiengesellschaft haftet mit ihrem gesamten Vermögen für ihre Verbindlichkeiten.

l) 0 Das Grundkapital wird durch den erwirtschafteten Gewinn nach Steuern erhöht.

Aufgabe 9 (Erfolgsausweis der GmbH)

Eine GmbH weist Anfang 01 auf der Aktivseite der Bilanz diverse Vermögensgegenstände von 600.000 € aus. Dieser Wert entspricht dem Stammkapital. In der GuV-Rechnung entsteht in 01 ein Gewinn von 250.000 €. Nach Aufstellung des Jahresabschlusses entscheiden die Gesellschafter in 02, diesen Gewinn zur Hälfte auszuschütten und den Rest in die Gewinnrücklagen einzustellen. Der Erfolg des Jahres 02 ist mit 40.000 € negativ. Ertragsteuern werden vernachlässigt.

a) Welche Art des Erfolgsausweises ist relevant?
b) Tragen Sie die relevanten Posten in die folgenden Bilanzen ein.
c) Welche Effekte hätte eine Ertragsbesteuerung (Steuersatz 30%) Ende 01?

A	Bilanz 31.12.01		P
Diverse Vermögens-gegenstände			

A	Bilanz 31.12.02		P
Diverse Vermögens-gegenstände			

Aufgabe 10 (Erfolgsausweis der GmbH)

Eine GmbH passiviert zum 31.12.01 ein gezeichnetes Kapital in Höhe von 800.000 €. In 02 werden Erträge von 400.000 € und Aufwendungen von 550.000 € erzielt. In 03 entsteht laut GuV-Rechnung ein Gewinn von 280.000 €. Der Gewinn des Geschäftsjahres 04 beträgt 220.000 €. Die Gesellschafter haben in 04 beschlossen, alle Verluste aus der Bilanz zu entfernen und vom verbleibenden Betrag je 50% auszuschütten bzw. den Gewinnrücklagen zuzuweisen. Ertragsteuern werden vernachlässigt.

Geben Sie die relevanten Eigenkapitalkonten zum 31.12.02, 31.12.03 und 31.12.04 an, wenn der Erfolgsausweis vor Ergebnisverwendung relevant ist.

Aufgabe 11 (Kapitalrücklagen)

Die X-AG erhöht in 01 ihr Eigenkapital durch Ausgabe neuer Aktien. Es werden 100.000 Aktien zum Nennwert von 2 €/Stück für 3 €/Stück platziert. Das Geld wird dem Bankkonto gutgeschrieben. Außerdem begibt die AG eine Anleihe, bei der die Gläubiger nach einer gewissen Zeit das Recht besitzen, ihr Kreditverhältnis in ein Beteiligungsverhältnis umzuwandeln. Für dieses Recht zahlen die Gläubiger 50.000 €.

a) Wie wird die Aktienausgabe gebucht? Welche gesetzliche Vorschrift ist für das Agio zu beachten?
b) Wie wird die Anleihe bezeichnet? Wie werden die 50.000 € behandelt? Welche gesetzliche Vorschrift ist relevant?

Aufgabe 12 (Kapitalrücklagen)
Kreuzen Sie die richtigen Aussagen zu den Kapitalrücklagen an.

a) 0 Kapitalrücklagen entstehen durch erwirtschaftete Beträge in erfolgreichen Geschäftsjahren.
b) 0 Werden Aktien mit einem Agio von 100.000 € platziert, entsteht eine Kapitalrücklage nach § 272 Abs. 2 Nr. 4 HGB.
c) 0 Alle Kapitalrücklagen können bei einer AG jederzeit aufgelöst werden.
d) 0 Kapitalrücklagen nach § 272 Abs. 2 Nr. 4 HGB können bei einer AG jederzeit aufgelöst werden.
e) 0 Werden Aktien unter Nennwert ausgegeben (Disagio: 100.000 €), ist die entsprechende Kapitalrücklage um 100.000 € zu vermindern.
f) 0 Werden Aktien mit Sonderrechten ausgestattet, wofür die Aktionäre einen Zusatzbetrag von 50.000 € zahlen, ist aus Unternehmenssicht zu buchen: "Bank an sonstige betriebliche Erträge 50.000".
g) 0 Kapitalrücklagen sollen die Haftungsbasis der Kapitalgesellschaften erhöhen, wodurch der Gläubigerschutz verstärkt wird.
h) 0 Die Kapitalrücklagen nach § 272 Abs. 2 Nr. 1 HGB können grundsätzlich nur zur Verlustdeckung aufgelöst werden.

Aufgabe 13 (Gesetzliche Rücklage)
Die A-AG hat ein gezeichnetes Kapital von 500.000 €. Am 31.12.02 besteht eine gesetzliche Rücklage von 44.000 €. Der Jahresüberschuss 03 beläuft sich auf 300.000 €. Aus 02 existiert noch ein Verlustvortrag von 20.000 €. Kapitalrücklagen sind nicht vorhanden. Ohne satzungsmäßige Besonderheiten.

Wie ist die gesetzliche Rücklage Ende 03 zu bilanzieren?

Aufgabe 14 (Rückbeteiligungen)
Die M-AG (Muttergesellschaft) ist zu 80% an der T-AG (Tochtergesellschaft) beteiligt. In 01 erwirbt die T-AG Anteile an der M-AG für 200.000 € zzgl. 0,5% Bankgebühr (Bankzahlung). Die Anteile werden von der T-AG nur kurzfristig gehalten. Die T-AG verfügt über andere Gewinnrücklagen in Höhe von 500.000 €.

a) Wie ist der Aktienerwerb zu buchen?
b) Welcher Effekt ergibt sich auf der Passivseite?
c) Wie ist vorzugehen, wenn der Wert Ende 01 auf 120.000 € gesunken ist?

Aufgabe 15 (Rückbeteiligungen)
Es gelten die Daten der vorigen Aufgabe mit folgender Änderung: Die T-AG verfügt über andere Gewinnrücklagen von 180.000 €. Wie ist vorzugehen?

Aufgabe 16 (Bilanzgewinn)
Gegeben ist die folgende Bilanz der X-AG zum Beginn des Geschäftsjahres 02. Im Laufe dieses Jahres entscheidet die Hauptversammlung vom Bilanzgewinn 01: 100.000 € auszuschütten und den verbleibenden Betrag ins nächste Jahr vorzutragen. In 02 entsteht ein Jahresüberschuss von 200.000 €. Der Vorstand will 50% dieses Betrags, also 100.000 €, den anderen Gewinnrücklagen zuführen. Der Rest soll ausgeschüttet werden.

A	Bilanz 1.1.02		P
Diverse Vermögens-gegenstände	600.000	Gezeichnetes Kapital	400.000
		Gesetzliche Rücklage	20.000
		Bilanzgewinn	180.000
	600.000		600.000

a) Kann der Vorstand 100.000 € den anderen Gewinnrücklagen zuführen?
b) Welche Eigenkapitalkonten sind Ende 02 in welcher Höhe vorhanden?

Aufgabe 17 (Bilanzgewinn)
In Fortführung der vorigen Aufgabe ergeben sich in 03 die folgenden Vorgänge: Die Hauptversammlung hat den Bilanzgewinn 02 vollständig ausgeschüttet. Die Erträge 03 belaufen sich auf 300.000 €, die Aufwendungen 03 auf 350.000 €. Der Vorstand will im Gewinnverwendungsvorschlag 100.000 € für Ausschüttungen bereitstellen. Steuern sind zu vernachlässigen.

a) Buchen Sie die Ausschüttung des Bilanzgewinns in 03 (Bankzahlung).
b) Entwickeln Sie den Bilanzgewinn für 03.
c) Welche Eigenkapitalkonten sind Ende 03 in welcher Höhe vorhanden?

Aufgabe 18 (Bilanzgewinn)
Die Y-AG wird am 1.7.01 neu gegründet. Im zweiten Halbjahr 01 wird ein Verlust von 100.000 € erwirtschaftet. In 02 wird ein Gewinn von 200.000 € erzielt. Die AG wählt den Ergebnisausweis nach teilweiser Ergebnisverwendung. Der Vorstand macht von den gesetzlichen Thesaurierungsmöglichkeiten vollen Gebrauch. Ohne Ertragsteuern.

Tragen Sie die relevanten Posten in die Bilanzen zum 31.12.01 bzw. 31.12.02 ein. Die Eröffnungsbilanz zum 1.7.01 hat das folgende Aussehen:

A	Bilanz 1.7.01		P
Diverse Vermögens-gegenstände	800.000	Gezeichnetes Kapital	800.000
	800.000		800.000

A	Bilanz 31.12.01		P
Diverse Vermögens-gegenstände		Gezeichnetes Kapital	

A	Bilanz 31.12.02		P
Diverse Vermögens-gegenstände		Gezeichnetes Kapital	

Aufgabe 19 (Verluste)
Die Looser-AG weist zum 31.12.01 die folgenden Eigenkapitalkonten auf:

I. Gezeichnetes Kapital: 1.000.000 €.
II. Kapitalrücklage: 50.000 €.
III. Gewinnrücklagen:
 1. Gesetzliche Rücklage: 40.000 €.
 2. RL für Anteile an einem herrschenden Unternehmen: 20.000 €.
 3. Andere Gewinnrücklagen: 150.000 €.
IV. Bilanzgewinn: 200.000 €.

Die Kapitalrücklage stammt aus einer Aktienemission (§ 272 Abs. 2 Nr. 1 HGB). Die Hauptversammlung beschließt in 02, vom Bilanzgewinn 160.000 € auszuschütten und 40.000 € vorzutragen. In 02 entsteht ein Jahresfehlbetrag (-300.000 €). Der Vorstand will die wirtschaftliche Lage möglichst günstig darstellen. Wie ist vorzugehen?

Aufgabe 20 (Eigene Anteile)
Die Human-AG möchte ihren Mitarbeitern die Möglichkeit zum Aktienerwerb einräumen. Daher erwirbt die AG am 1.7.01 eigene Anteile: 120.000 Stück zum Preis von 20 € zzgl. 0,2% Bankgebühr (Bankzahlung). Der Nennwert jeder Aktie beträgt 14 €. Es sind andere Gewinnrücklagen von 800.000 € vorhanden. Wie werden die eigenen Anteile Ende 01 bilanziert und wie wird gebucht?

Aufgabe 21 (Eigene Anteile)
Die Aktien aus der vorigen Aufgabe werden Mitte 02 den Arbeitnehmern überlassen, die 18 € (Fall a) – 25 € (Fall b) je Aktie bezahlen (Gutschrift auf dem betrieblichen Bankkonto). Wie sind die Geschäftsvorfälle bei der Human-AG zu verbuchen?

Aufgabe 22 (Beteiligungen)
Die Küchen-AG erwirbt in 01 Anteile an verschiedenen Unternehmen:

a) Kauf von 25% des Nennkapitals der Computer-AG zur dauernden Erzielung von Dividenden. Die Computer-AG erzielt überdurchschnittliche Kapitalrenditen. Die Investition wurde dem Vorstand der Küchen-AG von einem Bankier empfohlen.
b) Kauf von 5% der Anteile an der Küchen-AG selbst.
c) Kauf von 30% des Nennkapitals der Biotec-AG, die kurz vor einer bahnbrechenden Erfindung steht. Mit dem Abschluss der Erfindung werden die Kurse stark steigen. Die Küchen-AG hofft auf Gewinnmitnahmen.

Liegt in den obigen Fällen eine Beteiligung vor? Wie erfolgt der Ausweis?

Aufgabe 23 (Phasengleiche Gewinnvereinnahmung)
Die M-AG ist zu 100% an der T-AG beteiligt. Die T-AG erzielt in 01 einen Jahresüberschuss von 280.000 €, der nach dem Gesellschafterbeschluss der T-AG Anfang 02 vollständig an die M-AG auszuschütten ist. Daher findet eine phasengleiche Gewinnvereinnahmung bei der M-AG statt.

a) Wie bucht die M-AG in 01 und 02?
b) Ist eine ausschüttungsgesperrte Rücklage nach § 272 Abs. 5 HGB zu bilden?
c) Wie hoch ist die Steuerrückstellung Ende 01 (s = 30%)?

Aufgabe 24 (Latente Steuern beim Disagio)
Die mittelgroße A-AG nimmt Anfang 01 ein Darlehen auf. Das Kreditinstitut behält ein Disagio von 4.000 € ein. Die Laufzeit des Darlehens beträgt vier Jahre (gleichmäßige Disagioverteilung). Der Ertragsteuersatz ist 30%. In der Handelsbilanz wird das Disagio nicht aktiviert – in der Steuerbilanz besteht eine Ansatzpflicht.

a) Welche latente Steuer entsteht Ende 01? Wie kann sie inhaltlich interpretiert werden?
b) Welche Art von Erfolgsdifferenz liegt vor?

Aufgabe 25 (Latente Steuern bei Vorräten)
Die große Handels-AG erwirbt in 01 verschiedene Waren. Bei einer Sorte sind die Preise ständig gestiegen. Es wurden 8.000 Stück zu 12 €, 20.000 Stück zu 14 € und 12.000 Stück zu 16 € erworben. Der Endbestand zum 31.12.01 ist 10.000 Stück (Anfangsbestand: null Stück). In 02 werden 40% des Bestands und in 03 die restlichen 60% abgesetzt. Im Handelsrecht wird die Fifo-Methode zur Bewertungsvereinfachung verwendet. Da diese Methode steuerrechtlich unzulässig ist, kommt in diesem Bereich die Durchschnittsmethode zum Zuge.

a) Ermitteln Sie die handels- und steuerrechtlichen Werte des Endbestands 01.
b) Berechnen Sie den Bestand der latenten Steuern Ende 01, 02 und 03 bei einem Ertragsteuersatz von 30%.

Aufgabe 26 (Latente Steuern bei Abschreibungen)
Die große X-AG ermittelt Ende 01 für eine Maschine einen vorläufigen Buchwert von 420.000 €. Infolge einer Beschädigung ist der Wert nach Einschätzung eines Gutachters auf a) 300.000 € bzw. b) 200.000 € gesunken. Diese Werte gelten in der Handels- und Steuerbilanz. Die Maschine wird linear abgeschrieben (ohne Restwert am Ende der Nutzungsdauer). Der Ertragsteuersatz beträgt 30%.

Welche latenten Steuern entstehen in den Fällen a) und b) Ende 01 und wie werden sie gebucht?

Aufgabe 27 (Latente Steuern bei Rückstellungen)
Die große Y-GmbH muss Ende 05 eine langfristige Rückstellung im Nennwert von 400.000 € passivieren. Dieser Wert gilt im Handels- und Steuerrecht. Die Abzinsung erfolgt handelsrechtlich mit 4%, während im Steuerrecht ein gesetzlich festgelegter Zinssatz von 5,5% gilt. Die Restlaufzeit der Rückstellung beträgt fünf Jahre.

Welche latenten Steuern erscheinen Ende 05 in der Handelsbilanz (Ertragsteuersatz: 30%), wenn die Abzinsungsfaktoren auf drei Nachkommastellen gerundet werden?

Aufgabe 28 (Latente Steuern bei mehreren Posten)
Hans Konfus ist Buchhalter der großen A-GmbH. Bei der Bilanzerstellung für 01 stellt er verschiedene Aktivposten fest, die zu latenten Steuern führen. Sie erhalten die folgende, leicht verwirrende Aufstellung:

Posten A_1: Handelsbilanzwert < Steuerbilanzwert 5.000 €.
Posten A_2: Steuerbilanzwert < Handelsbilanzwert 12.000 €.
Posten A_3: Steuerbilanzwert > Handelsbilanzwert 16.000 €.
Posten A_4: Handelsbilanzwert > Steuerbilanzwert 10.000 €.

Welche latenten Steuern entstehen in den obigen Fällen (Steuersatz: 30%)? Das Wahlrecht für aktive latente Steuern wird genutzt.

Aufgabe 29 (Latente Steuern bei Herstellungskosten)
Die A-GmbH hat in 01: 10.000 Stück des Z-Produkts hergestellt, von denen am Bilanzstichtag noch 2.800 Stück auf Lager sind. Die Material- und Fertigungskosten betragen 20 € je Stück, die allgemeinen Verwaltungskosten 8 € je Stück. Welche latente Steuern entstehen Ende 01 für die Lagermenge (s = 30%)?

Aufgabe 30 (Auflösung latenter Steuern)
Die Z-GmbH hat Ende 01 eine aktive latente Steuer von 18.000 € (s = 30%) gebildet, da eine Maschine in der Handels- und Steuerbilanz unterschiedlich abgeschrieben wird: Der Handelsbilanzwert liegt um 60.000 € unter dem Steuerbilanzwert. Ende 02 ist die Bewertungsdifferenz auf 42.000 € gesunken. Wie wird in 02 gebucht?

Aufgabe 31 (Steuersatzänderungen)
Die X-AG erwirbt in 01 Schuldverschreibungen für 800.000 €, deren Wert Ende 01 vorübergehend auf 700.000 € gesunken ist. In der Handelsbilanz sollen die Wertpapiere möglichst niedrig bewertet werden. (Steuersatz 30%).
a) Welche latente Steuer entsteht Ende 01 (Wahlrechte werden ausgeübt)?
b) Welche Änderung tritt Ende 02 ein, wenn sicher bekannt ist, dass der Steuersatz in 03 auf 35% steigen wird?

Aufgabe 32 (Ausschüttungssperre)
Die X-GmbH aktiviert Ende 01 selbst geschaffene immaterielle Vermögensgegenstände im Wert von 400.000 €. Die planmäßigen Abschreibungen werden ab 02 verrechnet (linear über fünf Jahre). Der Steuersatz beträgt 30%. Die GmbH verwendet den Erfolgsausweis vor Ergebnisverwendung, wobei ein Jahresüberschuss von 200.000 € für 01 entsteht. Der Bestand anderer Gewinnrücklagen beträgt 150.000 € (Ende 01).
a) Wie hoch ist die Ausschüttungssperre Ende 01?
b) Wie hoch ist die Ausschüttungssperre Ende 02?

Aufgabe 33 (Ausschüttungssperre)
Es gelten die Daten der vorigen Aufgabe mit dem folgenden Unterschied: Es handelt sich um die X-AG. Die gesetzliche Rücklage ist noch zu dotieren und der Vorstand nutzt sein Thesaurierungsrecht in voller Höhe aus.
a) Wie hoch ist der Bilanzgewinn 01 ohne Ausschüttungssperre?
b) Wie hoch ist der Bilanzgewinn 01 mit Ausschüttungssperre?

Aufgabe 34 (Bilanzgliederung)
Die mittelgroße A-GmbH bittet Sie um die Aufstellung der Bilanz zum 31.12.05. Der Erfolgsausweis ist **vor Ergebnisverwendung** vorzunehmen. Die folgenden Posten sind vorhanden (alle Werte sind unstrittig): Darlehen der X-Bank: 220.000 €, in 05 für das erste Halbjahr 06 vorausbezahlte Versicherungsbeiträge: 10.000 €, Betriebs- und Geschäftsausstattung: 120.000 €, Bankguthaben: 37.500 €, Forderungen aus Lieferungen:

59.500 €, die Wartung der Maschinen war im Dezember 05 fällig und wird im Februar 06 nachgeholt (5.000 €), Stammkapital: 600.000 €, Maschinen: 350.000 €, Grundstücke: 450.000 €, Wertpapiere (kurzfristige Anlageabsicht): 22.000 €, berechnete Ertragsteuern für 05: 150.000 €, Steuerbescheid über eine Ertragsteuernachzahlung aus 04: 26.200 €, Verbindlichkeiten für erhaltene Rohstoffe: 23.800 €, Bestand an Rohstoffen: 16.000 €, Bestand fertiger Erzeugnisse: 55.000 €, Aktien (langfristige Anlage): 100.000 €. Ein Saldo der Aktiva über die Passiva (und das gezeichnete Kapital) ist als **Gewinn des Jahres 05** auszuweisen.

Außerdem wurde Anfang 05 ein Patent für ein Produktionsverfahren erworben (Anschaffungskosten: 200.000 €). Die Nutzungsdauer beträgt zehn Jahre. Eine Abschreibung wurde noch nicht vorgenommen. Sie ist von Ihnen in der Handelsbilanz nach den steuerrechtlichen Vorschriften durchzuführen.

Erstellen Sie die Bilanz zum 31.12.05 nach dem gesetzlichen Gliederungsschema. Weitere Untergliederungen oder Ergänzungen sollen nicht erfolgen.

Aufgabe 35 (Bilanzgliederung)

Die große Handels-AG ist zu 70% an der Großhandels-AG beteiligt (Anschaffungskosten der Anteile: 600.000 €). Aus Lieferungen an die Großhandels-AG resultieren Ende 02 Forderungen von 238.000 € und Verbindlichkeiten von 100.000 €. Außerdem hat die Handels-AG der Großhandels-AG in 02 ein Darlehen von 200.000 € gewährt.

Weitere Posten der Handels-AG: Bebautes Grundstück: 800.000 € (ein Viertel auf Grund und Boden, drei Viertel auf Gebäude), beizulegender Stichtagswert: 380.000 €, (dauernde Wertminderung), sonstige Forderungen aus Lieferungen: 60.000 €, Grundkapital: 400.000 €, gesetzliche Rücklage (voll eingezahlt mit dem aktienrechtlichen Höchstbetrag; keine Kapitalrücklagen vorhanden), Betriebs- und Geschäftsausstattung: 280.000 € (steuerrechtlicher Wert 260.000 €, Steuersatz 30% für latente Steuern), wahrscheinliche Gewährleistungsansprüche in 02: 20.000 € (03: 25.000 €), Warenbestand: 140.000 €, in 02 erhaltene Miete für Jan. 03: 2.000 €, kurzfristig angelegte Aktien: 90.000 €. Die beim Finanzamt eingereichte Steuererklärung weist für 02 Ertragsteuern von 244.000 € aus. In 02 wurde auf eine Warenlieferung 03 eine Anzahlung von 12.000 € geleistet. Darlehensaufnahme bei der C-Bank: 208.000 €.

Ein Saldo der Aktiva über die Passiva (inkl. des gezeichneten Kapitals und der gesetzlichen Rücklage) stellt den Jahresüberschuss dar. Der Vorstand will den maximal möglichen Betrag in die anderen Gewinnrücklagen einstellen; der Jahresabschluss wird von Vorstand und Aufsichtsrat festgestellt. Der Erfolgsausweis ist **nach teilweiser Ergebnisverwendung** vorzunehmen, sodass ein Bilanzgewinn ausgewiesen wird.

Erstellen Sie die Bilanz zum 31.12.02 nach dem gesetzlichen Gliederungsschema. Weitere Untergliederungen oder Ergänzungen sollen nicht erfolgen.

Aufgabe 36 (Grundstücksausweis)

Die PC-GmbH erwirbt am 1.7.05 ein unbebautes Grundstück für 200.000 € (Nebenkosten 10.000 €), das neben dem älteren Betriebsgrundstück liegt (Grund und Boden 150.000 €, Anschaffungskosten des Betriebsgebäudes 300.000 €, Restwert 1.1.05: 264.000 €). Am 1.10.05 wird das neu erworbene Grundstück gepflastert, um es besser nutzen zu können. Die Kosten betragen 60.000 € zzgl. 19% USt (Nutzungsdauer zehn Jahre bei gleichmäßiger Entwertung). Es besteht ein voller Vorsteuerabzug.

Wie erfolgt der Ausweis dieser Posten in der Bilanz zum 31.12.05?

Aufgabe 37 (Verlustausweis)
Für die Verlust-GmbH gelten folgende Daten zum 1.1.01: Waren 500.000 € und gezeichnetes Kapital 500.000 €. In 01 werden die Waren vollständig für 400.000 € abgesetzt (Bankzahlung). In 02 werden Erträge in Höhe von 300.000 € und Aufwendungen in Höhe von 750.000 € erzielt (Bankzahlungen). In 01 wird ein Kredit in Höhe von 300.000 € aufgenommen. Der Erfolgsausweis erfolgt vor Ergebnisverwendung.

Erstellen Sie die Bilanzen zum 31.12.01 und 31.12.02. Auf der Aktivseite werden vereinfachend "div. Vermögensgegenstände" ausgewiesen.

Aufgabe 38 (Wertaufholung)
Im Jahr 06 muss die Z-AG eine Zuschreibung von 60.000 € vornehmen (Steuersatz 30%). Ohne Wertaufholung ergibt sich ein Gewinn vor Steuern in Höhe von 220.000 €. Die gesetzliche Rücklage ist zu dotieren. Es findet eine maximale Thesaurierung durch den Vorstand statt. Weitere Rücklagen sind nicht relevant. Das Wahlrecht nach § 58 Abs. 2a AktG (= Einstellung des Eigenkapitalanteils in Rücklagen) wird ausgeübt.

Wie hoch ist der Bilanzgewinn für 06?

Aufgabe 39 (Anhang)
Kreuzen Sie die richtigen Aussagen zum Anhang an.

a) 0 Der Anhang erläutert nur die Posten des Jahresabschlusses.
b) 0 Der Anhang vermittelt auch einige Informationen, die über die Inhalte des Jahresabschlusses hinausgehen.
c) 0 Der Anhang enthält Informationen über die planmäßige Abschreibung von langfristigen Wertpapieren.
d) 0 Der Anhang enthält Informationen über die gesamten Entwicklungskosten eines Unternehmens und über den Anteil, der im Geschäftsjahr aktiviert wurde.
e) 0 Der Anhang enthält Informationen über die Abschreibungsverfahren von Produktionsanlagen und Betriebsgebäuden.

Aufgabe 40 (Anhang)
Die A-AG liefert am 15.9.01 Produkte in die USA, wodurch eine Forderung in Höhe von 100.000 US-Dollar entsteht. Die Forderung hat eine Laufzeit von sechs Monaten (Geschäftsjahr = Kalenderjahr). Welche Angaben müssen im Anhang 01 erfolgen?

Aufgabe 41 (Lagebericht)
Erläutern Sie, welche der folgenden Angaben in den Wirtschaftsbericht der Computer-GmbH für das Geschäftsjahr 01 aufgenommen werden müssen.

a) Die Entwicklung eines neuen Computerprogramms.
b) Die geplanten Daten (z.B. Umsatz und Gewinn) für das Geschäftsjahr 02.
c) Die Daten für den Geschäftsverlauf und deren Analyse für das Geschäftsjahr 01.
d) Starke Kursschwankungen auf den Aktienmärkten für kurzfristig angelegte Aktien.

Aufgaben zum fünften Kapitel

Aufgabe 1 (Gesamtkostenverfahren)
In 01 werden 20.000 Stück eines Produkts hergestellt und es werden in derselben Periode 12.000 Stück abgesetzt. Die folgenden Aufwendungen sind für die Produktion der Gesamtmenge angefallen: Personalaufwand 50.000 €, Materialaufwand 40.000 € und Abschreibungen 60.000 €. Die Vertriebskosten für den Absatz betragen 1 € pro Stück. Der Preis ist 12 € pro Stück (netto). Ohne Ertragsteuern.

a) Ermitteln Sie den Erfolg für 01 nach dem Gesamtkostenverfahren in Kontoform, wobei der Produktionsaufwand in einem Gesamtbetrag auszuweisen ist. Die Vertriebskosten sind aus didaktischen Gründen gesondert auszuweisen.
b) Wie lautet der Buchungssatz für die Bestandsveränderung in 01?

Aufgabe 2 (Umsatzkostenverfahren)
Es gelten die Daten der vorigen Aufgabe.

a) Berechnen Sie den Erfolg für 01 nach dem Umsatzkostenverfahren in Kontoform, wobei der Umsatzaufwand in einem Gesamtbetrag auszuweisen ist.
b) Vergleichen Sie das Ergebnis nach dem Gesamtkostenverfahren mit dem des Umsatzkostenverfahrens.

Aufgabe 3 (Erfolgseffekt der Bewertung)
Für die Produktion von 10.000 Stück fallen in 01 produktionsbedingte Herstellungskosten von 120.000 € an. Die allgemeinen Verwaltungskosten betragen 80.000 €. In 01 werden 10.000 Stück produziert, wobei der Absatz erst in 02 stattfindet. Das Gesamtkostenverfahren wird angewendet.

a) Welcher Erfolg ergibt sich in 01 bei einer Bewertung mit allgemeinen Verwaltungskosten (= Wertobergrenze)?
b) Welcher Erfolg ergibt sich in 01 bei einer Bewertung ohne allgemeine Verwaltungskosten (= Wertuntergrenze)?
c) Welche Bewertung führt zum periodengemäßen Erfolg?

Aufgabe 4 (Posten der GuV-Rechnung)
Die Back-AG ist eine große Kapitalgesellschaft, die ihren Erfolg nach dem Gesamtkostenverfahren ermittelt. Die Back-AG hält 70% der Aktien der Kühl-AG (Anschaffungskosten 500.000 €). Letztere vertreibt insbesondere gefrorene Torten der Back-AG. Weitere Beteiligungen sind nicht vorhanden. In 01 sind unter anderem die folgenden Aufwendungen und Erträge angefallen (siehe nächste Seite).

a) Erläutern Sie das Verhältnis der beiden Aktiengesellschaften zueinander. Wie sind die Anschaffungskosten von 500.000 € bei der Back-AG auszuweisen?
b) Tragen Sie die Posten und Beträge für die GuV-Rechnung ein. Bei der Lieferung der Torten gilt ein begünstigter USt-Satz von 7%. Bei der Gewerbesteuer ergibt sich der Steuersatz als Produkt aus Hebesatz (H) und Steuermesszahl (3,5%).

Sachverhalt	Posten
Bestand Kuchen 1.1.01: 25.000 Stück, am 31.12.01: 40.000 Stück, HK 2 € je Stück, Verkaufspreis 5 €/Stück netto	
Erträge aus dem Verkauf von Torten und Kuchen: 3.210.000 € (inkl. 7% USt)	
Gehälter: 500.000 €, davon 50.000 € Arbeitnehmeranteil zur Sozialversicherung	
Abnutzung der Backöfen: 130.000 €	
Erhaltene Zinsen auf ein Darlehen an die Kühl-AG: 20.000 €	
Verbrauchte Roh- und Betriebsstoffe: 420.000 €	
Kursminderung langfristig gehaltener Aktien: Von 50.000 € auf 20.000 €	
Arbeitgeberanteil zur Sozialversicherung: 50.000 €	
Dauernde Wertminderung einer Fertigungsanlage: 150.000 €	
Aktivierung der Entwicklungskosten für ein neues Tortenrezept: 150.000 €	
Zinsen für ein Bankdarlehen: 34.000 €	
Kosten für Büromaterial: 2.500 € netto	
Buchwert eines Backofens: 3.000 € - Verkauf für 8.000 € zzgl. 19% USt	
Vorläufiger Gewinn 600.000 €. Ausweis der Körperschaftsteuer, des Solis und der Gewerbesteuer (H = 400%)	

Aufgabe 5 (Finanzerträge)
Die A-AG hält einige langfristige Aktien der B-AG im Betriebsvermögen. Die A-AG erhält in 02 eine Bankgutschrift für die Dividende in Höhe von 8.835 € führt. Welcher Ausweis erfolgt in der GuV-Rechnung?

Aufgabe 6 (Diverse Buchungen)
Die Druck-GmbH ermittelt ihren Erfolg nach dem Gesamtkostenverfahren. In 01 sind die folgenden Geschäftsvorfälle angefallen, die aus handelsrechtlicher Sicht zu buchen

sind. Die Erfolgskonten werden aus den Posten des gesetzlichen Gliederungsschemas der GuV-Rechnung abgeleitet.

a) In 01 wird mit eigenen Arbeitskräften eine Lagerhalle für Papier gebaut. In die Bewertung werden die folgenden Kosten einbezogen: Personalkosten 80.000 €, Materialkosten 22.000 €, Mietkosten für Geräte 38.000 €.

b) Der Papierbestand beträgt zum 31.12.01 200.000 €. Am 31.12.01 ist der Marktwert auf 180.000 € gesunken. Üblich ist eine Wertminderung in Höhe von 3%.

c) Erlöse aus dem Verkauf von Erfrischungsgetränken an Mitarbeiter: 35.700 € (inklusive 19% USt). Es handelt sich um Barverkäufe.

d) Die GmbH erhält die folgenden Dividenden: Für einige langfristige Aktien 5.000 € und für einige kurzfristige Aktien 1.000 €. Auf dem Bankkonto erscheint der Betrag nach Berücksichtigung aller Abzugssteuern.

e) Die GmbH erhält eine Bankgutschrift für betriebliche Zinsen auf Wertpapiere im Umlaufvermögen (Betrag nach Abzugssteuern: 22.087,5 €).

f) In 01 wird ein immaterieller Vermögensgegenstand im Unternehmen entwickelt, der nach der Fertigstellung selbst genutzt werden soll. Entwicklungsbeginn: 1.4.01 (monatliche Kosten: 9.000 €), Fertigstellung: 31.12.01. Die Entwicklung erfüllt die Ansatzvoraussetzungen und wird aktiviert.

g) Der Kurswert von Wertpapieren im Umlaufvermögen ist vorübergehend unter die Anschaffungskosten (14.000 €) gesunken. Zum 31.12.01 ist der Kurswert 10.000 €.

Aufgabe 7 (Buchung von Finanzerträgen)
Wie lauten die handelsrechtlichen Buchungen d) und e) in der vorigen Aufgabe, wenn es sich um einen Einzelunternehmer handelt? Beachten Sie, dass der Ertragsausweis für lang- und kurzfristige Erträge unterschiedlich erfolgt.

Aufgabe 8 (Buchung immaterieller Posten)
Am 31.12.01 aktiviert Unternehmer Schlau den Posten "selbst geschaffene Rechte und Werte in der Entwicklung 500.000" in der Bilanz. Mitte 02 wird die Entwicklung abgeschlossen, wobei Aufwendungen von 700.000 € anfallen. Die in 02 anfallende Wertminderung durch die Nutzung des immateriellen Vermögensgegenstands beläuft sich auf 50.000 €. Mitte 03 wird der Patentschutz gewährt, wofür 20.000 € per Bank zu bezahlen sind. Die USt ist zu vernachlässigen.

Wie werden die Vorgänge nach dem GKV verbucht?

Aufgabe 9 (GuV-Rechnung nach GKV)
Die Z-AG hat in 01 die Produkte A und B produziert und mit folgenden Mengen abgesetzt (Nettopreise): Produkt A: 10.000 Stück zu je 50 € und Produkt B: 20.000 Stück zu je 30 €. Die richtig ermittelten Herstellungskosten betragen für A: 25 € pro Stück und für B: 20 € pro Stück. Bestandsentwicklung fertiger Erzeugnisse in 01: Anfangsbestand Produkt A: 2.000 Stück und Endbestand 4.000 Stück. Für Produkt B gilt: Anfangsbestand 4.000 Stück und Endbestand 1.000 Stück.

Der Materialaufwand beträgt 70.000 €, der Personalaufwand 100.000 €. Aus langfristig zu haltenden Aktien (keine Beteiligungen) werden Dividenden in Höhe von 40.000 € erzielt. Eine im Vorjahr gebildete Rückstellung im Wert von 10.000 € wird aufgelöst.

Auf das betriebliche Bankguthaben werden Zinsen in Höhe von 1.472,50 € gezahlt. Die "normale" Wertminderung der Maschinen beträgt 150.000 €. Für Kredite sind 22.000 € Zinsen zu entrichten. Für Reparaturen sind Aufwendungen in Höhe von 10.000 € angefallen. Der Steueraufwand ist vereinfachend zu berechnen, indem der Ertragsteuersatz von 30% mit dem Gewinn vor Steuern multipliziert wird.

Erstellen Sie die GuV-Rechnung nach dem Gesamtkostenverfahren. Verwenden Sie das gesetzliche Schema in Staffelform. Wie groß ist das Finanzergebnis im obigen Fall?

Aufgabe 10 (GuV-Rechnung mit Ergebnisverwendung)
Die X-AG musste in 01 nach Auflösung aller verfügbaren Rücklagen einen Bilanzverlust von 80.000 € ausweisen. In 02 entsteht ein Jahresüberschuss in Höhe von 140.000 €. Der Vorstand will 20% des möglichen Betrags für Investitionen thesaurieren und ansonsten einen hohen Bilanzgewinn ausweisen.

a) Wie hoch ist der Bilanzgewinn 02?
b) Wie erfolgt der Ausweis des Bilanzgewinns 02 in der GuV-Rechnung?
   Hinweis: Lesen Sie § 158 Abs. 1 AktG.

Aufgabe 11 (Latente Steuern in der GuV-Rechnung)
Bei einer großen GmbH wird ein neuer handelsrechtlicher Aktivposten Ende 01 mit 100.000 € bewertet. Steuerrechtlich gilt ein Wert von 80.000 €. In 02 beträgt die Wertdifferenz noch 10.000 € zugunsten der Handelsbilanz (Steuersatz: 30%).

a) Welche latente Steuer entsteht in 01?
b) Geben Sie die Buchungen in 01 und 02 an, wenn die latenten Steuern auf speziellen Konten verbucht werden.
c) Wie werden die Steuern in der GuV-Rechnung für 01 ausgewiesen, wenn der effektive Steueraufwand dieses Jahres bei 50.000 € liegt?

Aufgabe 12 (Verwaltungskosten beim UKV)
Die Herstellungskosten der Produkte bei der Sell-AG betragen in 01: 20 € pro Stück (ohne allgemeine Verwaltungskosten). In 01 werden 20.000 Stück hergestellt, von denen 80% abgesetzt werden. Der Rest geht auf Lager. In der Verwaltung betragen die Personalaufwendungen 200.000 €, die Abschreibungen 140.000 € und die sonstigen betrieblichen Aufwendungen 40.000 €. Das gesetzliche Schema für das Umsatzkostenverfahren wird angewendet (Staffelform).

a) Wie wird der Lagerbestand in der Bilanz bewertet, wenn die allgemeinen Verwaltungskosten nicht aktiviert werden? Welcher Ausweis ist in der GuV-Rechnung relevant, wenn dort dieselben Herstellungskosten verwendet werden?
b) Wie wird der Lagerbestand in der Bilanz bewertet, wenn die allgemeinen Verwaltungskosten aktiviert werden? Welcher Ausweis ist in der GuV-Rechnung relevant, wenn dort dieselben Herstellungskosten verwendet werden?
c) Wie beeinflusst die Aktivierung der Verwaltungskosten den Erfolgsausweis?

Aufgabe 13 (UKV nach HGB)
In 01 sind die folgenden Aufwendungen in einem Unternehmen angefallen: Materialaufwand 200.000 €, Personalaufwand 360.000 €, Abschreibungen 240.000 €. Von diesen

Aufwendungen entfallen 20% auf die Lagermengenerhöhung (x_p = 40.000 Stück, x_a = 30.000 Stück). Weitere 10% sind Vertriebskosten, weitere 25% stellen allgemeine Verwaltungskosten dar. Der Rest entfällt auf den Umsatzaufwand (ohne Verwaltungskosten). Die Umsatzerlöse betragen 680.000 €. Das Umsatzkostenverfahren kommt zur Anwendung.

a) Wie hoch ist der Wert der Fertigerzeugnisse in der Bilanz, wenn die Herstellungskosten auch die Verwaltungskosten beinhalten?
b) Ermitteln Sie das Betriebsergebnis im Fall a) mit dem gesetzlichen Schema in Staffelform.
c) Ermitteln Sie das Betriebsergebnis mit dem gesetzlichen Schema in Staffelform, wenn die Verwaltungskosten nicht aktiviert werden.
d) Erläutern Sie die Ursache für die Erfolgsdifferenz bei b) und c).

Aufgabe 14 (Buchungstechnik beim UKV)

In 01 sind bei einem Unternehmen die folgenden Aufwendungen angefallen: Für Personal 400.000 € (40% für Herstellung, 50% Verwaltung, 10% Vertrieb), für Material 280.000 € (80% für Herstellung, 20% Vertrieb), für Abschreibungen 160.000 € (50% für Herstellung, 30% Verwaltung, 20% Vertrieb).

Geben Sie die Buchungssätze an, die zur Umbuchung der Kostenarten auf die GuV-Posten "Umsatzaufwand", "allgemeine Verwaltungskosten" und "Vertriebskosten" relevant sind.

Aufgabe 15 (Posten beim UKV)

In 01 sind bei der Motor-GmbH die folgenden Geschäftsvorfälle angefallen:
a) Zuführungen zu Rückstellungen 500.000 €, da eine Schadensersatzklage wegen einer Lieferung fehlerhafter Motoren anhängig ist.
b) Forschungskosten 2.000.000 € für einen neuen Brennstoffmotor auf Wasserstoffbasis.
c) Abschreibungen auf eine spezielle Fertigungsanlage: 40.000 € planmäßig und 200.000 € außerplanmäßig, da der Wert auf Dauer gesunken ist.
d) Entwicklungskosten 500.000 € für die Verbesserung eines vorhandenen Motorentyps, der seit längerem im Unternehmen produziert wird.

Unter welchen Posten sind die obigen Vorgänge auszuweisen, wenn das Umsatzkostenverfahren angewendet wird? Gehen Sie davon aus, dass die Herstellungskosten in der Bilanz und GuV-Rechnung gleich berechnet werden. Es hat keine Lagerbestandsveränderung stattgefunden.

Aufgabe 16 (Posten beim UKV)

Welche Möglichkeit besteht in der vorigen Aufgabe für den Ausweis der Forschungskosten im Schema für das Umsatzkostenverfahren?

Aufgaben zum sechsten Kapitel

Aufgabe 1 (Aufgaben des Konzernabschlusses)
Die M-AG ist zu 80% an der T-AG beteiligt und beeinflusst deren Geschäftsbetrieb in hohem Maße. Die M-AG liefert in 01 an die T-AG Fertigerzeugnisse für 200.000 €. Normalerweise werden derartige Erzeugnisse an Dritte für 150.000 € veräußert. Die Erzeugnisse befinden sich Ende 01 noch im Lager der Tochter. Außerdem hat die M-AG Anfang 01 der T-AG einen Kredit von 500.000 € gewährt, wofür 14% Zinsen berechnet werden (marktüblicher Zinssatz: 10%). Die USt ist zu vernachlässigen.
- a) Erläutern Sie, ausgehend vom Einzelabschluss der M-AG, die wirtschaftlichen Gründe für die Aufstellung eines Konzernabschlusses.
- b) Welche wichtige Aufgabe übernimmt der Konzernabschluss?

Aufgabe 2 (Wertpapiere im Einzel- und Konzernabschluss)
Die X-AG erwirbt Mitte 01 Aktien der Y-AG im Wert von 3.000.000 € zur dauerhaften Anlage. Die an der Börse gehandelten Wertpapiere der Y-AG werden zu 150% des Nennwerts notiert. Das gesamte Grundkapital der Y-AG beträgt 38.000.000 €.
- a) Wie werden die Wertpapiere im Einzelabschluss der X-AG ausgewiesen?
- b) Welche Auswirkungen ergeben sich, wenn die X-AG die Muttergesellschaft eines Konzerns ist?

Aufgabe 3 (Wertpapiere im Einzel- und Konzernabschluss)
Es gelten die Angaben der vorigen Aufgabe mit der folgenden Änderung: Das gesamte Grundkapital der Y-AG beträgt 3.800.000 €.
- a) Wie werden die Wertpapiere im Einzelabschluss der X-AG behandelt?
- b) Welche Auswirkungen ergeben sich, wenn die X-AG die Muttergesellschaft eines Konzerns ist?

Aufgabe 4 (Konzernabschluss)
Welche der folgenden Aussagen sind richtig? Kreuzen Sie entsprechend an.
- a) 0 Der Konzernabschluss ist auch im Steuerrecht von Bedeutung zur Besteuerung der Konzerngewinne.
- b) 0 Der Konzernabschluss behandelt die einbezogenen Unternehmen als rechtlich und wirtschaftlich selbstständige Einheiten.
- c) 0 Der Konzernabschluss hat Dokumentations- und Informationsaufgaben zu erfüllen.
- d) 0 Der Konzernabschluss bildet die Grundlage zur Vornahme von Ausschüttungen an die Anteilseigner.
- e) 0 Im Konzernabschluss werden bestimmte Vorgänge (z.B. Lieferungen der Mutter an die Tochter mit Gewinnzuschlägen) wieder rückgängig gemacht.
- f) 0 Der Konzernabschluss setzt voraus, dass rechtlich selbstständige, aber wirtschaftlich vom Mutterunternehmen abhängige Tochterunternehmen vorhanden sind.

g) 0   Im Konzernabschluss werden die Anteile an verbundenen Unternehmen gesondert ausgewiesen, da sie eine große Bedeutung aufweisen.
h) 0   Im Konzernabschluss erscheinen keine Anteile an verbundenen Unternehmen, da sie bei der Kapitalkonsolidierung mit dem Eigenkapital der Tochter verrechnet werden.
i) 0   Der Konzernabschluss verbundener Unternehmen macht mindestens eine Konsolidierung erforderlich, wenn die Mutter an der Tochter beteiligt ist.

Aufgabe 5 (Konsolidierungsarten)
Ergänzen Sie die folgenden Aussagen.
a) Bei Gemeinschaftsunternehmen kann entweder eine .... vorgenommen werden oder es wird die .... angewendet.
b) Die Equity-Methode ist bei .... anzuwenden.
c) Die Vollkonsolidierung basiert auf der ....
d) Die deutsche Bezeichnung für den englischen Begriff "Property Concept" ist ....
e) Im deutschen Recht ist die .... von vorrangiger Bedeutung, während die .... eine nachrangige Bedeutung aufweist.
f) Bei der .... werden keine Aktiva und Passiva übernommen, sondern die hinter der Beteiligung stehenden Werte aufgezeigt.
g) Für die Konsolidierungsmethoden gilt folgender Grundsatz im Handelsrecht: Je geringer der Einflussgrad ist, desto geringer ist der ....
h) Liegt ein Mutter-Tochter-Verhältnis vor, wird eine .... durchgeführt.

Aufgabe 6 (Kapitalkonsolidierung)
Die M-AG besitzt 100% der Anteile an der T-AG. Die Anschaffungskosten betragen 900.000 €. Die T-AG hat Vermögensgegenstände im Wert von 1.200.000 € bilanziert, die Schulden betragen 500.000 € und das gezeichnete Kapital 700.000 €. In einem Grundstück sind stille Reserven von 50.000 € vorhanden.

a) Welche Posten der T-AG erscheinen mit welchem Wert in der Konzernbilanz?
b) Wie ist der Mehrbetrag der M-AG inhaltlich zu interpretieren, der über den Zeitwert des Eigenkapitals hinausgeht? Wie wird er bilanziert?
c) Wie lautet der Buchungssatz für die Kapitalkonsolidierung?

Aufgabe 7 (Quotenkonsolidierung)
Die Konzernunternehmen A-AG und B-AG führen gemeinsam die Z-AG (= Gemeinschaftsunternehmen). Die A-AG und B-AG sind zu je 50% an der Z-AG beteiligt. Die Anschaffungskosten der Beteiligung der A-AG betragen 400.000 €. Die Z-AG besitzt die folgenden Vermögensgegenstände: Grundstück 600.000 €, Maschinen 200.000 €, sonstige Vermögensgegenstände 200.000 €. Im Grundstück sind stille Reserven von

100.000 € enthalten. Die Schulden und das gezeichnete Kapital sind gleich hoch und betragen jeweils 500.000 €. Die Quotenkonsolidierung soll angewendet werden.

Welche Posten übernimmt die A-AG in welcher Höhe?

Aufgabe 8 (Equity-Methode)
Das Konzernunternehmen K-AG verfügt über 30% der Anteile an der Außen-AG, bei der die Equity-Methode anzuwenden ist. Die Anschaffungskosten der Anteile belaufen sich auf 900.000 €. Das gezeichnete Kapital der Außen-AG beträgt 1.500.000 € und die Gewinnrücklagen belaufen sich auf 500.000 €. Weitere Passivposten sind nicht vorhanden. In den Aktiva sind stille Reserven in Höhe von 120.000 € enthalten.

Welche Angaben müssen im Konzernanhang erfolgen?

Aufgabe 9 (Equity-Methode)
Die X-AG ist Muttergesellschaft eines Konzerns. Sie erwirbt Ende 05 den Anteil des Gesellschafters C, der zu einem Drittel an der ABC-OHG beteiligt ist und in den Ruhestand geht. Die OHG stellt Produkte her, die das Produktionsprogramm der X-AG ergänzen. Alle Gesellschafter der OHG sind gleich hoch beteiligt und gleichberechtigt. Die X-AG hat 900.000 € für ihren Anteil bezahlt. Der Buchwert des Kapitalkontos von C betrug 680.000 € (Zeitwert: 820.000 €).

a) Wie bewertet die X-AG den Anteil Ende 05 in ihrem Einzelabschluss?
b) Wie bewertet die X-AG den Anteil Ende 05 in ihrem Konzernabschluss?

Aufgabe 10 (Equity-Methode)
Hans Neu hat kurz nach Beendigung seines Studiums eine Beschäftigung bei der X-AG im Rechnungswesen aufgenommen. Die X-AG verfügt über eine Beteiligung an der Y-AG, die die Bedingungen nach § 271 Abs. 1 HGB erfüllt. Die X-AG selbst ist ein unabhängiges Unternehmen, die einen maßgeblichen Einfluss auf die Y-AG ausübt, ohne dass die Voraussetzungen für einen Konzernabschluss erfüllt werden. Hans Neu will die Beteiligung im Einzelabschluss nicht zu Anschaffungskosten, sondern "at Equity" bewerten. Er weiß aus seinem Studium, dass die Beteiligung an assoziierten Unternehmen grundsätzlich auf diese Weise bewertet werden.

Stimmen Sie seinem Vorhaben zu? Handelt es sich bei der Y-AG um ein assoziiertes Unternehmen nach § 311 HGB?

Aufgabe 11 (Aufstellungspflicht)
Erläutern Sie, in welchen der folgenden Fälle die Aufstellung eines Konzernabschlusses nach § 290 HGB notwendig wird.

a) Die A-AG mit Sitz in Bridgetown (Barbados) verfügt über 80% der Stimmrechte an der Z-AG mit Sitz in Deutschland.
b) Die Müller-Meier-OHG mit Sitz in Würzburg verfügt über 80% der Stimmrechte an der K-GmbH mit Sitz in Deutschland.
c) Die A-AG mit Sitz in Hannover verfügt über 80% der Stimmrechte an der Z-AG mit Sitz in Strasbourg (Frankreich).

d) Die C-AG mit Sitz in Lüneburg verfügt auf Grund eines spekulativen Aktiengeschäfts kurzfristig über 52% der Aktien und Stimmrechte an der D-AG, die ihren Sitz in Würzburg hat.

e) Die A-B-OHG mit Sitz in Kairo (Ägypten) verfügt über 80% der Stimmrechte an der C-D-OHG mit Sitz in Hamburg.

Aufgabe 12 (Control)
Die A-AG hält 45% der Stimmrechte an der C-AG und 63% an der D-AG. Die D-AG hält 75% der Stimmrechte an der E-AG und 52% an der F-AG. Die D-AG hat sich dauerhaft per Vertrag zu einer Stimmrechtsabtretung verpflichtet. Danach darf sie 5% der Stimmrechte an der F-AG nicht ausüben. Außerdem verfügt die A-AG über 35% der Stimmrechte an der Z-AG, mit der ein Beherrschungsvertrag besteht. Hierin tritt die Z-AG sämtliche Leitungsbefugnisse an die A-AG ab.

Welche Unternehmen werden von der A-AG beherrscht, wenn die Fälle aus § 290 Abs. 2 HGB zugrunde gelegt werden?

Aufgabe 13 (Größenabhängige Befreiungen)
Die Mutter-AG und Tochter-AG weisen die Daten der folgenden Tabelle auf. Ende 19 und in den Vorjahren wurden jeweils alle Größenmerkmale nach § 293 Abs. 1 HGB unterschritten und es wurde kein Konzernabschluss aufgestellt. Prüfen Sie, ob und wann die Aufstellung nach den gegebenen Daten vorzunehmen ist (Anwendung der Bruttomethode). Die Bilanzsumme und Umsatzerlöse werden in Millionen Euro angegeben und beziehen sich jeweils auf das Ende des Geschäftsjahres.

	Mutter-AG			Tochter-AG		
Geschäftsjahr	20	21	22	20	21	22
Bilanzsumme	20,4	19,1	18,2	4,3	4,5	5,2
Umsatzerlöse	29,5	29,8	29,7	18,7	18,4	18,5
Arbeitnehmerzahl	180	190	180	42	62	50

Aufgabe 14 (Größenabhängige Befreiungen)
Die Mutter-AG und Tochter-AG sind kleine Aktiengesellschaften, die zusammen alle Größenmerkmale nach § 293 Abs. 1 HGB (Bruttomethode) unterschreiten. Allerdings sind die folgenden Informationen zu beachten:

a) Die Aktien der Mutter-AG werden in Frankfurt an der Wertpapierbörse gehandelt.
b) Die Tochter-AG hat eine Anleihe ausgegeben, die am inländischen Rentenmarkt gehandelt wird.
c) Weder Mutter-AG noch Tochter-AG nehmen Kapitalmärkte in Anspruch (durch Ausgabe von Wertpapieren).
d) Mutter-AG und Tochter-AG nehmen Kapitalmärkte durch die Ausgabe von Aktien in Anspruch.

In welchen Fällen besteht eine Befreiungsmöglichkeit nach § 293 HGB?

Aufgabe 15 (Brutto- und Nettomethode)
Kreuzen Sie die richtigen Aussagen über die Brutto- bzw. Nettomethode an.
a) 0 Bei der Bruttomethode wird ein "Probe-Konzernabschluss" aufgestellt.
b) 0 Die Brutto- und Nettomethode können jedes Jahr gewechselt werden, um die Befreiung nach § 293 HGB zu prüfen.
c) 0 Die Brutto- und Nettomethode müssen jedes Jahr gewechselt werden, um die Befreiung nach § 293 HGB zu prüfen.
d) 0 Die Werte für die Bilanzsumme liegen bei der Bruttomethode über denen der Nettomethode.
e) 0 Die Werte für die Umsatzerlöse liegen bei der Nettomethode über denen der Bruttomethode.
f) 0 Werden erstmals zwei der drei Werte überschritten, muss sofort ein Konzernabschluss aufgestellt werden, wenn zuvor eine größenabhängige Befreiung vorlag.
g) 0 Werden zwei der drei Werte in zwei aufeinanderfolgenden Jahren überschritten, muss im nächsten Jahr ein Konzernabschluss aufgestellt werden, wenn zuvor eine größenabhängige Befreiung vorlag.
h) 0 Werden zwei der drei Werte in zwei aufeinanderfolgenden Jahren überschritten, muss zum Schluss des zweiten Jahres ein Konzernabschluss aufgestellt werden, wenn zuvor eine größenabhängige Befreiung vorlag.

Aufgabe 16 (Brutto- und Nettomethode)
Student Schlau hat die Werte der Brutto- und Nettomethode miteinander verglichen und kommt zu dem Ergebnis, dass dem Gesetzgeber ein Fehler unterlaufen ist. Die Bruttomethode weist bei der Bilanzsumme und den Umsatzerlösen um 20% höhere Werte als die Nettomethode auf. Eine Angleichung der Werte für die Beschäftigten hat der Gesetzgeber vergessen und somit einen Fehler begangen.
Stimmen Sie der Argumentation zu? Weshalb ergeben sich Unterschiede zwischen der Brutto- und Nettomethode?

Aufgabe 17 (Konsolidierungskreis)
Die Mutter-AG ist nach § 290 HGB grundsätzlich zur Aufstellung eines Konzernabschlusses verpflichtet, in den sie die T_1-AG und die T_2-AG einzubeziehen hat. Für die T_2-AG besteht jedoch ein Einbeziehungswahlrecht. Die Mutter-AG entscheidet sich, die T_2-AG nicht zu berücksichtigen, obwohl sie einen deutlichen Einfluss auf diese Tochter ausübt. Die Anteile an der T_2-AG sollen mit den Anschaffungskosten bewertet werden.
a) Wird die T_2-AG von der Mutter-AG im Konzernabschluss richtig behandelt?
b) Was ist ein Konsolidierungskreis im engeren bzw. weiteren Sinne?
c) Welche Änderungen würden sich ergeben, wenn auch für die T_1-AG ein Einbeziehungswahlrecht bestände, das nicht ausgeübt werden soll?

Aufgabe 18 (Konsolidierungskreis)
Die X-AG, die elektronische Instrumentendisplays für Fahrzeuge herstellt, wird Mitte 01 neu gegründet. Es werden 1.000.000 Stammaktien im Nennwert von 6 € je Stück ausgegeben. Die Spekulativ-AG erwirbt Aktien im Nennwert von 3.600.000 € und hofft, diese

Aktien Anfang 02 mit einem deutlichen Gewinn veräußern zu können. Die Spekulativ-AG hat sich auf derartige Wertpapiergeschäfte spezialisiert.

Prüfen Sie, ob die Spekulativ-AG die X-AG in den Konzernabschluss einbeziehen muss.

Aufgabe 19 (Konsolidierungskreis)
Die X-AG beteiligt sich am 1.7.01 mit 60% an der Y-AG. In der Satzung der Y-AG ist festgelegt, dass wesentliche Personal- und Sachentscheidungen (z.B. Einführung neuer Produkte oder Durchführung von Großinvestitionen) nur mit einer qualifizierten Mehrheit von 75% aller Stimmen möglich ist.

Prüfen Sie, ob die X-AG die Y-AG in den Konzernabschluss aufnehmen muss.

Aufgabe 20 (Konzernbilanz)
Die M-AG ist zu 100% an der T-AG beteiligt. Das Eigenkapital in der Konzernbilanz wird ausschließlich vom Eigenkapital der Muttergesellschaft bestimmt. Ende 02 gelten die folgenden Angaben: Das Grundkapital der M-AG umfasst 400.000 Aktien mit Nennwert von je 25 €. Die gesetzliche Rücklage ist gemäß § 150 Abs. 2 AktG voll eingezahlt. Die frei verfügbaren Rücklagen betragen 1.220.000 €. Für die Aktionäre wird nach dem Gewinnverwendungsvorschlag des Vorstands ein Betrag von 480.000 € passiviert. Die Ertragsteuern werden Ende 02 mit 300.000 € in der Bilanz berücksichtigt. Das Vermögen auf der Aktivseite hat zur Hälfte langfristigen bzw. kurzfristigen Charakter.

Erstellen Sie mit diesen Angaben die Konzernbilanz Ende 02.

Aufgabe 21 (Konzernbilanz)
Es gelten die Angaben der vorigen Aufgabe. Welcher wichtige Aktivposten ist zu berücksichtigen, wenn die Mutter-AG beim Erwerb der Tochter 15 Mio. € gezahlt hat und der Zeitwert des Eigenkapitals nur 11,8 Mio. € betrug? Gehen Sie davon aus, dass der Posten Ende 02 nur noch 80% seines ursprünglichen Betrags aufweist.

Aufgabe 22 (Konzernbilanz)
Die Konzernbilanz der Mutter-AG weist zum 31.12.02 ein Eigenkapital von 800.000 € aus (Grundkapital 400.000 €, gesetzliche Rücklage mit Höchstwert nach dem AktG, frei verfügbare Gewinnrücklagen 160.000). Die Aktien wurden zum Nennwert ausgegeben und weitere Rücklagen sind nicht vorhanden. Die Muttergesellschaft hat in 02 Waren an ihre Tochtergesellschaft geliefert, die sich am Jahresende noch auf Lager befinden. Der Warenverkauf der Mutter erfolgte mit einem Gewinnzuschlag.

a) Welche Eigenkapitalposten sind im Konzernabschluss relevant, wenn der Erfolgsausweis nach teilweiser Ergebnisverwendung relevant ist?

b) Der Buchhalter des Mutterunternehmens weist Sie auf das Problem hin, dass der Erfolg der Konzern-GuV-Rechnung 250.000 € beträgt, während sich die Summe der Erfolge aus den Einzelabschlüssen auf 300.000 € beläuft. Er kann sich die Differenz trotz mehrmaliger Überprüfung nicht erklären und bittet Sie um Hilfe. Weshalb kann die Summe der Erfolge in den Einzelabschlüssen vom Konzernerfolg abweichen?

Aufgabe 23 (Fragen zum Konzernabschluss)
Tragen Sie schlagwortartig die Antworten zu den folgenden Fragen ein.

Welche Aufstellungsfrist besteht?	
Womit wird die Ertragslage des Konzerns abgebildet?	
Welcher Aufstellungsstichtag ist grundsätzlich relevant?	
Wer muss den Konzernabschluss aufstellen?	
Welche grundsätzliche Obergrenze besteht für die Offenlegungsfrist?	
Wann muss eine Tochter einen Zwischenabschluss erstellen?	
In welcher Sprache bzw. Währung erfolgt die Offenlegung?	
Wo erfolgt die Offenlegung des Konzernabschlusses?	

Aufgabe 24 (Abschlussstichtag)
Die Mutter-AG hat ein abweichendes Geschäftsjahr, das jeweils am 31.8. abläuft. Auch ihre Tochter, die T_1-AG, hat ein abweichendes Geschäftsjahr. Erläutern Sie, in welchen Fällen die Tochter einen Zwischenabschluss erstellen muss.

Aufgaben zum siebten Kapitel

Aufgabe 1 (Einheitliche Bewertung)
Die M-AG mit Sitz in Würzburg hat verschiedene ausländische Tochterunternehmen, die in den Konzernabschluss aufzunehmen sind. Die Tochtergesellschaften haben die folgenden Bewertungen in ihren Einzelabschlüssen vorgenommen, die nach den jeweiligen Landesvorschriften zulässig bzw. vorgeschrieben sind:

- Tochter A: Außerplanmäßige Abschreibung auf eine Maschine bei einer nur vorübergehenden Wertminderung.
- Tochter B: Zuschreibung von langfristigen Aktien (als Liquiditätsreserve gehalten) auf einen Kurswert, der über den Anschaffungskosten liegt.
- Tochter C: Außerplanmäßige Abschreibung auf langfristige Wertpapiere bei einer nur vorübergehenden Wertminderung. Die M-AG verhält sich in derartigen Fällen wie folgt: Fall a) Abschreibung, Fall b) keine Abschreibung.
- Tochter D: Abschreibung einer Maschine auf der Basis von Wiederbeschaffungskosten.
- Tochter E: Eine Zuschreibung wird unterlassen, nachdem der Grund für eine vorherige außerplanmäßige Abschreibung bei einer Sachanlage später entfallen ist.

Prüfen Sie, ob diese Bewertungen unverändert in den Konzernabschluss übernommen werden können.

Aufgabe 2 (Einheitliche Bewertung)
Die Pralinen-GmbH ist eine 100%ige Tochter der Schoko-AG (= Mutter). Die Schoko-AG bewertet im Einzelabschluss Kakaomasse nach der Fifo-Methode. Bei der Pralinen-GmbH wird bei diesem Rohstoff die Lifo-Methode angewendet. Aus bilanzpolitischen Gründen möchte die Schoko-AG im Konzernabschluss 01 diese Vorräte nach der Durchschnittsmethode und in 02 nach der Lifo-Methode bewerten. Für den Wechsel bestehen keine sachlichen Gründe.

a) Kann die Schoko-AG im Konzernabschluss 01 eine andere Bewertungsmethode anwenden als im Einzelabschluss 01?
b) Kann die Schoko-AG im Konzernabschluss 02 auf die Lifo-Methode wechseln?
c) Muss die Pralinen-GmbH im Einzel- bzw. Konzernabschluss ihre Bewertungsmethode anpassen?

Aufgabe 3 (Einheitlicher Ansatz)
Die Mutter-AG hat im Einzelabschluss 01 ein Disagio von 10.000 € nicht angesetzt. Die Z-AG, eine 100%ige Tochter der Mutter-AG, hat in 01 bei einer Kreditaufnahme einen Betrag von 8.000 € im Einzelabschluss nicht aktiviert, der als Disagio aktivierbar wäre. Die Mutter-AG will im Konzernabschluss 01 das Disagio aktivieren.

a) Kann die Mutter-AG ihr Vorhaben rechtlich umsetzen?
b) Muss die Tochter ihr Disagio in der Handelsbilanz II aktivieren, wenn die Mutter-AG einen Ansatz auf der Konzernebene vornimmt?

Aufgabe 4 (Erstkonsolidierung)
Kreuzen Sie die richtigen Aussagen zur Erstkonsolidierung an.
a) 0 In der Handelsbilanz III der Tochtergesellschaft werden die stillen Reserven für die Kapitalkonsolidierung aufgedeckt.
b) 0 Die Erstkonsolidierung wird erfolgswirksam durchgeführt.
c) 0 In der Handelsbilanz II der Tochtergesellschaft werden die stillen Reserven für die Kapitalkonsolidierung aufgedeckt.
d) 0 Nach der Erwerbsmethode gelten mit dem Kauf der Anteile an der Tochtergesellschaft auch deren Vermögensgegenstände als erworben.
e) 0 Bei der Erstkonsolidierung wird das Eigenkapital der Tochter mit den Anschaffungskosten aller Wertpapiere der Mutter verrechnet.
f) 0 Wenn die M-AG am 1.7.01 alle Anteile an einem Unternehmen erwirbt, kann die Erstkonsolidierung vereinfachend am 31.12.01 erfolgen, wenn zu diesem Zeitpunkt das Geschäftsjahr der Mutter endet.
g) 0 Bei der Erstkonsolidierung wird das Eigenkapital der Tochter mit den Anschaffungskosten der zugehörigen Beteiligung der Mutter verrechnet.
h) 0 Die bei der Tochtergesellschaft aufgedeckten stillen Reserven werden in einer Neubewertungsrücklage aktiviert.
i) 0 Ein bereits in der Handelsbilanz I der Tochter bestehender Firmenwert wird nicht in die Konzernbilanz übernommen.
j) 0 Wenn die M-AG am 1.7.01 alle Anteile an der T-AG erwirbt, muss zu diesem Zeitpunkt immer ein Konzernabschluss erstellt werden.
k) 0 Wenn zwischen dem Zeitpunkt der Entstehung eines Konzerns und der erstmaligen Aufstellung des Konzernabschlusses mehrere Jahre vergehen, sieht das HGB Erleichterungen bei der Berechnung des Eigenkapitals der Tochter vor.
l) 0 Wenn die Mutter-AG für den Erwerb aller Anteile an der Tochter-AG mehr bezahlt als den Zeitwert des Eigenkapitals, entsteht ein positiver Firmenwert in der Konzernbilanz.

Aufgabe 5 (Eigenkapital)
Die M-AG erwirbt am 31.12.01 alle Anteile an der T-GmbH. Zu diesem Zeitpunkt hat die GmbH die folgenden Posten passiviert: Gezeichnetes Kapital 300.000 €, Gewinnrücklagen 100.000 €, Jahresüberschuss 280.000 €, Rückstellungen 160.000 € (inklusive Steuerrückstellungen).

a) Welche Passivposten werden bei der Kapitalkonsolidierung berücksichtigt?
b) Wird in 02 auch ein neuer Jahresüberschuss von z.B. 140.000 € konsolidiert?

Aufgabe 6 (Eigene Anteile)
Die A-AG erwirbt in 01 alle frei verfügbaren Anteile an der B-AG (95%). Die B-AG verfügt über 20.000 eigene Aktien (5%) und über 30.000 Aktien der A-AG. Wie werden diese Anteile im ersten Konzernabschluss behandelt?

Aufgabe 7 (Erstkonsolidierung)
Die Mutter-KapG erwirbt am 31.12.01 alle Anteile (= 100%) an der Tochter-KapG für 700.000 €. Die Mutter-KapG hat weitere Aktivposten im Wert von 500.000 € bilanziert. Das gezeichnete Kapital bzw. die Gewinnrücklagen betragen 600.000 € bzw. 400.000 €.

Der übrige Eigenkapitalbetrag wurde in 01 erwirtschaftet (Erfolgsausweis vor Ergebnisverwendung).

Die Tochter-KapG verfügt zum 31.12.01 über diverse Vermögensgegenstände im Wert von 400.000 €, die zusätzliche stille Reserven von 150.000 € enthalten. Das gezeichnete Kapital beträgt 300.000 €, die Gewinnrücklagen und der Jahresüberschuss betragen je 50.000 € (Erfolgsausweis vor Ergebnisverwendung).

a) Führen Sie die Kapitalkonsolidierung nach der Neubewertungsmethode anhand der folgenden Tabelle durch. Erstellen Sie in der letzten Spalte die Konzernbilanz. Die Ertragsteuern sind zu vernachlässigen.
b) Geben Sie den Buchungssatz für die Kapitalkonsolidierung an.

Hinweise: Angaben in Tausend Euro. Div. VG = Diverse Vermögensgegenstände.

	Posten	Mutter	Tochter	Summen-bilanz	Konsolidierung Soll	Konsolidierung Haben	Konzern-bilanz
Aktiva	Div. VG						
	Anteile						
	Firmenwert						
	Summe						
Passiva	Gez. Kapital						
	Gewinnrücklagen (GRL)						
	Neubewertungsrücklage						
	Jahresüberschuss (JÜ)						
	Summe						

Aufgabe 8 (Konsolidierungsbuchungen)
Für 100% der Anteile an der Tochter-KapG werden zum 31.12.01: 850.000 € von der Mutter-AG bezahlt. Die Tochter weist die folgenden Aktivposten aus:

Posten	Buchwert	Beizulegender Zeitwert
Grundstück	200.000	290.000
Maschinen	180.000	220.000
Waren	150.000	210.000

Das Eigenkapital der Tochter umfasst das gezeichnete Kapital (400.000 €), die Gewinnrücklagen (100.000 €) und den Jahresüberschuss (30.000 €). Weitere Passiva sind nicht vorhanden. Ertragsteuern sind zu vernachlässigen.

Wie lautet die Konsolidierungsbuchung bei der Neubewertungsmethode?

Aufgabe 9 (Stille Reserven)
Kreuzen Sie die richtigen Aussagen zu den stillen Reserven an.

a) 0 Stille Reserven können nur in Aktivposten enthalten sein.
b) 0 Wenn der beizulegende Zeitwert eines Grundstücks 500.000 € beträgt (Anschaffungskosten: 420.000 €, Anschaffungspreis: 400.000 €), sind stille Reserven von 80.000 € vorhanden.
c) 0 Wenn der Kurswert von langfristigen Wertpapieren um 10% unter den Anschaffungskosten (150.000 €) liegt und keine außerplanmäßige Abschreibung erfolgt, sind stille Reserven von 15.000 € vorhanden.
d) 0 Wenn bei der Erstkonsolidierung stille Reserven bei einem abnutzbaren Vermögensgegenstand aufgedeckt werden, fallen später im Konzernabschluss zusätzliche Aufwendungen durch planmäßige Abschreibungen an.
e) 0 Die stillen Reserven von 40.000 € in einem Warenbestand werden regelmäßig bei seiner Veräußerung aufgedeckt.
f) 0 Wenn der Kurswert von langfristigen Wertpapieren um 20% über den Anschaffungskosten (150.000 €) liegt, sind stille Reserven von 20.000 € vorhanden.
g) 0 Die stillen Reserven in langfristigen Wertpapieren nehmen durch planmäßige Abschreibungen im Zeitablauf wieder ab.

Aufgabe 10 (Erstkonsolidierung mit latenten Steuern)
Die M-AG erwirbt am 31.12.01 alle Anteile an der T-AG für 850.000 €. Die T-AG verfügt über ein gezeichnetes Kapital von 400.000 €, über Gewinnrücklagen von 120.000 € und über einen Jahresüberschuss von 70.000 € (Steuerrückstellung 30.000 €). Die Vermögensgegenstände enthalten 80.000 € stille Reserven. Der Ertragsteuersatz beläuft sich auf 30%.

a) Wie lautet der Buchungssatz zur Aufdeckung der stillen Reserven?
b) Wie lautet der Buchungssatz für die Erstkonsolidierung?

Aufgabe 11 (Fortführung latenter Steuern)
Die in der vorigen Aufgabe berechneten latenten Steuern befinden sich in einem abnutzbaren Vermögensgegenstand, der eine restliche Nutzungsdauer von fünf Jahren aufweist und linear abgeschrieben wird.

Wie werden der Vermögensgegenstand und die latenten Steuern im Konzernabschluss 02 behandelt?

Aufgabe 12 (Latente Steuern im Konzern)
Die Groß-AG erwirbt am 31.12.01 alle Anteile an der Klein-AG. Die Klein-AG weist in ihrem Einzelabschluss aktive latente Steuern in Höhe von 18.000 € und passive latente Steuern in Höhe von 12.000 € aus (unsaldierter Ausweis).

a) Wie werden diese latenten Steuern im Konzernabschluss behandelt? Welche Vorschrift ist anzuwenden?
b) Durch Konsolidierungsmaßnahmen entsteht im Konzernabschluss eine passive latente Steuer in Höhe von 8.000 €. Welche Vorschrift ist anzuwenden? Wie werden die latenten Steuern in der ersten Konzernbilanz ausgewiesen?

Aufgabe 13 (Latente Steuern und Firmenwert)
Bei der Erstkonsolidierung der M-AG und T-AG entsteht ein Firmenwert in Höhe von 200.000 € (ohne latente Steuern). Es gilt ein Steuersatz von 32%.

a) Wie hoch sind die latenten Steuern, die aus theoretischer Sicht für diesen Firmenwert entstehen?
b) Sind im handelsrechtlichen Konzernabschluss latente Steuern auf den Firmenwert zu bilden?

Aufgabe 14 (Erstkonsolidierung mit Minderheiten)
Die Mutter-AG beteiligt sich am 31.12.01 zu 80% an der Tochter-AG. Die Anschaffungskosten der Anteile betragen 500.000 €. Die Mutter verfügt über diverse Vermögensgegenstände (VG) im Wert von 800.000 € und über ein gezeichnetes Kapital von 1.000.000 €. Das übrige Eigenkapital von 300.000 € entfällt zur Hälfte auf die Gewinnrücklagen und den Bilanzgewinn. Es wird der Erfolgsausweis nach teilweiser Ergebnisverwendung angewendet.

Die Tochter weist Vermögensgegenstände im Buchwert von 400.000 € aus (zusätzliche stille Reserven 150.000 €). Ihr gezeichnetes Kapital beträgt 200.000 € und das übrige Eigenkapital von 200.000 € verteilt sich auf die Gewinnrücklagen und den Bilanzgewinn im Verhältnis von 1:3.

a) Entwickeln Sie die erste Konzernbilanz anhand der angegebenen Daten, indem sie das Schema auf der folgenden Seite ausfüllen (Angaben in Tausend Euro, Steuern sind zu vernachlässigen).
b) Geben Sie die Konsolidierungsbuchungen an.

Abkürzungen: GRL = Gewinnrücklagen, nbA = nicht beherrschende Anteile, NRL = Neubewertungsrücklage.

	Posten	Mutter	Tochter	Summen-bilanz	Konsolidierung Soll	Konsolidierung Haben	Konzern-bilanz
Aktiva	Div. VG						
Aktiva	Anteile						
Aktiva	Firmenwert						
Aktiva	Summe						
Passiva	Gez. Kapital						
Passiva	GRL						
Passiva	NRL						
Passiva	Bilanz-gewinn						
Passiva	nbA						
Passiva	Summe						

Aufgabe 15 (Konsolidierungsbuchungen)

Die A-AG beteiligt sich am 31.12.01 mit 75% an der B-AG (Anschaffungskosten der Anteile: 840.000 €). Die B-AG verfügt über ein gezeichnetes Kapital von 400.000 €, über andere Gewinnrücklagen von 200.000 € und über einen Jahresüberschuss von 80.000 € (Erfolgsausweis vor Ergebnisverwendung, ohne Steuern). Die Vermögensgegenstände enthalten 120.000 € stille Reserven.

a) Wie lautet der Buchungssatz für die Erstkonsolidierung der Mutter?
b) Wie lautet der Buchungssatz für die Erstkonsolidierung der Minderheiten?

Aufgabe 16 (Konsolidierungsbuchungen)

Es gelten die Angaben der vorigen Aufgabe mit der folgenden Änderung. Es sind latente Steuern auf die stillen Reserven zu berücksichtigen (s = 30%).

a) Wie hoch ist die Neubewertungsrücklage nach Steuern?
b) Welche Änderungen treten bei den Erstkonsolidierungsbuchungen ein?
c) Wie werden die latenten Steuern im Konzernabschluss behandelt?

Aufgabe 17 (Folgekonsolidierung)

Die Mutter-AG hat Ende 01 die erste Konzernbilanz aufgestellt. Es wurden die folgenden stillen Reserven aufgedeckt: Grund und Boden: 100.000 €, Maschinen: 40.000 € (Restnutzungsdauer vier Jahre, lineare Abschreibung), Waren: 80.000 € (Veräußerung in 02), Rückstellungen: 20.000 € (im Einzelabschluss wird ein vorsichtiger Wert von 70.000 € ausgewiesen, obwohl nur 50.000 € angemessen wären; in 02 sind 50.000 € zu zahlen).

Wie wirken sich die obigen Vorgänge auf den Konzernerfolg 02 aus?

Aufgabe 18 (Erste Folgekonsolidierung)

Die Kauf-AG hat am 31.12.01 alle Anteile (= 100%-Beteiligung) an der Verkauf-AG erworben und den Konzernabschluss aufgestellt. Bei der Kapitalkonsolidierung wurden stille Reserven von 100.000 € bei einer Maschine aufgedeckt, die eine Restnutzungsdauer von 20 Jahren aufweist (lineare Abschreibung). Der Firmenwert beträgt 500.000 € und wird über fünf Jahre linear abgeschrieben.

a) Geben Sie den Buchungssatz für die erste Folgekonsolidierung am 31.12.02 aus Sicht der Konzernbilanz an (Erfolgsausweis vor Ergebnisverwendung).
b) Welche Buchung ist in der Konzern-GuV-Rechnung vorzunehmen, damit deren Erfolg mit dem der Konzernbilanz übereinstimmt?

Aufgabe 19 (Zweite Folgekonsolidierung)

Es gelten die Daten aus der vorigen Aufgabe. Die Folgekonsolidierungen sollen aus Sicht der Konzernbilanz durchgeführt werden. Welche Buchungen sind zum 31.12.03 bei der zweiten Folgekonsolidierung auszuführen?

Aufgabe 20 (Firmenwert)

Im Zuge der Erstkonsolidierung wird am 31.12.01 ein Firmenwert von 450.000 € aufgedeckt. Die Muttergesellschaft weist nach, dass die Nutzungsdauer des Firmenwerts neun Jahre beträgt (bei gleichmäßiger Entwertung).

Welcher Abschreibungsbetrag ergibt sich für 02 und wie wird er aus Sicht der Konzernbilanz bzw. Konzern-GuV-Rechnung gebucht?

Aufgabe 21 (Erstkonsolidierung mit Minderheiten)

Die M-AG beteiligt sich Ende 01 zu 70% an der T-AG, die ein gezeichnetes Kapital von 400.000 € und einen Jahresüberschuss von 100.000 € aufweist. Auf der Aktivseite werden diverse Vermögensgegenstände im Wert von 500.000 € bilanziert, die weitere stille Reserven von 80.000 € enthalten. Die Mutter zahlt für ihren Anteil 680.000 €. Sie verfügt über weitere diverse Vermögensgegenstände von 320.000 €, über ein gezeichnetes Kapital von 600.000 € und über einen Jahresüberschuss von 400.000 €. Ertragsteuern sind zu vernachlässigen.

a) Wie lauten die Erstkonsolidierungsbuchungen?
b) Wie sieht die erste Konzernbilanz Ende 01 aus?

Aufgabe 22 (Folgekonsolidierung mit Minderheiten)

Es gelten die Angaben der vorigen Aufgabe. In 02 werden die Jahresüberschüsse aus 01 bei der Mutter und der Tochter jeweils den Gewinnrücklagen zugeführt. Die M-AG erzielt in 02 einen Jahresüberschuss von 200.000 € und die T-AG einen Jahresüberschuss von 140.000 €. In dieser Höhe steigen jeweils auch die Aktivposten. Die stillen Reserven verteilen sich gleichmäßig über zehn Jahre. Für den Firmenwert gilt eine Nutzungsdauer von fünf Jahren (lineare Abschreibungsmethode).

a) Wie hoch ist der Gewinn in der Konzern-GuV-Rechnung 02?
b) Welcher Gewinnanteil entfällt auf die Minderheitsgesellschafter?
c) Wie sieht die Konzernbilanz Ende 02 aus, wenn auf der Aktivseite als Restgröße der Posten "diverse Vermögensgegenstände" ausgewiesen wird?

Aufgabe 23 (Negativer Firmenwert)
Für die Tochter-AG gelten bei der Erstkonsolidierung die folgenden Daten: Buchwert des Eigenkapitals: 600.000 €, Zeitwert des Eigenkapitals: 720.000 €. Die Mutter-AG bezahlt für 100% der Anteile: Fall I) 720.000 €, Fall II) 650.000 €.

Welche Firmenwerte entstehen in den Fällen I) und II)?

Aufgabe 24 (Lucky Buy)
Die M-AG bezahlt am 1.7.01: 10 Mio. € für alle Anteile an der T-AG, deren Eigenkapital einen Buchwert von 9,1 Mio. € (Zeitwert 10,9 Mio. €) hat. Es handelt sich um einen Lucky Buy. Verteilung der stillen Reserven: Maschine A: 1 Mio. € (10 Jahre Restnutzungsdauer), Maschine B: 0,8 Mio. € (8 Jahre Restnutzungsdauer).

Wie hoch ist der negative Firmenwert? Wie wird er aufgelöst?

Aufgabe 25 (Badwill)
Die M-AG erwirbt am 31.12.01 ein Unternehmen, dessen Zeitwert des Eigenkapitals 800.000 € beträgt. Die M-AG zahlt nur 600.000 €, da der Verkäufer auf eventuell vorhandene Altlasten im Grundstück hinweist. Aufgrund von Gerüchten ist eine Untersuchung beantragt worden, die Ende 02 abgeschlossen sein soll. Eine Rückstellung ist Ende 01 noch nicht zu bilden.

Am 31.12.02 liegt ein Gutachten vor. Es sind tatsächlich Bodenvergiftungen vorhanden, die mit einem Aufwand von rund 250.000 € saniert werden müssen. Mit den Arbeiten zur Entgiftung wird Anfang 03 begonnen.

Wie muss der Sachverhalt in den Konzernabschlüssen 01/02 berücksichtigt werden?

Aufgabe 26 (Firmenwerte)
Kreuzen Sie die folgenden Aussagen zum (positiven bzw. negativen) Firmenwert im Konzernabschluss an.

a) 0 Es besteht eine Aktivierungspflicht für den positiven Firmenwert.
b) 0 Es besteht ein Passivierungswahlrecht für den negativen Firmenwert.
c) 0 Es besteht eine Aktivierungspflicht für den negativen Firmenwert.
d) 0 Es besteht ein Passivierungsverbot für den negativen Firmenwert.
e) 0 Es besteht eine Passivierungspflicht für den negativen Firmenwert.
f) 0 Der positive Firmenwert wird im HGB durch passive latente Steuern erhöht.
g) 0 Der negative Firmenwert wird im HGB durch aktive latente Steuern vermindert.
h) 0 Für positive und negative Firmenwerte werden im HGB keine latenten Steuern verrechnet.

Aufgabe 27 (RAP im Konzern)
Die Mutter-AG zahlt am 1.10.01 die Miete für Geschäftsräume an die Tochter-GmbH für sechs Monate im Voraus (Bankzahlung). Der monatliche Mietbetrag ist 2.000 €. Es gilt: Geschäftsjahr = Kalenderjahr. Ohne Umsatzsteuer.

a) Was ist in den Einzelabschlüssen der beiden Gesellschaften zum 31.12.01 zu veranlassen?
b) Wie ist im Konzernabschluss vorzugehen?

Aufgabe 28 (Schuldenkonsolidierung)
Die Mutter A-AG gewährt ihrer Tochter B-AG am 1.4.01 ein zweijähriges Darlehen in Höhe von 400.000 SFR (schweizer Franken) zum Marktzins. Beide Gesellschaften haben ihren Sitz im Inland. Die Kurse des schweizer Franken entwickeln sich wie folgt (Preisnotierung): 1.4.01: 1 SFR = 1 Euro, 31.12.01: 1 SFR = 0,9 Euro, 31.12.02: 1 SFR = 1,2 Euro. Die Wertminderung zum 31.12.01 hat einen vorübergehenden Charakter. Die Zinszahlungen sind zu vernachlässigen.

a) Wie erfolgen der Ausweis und die Bewertung des Darlehens bei der A-AG im Einzelabschluss (31.12.01 und 31.12.02)? Welche Erfolgswirkungen entstehen in jedem Geschäftsjahr?
b) Wie ist bei der Schuldenkonsolidierung zum 31.12.01 bzw. 31.12.02 vorzugehen? Welche Erfolgswirkungen entstehen im Konzernabschluss? Wie verhalten sie sich im Vergleich zum Einzelabschluss?

Aufgabe 29 (Schuldenkonsolidierung)
Die M-AG in Würzburg erhält am 1.7.01 von ihrer Tochter T-AG in Frankfurt ein Darlehen in Höhe von 100.000 US-Dollar mit zehnjähriger Laufzeit. Am 1.7.01 gilt ein Kurs von 1 US-Dollar = 1 Euro, am 31.12.01 gilt: 1. US-Dollar = 1,1 Euro. Hinweis: Da beide Gesellschaft ihren Sitz im Inland haben, erstellen sie Jahresabschlüsse nach dem HGB. Hätte die Tochter ihren Sitz z.B. in den USA, wäre ihr Jahresabschluss nach amerikanischen Vorschriften aufzustellen und eine Währungsumrechnung vorzunehmen.

a) Wie wird die Verbindlichkeit bei der M-AG Ende 01 bewertet?
b) Welche Konsolidierungsbuchung ist im Konzernabschluss durchzuführen?

Aufgabe 30 (Aufrechnungsdifferenzen)
Welche der folgenden Aussagen sind richtig? Kreuzen Sie entsprechend an.

a) 0 Bei der Konsolidierung von aktiven und passiven Rechnungsabgrenzungsposten entsteht regelmäßig eine echte Aufrechnungsdifferenz.
b) 0 Bei der Konsolidierung von betragsgleichen Forderungen und Verbindlichkeiten entsteht eine unechte Aufrechnungsdifferenz.
c) 0 Eine unechte Aufrechnungsdifferenz entsteht, wenn betragsgleiche Forderungen und Verbindlichkeiten im Einzelabschluss zu unterschiedlichen Zeitpunkten entstehen.
d) 0 Eine echte Aufrechnungsdifferenz entsteht, wenn Forderungen und Verbindlichkeiten im Einzelabschluss betragsmäßig auseinanderfallen.
e) 0 Eine echte Aufrechnungsdifferenz ist im Konzernabschluss erfolgswirksam zu korrigieren.

f) 0 Eine echte Aufrechnungsdifferenz verbleibt im Regelfall auf der Passivseite, da die Aktivposten im Einzelabschluss nach dem Vorsichtsprinzip eher abzuwerten sind als Passivposten.
g) 0 Eine unverzinsliche Forderung der Mutter gegen ihre Tochter muss abgezinst werden, sodass sich eine unechte Aufrechnungsdifferenz ergibt.
h) 0 Eine unverzinsliche Forderung der Mutter gegen ihre Tochter muss aufgezinst werden, sodass sich eine echte Aufrechnungsdifferenz ergibt.

Aufgabe 31 (Zwischenergebnisse)
Welche der folgenden Aussagen sind richtig? Kreuzen Sie entsprechend an. Die Lieferungen erfolgen zwischen Mutter- und Tochtergesellschaften (ohne Umsatzsteuer).

a) 0 Liegt der Verrechnungspreis des liefernden Unternehmens über dem anzusetzenden Einzelabschlusswert, ergibt sich ein Zwischengewinn.
b) 0 Die Konzernherstellungskosten entsprechen immer genau den Herstellungskosten, die im Einzelabschluss der Mutter berechnet werden.
c) 0 Bestimmte Kosten, für die im Einzelabschluss ein Einbeziehungsverbot besteht (z.B. Vertriebskosten), müssen in bestimmten Fällen im Konzernabschluss in die Herstellungskosten einbezogen werden.
d) 0 Wenn die Muttergesellschaft Waren mit einem Gewinnaufschlag an ihre Tochter liefert, muss im Konzernabschluss der Zwischengewinn konsolidiert werden.
e) 0 Wenn die Muttergesellschaft Waren ohne Gewinnaufschlag an ihre Tochter liefert, muss im Konzernabschluss der Zwischengewinn konsolidiert werden.
f) 0 Ein konsolidierungsfähiger Zwischengewinn entsteht, wenn der Verrechnungspreis über der Wertobergrenze der Konzernherstellungskosten liegt.
g) 0 Ein konsolidierungsfähiger Zwischengewinn entsteht, wenn der Verrechnungspreis zwischen Wertobergrenze und Wertuntergrenze der Konzernherstellungskosten liegt.
h) 0 Das Wahlrecht zur Kalkulation allgemeiner Verwaltungskosten kann im Konzernabschluss in jedem Geschäftsjahr beliebig ausgeübt werden.
i) 0 Ein konsolidierungspflichtiger Zwischenverlust entsteht, wenn der Verrechnungspreis zwischen Wertobergrenze und Wertuntergrenze der Konzernherstellungskosten liegt.
j) 0 Ein konsolidierungspflichtiger Zwischenverlust entsteht, wenn der Verrechnungspreis unter der Wertuntergrenze der Konzernherstellungskosten liegt.
k) 0 Bei einem Zwischenverlust aus einer konzerninternen Warenlieferung der Mutter an die Tochter muss im Konzernabschluss eine Aufwertung der gelieferten Warenmenge erfolgen, wenn sie noch auf Lager ist.

Aufgabe 32 (Zwischenergebnisse)
Für das A-Produkt sind in einem Konzern Herstellungskosten von 40 € pro Stück angefallen (produktionsbedingte Einzel- und Gemeinkosten). Die allgemeinen Verwaltungskosten betragen 12 € je Stück. Die Mutter liefert an ihre Tochter zu den folgenden Verrechnungspreisen: a) 70 € pro Stück, b) 45 € pro Stück, c) 30 € pro Stück. Ohne USt.
Wie hoch sind die konsolidierungspflichtigen bzw. konsolidierungsfähigen Zwischengewinne bzw. Zwischenverluste, wenn die Wertobergrenze bzw. die Wertuntergrenze zugrunde gelegt werden?

Aufgabe 33 (Konzernherstellungskosten)

Die Mutter-AG kalkuliert das Y-Produkt wie folgt: Materialeinzelkosten 20 € pro Stück. Die Materialgemeinkosten werden mit einem Zuschlagssatz von 80% auf die Materialeinzelkosten verrechnet. Die Fertigungseinzelkosten betragen 60 € pro Stück. Die zugehörigen Fertigungsgemeinkosten werden hierauf mit einem Zuschlagssatz von 100% kalkuliert. Auf die gesamten Material- und Fertigungskosten werden die allgemeinen Verwaltungsgemeinkosten von 50% verrechnet. Außerdem wird ein Gewinnzuschlag in Höhe von 50% auf die Gesamtkosten kalkuliert. In 01 findet eine Lieferung an eine Konzerntochter statt. Die Umsatzsteuer wird vernachlässigt.

a) Wie hoch ist der Verrechnungspreis der Mutter, wenn alle relevanten Kosten einbezogen werden?
b) Wie hoch sind die Anschaffungskosten der Tochter im Einzelabschluss 01, wenn keine Nebenkosten anfallen? Welche Erfolgswirkung tritt ein?
c) Welche Erfolgseffekte ergeben sich im Konzernabschluss Ende 01, wenn die Tochter die Produkte noch nicht an Dritte veräußert hat? Wie verhält es sich alternativ bei einem Verkauf an Dritte (Preis: 400 € pro Stück netto)?

Aufgabe 34 (Zwischenergebniskonsolidierung)

Die Mutter-AG liefert in 01 an die Tochter-AG 20.000 Stück eines unfertigen Erzeugnisses zum Preis von je 40 €/Stück (Bankzahlung). Die Herstellungskosten betragen bei der Mutter-AG 28 €/Stück. Die Tochter-AG verarbeitet die unfertigen Erzeugnisse in 01 zu fertigen Erzeugnissen, wobei ein Aufwand von 200.000 € entsteht. Ein Absatz an Dritte findet in 01 noch nicht statt. Die fertigen Erzeugnisse werden Ende 01 bei der Tochter in ihrer Bilanz mit den Herstellungskosten bewertet. Die Umsatzsteuer ist zunächst zu vernachlässigen. Erfolgsausweis vor Ergebnisverwendung.

a) Wie bucht die Mutter-AG im Einzelabschluss? Welcher Gewinn entsteht?
b) Wie wirkt sich die Verarbeitung erfolgsmäßig bei der Tochter aus, wenn das Gesamtkostenverfahren angewendet wird?
c) Wie ist Zwischenergebniskonsolidierung aus Sicht der Konzernbilanz und Konzern-GuV-Rechnung zu buchen?
d) Welche Auswirkungen ergeben sich durch die Umsatzsteuer?

Aufgabe 35 (Zwischengewinn und latente Steuern)

Die M-AG veräußert Mitte 01 an ihre Tochter T-AG (100%-Beteiligung) Waren im Wert von 320.000 € netto. Die Anschaffungskosten bei der Mutter haben 200.000 € betragen. Am Jahresende befinden sich die Waren noch im Lager der T-AG. Der Ertragsteuersatz beläuft sich auf 30%. Die Umsatzsteuer wird vernachlässigt, da sie keinen Einfluss auf die Höhe der latenten Steuern hat.

Welche latenten Steuern entstehen im Konzern und wie werden sie gebucht?

Aufgabe 36 (Zwischengewinn und latente Steuern)

Es gelten die Angaben der vorigen Aufgabe mit der folgenden Änderung. Die Tochter-AG hat am Jahresende bereits die Hälfte der Waren mit Gewinn an konzernfremde Unternehmen veräußert. Welche Änderung ergibt sich bei den latenten Steuern?

Aufgabe 37 (Zwischenverlust und latente Steuern)
In einem Konzern gilt: Anschaffungskosten für Waren in 01 bei der Mutter: 300.000 €. Die gesamte Menge wird in 01 für 240.000 € netto an die Konzerntochter veräußert. Ein Weiterverkauf an Konzernfremde hat in 01 noch nicht stattgefunden. Die USt wird vernachlässigt.

Welche latenten Steuern entstehen und wie werden sie gebucht?

Aufgabe 38 (Zwischenverlust und latente Steuern)
Wann werden die latenten Steuern aus der vorigen Aufgabe wieder aufgelöst?

Aufgabe 39 (Latente Steuern bei Zwischenergebnissen)
Welche der folgenden Aussagen sind richtig? Kreuzen Sie entsprechend an.

a) 0 Wenn die M-AG an ihre T-AG Waren mit einem Zwischengewinn veräußert, entstehen im Konzernabschluss passive latente Steuern, wenn die Waren am Bilanzstichtag noch nicht an Konzernfremde veräußert wurden.

b) 0 Wenn die M-AG an ihre T-AG Waren mit einem Zwischenverlust veräußert, entstehen im Konzernabschluss aktive latente Steuern, wenn die Waren am Bilanzstichtag an Konzernfremde veräußert wurden.

c) 0 Wenn die M-AG an ihre T-AG Waren mit einem Zwischenverlust veräußert, entstehen im Konzernabschluss aktive latente Steuern, wenn die Waren am Bilanzstichtag noch nicht an Konzernfremde veräußert wurden.

d) 0 Wenn die M-AG an ihre T-AG Waren mit einem Zwischengewinn veräußert, entstehen im Konzernabschluss aktive latente Steuern, wenn die Waren am Bilanzstichtag noch nicht an Konzernfremde veräußert wurden.

e) 0 Wenn latente Steuern auf Zwischenergebnisse entstehen, dürfen sie nicht mit anderen latenten Steuern saldiert werden.

f) 0 Wenn aktive latente Steuern auf Zwischenergebnisse entstehen, besteht eine Ansatzpflicht im Konzernabschluss.

Aufgabe 40 (Konzern-GuV-Rechnung)
In 01 hat die Mutter-AG Umsatzerlöse in Höhe von 1.500.000 € erzielt. Hiervon sind 250.000 € durch Umsätze mit der Tochter-AG entstanden (enthaltener Gewinnanteil: 50.000 €). Die Aufwendungen der Mutter betragen 500.000 €. Die Tochter-AG hat Umsatzerlöse mit Dritten von 800.000 € erzielt (zugehörige Aufwendungen: 200.000 €). Die von der Muttergesellschaft gelieferten Vorprodukte wurden in 01 von der Tochter-AG nicht an Dritte veräußert, sondern zu Endprodukten verarbeitet (Aktivierung fertiger Erzeugnisse im Umlaufvermögen). Der Aufwand für die Weiterverarbeitung in Höhe von 100.000 € fällt zusätzlich zu den 200.000 € an.

Entwickeln Sie die Konzern-GuV-Rechnung mit dem folgenden Schema (Angaben in Tsd. Euro, ohne Ertragsteuern, JÜ = Jahresüberschuss).

	Mutter		Tochter		Summe		Konsolidierungen		Konzern-GuV	
Posten	S	H	S	H	S	H	S	H	S	H
Umsatzerlöse										
Bestandsänderung										
Aufwand										
JÜ										
Summe										

Aufgabe 41 (Konzern-GuV-Rechnung)
Die M-AG ist zu 100% an der T-AG beteiligt. In 01 wurden die folgenden Umsatzerlöse erzielt: M-AG: 680.000 €, T-AG: 420.000 € (davon stellen 50% Lieferungen an die M-AG dar; diese Menge befindet sich noch im Lager der M-AG; die zugehörigen Herstellungskosten betragen 60% der Umsatzerlöse). Aufwendungen der M-AG bzw. T-AG in 01: 420.000 € bzw. 180.000 € – davon jeweils 1/3 für Material, Personal und Abschreibungen. Bei der Folgekonsolidierung sind auf der Konzernebene Abschreibungen auf stille Reserven vorzunehmen: 20% auf 120.000 €.
Ermitteln Sie das Betriebsergebnis nach dem Gesamtkostenverfahren in Staffelform.

Aufgabe 42 (Währungsumrechnung)
Eine ausländische Tochtergesellschaft weist am 31.12.01 ein Eigenkapital von 500.000 AGE (Auslandsgeldeinheiten) auf. Der historische Umrechnungskurs ist 1 AGE = 1,8 Euro. Am Bilanzstichtag gelten die folgenden Daten: Anlagevermögen: 800.000 AGE, Umlaufvermögen: 250.000 AGE und Schulden: 550.000 AGE. Für den Umrechnungskurs (Devisenkassamittelkurs) gilt am 31.12.01: 1 AGE = 2,2 Euro.
Erstellen Sie die in Euro bewertete Bilanz der Tochtergesellschaft nach § 308a HGB.

Aufgabe 43 (Währungsumrechnung)
Die Auslandstochter X-Fremd weist in 01 die folgenden Erträge in der GuV-Rechnung aus: Umsatzerlöse 760.000 AGE (Auslandsgeldeinheiten), Bestandserhöhung fertiger Erzeugnisse 100.000 AGE. Gesamtaufwand in 01: 630.000 AGE. Sie verteilen sich auf die Materialaufwendungen, Personalaufwendungen und Abschreibungen im Verhältnis von 4:3:2. Der ausländische Gewinn beläuft sich per Saldo auf 230.000 AGE.

Der Durchschnittskurs ist als Mittelwert der Devisenkassamittelkurse am Ende jedes Quartals zu ermitteln. Es gilt: I. Quartal: 1 Euro = 1,8 AGE, II. Quartal: 1 Euro = 2 AGE, III. Quartal: 1 Euro = 1,88 AGE und IV. Quartal: 1 Euro = 1,92 AGE.
Erstellen Sie die GuV-Rechnung für 01 in Euro in <u>Kontoform</u> (ohne Steuern).

Aufgaben zum achten Kapitel

Aufgabe 1 (Gemeinschaftsunternehmen)
Die M_1-AG, M_2-AG und M_3-AG sind Muttergesellschaften verschiedener Konzerne. Die drei Gesellschaften gründen Ende 01 die G-AG, an dem sie jeweils in gleicher Höhe beteiligt sind. Die grundlegenden Entscheidungen bei der G-AG müssen einstimmig ausgeübt werden. Alle drei Gesellschaften führen die Geschäfte der G-AG gemeinsam, deren Grundkapital 2.100.000 € beträgt.
a) Prüfen Sie, ob die G-AG ein Gemeinschaftsunternehmen ist.
b) Wie werden die Anteile an der G-AG Ende 01 im Einzel- bzw. Konzernabschluss der Muttergesellschaften behandelt?
c) Wie lautet die Konsolidierungsbuchung für die Erstkonsolidierung Ende 01?

Aufgabe 2 (Gemeinschaftsunternehmen)
Es gelten die Angaben der vorigen Aufgabe mit der folgenden Änderung: Die grundlegenden Entscheidungen bei der G-AG werden mehrheitlich getroffen. Handelt es sich auch in diesem Fall um ein Gemeinschaftsunternehmen?

Aufgabe 3 (Methodenwahl)
Die M-AG ist Muttergesellschaft eines Konzerns und verfügt über drei Beteiligungen an verschiedenen Gemeinschaftsunternehmen (A-AG, B-AG und C-AG). Das Reinvermögen der A-AG soll nach der Quotenkonsolidierung anteilig in den Konzernabschluss übernommen werden. Die B-AG und C-AG sollen nach der Equity-Methode bewertet werden. Ist diese Vorgehensweise zulässig?

Aufgabe 4 (Quotenkonsolidierung)
Die A-AG und die B-AG sind Muttergesellschaften verschiedener Konzerne und gründen Ende 01 die C-GmbH (= Gemeinschaftsunternehmen). Beide Aktiengesellschaften sind zu je 50% an der C-GmbH beteiligt, deren Stammkapital 100.000 € beträgt. Das Geld befindet sich Ende 01 auf dem Bankkonto und wird erst in 02 verwendet. Die A-AG weist Ende 01 neben der Beteiligung an der GmbH diverse Vermögensgegenstände von 900.000 € aus. Daten für das Eigenkapital der A-AG: Grundkapital 500.000 €, voll eingezahlte gesetzliche Rücklage, andere Gewinnrücklagen (GRL) 150.000 €, Bilanzgewinn 250.000 €.
a) Wie sieht die Konzernbilanz der A-AG mit dem Anteil am Gemeinschaftsunternehmen aus, wenn andere Konzernunternehmen vernachlässigt werden?
b) Welche Konzernunternehmen müssten noch in die Konzernbilanz aufgenommen werden?

Aufgabe 5 (Erstkonsolidierung ohne latente Steuern)
Die M_2-AG erwirbt Ende 08 einen 50%-Anteil am Gemeinschaftsunternehmen X-AG für 900.000 € von der M_1-AG. Die X-AG weist 120.000 € stille Reserven in den Aktivposten auf. Der Buchwert des Eigenkapitals der X-AG beträgt 840.000 €, davon stellen

50% das gezeichnete Kapital dar. Die gesetzliche Rücklage ist voll eingezahlt. Das restliche Eigenkapital ist der Bilanzgewinn. Steuerliche Aspekte sind zu vernachlässigen. Wie lautet der Buchungssatz für die Erstkonsolidierung?

Aufgabe 6 (Erstkonsolidierung mit latenten Steuern)
Es gelten die Angaben der vorigen Aufgabe. Wie lautet der Buchungssatz für die Erstkonsolidierung, wenn latente Steuern auf die stillen Reserven berücksichtigt werden (Steuersatz 30%)?

Aufgabe 7 (Latente Steuern und Firmenwert)
Buchhalter Fleißig ist in der M-AG für die Aufstellung des Konzernabschlusses zuständig. Bei einem neuen Gemeinschaftsunternehmen, an dem die M-AG zu 50% beteiligt ist, entsteht Ende 01 ein Firmenwert in Höhe von 210.000 €. Um die latenten Steuern vollständig zu erfassen, will Fleißig auch auf den Firmenwert latente Steuern verrechnen. Der Steuersatz beträgt 30%.

a) Wie hoch wären die latenten Steuern auf den Firmenwert?
b) Werden bei der Quotenkonsolidierung latente Steuern auf den Firmenwert verrechnet?

Aufgabe 8 (Erstkonsolidierung von Gemeinschaftsunternehmen)
Die M_1-AG erwirbt Ende 01 eine 50%-Beteiligung an dem Gemeinschaftsunternehmen Z-AG. Die Z-AG weist die folgenden Bilanzen vor bzw. nach Neubewertung auf. Die Zeitwerte der Posten A_1 bis A_3 sind jeweils 20% höher als die Buchwerte.

	Z-AG vor Neubewertung				Z-AG nach Neubewertung	
A	Bilanz zum 31.12.01		P	A	Bilanz zum 31.12.01	P
A_1	500	Gez. Kap.	800	A_1		Gez. Kap.
A_2	400	Jahresüber-	200	A_2		NRL
A_3	100	schuss (JÜ)		A_3		JÜ
	1.000		1.000			

Für die Handelsbilanz der M_1-AG gilt Ende 01 Folgendes: Die Werte der Posten A_1 bis A_3 betragen jeweils 400.000 € und für die Beteiligung werden 720.000 € gezahlt. Das gezeichnete Kapital und der Jahresüberschuss betragen jeweils 960.000 € (Erfolgsausweis vor Ergebnisverwendung). Ertragsteuern werden vernachlässigt.

a) Führen Sie die Neubewertung des Vermögens der Z-AG durch und tragen Sie die neuen Werte in die obige rechte Bilanz ein (Angaben in Tausend Euro, NRL = Neubewertungsrücklage).
b) Führen Sie die Erstkonsolidierung durch, indem Sie das angegebene Schema ausfüllen.
c) Wie lautet der Buchungssatz für die Erstkonsolidierung?

	Posten	M_1-AG	Z-AG	Summen-bilanz	Konsolidierung		Konzern-bilanz
					Soll	Haben	
Aktiva	A_1						
	A_2						
	A_3						
	Beteili-gung						
	FW						
	Summe						
Passiva	Gez. Kapital						
	NRL						
	JÜ						
	Summe						

Aufgabe 9 (Folgekonsolidierung von Gemeinschaftsunternehmen)
Es gelten die Angaben der vorigen Aufgabe. Die aufgedeckten stillen Reserven in den Posten A_1 bis A_3 haben eine Nutzungsdauer von jeweils zehn Jahren bei gleichmäßiger Verteilung. Die stillen Reserven werden im Verhältnis der Buchwerte der Aktivposten verteilt. Der Firmenwert wird linear über fünf Jahre abgeschrieben.

a) Wie lautet der Buchungssatz für die Folgekonsolidierung aus Sicht der Konzernbilanz?
b) Wie lautet die Buchung aus Sicht der Konzern-GuV-Rechnung?

Aufgabe 10 (Negativer Firmenwert)
Die M-AG ist Muttergesellschaft eines Konzerns mit mehreren Tochtergesellschaften. Ende 02 erwirbt sie für 750.000 € einen 1/3-Anteil am Gemeinschaftsunternehmen X-AG, die über einen Buchwert des Eigenkapitals von 2,1 Mio. € verfügt. Der Zeitwert des Eigenkapitals liegt um 20% höher. Die M-AG hat einen günstigen Anteilskauf getätigt.

a) Wie hoch ist der Firmenwert bei der M-AG?
b) Wie wird er im Konzernabschluss der M-AG behandelt?

Aufgabe 11 (Zwischenergebniskonsolidierung)
Am Gemeinschaftsunternehmen GU-AG sind drei Partnerunternehmen zu 1/3 beteiligt, die jeweils Mutterunternehmen eines Konzerns sind. Das Partnerunternehmen M_1-AG

liefert in 02 Waren im Wert von 50.000 € netto an die GU-AG (Anschaffungskosten 20.000 €). Am Bilanzstichtag 02 befinden sich die Waren noch im Lager der GU-AG.
a) Welche Konsolidierung muss die M_1-AG im Konzernabschluss vornehmen?
b) Welche latenten Steuern entstehen im Konzernabschluss der M_1-AG beim Steuersatz von 30%? Wie lautet die Buchung?

Aufgabe 12 (Zwischenergebniskonsolidierung)
Es gelten die Daten der vorigen Aufgabe mit der folgenden Änderung. Am Jahresende hat die GU-AG die von der M_1-AG gelieferten Waren bereits für 55.000 € netto an Dritte weiterveräußert.

Welche Konsolidierung muss die M_1-AG im Konzernabschluss vornehmen?

Aufgabe 13 (Assoziierte Unternehmen)
Die M-AG ist die Muttergesellschaft eines Konzerns, zu dem die Tochtergesellschaften T_1-AG und T_2-AG gehören. Die T_1-AG erwirbt in 02: 25% der Anteile an der Dritt-AG. Der Erwerb der Aktien wurde aus rein finanziellen Gründen (zur Erzielung von Kurssteigerungen) vorgenommen.

Wie ist die Beteiligung an der Dritt-AG im Konzernabschluss zu bewerten?

Aufgabe 14 (Assoziierte Unternehmen)
Die M-AG erwirbt in 01 aus spekulativen Gründen 80% der Anteile (Stammaktien) an der T-AG. Die M-AG will diese Anteile in 02 mit Gewinn veräußern. Über weitere Beteiligungen verfügt die M-AG nicht. Sie möchte aus Kostengründen keinen Konzernabschluss aufstellen und beruft sich hierbei auf § 296 Abs. 1 HGB (bitte lesen).
a) Muss die M-AG einen Konzernabschluss aufstellen?
b) Ist die Beteiligung an der T-AG mit der Equity-Methode zu bewerten?

Aufgabe 15 (Equity-Methode)
Die M-AG ist die Muttergesellschaft eines Konzerns, zu dem mehrere Tochtergesellschaften gehören. Ende 01 erwirbt die M-AG einen 25%-Anteil für 400.000 € an der Y-AG, die ein assoziiertes Unternehmen darstellt. Beim Erwerb hat die Y-AG ein Eigenkapital von 1.600.000 €. Stille Reserven sind nicht vorhanden. In 02 erwirtschaftet die Y-AG einen Gewinn von 380.000 € und schüttet nach Durchführung der Hauptversammlung im Juli 02 Dividenden in Höhe von insgesamt 120.000 € aus.
a) Wie wird die Beteiligung Ende 01 im Konzernabschluss bewertet?
b) Wie wird die Beteiligung Ende 02 im Konzernabschluss bewertet?
c) Wie verhalten sich Ende 02 der Buchwert der Beteiligung und das Eigenkapital der Y-AG zueinander? Welche weitere Bezeichnung wird in der Literatur für die Equity-Methode verwendet?

Aufgabe 16 (Equity-Methode)
Es gelten die Daten der vorigen Aufgabe. Wie wird die Beteiligung an der Y-AG im Einzelabschluss der M-AG bewertet?

Aufgabe 17 (Buchwertmethode)
Die A-AG gehört zu einem Konzern. Sie erwirbt Ende 01 einen Anteil von 30% an der X-AG, die ein assoziiertes Unternehmen darstellt. Die Anschaffungskosten der Beteiligung betragen 700.000 €. Der Buchwert des Eigenkapitals der X-AG beziffert sich im Erwerbszeitpunkt auf 1.500.000 €, der Zeitwert ist in diesem Zeitpunkt um 120.000 € höher. Ertragsteuern werden vernachlässigt.
a) Wie wird die Beteiligung Ende 01 im Konzernabschluss bewertet?
b) Welche Angaben sind im Konzernanhang zu vermitteln?

Aufgabe 18 (Equity-Fortschreibung)
Es gelten die Angaben der vorigen Aufgabe. Die stillen Reserven befinden sich in abnutzbaren Vermögensgegenständen und haben eine Nutzungsdauer von sechs Jahren. Für den Firmenwert gilt eine Nutzungsdauer von fünf Jahren. Die Abschreibungen sind linear vorzunehmen. In 02 erwirtschaftet die X-AG einen Jahresüberschuss von 200.000 €.

Wie hoch ist der Beteiligungsbuchwert Ende 02?

Aufgabe 19 (Equity-Fortschreibung)
Wie wirkt sich in der vorigen Aufgabe eine Gewinnausschüttung in 02 mit einem Betrag von insgesamt 100.000 € auf den Beteiligungsbuchwert aus?

Aufgabe 20 (Equity-Methode)
Die M-AG erwirbt am 1.7.01 eine Beteiligung an der Z-GmbH für 800.000 € (25%-Anteil). Die Z-GmbH stellt ein assoziiertes Unternehmen dar. Die Anschaffungskosten setzen sich wie folgt zusammen: 80% entfallen auf das anteilige Reinvermögen (Buchwert) und je 10% auf stille Reserven im abnutzbaren Anlagevermögen und auf den Firmenwert. Die Nutzungsdauer für das abnutzbare Anlagevermögen beträgt fünf Jahre bei gleichmäßiger Entwertung. Über die Nutzungsdauer des Firmenwerts kann die M-AG keine Auskunft geben.
a) Wie wird die Beteiligung am 1.7.01 im Konzernabschluss bewertet?
b) Wie wird die Beteiligung am 31.12.01 im Konzernabschluss bewertet?

Aufgaben zum neunten Kapitel

Aufgabe 1 (IFRS)
Kreuzen Sie die richtigen Aussagen zu den IFRS an.
a) 0 Alle internationalen Standards werden als IFRS bezeichnet.
b) 0 Alle deutschen Kapitalgesellschaften müssen einen IFRS-Abschluss erstellen.
c) 0 Das IASB entscheidet über die internationalen Rechnungslegungsvorschriften.
d) 0 Das IASB hat seinen Sitz in Brüssel.
e) 0 Bei weltweiter Anwendung der IFRS können alle Jahresabschlüsse bei gleicher Währung direkt miteinander verglichen werden.
f) 0 Alle deutschen Kapitalgesellschaften müssen einen IFRS-Abschluss offenlegen.
g) 0 Die internationale Wertpapieraufsichtsbehörde IOSCO hat empfohlen, die IFRS als Börsenzulassungsstandards an den nationalen Börsen zuzulassen.
h) 0 Seit rund 100 Jahren werden IFRS entwickelt.
i) 0 Mittlerweile sind knapp 100 Organisationen Mitglied der IFRS-Foundation.
j) 0 Die IFRS werden in der Originalfassung auch in den USA anerkannt.

Aufgabe 2 (Nationale Abschlüsse nach IFRS)
Beurteilen Sie, ob die folgenden Abschlüsse von den betreffenden Unternehmen aufgestellt werden können, um die Pflichten des HGB zu erfüllen.
a) Die X-GmbH will ab dem 1.1.2021 nur noch einen IFRS-Abschluss aufstellen.
b) Die A-B-OHG will ab dem 1.1.2021 nur noch einen IFRS-Abschluss aufstellen.
c) Die Y-AG will ab dem 1.1.2021 neben dem handelsrechtlichen Jahresabschluss einen IFRS-Abschluss zur Offenlegung aufstellen.
d) Die nicht-kapitalmarktorientierte Z-AG will ihren Konzernabschluss ab dem 1.1.2021 nach dem HGB aufstellen.
e) Die börsennotierte International-AG will ihren Konzernabschluss ab dem 1.1.2021 nach dem HGB aufstellen.

Aufgabe 3 (IFRS-Abschluss)
Die X-AG veröffentlicht seit mehreren Jahren ihren Einzelabschluss nach IFRS. Der Handelsbilanzgewinn beträgt für 01: 200.000 €. Nach IFRS sind Ende 01 die folgenden Posten zusätzlich zu berücksichtigen bzw. höher zu bewerten.
a) Aktivposten A_1 im Wert von 50.000 €. Es handelt sich um abnutzbares Anlagevermögen (Nutzungsdauer zehn Jahre, lineare Abschreibung ab Anfang 02).
b) Aktivposten A_2 im Wert von 20.000 €. Es handelt sich um Wertpapiere, deren Kurs um 20.000 € über die Anschaffungskosten gestiegen ist. Die Wertsteigerung ist nach IFRS erfolgswirksam zu behandeln. In 02 sinkt der Kurs um 8.000 €.
c) Passivposten P_1 im Wert von 10.000 €. Es handelt sich um eine Rückstellung in der HGB-Bilanz, die nach IFRS nicht gebildet werden darf. In 02 tritt die Belastung in Höhe des Rückstellungsbetrags ein.

Welche Erfolgseffekte treten jeweils in 01 und 02 ein?

Aufgabe 4 (Umstellungszeitpunkt)
Die International-AG plant langfristig. Sie will ihren Einzelabschluss zum 31.12.24 erstmals nach IFRS offenlegen. Zum 1.1.24 soll eine Eröffnungsbilanz nach IFRS aufgestellt werden, um die IFRS-Werte für die GuV-Rechnung und Bilanz des Jahres 24 zu ermitteln. Ist diese Vorgehensweise korrekt?

Aufgabe 5 (Ausschüttungspotenzial)
Bei einer Aktiengesellschaft, die eine Offenlegung nach IFRS vornimmt, sind am Ende eines Jahres die folgenden Eigenkapitalposten nach dem HGB vorhanden: Andere Gewinnrücklagen 120.000 €, gezeichnetes Kapital 500.000 €, Bilanzgewinn 80.000 €, gesetzliche Rücklage 50.000 €, Kapitalrücklagen 250.000 €. Nach IFRS sind weitere Rücklagen von 200.000 € relevant.

Welcher Betrag könnte handelsrechtlich maximal ausgeschüttet werden?

Aufgabe 6 (Jahresabschluss nach IFRS)
Tragen Sie Originalbezeichnungen des IFRS-Abschlusses einer Kapitalgesellschaft (nicht kapitalmarktorientiert) in das Schema ein.

Deutsche Begriffe	Originalbezeichnung
1. Bilanz	1.
2. Gesamtergebnisrechnung	2.
3. Eigenkapitalveränderungsrechnung	3.
4. Kapitalflussrechnung	4.
5. Anhang	5.

Zusatzfrage: Aus welchen beiden Komponenten setzt sich die Gesamtergebnisrechnung nach IFRS zusammen?

Aufgabe 7 (Standards)
Tragen Sie die relevanten Standards in die jeweiligen Lücken ein.
a) Die Bilanzierung von Sachanlagen wird in .... geregelt.
b) Aussagen zur Kapitalflussrechnung sind in .... enthalten.
c) .... enthält unter anderem Aussagen zur Bilanzgliederung und zu den Prinzipien der Rechnungslegung.
d) Die Bewertung immaterieller Vermögenswerte wird in .... geregelt.
e) Die Behandlung von Ertragsteuern ist in .... festgelegt.
f) Wertminderungen von Sachanlagen regelt ....
g) Die Bewertung von Aktien wird in .... geregelt.
h) Die Ermittlungsmethoden für den beizulegenden Zeitwert finden sich in ....

Aufgabe 8 (Case law oder code law)
Kreuzen Sie nachfolgend die richtigen Aussagen an.

a) 0 Das case law-System basiert auf der angelsächsischen Rechtstradition.
b) 0 Das HGB gehört zum code law-System.
c) 0 Die IFRS gehören zum code law-System.
d) 0 Das code law-System enthält viele wichtige Definitionen und ist sehr ausführlich.
e) 0 Im case law-System sind oft Wiederholungen enthalten.
f) 0 Das case law-System wird vom Gesetzgeber festgelegt.

Aufgabe 9 (Aufgaben des Jahresabschlusses)
Tragen Sie die Aufgaben des Jahresabschlusses nach IFRS in das Schema ein. Geben Sie an, welche beiden Aufgaben dieser Abschluss **nicht** zu erfüllen hat.

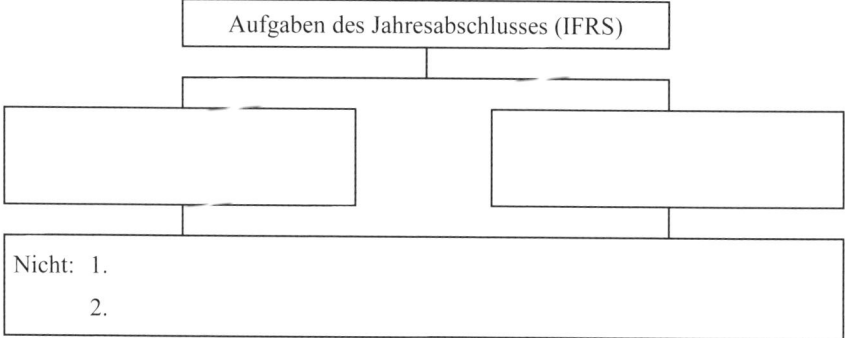

Aufgabe 10 (Accrual basis)
Der Grundsatz "accrual basis" lässt sich wie folgt übersetzen: ....
.... und er besagt, dass sich der Erfolg ...

a) 0 als Differenz der Ein- und Auszahlungen eines Geschäftsjahres ergibt.
b) 0 als Differenz der Erträge und Aufwendungen eines Geschäftsjahres ergibt.
c) 0 als Differenz der Leistungen und Kosten eines Geschäftsjahres ergibt.

Kreuzen Sie die richtige Alternative an.

Aufgabe 11 (Accrual basis)
Die A-AG leistet am 1.10.01 eine Mietvorauszahlung für ihre Büroräume: Es werden 24.000 € für ein Jahr im Voraus gezahlt (per Bank). Das Geschäftsjahr entspricht dem Kalenderjahr.

a) In welcher Höhe wird die Zahlung in 01 erfolgswirksam?
b) Welcher Posten wird in der IFRS-Bilanz gebildet?

Aufgabe 12 (Vorsichtsprinzip)
Die A-AG hat in 02 eine Maschine planmäßig abgeschrieben und einen vorläufigen Buchwert von 180.000 € ermittelt. Infolge einer Beschädigung im Dez. 02 schätzt ein Gutachter den Zeitwert Ende 02 zwischen 150.000 € und 160.000 €. Welcher Wert würde nach dem handelsrechtlichen bzw. dem internationalen Vorsichtsprinzip verwendet?

Aufgaben zum neunten Kapitel 375

Aufgabe 13 (Sicherungsübereignung)
Die A-AG nimmt am 1.7.01 einen Kredit von 100.000 € bei der B-Bank auf. Zur Sicherheit übereignet die A-AG eine Maschine an die Bank. Im Sicherungsvertrag wird festgelegt, dass die Maschine weiterhin von der A-AG genutzt werden kann und die Bank nur bei dauerhaftem Ausfall von Tilgungszahlungen die Maschine verwerten darf.
Wer muss die Maschine bilanzieren? Welcher Grundsatz gilt?

Aufgabe 14 (Einzelbewertungsprinzip)
Die A-AG lagert alle Rohstoffe zusammen auf einem großen Lagerplatz. Wird Material für die Produktion benötigt, werden sie an verschiedenen Stellen entnommen. Neue Lieferungen werden ohne System auf den Haufen geschüttet.
Welches Bewertungsproblem ergibt sich, wenn sich die Preise der Stoffe verändern und wie könnte es gelöst werden?

Aufgabe 15 (Wesentlichkeit)
Die A-GmbH erwirbt Mitte 01 ein betriebliches Notebooks für a) 700 € bzw. b) 1.400 €, jeweils netto. Der Gewinn soll in 01 möglichst niedrig ausfallen.
Wie erfolgt die Behandlung nach IFRS bei Anwendung der steuerlichen Grenzwerte?

Aufgabe 16 (Assets)
Welche der folgenden Aussagen sind für eine große Kapitalgesellschaft richtig? Kreuzen Sie entsprechend an.

a) 0 Vermögenswerte nach IFRS und Vermögensgegenstände nach dem HGB sind völlig identisch.
b) 0 Aktive Rechnungsabgrenzungsposten sind assets und Vermögensgegenstände.
c) 0 Aktive Rechnungsabgrenzungsposten sind assets, aber keine Vermögensgegenstände.
d) 0 Die Maschinen eines Unternehmens dürfen nach dem HGB und nach IFRS aktiviert werden (Wahlrecht).
e) 0 Weiterbildungskosten der Arbeitnehmer sind nach IFRS zu aktivieren.
f) 0 Die Maschinen eines Unternehmens müssen nach dem HGB und nach IFRS aktiviert werden.
g) 0 Aktive latente Steuern sind nach IFRS anzusetzen.
h) 0 Aktive latente Steuern sind nach dem HGB anzusetzen.
i) 0 Passive latente Steuern sind nach IFRS und nach dem HGB anzusetzen.
j) 0 Weiterbildungskosten der Arbeitnehmer dürfen weder nach IFRS noch nach dem HGB aktiviert werden.
k) 0 Wertpapiere sind nach IFRS und nach dem HGB zu aktivieren.

Aufgabe 17 (Intangible assets)
Die Unglücks-AG hat in 03 einen Verlust von voraussichtlich 500.000 € erzielt. Ein neu eingeführtes Produkt hat die Absatzerwartungen nicht erfüllt. Der Vorstandsvorsitzende möchte im Jahresabschluss 03 die Aufwendungen für die Einführungswerbung dieses Produkts aktivieren. Durch die Aktivierung des Werbeaufwands in Höhe von 500.000 € als intangible asset würde der Verlust ausgeglichen.

a) Halten Sie dieses Vorgehen aus Investorensicht für zweckmäßig?
b) Wie wird der Ansatz von intangible assets bei IFRS allgemein beschränkt?

Aufgabe 18 (Intangible assets)
a) Was versteht man bei IFRS unter Forschungskosten bzw. Entwicklungskosten?
b) Wie ist der Ansatz von Forschungskosten bzw. Entwicklungskosten nach IFRS geregelt?

Aufgabe 19 (Einstufung von Wertpapieren)
Die X-AG erwirbt in 01 die folgenden finanziellen Vermögenswerte. Ordnen Sie die Posten der jeweiligen Gruppe nach IFRS 9 zu.

a) Erwerb einer Obligation der A-GmbH mit jährlicher Zinszahlung, die bis zur Fälligkeit in fünf Jahren im Unternehmen bleiben soll.
b) Erwerb von Aktien mit der Absicht des Verkaufs bei nächster Kurssteigerung.
c) Erwerb von Aktien, die einer längerfristigen Anlage dienen.
d) Erwerb einer Bundesanleihe, die bei der nächsten (günstigen) Gelegenheit wieder veräußert werden soll.

Aufgabe 20 (Latente Steuern)
Die Produktions-AG erwirbt Mitte 01 einen Aktivposten A_1 mit Anschaffungskosten von 120.000 €. Ende 01 ist der IFRS-Wert 100.000 €, der Steuerwert ebenfalls. Am 31.12.02 beträgt der IFRS-Wert 50.000 €, während der Steuerwert bei 80.000 € liegt. Der Steuersatz der AG beläuft sich auf 30%.

Welche latenten Steuern entstehen Ende 01 und Ende 02 in der IFRS-Bilanz? Wie lauten die Buchungen Ende 01 und 02?

Hinweis: Latenter Steuerertrag (Steueraufwand): Deferred tax income (expense). Aktive (passive) latente Steuer: Deferred tax assets (liabilities).

Aufgabe 21 (Latente Steuern)
Bei der X-AG ist Ende 01 der Passivposten P_1 mit 80.000 € nach IFRS zu bewerten, während im Steuerrecht ein Wert von 100.000 € zu verwenden ist. Der Steuersatz der X-AG beträgt 30%.

Welche latente Steuer entsteht in 01 und wie wird sie im IFRS-System gebucht?

Aufgabe 22 (Latente Steuern)
Bei der Y-AG ist Ende 01 der Aktivposten A_1 mit 90.000 € nach IFRS zu bewerten, während im Steuerrecht ein Wert von 80.000 € zu verwenden ist. Der Steuersatz der Y-AG beträgt 29%. Welche latente Steuer entsteht in 01? Wieso ist der Steuersatz in dieser Aufgabe nicht 30%?

Aufgabe 23 (Buchung latenter Steuern)
Ende 01 entsteht bei IFRS für einen Aktivposten erstmals eine aktive latente Steuer von 10.000 €. Sie löst sich Ende 02 zu einem Viertel auf. Wie lauten die Buchungssätze in 01 und 02?

Aufgaben zum neunten Kapitel 377

Aufgabe 24 (Rückstellungen)
Erläutern Sie, ob für die folgenden Vorgänge der Y-AG im Jahresabschluss 01 eine Rückstellung nach IFRS zu bilden ist.
a) Gesetzliche Prüfung des Jahresabschlusses 01 (geschätzter Betrag 5.000 €).
b) Gesetzliche Prüfung des Jahresabschlusses 02 (geschätzter Betrag 5.000 €).
c) Instandhaltung gemieteter Fahrzeuge laut Mietvertrag für die Abnutzung aus 01 (geschätzter Betrag 6.000 €).
d) Instandhaltung eigener Fahrzeuge für eine kleine Reparatur, die in 01 entstanden ist (geschätzter Betrag 6.000 €).

Aufgabe 25 (Kulanzrückstellungen)
Die Kulant-AG ist bereit, einzelnen langjährigen Kunden auch über die gesetzliche Garantiezeit hinaus die auftretenden Schäden ihrer Produkte zu ersetzen. Die Entscheidung erfolgt im Einzelfall. Ist für diese Verpflichtung eine Rückstellung zu bilden?

Aufgabe 26 (Bürgschaftsverpflichtung)
Die X-AG hat in 01 die Bürgschaft für den Kredit eines Kunden übernommen. Die Kreditsumme beläuft sich auf 500.000 €. Die Wahrscheinlichkeit, dass der Kunde seinen Zahlungsverpflichtungen nicht nachkommt und die X-AG in Anspruch genommen wird, beträgt nur 20%.
Wie ist der Vorgang im Jahresabschluss der X-AG zu berücksichtigen?

Aufgabe 27 (Bürgschaftsverpflichtung)
Es gelten die Angaben der vorigen Aufgabe mit der folgenden Änderung: Die Eintrittswahrscheinlichkeit für die Verpflichtung beträgt nur 5%. Wie ist vorzugehen?

Aufgabe 28 (Bilanzgliederung nach IFRS)
Die X-AG legt die folgende IFRS-Bilanz vor: Auf der Aktivseite wird zuerst das Umlaufvermögen und anschließend das Anlagevermögen dargestellt. Die Fristigkeit nimmt von oben nach unten zu. Auf der Passivseite werden ganz oben die kurzfristigen Schulden, dann die langfristigen Schulden und zuletzt das Eigenkapital abgebildet (zunehmende Fristigkeit von oben nach unten). Ist diese Bilanzgliederung zulässig?

Aufgabe 29 (Bilanzgliederung nach IFRS)
Gegeben sind die folgenden Angaben einer Kapitalgesellschaft zum 31.12.01 (in Tausend Euro): Gezeichnetes Kapital 800, Maschinen 200, Waren 494, Aktien (zum Handel bestimmt) 56, Patente 150, bebaute Grundstücke 320, in 01 für Januar 02 vorausbezahlte Miete 4, Rückstellungen für einen Prozess, der Anfang 02 entschieden wird 120 (der Prozess wird mit hoher Wahrscheinlichkeit mit einem belastenden Urteil enden), Betriebs- und Geschäftsausstattung 180, Wertpapiere (zur langfristigen Anlage) 340, Bargeld 18, langfristige normal verzinste Kredite 170, Forderungen aus Lieferungen 200 zzgl. 19% USt, Verbindlichkeiten aus Lieferungen 150 zzgl. 19% USt, Kontokorrentkredit 81,5. Ein Überschuss der Aktiva über die Schulden (und das gezeichnete Kapital) ist unter den Rücklagen auszuweisen.
Erstellen Sie die Bilanz nach IFRS. Verwenden Sie die Bezeichnungen der IFRS und den Begriff "Statement of Financial Position".

Aufgabe 30 (Immaterielle Vermögenswerte)
Die Invent-AG erwirbt am 5.5.01 ein Patent für 384.000 €. Sie darf das Patent acht Jahre nutzen. Es findet eine gleichmäßige Entwertung statt. Im Zugangsjahr wird eine monatsgenaue Abschreibungsverrechnung vorgenommen. Zum 31.12.02 beträgt der erzielbare Betrag 250.000 €.
a) Wie wird zum 31.12.01 bzw. 31.12.02 bewertet?
b) Wie lauten die Buchungssätze nach IFRS für die Abschreibungen in 02?

Aufgabe 31 (Erzielbarer Betrag)
Zum 31.12.05 beträgt der Buchwert eines intangible assets unstrittig 320.000 €. Zu diesem Zeitpunkt wäre ein Verkauf für 315.000 € möglich, wobei noch Veräußerungskosten von 5.000 € abzuziehen sind. Bei weiterer Nutzung im Unternehmen werden vier Jahre lang Einzahlungsüberschüsse von 88.000 € erzielt (Anfall am Jahresende). Der Abzinsungsfaktor ist 8%.
a) Wie hoch ist der erzielbare Betrag? Was ist Ende 05 zu veranlassen?
b) Ordnen Sie die Begriffe externer bzw. interner Wert den Komponenten des erzielbaren Betrags zu.

Aufgabe 32 (Zuschreibung)
Ein Recht wurde am 2.1.01 mit Anschaffungskosten von 500.000 € beschafft. Die Nutzungsdauer beträgt zehn Jahre bei linearer Abschreibung. Am 31.12.02 muss eine außerplanmäßige Abschreibung auf den recoverable amount von 320.000 € vorgenommen werden. Am 31.12.04 ist der Wert wieder gestiegen: Fall a) auf 310.000 € - Fall b) auf 280.000 €. Anwendung des cost models.
Wie ist zum 31.12.02 bzw. 31.12.04 (in beiden Fällen) zu bewerten?

Aufgabe 33 (Sachanlagen - cost model)
Die X-AG erwirbt am 12.10.01 eine Maschine zum Preis von 200.000 € zzgl. 19% USt (voller Vorsteuerabzug). Die Transportkosten betragen 10.000 € und die pauschal kalkulierten Installationskosten 5.000 €. Die Abschreibung erfolgt geometrisch-degressiv mit 25% über die Nutzungsdauer von sechs Jahren (zeitanteilig, d.h. monatsgenau im Zugangsjahr). Am 31.12.02 wird ein erzielbarer Betrag von 120.000 € festgestellt.
Führen Sie die Bewertung zum 31.12.01 und 31.12.02 durch.

Aufgabe 34 (Sachanlagen - revaluation model)
Die Neu-AG erwirbt Anfang 01 ein Gebäude zum Anschaffungspreis von 770.000 €. Die Grunderwerbsteuer und die Notarkosten für den Erwerb betragen insgesamt 30.000 €. Die Nutzungsdauer wird mit vierzig Jahren angegeben. Die Abschreibung erfolgt linear. Zum 31.12.10 ist der fair value auf 720.000 € gestiegen. Es wird das Neubewertungsmodell gewählt. Die Umsatzsteuer und latente Steuern sind zu vernachlässigen. Die Neubewertungsrücklage ist in die retained earnings umzubuchen.
a) Wie wird zum 31.12.10 bewertet? Welche Erfolgswirkung tritt ein?
b) Wie wird zum 31.12.11 bewertet? Welche Erfolgswirkung tritt ein?
c) Welche Konsequenz hat die Anwendung des revaluation models für die Bewertung eines neuen Gebäudes, das im Jahr 12 beschafft wird?

Aufgaben zum neunten Kapitel 379

Aufgabe 35 (Sachanlagen - revaluation model)
Eine abnutzbare Sachanlage wird nach dem Neubewertungsmodell bewertet (Anschaffungskosten 800.000 € am 2.1.01, Nutzungsdauer zehn Jahre, lineare Abschreibung). Zum 31.12.05 sind die folgenden Posten vorhanden: Sachanlagen 450.000 € und Neubewertungsrücklage 50.000 €. Fair value Ende 05: 380.000 € Ohne Ertragsteuern.
a) Was ist am 31.12.05 zu veranlassen?
b) Wie ist vorzugehen, wenn der fair value am 31.12.06: 355.000 € beträgt?

Aufgabe 36 (Anlagenverkauf)
Am 1.10.06 wird ein betriebliches Fahrzeug für 25.000 € zzgl. 19% USt auf Ziel veräußert. Der Buchwert beträgt zu diesem Zeitpunkt 25.000 €. Da das Neubewertungsmodell angewendet wird, besteht im Verkaufszeitpunkt noch eine Neubewertungsrücklage in Höhe von 5.000 €.
a) Buchen Sie den Veräußerungsvorgang.
b) Wie ist die Neubewertungsrücklage nach IFRS zu behandeln?

Aufgabe 37 (Anlagenverkauf)
Es gelten die Angaben der vorigen Aufgabe, aber jetzt erfolgt der Verkauf für 24.500 € zzgl. 19% USt. Wie lauten die Buchungen beim Verkauf?

Aufgabe 38 (Schuldverschreibungen)
Die Invent-AG erwirbt Anfang 01 Schuldverschreibungen (Nennwert 500.000 €) zum Kurs von 102%. Die Bank berechnet eine Gebühr von 0,1%. Die Anleihen sollen bis zur Fälligkeit gehalten werden (Laufzeit sechs Jahre). Wie sind die Schuldverschreibungen beim Erwerb zu bewerten?

Aufgabe 39 (Schuldverschreibungen)
Daten einer Schuldverschreibung at AC: Erwerb Anfang 01, Nominalwert 500.000 €, Nominalzins 5%, Laufzeit sechs Jahre. Im Erwerbszeitpunkt beträgt der Marktzins vergleichbarer Anleihen 6%. Dadurch wird ein Disagio von 24.586,62 € einbehalten, wodurch der Effektivzinssatz der Anleihe steigt.
a) Wie erfolgt die Bewertung im Erwerbszeitpunkt (Anfang 01) und am 31.12.01?
b) Wie wird Ende 01 gebucht?

Aufgabe 40 (Bewertung von Aktien at FVTPL)
Der Preis von Aktien, die erfolgswirksam zum fair value bewertet werden, beträgt am 1.11.01: 55.000 €. Es fallen Nebenkosten von 200 € bei der Beschaffung an. Am 31.12.01 ist der Kurswert auf 58.000 € gestiegen bzw. auf 51.000 € gesunken.
Wie werden die Aktien at FVTPL am 1.11.01 und am 31.12.01 bewertet?

Aufgabe 41 (Bewertung von Aktien at FVTOCI)
Es gelten die Daten der vorigen Aufgabe mit der folgenden Änderung: Die erwerbende Gesellschaft wählt die erfolgsneutrale Bewertung. Wie ist zu bewerten?

Aufgabe 42 (Verkauf von Aktien at FVTOCI)

Am 31.12.02 hat die X-AG Aktien im Bestand, die erfolgsneutral zum fair value bewertet werden. Die Aktien werden mit 52.000 € aktiviert und die zugehörige Rücklage beträgt 7.000 €. Der Verkauf erfolgt zu 48.500 € per Bank.

Geben Sie die Buchungssätze für den Verkauf an.

Aufgabe 43 (Verkauf von Aktien at FVTOCI)

Die Risiko-AG erwirbt am 1.08.01 Aktien für 80.000 €. Es wird die erfolgsneutrale Bewertung gewählt. Am 31.12.01 ist der Wert der Aktien auf 72.000 € gesunken. Mitte 02 beschließt die AG den Aktienverkauf und erzielt a) 74.000 €, b) 81.000 €.

Wie werden die beiden Fälle bei Bankverkauf gebucht?

Aufgabe 44 (Verkauf von Schuldverschreibungen at FVTOCI)

Die X-AG hat am 31.12.01 eine Schuldverschreibung erfolgsneutral bewertet (Kategorie FVTOCI). Es werden 108.000 € aktiviert und die zugehörige fair value-Rücklage beträgt 8.000 €. Anfang 02 veräußert die X-AG die Wertpapiere für 105.400 € per Bank. Wie bucht die X-AG?

Aufgabe 45 (Herstellungskosten)

Die X-AG hat für ihre Fertigerzeugnisse Herstellungskosten von 40 €/Stück ermittelt. Sie enthalten unter anderem: 2 €/Stück Vertriebskosten, 4 €/Stück Verwaltungskosten für das Rechnungswesen und 5 €/Stück Verwaltungskosten des Fertigungsbereichs. Die übrigen Kosten sind für die Produktion angefallen.

Wie hoch sind die Herstellungskosten nach IFRS?

Aufgabe 46 (Herstellungskosten)

Die Produkt-AG produziert im Dezember 01: 3.800 Stück des X-Produkts. Seine Materialkosten betragen 20 €/Stück und die Fertigungskosten 36 €/Stück. Durch einen Fehler kam es zum überhöhten Materialverschnitt, der mit 6 €/Stück in den Materialkosten enthalten ist. Am Stichtag sind 1.400 Stück auf Lager (Anfangsbestand null).

a) Wie hoch sind die Herstellungskosten je Stück nach IFRS?
b) Wie wird die Bestandserhöhung im Gesamtkostenverfahren gebucht?

Aufgabe 47 (Abschreibung von Fertigerzeugnissen)

Es gelten die Angaben der vorigen Aufgabe. Ende des Jahres kommt es zu einem Preisverfall beim X-Produkt: Statt eines Verkaufs zum üblichen Nettopreis von 70 €/Stück ist Ende 01 nur noch ein Verkauf für 45 €/Stück möglich.

Wie ist Ende 01 vorzugehen und wie lautet die Buchung?

Aufgabe 48 (Zuschreibung von Fertigerzeugnissen)

Es gelten die Angaben der vorigen beiden Aufgaben. Ende 02 sind noch 100 Stück des im Dezember 01 produzierten Bestands auf Lager. Der Absatzpreis ist in 02 wieder auf das ursprüngliche Niveau gestiegen.

Wie ist Ende 02 vorzugehen und wie lautet die Buchung?

Aufgabe 49 (Warenbewertung)
Die Trading-Company erwirbt am 1.12.01 Waren zum Preis von 50.000 €. Die direkten Nebenkosten der Beschaffung betragen 2.000 €. Ein Verkauf findet erst im Folgejahr statt. Aufgrund eines Preisverfalls sind am Bilanzstichtag nur noch 55.000 € erzielbar. Hiervon müssen noch Transportkosten in Höhe von 7.000 € abgezogen werden. Die USt ist zu vernachlässigen. Wie ist am 31.12.01 nach IFRS zu bewerten?

Aufgabe 50 (Rohstoffbewertung)
Die Busy-AG hat am 1.1.02 noch 4.000 kg eines Rohstoffs auf Lager, der mit 40 € je kg bewertet wird. In 02 werden weitere 3.000 kg zu 44 € je kg und 2.000 kg zu 42 € je kg beschafft. Der Endbestand beläuft sich auf 1.200 kg.

Wie wird der Endbestand bewertet, wenn das nach IFRS zulässige Verbrauchsfolgeverfahren angewendet wird?

Aufgabe 51 (Passiver RAP)
Die Z-AG vermietet am 1.4.01 für ein Jahr Stellplätze für Pkws an einen anderen Unternehmer. Den gesamten Jahresmietbetrag in Höhe von 12.000 € zzgl. 19% USt erhält die Z-AG auf ihr Bankkonto. Wie lautet die Buchung in 01 bei der Z-AG, wenn es sich um ein Nebengeschäft handelt (Geschäftsjahr = Kalenderjahr)?

Aufgabe 52 (Rückstellungsbewertung)
Die A-AG hat für ihre veräußerten Produkte die folgende Kostenaufstellung ermittelt, die für die Reparatur von Schäden innerhalb der Garantiezeit anfallen.

p = 0,15	p = 0,2	p = 0,25	p = 0,2	p = 0,2
100.000 €	150.000 €	200.000 €	300.000 €	400.000 €

Wie hoch ist der Erwartungswert für die zu bildende Rückstellung?

Aufgabe 53 (Rückstellungsbewertung)
Für eine Einzelverpflichtung wurden die folgenden Schadenshöhen ermittelt:

p = 0,4	p = 0,3	p = 0,3
200.000 €	400.000 €	800.000 €

Wie wird die Verpflichtung nach IFRS bewertet?

Aufgabe 54 (Verbindlichkeiten)
Welche der folgenden Aussagen zur Verbindlichkeitsbewertung sind richtig?
a) 0 Im Handelsrecht sind kurz- und langfristige Verbindlichkeiten abzuzinsen.
b) 0 Nach IFRS müssen auch kurzfristige Verbindlichkeiten abgezinst werden.
c) 0 Eine Abzinsung langfristiger Verbindlichkeiten ist bei IFRS dann vorzunehmen, wenn der Marktzins dem Zinssatz des aufgenommenen Kredits entspricht.

d) 0 Eine Abzinsung langfristiger Verbindlichkeiten ist nach IFRS dann vorzunehmen, wenn der Marktzinssatz vom Zinssatz des aufgenommenen Kredits nur geringfügig abweicht.
e) 0 Eine Abzinsung langfristiger Verbindlichkeiten ist nach IFRS dann vorzunehmen, wenn der Marktzinssatz vom Zinssatz des aufgenommenen Kredits deutlich abweicht.
f) 0 Nach IFRS ist ein Disagio aus einer Kreditaufnahme zu aktivieren.
g) 0 Nach IFRS ist ein Agio aus einer Kreditaufnahme zu aktivieren.
h) 0 Nach IFRS besteht ein Aktivierungsverbot für ein Disagio aus einer Kreditaufnahme.
i) 0 Nach IFRS wird ein Agio aus einer Kreditaufnahme überhaupt nicht berücksichtigt.

Aufgabe 55 (Verbindlichkeiten)

Die X-AG nimmt am 1.1.01 ein Darlehen auf, das durch die folgenden Merkmale gekennzeichnet ist: Nennwert 80.000 €, Disagio 2%, Nominalzins 10% (jährlich nachschüssig zu zahlen). Die Rückzahlung erfolgt nach drei Jahren (Fälligkeitsdarlehen). Der Effektivzins beträgt 10,81586%.

Zeigen Sie tabellarisch den Verbindlichkeitsausweis Anfang 01, Ende 01, Ende 02 und Ende 03 und die effektiven und nominellen Zinsbeträge in 01, 02, 03, indem Sie die folgende Tabelle ausfüllen.

	Verbindlichkeit	Effektive Zinsen	Nominelle Zinsen
Anfang 01		-	-
Ende 01			
Ende 02			
Ende 03			

Aufgabe 56 (Effektivzinssatz)

Die Kredit-AG nimmt am 1.1.01 einen Kredit in Höhe von 100.000 € auf, dessen Zinssatz 6% beträgt (jährlich nachschüssige Zinszahlung). Am Ende der Laufzeit von sechs Jahren muss die AG den vollen Kreditbetrag zurückzahlen. Der Kredit wird Anfang 01 nur zu 97% ausgezahlt, sodass ein Disagio in Höhe von 3.000 € einbehalten wird.
Stellen Sie den Ansatz zur Berechnung des Effektivzinssatzes auf.

Aufgabe 57 (Disagio)

Welche der folgenden beiden Aussagen ist richtig?
a) Wenn bei Aufnahme eines festverzinslichen Darlehens bei einer Bank zum Nominalzins von 3% der Marktzins 4% beträgt, ist ein Disagio zu verrechnen.
b) Wenn bei Aufnahme eines festverzinslichen Darlehens bei einer Bank zum Nominalzins von 3% der Marktzins 2,5% beträgt, ist ein Disagio zu verrechnen.

Aufgaben zum zehnten Kapitel

Aufgabe 1 (Nature of expense method)
Die International-AG stellt in 01: 40.000 Stück des A-Produkts her. Es werden 80% in 01 veräußert (Preis pro Stück 35,70 €, inklusive 19% USt). Die Aufwendungen (various expenses) betragen in 01 insgesamt 740.000 €. Hiervon entfallen 100.000 € auf die allgemeine Verwaltung (administrative expenses) und weitere 80.000 € auf die Vertriebskosten (distribution costs). Ertragsteuern sind zu vernachlässigen.

Erstellen Sie für 01 die GuV-Rechnung in **Kontoform** nach IFRS (nature of expense method). Verwenden Sie die Originalbezeichnungen und die englischen Begriffe des Lehrbuchs.

Aufgabe 2 (Cost of sales method)
Es gelten die Angaben aus der vorigen Aufgabe.
a) Erstellen Sie die GuV-Rechnung in Kontoform nach IFRS (cost of sales method). Verwenden Sie die Originalbezeichnungen.
b) Vergleichen Sie die Ergebnisse der beiden Methoden miteinander.

Aufgabe 3 (Gesamtergebnis)
Die X-AG hat in 01 einen Periodenverlust von 25.000 € erzielt. Ende 01 betrug der Buchwert von Gebäuden 100.000 € (fair value 112.000 €). Der fair value von Aktien, die erfolgsneutral zum Zeitwert bewertet werden (= Kategorie FVTOCI), beträgt Ende 01: 138.000 € (Anschaffungskosten 124.000 €). Die Bewertung der Sachanlagen erfolgt nach dem Neubewertungsmodell. Ertragsteuern sind zu vernachlässigen.

Ermitteln Sie das Gesamtergebnis nach IFRS für 01. Wie beurteilen Sie die wirtschaftliche Situation des Unternehmens?

Aufgabe 4 (Gesamtergebnis)
Der Periodengewinn 02 beträgt 50.000 € (vor Steuern). Die financial instruments at FVTOCI sind erfolgsneutral um 24.000 € gestiegen, während bei den Sachanlagen eine erfolgsneutrale Wertminderung von 20.000 € festzustellen ist (revaluation model).

Wie hoch ist das Gesamtergebnis für 02, wenn ein Ertragsteuersatz von 30% (auch für das sonstige Ergebnis) zugrunde gelegt wird?

Aufgabe 5 (Buchungen nach IFRS)
Geben Sie zu den folgenden Geschäftsvorfällen die Buchungssätze für die X-AG im Geschäftsjahr 01 an. Es sind genaue Kontenbezeichnungen zu verwenden, die aus der Bilanz bzw. GuV-Rechnung abgeleitet werden. Anwendung des Gesamtkostenverfahrens. Latente Steuern sind nur zu berücksichtigen, wenn es der Sachverhalt verlangt.

<u>Hinweis</u>: Die Vorsteuer wird gemäß ihrem Charakter über das Konto "sonstige Forderungen" (other receivables) und die Umsatzsteuer über das Konto "sonstige Verbindlichkeiten" (other payables) gebucht.

a) Kauf einer Maschine für 200.000 € zzgl. 19% USt per Bankzahlung.
b) Der IFRS-Wert eines Aktivpostens liegt Ende 01 erstmals um 20.000 € über dem Steuerwert. Buchen Sie die latenten Steuern, wenn der Steuersatz 30% beträgt.
c) Verkauf von Wertpapieren, die erfolgswirksam zum fair value bewertet werden, für 45.000 €. Der Buchwert beträgt beim Verkauf 40.000 € (Bankgutschrift). Steuereffekte sind zu vernachlässigen.
d) Planmäßige Abschreibung einer Maschine: 20.000 €.
e) In 01 wurden Beiträge zur Unfallversicherung (4.000 €) noch nicht bezahlt.
f) Für 01 ergibt sich aus der Steuererklärung für die Körperschaftsteuer der X-AG ein Betrag von 10.000 €.
g) Verkauf von Fertigerzeugnissen für 50.000 € zzgl. 19% USt auf Ziel. Die Produkte wurden in 01 hergestellt (also keine Bestandsminderung in 01).
h) Abschreibung auf Entwicklungskosten 40.000 €.
i) Abschreibung auf Vorräte 15.000 €.
j) Die X-AG erhält für 10.000 Aktien jeweils 0,8 € Dividende per Bank, wobei 25% Kapitalertragsteuer und 5,5% Solidaritätszuschlag abgezogen werden.

Aufgabe 6 (Postenausweis beim GKV)
Wie werden die folgenden Vorgänge in der GuV-Rechnung 02 ausgewiesen, wenn das Gesamtkostenverfahren angewendet wird?
a) Aktivierung von Entwicklungskosten für das Projekt A am 30.6.02 in Höhe von 600.000 € (je 50% Material- und Personalaufwand). Die Nutzungsdauer beträgt zehn Jahre bei gleichmäßiger Entwertung. Die mit der Entwicklung gefertigten Produkte werden vollständig abgesetzt.
b) Anfall von Forschungskosten für Projekt B im Zeitraum vom 1.1.02 bis 30.6.02, monatlicher Betrag 200.000 € (je 50% Material- und Personalaufwand).
c) Anfall von Entwicklungskosten für Projekt C im Zeitraum vom 1.7.02 bis 31.12.02, monatlicher Betrag 150.000 € (je 50% Material- und Personalaufwand). Die Ansatzvoraussetzungen nach IFRS werden nicht erfüllt.

Aufgabe 7 (Postenausweis beim UKV)
Wie erfolgt der Ausweis der Vorgänge bei der vorigen Aufgabe, wenn das Umsatzkostenverfahren angewendet wird?

Aufgabe 8 (Langfristfertigung)
Die A-AG erhält den Auftrag für den Bau eines Sonnenkraftwerks, mit dem am 1.7.01 begonnen wird. Das Kraftwerk soll nach zwei Jahren fertig sein. Die Gesamtkosten betragen 50.000.000 € und der nach Fertigstellung entstehende Erlös 62.000.000 € (netto).

Welcher Gewinn wird Ende 01 im Handelsrecht bzw. nach IFRS ausgewiesen, wenn die Fertigstellung gleichmäßig verläuft? Welches Problem tritt bei IFRS auf?

Aufgabe 9 (Realisationsprinzip)
Die A-AG schließt mit der B-AG einen Kaufvertrag über die Lieferung einer Druckmaschine ab. Es handelt sich um eine Standardmaschine aus dem Lieferprogramm der A-AG. Die Herstellungskosten der Maschine betragen 100.000 € bei der A-AG. Der Verkaufspreis beläuft sich auf 150.000 € netto. Der Vertragsabschluss findet am 15.11.01

statt. Die Lieferung erfolgt am 20.12.01, wobei sich die A-AG einen Eigentumsvorbehalt bis zur vollständigen Bezahlung des Kaufpreises vorbehält. Die Bezahlung durch die B-AG erfolgt am 5.1.02.

Welche Art von Leistung liegt vor? Wann ist der Ertrag bei der A-AG realisiert?

Aufgabe 10 (Realisationsprinzip)
Die Consult-AG schließt mit der Inform-AG einen Beratungsvertrag mit den folgenden Merkmalen ab: Laufzeit: 1.4.01 bis 31.3.03 (= zwei Jahre), Preis für die Leistung je Monat: 2.000 € zzgl. 19% USt. Geschäftsjahr = Kalenderjahr.

Welche Art von Leistung liegt vor? Welcher Ertrag wird in 01 bei der Consult-AG realisiert?

Aufgabe 11 (Eigenkapitalposten)
Kreuzen Sie die richtigen Aussagen zu den Eigenkapitalposten an.
a) 0 Die einbehaltenen Ergebnisse nach IFRS (retained earnings) sind mit dem Gewinnvortrag nach dem HGB vollkommen identisch.
b) 0 Die einbehaltenen Ergebnisse enthalten die nicht ausgeschütteten Vorjahresgewinne und zunächst den vollen Gewinn des Geschäftsjahres.
c) 0 Die gesetzliche Rücklage wird bei IFRS als statutory reserve bezeichnet.
d) 0 Die Neubewertungsrücklage von Sachanlagen gehört zu den Gewinnrücklagen einer Aktiengesellschaft.
e) 0 Das Grundkapital der AG wird als issued capital ausgewiesen.
f) 0 Bei einer Kapitalerhöhung zum Nennbetrag steigt nur das issued capital.
g) 0 Bei einer Kapitalerhöhung mit Agio steigen das issued capital und die statutory reserve.
h) 0 Bei einer Kapitalerhöhung mit Agio steigt nur das issued capital.
i) 0 Die GmbH mit voll eingezahltem Stammkapital muss eine gesetzliche Rücklage bilden, die bei IFRS als legal reserve ausgewiesen wird.
j) 0 Die Neubewertungsrücklage wird von einer Aktiengesellschaft erwirtschaftet.
k) 0 Die Neubewertungsrücklage bei Sachanlagen entsteht aufgrund marktbedingter Wertsteigerungen, wenn das Neubewertungsmodell gewählt wird.

Aufgabe 12 (Eigenkapitalposten)
a) Welche Inhalte weisen die folgenden handelsrechtlichen Posten bei einer Aktiengesellschaft: Bilanzgewinn, Jahresüberschuss, andere Gewinnrücklagen?
b) Wie erfolgt der bilanzielle Ausweis dieser Größen nach IFRS?

Aufgabe 13 (Eigenkapitalveränderungsrechnung)
Die Y-AG verfügt zum 1.1.01 über die folgenden Eigenkapitalposten: Gezeichnetes Kapital 800.000 €, gesetzliche Rücklage 30.000 €, andere Gewinnrücklagen 100.000 €, Bilanzgewinn 70.000 €. In 01 wird der Bilanzgewinn vollständig ausgeschüttet. Außerdem wird ein Jahresüberschuss von 200.000 € erwirtschaftet. Hiervon werden 10.000 € der gesetzlichen Rücklage zugeführt. Vom Restbetrag werden 50% durch den Vorstand einbehalten (Zuführung zu den anderen Gewinnrücklagen) und der Rest als Bilanzgewinn ausgewiesen (Erfolgsausweis nach teilweiser Ergebnisverwendung).

a) Erstellen Sie die Eigenkapitalveränderungsrechnung für 01 mit Originalbezeichnungen.
b) Vergleichen Sie die Eigenkapitalposten zum 31.12.01 nach HGB und IFRS miteinander.

Aufgabe 14 (Zahlungsmittelfonds)
Welche der folgenden Posten zählen am 31.12.01 zu den liquiden Mittel im Zahlungsmittelfonds?
a) Bestände auf dem Girokonto einer Bank.
b) Termingeld mit halbjähriger Laufzeit.
c) Festgeld mit täglicher Kündigung.
d) Eine börsennotierte Obligation mit zehnjähriger Laufzeit, die am 15.12.01 erworben wurde und am 15.2.02 eingelöst wird.
e) Aktien an einer börsennotierten Aktiengesellschaft.

Aufgabe 15 (Zahlungseffekte)
Tragen Sie in die folgende Tabelle ein, welcher Vorgang mit einer Ein- bzw. Auszahlung oder mit keiner Zahlung verbunden ist. Es wird von der großen A-GmbH ausgegangen.

Posten	Zahlungen
a) Kauf von Waren auf Ziel	
b) Bezahlung von Löhnen per Bank	
c) Verkauf von Waren auf Ziel	
d) Abschreibung von Sachanlagen	
e) Barkauf von Büromaterial	
f) Barverkauf von Waren	
g) Berücksichtigung der Gewerbesteuer (14.000 €) im Jahresabschluss 01	
h) Tilgung eines Bankkredits durch Lastschrift	
i) Zuschreibung auf Wertpapiere	
j) Bestandsminderung von Erzeugnissen	
k) Überweisung der Gewerbesteuer aus g) lt. Steuerbescheid (14.500 €)	

Aufgabe 16 (Indirekte Cash flow-Ermittlung)
Der Gewinn 01 beträgt 440.000 €. Es wurden Abschreibungen von 150.000 € verrechnet. Die Bestandserhöhung fertiger Erzeugnisse 01 beträgt 60.000 €. Die Rückstellungen wurden um 70.000 € erhöht. Ohne Ertragsteuern.
Wie hoch ist der Cash flow nach der indirekten Methode?

Aufgabe 17 (Direkte Cash flow-Ermittlung)
In 01 werden von der Handels-AG die folgenden Geschäftsvorfälle ausgeführt, wobei die Umsatzsteuer zu vernachlässigen ist:
a) Warenverkauf 600.000 €, davon 80% zahlungswirksam.
b) Wareneinkauf 320.000 €, davon 50% zahlungswirksam.
c) Monatliche Gehaltszahlungen per Bank: 20.000 €.
d) Monatliche Zinseinnahmen 4.000 € auf langfristig investiertes Kapital.
e) Abschreibung auf Geschäftseinrichtung: 50.000 €.
f) Kreditaufnahme: 60.000 €.
g) Kapitalerhöhung durch Aktienemission: 100.000 €.
h) Auszahlungen für laufenden Büroaufwand: 2.000 € pro Monat.
i) Kauf neuer Lagerregale: 20.000 €.
I) Wie hoch ist der Cash flow aus laufender Geschäftstätigkeit?
II) Wie hoch ist der Cash flow aus Investitionstätigkeit?
III) Wie hoch ist der Cash flow aus Finanzierungstätigkeit?

Aufgabe 18 (Cash flow aus Investitionstätigkeit)
Unternehmer Sparsam hat in 01 eine Fertigungsanlage erworben, die per Bank bezahlt wurde (400.000 € – die USt ist zu vernachlässigen). In 01 wurden Abschreibungen in Höhe von 40.000 € verrechnet. Sparsam möchte auch den Cash flow aus Investitionstätigkeit indirekt ermitteln, um Kosten zu sparen. Ist das möglich?

Aufgabe 19 (Segmentberichterstattung)
Welche der folgenden Aussagen zur Segmentberichterstattung sind richtig? Kreuzen Sie entsprechend an.
a) 0 IFRS 8 legt bei der Segmentabgrenzung den management approach zugrunde.
b) 0 IFRS 8 geht von strategischen Segmenten aus, die als strategic segments bezeichnet werden.
c) 0 Beim management approach wird die interne Berichtsstruktur eines Unternehmens für die Segmentabgrenzung übernommen.
d) 0 Die Segmentberichterstattung ist nach dem Handelsrecht für alle Konzerne verpflichtend vorgeschrieben.
e) 0 Die Segmentberichterstattung ist nach IFRS für alle Konzerne verpflichtend vorgeschrieben.
f) 0 Für die Segmentberichterstattung stellt das Handelsrecht spezielle Vorschriften zur Verfügung.
g) 0 Bei der Segmentberichterstattung sind immer möglichst viele kleine Segmente zu bilden.

h) 0 Beim Erfolgskriterium zur Ermittlung von berichtspflichtigen Segmenten werden die Gewinne und Verluste von Segmenten saldiert.

i) 0 Beim Umsatzkriterium zur Ermittlung von berichtspflichtigen Segmenten werden die Innen- und Außenumsätze berücksichtigt.

Aufgabe 20 (Berichtspflichtige Segmente)

Die X-AG weist in 01 die folgenden Daten auf: Umsatzerlöse: 40.000.000 €, Gesamtvermögen: 32.800.000 € und Gewinn: 12.800.000 €. Die X-AG hat verschiedene Segmente gebildet, von denen die Nr. 1 bis 3 dargestellt werden. Geben Sie an, welche Segmente berichtspflichtig sind.

a) Segment 1: Umsatzerlöse: 3,8 Mio. €, Vermögen: 3,5 Mio. € Gewinn: 1,1 Mio. €.
b) Segment 2: Umsatzerlöse: 4.2 Mio. €, Vermögen: 3.8 Mio. €, Gewinn: 1,5 Mio. €.
c) Segment 3: Umsatzerlöse: 2,2 Mio. €, Vermögen: 2,1 Mio. €, Gewinn: 1 Mio. €.

Aufgabe 21 (Segmentberichterstattung)

Die Sport-AG stellt unter anderem Laufschuhe her und es werden hierbei die Segmente "Laufschuhe Herren", "Laufschuhe Damen" und "Laufschuhe Jugendliche" gebildet. Das Segment "Laufschuhe Herren" erbringt in 01 für die beiden anderen Segmente Vorleistungen im Wert von insgesamt 500.000 €. Die externen Segmenterträge betragen in 01 für jedes der drei Segmente 1.300.000 € (netto).

Wie ist in der Segmentberichterstattung vorzugehen, um die gesamten Segmenterträge an die Umsatzerlöse (der Laufschuhe) anzupassen?

Aufgabe 22 (Equity-Methode nach IFRS)

Die A-AG erwirbt am 1.7.01 einen 30%-Anteil an der Z-AG für 800.000 €, die ein assoziiertes Unternehmen darstellt. Im Erwerbszeitpunkt beträgt der Buchwert des anteiligen Eigenkapitals der Z-AG: 500.000 € (Zeitwert ist um 10% höher). Welche der folgenden Aussagen über die Beteiligung sind für die A-AG richtig?

a) 0 Am 1.7.01 entsteht ein Firmenwert in Höhe von 300.000 €.
b) 0 Die stillen Reserven betragen 50.000 €.
c) 0 Wenn sich die stillen Reserven in einem unbebauten Grundstück befinden, wird der Beteiligungswert ab 1.7.01 durch planmäßige Abschreibungen vermindert.
d) 0 Der Ansatz von Firmenwerten ist nach IFRS verboten.
e) 0 Der Firmenwert wird nach IFRS planmäßig über eine Nutzungsdauer von zehn Jahren abgeschrieben.
f) 0 Der Beteiligungswert erhöht sich (anteilig) durch Gewinne, die die Z-AG in der zweiten Jahreshälfte erzielt.
g) 0 Der Beteiligungswert vermindert sich (anteilig) durch Ausschüttungen, die die Z-AG in der zweiten Jahreshälfte 01 vornimmt.
h) 0 Der Beteiligungswert vermindert sich (anteilig) durch Ausschüttungen, die die Z-AG in der ersten Jahreshälfte 01 vornimmt.
i) 0 Der Beteiligungswert erhöht sich Ende 01 (anteilig) durch erfolgsneutrale Zuschreibungen von Finanzinstrumenten at FVTOCI.
j) 0 Der Beteiligungswert vermindert sich durch planmäßige Abschreibungen auf den Firmenwert, die die Z-AG in der zweiten Jahreshälfte vornimmt.

Aufgabe 23 (Control-Konzept)
In welchen der folgenden Fälle liegt eine Beherrschungsmöglichkeit nach IFRS vor?
a) Die A-AG erwirbt 50% der Stimmrechte an der Z-AG. Die Satzung der Z-AG enthält eine Klausel, derzufolge die A-AG immer die Mehrheit des Vorstands besetzen kann.
b) Die B-AG erwirbt 45% der Stimmen der Y-AG. Die B-AG ist mit 80% an der C-AG beteiligt, die über 12% der Stimmen an der Y-AG verfügt.
c) Die D-AG verfügt über 40% der Stimmen an der X-AG. Mit der E-AG, die über 20% der Stimmen an der X-AG verfügt, besteht eine einmalige Vereinbarung, dass die Stimmrechte im Sinne der D-AG ausgeübt werden.

Aufgabe 24 (Größenabhängige Befreiung nach IFRS)
Die Small-AG ist eine kleine Kapitalgesellschaft, die Mitte 01 alle Anteile an der ebenfalls kleinen Little-GmbH erwirbt. Muss die X-AG nach dem HGB bzw. nach den IFRS einen Konzernabschluss aufstellen, wenn das handelsrechtliche bzw. internationale Control-Konzept jeweils erfüllt ist?

Aufgabe 25 (IFRS-Konzernabschluss)
Beantworten Sie die folgenden Fragen zum Konzernabschluss nach IFRS:
a) Wessen Abschlussstichtag ist für den Konzernabschluss relevant?
b) Wie ist vorzugehen, wenn die Mutter-AG und die Tochter-AG unterschiedliche Bewertungsmethoden verwenden?
c) Welcher Zeitpunkt ist für die Erstkonsolidierung maßgeblich?
d) Wie ist vorzugehen, wenn der Abschlussstichtag der Mutter regelmäßig der 31.12. eines Jahres ist, während die Tochter-AG am 31.08. ihren Stichtag hat?

Aufgabe 26 (Konsolidierungsbuchung)
Die X-AG erwirbt zum 31.12.01 alle Anteile an der Y-AG für 800.000 € (= fair value). Die Y-AG hat ein gezeichnetes Kapital von 400.000 € und Rücklagen von 200.000 €. Das Vermögen der Y-AG hat keine stillen Reserven.
a) Geben Sie die Buchung für die Erstkonsolidierung an.
b) Erläutern Sie am Beispiel der Sachanlagen, weshalb bei IFRS stille Reserven fehlen können.

Aufgabe 27 (Konsolidierungsbuchungen)
Es gelten die Angaben aus der vorigen Aufgabe mit der folgenden Änderung: Die X-AG erwirbt nur 70% der Anteile an der Y-AG durch Zahlung von 700.000 €, die dem anteiligen fair value des Unternehmens entsprechen.
Wie lauten die Buchungen für die Erstkonsolidierung (Full Goodwill-Approach)?

Aufgabe 28 (Neubewertung nach IFRS)
Die Z-AG erwirbt zum 31.12.01: 80% der Anteile an der D-AG. Der Buchwert des Eigenkapitals der D-AG beträgt 1.000.000 € (keine Schulden vorhanden). In den Aktivposten sind stille Reserven von 400.000 € enthalten. Für ihren Mehrheitsanteil hat die Mutter einen Kaufpreis von 1.240.000 € entrichtet.

a) Welche Posten der Tochter erscheinen mit welchem Wert auf der Aktivseite der Konzernbilanz?
b) Wie hoch ist der Ausgleichsposten für die Minderheitsgesellschafter nach dem Full Goodwill-Approach? Welches Problem tritt bzgl. des Firmenwerts auf?
c) Wie wird der Ausgleichsposten bilanziert?

Aufgabe 29 (Bewertung des Minderheitsanteils)
Die Mutter-AG erwirbt Ende 01: 60% der Anteile an der Tochter-AG für 660.000 € (Fair Value der Tochter-AG: 1.100.000 €). Der Buchwert des Eigenkapitals der Tochter ist 500.000 €, der Zeitwert 600.000 €.

Bewerten Sie den Minderheitsanteil nach dem Full Goodwill-Approach und nach dem Purchased Goodwill-Approach.

Aufgabe 30 (Folgebewertung des Goodwills)
Wie ist bei IFRS ein positiver Firmenwert (Goodwill) nach erstmaligem Ansatz in den Folgejahren zu behandeln?

Aufgabe 31 (Negativer Firmenwert)
Die Anschaffungskosten der Anteile (100%) an der Tochter-AG betragen 900.000 €. Die Tochter weist ein Eigenkapital von 800.000 € aus, das stille Reserven von 240.000 € aufweist. Eine spätere Überprüfung führt zu dem Ergebnis, dass ein Vermögenswert (Gebäude) um 30.000 € zu hoch bewertet wurde.

a) Welche Art von Firmenwert entsteht?
b) Wie ist nach IFRS vorzugehen?
c) Welche Konsolidierungsbuchung ist vorzunehmen?

Aufgabe 32 (Folgekonsolidierung nach IFRS)
Die Parent Company hat nach der Erstkonsolidierung im Konzernabschluss einen Firmenwert von 400.000 € ausgewiesen. Außerdem wurden 120.000 € stille Reserven in den abnutzbaren Vermögenswerten aufgedeckt (Restnutzungsdauer zehn Jahre bei gleichmäßiger Entwertung). Die wirtschaftliche Lage des Konzerns ist positiv zu bewerten, da hohe Ertragserwartungen bestehen.

a) Welcher Erfolgseffekt ergibt sich bei der ersten Folgekonsolidierung bzgl. der aufgedeckten stillen Reserven?
b) Welcher Erfolgseffekt ergibt sich bei der ersten Folgekonsolidierung bzgl. des Firmenwerts?
c) Welche Änderung könnte sich ergeben, wenn sich die wirtschaftliche Lage des Konzerns deutlich verschlechtert?

Lösungsteil

Lösungen der Aufgaben zum ersten Kapitel

Lösung zu Aufgabe 1 (Rechnungslegungszweck)

a) Die X-Bank ist daran interessiert, am Ende der Kreditlaufzeit den Kreditbetrag in voller Höhe zurückzubekommen. Darüber hinaus möchte sie am Ende jeden Jahres die Zinsen in Höhe von 6.000 € in voller Höhe erhalten. Die Zahlungen sollen außerdem termingerecht geleistet werden.

b) Einzelunternehmer haften unbeschränkt, d.h. mit dem gesamten betrieblichen und privaten Vermögen (= Vollhaftung). Eine Begrenzung der Haftung ist bei dieser Rechtsform nicht möglich.

c) Ein Einzelunternehmer kann jederzeit Entnahmen aus dem Unternehmen tätigen, d.h. Vermögen aus dem Betriebsbereich in den Privatbereich überführen. Die Rechnungslegungsvorschriften sichern somit keine betriebliche Haftungssubstanz für Kreditgeber. Ein Ausgleich erfolgt durch die breite Haftungsbasis. Da Einzelunternehmer auch mit ihrem Privatvermögen haften, steht im Insolvenzfall ein großes Vermögen zur Tilgung der Schulden bereit.

d) Der Schutz der Gläubiger kommt durch zwei Effekte zustande:

Selbstinformation. Der Unternehmer wird gezwungen, sich durch die Erstellung der Bilanz und GuV-Rechnung über die wirtschaftliche Lage seines Unternehmens zu informieren. Nach dem Handelsrecht kann er sich eher "ärmer" als "reicher" darstellen. Die handelsrechtlichen Rechnungslegungsvorschriften sind vom Vorsichtsprinzip geprägt, sodass der Gewinn eher zu niedrig als zu hoch ausfällt. Der Unternehmer soll sich nicht für zu erfolgreich halten, da sonst die Bereitschaft zu risikoreichen Geschäften wachsen könnte. Sie könnten zu einer Gefährdung des Unternehmensbestands führen, wenn sie Verluste nach sich ziehen.

Fremdinformation. Die Bank erhält ebenfalls Informationen über die wirtschaftliche Lage des Unternehmens und kann bei einer ungünstigen Entwicklung eingreifen. Sie könnte bereits vergebene Kredite kündigen (Negativstrategie) oder den Unternehmer zu Umstrukturierungsmaßnahmen drängen, um eine Sanierung des Unternehmens einzuleiten (Positivstrategie).

Hinweis: Wenn ein Kredit noch nicht vergeben wurde, kann die Bank auf seine Bereitstellung verzichten, wenn das vorhandene Vermögen zur Kreditsicherung zu niedrig erscheint bzw. die erzielten Gewinne keine termingerechte Kredittilgung versprechen.

Lösung zu Aufgabe 2 (Rechnungslegungszwecke)

Die allgemeinen und finanziellen Interessen der einzelnen Bilanzadressaten zeigt die folgende Tabelle:

Bilanzadressat	Allgemeines Interesse	Finanzielles Interesse
Gläubiger	Unternehmenserhaltung zur termingerechten Kreditrückzahlung und für fristgerechte Zinszahlungen	Kreditbetrag: 200.000 € und Kreditzinsen: 20.000 € (pro Jahr)
Arbeitnehmer	Unternehmenserhaltung zur Sicherung des Arbeitsplatzes	13 x 4.000 € = 52.000 € (pro Jahr)
Lieferant	Unternehmenserhaltung zur Sicherung der Lieferbeziehung	Im Umsatz enthaltener Gewinnanteil: 50.000 € (0,25/ 1,25 x 250.000 €) – pro Jahr

Lösung zu Aufgabe 3 (Bilanz und GuV-Rechnung)

a) Erfolg: Erträge (220.000 €) – Aufwendungen (130.000 €) = 90.000 €.
   Ausweis: In der GuV-Rechnung.

b) Reinvermögen: 200.000 € + 90.000 € = 290.000 €.
   Ausweis: In der Bilanz.

c) Der Gewinn ist eine Reinvermögensmehrung – der Verlust eine Reinvermögensminderung. Somit gilt im Gewinnfall: "Altes" Reinvermögen zzgl. Gewinn ergibt das "neue" Reinvermögen.

d) **Nein**. Das Geschäftsjahr kann auch zum 31.03.02 abgeschlossen werden. In diesem Fall liegt ein vom Kalenderjahr abweichendes Geschäftsjahr vor. Allerdings kann das Geschäftsjahr nicht später enden, da es maximal **zwölf** Monate umfassen darf.

Lösung zu Aufgabe 4 (Eigen- und Fremdkapital)

a) Schematische Darstellung:

	Eigenkapital	Fremdkapital
Feste Vergütung	Nein	Ja
Leitungsbefugnis	Ja	Nein
Feste Laufzeit	Nein	Ja

b) <u>Vergütung</u>: Für das Fremdkapital müssen zu bestimmten Zeitpunkten Zinsen in vertraglicher Höhe bezahlt werden. Die Zahlungen müssen auch im Verlustfall erfolgen. Beim Eigenkapital besteht eine derartige Verpflichtung nicht: Der Einzelunternehmer kann nur den Gewinn verwenden, der erzielt wurde.

<u>Leitungsbefugnis</u>: Nur der Einzelunternehmer, der das Eigenkapital zur Verfügung gestellt hat, kann unternehmerische Entscheidungen treffen. Die Fremdkapitalgeber haben grundsätzlich keine Möglichkeit, auf die Unternehmensführung Einfluss zu nehmen. In der Praxis können Banken allerdings in wirtschaftlich angespannten Situationen den Unternehmer faktisch dazu bewegen, bestimmte Entscheidungen zu treffen, um die Unternehmenssituation zu verbessern.

Laufzeit: Das Eigenkapital weist keine feste Laufzeit auf. Es steht dem Unternehmer auf Dauer zur Verfügung. Eine Kündigung durch Dritte ist nicht möglich, da es dem Inhaber selbst gehört.

Lösung zu Aufgabe 5 (Kaufleute nach HGB)
a) Die Architektur-AG ist ein Kaufmann nach *§ 6 HGB*.
b) Die A-B-OHG betreibt umfangreiche Immobiliengeschäfte im In- und Ausland und ist daher *Istkaufmann*.
c) Die Kultur-GmbH befasst sich mit der Durchführung von Ausstellungen für unbekannte Künstler auf gemeinnütziger Basis und ist daher *Formkaufmann*.
d) Otto Meier betreibt einen kleinen Kiosk, der nur gelegentlich geöffnet hat und dessen Umsatz höchstens 10.000 € pro Jahr beträgt, wodurch es sich um *keinen Kaufmann* handelt.
e) Rechtsanwalt Hans Rechtslinks betreibt seine Kanzlei in Würzburg und erzielt einen jährlichen Umsatz von ca. 5.000.000 €, sodass es sich um *keinen Kaufmann* handelt.

Hinweise:
Zu a): Selbstständige Architekten sind keine Kaufleute. Da eine AG aber unabhängig von ihrer Tätigkeit ein Formkaufmann ist, gilt das auch im Fall einer freiberuflichen Tätigkeit. Entsprechendes gilt im Fall c) für die Kultur-GmbH.
Zu e): Der Rechtsanwalt ist ein Freiberufler und damit kein Kaufmann. Er unterliegt nicht dem Handelsrecht. Die Gewinnermittlung erfolgt nach den steuerrechtlichen Vorschriften.

Lösung zu Aufgabe 6 (Buchführungsbefreiung)
Unternehmer Schneider kann erst ab dem Jahr 23 auf die handelsrechtliche Buchführung verzichten. Erst in den beiden aufeinanderfolgenden Jahren 20 und 21 werden die in § 241a HGB angeführten Merkmale eingehalten (im Jahr 21 ganz genau). Zwar werden die Kriterien auch schon im Jahr 19 eingehalten, aber das ist einmalig, da im Jahr 20 der Jahresüberschuss zu hoch ausfällt.

Lösung zu Aufgabe 7 (Buchführungsbefreiung)
Für die Buchführungsbefreiung sind die handelsrechtlichen Größen relevant. Daher sind die steuerlichen Betriebseinnahmen von 585.000 € um die Forderungen von 40.000 € zu erhöhen. Die handelsrechtlichen Umsatzerlöse betragen 625.000 € und liegen über dem Grenzwert von 600.000 €. Der handelsrechtliche Gewinn beläuft sich auf 68.000 € (58.000 € + 10.000 €), da die Forderungen einen Gewinnanteil von 10.000 € (25% von 40.000 €) enthalten. Beide Kriterien aus § 241a HGB sind überschritten, sodass Schulze ab dem Jahr 21 die Befreiungsregelung nicht mehr nutzen kann. Er muss eine Buchführung einrichten.

Lösung zu Aufgabe 8 (Rechnungslegungsvorschriften)
Richtig sind: d), e), g), i), l). – Falsch sind: a), b), c), f), h), j), k).

Hinweise
Zu b): Für Kapitalgesellschaften gelten grundsätzlich die allgemeinen Vorschriften (wie für alle Kaufleute) und nur **ergänzend** die Vorschriften nach §§ 264 bis 289f HGB (soweit die KapG die jeweiligen Voraussetzungen der Paragrafen erfüllt).

Zu i): Für alle Rechtsformen gelten zunächst die allgemeinen Regeln. Für Kapitalgesellschaften werden sie stärker differenziert (spezialisiert), da es sich um besondere ("gefährliche") Rechtsformen handelt. Für Konzerne sind noch speziellere Regelungen von Bedeutung. Daher ist der Grundsatz gültig.

Zu k): Alle Unternehmen können die IFRS freiwillig anwenden, aber nur im Konzernabschluss kann der HGB-Abschluss ersetzt werden.

Lösung zu Aufgabe 9 (Jahresabschlüsse nach HGB und IFRS)

a) Die Handelsbilanz der X-GmbH hat das folgende Aussehen:

A	Bilanz zum 31.12.10		P
Anlagevermögen	300.000	Gezeichnetes Kapital	100.000
Umlaufvermögen	120.000	Andere Gewinnrücklagen	40.000
		Jahresüberschuss	84.000
		Steuerrückstellungen	36.000
		Verbindlichkeiten gegenüber Kreditinstituten	160.000
	420.000		420.000

Hinweise: Das langfristige (kurzfristige) Vermögen erscheint auf der Aktivseite als Anlagevermögen (Umlaufvermögen). Das Stammkapital wird in der Bilanz als gezeichnetes Kapital ausgewiesen. Der Gewinn der Kapitalgesellschaft nach Steuern erscheint unter dem Posten "Jahresüberschuss". Die Einzelheiten zum Eigenkapitalausweis der Kapitalgesellschaft werden im vierten Kapitel erläutert. Die Steuern in Höhe von 36.000 € (0,3 x 120.000 €) werden durch eine Rückstellung erfasst – es liegt eine Verpflichtung gegenüber dem Finanzamt vor. Die Einzelheiten werden im zweiten Kapitel erläutert.

b) Die Gesellschafter der X-GmbH können die anderen Gewinnrücklagen und den Jahresüberschuss ausschütten, somit insgesamt 124.000 €. Das Stammkapital darf erst bei der Auflösung der Gesellschaft zurückgezahlt werden.

c) Die X-GmbH kann einen IFRS-Abschluss offenlegen. Darin kann sie ihre Bilanzadressaten über das höhere Vermögen informieren. Die möglichen Ausschüttungen werden hiervon nicht beeinflusst. Sie betragen weiterhin 124.000 €.

Lösung zu Aufgabe 10 (Bestandteile des Jahresabschlusses)

a) Der Jahresabschluss einer großen Aktiengesellschaft besteht aus den Komponenten **Bilanz, GuV-Rechnung und Anhang.**

b) Bei einer mittelgroßen GmbH ist zusätzlich zum Jahresabschluss **ein Lagebericht** aufzustellen.

c) Der Jahresabschluss besteht bei einer OHG aus **Bilanz und GuV-Rechnung.**

d) Bei einer kleinen Aktiengesellschaft muss zusätzlich zum Jahresabschluss **kein Lagebericht** aufgestellt werden.

e) Bei einem Einzelunternehmen besteht der Jahresabschluss aus **Bilanz und GuV-Rechnung.**

Hinweis: Ein Lagebericht ist nur von großen und mittelgroßen Kapitalgesellschaften aufzustellen. Kleine Gesellschaften sind davon befreit (§ 264 Abs. 1 Satz 4 HGB).

Lösung zu Aufgabe 11 (Aufstellungsfrist)

a) Aufstellung: Der Jahresabschluss wurde am **15.04.02** aufgestellt, da die handelsrechtlichen Vorschriften zu diesem Zeitpunkt eingehalten wurden. Kleinere Mängel, wie z.B. Formatierungsfehler (z.B. nicht völlig exakt untereinander stehende Zahlenangaben) sind insoweit irrelevant. Ein Gläubiger könnte dem Abschluss die wesentlichen Informationen über die wirtschaftliche Lage entnehmen – die **Fremdinformation** wird gewährleistet. Der Zeitpunkt der Unterzeichnung ist für die Aufstellung ebenfalls ohne Bedeutung. Sie kann – wie im vorliegenden Fall – durch äußere Umstände verzögert werden.

b) Aufstellungsfrist: Das Handelsrecht nennt **keine exakte Frist** für die Aufstellung des Jahresabschlusses einer OHG. Nach § 243 Abs. 3 HGB muss er innerhalb der einem ordnungsmäßigen Geschäftsgang entsprechenden Zeit aufgestellt werden. Solange keine besonderen Umstände wie z.B. ein gefährdeter Unternehmensbestand vorliegen, ist die Aufstellung innerhalb von sechs bis neun Monaten fristgemäß. Da die Aufstellung innerhalb von vier Monaten erfolgte, ist die **Aufstellungsfrist eingehalten**.

c) Unterzeichnung: Bei einer OHG entsteht der Jahresabschluss im **rechtlichen** Sinne erst mit der Unterzeichnung. Bis dahin liegt noch kein verbindlicher Abschluss vor. Das gilt auch dann, wenn alle handelsrechtlichen Vorschriften berücksichtigt sind.

d) Unterzeichnende Personen: Bei einer OHG müssen **sämtliche** Gesellschafter den Jahresabschluss unterzeichnen. Da sie voll haften, müssen sie durch ihre Unterschrift ihre Übereinstimmung mit dem Jahresabschluss und der in ihm abgebildeten Wirtschaftslage dokumentieren.

Lösung zu Aufgabe 12 (Offenlegungsfrist)
Beide Aussagen sind **falsch**. Die Offenlegung hat unverzüglich nach Vorlage an die Hauptversammlung zu erfolgen. Das heißt praktisch am folgenden Tag oder nur wenige Tage danach. Unabhängig davon besteht eine Obergrenze von maximal zwölf Monaten, die auf keinen Fall überschritten werden darf.

Lösung zu Aufgabe 13 (Offenlegung)

a) **Keine**. Der Jahresabschluss aller Kaufleute muss nicht offengelegt werden.

b) Der Jahresabschluss hat Dokumentations- und Informationsaufgaben zu erfüllen. Die Dokumentation und Selbstinformation werden von der Offenlegung **nicht** beeinflusst. Nur die Fremdinformation ist davon berührt. Da der Adressatenkreis aller Kaufleute eng begrenzt ist – meist interessieren sich nur die Gläubiger dafür – ist eine allgemeine Offenlegung nicht notwendig. Schließlich sind mit der Offenlegung auch Kosten verbunden.

Lösung zu Aufgabe 14 (GoB)
Richtig sind: c), d), f), h), i), j). – Falsch sind: a), b), e), g), k).

Lösung zu Aufgabe 15 (Induktive Ermittlung)
Im Jahr 11 hat sich noch keine mehrheitliche Meinung unter den Kaufleuten gebildet (**Uneinheitlichkeit**). Die Methoden A und B werden nahezu gleich häufig angewendet

und dürften somit tendenziell den Charakter von GoB aufweisen. Die Methoden C und D werden sehr viel seltener angewendet und sind daher tendenziell nicht als GoB anzusehen. Es sollte überprüft werden, ob die Methoden A und B dem Zweck der Rechnungslegung entsprechen. Eventuell gelingt hierdurch eine endgültige Entscheidung.

Lösung zu Aufgabe 16 (Bilanzidentitätsprinzip)
a) Der Grundsatz der Bilanzidentität besagt, dass alle Posten der Anfangsbilanz mit den Posten der Schlussbilanz des Vorjahres vollkommen **übereinstimmen** müssen. Der Grundsatz wurde von Müller **nicht** eingehalten, da der Posten A_3 in der Anfangsbilanz fehlt.
b) Der Erfolg des Jahres 02 beträgt nach der GuV-Rechnung 160.000 € (240.000 € - 80.000 €). Geht man von der Bilanz zum Jahresbeginn 02 aus, erhöht sich das Eigenkapital von 800.000 € auf 960.000 €. Bei einer Erfolgsermittlung durch Eigenkapitalvergleich ergibt sich ein Erfolg von 60.000 € (960.000 € - 900.000 €), wenn die Eigenkapitalbestände zum Jahresende zugrunde gelegt werden.

Problem: Der Erfolg der GuV-Rechnung stimmt nicht mit der bilanziellen Erfolgsermittlung überein. Die doppelte Buchhaltung stellt sicher, dass die Erfolge beider Rechnungssysteme immer übereinstimmen. Es wird deutlich, dass der Grundsatz der Bilanzidentität die kontinuierliche Erfolgsermittlung in den einzelnen Geschäftsjahren gewährleistet. Werden Posten weggelassen oder hinzugefügt, entsteht ein **Bruch in der Gewinnermittlung**.

Lösung zu Aufgabe 17 (Zweischneidigkeit der Bilanz)
Die planmäßigen Abschreibungen betragen pro Periode: 200.000 €/4 Jahre = 50.000 €. Zusätzlich kann in 01 eine Abschreibung von 40.000 € vorgenommen werden. Da jedoch insgesamt nur der Betrag von 200.000 € verrechnet werden kann, muss die planmäßige Abschreibung in der letzten Periode auf 10.000 € (50.000 € - 40.000 €) sinken. Der Betrag von 40.000 € entspricht der Zusatzabschreibung aus 01. In der letzten Periode (04) wirkt sich die Zweischneidigkeit der Bilanz aus. Der ursprüngliche Vorteil wird in 04 zu einem Nachteil.

	Periode 01	Periode 02	Periode 03	Periode 04
Planmäßige Abschreibung (ohne Zusatz)	50.000	50.000	50.000	50.000
Planmäßige Abschreibung (mit Zusatz)	50.000 + 40.000	50.000	50.000	10.000
Zweischneidigkeit	-	-	-	X

Lösung zu Aufgabe 18 (Unternehmensfortführungsprinzip)
a) Rechtlicher Grund. Müller kann sein Unternehmen aus rechtlichen Gründen nicht mehr weiterführen. Das Gaststättengesetz verlangt für den Betrieb einer Gaststätte

eine Erlaubnis, die für Personen, die "... dem Trunke ergeben ..." sind, zu versagen ist (§ 4 Abs. 1 Nr. 1 GaststättenG).

b) <u>Faktischer Grund</u>. Müller könnte sein Unternehmen weiterführen, möchte dies jedoch aus Altersgründen nicht tun. Aus rechtlicher Sicht steht der Fortführung nichts entgegen.

c) <u>Faktischer Grund</u>. Müller rechnet damit, dass durch den Straßenbau weniger Besucher in den Park und somit auch in seine Gaststätte kommen werden. Aus wirtschaftlicher Sicht ist mit Umsatz- und Gewinnrückgängen zu rechnen, wodurch der Unternehmensbestand gefährdet wird. Zwar sind für den Bau der Straße öffentlich-rechtliche Gründe relevant; ein direkter rechtlicher Eingriff in den Unternehmensbestand liegt jedoch nicht vor.

d) <u>Rechtlicher Grund</u>. Müller kann sein Unternehmen nicht weiterführen, weil er per Gesetz daran gehindert wird. Die Insolvenzordnung verhindert die Fortführung des Geschäftsbetriebs.

In den Fällen a), c) und d) ist das Unternehmensfortführungsprinzip für den Jahresabschluss 01 **aufzugeben**, weil der Fortbestand des Unternehmens am 31.12.01 nicht mehr für mindestens zwölf Monate gewährleistet ist. Im Fall b) ist das Unternehmensfortführungsprinzip für den Jahresabschluss 01 **beizubehalten** – der Unternehmensbestand ist für mindestens zwölf Monate gesichert. Im Jahresabschluss 02 muss vom Fortführungsprinzip abgegangen werden.

Lösung zu Aufgabe 19 (Einzelbewertung)
Nein. Das Fahrzeug kann nur genutzt werden, wenn alle Teile zusammenarbeiten. Somit kommt grundsätzlich keine Aufteilung der Anschaffungskosten auf einzelne Komponenten infrage. Würde allerdings nach der Anschaffung noch ein Navigationsgerät beschafft und auf dem Armaturenbrett montiert, handelt es sich hierbei um einen speziellen Vermögensgegenstand, der gesondert bilanziert wird.

Lösung zu Aufgabe 20 (Wertkompensationen)
a) <u>Gesamtbewertung</u>: Die Aktienpakete A_1 und A_2 werden zusammengefasst. Beim Erwerb werden sie mit den gesamten Anschaffungskosten von 22.000 € bewertet. Am 31.12.01 ist der Wert insgesamt auf 23.000 € gestiegen. Er darf nicht angesetzt werden, da die gesamten Anschaffungskosten die Obergrenze bilden. Es findet **eine Wertkompensation** statt: Der gesunkene Wert von A_1 wird durch die Wertsteigerung von A_2 (über)kompensiert.

b) <u>Einzelbewertung</u>: Die Aktienpakete A_1 und A_2 werden getrennt bewertet. Beim Erwerb wird A_1 mit 10.000 € und A_2 mit 12.000 € bewertet. Am 31.12.01 ist A_1 mit 6.000 € zu bilanzieren; für A_2 sind weiterhin die Anschaffungskosten relevant. Sie bilden die Wertobergrenze. Es findet **keine Wertkompensation** statt: Der gesunkene Wert von A_1 wird nicht durch die Wertsteigerung von A_2 ausgeglichen.

c) Das Einzelbewertungsprinzip sichert die Durchsetzung unterschiedlicher Bewertungsregeln für einzelne Aktivposten. Dauernde Wertminderungen von Vermögensgegenständen des Anlagevermögens müssen berücksichtigt werden. Wertsteigerungen über die Anschaffungskosten hinaus sind dagegen verboten. Die ungleiche

Bewertung folgt aus dem Vorsichtsprinzip: Der Unternehmer darf sich nicht reicher rechnen als er ist.

Lösung zu Aufgabe 21 (Stichtagsprinzip)

a) Fall I): Meier erhält die Information über den Lottogewinn **vor** der Aufstellung seines Jahresabschlusses. Es liegt eine **wertaufhellende Information** vor, die die Verhältnisse am Bilanzstichtag besser wiedergibt. Folge: Die Information ist zu berücksichtigen. Die Forderung ist wieder in voller Höhe zu bilanzieren, da Schulze seine Schulden komplett tilgen kann und tilgen will.

Fall II): Meier erhält die Information über den Lottogewinn **nach** der Aufstellung seines Jahresabschlusses 02. Somit kann sie für diesen Abschluss nicht mehr berücksichtigt werden. Wenn Schulze seine Schulden in 03 bezahlt, ist dieser Vorgang in 03 zu berücksichtigen.

b) Wird der Lottogewinn in 03 erzielt, liegt ein **wertbegründendes Ereignis** vor, welches sich erst im Jahresabschluss 03 auswirkt. Hierbei ist es unerheblich, ob das Ereignis vor oder nach der Aufstellung des Jahresabschlusses 02 anfällt. Wertbegründende Ereignisse (Geschäftsvorfälle) gehören immer zu der Periode, in der sie geschehen.

Lösung zu Aufgabe 22 (Realisationsprinzip)

a) <u>Gewinnentstehung</u>: Der Gewinn entsteht erst in 02 mit der Auslieferung der Waren. Erst zu diesem Zeitpunkt hat die OHG ihre Pflichten vollständig erfüllt. Der Gewinn beträgt 200.000 € (20.000 Stück x 10 €/Stück). Das **Realisationsprinzip** kommt zur Anwendung.

b) <u>Gläubigerschutz</u>: Die Gläubiger werden dadurch geschützt, dass der Unternehmer mit der Erfüllung aller Pflichten einen Rechtsanspruch auf den Kaufpreis hat. Dieser Anspruch ist nicht mehr gefährdet. Anders verhält es sich, wenn sich die Ware noch im Lager des Unternehmers befindet. In diesem Fall kann sie z.B. noch durch einen Brand zerstört werden und der liefernde Unternehmer trägt das Risiko des Vermögensverlusts.

Die bloße Möglichkeit, auf Lager befindliche Waren mit Gewinn verkaufen zu können, reicht deshalb nicht für den Erfolgsausweis aus. Der Unternehmer muss aus seiner Sicht alles getan haben, um den Ertrag zu verwirklichen. Das ist erst bei Erfüllung aller Vertragspflichten gegeben. Der eher späte Ausweis von Erträgen führt zu eher niedrigen Gewinnen, wodurch der Unternehmer auch zu weniger riskanten Entscheidungen verleitet werden soll.

Lösung zu Aufgabe 23 (Niederstwertprinzip)

Im Fall a) gehört das Grundstück zum Anlagevermögen, da es langfristig im Unternehmen genutzt wird. Es gilt das gemilderte Niederstwertprinzip. Da die Wertminderung voraussichtlich nicht von Dauer ist, besteht ein Abschreibungsverbot. Die Bewertung erfolgt mit 300.000 €.

Im Fall b) gehört das Grundstück zum Umlaufvermögen, da es nur kurzfristig im Unternehmen genutzt werden soll. Es gilt das strenge Niederstwertprinzip, sodass eine Abwertung auf 250.000 € erfolgen muss.

Lösung zu Aufgabe 24 (Höchstwertprinzip)
Im Fall a) ist der Wechselkurs gestiegen, sodass der Wert der Verbindlichkeit jetzt 115.000 € beträgt. Nach dem Höchstwertprinzip muss die Verbindlichkeit mit diesem Wert passiviert werden. In der GuV-Rechnung entsteht ein sonstiger betrieblicher Aufwand in Höhe von 15.000 €.

Im Fall b) ist der Wechselkurs gesunken. Nach dem Realisationsprinzip darf der gesunkene Wert der Verbindlichkeit aber nicht ausgewiesen werden. In der GuV-Rechnung erscheint kein Ertrag. Die Verbindlichkeit ist weiterhin mit 100.000 € zu passivieren.
Hinweis: Bei kurzfristigen Fremdwährungsverbindlichkeiten gelten in diesem Fall Besonderheiten, die im dritten Kapitel behandelt werden.

Lösung zu Aufgabe 25 (Niederstwertprinzip)
Richtig sind: a), e), g), i). – Falsch sind: b), c), d), f), h).

Hinweis: Es muss zwischen dem Anlage- und Umlaufvermögen unterschieden werden. Das Gebäude gehört in den Aussagen e) bis g) zum Anlagevermögen, in der Aussage h) dagegen zum Umlaufvermögen. In gleicher Weise gehören die Wertpapiere unter c) zum Umlaufvermögen, unter i) zum Anlagevermögen. Für das Anlagevermögen gilt das gemilderte Niederstwertprinzip. Damit gilt bei voraussichtlicher dauernder Wertminderung eine Abwertungspflicht und bei nicht dauernder Wertminderung ein Abwertungsverbot. Nur für Finanzanlagen besteht im letzten Fall ein Abschreibungswahlrecht.

Im Umlaufvermögen besteht dagegen kein Wahlrecht. Bei gesunkenen Werten muss immer abgeschrieben werden. Die Dauer der Wertminderung ist ohne Bedeutung. Daher handelt es sich um ein strenges Niederstwertprinzip.

Lösung zu Aufgabe 26 (Periodisierungsprinzip)
Die Tabelle enthält die Prinzipien bzw. Abgrenzungen für die Teilaufgaben a) und b). Der Erfolg beläuft sich in 01 auf 1.328.000 €. Da das Gehalt und die Wertminderung nicht in die Herstellungskosten kalkuliert werden, erfolgt eine zeitliche Abgrenzung dieser Aufwendungen.

	Erfolgskomponenten	Prinzip
Erträge (Umsatzerlöse)	2.400.000 €	Realisationsprinzip
Aufwand (Absatzmenge)	960.000 €	Sachliche Abgrenzung
Aufwand (Wertminderung)	40.000 €	Zeitliche Abgrenzung
Aufwand (Gehälter)	72.000 €	Zeitliche Abgrenzung
Erfolg	1.328.000 €	

Lösung zu Aufgabe 27 (Periodisierungsprinzip)
a) Erfolg nach der GuV-Rechnung: Die Differenz der Erträge (810.000) und Aufwendungen (360.000) ergibt einen Erfolg (Gewinn) von 450.000 €.

b) Eigenkapital per 1.1.01: 650.000 €. Durch den Gewinn erhöht sich das Eigenkapital um 450.000 € auf 1.100.000 €. Die privaten Entnahmen von monatlich 5.000 € reduzieren das Eigenkapital um 60.000 € auf 1.040.000 €.

Eigenkapital per 31.12.02: 1.040.000 €.
Erfolg: 1.040.000 € - 650.000 € = 390.000 €, vermehrt um Entnahmen (60.000 €) = 450.000 €.

c) Beide Erfolge sind gleich hoch. Das System der doppelten Buchhaltung gewährleistet die Erfolgsgleichheit. Private Vorgänge wie z.B. Entnahmen führen zu Korrekturen bei der bilanziellen Erfolgsermittlung.

Lösung zu Aufgabe 28 (Bilanzielle Erfolgsermittlung)
Für 03 ergibt sich eine Eigenkapitalzunahme von 70.000 €. Die Entnahmen 03 erhöhen den Betrag um 12.000 € auf 82.000 €, aber die Einlagen vermindern ihn um 85.000 € und es ergibt sich insgesamt -3.000 €. Der Erfolg für 03 ist negativ: Verlust 3.000 €.

Hinweis: Die Vorgänge im Geschäftsjahr 02 sind ohne Bedeutung für den Erfolg in 03. Das gilt auch für die Entnahmen 02 und Einlagen 02. Sie verändern zwar den Endbestand des Eigenkapitals, aber am 31.12.02 muss der angegebene Wert von 140.000 € als fest betrachtet werden.

Lösung zu Aufgabe 29 (Bilanzielle Erfolgsermittlung)
Unterschied des Eigenkapitals in 03: 78.000 € (138.000 € - 60.000 €). Die Zurechnung der Privatentnahme von 500 € und die Abrechnung der Privateinlagen von 24.000 € führt zum Gewinn von 54.500 €. Die Bezahlung der privaten Einkommensteuer vom privaten Bankkonto beeinflusst den Gewinn nicht, da es sich um einen rein privaten Vorgang handelt (kein Einfluss auf die betriebliche Ebene).

Lösung zu Aufgabe 30 (Gewinnverteilung der OHG)
a) Der Gewinn der OHG beträgt nach Abzug der Leistungsvergütungen 90.000 € in 01 (150.000 € - 24.000 € - 36.000 €). Die Gewinnanteile der Gesellschafter (30% bzw. 70% von 90.000 €) werden wie folgt ermittelt:

	Gesellschafter X	Gesellschafter Y
Miete X/Gehalt Y	24.000 €	36.000 €
Gewinnanteil	27.000 €	63.000 €
Verteilung gesamt	51.000 €	99.000 €

b) Der Gewinn der OHG beträgt in diesem Fall 150.000 €, da die Entnahmen den Gewinn nicht mindern. Bei der Gewinnverteilung erhält jeder Gesellschafter zunächst einen **Vorabgewinn** in Höhe seiner Leistung an die OHG. Somit erhält X zunächst 24.000 € für die Überlassung seines Grundstücks und Y 36.000 € für seine Arbeitsleistung. Der Restbetrag von 90.000 € wird nach dem Gewinnverteilungsschlüssel zugerechnet. Somit ergibt sich im Ergebnis dieselbe personelle Gewinnverteilung wie oben. Allerdings fällt der Gesamtgewinn der OHG um 60.000 € höher aus.

Lösung zu Aufgabe 31 (Verlustverteilung der OHG)

a) Durch die Verrechnung der Leistungsvergütungen steigt der Verlust der OHG um 60.000 € auf 210.000 €. Die personelle Verteilung ergibt sich wie folgt (30% auf X und 70% auf Y):

	Gesellschafter X	Gesellschafter Y
Miete X/Gehalt Y	24.000 €	36.000 €
Verlustanteil	-63.000 €	-147.000 €
Verteilung gesamt	-39.000 €	-111.000 €

b) Der Verlust bleibt bei 150.000 €. Hiervon werden X 45.000 € und Y 105.000 € zugerechnet.

c) Ein Vergleich der Werte von a) und b) zeigt, dass die Verteilung nicht richtig ist. Die Vereinbarung eines Vorabgewinns hilft in diesem Fall nicht weiter, da kein Gewinn entsteht. Die beste Lösung besteht im Abschluss von schuldrechtlichen Verträgen, die zum richtigen Erfolg führen.

Lösung zu Aufgabe 32 (Stetigkeitsprinzip)

a) Ausweisstetigkeit: Wird nicht eingehalten, da die Gliederungen und Postenbezeichnungen beliebig geändert werden.

Bewertungsstetigkeit: Wird nicht eingehalten, da der Ermessensspielraum für die Festlegung der Abschreibungsverfahren nicht einheitlich ausgenutzt wird. Solange keine sachlichen Gründe für unterschiedliche Abschreibungsverfahren bestehen, sind einheitliche Methoden zu wählen.

Auch die Bewertungsmethode für Vorräte darf nicht jedes Jahr geändert werden. Zu diesen Verfahren gehören die Fifo- und die Lifo-Methode, die im dritten Kapitel behandelt werden. Die einmal gewählte Methode ist so lange beizubehalten, bis sachliche Gründe für eine Änderung vorliegen.

b) Gründe des Gesetzgebers: Um Jahresabschlüsse über mehrere Jahre hinweg schnell und einfach beurteilen zu können (Mehrjahresvergleich), müssen alle Ebenen des Stetigkeitsprinzips eingehalten werden. Die Ausweisstetigkeit erleichtert den Vergleich einzelner Posten. Durch die Beibehaltung der Gliederungen und Postenbezeichnungen werden die einzelnen Posten schnell gefunden und lassen sich einfach miteinander vergleichen.

Die Ansatz- und Bewertungsstetigkeit gewährleisten, dass die Erfolge inhaltlich nach den gleichen Methoden ermittelt werden. Bei einem willkürlichen Wechsel der Abschreibungsmethoden ergeben sich z.B. Erfolgseffekte, die einen Vergleich der wirtschaftlichen Entwicklung über mehrere Jahre hinweg beeinträchtigen.

Lösung zu Aufgabe 33 (Maßgeblichkeitsprinzip)
Richtig sind: b), d), e), g). – Falsch sind: a), c), f).

Hinweise:

Zu c): In der Steuerbilanz besteht ein Ansatzverbot für nicht entgeltlich erworbene immaterielle Wirtschaftsgüter im **Anlagevermögen**. Befinden sich die Posten im Umlaufvermögen, weil sie z.B. zum Absatz bestimmt sind, besteht dagegen eine Ansatzpflicht. Diese Pflicht besteht auch in der Handelsbilanz und das Maßgeblichkeitsprinzip wird eingehalten.

Zu d): Im Handelsrecht gilt der derivative Firmenwert als Vermögensgegenstand und ist daher anzusetzen. Im Steuerrecht stellt dieser Posten ein aktives Wirtschaftsgut dar, sodass ebenfalls eine Ansatzpflicht besteht.

Lösung zu Aufgabe 34 (Maßgeblichkeitsprinzip)

a) Handelsrechtliches Eigenkapital 31.12.02: 600.000 € - 160.000 € = 440.000 €. Handelsrechtlicher Erfolg: 440.000 € - 400.000 € = 40.000 €.

b) Steuerrechtliches Betriebsvermögen 31.12.02: 620.000 € - 160.000 € = 460.000 €. Steuerrechtlicher Erfolg: 460.000 € - 400.000 € = 60.000 €. Der steuerrechtliche Erfolg liegt in Höhe des aktivierten Disagios (20.000 €) über dem handelsrechtlichen Erfolg. Im Steuerrecht muss das Disagio aktiviert werden.

c) Wenn das Disagio in den Folgejahren aufgelöst wird, liegt der steuerrechtliche Gewinn unter dem handelsrechtlichen Gewinn. Der zusätzliche Aufwand, der durch das Disagio entsteht, betrifft nur die Steuerbilanz. Die Zweischneidigkeit der Bilanz wirkt sich aus: Der in der Steuerbilanz zunächst höhere Gewinn wird in den Folgejahren zu einem niedrigeren Gewinn.

Lösung zu Aufgabe 35 (Maßgeblichkeitsprinzip)
Da die Wertminderung der Maschine nicht dauerhaft ist, besteht in der Handelsbilanz und in der Steuerbilanz jeweils ein Abschreibungsverbot. Damit wird das Maßgeblichkeitsprinzip eingehalten.

Lösung zu Aufgabe 36 (Maßgeblichkeitsprinzip)
Nein. In der Handelsbilanz gilt das strenge Niederstwertprinzip, sodass eine Abschreibung auf 8.600 € erfolgen muss. Die Dauer der Wertminderung ist ohne Bedeutung für die Abschreibung. In der Steuerbilanz darf im Fall einer voraussichtlich nicht dauernden Wertminderung keine Abschreibung vorgenommen werden. Steuerrechtlich sind die Wertpapiere weiterhin mit 10.000 € zu bewerten.

Lösung zu Aufgabe 37 (Einheitsbilanz)

a) Handelsrechtlicher Erfolg: 650.000 € - 500.000 € = 150.000 € (Gewinn).

b) Steuerrechtlicher Erfolg: Handelsbilanzgewinn 150.000 € + 100.000 € = 250.000 €. Der steuerrechtliche Gewinn ist um 100.000 € höher als der handelsrechtliche Erfolg. Eine völlige Übereinstimmung von Handels- und Steuerbilanz gelingt nicht. Es muss eine Einheitsbilanz mit Zusatzbilanz aufgestellt werden. Letztere enthält die Posten, die im Steuerrecht anders bewertet werden als im Handelsrecht.

c) Bei der Beantwortung dieser Teilaufgabe ist zu beachten, dass in der Zusatzbilanz die steuerrechtlich abweichenden Werte im Vergleich zur Handelsbilanz enthalten sind. Für 03 gilt Folgendes: Der Posten A_1 wird in 03 abgesetzt, sodass insoweit ein

Aufwand entsteht (z.B. ist beim Verkauf einer Ware ein Wareneinsatz von 100 € zu berücksichtigen). Diesem Aufwand steht ein Ertrag gegenüber (z.B. ist bei einer Ware der Verkaufserlös in Höhe von 180 € zu beachten, woraus sich ein Rohgewinn von 80 € ergibt).

In der Handels- und Steuerbilanz ist der Ertrag gleich und führt daher zu keinen Differenzen. Allerdings ergeben sich beim Aufwand Unterschiede, da der Posten A_1 im Steuerrecht um 40.000 € höher bewertet wurde. Daher ist der steuerrechtliche Gewinn in 03 um 40.000 € **niedriger** als der handelsrechtliche Erfolg. Betrachtet man A_1 als Ware, würde der Wareneinsatz im obigen Beispiel aus steuerrechtlicher Sicht z.B. um 40 € höher sein. Dann würde gelten: Der handelsrechtliche Rohgewinn beträgt 80 € und der steuerrechtliche Rohgewinn liegt bei 40 €.

Bei A_2 gilt Folgendes: Der Posten führt in 03 in Höhe von einem Drittel zu Aufwand (z.B. durch Abschreibung einer Maschine). Da dieser Posten im Steuerrecht Ende 02 um 60.000 € höher bewertet wird als im Handelsrecht, liegen die steuerrechtlichen Abschreibungen um ein Drittel (20.000 €) über dem handelsrechtlichen Aufwand. Insoweit ist der steuerrechtliche Gewinn in 03 um 20.000 € **niedriger** als im Handelsrecht. Gesamteffekt: Der steuerrechtliche Gewinn ist in 03 um 60.000 € (40.000 € + 20.000 €) niedriger als der handelsrechtliche Erfolg.

Lösung zu Aufgabe 38 (Einheitsbilanz)
Für das Patent gilt: In der Handels- und Steuerbilanz dürfen bei einer voraussichtlich nicht dauernden Wertminderung keine außerplanmäßigen Abschreibungen erfolgen (Abschreibungsverbot). Somit stimmen Handels- und Steuerbilanz überein und das Maßgeblichkeitsprinzip wird eingehalten.

Für die Wertpapiere (Finanzanlagen) gilt: In der Handelsbilanz muss bei einer voraussichtlich dauernden Wertminderung eine außerplanmäßige Abschreibung erfolgen (Abschreibungspflicht). In der Steuerbilanz besteht ein Abschreibungswahlrecht. Wird es von Müller ausgeübt, stimmen Handels- und Steuerbilanz überein und es müssen keine Ergänzungen vorgenommen werden.

Lösung zu Aufgabe 39 (Bilanzielle Erfolgsermittlung)
Handelsrechtlicher Erfolg: Eigenkapitaldifferenz 58.200 € (46.200 € + 12.000 €). Zurechnung von 50.000 € und Abzug von 14.000 € führt zum Gewinn von 94.200 €.

Steuerrechtlicher Erfolg: Betriebsvermögensdifferenz: 54.200 € (50.200 € + 4.000 €). Zurechnung von 50.000 € und Abzug von 14.000 € führt zum Gewinn von 90.200 €.

Damit liegt der steuerliche Gewinn in 02 um 4.000 € unter dem handelsrechtlichen Erfolg. Als Ursache lassen sich z.B. unterschiedliche Bewertungsvorschriften für die Aktivposten anführen.

Lösungen der Aufgaben zum zweiten Kapitel

Lösung zu Aufgabe 1 (Vermögensgegenstand)
a) Der Transporter ist eine **Sache**, da es sich um einen körperlichen Gegenstand handelt. Er ist selbstständig bewertbar, da für seinen Erwerb 40.000 € (netto) angefallen sind. Auch die selbstständige Verwertbarkeit ist erfüllt, da der Transporter für sich allein vermietet oder veräußert werden kann.
Ergebnis: Es liegt ein Vermögensgegenstand vor.

b) Der Erwerb des Programms führt zu einem **Recht** (auf Nutzung). Das Recht ist selbstständig bewertbar, da für seinen Erwerb 50.000 € (netto) gezahlt werden. Eine selbstständige Verwertbarkeit ist ebenfalls gegeben, sofern es sich um ein Standardprogramm handelt, das auf verschiedenen Geräten verwendet werden kann (also mit verschiedenen Systemen kompatibel ist).
Ergebnis: Es liegt ein Vermögensgegenstand vor.

c) Die Durchführung der Werbekampagne führt zu einem **sonstigen wirtschaftlichen Wert**, da der Bekanntheitsgrad des Unternehmens gesteigert wird, wodurch Umsatzsteigerungen erwartet werden können. Die Zahlungen erfolgen für die Anzeigen- und Fernsehwerbung, aber nicht direkt für den Vorteil. Dieser entsteht in den "Köpfen" der potenziellen Abnehmer, wenn sie sich an die Werbung erinnern und eine Kaufentscheidung treffen. Die selbstständige Bewertbarkeit ist nicht erfüllt. Auch eine selbstständige Verwertbarkeit des sonstigen wirtschaftlichen Werts ist nicht gegeben. Er kann nicht allein genutzt oder übertragen werden.
Ergebnis: Es liegt kein Vermögensgegenstand vor.

Lösung zu Aufgabe 2 (Vollständigkeitsgebot)
a) Wird in 01 die Kfz-Versicherung für ein Jahr im Voraus gezahlt, muss am Jahresende ein **aktiver Rechnungsabgrenzungsposten** in der Bilanz angesetzt werden.
b) Ist in 01 eine Verpflichtung entstanden, deren Höhe nicht genau zu bestimmen ist, muss eine **Rückstellung** passiviert werden.
c) Wird in 01 ein Darlehen aufgenommen, welches nach fünf Jahren in voller Höhe zurückzuzahlen ist, wird eine **Verbindlichkeit** passiviert.
d) Wird eine Standardmaschine gekauft, handelt es sich um einen zu aktivierenden **Vermögensgegenstand**.
e) Aktive **Rechnungsabgrenzungsposten** gehören nicht zu den **Vermögensgegenständen**, sondern stellen spezielle Aktivposten dar.
f) Zu den passivierungspflichtigen **Schulden** gehören im Handelsrecht **Rückstellungen** und **Verbindlichkeiten**.

Lösung zu Aufgabe 3 (Derivativer Firmenwert)
Es entsteht ein derivativer Firmenwert in Höhe von 800.000 €. Es handelt sich nicht um einen Vermögensgegenstand, da dieser Posten nicht allein übertragen werden kann, sondern nur mit dem zugehörigen Unternehmen. Das HGB betrachtet den Posten als zeitlich begrenzt nutzbaren Vermögensgegenstand. Es handelt sich um eine gesetzliche Fiktion,

woraus eine Ansatzpflicht für den derivativen Firmenwert folgt. Für den originären Firmenwert besteht allerdings ein Ansatzverbot.

Lösung zu Aufgabe 4 (Bilanzierung von Posten)
Die private Wohnung und die damit verbundene Hypothekenverbindlichkeit dürfen nicht angesetzt werden, da in der Bilanz nur betriebliche Vermögensgegenstände und Schulden erscheinen. Die gezahlte Miete darf ebenfalls nicht aktiviert werden, da kein Vermögensgegenstand vorliegt. Es liegt kein wirtschaftlicher Wert vor, da die Räume in 01 schon genutzt wurden – der Mietvorgang ist bereits abgeschlossen (anders wäre eine Mietvorauszahlung in 01 zu beurteilen, die für 02 geleistet wird).

Auch für das Mitarbeiter Know-how besteht ein Ansatzverbot, da es sich nicht um einen Vermögensgegenstand handelt. Selbst wenn die Mitarbeiter etwas gelernt haben, ist die selbstständige Bewertbarkeit und Verwertbarkeit nicht erfüllt. Somit ergibt sich nach den Korrekturen die folgende Bilanz von Komplett:

A	Bilanz zum 31.12.01		P
Diverse Vermögens-gegenstände	312.000	Eigenkapital	212.000
		Verbindlichkeiten gegenüber Kreditinstituten	100.000
	312.000		312.000

Lösung zu Aufgabe 5 (Eigenkapital)
a) Am 1.1.01 ist das Eigenkapital positiv und steht auf der Passivseite. Am 31.12.01 ist es negativ und wird auf der Aktivseite ausgewiesen. Auch möglich: -30.000 € auf der Passivseite (Bilanzsumme: 450.000 €).

A	Bilanz zum 1.1.01		P	A	Bilanz zum 31.12.01		P
A_1	230.000	EK	120.000	A_1	180.000	P_1	480.000
A_2	100.000	P_1	260.000	A_2	130.000		
A_3	50.000			A_3	140.000		
				EK	**30.000**		
	380.000		380.000		480.000		480.000

b) Erfolg für 01: - 30.000 € - 120.000 € = -150.000 €. Es entsteht ein Verlust in Höhe von 150.000 €.

Lösung zu Aufgabe 6 (Wirtschaftliches Eigentum)
Richtig sind: b), c), g), h). – Falsch sind: a), d), e), f).

Lösung zu Aufgabe 7 (Eigentumsvorbehalt)
a) Groß bilanziert eine Forderung (aus Lieferung und Leistung) in Höhe von 50.000 €, da er seine vertraglichen Pflichten vollständig erfüllt hat.
   <u>Relevantes Prinzip</u>: Realisationsprinzip (alle Vertragspflichten sind erfüllt).

b) Ein bilanziert die Ware, da er über diese wirtschaftlich verfügen kann (z.B. kann er sie verkaufen). Ein ist wirtschaftlicher, aber nicht rechtlicher Eigentümer. Es handelt sich um einen Fall, bei dem nicht der rechtliche Eigentümer die Bilanzierung vornimmt (§ 246 Abs. 1 Satz 2 HGB).

Lösung zu Aufgabe 8 (Betriebs- und Privatvermögen)

a) Der Recorder wird zu 70% betrieblich und zu 30% privat genutzt. Da der betriebliche Nutzungsanteil des beweglichen Vermögensgegenstands mehr als 50% beträgt, handelt es sich um **notwendiges Betriebsvermögen**. Das Gerät muss bilanziert werden.

b) Die Privatnutzung stellt eine Entnahme dar (Nutzungsentnahme). Die gesamten Aufwendungen betragen in 01: Abschreibungen 800 €, laufender Aufwand 1.200 €, somit insgesamt 2.000 €. Hiervon entfallen 30% auf die Privatnutzung (600 €). Zusätzlich ist auf diesen Betrag Umsatzsteuer zu verrechnen, da ein Vorsteuerabzug besteht. Die Buchung lautet: "Privatkonto 714 an sonstige betriebliche Erträge 600 und USt 114".

Lösung zu Aufgabe 9 (Betriebs- und Privatvermögen)

a) Da der betriebliche Nutzungsanteil zwischen 10% und 50% liegt (40%), liegt neutrales Vermögen vor und es bestehen die folgenden Bilanzierungsmöglichkeiten, zwischen denen ein Wahlrecht besteht:
Gewillkürtes Betriebsvermögen: Das Gerät gehört zum betrieblichen Vermögen. Die private Nutzung stellt eine Entnahme dar (Nutzungsentnahme).
Gewillkürtes Privatvermögen: Das Gerät gehört zum privaten Vermögen. Die betriebliche Nutzung stellt eine Einlage dar (Nutzungseinlage).

b) Bei geringem Betriebsvermögen unterbleibt eine Bilanzierung. Das Gerät gehört zum Privatvermögen. Dadurch ist **kein Vorsteuerabzug** möglich. Die Aufwendungen betragen: Abschreibungen pro Jahr: 4.760 €/5 = 952 €, laufender Aufwand: 1.428 €, insgesamt: 2.380 €. Der betriebliche Anteil ist 40%, somit 952 € (0,4 x 2.380 €). Die Buchung lautet: "Sonstige betriebliche Aufwendungen an Privatkonto 952". Ein Vorsteuerabzug ist nicht möglich und darf nicht gebucht werden.

Lösung zu Aufgabe 10 (Betriebs- und Privatvermögen)

a) Da die betriebliche Nutzung – gemessen an der Kilometerleistung – 60% beträgt, gehört das Fahrzeug zum notwendigen Betriebsvermögen. Es muss bilanziert werden (Ansatzpflicht).

b) Die private Nutzung wird durch eine **Nutzungsentnahme** berücksichtigt. Abschreibung in 01: 2.500 € (30.000 €/6 Jahre, davon die Hälfte). Weitere Aufwendungen: 3.000 €. Somit insgesamt 5.500 €, davon 40% privat (= 2.200 €). Die Umsatzsteuer ist bei der Entnahme nur auf 1.800 € zu berechnen. Für 400 € (40% von 1.000 €, Steuer und Versicherung) fällt keine Umsatzsteuer an, da es keine steuerbaren Vorgang bei der USt sind. Damit bestand kein Vorsteuerabzug. Buchung: "Privatkonto 2.542 an sonstige betriebliche Erträge 2.200 und USt 342" (19% von 1.800 €).

Lösung zu Aufgabe 11 (Betriebs- und Privatvermögen)

Die Aufgabe ist verwirrend, weil sich die Nutzungsangabe entweder auf den betrieblichen oder den privaten Teil bezieht. Richtig: a), c), d), g). – Falsch: b), e), f), h).

Hinweis zu f) bzw. h): Es muss eine Zuordnung zum Privat- bzw. Betriebsvermögen erfolgen.

Lösung zu Aufgabe 12 (Veräußerung von Betriebsvermögen)

a) **Nein**. Der Vermögensgegenstand gehört insgesamt zum Betriebsvermögen – es erfolgt keine Aufteilung in einen betrieblichen und privaten Teil. Damit ist der Veräußerungsgewinn in voller Höhe als Ertrag zu erfassen.

b) Buchung: "Bank 8.806 an Fuhrpark 6.400, sonstige betriebliche Erträge 1.000 und USt 1.406". Der Restbuchwert von 6.400 € wird beim Verkauf ausgebucht. Der Veräußerungsgewinn (1.000 €) wird als sonstiger betrieblicher Ertrag behandelt.

Lösung zu Aufgabe 13 (Aufteilung von Gebäuden)

a) Es besteht eine Bilanzierungspflicht für den betrieblichen Gebäudeteil: 2/3 von 600.000 € = 400.000 €.

b) Zum Betriebsvermögen gehören 360 qm direkt und weitere 2/3 der Grundfläche des Gebäudes (120 qm), somit 480 qm. Bilanzierungspflicht: 480/900 x 270.000 € = 144.000 €.

Lösung zu Aufgabe 14 (Zuordnung von Gebäuden)

a) Grund und Boden gehört zu den (beweglichen/**unbeweglichen/materiellen**/immateriellen) Vermögensgegenständen.

b) (**Bewegliche**/unbewegliche) Vermögensgegenstände werden in Abhängigkeit vom Nutzungsgrad entweder dem Betriebs- oder Privatvermögen zugeordnet.

c) Grund und Boden stellt (abnutzbares/**nicht abnutzbares**) Vermögen dar.

d) Wird ein Gebäude zu 75% betrieblich und zu 25% privat genutzt, beträgt der betriebliche Anteil (100%/**75%**/25%) und der private Anteil (**25%**/0%/ 75%).

e) Weist ein Gebäude mit Anschaffungskosten von 510.000 € eine Nutzungsfläche von 600 qm auf, von denen 200 qm privat genutzt werden, dürfen (510.000 €/ 40.000 € /**170.000 €**) nicht aktiviert werden.

Lösung zu Aufgabe 15 (Immaterielle Vermögensgegenstände)

Die Entwicklungskosten betragen 6 x 300.000 € für die Monate April bis September. Für den März sind 100.000 € (1/3 von 300.000 €) und für den Oktober 150.000 € (1/2 von 300.000 €) zu verrechnen. Somit belaufen sich die Entwicklungskosten auf insgesamt 2.050.000 €. Es liegt ein Vermögensgegenstand vor, da eine Veräußerung des Knowhows (= bewertbarer wirtschaftlicher Vorteil) jederzeit möglich wäre. Das Ansatzwahlrecht wird ausgeübt, da ein hohes Vermögen gewünscht wird.

Da die Nutzung im Oktober beginnt, müssen schon ab diesem Zeitpunkt planmäßige Abschreibungen berücksichtigt werden. Bei linearer Verteilung über zehn Jahre entsteht ein Aufwand von 205.000 € pro Jahr, für drei Monate 51.250 € (der Oktober zählt mit). Ende 01 wird der Posten "selbst geschaffene Rechte und Werte" mit 1.998.750 € im Anlagevermögen aktiviert.

Lösung zu Aufgabe 16 (Immaterielle Vermögensgegenstände)

a) Ein Ansatz von selbst geschaffenen immateriellen Vermögensgegenständen setzt insbesondere voraus, dass die Entwicklung übertragbar ist. Da unfertige Entwicklungen kaum marktgängig sind, muss zumindest sichergestellt sein, dass die Entwicklung mit hoher Wahrscheinlichkeit zu einem Vermögensgegenstand führen wird. Das ist Ende 01 noch nicht der Fall, da zu diesem Zeitpunkt der Abschluss des Projekts unsicher ist. Damit liegt Ende 01 noch kein Vermögensgegenstand vor und es besteht zu diesem Zeitpunkt ein **Ansatzverbot**.

b) Ende 02 ist von einem erfolgreichen Abschluss auszugehen, sodass ein Ansatz möglich ist. Wird das Wahlrecht ausgeübt, werden "selbst geschaffene Rechte und Werte in der Entwicklung 1.200.000" in der Bilanz ausgewiesen werden. Es werden 12 x 100.000 € aktiviert. Eine "Nach-Aktivierung" der bereits in 01 als Aufwand verrechneten Beträge ist aber nicht möglich!

Lösung zu Aufgabe 17 (Entwicklungskosten)
Nein. Da keine eindeutige Trennung von Forschungs- und Entwicklungskosten möglich ist, darf keine Aktivierung von selbst geschaffenen immateriellen Vermögensgegenständen erfolgen. Ansonsten bestände die Gefahr, dass ein Teil der Forschungskosten aktiviert würde. Für diese Kosten besteht ein Ansatzverbot, da sie meist nicht zu selbstständig verwertbaren Posten führen.

Lösung zu Aufgabe 18 (Ansatzpflichten und Ansatzverbote)
Nach § 248 Abs. 2 Satz 2 HGB besteht ein Ansatzverbot für Drucktitel im Anlagevermögen, wenn sie nicht entgeltlich erworben wurden. Damit besteht nur im Fall a) ein **Ansatzverbot**. In allen anderen Fällen besteht eine Ansatzpflicht: Fall b) betrifft das Umlaufvermögen (entgeltlich erworben), Fall c) betrifft das Anlagevermögen (entgeltlich erworben) und Fall d) betrifft das Umlaufvermögen (nicht entgeltlich erworben).

Lösung zu Aufgabe 19 (Firmenwert)
a) Der Zeitwert des Eigenkapitals beträgt: 960.000 € - 240.000 € = 720.000 €. Der Buchwert der Aktivposten ist um 160.000 € zu erhöhen, um deren Zeitwert zu bestimmen. Die stillen Rücklagen sind aufzudecken.
Derivativer Firmenwert: 1.200.000 € - 720.000 € = 480.000 €.

b) Der derivative Firmenwert ist **kein Vermögensgegenstand**. Zwar handelt es sich um einen sonstigen wirtschaftlichen Wert. Dieser ist aber nicht selbstständig bewertbar, da er für eine Vielzahl von Einzelkomponenten gezahlt wird. Außerdem ist die selbstständige Verwertbarkeit nicht gegeben, da der Vorteil nur mit dem Unternehmen insgesamt übertragen werden kann. Nach § 246 Abs. 1 Satz 4 HGB gilt der derivative Firmenwert aber als (zeitlich begrenzt nutzbarer) Vermögensgegenstand. Durch diese **gesetzliche Fiktion** besteht eine Ansatzpflicht für den Posten.

Lösung zu Aufgabe 20 (Firmenwert)
Richtig sind: e), f). – Falsch sind: a), b), c), d), g).

Lösung zu Aufgabe 21 (Unentgeltliche Sachanlagen)
Da die Maschine ein selbst erstellter Vermögensgegenstand ist, besteht eine Ansatzpflicht. Die Bewertung erfolgt Ende 01 mit den Herstellungskosten von 400.000 €. Die Bewertung mit 500.000 € würde gegen das Realisationsprinzip verstoßen.

Lösung zu Aufgabe 22 (Unentgeltliche Sachanlagen)
Es liegt eine Schenkung aus betrieblichem Anlass vor, sodass Meier nach Meinung der Literatur ein Ansatzwahlrecht hat. Er kann das Gerät aktivieren oder nicht. Da nach der

Aufgabenstellung das Vermögen hoch ausgewiesen werden soll, erfolgt eine Aktivierung des Computers.

Lösung zu Aufgabe 23 (Finanzanlagen)
a) Werden Wertpapiere mit kurzfristiger Anlageabsicht erworben, handelt es sich um (Finanzanlagen/**Wertpapiere des Umlaufvermögens**).
b) Aktien gehören zu den (**Teilhaberpapieren**/Gläubigerpapieren), die eine (befristete/**unbefristete**) Laufzeit aufweisen und deren Verzinsung (**variabel**/fix) ist.
c) Wenn die X-AG der Y-AG einen langfristigen Kredit gewährt, handelt es sich um (Wertpapiere des Umlaufvermögens/Wertpapiere des Anlagevermögens/**Ausleihungen**).
d) Zu den Kapitalforderungen gehören (Aktien/**ungesicherte Darlehen**/GmbH-Anteile/Bundesschatzbriefe/Anteile an Aktienfonds/**hypothekarisch gesicherte Darlehen**).

Lösung zu Aufgabe 24 (Antizipative RAP)
Das ausgefüllte Schema sieht wie folgt aus:

	Antizipative RAP	
	Aktive	Passive
Verhältnis von Leistung und Zahlung	Erst Leistung (Ertrag), dann Einzahlung	Erst Leistung (Aufwand), dann Auszahlung
Bilanzieller Ausweis	Sonstige Vermögensgegenstände	Sonstige Verbindlichkeiten

Hinweis: Aktive antizipative RAP können als sonstige Forderungen bilanziert werden.

Lösung zu Aufgabe 25 (Buchung von RAP)
Im Folgenden wird das Konto "Mietaufwand" für die gezahlte Miete verwendet. Die Mieterträge führen zu Umsatzerlösen (siehe fünftes Kapitel).

a) Transitorischer Aktivposten		
Buchung altes Geschäftsjahr:		
Mietaufwand	/ Bank	6.000
Aktiver RAP	/ Mietaufwand	3.000
Buchung neues Geschäftsjahr:		
Mietaufwand	/ Aktiver RAP	3.000

b) Wie Buchung a), aber mit der folgenden Änderung in 01: "Mietaufwand an Privatkonto 6.000". In 01 liegt eine Einlage vor, da die Bezahlung des Mietaufwands vom privaten Bankkonto erfolgt.

c) Transitorischer Passivposten			
Buchung altes Geschäftsjahr:			
Bank	/	Umsatzerlöse	48.000
Umsatzerlöse	/	Passiver RAP	39.000
Buchung neues Geschäftsjahr:			
Passiver RAP	/	Umsatzerlöse	12.000

Hinweis: Auf 01 entfallen Umsatzerlöse in Höhe von 9.000 €. In 02 ist der passive RAP um 12.000 € aufzulösen, da dieser Ertrag auf 02 entfällt.

d) Transitorischer Aktivposten			
Buchung altes Geschäftsjahr:			
Mietaufwand	15.000 / Bank		30.000
Privatkonto	15.000		
Aktiver RAP	/	Mietaufwand	7.500
Buchung neues Geschäftsjahr:			
Mietaufwand	/	Aktiver RAP	7.500

e) Antizipativer Aktivposten			
Buchung altes Geschäftsjahr:			
Sonstige Vermögensgegenstände	/	Umsatzerlöse	3.600
Buchung neues Geschäftsjahr:			
Bank	7.200 /	Sonstige Vermögensgegenstände	3.600
		Umsatzerlöse	3.600

Hinweis: Anstelle des Kontos "sonstige Vermögensgegenstände" kann auch das Konto "sonstige Forderungen" gebucht werden.

Lösung zu Aufgabe 26 (Aussagen zu RAP)
Richtig sind: d), g). – Falsch sind: a), b), c), e), f).

Hinweise:
Zu e): Es liegt eine Entnahme vor, da die Bezahlung der privaten "Aufwendungen" vom betrieblichen Bankkonto erfolgt. Auf der privaten Ebene findet aber keine Abgrenzung statt.
Zu f): Der Vorgang betrifft nur die Privatebene: Privater "Aufwand" wird vom privaten Bankkonto bezahlt. Eine Abgrenzung findet nicht statt.

Lösung zu Aufgabe 27 (Instandhaltungsrückstellung)
Richtig sind: a), c), d). – Falsch sind: b), e).

Hinweise: Bei c) und d) liegt eine Verbindlichkeitsrückstellung vor, da es sich um eine gemietete Maschine handelt, bei der eine Verpflichtung gegenüber dem Vermieter besteht. Unabhängig von den Fristen der Instandhaltungsrückstellung (also der Aufwandsrückstellung) besteht eine Passivierungspflicht!

Lösung zu Aufgabe 28 (Ungewisse Verbindlichkeiten)

a) Gewerbesteuer 02: Rückstellungspflicht. Es besteht eine Verpflichtung gegenüber dem Staat, die in 02 rechtlich verursacht worden ist.

b) Einkommensteuer 02: Rückstellungsverbot. Zwar liegt eine Verpflichtung gegenüber dem Staat vor, die in 02 rechtlich verursacht worden ist. Es handelt sich aber nicht um eine betriebliche, sondern um eine **private Steuer**.

c) Beitrag zur Berufsgenossenschaft: Rückstellungspflicht für den Betrag aus 02 – Rückstellungsverbot für den Beitrag aus 03. Beide Verpflichtungen bestehen gegenüber Dritten, aber nur die Verpflichtung in Höhe von 4.000 € ist in 02 rechtlich verursacht worden. Die Verpflichtung aus 03 gehört in das Geschäftsjahr 03.

d) Erneuerungsrückstellung: Rückstellungspflicht. Es besteht eine vertragliche Verpflichtung gegenüber dem Vermieter. Sie ist in 02 durch die Nutzung der Maschinen entstanden, sodass sie rechtlich zu 02 gehört.

e) Buchführungsarbeiten: Rückstellungspflicht für die Arbeiten aus Dezember 02 und Rückstellungsverbot für die Arbeiten für Januar 03. Es liegt in beiden Fällen eine öffentlich-rechtliche Verpflichtung vor. Nur der Aufwand für die Dezemberbuchungen ist in 02 verursacht worden. Die Januarbuchungen gehören zu 03.

f) Wiederaufforstung: Rückstellungspflicht. Es besteht eine öffentlich-rechtliche Verpflichtung gegenüber der Behörde. Die Verpflichtung ist durch den Abbau in 02 rechtlich entstanden.

Lösung zu Aufgabe 29 (Drohverluste)

a) Am 31.12.01 liegt ein schwebendes Geschäft vor, da die Lieferung der Rohstoffe noch nicht erfolgte. Das Geschäft wird grundsätzlich nicht bilanziert, da eine Ausgeglichenheitsvermutung besteht. Danach gilt: Der Wert der zu liefernden Rohstoffe entspricht dem Wert der Verpflichtung.

b) Am 31.12.01 ist der Wert der bestellten Rohstoffe gesunken. Es besteht keine Ausgeglichenheit mehr: Der Wert der Rohstoffe (180.000 €) liegt unter dem Wert der Verpflichtung (200.000 €). Somit ist eine Rückstellung für drohende Verluste aus schwebenden Geschäften in Höhe von 20.000 € zu bilden. Es besteht eine Rückstellungspflicht (§ 249 Abs. 1 Satz 1 HGB).

Lösung zu Aufgabe 30 (Derivative Finanzinstrumente)

a) Da die Aktien am Bilanzstichtag noch nicht geliefert wurden, steht die Leistung noch aus und es liegt ein schwebendes Geschäft vor. Es wird im Jahresabschluss nicht berücksichtigt, solange kein Verlust droht. In diesem Fall entsteht ein Gewinn von 15 € je Aktie (Kauf für 80 € je Aktie, Verkauf für 95 € je Aktie), der aber nach dem Realisationsprinzip nicht ausgewiesen werden darf.

b) Am 28.2.02 ergibt sich nur noch ein Gewinn von 5 € je Aktie. Der Gesamtbetrag beläuft sich auf 12.500 € (2.500 Stück x 5 € je Stück). Dieser Betrag wird von der Bank, die das Geschäft abwickelt, an den Terminkäufer ausgezahlt. Der Gewinn von 12.500 € wird im Geschäftsjahr 02 bei Unternehmer Müller erfasst und wie folgt gebucht: "Bank an sonstige finanzielle Erträge 12.500".

Lösung zu Aufgabe 31 (Gewerbesteuerrückstellung)

a) Der vorläufige Handelsbilanzgewinn wird um 16.000 € erhöht und um 4.000 € vermindert, um den Gewerbeertrag zu ermitteln (76.000 €). Nach Abzug des Freibetrags von 24.500 € erhält man den gekürzten Gewerbeertrag von 51.500 €. Dieser Wert wird mit der Steuermesszahl multipliziert, sodass sich ein Steuermessbetrag von 1.802,5 € (51.500 € x 0,035) ergibt. Die Gewerbesteuer beträgt 7.570,5 € (1.802,5 x 4,2 - Hebesatz von 420 %). Die Rückstellung wird in dieser Höhe in der Handelsbilanz passiviert.

b) In der Steuerbilanz besteht ein Rückstellungsverbot für die Gewerbesteuer. Der steuerrechtliche Gewinn ist um 7.570,5 € höher als der handelsrechtliche Gewinn.

Lösung zu Aufgabe 32 (Steuerrückstellungen)

a) Die Berechnung erfolgt wie in der vorigen Aufgabe mit der folgenden Änderung: Bei Kapitalgesellschaften darf kein Freibetrag abgezogen werden. Somit ist die Steuermesszahl auf den Gewerbeertrag von 76.000 € anzuwenden und man erhält einen Steuermessbetrag von 2.660 €. Nach Multiplikation mit dem Hebesatz beträgt die Gewerbesteuer 11.172 €.

b) Es ist eine Rückstellung für die Körperschaftsteuer zu bilden, da die GmbH (der Betrieb) selbst die Steuer schuldet. Damit hat die Steuer einen betrieblichen Charakter. Auf die Körperschaftsteuer entfällt ein Solidaritätszuschlag in Höhe von 5,5%. Im Handelsrecht entsteht ein Steueraufwand. In der Steuerbilanz darf diese Rückstellung nicht gebildet werden, sodass sich steuerrechtlich der Gewinn entsprechend erhöht.

Lösung zu Aufgabe 33 (Disagio)

a) Um einen periodengerechten Erfolgsausweis zu erzielen, wird Anfang 01 eine Aktivierung vorgenommen. Das in § 250 Abs. 3 HGB enthaltene Wahlrecht wird ausgeübt. Betrag: 8.000 €.

b) Das Disagio weist einen **Zinscharakter** auf. Es kann als vorausgezahlter Zinsbetrag angesehen werden. Da die Rückzahlung nach vier Jahren zum vollen Betrag erfolgt, liegt eine gleichmäßige Zinsbelastung in den einzelnen Jahren vor. Eine lineare Verteilung ist zweckmäßig. In 01 und 02 wird jeweils ein Viertel des Disagios aufgelöst (2.000 €).

Lösung zu Aufgabe 34 (Disagio)

Bei gleichmäßiger Tilgung nimmt die Zinsbelastung im Laufe der Zeit ab. Daher sollte auch das Disagio degressiv verteilt werden. Die Anwendung der Zinsstaffelmethode ist zweckmäßig. Hierbei gilt: Summe der Jahresziffern: 1 + 2 + 3 + 4 = 10. Degressionsbetrag: 8.000 €/10 = 800 €.

Auflösung 01: 4 x 800 € = 3.200 € - Auflösung 02: 3 x 800 € = 2.400 €.

Lösung zu Aufgabe 35 (Disagio)
Es wird wieder die Zinsstaffelmethode für eine degressive Auflösung eingesetzt. Bei einer Laufzeit von vier Jahren und quartalsmäßiger Tilgung sind 16 Quartale zu berücksichtigen. Die Summe der Quartalsziffern ist 16 + 15 + 14 + ... + 1 = 136. Einfacher ist die Berechnung mit der Formel: n x (n+1)/2 mit n = 16 Quartalen. Es gilt: 16 x 17 = 272; Division: 272/2 = 136. Degressionsbetrag somit: 4.080 €/136 = 30 €. Auflösung:

In 01: Erstes Quartal: 16 x 30 = 480 €.
In 02: Folgende vier Quartale: (15 + 14 + 13 + 12) x 30 = 1.620 €.
In 03: Folgende vier Quartale: (11 + 10 + 9 + 8) x 30 = 1.140 €.
In 04: Folgende vier Quartale: (7 + 6 + 5 + 4) x 30 = 660 €.
In 05: Letzte drei Quartale: (3 + 2 + 1) x 30 = 180 €.

Lösung zu Aufgabe 36 (Ansatzverbote)
Nein. Eine Aktivierung der Aufwendungen ist nur möglich, wenn sie zu einem Vermögensgegenstand führen. Da nur das Unternehmen insgesamt, aber nicht der Gründungsaufwand selbst veräußert werden kann, liegt kein Vermögensgegenstand vor. Aus Klarstellungsgründen enthält § 248 Abs. 1 Nr. 1 HGB ein Ansatzverbot.

Lösung zu Aufgabe 37 (Eigenkapital der OHG)
Das Eigenkapital von A beträgt 110.000 € am 31.12.02. Der Anfangsbestand von 100.000 € wird durch den Gewinnanteil von 70.000 € (1/3 von 210.000 €) erhöht und um die Entnahmen von 60.000 € (12 x 5.000 €) vermindert.

Lösung zu Aufgabe 38 (Bilanzerstellung)
<u>Berechnung der Sachanlagen:</u> Gebäude 400.000 €, Computer (Büro) 35.000 €, Büroausstattung 45.000 € und Lieferfahrzeuge 120.000 € = 600.000 €.
<u>Berechnung der Finanzanlagen:</u> Aktien (Liquiditätsreserve) 60.000 € und längerfristige festverzinsliche Wertpapiere 85.000 € = 145.000 €.

Aktiva		Bilanz zum 31.12.01		Passiva
A. Anlagevermögen			A. Eigenkapital	800.000
I. Sachanlagen	600.000		B. Rückstellungen	60.000
II. Finanzanlagen	145.000		C. Verbindlichkeiten	120.000
B. Umlaufvermögen			D. RAP	10.000
I. Vorräte	75.000			
II. Forderungen	119.000			
III. Wertpapiere	35.000			
IV. Kasse, Bank	14.000			
C. RAP	2.000			
	990.000			990.000

<u>Hinweise</u>: Die Wertpapiere zur kurzfristigen Anlage gehören zum Umlaufvermögen. Die vorausbezahlte Miete für Januar 02 führt zu einem aktiven RAP. Die im Voraus erhaltenen Zinsen stellen einen passiven RAP dar. Die Klage führt zu einer Rückstellung (für ungewisse Verbindlichkeiten).

Lösungen der Aufgaben zum dritten Kapitel

Lösung zu Aufgabe 1 (Anschaffungskosten)
Da die Vorsteuer voll abzugsfähig ist, zählt sie nicht zu den Anschaffungskosten. Sie stellt keinen Aufwand dar und belastet den Unternehmer nicht.

Preis der Maschine:	145.500 €	(nach Abzug von 3% Rabatt)
Transportkosten:	2.000 €	
Versicherung:	500 €	
Installation:	3.000 €	
Summe:	151.000 €	

Die Nebenkosten gehören zu den Anschaffungskosten, soweit sie Einzelkosten darstellen. Die Schulungskosten stehen nicht in unmittelbarer Beziehung zur Maschine und gehören daher **nicht** zu den Anschaffungskosten.

Lösung zu Aufgabe 2 (Anschaffungskosten)
Da die Vorsteuer nur zu 40% abzugsfähig ist, gehört der nicht abzugsfähige Teil (60%) zu den Anschaffungskosten. Es handelt sich um Aufwand, der dem Vermögensgegenstand direkt zuzurechnen ist. Ein teilweiser Vorsteuerabzug ist z.B. möglich, wenn die Maschine zum Teil für umsatzfreie Umsätze verwendet wird, bei denen der Vorsteuerabzug ausgeschlossen ist.

Anschaffungskosten: Beim Preis gehören 60% von 0,19 x 145.500 € zu den Anschaffungskosten. Betrag: 16.587 €. Bei den Transportkosten sind 60% von 0,19 x 2.000 € zu berücksichtigen. Betrag: 228 €. Die Versicherung ist umsatzsteuerfrei. Insgesamt betragen die Anschaffungskosten 167.815 €.

Lösung zu Aufgabe 3 (Anschaffungskosten)
a) Müller hat die Finanzierungskosten mit in die Anschaffungskosten einbezogen. Bei einem Jahreszins von 3% auf 40.000 € fallen jährlich 1.200 € Zinsen an. Für ein Vierteljahr (1.10. bis 31.12.) sind 300 € zu verrechnen.

b) **Nein**. Finanzierungskosten gehören grundsätzlich nicht zu den Anschaffungskosten: Anschaffung und Finanzierung sind getrennt zu behandeln.
Fazit: Die Anschaffungskosten betragen 40.000 €, die sonstigen Zinsen in Höhe von 300 € stellen Aufwand dar.

Lösung zu Aufgabe 4 (Anschaffungskosten)
a) Die Bilanzierung erfolgt am 1.10.01 mit dem Übergang von Nutzen und Lasten. Ab diesem Zeitpunkt ist die OHG wirtschaftlicher Eigentümer, weil sie über das Grundstück verfügen kann.

b) Es handelt sich um Anschaffungskosten, weil die Aufwendungen im Zusammenhang mit dem Grundstückserwerb stehen. Allerdings handelt es sich um **nachträgliche Anschaffungskosten**, da der Anschaffungsvorgang bereits abgeschlossen ist.

c) Die Anschaffungskosten betragen: 400.000 € + 14.000 € (Grunderwerbsteuer) + 3.000 € (Abwasserkanal) = 417.000 €. Die Kosten für den Abwasserkanal gehören zu den Anschaffungskosten des Grundstücks, da es nur mit einer ordnungsgemäßen Abwasserentsorgung nutzbar ist.
Hinweis: Der Erwerb des Grundstücks ist grundsätzlich umsatzsteuerfrei, sodass die USt bei dieser Aufgabe ohne Bedeutung ist.

Lösung zu Aufgabe 5 (Herstellungskosten)

a) Die Wertuntergrenze umfasst die gesamten Material- und Fertigungskosten (Gemeinkosten nur in angemessener Höhe). Berechnung:
Materialkosten: 20 € + 10 € = 30 €.
Fertigungskosten: 40 € + 48 € = 88 € (mit angemessenem Zuschlagssatz).
Summe: 118 €. Lagerwert: 4.000 x 118 = 472.000 €.

b) Die Wertobergrenze beinhaltet zusätzlich noch die allgemeinen Verwaltungskosten (Ausübung des Ansatzwahlrechts). Die Vertriebskosten dürfen nicht berücksichtigt werden. Die Wertuntergrenze von 118 € je Stück wird um die Verwaltungskosten von 94,4 € je Stück erhöht (0,8 x 118). Die Wertobergrenze beträgt 212,4 € (Lagerwert: 4.000 x 212,4 = 849.600 €).

Lösung zu Aufgabe 6 (Herstellungskosten)

a) Tatsächliche Kosten von A: 50.000 €/8.000 Stück = 6,25 €/Stück. Die Einzelkosten betragen 40 € pro Stück. Gesamte Stückkosten: 46,25 €. Lagerwert: 2.000 Stück x 46,25 €/Stück = 92.500 €.

b) In die Herstellungskosten dürfen nur angemessene Gemeinkosten einbezogen werden. Sie werden auf Basis der normalen Ausbringungsmenge von 20.000 Stück verrechnet. Herstellungskosten: 50.000 €/20.000 Stück = 2,5 € pro Stück. Stückkosten: 42,5 €/Stück. Lagerwert: 85.000 €.

c) Die Gemeinkosten stellen Fixkosten dar, die unabhängig von der Ausbringungsmenge anfallen und nicht exakt zu verrechnen sind. Somit muss eine Kostenschlüsselung erfolgen. Werden unangemessen hohe Gemeinkosten verrechnet, nimmt der Wert der Produkte scheinbar zu. Das ist aber nicht der Fall, da die Wertsteigerung nur durch die Gemeinkostenverrechnung entsteht. Der Vermögensausweis wäre in diesem Fall **zu hoch**. Der Kaufmann würde sich reicher rechnen, als er ist. Das entspricht nicht dem Gläubigerschutzgedanken. Daher ist der niedrigere Wert vorzuziehen.

Lösung zu Aufgabe 7 (Herstellungskosten)

a) Bei sinkender Ausbringungsmenge (sinken/**steigen**) die Stückkosten, wenn bei einer Vollkostenkalkulation alle Fixkosten verrechnet werden.

b) Bei stark sinkender Ausbringungsmenge (dürfen/müssen/**dürfen nicht**) alle Gemeinkosten auf die Lagermenge verrechnet werden.

c) Die Beschränkung der Gemeinkostenverrechnung auf einen (möglichst hohen/**angemessenen**/möglichst niedrigen) Teil ist im Sinne des Gläubigerschutzes, da der Kaufmann sein Vermögen (eher hoch/**eher niedrig**/eher gleichmäßig) ausweisen soll.

d) Die Wertuntergrenze der Herstellungskosten bilden (alle Einzelkosten/alle Einzelkosten ohne Vertriebskosten/alle Einzel- und Gemeinkosten/**alle Einzel- und Gemeinkosten, ohne allgemeine Verwaltungs- und Vertriebskosten**).

Lösung zu Aufgabe 8 (Anschaffungs- oder Herstellungskosten)
Richtig sind: g), h), i). – Falsch sind: a), b), c), d), e), f).

Hinweis zu f): Da 40% der Vorsteuer abzugsfähig sind, müssen 60% nicht abzugsfähig sein. Diese Umsatzsteuer beträgt 24.000 € und stellt einen Aufwand dar, der für den Erwerb des Vermögensgegenstands anfällt. Somit gehört er zu den Anschaffungskosten der Fertigungsanlage. Weitere 16.000 € sind als Vorsteuer abzugsfähig.

Lösung zu Aufgabe 9 (Nachträgliche Herstellungskosten)
Die Patentkosten führen zu einer wesentlichen Verbesserung des immateriellen Vermögensgegenstands im Vergleich zum Ursprungszustand, sodass es sich um nachträgliche Herstellungskosten handelt. Der Betrag von 10.000 € ist zu aktivieren. Hierbei kann vereinfachend eine Zurechnung zum Buchwert am Jahresbeginn erfolgen. Also beträgt der neue Buchwert am 1.1.04: 610.000 €. Dieser Betrag ist auf die noch verbleibende Restnutzungsdauer zu verteilen. In 04 wird ein voller Jahresbetrag verrechnet.

Lösung zu Aufgabe 10 (Beizulegender Zeitwert)
Nein. Die Anschaffungskosten stellen grundsätzlich die Obergrenze der Bewertung dar. Ein Ausweis des Gewinns ist grundsätzlich erst zulässig, wenn die Wertpapiere veräußert und übertragen werden. Daher sind die Aktien in der Bilanz weiter mit 13.000 € zu bewerten.

Lösung zu Aufgabe 11 (Beizulegender Zeitwert)
a) Da die Bewertung zum beizulegenden Zeitwert erfolgt, sind die Aktien Ende 01 mit 240.000 € und Ende 02 mit 265.000 € zu bewerten.

b) Ab Anfang 03 kann der beizulegende Zeitwert nicht mehr bestimmt werden. Damit ist die zeitnahe Bewertung nicht mehr möglich. Der letzte Zeitwert von 265.000 € stellt die neuen Anschaffungskosten dar. Die weitere Bewertung der Wertpapiere ist nach dem strengen Niederstwertprinzip vorzunehmen (§ 255 Abs. 4 Satz 3 i.V.m. § 253 Abs. 4 HGB).

Lösung zu Aufgabe 12 (Altersversorgungsverpflichtungen)
a) Die Pensionsrückstellung ist mit dem berechneten Wert von 380.000 € zu bewerten. Die zur Absicherung dienenden Wertpapiere sind nach § 253 Abs. 1 Satz 4 HGB zum beizulegenden Zeitwert zu bewerten. Dieser Wert beträgt am Bilanzstichtag nur noch 330.000 €. Er muss angesetzt werden (Abwertungspflicht). Die Dauer der Wertänderung ist in diesem Sonderfall ohne Bedeutung.

Die in § 253 Abs. 3 HGB enthaltene Bewertungsregelung kommt nicht zur Anwendung, da für die Bewertung von Vermögensgegenständen zur Absicherung von Altersversorgungsverpflichtungen eine spezielle Vorschrift existiert. Die Regelung in § 253 Abs. 1 Satz 4 HGB ist vor dem gemilderten Niederstwertprinzip (§ 253 Abs. 3 HGB) zu berücksichtigen.

b) Nach § 246 Abs. 2 Satz 2 HGB ist eine Saldierung der Altersversorgungsverpflichtungen und der zugehörigen Vermögensgegenstände vorzunehmen, da die Wertpapiere speziell zur Absicherung dieser Verpflichtungen erworben wurden und dem Zugriff aller übrigen Gläubiger entzogen sind. Da der Wert der Pensionsrückstellung höher ist als der der Wertpapiere, bleibt ein Restbetrag von 50.000 € auf der Passivseite stehen (Ausweis: "Pensionsrückstellung 50.000").

Lösung zu Aufgabe 13 (Altersversorgungsverpflichtungen)

a) Die Wertpapiere werden nach § 253 Abs. 1 Satz 4 HGB mit dem beizulegenden Zeitwert von 410.000 € bewertet, der über den Anschaffungskosten liegt. In diesem Fall gilt das Realisationsprinzip nicht.

b) Da der Wert der Finanzanlagen (410.000 €) höher ist als der Wert der Pensionsrückstellung (380.000 €), bleibt nach der Saldierung ein Betrag von 30.000 € übrig. Er wird als aktiver Unterschiedsbetrag aus der Vermögensverrechnung an letzter Stelle auf der Aktivseite der Bilanz ausgewiesen.

Lösung zu Aufgabe 14 (Bewertung von Verbindlichkeiten)

Verbindlichkeiten sind mit dem **Erfüllungsbetrag** zu bewerten, der bei Geldleistungsverpflichtungen dem Rückzahlungsbetrag entspricht. Somit ist das Darlehen mit dem Betrag von 100.000 € anzusetzen. Eine Passivierung von 97.000 € ist unzulässig. Durch Ansatz des Disagios kann dieser Wert per Saldo erreicht werden.

Lösung zu Aufgabe 15 (Bewertung von Rückstellungen)

Es liegt eine **Sachleistungsverpflichtung** vor, da eine Dienstleistung (Buchführung) zu erbringen ist. Zur Erfüllung sind die Vollkosten zu ermitteln. Somit ergibt sich die folgende Kalkulation:

    Einzelkosten: 224 € (10 Stunden Arbeitslohn inkl. Sozialversicherung).
+ Gemeinkosten: 200 € (Büro- und Computerkosten).
= Summe: 424 €.

Lösung zu Aufgabe 16 (Rückstellungen und Umsatzsteuer)

a) Im Fall I) wird die Instandhaltung in 01 unterlassen und im Folgejahr innerhalb von drei Monaten nachgeholt. Somit besteht Ende 01 eine Rückstellungspflicht. Im Fall II) wird die Dreimonatsfrist überschritten, sodass keine Rückstellung gebildet werden darf. Es besteht ein Ansatzverbot. Je nachdem, wann die Instandhaltung nachgeholt wird, ergeben sich unterschiedliche Wirkungen für den Ausweis der Schulden. Die Möglichkeiten könnten bilanzpolitisch genutzt werden.

b) Da der Lkw zur Ausführung umsatzsteuerfreier Leistungen verwendet wird, besteht kein Vorsteuerabzug für die Instandhaltungsaufwendungen. Daher wird die Rückstellung im Fall I) mit 2.380 € (2.000 € x 1,19) bewertet.

Lösung zu Aufgabe 17 (Bewertung langfristiger Rückstellungen)

a) Ende 06 ist die Rückstellung zunächst mit 80.000 € zu bewerten. Ein Fünftel der Aufwendungen ist in 06 entstanden. Allerdings muss die Rückstellung noch abgezinst werden. Ende 06 beträgt die Restlaufzeit noch vier Jahre, sodass eine Abzinsung über diesen Zeitraum erfolgt. Der auf drei Nachkommastellen gerundete Abzinsungsfaktor (1/1,05⁴) beträgt 0,823 (genau: 0,8227024748). Damit ergibt sich ein Barwert der Rückstellung in Höhe von 65.840 € (80.000 € x 0,823).

b) Ende 07 wird die Rückstellung mit 138.240 € bewertet (160.000 € x 0,864 – Abzinsungsfaktor: 1/1,05³). Damit steigt der Rückstellungsbetrag um 72.400 €.

Lösung zu Aufgabe 18 (Buchung langfristiger Rückstellungen)
Ende 06: "Sonstiger betrieblicher Aufwand an sonstige Rückstellungen 80.000". Da der Barwert Ende 06: 65.840 € beträgt (siehe vorige Aufgabe), ergibt sich ein Zinsertrag von 14.160 € (80.000 € - 65.840 €): "Sonstige Rückstellungen an Zinsertrag 14.160".

Ende 07 ist wieder ein sonstiger betrieblicher Aufwand von 80.000 € zu buchen. Der alte Barwert 65.840 €, erhöht um 80.000 €, vermindert um neuen Barwert 138.240 € ergibt den Zinsertrag 02. Buchung: "Sonstige Rückstellungen an Zinsertrag 7.600".

Lösung zu Aufgabe 19 (Unterjährige Rückstellungsbewertung)
Da die Verpflichtung erst Mitte 06 entsteht, entfällt auf dieses Jahr ein anteiliger Betrag von 40.000 €. Dieser Betrag ist Ende 06 um 4,5 Jahre abzuzinsen, da die Restlaufzeit nur noch 4,5 Jahre beträgt. In diesem Fall kann zur Abzinsung der auf drei Nachkommastellen gerundete Mittelwert aus fünfjährigem (0,784) und vierjährigem (0,823) Abzinsungssatz genommen werden. Es ergibt sich ein Wert von 0,804.

Allgemeine Berechnung: Zunächst ist die Differenz aus fünf- und vierjährigem Abzinsungsfaktor zu bilden (-0,039). Hiervon werden 6/12 vom vierjährigen Faktor abgezogen: 0,823 - 6/12 x 0,039. Man erhält den Wert 0,8035 – bei Rundung auf drei Nachkommastellen erhält man wieder den obigen Betrag von 0,804. Ende 06 wird die Rückstellung mit dem Barwert von 32.160 € (40.000 € x 0,804) bewertet.

Lösung zu Aufgabe 20 (Verbrauchsfolgeverfahren)
a) Die Werte der Verbräuche und der Endbestände werden in der Tabelle abgebildet:

	Fifo-Methode	Lifo-Methode
Verbrauch	41.640 €	43.500 €
Endbestand	11.760 €	9.900 €

b) Es gilt der Grundsatz, dass die handelsrechtlichen Bewertungsvorschriften Vorrang vor dem Wert haben, der sich nach den Verbrauchsfolgeverfahren ergibt. Somit **muss** eine Bewertung mit 11 €/kg vorgenommen werden (strenges Niederstwertprinzip). Der Endbestand ist in beiden Fällen mit 7.920 € zu bewerten.

Lösung zu Aufgabe 21 (Verbrauchsfolgeverfahren)
Richtig sind: a), c), e), g). – Falsch sind: b), d), f).

Lösung zu Aufgabe 22 (Durchschnittsbewertung)
a) Der Durchschnittswert beträgt 13,75 €/Bogen (3.300.000 €/240.000 Bogen). Da sich noch 25.000 Bogen auf Lager befinden, beträgt der Wert insgesamt 343.750 €.
b) Der Ausweis erfolgt im Umlaufvermögen unter den Vorräten. Bei weiterer Untergliederung wird der Posten "Rohstoffe" ausgewiesen.

Lösung Aufgabe 23 (Währungsumrechnung)
Es handelt sich um eine langfristige Forderung, die zum Anlagevermögen gehört und nach dem gemilderten Niederstwertprinzip zu bewerten ist. Zunächst beträgt der Wert der Forderung 360.000 € (1.10.01). Im Fall a) sinkt der Kurs des Dollars am 31.12.01 auf 0,85. Damit ist die Forderung am Bilanzstichtag nur noch 340.000 € wert. Da die Wertminderung gering ist, handelt es sich **nicht** um eine voraussichtlich dauernde Wertminderung. Es besteht ein **Abschreibungswahlrecht**: Die Forderung kann abgeschrieben werden oder nicht.

Im Fall b) steigt der Wert der Forderung am Bilanzstichtag auf 380.000 €. Da die Anschaffungskosten die Wertobergrenze bilden, darf keine Zuschreibung erfolgen. Die Berücksichtigung der Wertsteigerung würde gegen das Realisationsprinzip verstoßen. Die Bewertung erfolgt mit 360.000 €.

Lösung zu Aufgabe 24 (Währungsumrechnung)
Da es sich jetzt um eine kurzfristige Forderung handelt, gehört sie zum Umlaufvermögen und ist nach dem strengen Niederstwertprinzip zu bewerten. Im Fall a) ist der Wert der Forderung auf 340.000 € gesunken, sodass eine Abschreibung von 20.000 € erfolgen muss (§ 253 Abs. 4 HGB). In der GuV-Rechnung ist der Betrag als sonstiger betrieblicher Aufwand auszuweisen (§ 277 Abs. 5 Satz 2 HGB).

Im Fall b) ist die Forderung mit 380.000 € (400.000 x 0,95) zu bewerten. Da nach § 256a Satz 2 HGB das Realisationsprinzip nicht gilt, werden die Anschaffungskosten von 360.000 € überschritten. In der GuV-Rechnung werden sonstige betriebliche Erträge in Höhe von 20.000 € ausgewiesen.

Lösung zu Aufgabe 25 (Bewertungseinheiten)
Da eine Bewertungseinheit zur Beseitigung des Wechselkursrisikos gebildet wird, ist der Kredit mit dem Terminkurs zu bewerten. Am 1.10.05 wird die Verbindlichkeit mit 170.000 € (200.000 x 0,85) passiviert. Am Bilanzstichtag ändert sich der Wert der Verbindlichkeit nicht. Durch die Absicherung der Verbindlichkeit ist der am Bilanzstichtag gestiegene Wechselkurs ohne Bedeutung.

Lösung zu Aufgabe 26 (Bewertungseinheiten)
Der Kredit ist nur in Höhe von 140.000 US-Dollar durch den Terminkurs abgesichert. Die übrigen 60.000 US-Dollar sind mit dem Wechselkurs am Bilanzstichtag zu bewerten. Am 31.12.05 ist die Verbindlichkeit mit 173.000 € zu bewerten (140.000 x 0,85 + 60.000 x 0,9). Damit wird die Verbindlichkeit höher bewertet als im Fall der vollständigen Absicherung.

Lösung zu Aufgabe 27 (Planmäßige Abschreibungen)
Die Anschaffungskosten betragen in allen Fällen 540.000 €. Die Vorsteuer ist voll abzugsfähig und stellt keinen Aufwand dar. Sie gehört nicht zu den Anschaffungskosten. Die Nebenkosten sind direkt zurechenbar und sind Teil der Anschaffungskosten.

a) 540.000 €/8 Jahre = 67.500 € in 01 und 02.

b) In 01: 25% von 540.000 € = 135.000 €, Restbuchwert: 405.000 €.
   In 02: 25% von 405.000 € = 101.250 €.

c) Degressionsbetrag: 540.000 €/36 Jahresziffern = 15.000 €.
   (Anzahl der Jahresziffern: (8 x 9)/2 = 36).
   In 01: 8 x 15.000 € = 120.000 €.
   In 02: 7 x 15.000 € = 105.000 €.

d) Pro Leistungseinheit: 540.000 €/1.080.000 Stunden = 0,5 €/Stunde.
   In 01: 110.000 € (220.000 x 0,5).
   In 02: 120.000 € (240.000 x 0,5).

Lösung zu Aufgabe 28 (Geometrisch-degressive Abschreibung)
Die geometrisch-degressive Abschreibungsmethode kann nicht zum Restwert null führen, da immer nur ein bestimmter Prozentsatz der Anschaffungskosten bzw. des Restbuchwerts abgeschrieben wird. Nach acht Jahren ist noch ein Restwert von 54.060,97 € vorhanden. Dieser Wert berechnet sich wie folgt: 540.000 x $(1 - 0,25)^8$ = 54.060,97. Ausgehend von den Anschaffungskosten beträgt der erste Restbuchwert (1 - 0,25) x 540.000 = 405.000. Der zweite Restbuchwert ist (1 - 0,25) x (1 - 0,25) x 540.000, oder: $(1 - 0,25)^2$ x 540.000 = 303.750.

Auf diese Weise kann der Restbuchwert am Ende des achten Jahres ermittelt werden, der in voller Höhe abzuschreiben ist, um auf null zu kommen. Zusätzlich zu den planmäßigen Abschreibungen des achten Jahres fällt somit ein Aufwand von 54.060,97 € an. Um den hohen Aufwand zu vermeiden, kann vorher ein Wechsel auf die lineare Abschreibungsmethode erfolgen. Dieser Wechsel sollte stattfinden, wenn die Verteilung des Restbuchwerts nach der linearen Methode zu höheren Abschreibungen führt als nach der geometrisch-degressiven (= Aufwandsvorverlagerung zur früheren Gewinnminderung).

Lösung zu Aufgabe 29 (Abschreibungen im Zugangsjahr)
a) Der Jahresbetrag der linearen Abschreibung ist 15.000 € (120.000 €/8 Jahre). In 01 sind 3/12 als Aufwand zu verrechnen, somit 3.750 €.

b) Der Jahresbetrag der geometrisch-degressiven Abschreibung ist in 01: 24.000 €. Hiervon sind 3/12 als Aufwand zu verrechnen, somit 6.000 €.

c) **Nein**. Die geometrisch-degressive Abschreibung ist im Steuerrecht seit einigen Jahren nicht mehr anwendbar.

Lösung zu Aufgabe 30 (Abschreibungen im Folgejahr)
Bei der linearen Methode sind im Folgejahr 15.000 € zu verrechnen. Bei der geometrisch-degressiven Methode sind 0,2 x 114.000 € (120.000 € - 6.000 €) zu verrechnen. Somit entsteht ein Aufwand von 22.800 €.

Lösung zu Aufgabe 31 (Buchung der Veräußerung)
Im Veräußerungsjahr sind noch 9/12 von 20.000 € (= 15.000 €) als Abschreibung zu verrechnen. Gebucht wird: "Abschreibung auf Sachanlagen an Maschinen 15.000". Der Restwert der Maschine beträgt noch 45.000 € (60.000 € - 15.000 €). Da nur 42.400 € beim Verkauf erzielt werden, entsteht ein Veräußerungsverlust von 2.600 €. Er wird als sonstiger betrieblicher Aufwand in der GuV-Rechnung ausgewiesen. Damit ergibt sich die Buchung: "Bank 50.456 und sonstiger betrieblicher Aufwand 2.600 an Maschinen 45.000 und Umsatzsteuer 8.056".

Lösung zu Aufgabe 32 (Planmäßige Abschreibungen)
Richtig sind: a), b), c), f), g), h), j). – Falsch sind: d), e), i), k), l), m), n).

Hinweise:
Zu d): Die arithmetisch-degressive Abschreibung ist im Steuerrecht generell unzulässig (siehe a).
Zu i): Finanzanlagen werden nicht planmäßig abgeschrieben.
Zu n): Bei der Leistungsabschreibung wird im Zugangsjahr der Betrag abgeschrieben, der durch die Nutzung verursacht wurde.

Lösung zu Aufgabe 33 (Beizulegender Stichtagswert)
a) Die Maschine wird im Produktionsprozess eingesetzt und ist ständig ausgelastet. Sie ist daher betriebsnotwendig. Wäre sie nicht vorhanden, müsste sie beschafft werden. Relevant ist der Beschaffungsmarkt.

b) Der beizulegende Stichtagswert ist der Wiederbeschaffungswert. Da der Wert der neuen Maschine nicht vergleichbar ist, muss ein Altersabschlag für 1,5 Jahre verrechnet werden: 450.000 €/10 Jahre = 45.000 € pro Jahr. Für 1,5 Jahre: 67.500 €. Vergleichswert: 382.500 €.

Lösung zu Aufgabe 34 (Niedrigere Werte)
Für Wertpapiere im Umlaufvermögen ist der niedrigere Wert relevant, der sich aus dem Wiederbeschaffungswert oder Veräußerungswert ergibt.
- Wiederbeschaffungswert: 41,5 € pro Stück (inklusive Nebenkosten).
- Veräußerungswert: 39,5 € pro Stück (nach Abzug von Veräußerungskosten).

Somit ist der Veräußerungswert von 39,5 € relevant und es muss eine außerplanmäßige Abschreibung erfolgen, da dieser Wert unter den Anschaffungskosten liegt.

Lösung zu Aufgabe 35 (Dauernde Wertminderung)
a) Der jährliche Abschreibungsbetrag ist 60.000 € (480.000 €/8 Jahre). Nach zwei Jahren beträgt der Restbuchwert 360.000 € und die verbleibende Restnutzungsdauer noch sechs Jahre.

Fall a) Stichtagswert: 200.000 €. Dieser Wert liegt rund 2,67 Jahre unter dem planmäßigen Restbuchwert (160.000 €/60.000 €). Vermindert man den Betrag von 360.000 € um die planmäßigen Abschreibungen für 2,67 Jahre (2,67 x 60.000 €), kommt man auf den Wert von 200.000 €.

Fall b) Stichtagswert: 100.000 €. Dieser Wert liegt rund 4,33 Jahre unter dem planmäßigen Restbuchwert. Berechnung wie oben.

b) Im Fall a) ist keine dauernde Wertminderung gegeben, da der Wert nicht für mindestens die Hälfte der Restnutzungsdauer niedriger ist. Es besteht ein Abschreibungsverbot. Im Fall b) ist eine dauernde Wertminderung gegeben, da der Wert für mindestens die Hälfte der Restnutzungsdauer niedriger ist (Abschreibungspflicht).

Lösung zu Aufgabe 36 (Vornahme außerplanmäßiger Abschreibungen)
Richtig sind: a), e), f). – Falsch sind: b), c), d).

Hinweis: Im Umlaufvermögen sind unabhängig von der Dauer der Wertminderung Abschreibungen vorzunehmen, wenn der Wert gesunken ist (strenges Niederstwertprinzip).

Lösung zu Aufgabe 37 (Außerplanmäßige Abschreibungen)
a) Im Anlagevermögen gilt das (strenge Niederstwertprinzip/**gemilderte Niederstwertprinzip**).
b) Bei betriebsnotwendigen Rohstoffbeständen muss eine Abschreibung vorgenommen werden, wenn der (**Marktwert**/Marktpreis) für vergleichbare Rohstoffe gesunken ist. Hierbei ist der (**Beschaffungsmarkt**/Absatzmarkt) relevant.
c) Bei Überbeständen von Rohstoffen ist bzw. sind der (Beschaffungsmarkt/**Absatzmarkt**/beide Märkte) relevant.
d) Im Umlaufvermögen gilt das (Höchstwertprinzip/Mittelwertprinzip/**strenge Niederstwertprinzip**/gemilderte Niederstwertprinzip).
e) Bei Waren und Wertpapieren des Umlaufvermögens ist der (Veräußerungswert/ Wiederbeschaffungswert/**niedrigere Wert aus Veräußerungs- und Wiederbeschaffungswert**) relevant.

Lösung zu Aufgabe 38 (Geringwertige Wirtschaftsgüter)
a) Es handelt sich um abnutzbare bewegliche Wirtschaftsgüter des Anlagevermögens, die einer selbstständigen Nutzung fähig sind. Da die Anschaffungskosten des Computers über 800 € liegen, handelt es sich bei ihm aber nicht um ein geringwertiges Wirtschaftsgut. Dagegen ist das Smartphone ein GWG.
b) Die Anschaffungskosten des Computers müssen aktiviert und über die betreffende Nutzungsdauer abgeschrieben werden (Posten: Betriebs- und Geschäftsausstattung). Die Anschaffungskosten des Smartphones liegen unter 800 € und können im Zugangsjahr in voller Höhe als Aufwand behandelt werden. Es besteht ein Abschreibungswahlrecht. Wird das Wahlrecht nicht genutzt, erfolgt wie beim Computer eine Abschreibung über die Nutzungsdauer.

Lösung zu Aufgabe 39 (Geringwertige Wirtschaftsgüter)
Es liegt ein GWG vor, da das Steuerrecht in § 6 Abs. 2 EStG immer auf den **Nettowert** abstellt. Er beträgt 780 € (928,2 €/1,19) und liegt somit unter dem Grenzwert von 800 €. Gebucht wird: "Geringwertige Wirtschaftsgüter an Bank 928,2".

Lösung zu Aufgabe 40 (Zuschreibungen)
a) Buchwert 31.12.02: 400.000 €. Der jährliche Abschreibungsbetrag von 50.000 € ist zweimal von den Anschaffungskosten abzuziehen. Der beizulegende Stichtagswert ist 180.000 €, sodass eine dauernde Wertminderung besteht (Abschreibungspflicht). Der Wert liegt für mindestens die Hälfte (4,4 Jahre) der Restnutzungsdauer (acht Jahre) unter dem planmäßigen Restwert (200.000 €).
b) Zum 31.12.04 ist der Wert der Fertigungsanlage wieder gestiegen, sodass eine Zuschreibung erfolgen muss. Die Zuschreibung ist nach oben begrenzt: Es ist maximal auf den Betrag zuzuschreiben, der sich bei Anwendung des ursprünglichen Abschreibungsplans ergeben hätte: 300.000 € (500.000 € abzgl. 4 x 50.000 €). Es kann **keine** Zuschreibung auf 320.000 € erfolgen.

Lösung zu Aufgabe 41 (Immaterielle Vermögensgegenstände)
Da eine Einheitsbilanz zu erstellen ist, werden in der Handelsbilanz die steuerrechtlichen Regelungen übernommen. Daher ist das Patent linear abzuschreiben, weil im Steuerrecht

nur lineare Abschreibungen zulässig sind. Die Abschreibung erfolgt in 01 monatsgenau, so dass gilt: 31.500 € (9/12 des Jahresbetrags von 42.000 €). Abschreibungsbetrag 02: 42.000 € (840.000 €/20 Jahre).

Lösung zu Aufgabe 42 (Derivativer Firmenwert)
Richtig sind: b), e), f). – Falsch sind: a), c), d), g) (richtig wäre: muss), h).

<u>Hinweis zu c)</u>: Die steuerrechtliche Nutzungsdauer darf nicht ohne weiteres in der Handelsbilanz verwendet werden. Es müssen spezielle Gründe für die Nutzungsdauer von 15 Jahren sprechen. Ansonsten ist im Handelsrecht über 10 Jahre abzuschreiben.

Lösung zu Aufgabe 43 (Derivativer Firmenwert)
a) Die im HGB festgelegte Nutzungsdauer beträgt zehn Jahre, sodass 45.000 € pro Jahr abzuschreiben sind. In 01 werden zeitanteilig 9/12 verrechnet, sodass sich die folgenden Abschreibungsbeträge ergeben: 01: 33.750 € - 02: 45.000 €.

b) Im Steuerrecht wird linear über fünfzehn Jahre abgeschrieben. Somit in 01: 9/12 x 30.000 € (450.000 €/15 Jahre). Der Wert beträgt 22.500 €. In 02 werden 30.000 € verrechnet.

c) Da der handels- und steuerrechtliche Wert auseinanderfallen, muss die Einheitsbilanz ergänzt werden. Ende 01 liegt der handelsrechtliche Wert bei 416.250 € und der steuerrechtliche Wert bei 427.500 €. Somit ist der steuerrechtliche Wert höher und es müssen 11.250 € in die steuerrechtliche Zusatzbilanz aufgenommen werden.

Lösung zu Aufgabe 44 (Derivativer Firmenwert)
a) Die planmäßigen Abschreibungen betragen 1.000.000 € pro Jahr. Ende 01 ist der Firmenwert mit 7.000.000 € zu bewerten, Ende 02 mit 6.000.000 € und Ende 05 mit 5.000.000 €. Der beizulegende Stichtagswert ist so niedrig, dass er für mehr als die Hälfte der Restnutzungsdauer unter dem planmäßigen Wert liegt. Somit ist die Wertminderung dauernd und es muss eine außerplanmäßige Abschreibung auf den Stichtagswert von 2.000.000 € erfolgen.

b) Mit dem Tod des bisherigen Geschäftsinhabers sind die Gründe entfallen, die eine mehr als fünfjährige Nutzungsdauer rechtfertigen. Daher ist von insgesamt fünf Jahren auszugehen und es werden in 04 und 05 jeweils 1.000.000 € als Aufwand verrechnet. Ende 05 ist der Firmenwert null.

Lösung zu Aufgabe 45 (Bewegliche Sachanlagen)
a) Jahresbetrag der handelsrechtlichen Abschreibung: 50.000 € (0,25 x 200.000 €). Für drei Monate ergibt sich ein Wert von 12.500 € (3/12 von 50.000 €). Der Restbuchwert beträgt in der Handelsbilanz am 31.12.01: 187.500 €.

b) **Nein**. Die Maschine muss im Steuerrecht linear abgeschrieben werden (für die Anwendung der steuerrechtlich zulässigen Leistungsabschreibung wurden in der Aufgabe keine Angaben gemacht). Die AfA beträgt 5.000 € (200.000 €/10 Jahre, davon 3/12 in 01). Der steuerliche Restbuchwert ist 195.000 €. Der steuerliche Wert ist um 7.500 € höher - die Differenz erscheint in der steuerlichen Zusatzbilanz. Die Handelsbilanz und Zusatzbilanz bilden zusammen die Steuerbilanz zum 31.12.01.

Lösung zu Aufgabe 46 (Bewegliche Sachanlagen)
Bei der geometrisch-degressiven Abschreibungsmethode wird immer ein fester Prozentsatz (p) von den Anschaffungskosten bzw. dem Buchwert als Aufwand verrechnet. Der Restwert (R) nach zehn Jahren lässt sich aus den Anschaffungskosten (AK) und der Nutzungsdauer (ND) wie folgt ableiten: R = (1 - p)ND x AK. Hieraus lässt sich p berechnen (ND = 10). Es ergibt sich ein Wert von rd. 0,2589 (25,89%). Somit sind im ersten Jahr 103.560 € abzuschreiben.

Hinweis: Wenn der Erwerb der Anlage z.B. am 1.7.01 erfolgt, kann der genaue Restwert Ende 01 nach der geometrisch-degressiven Abschreibung durch einen Exponenten in Höhe von 0,5 errechnet werden.

Lösung zu Aufgabe 47 (Herstellungskosten von Gebäuden)
Da Schulze ein Unternehmer ist, der das Betriebsgebäude nutzt, um umsatzsteuerpflichtige Leistungen auszuführen, sollte Meier auf die Umsatzsteuerbefreiung des Vermietungsumsatzes nach § 9 Abs. 1 und 2 UStG verzichten. Dadurch kann er die Vorsteuerbeträge in seinen Handwerkerrechnungen beim Finanzamt geltend machen. Die Mietbeträge an Schulze werden mit USt ausgewiesen. Für ihn ist das kein Problem, da er die Umsatzsteuer als Vorsteuer geltend machen kann.

Lösung zu Aufgabe 48 (Gebäudeabschreibung)
Die Anschaffungskosten betragen 415.000 €. Die Notarkosten (1.000 €) und die Grunderwerbsteuer (14.000 €) sind Aufwendungen, die für die Beschaffung des Gebäudes anfallen. Sie sind als Nebenkosten Bestandteil der Anschaffungskosten. Die Abschreibung beginnt mit der Nutzung am 1.8.01.
Abschreibungen 01:   3% von 415.000 € = 12.450 €, davon 5/12: 5.187,5 €.
Restbuchwert 31.12.01:   409.812,5 €.

Lösung zu Aufgabe 49 (Gebäudeabschreibung)
a) Der Betrag von 516.100 € ergibt sich bei einer Abschreibung von 3% auf die Anschaffungskosten bei monatsgenauer Berechnung: 3% von 520.000 € = 15.600 €. Davon 3/12 sind 3.900 €. Restwert: 520.000 € - 3.900 € = 516.100 €.

b) **Nein**. Handelsrechtlich muss eine Verteilung der Anschaffungskosten auf die Nutzungsdauer erfolgen. Diese beträgt nur 25 Jahre, sodass 20.800 € jährlich abzuschreiben sind (520.000 €/25 Jahre). In 01 werden 3/12 von 20.800 € verrechnet (5.200 €). Der Restwert beträgt 514.800 €. Die Abschreibung mit 3% ist nicht zulässig, da sie eine nicht erreichbare Nutzungsdauer von rund 33 Jahren unterstellt.

Lösung zu Aufgabe 50 (Gebäudeabschreibung)
a) Der Lastenaufzug ist ein selbstständiger Vermögensgegenstand, da er nicht der Gebäudenutzung, sondern den betrieblichen Zwecken dient. Es handelt sich um eine **Betriebsvorrichtung**, die im zweiten Kapitel erläutert wurde. Der Aufzug wird aktiviert und unter dem Posten "Technische Anlagen" ausgewiesen. Die Abschreibung des Ausgangswerts von 50.000 € erfolgt planmäßig über die Nutzungsdauer, beginnend ab dem 1.10.01. Die Abschreibung erfolgt in 01 monatsgenau, sodass 3/12 des jährlichen Betrags als Aufwand verrechnet werden.

b) Der Personenaufzug ist **kein** selbstständiger Vermögensgegenstand, da er der Nutzung des Gebäudes dient. Er wird mit dem Gebäude aktiviert. Die Aufwendungen für den Aufzug stellen **nachträgliche Herstellungskosten** des Gebäudes dar (50.000 €) und werden mit ihm abgeschrieben. Es wird vereinfachend unterstellt, dass der nachträgliche Aufwand bereits zum Jahresbeginn angefallen ist.

Lösung zu Aufgabe 51 (Nachträgliche Herstellungskosten)
a) Abschreibungsbetrag 01: 3% von 500.000 €, davon 9/12: 11.250 €.
   Restwert Ende 01: 488.750 € (500.000 € - 11.250 €).
b) Abschreibungsbetrag 02: 3% von 600.000 € (500.000 € zzgl. 100.000 € nachträgliche Herstellungskosten): 18.000 €.
   Restwert Ende 02: 488.750 € zzgl. 100.000 €: 588.750 € - 18.000 € = 570.750 €.

Lösung zu Aufgabe 52 (Finanzanlagen)
Im Fall a) liegt eine Wertminderung in Höhe von 20% (10.000 €/50.000 €) vor, im Fall b) in Höhe von 40%. Im Fall b) muss eine Abschreibung erfolgen, da die Wertminderung höher als 30% ist. Im Fall a) besteht ein Wahlrecht.

Lösung zu Aufgabe 53 (Forderungen)
Forderung A: Ohne USt-Korrektur: 100.000 € + 38.000 € = 138.000 €.
Forderung B: Mit USt-Korrektur: 71.400 € (40% von 178.500 €).

Lösung zu Aufgabe 54 (Sachentnahmen)
Buchung des Warenbezugs: "Waren 15.000 und Vorsteuer 2.850 an Bank 17.850". Buchung des Warenverbrauchs: "Privatkonto 892,5 an Umsatzerlöse 750 und Umsatzsteuer 142,5". Der Verbrauch durch den Unternehmer stellt eine umsatzsteuerbare Entnahme dar. Die Erträge werden als Umsatzerlöse behandelt.

Lösung zu Aufgabe 55 (Sachentnahmen)
a) Da Schulze ein anderes Fahrzeug bestellt, ist das entnommene Kfz betriebsnotwendig und mit den **Wiederbeschaffungskosten** von 6.500 € zu bewerten. Die Umsatzsteuer ist ohne Bedeutung, da sie als Vorsteuer abgezogen werden könnte. Entnahmegewinn: 1.500 € (6.500 € - 5.000 €).
b) Die Entnahme unterliegt der Umsatzsteuer, da bei der Beschaffung ein Vorsteuerabzug erfolgte. Die USt beträgt 1.235 € (19% des Entnahmewerts von 6.500 €).

Lösung zu Aufgabe 56 (Sacheinlagen)
Der Schreibtisch weist Anschaffungskosten von 3.570 € auf, da der Vorsteuerabzug entfällt. Nach zwei Jahren ist der Restwert 2.856 € (3.570 € - 2 x 357 €). Im Fall a) ist der Teilwert 2.500 €. Er kommt zur Anwendung. Im Fall b) ist der Teilwert 3.000 €, sodass maximal 2.856 € verwendet werden dürfen.

Lösung zu Aufgabe 57 (Privatvorgänge und Erfolgsermittlung)
Der Eigenkapitalvergleich führt zunächst zu einer Eigenkapitalmehrung von 40.000 €. Die Entnahmen betragen 38.080 € (32.000 € zzgl. 19% USt) und die Einlage beträgt 2.000 €. Daraus ergibt sich ein Gewinn in Höhe von 76.080 € in 02.

Lösungen der Aufgaben zum vierten Kapitel

Lösung zu Aufgabe 1 (Haftungsbeschränkte Unternehmergesellschaft)
a) Die gesetzliche Rücklage ist null. Da ein Verlust entstanden ist, kann die gesetzliche Rücklage nicht dotiert werden.

b) Der gesetzlichen Rücklage werden 7.500 € zugeführt: 25% von 30.000 € (40.000 € - 10.000 €). Da in 01 ein Verlust entstanden ist, der nicht ausgeglichen werden kann, entsteht ein Verlustvortrag für das Folgejahr. Er wird bei der Berechnung der gesetzlichen Rücklage berücksichtigt.

Die Gesellschafter können maximal den Bilanzgewinn ausschütten. Er berechnet sich wie folgt: Jahresüberschuss vermindert um den Verlustvortrag und die Zuführung zur gesetzlichen Rücklage. Somit ergibt sich ein Bilanzgewinn von 22.500 €. Dieser Betrag kann maximal ausgeschüttet werden.

Lösung zu Aufgabe 2 (Haftungsbeschränkte Unternehmergesellschaft)
Nein. Solange das Stammkapital nicht auf mindestens 25.000 € erhöht wurde, muss die gesetzliche Rücklage weiter dotiert werden. Hierzu ist die Änderung des Gesellschaftsvertrags notwendig, die notariell beurkundet und ins Handelsregister eingetragen werden muss. Die folgende Umbuchung ist vorzunehmen: "Gesetzliche Rücklage an gezeichnetes Kapital 15.000." Dann ist der Mindestwert von 25.000 € erreicht. Die übrigen gesetzlichen Rücklagen können in die Gewinnrücklagen umgebucht werden (Buchung: "gesetzliche Rücklage an andere Gewinnrücklagen 25.000"). Sie könnten anschließend auch ausgeschüttet werden.

Lösung zu Aufgabe 3 (Bilanzadressaten)
a) **Kleinaktionäre**: Sie wünschen einen hohen Gewinnausweis, damit bestimmte Mindestausschüttungen vorgenommen werden können. Hierdurch können Kleinaktionäre ihre Konsumwünsche erfüllen.

Großaktionäre/Gläubiger: Sie wünschen einen möglichst niedrigen Gewinnausweis. **Großaktionäre** verfolgen Investitionsziele und setzen auf das langfristige Wachstum des Unternehmens und die Wertsteigerungen ihrer Anteile. **Gläubiger** verfolgen Kapitalerhaltungsziele, damit ihre Kredite durch die Unternehmenssubstanz abgesichert sind. Kommt es zur Insolvenz mit anschließender Unternehmensliquidation, werden Gläubiger ihre Kredite meist nicht in voller Höhe zurückbekommen. Dann gilt: Je mehr Kapital im Unternehmen steckt, desto geringer ist die Kreditausfallquote der Gläubiger.

b) Die Ausschüttungsquote beträgt 50% des Gewinns. Die Ausschüttungen betragen maximal 500.000 € und minimal 200.000 €.
Herr Klein: Maximum: 0,0000025 x 500.000 € = 1,25 €.
　　　　　　 Minimum: 0,0000025 x 200.000 € = 0,5 €.
Herr Groß: Maximum: 0,125 x 500.000 € = 62.500 €.
　　　　　　 Minimum: 0,125 x 200.000 € = 25.000 €.

Lösung zu Aufgabe 4 (Ausschüttungsregelungsfunktion)
Die Inhalte dieser Jahresabschlussaufgabe gibt die folgende Abbildung wieder:

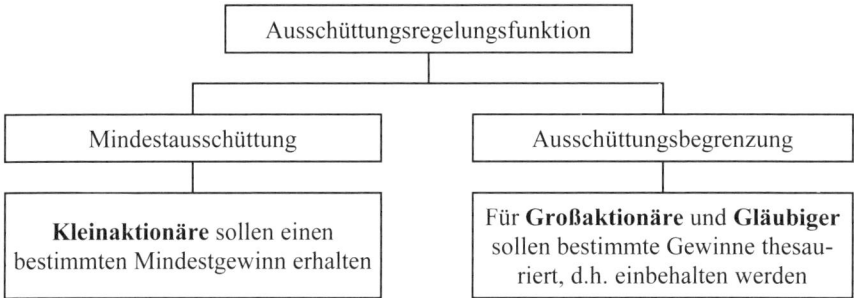

Lösung zu Aufgabe 5 (Wirtschaftliche Lage)
Die Definitionen lassen sich der folgenden Abbildung entnehmen. Im Einzelabschluss existiert kein spezielles Instrument zur Abbildung der Finanzlage – die Kapitalflussrechnung ist nur im Konzernabschluss vorgeschrieben. Die finanziellen Mittel können sich auf einen Zeitpunkt oder einen Zeitraum beziehen. Die Liquidität eines Unternehmens steht hierbei im Mittelpunkt.

Begriffe	Definitionen
Vermögenslage	Das Reinvermögen der Kapitalgesellschaft zu einem bestimmten Zeitpunkt, abgebildet in der Bilanz
Ertragslage	Der Erfolg der Kapitalgesellschaft für einen bestimmten Zeitraum, abgebildet in der GuV-Rechnung
Finanzlage	Die finanziellen Mittel der Kapitalgesellschaft in einem Zeitpunkt bzw. für einen Zeitraum

Lösung zu Aufgabe 6 (Größenklassen)
Hinweis: Es ist darauf zu achten, dass die Rechtsfolgen der Umgliederung erst eintreten, wenn an zwei aufeinanderfolgenden Stichtagen zwei der drei Kriterien erfüllt sind. Es müssen **nicht** dieselben Kriterien sein! Daher ist die Gesellschaft Ende 19, 20 und 21 als mittelgroß einzustufen, da die Voraussetzungen für eine große Gesellschaft nicht an zwei aufeinanderfolgenden Stichtagen erfüllt sind. Das ist erstmals Ende 22 der Fall.

Ende der Periode	Bilanzsumme	Umsatzerlöse	Arbeitnehmer	Einstufung	Rechtsfolge
19	20,9 Mio.	41,2 Mio.	230	Groß	Mittelgroß
20	19,8 Mio.	39,5 Mio.	260	Mittelgroß	Mittelgroß
21	21,2 Mio.	41,7 Mio.	270	Groß	Mittelgroß
22	21 Mio.	41 Mio.	240	Groß	Groß
23	19,8 Mio.	39,5 Mio.	249	Mittelgroß	Groß

Lösung zu Aufgabe 7 (Eigenkapital)

a) Der Gewinn des laufenden Geschäftsjahres einer Kapitalgesellschaft wird als (Jahresfehlbetrag/Gewinnvortrag/Gewinnrücklage/**Jahresüberschuss**) bezeichnet. Es ist ein Gewinn (vor Steuern/**nach Steuern**).
b) Entscheidet die Gesellschafterversammlung einer GmbH speziell über die Einbehaltung und Zuweisung eines Gewinnbetrags, wird der Posten (**Gewinnrücklagen**/Jahresüberschuss/Gewinnvortrag) erhöht.
c) Kann bei einer GmbH ein Jahresfehlbetrag nicht ausgeglichen werden, erscheint im neuen Geschäftsjahr der Posten (Gewinnvortrag/**Verlustvortrag**/Jahresfehlbetrag) auf der Passivseite (Erfolgsausweis vor Ergebnisverwendung).
d) In einer Aktiengesellschaft wird der Posten (**gezeichnetes Kapital**/Gewinnrücklagen/Jahresüberschuss) erhöht, wenn eine ordentliche Kapitalerhöhung stattgefunden hat.
e) Wird in einer GmbH nur beschlossen, dass die Hälfte des Jahresüberschusses ausgeschüttet wird, erhöht die andere Hälfte (die Gewinnrücklagen/**den Gewinnvortrag**/das gezeichnete Kapital).
f) Werden von einer Aktiengesellschaft Aktien über dem Nennbetrag ausgegeben, verändern sich die Eigenkapitalposten (Gewinnrücklagen/Bilanzgewinn/Gewinnvortrag/**gezeichnetes Kapital/Kapitalrücklage**).

Lösung zu Aufgabe 8 (Eigenkapital der AG und GmbH)

Richtig sind: e), g), k). – Falsch sind: a), b), c), d), f), h), i), j), l).

Hinweise:
Zu a) bis g): Die Begriffe Stammkapital (GmbH) und Grundkapital (AG) müssen den Gesellschaftsformen richtig zugeordnet werden. Beide Größen werden jeweils in der Bilanz als gezeichnetes Kapital ausgewiesen.

Zu h) und i): Das Aktiengesetz schreibt nur ein Mindestkapital vor. Eine AG kann mit mehr, aber nicht mit weniger Grundkapital ausgestattet werden.

Zu j) und k): Die Haftung der Gesellschaft umfasst mehr als das Grundkapital (und auch mehr als das gesamte Eigenkapital). Vielmehr haftet das gesamte Vermögen der Gesellschaft. Ein Unterschied entsteht im Fall von stillen Reserven: Wenn der Zeitwert des Vermögens über seinem Buchwert liegt, ist auch der Zeitwert des Eigenkapitals höher als sein Buchwert. Im Fall einer Unternehmensliquidation steht den Gläubigern der gesamte Betrag zur Verfügung, der durch den Verkauf des Vermögens entsteht.

Lösung zu Aufgabe 9 (Erfolgsausweis der GmbH)

a) Erfolgsausweis vor Ergebnisverwendung: Die Gesellschafter entscheiden erst **nach** der Aufstellung des Jahresabschlusses über die Gewinnverwendung. Es müssen keine speziellen Rücklagen dotiert werden, die zum Erfolgsausweis mit teilweiser Ergebnisverwendung führen könnten.

b) In der Bilanz zum 31.12.01 wird der Jahresüberschuss von 250.000 € ausgewiesen (Angaben in Tausend Euro). Da das gezeichnete Kapital nicht verändert wird, ergibt sich die Bilanz auf der folgenden Seite.

A	Bilanz zum 31.12.01		P
Diverse Vermögens- gegenstände	850.000	Gezeichnetes Kapital Jahresüberschuss	600.000 250.000
	850.000		850.000

In der Bilanz zum 31.12.02 wird der Jahresfehlbetrag in Höhe von 40.000 € mit einem Minuszeichen auf der Passivseite ausgewiesen. Der Jahresüberschuss 01 wird in Höhe von 125.000 € ausgeschüttet und erscheint insoweit nicht mehr in der Bilanz. Der Restbetrag wird den Gewinnrücklagen zugewiesen (Betrag: 125.000 €).

A	Bilanz zum 31.12.02		P
Diverse Vermögens- gegenstände	685.000	Gezeichnetes Kapital Gewinnrücklagen Jahresfehlbetrag	600.000 125.000 -40.000
	685.000		685.000

c) In der GuV-Rechnung werden Steuern vom Einkommen und Ertrag in Höhe von 75.000 € als Aufwand verrechnet (0,3 x 250.000 €). Der Steueraufwand entsteht für die Körperschaftsteuer (mit Solidaritätszuschlag) und für die Gewerbesteuer, wobei unterstellt wird, dass ihre Bemessungsgrundlagen identisch sind. Nur in diesem Fall kann ein einheitlicher Ertragsteuersatz verwendet werden. In der Bilanz ergibt sich ein Jahresüberschuss von 175.000 €. Zusätzlich wird eine Steuerrückstellung in Höhe von 75.000 € passiviert (= Rückstellung für ungewisse Verbindlichkeiten).

Hinweis: Im Folgejahr entsteht ein Verlust. Bei der Körperschaftsteuer kann durch einen Verlustrücktrag in das Vorjahr eine Steuererstattung erzielt werden, die den Jahresfehlbetrag vermindert. Bei der Gewerbesteuer existiert nur ein Verlustvortrag, sodass sich erst die zukünftige Gewerbesteuerbelastung vermindert.

Lösung zu Aufgabe 10 (Erfolgsausweis der GmbH)
31.12.02: Es entsteht ein Jahresfehlbetrag in Höhe von 150.000 €. Der Wert in der Bilanz entspricht dem Betrag der GuV-Rechnung. Der Fehlbetrag steht auf der Passivseite mit einem Minus. Das gezeichnete Kapital bleibt unverändert (800.000 €).
Ausweis 02: Jahresfehlbetrag -150.000 €.

31.12.03: Der Jahresfehlbetrag aus 02 wird am 31.12.03 zu einem Verlustvortrag in Höhe von -150.000 €. Zwar entsteht in 03 ein Jahresüberschuss von 280.000 €, aber zum 31.12.03 ist noch kein Ausgleich möglich.
Ausweis 03: Verlustvortrag -150.000 €, Jahresüberschuss 280.000 €.

31.12.04: In 04 entsteht ein Jahresüberschuss von 220.000 €, der auf der Passivseite erscheint. Durch den Beschluss der Gesellschafter wird der Verlustvortrag in Höhe von -150.000 € ausgeglichen. Es bleibt ein Rest von 130.000 € (280.000 € - 150.000 €), der zur Hälfte ausgeschüttet und zur Hälfte den anderen Gewinnrücklagen zugewiesen wird. Die Buchungen lauten: "Jahresüberschuss an Gewinnverwendung 280.000" und danach: "Gewinnverwendung 280.000 an Verlustvortrag -150.000, andere Gewinnrücklagen 65.000 und Bank 65.000".
Ausweis 04: Andere Gewinnrücklagen 65.000 €, Jahresüberschuss 220.000 €.

Lösung zu Aufgabe 11 (Kapitalrücklagen)

a) Der Buchungssatz lautet: "Bank 300.000 an gezeichnetes Kapital 200.000 und Kapitalrücklage 100.000". Relevante Vorschrift: § 272 Abs. 2 Nr. 1 HGB.

b) Es handelt sich um eine Wandelschuldverschreibung. Das Schuldverhältnis kann in ein Eigentumsverhältnis umgewandelt werden. Der Mehrbetrag ist in die Kapitalrücklage einzustellen. Relevante Vorschrift: § 272 Abs. 2 Nr. 2 HGB.

Lösung zu Aufgabe 12 (Kapitalrücklagen)

Richtig sind: d), g), h). – Falsch sind: a), b), c), e), f).

Hinweis zu e): Eine Ausgabe unter Nennwert ist nach § 9 Abs. 1 AktG unzulässig. Beim Nennwert von z.B. 10 € muss mindestens dieser Betrag bei der Emission der Aktien erzielt werden.

Lösung zu Aufgabe 13 (Gesetzliche Rücklage)

Die gesetzliche Rücklage muss 10% des gezeichneten Kapitals betragen (Kapitalrücklagen sind nicht vorhanden). Somit wird ein Betrag von insgesamt 50.000 € (10% von 500.000 €) benötigt. Die Zuführung beträgt grundsätzlich 5% des Jahresüberschusses, wobei ein Verlustvortrag abzuziehen ist. Somit müssen grundsätzlich 14.000 € (0,05 x 280.000 €) zugeführt werden. Der Verlustvortrag vermindert die Berechnungsgrundlage auf 280.000 € (300.000 € - 20.000 €).

Da der Anfangsbestand der gesetzlichen Rücklage 44.000 € beträgt, ergibt sich bei Zuführung von 14.000 € ein Endbestand von 58.000 €. Da nur 50.000 € benötigt werden, um die gesetzlichen Anforderungen zu erfüllen, werden nur 6.000 € zugeführt. Die Obergrenze der gesetzlichen Rücklage wird eingehalten.

Lösung zu Aufgabe 14 (Rückbeteiligungen)

a) Die Anteile der T-AG an der M-AG stellen Anteile an verbundenen Unternehmen dar, weil ein Mutter-/Tochterverhältnis vorliegt. Die Anteile gehören zum Umlaufvermögen und werden wie folgt gebucht: "Anteile an verbundenen Unternehmen an Bank 201.000". Die Anteile werden mit den Anschaffungskosten bewertet, zu denen auch die Bankgebühren gehören.

b) Auf der Passivseite ist eine Rücklage für Anteile an einem herrschenden Unternehmen oder mehrheitlich beteiligten Unternehmen zu bilden, die denselben Betrag aufweist wie die Wertpapiere (201.000 €). Diese Rücklage darf nicht ausgeschüttet werden und wird aus frei verfügbaren Rücklagen gebildet. Da andere Gewinnrücklagen in Höhe von 500.000 € vorhanden sind, kann eine entsprechende Umbuchung erfolgen: "Andere Gewinnrücklagen an Rücklagen an einem herrschenden oder mehrheitlich beteiligten Unternehmen 201.000".

c) Wenn der Wert der Anteile am Bilanzstichtag gesunken ist, muss eine außerplanmäßige Abschreibung erfolgen (strenges Niederstwertprinzip). Der Abschreibungsbetrag beläuft sich auf 81.000 € (201.000 € - 120.000 €). Gleichzeitig wird die ausschüttungsgesperrte Rücklage um 81.000 € aufgelöst (Zunahme der anderen Gewinnrücklagen um 81.000 €). Die Rücklage wird immer in derselben Höhe wie der Aktivposten gebildet.

Lösung zu Aufgabe 15 (Rückbeteiligungen)
Die Rücklage für Anteile an einem herrschenden Unternehmen oder mehrheitlich beteiligten Unternehmen kann nicht mehr in voller Höhe aus den anderen Gewinnrücklagen dotiert werden: Benötigt werden 201.000 €, vorhanden sind 180.000 €. Damit fehlen 21.000 €, für die ein Teil des Jahresüberschusses verwendet werden muss.

Hinweis: Achten Sie auf die Reihenfolge, in der die Rücklagen bei einer AG gebildet werden. Aus dem Jahresüberschuss (abzgl. eines Verlustvortrags) sind zunächst die gesetzliche Rücklage und dann die anderen Gewinnrücklagen (durch den Vorstand) zu dotieren. Erst danach folgt die Rücklage für Anteile an einem herrschenden oder mehrheitlich beteiligten Unternehmen. Da sie auf jeden Fall gebildet werden muss, kann es im Extremfall dazu kommen, dass sich ein Bilanzverlust ergibt.

Lösung zu Aufgabe 16 (Bilanzgewinn)
a) **Nein**. Vom Jahresüberschuss 02 müssen zunächst 5% in die gesetzliche Rücklage eingestellt werden, da sie noch nicht 10% des gezeichneten Kapitals beträgt (Kapitalrücklagen sind nicht vorhanden). 5% von 200.000 € = 10.000 €. Rest: 190.000 €. Von diesem Betrag kann der Vorstand 50%, also 95.000 € thesaurieren (= 50% von 190.000 €). Die anderen Gewinnrücklagen steigen um 95.000 €.
b) Gezeichnetes Kapital: 400.000 € (unverändert). Gesetzliche Rücklage: 30.000 € (Zunahme um 10.000 €). Andere Gewinnrücklagen: 95.000 €. Bilanzgewinn: 175.000 € (95.000 € aus 02 zzgl. des Gewinnvortrags von 80.000 € aus 01).

Lösung zu Aufgabe 17 (Bilanzgewinn)
a) Buchung: "Bilanzgewinn an Bank 175.000" (Bilanzverkürzung).
b) Jahresfehlbetrag 03:   -50.000 €.
   Auflösung anderer Gewinnrücklagen: + 95.000 €.
   Bilanzgewinn: = 45.000 €.

Es können keine 100.000 € ausgeschüttet werden, da die anderen Gewinnrücklagen zu niedrig sind. Die gesetzliche Rücklage ist nicht ausschüttungsfähig.

c) Gezeichnetes Kapital: 400.000 € (unverändert).
   Gesetzliche Rücklage: 30.000 € (unverändert. Keine Dotierung möglich).
   Andere GRL: 0 € (vollständig aufgelöst).
   Bilanzgewinn: 45.000 €.

Lösung zu Aufgabe 18 (Bilanzgewinn)
Zum 31.12.01 entsteht ein Bilanzverlust. Der Jahresfehlbetrag 01 beträgt 100.000 €. Ein Ausgleich ist nicht möglich, da keine anderen Gewinnrücklagen vorhanden sind. Der Jahresfehlbetrag führt zu einem Bilanzverlust, der negativ auf der Passivseite der Bilanz erscheint und ins nächste Jahr vorgetragen wird. Darstellung der Bilanz:

A	Bilanz zum 31.12.01		P
Diverse Vermögensgegenstände	700.000	Gezeichnetes Kapital Bilanzverlust	800.000 -100.000
	700.000		700.000

Zum 31.12.02 entsteht ein Jahresüberschuss von 200.000 €. Dieser ist um den Verlustvortrag aus 01 zu vermindern. Rest: 100.000 €. Da es sich um eine AG handelt, muss die gesetzliche Rücklage zunächst dotiert werden. Zuführungsbetrag: 5.000 € (5% von 100.000 €). Rest: 95.000 €. Der Vorstand kann 47.500 € in die anderen Gewinnrücklagen einstellen (50% von 95.000 €). Der Restbetrag steht als Bilanzgewinn für Ausschüttungen zur Verfügung. Darstellung der Bilanz:

A	Bilanz zum 31.12.02		P
Diverse Vermögensgegenstände	900.000	Gezeichnetes Kapital	800.000
		Gesetzliche Rücklage	5.000
		Andere Gewinnrücklagen	47.500
		Bilanzgewinn	47.500
	900.000		900.000

Lösung zu Aufgabe 19 (Verluste)
Um die wirtschaftliche Situation günstig darzustellen, muss der Jahresfehlbetrag aus 02 (-300.000 €) ausgeglichen werden. Hierzu sind der Gewinnvortrag (40.000 €) und die anderen Gewinnrücklagen (150.000 €) zu verwenden, da sie frei verfügbare Eigenkapitalposten darstellen. Es verbleibt ein Betrag von -110.000 €.

Die Rücklage für Anteile an einem herrschenden oder mehrheitlich beteiligten Unternehmen (in der Aufgabe musste die Bezeichnung aus Platzgründen gekürzt werden) kann nicht zur Verlustdeckung herangezogen werden, da sie vom Bestand der aktivierten Anteile abhängt. Die Verwendbarkeit dieser Rücklage ist postenbezogen.

Eine Auflösung der gesetzlichen Rücklage und der Kapitalrücklage ist möglich, da alle anderen frei verfügbaren Rücklagen aufgelöst wurden. Eine vollständige Auflösung (90.000 €) führt zu einem verbleibenden Fehlbetrag von 20.000 €. Er ist als **Bilanzverlust 02** auszuweisen und wird für 03 zu einem Verlustvortrag. Er ist in 03 an erster Stelle auszugleichen, wenn ein Jahresüberschuss entsteht.

Hinweis: Nach § 150 Abs. 3 AktG besteht ein Wahlrecht zur Auflösung der gesetzlichen Rücklage und Kapitalrücklage, wenn vorab die frei verfügbaren Rücklagen verwendet wurden. Werden die gesetzliche Rücklage und Kapitalrücklage nicht aufgelöst, entsteht in 02 ein Bilanzverlust in Höhe von 110.000 €, der in 03 zum Verlustvortrag wird.

Lösung zu Aufgabe 20 (Eigene Anteile)
Die eigenen Anteile werden mit dem Eigenkapital der AG verrechnet. Der Nennwert der Aktie führt zur Verminderung des gezeichneten Kapitals, das sich um 1.680.000 € (120.000 Stück x 14 €/Stück) vermindert. Die Differenz zwischen Kurs- und Nennwert je Aktie (6 €) wird mit den anderen Gewinnrücklagen verrechnet, die um 720.000 € abnehmen. Die Bankgebühr in Höhe von 4.800 € (0,002 x 2.400.000 €) wird unter den sonstigen betrieblichen Aufwendungen ausgewiesen. Die Buchung lautet: "Gezeichnetes Kapital 1.680.000, andere Gewinnrücklagen 720.000, sonstige betriebliche Aufwendungen 4.800 an Bank 2.404.800".

Lösung zu Aufgabe 21 (Eigene Anteile)
Im Fall a) werden die Aktien mit einem niedrigeren Betrag ausgegeben, als die AG selbst bezahlt hat. Die Buchung lautet: "Bank 2.160.000 an gezeichnetes Kapital 1.680.000 und

andere Gewinnrücklagen 480.000". Im Fall b) werden die Aktien mit einem höheren Betrag ausgegeben. Der über das Nennkapital und die anderen Gewinnrücklagen hinausgehende Teil (5 € je Aktie) wird in die Kapitalrücklage Nr. 1 eingestellt (600.000 €). Die Buchung lautet: "Bank 3.000.000 an gezeichnetes Kapital 1.680.000, andere Gewinnrücklagen 720.000 und Kapitalrücklage 600.000".

Lösung zu Aufgabe 22 (Beteiligungen)

a) **Keine Beteiligung**. Es ist zwar eine dauernde Anlageabsicht und eine hohe Anteilsquote vorhanden. Allerdings fehlt eine wirtschaftliche Verbindung. Die Küchen-AG erwirbt die Anteile nur auf Empfehlung eines Bankiers, weil die Computer-AG hohe Renditen erwirtschaftet. Eine Verbindung zwischen einem Computerunternehmen und einem Küchenhersteller ist kaum möglich. Die 20%-Grenze in § 271 Abs. 1 Satz 3 HGB führt nur zu einer (widerlegbaren) Beteiligungsvermutung.
Ausweis: Wertpapiere des Anlagevermögens (Finanzanlagen).

b) **Keine Beteiligung**. Es handelt sich um eigene Anteile. Sie sind nach § 272 Abs. 1a HGB vom gezeichneten Kapital abzusetzen. Sie dürfen **nicht** auf der Aktivseite ausgewiesen werden.
Ausweis: Auf der Passivseite durch Herabsetzung des gezeichneten Kapitals.

c) **Keine Beteiligung**. Es handelt sich um Wertpapiere, die zur Veräußerung bestimmt sind. Eine längerfristige Anlageabsicht besteht nicht.
Ausweis: Sonstige Wertpapiere (Umlaufvermögen).

Lösung zu Aufgabe 23 (Phasengleiche Gewinnvereinnahmung)

a) Die M-AG hat in 01 einen Gewinnanspruch, der zu einer Forderung führt. Da diese Forderung gegenüber der Tochter besteht, an der die Mutter zu 100% beteiligt ist, liegen verbundene Unternehmen vor und die Buchung lautet: "Forderungen gegen verbundene Unternehmen an Erträge aus verbundenen Unternehmen 280.000". In 02 lautet die Buchung: "Bank 206.150, Steueraufwand 73.850 an Forderungen gegen verbundene Unternehmen". Die Kapitalertragsteuer mit zugehörigem Soli (26,375% von 280.000 € = 73.850 €) wird als Steueraufwand gebucht.

b) Es ist **keine** ausschüttungsgesperrte Rücklage zu bilden, da die M-AG Ende 01 einen Anspruch auf die Dividende hat. Die Regelung in § 272 Abs. 5 HGB greift nur für solche Finanzerträge, auf die das beteiligte Unternehmen keinen Anspruch besteht. Dieser Fall ist im deutschen Bilanzrecht derzeit nicht relevant.

c) Die Steuerrückstellung beträgt 120.000 € (30/70 x 280.000 €).

Lösung zu Aufgabe 24 (Latente Steuern beim Disagio)

a) In der Handelsbilanz wird das Disagio nicht aktiviert, sodass Ende 01 quasi ein Wert "null" bilanziert wird. In der Steuerbilanz findet eine Aktivierung statt, sodass am Jahresende ein Betrag von 3.000 € aktiviert wird. In 01 ist bereits eine Verteilung von 1.000 € (4.000 €/4 Jahre) vorzunehmen. Da der Handelsbilanzwert um 3.000 € unter dem Steuerbilanzwert liegt, entsteht eine aktive latente Steuer. Beim Steuersatz von 30% beträgt der Wert 900 €.

Inhaltlich kann die aktive latente Steuer als ein "Steuererstattungsposten" angesehen werden. Gemessen am handelsrechtlichen Gewinn ist die Steuer in 01 zu hoch, d.h.

es wird zunächst zu viel Steueraufwand verrechnet. Zum Ausgleich kann in 01 eine latente Steuer aktiviert werden, die in den Folgejahren wieder aufgelöst werden muss. In 02 bis 04 wird aus handelsrechtlicher Sicht zu wenig Steueraufwand verrechnet.

b) Es handelt sich um eine zeitliche Differenz zwischen Handels- und Steuerbilanz, da sich die Erfolgswirkungen automatisch ausgleichen. Nach vier Jahren befinden sich Handels- und Steuerbilanz wieder im Gleichlauf.

Lösung zu Aufgabe 25 (Latente Steuern bei Vorräten)
a) Handelsbilanz: Bewertung mit 160.000 € (10.000 Stück zu je 16 €).
Steuerbilanz: Bewertung mit 142.000 € (Durchschnittswert: 14,2 € pro Stück).

b) Der Handelsbilanzgewinn ist in 01 um 18.000 € höher. Es ist eine latente Steuer von 5.400 € zu passivieren (18.000 € x 0,3). Bestand passiver latenter Steuern 5.400 €.

Periode 02: 40% der Ware werden abgesetzt, sodass sich in der Handelsbilanz ein Mehraufwand von 7.200 € (40% von 18.000 €) ergibt. Der handelsrechtliche Wareneinsatz ist höher als der steuerrechtliche. Da der Handelsbilanzgewinn um 7.200 € niedriger ist als der steuerrechtliche, wird die passive latente Steuer um 2.160 € (30% von 7.200 €) verringert. Bestand passiver latenter Steuern: 3.240 €.

Periode 03: 60% der Waren werden abgesetzt, sodass in der Handelsbilanz ein Mehraufwand von 10.800 € entsteht. Die verbleibende passive latente Steuer wird aufgelöst (3.240 €). Bestand latenter Steuern Ende 03: Null.

Lösung zu Aufgabe 26 (Latente Steuern bei Abschreibungen)
Im Fall a) ist die Maschine handels- und steuerrechtlich mit 420.000 € zu bewerten, da die Wertminderung auf 300.000 € nicht voraussichtlich dauernd ist. Der Stichtagswert von 300.000 € ist nicht kleiner als die Hälfte des vorläufigen Buchwerts. Berechnung: 0,5 x 420.000 € = 210.000 €. Damit besteht keine Differenz zwischen Handels- und Steuerbilanzwert und es entsteht keine latente Steuer.

Im Fall b) ist die Wertminderung dauernd: 200.000 € < 0,5 x 420.000 €. Damit muss handelsrechtlich eine außerplanmäßige Abschreibung erfolgen. Steuerrechtlich besteht ein Wahlrecht für eine Teilwertabschreibung. Wird in der Steuerbilanz ebenfalls abgeschrieben (= Wahlrecht genutzt), stimmen Handels- und Steuerbilanzwert überein und es entsteht keine latente Steuer.

Wird in der Steuerbilanz nicht abgeschrieben, besteht eine Wertdifferenz von 220.000 €, wobei der Handelsbilanzwert niedriger ist. Es entsteht eine aktive latente Steuer in Höhe von 66.000 €. Die Buchung 01 lautet: "Aktive latente Steuer an latenter Steuerertrag 66.000".

Lösung zu Aufgabe 27 (Latente Steuern bei Rückstellungen)
Handelsrechtlicher Wert Ende 05: 328.800 € (400.000 € x 0,822). Der genaue Abzinsungsfaktor ($1/1,04^5$) beträgt 0,8219271068. Bei Rundung auf drei Nachkommastellen erhält man 0,822. Steuerrechtlich ergibt sich ein Abzinsungsfaktor von 0,765 und ein Steuerwert von 306.000 € (400.000 € x 0,765). Der handelsrechtliche Wert liegt über dem steuerrechtlichen Wert. Da es sich um einen Passivposten handelt, ergibt sich hieraus eine aktive latente Steuer. Betrag: 6.840 € (22.800 € x 0,3).

Lösung zu Aufgabe 28 (Latente Steuern bei mehreren Posten)
Der Fehler des Buchhalters besteht darin, dass er die Reihenfolge der Bilanzposten verändert. Damit wird es schwierig, die richtigen Werte anzugeben. Am besten beginnt man immer mit dem Handelsbilanzwert. Damit erhält man:

Posten A_1: Handelsbilanzwert < Steuerbilanzwert 5.000 €.
Posten A_2: Handelsbilanzwert > Steuerbilanzwert 12.000 €.
Posten A_3: Handelsbilanzwert < Steuerbilanzwert 16.000 €.
Posten A_4: Handelsbilanzwert > Steuerbilanzwert 10.000 €.

Bei den Posten A_2 und A_4 liegt der Handelsbilanzwert über dem Steuerbilanzwert, sodass eine passive latente Steuer entsteht. Steuerbetrag: 6.600 € (0,3 x 22.000 €). Bei den Posten A_1 und A_3 liegt der Handelsbilanzwert unter dem Steuerbilanzwert, sodass eine aktive latente Steuer entsteht. Betrag: 6.300 € (0,3 x 21.000 €). Da die aktive latente Steuer bilanziert wird, können die Steuerbeträge saldiert oder unsaldiert angesetzt werden (§ 274 Abs. 1 Satz 3 HGB).

Lösung zu Aufgabe 29 (Latente Steuern bei Herstellungskosten)
In Handels- und Steuerrecht gehören die Material- und die Fertigungskosten zu den Herstellungskosten (Ansatzpflicht). Bei den allgemeinen Verwaltungskosten besteht in der Handels- und Steuerbilanz Ansatzwahlrecht, das nach § 6 Abs. 1b Satz 2 EStG einheitlich auszuüben ist. Damit sind die Herstellungskosten in beiden Bilanzen identisch (entweder 20 €/Stück oder 28 €/Stück) und es können keine latente Steuern auftreten.

Lösung zu Aufgabe 30 (Auflösung latenter Steuern)
Bei einer Bewertungsdifferenz von 42.000 € Ende 02 ist eine aktive latente Steuer von 12.600 € relevant. Ende 01 beträgt die aktive Steuer 18.000 €, sodass 5.400 € aufzulösen sind. Gebucht wird: "Latenter Steueraufwand an aktive latente Steuer 5.400".

Lösung zu Aufgabe 31 (Steuersatzänderungen)
a) Bei einer nicht dauernden Wertminderung von Finanzanlagen, zu denen die Schuldverschreibung gehört, besteht handelsrechtlich ein Abschreibungswahlrecht. Da eine niedrige Bewertung gewünscht wird, ist eine außerplanmäßige Abschreibung auf 700.000 € vorzunehmen. Steuerrechtlich ist eine Teilwertabschreibung unzulässig. Somit liegt der handelsrechtliche Wert unter der steuerrechtlichen Größe, sodass eine aktive latente Steuer von 30.000 € (0,3 x 100.000 €) entsteht. Die latenten Steuern werden aktiviert.

b) Der Bestand der aktiven latenten Steuer ist Ende 02 anzupassen. Es werden nicht 30.000 €, sondern 35.000 € aktiviert. Durch die steigenden Steuersätze nimmt auch die spätere Steuerentlastung aus handelsrechtlicher Sicht zu.

Lösung zu Aufgabe 32 (Ausschüttungssperre)
a) Ende 01 wird ein selbst geschaffener immaterieller Vermögensgegenstand von 400.000 € aktiviert. Es entstehen passive latente Steuern von 120.000 €, da der Posten im Steuerrecht nicht angesetzt werden darf. Es sind 280.000 € frei verfügbare Rücklagen ausschüttungsgesperrt. Daher werden 130.000 € aus dem Jahresüberschuss in die anderen Gewinnrücklagen eingestellt.

b) Ende 02 weist der Aktivposten noch einen Buchwert von 320.000 € auf, da planmäßige Abschreibungen von 80.000 € zu verrechnen sind. Die passiven latenten Steuern vermindern sich auf 96.000 € (0,3 x 320.000 €). Somit sind per Saldo noch 224.000 € ausschüttungsgesperrt.

Lösung zu Aufgabe 33 (Ausschüttungssperre)

a) Ohne Ausschüttungssperre gilt: Der Jahresüberschuss von 200.000 € wird um die Zuführung zur gesetzlichen Rücklage in Höhe von 10.000 € (0,05 x 200.000 €) vermindert. Es verbleiben 190.000 €, von denen der Vorstand die Hälfte in die anderen Gewinnrücklagen einstellt (95.000 €). Bilanzgewinn: 95.000 € für die Aktionäre.

b) Nach der Rechnung aus a) ergeben sich andere Gewinnrücklagen von 245.000 € (150.000 € + 95.000 €). Dieser Betrag reicht nicht aus, um den aktivierten Posten durch frei verfügbare Rücklagen abzudecken: Es werden 280.000 € benötigt. Also muss der Bilanzgewinn um 35.000 € auf 60.000 € reduziert werden, um die Ausschüttungssperre umsetzen zu können.

Lösung zu Aufgabe 34 (Bilanzgliederung)
Die Bilanz zum 31.12.05 hat das folgende Aussehen (Angaben in Euro):

Aktiva			Bilanz zum 31.12.05			Passiva
A.	**Anlagevermögen**			**A.**	**Eigenkapital**	
	I.	Entgeltlich erw. gew. Schutzrechte	180.000		I. Gez. Kapital	600.000
	II.	Sachanlagen:			II. Jahresüberschuss	375.000
		1. Grundstücke	450.000	**B.**	**Rückstellungen**	
		2. Maschinen	350.000		1. Steuerrückstellungen	150.000
		3. BGA	120.000		2. Sonstige Rückstellungen	5.000
	III.	Finanzanlagen	100.000	**C.**	**Verbindlichkeiten**	
B.	**Umlaufvermögen**				1. Verb. gegenüber Kreditinstituten	220.000
	I.	Vorräte			2. Verb. aus LuL	23.800
		1. Rohstoffe	16.000		3. Sonstige Verbindlichkeiten (aus Steuern)	26.200
		2. Fertige Erzeugnisse	55.000			
	II.	Ford. aus LuL	59.500			
	III.	Wertpapiere	22.000			
	IV.	Bank	37.500			
C.	**RAP**		10.000			
			1.400.000			1.400.000

Hinweise:

1. **Allgemeines**: Es gelten die folgenden Abkürzungen: erw. = erworbene, gew. = gewerbliche, gez. = gezeichnetes, BGA = Betriebs- und Geschäftsausstattung, Ford. = Forderungen, LuL = Lieferungen und Leistungen, RAP = Rechnungsabgrenzungsposten, Verb. = Verbindlichkeiten.

2. **Immaterielle Vermögensgegenstände**: Das Patent ist zu aktivieren und wird in der Bilanz unter dem Posten "entgeltlich erworbene gewerbliche Schutzrechte" ausge-

wiesen. Hierdurch erfolgt eine Abgrenzung zu den selbst geschaffenen immateriellen Vermögensgegenständen. Im Steuerrecht darf nur die lineare Abschreibungsmethode angewendet werden. Somit beträgt der Wert des Postens am 31.12.05: 180.000 € (200.000 € - 20.000 €).

3. **Wertpapiere**: Die kurzfristigen Wertpapiere im Wert von 22.000 € gehören zum Umlaufvermögen, während die Aktien mit langfristiger Anlageabsicht im Wert von 100.000 € als Finanzanlagen (= im Anlagevermögen) ausgewiesen werden.

4. **Rechnungsabgrenzungsposten**: Die vorausbezahlten Versicherungsbeiträge führen zu einem aktiven transitorischen Rechnungsabgrenzungsposten, der im Umlaufvermögen auszuweisen ist.

5. **Eigenkapital**: Das Stammkapital ist als gezeichnetes Kapital auszuweisen. Der Gewinn aus 05 wird als Jahresüberschuss bezeichnet und unter diesem Posten passiviert. Er beträgt 375.000 € (Aktiva: 1.400.000 € abzgl. Passiva 1.025.000 – inklusive des gezeichneten Kapitals).

6. **Rückstellungen**: Die vom Unternehmen selbst berechneten Steuern führen zu einer Rückstellung für ungewisse Verbindlichkeiten, die als Steuerrückstellung ausgewiesen wird. Eine Verbindlichkeit liegt nicht vor, da das Finanzamt von der berechneten Steuer abweichen kann. Erst der Steuerbescheid führt zu einer Verbindlichkeit (aus Steuern).

   Für die unterlassene Instandhaltung muss eine Aufwandsrückstellung (für Instandhaltung) gebildet werden, da die Nachholung im Folgejahr innerhalb von drei Monaten stattfindet. Der Ausweis erfolgt in der Bilanz als sonstige Rückstellung.

7. **Verbindlichkeiten**: Das Darlehen ist als Verbindlichkeit gegenüber Kreditinstituten zu passivieren. Die Steuernachzahlung ist durch den Bescheid festgelegt, sodass eine sonstige Verbindlichkeit (aus Steuern) vorliegt.

Lösung zu Aufgabe 35 (Bilanzgliederung)

Die Bilanz zum 31.12.02 wird auf der folgenden Seite dargestellt (Angaben in Euro). Es gelten die Abkürzungen: Anzahl. = Anzahlungen, BGA = Betriebs- und Geschäftsausstattung, Ford. = Forderungen, gel. = geleistete, gez. = gezeichnetes, GRL = Gewinnrücklagen, LuL = Lieferungen und Leistungen, RL = Rücklage, verb. = verbundene. Beachten Sie die folgenden Hinweise:

1. **Sachanlagen**: Von den Anschaffungskosten des bebauten Grundstücks entfallen 200.000 € auf den Grund und Boden und 600.000 € auf das Gebäude. Wenn man den Stichtagswert entsprechend aufteilt, ergibt sich für den Grund und Boden ein Wert von 95.000 € und für das Gebäude ein Wert von 285.000 €. Da eine dauernde Wertminderung vorliegt, müssen die niedrigeren Werte verwendet werden.

   Da die Betriebs- und Geschäftsausstattung in der Handelsbilanz um 20.000 € höher bewertet wird als in der Steuerbilanz, treten passive latente Steuern auf. Sie erscheinen auf der Passivseite unter den Rechnungsabgrenzungsposten. Betrag: 6.000 € (0,3 × 20.000 €).

Aktiva		Bilanz zum 31.12.02		Passiva
A. Anlagevermögen			**A. Eigenkapital**	
I. Sachanlagen			I. Gez. Kapital	400.000
1. Grundstücke	95.000		II. Gewinnrücklagen	
2. Bauten	285.000		1. Gesetzliche RL	40.000
3. BGA	280.000		2. Andere GRL	490.000
II. Finanzanlagen			III. Bilanzgewinn	490.000
1. Anteile an verb. Unternehmen	600.000		**B. Rückstellungen**	
			1. Steuerrückstellungen	244.000
2. Ausleihungen an verb. Unternehmen	200.000		2. Sonstige Rückstellungen	20.000
B. Umlaufvermögen			**C. Verbindlichkeiten**	
I. Vorräte			1. Verbindlichkeiten gegenüber Kreditinstituten	208.000
1. Waren	140.000			
2. Gel. Anzahl.	12.000		2. Verbindlichkeiten gegenüber verb. Unternehmen	100.000
II. Forderungen				
1. Ford. aus LuL	60.000		**D. Rechnungsabgrenzungsposten**	2.000
2. Ford. gegen verb. Unternehmen	238.000		**E. Passive latente Steuer**	6.000
III. Wertpapiere	90.000			
	2.000.000			**2.000.000**

2. **Finanzanlagen**: Durch die 70%-Beteiligung liegen Anteile an verbundenen Unternehmen vor. Das Darlehen stellt Ausleihungen an verbundene Unternehmen dar. Durch die Unternehmensverbindung sind die Voraussetzungen für einen Konzernabschluss erfüllt (siehe sechstes und siebtes Kapitel).

3. **Forderungen**: Die Forderungen gegen verbundene Unternehmen (im Umlaufvermögen) sind gesondert auszuweisen. Betrag: 238.000 €.

4. **Eigenkapital**: Das Grundkapital der AG ist als gezeichnetes Kapital auszuweisen. Die gesetzliche Rücklage muss nach den aktienrechtlichen Vorschriften (§ 150 Abs. 2 AktG) 10% des Grundkapitals betragen. Das sind in der Aufgabe 40.000 €. Kapitalrücklagen nach § 272 Abs. 2 Nr. 1-3 HGB sind nicht vorhanden.

Die **anderen Gewinnrücklagen** bzw. der Bilanzgewinn können erst eingetragen werden, nachdem alle anderen Aktiv- und Passivposten berechnet wurden. Zu den Passivposten zählen auch das gezeichnete Kapital und die gesetzliche Rücklage, die nachfolgend mit zur Summe der Passiva gehören:

Summe der Aktiva: 2.000.000 €.
Summe der Passiva: 1.020.000 €.
Jahresüberschuss: 980.000 €.

Da die gesetzliche Rücklage voll angefüllt ist, wird die Hälfte des Jahresüberschusses in die anderen Gewinnrücklagen eingestellt (490.000 €). Hierzu ist der Vorstand nach § 58 Abs. 2 AktG berechtigt. Der verbleibende Betrag stellt den Bilanzgewinn für die Aktionäre dar, der ebenfalls 490.000 € beträgt.

5. **Rückstellungen**: Für die Gewährleistungsansprüche aus 02 ist eine Rückstellung (für ungewisse Verbindlichkeiten) zu bilden. Da die Ansprüche aus 03 erst im Geschäftsjahr 03 entstehen, sind sie im Jahresabschluss 02 nicht zu berücksichtigen.
6. **Passive latente Steuer**: Der Wert in Höhe von 6.000 € wurde bei den Sachanlagen erläutert.

Lösung zu Aufgabe 36 (Grundstücksausweis)

Das neu erworbene unbebaute Grundstück weist Anschaffungskosten von 210.000 € auf. Zusammen mit dem älteren Grund und Boden (Anschaffungskosten 150.000 €) erfolgt der Ausweis unter dem Posten "Grundstücke" mit dem Wert 360.000 €.

Das Betriebsgebäude wird Ende 05 unter dem Posten "Bauten" mit 255.000 € ausgewiesen. Der Restwert zum 1.1.05 ist um die planmäßigen Abschreibungen zu reduzieren, die 3% der Anschaffungskosten (also 9.000 €) betragen. Vermindert man den Buchwert zum Jahresbeginn (264.000 €) um die Abschreibungen, ergibt sich der Wert von 255.000 €.

Die Pflasterung des Grundstücks wird gesondert in einem Posten "Außenanlagen" erfasst. Es handelt sich um einen abnutzbaren Vermögensgegenstand, der um planmäßige Abschreibungen von 1.500 € für 05 zu vermindern ist: 60.000 €/10 Jahre = 6.000 €, davon 3/12 sind 1.500 €. Wert am 31.12.05: 58.500 €.

Lösung zu Aufgabe 37 (Verlustausweis)

Verlust 01: -100.000 € (Erträge 400.000 - Aufwendungen 500.000)

Die Bilanz zum 31.12.01 sieht wie folgt aus:

A	Bilanz zum 31.12.01		P
Div. Vermögensgegenstände	700.000	Gezeichnetes Kapital	500.000
		Jahresfehlbetrag	-100.000
		Verbindlichkeiten gegenüber Kreditinstituten	300.000
	700.000		700.000

Verlust 02: -450.000 € (Erträge 300.000 € - Aufwendungen 750.000 €).

Der Verlust in 02 reduziert das Vermögen von 700.000 € auf 250.000 €. Das gezeichnete Kapital beträgt 500.000 € und ist weiterhin in dieser Höhe auszuweisen. Der Fehlbetrag aus 01 wird zu einem Verlustvortrag (-100.000 €) in 02. Dieser negative Betrag und der neue Jahresfehlbetrag aus 02 (-450.000 €) sind mit insgesamt 550.000 € um 50.000 € höher als das gezeichnete Kapital (500.000 €). Damit ist das Eigenkapital vollständig durch die entstandenen Verluste aufgebraucht. Damit findet ein besonderer Bilanzausweis statt, der in § 268 Abs. 3 HGB kodifiziert ist.

Der das Eigenkapital übersteigende Betrag ist auf der Aktivseite als nicht durch Eigenkapital gedeckter Fehlbetrag auszuweisen. In der Bilanz findet technisch gesehen eine Bilanzverlängerung statt: Auf der Aktiv- und Passivseite wird jeweils der Posten "nicht durch Eigenkapital gedeckter Fehlbetrag 50.000" aufgenommen. Die Bilanz sieht Ende 02 wie folgt aus (Angaben in Tausend Euro).

A	Bilanz zum 31.12.02			P
Div. Vermögensgegenstände	250	Gez. Kapital		500
Nicht durch Eigenkapital gedeckter Fehlbetrag	50	Verlustvortrag		-100
		Jahresfehlbetrag	-450	
		davon nicht gedeckt	50	-400
		Verbindlichkeiten gegenüber Kreditinstituten		300
	300			300

Lösung zu Aufgabe 38 (Wertaufholung)

Der Jahresüberschuss nach Steuern beträgt: 196.000 € (220.000 € + 60.000 € abzgl. Ertragsteuern in Höhe von 84.000 €). Die gesetzliche Rücklage ist mit 5% dieses Betrags zu dotieren (9.800 €), sodass 186.200 € übrig bleiben. Hiervon werden 50% durch den Vorstand thesauriert, sodass noch 93.100 € vorhanden sind. Vermindert man diesen Wert um den Eigenkapitalanteil der Zuschreibung in Höhe von 42.000 € (0,7 x 60.000 €), ergibt sich ein Bilanzgewinn von 51.100 €.

Lösung zu Aufgabe 39 (Anhang)

Richtig sind: b), d), e). – Falsch sind: a), c)

Hinweis zu c): Wertpapiere werden nicht planmäßig abgeschrieben, so dass diese Angaben irrelevant sind.

Lösung zu Aufgabe 40 (Anhang)

Der Umrechnungskurs für die Forderung muss im Zeitpunkt der Entstehung (= Erstbewertung) und am Bilanzstichtag (= Folgebewertung) angegeben werden. Als Umrechnungskurs kommen der Briefkurs, der Geldkurs oder ein Mittelkurs aus beiden in Frage.

Lösung zu Aufgabe 41 (Lagebericht)

a) Die Informationen über neue Entwicklungen gehören in den Forschungs- und Entwicklungsbericht, aber nicht in den Wirtschaftsbericht.

b) Die Informationen über die zukünftige Entwicklung des Unternehmens gehören in den Chancen- und Risikobericht, aber nicht in den Wirtschaftsbericht.

c) Die Informationen über das abgelaufene Geschäftsjahr und die Analyse der erzielten Geschäftszahlen gehören in den Wirtschaftsbericht.

d) Die Informationen über die Kursschwankungen auf Aktienmärkten gehören in den Finanzrisikobericht, aber nicht in den Wirtschaftsbericht.

Lösungen der Aufgaben zum fünften Kapitel

Lösung zu Aufgabe 1 (Gesamtkostenverfahren)

a) Beim Gesamtkostenverfahren werden alle Aufwendungen berücksichtigt und die Bestandserhöhung als Ertrag gebucht. Die Bewertung erfolgt mit den Herstellungskosten. Da für Vertriebskosten ein Ansatzverbot besteht, müssen sie in voller Höhe als Aufwand verrechnet werden.

Wert der Lagermenge: 150.000 €/20.000 Stück = 7,5 € pro Stück. Für 8.000 Stück: 60.000 €. Die Umsatzerlöse betragen 144.000 € (12.000 x 12). Der Produktionsaufwand beträgt 150.000 € und die Vertriebskosten 12.000 €. Man erhält die folgende GuV-Rechnung in Kontoform:

Aufwand		GuV-Rechnung 01	Ertrag
Produktionsaufwand	150.000	Umsatzerlöse	144.000
Vertriebskosten	12.000	Bestandserhöhung	60.000
Gewinn	42.000	fertiger Erzeugnisse	
	204.000		204.000

b) Der Buchungssatz lautet: "Fertige Erzeugnisse an Bestandserhöhung fertiger Erzeugnisse 60.000". Das Ertragskonto lautet in ausführlicher Form: "Erhöhung des Bestands an fertigen Erzeugnissen". Dieser lange Begriff stammt aus dem gesetzlichen Gliederungsschema und wird im Folgenden abgekürzt.

Lösung zu Aufgabe 2 (Umsatzkostenverfahren)

a) Der Umsatzaufwand beträgt: 150.000 €/20.000 Stück x 12.000 Stück = 90.000 €. Die Vertriebskosten betragen wie in der Voraufgabe 12.000 €.

Aufwand		GuV-Rechnung 01	Ertrag
Umsatzaufwand	90.000	Umsatzerlöse	144.000
Vertriebskosten	12.000		
Gewinn	42.000		
	144.000		144.000

b) Beide Verfahren führen zum selben Ergebnis. Die Ursache ist in der gleichen Bewertung der Lagermenge zu sehen. Beim Gesamtkostenverfahren wird die Lagermenge mit 60.000 € direkt als Ertrag ausgewiesen. Im Umsatzkostenverfahren wird sie indirekt berücksichtigt, indem der Aufwand vermindert wird. Statt des Produktionsaufwands von 150.000 € wird der Umsatzaufwand von 90.000 € verrechnet (Differenz = Lagerwert). Es ist gleichgültig, ob auf der Habenseite ein Wert addiert oder auf der Sollseite ein gleich hoher Wert subtrahiert wird.

<u>Fazit</u>: Bei gleicher Bewertung der Lagermenge stellen sich dieselben Ergebnisse ein.

Lösung zu Aufgabe 3 (Erfolgseffekt der Bewertung)

a) Kosten pro Stück bei Wertobergrenze: 20 € (200.000 €/10.000 Stück).
   Aufwand: 200.000 € - Ertrag (Bestandsmehrung): 200.000 €.
   Erfolg: Null Euro.

b) Kosten pro Stück bei Wertuntergrenze: 12 € (120.000 €/10.000 Stück).
   Aufwand: 200.000 € - Ertrag (Bestandsmehrung): 120.000 €.
   Erfolg: -80.000 €.
   Es ergibt sich ein Verlust in Höhe der nicht aktivierten bzw. nicht als Ertrag verrechneten Gemeinkosten.

c) Durch die Produktion auf Lager dürfen sich in 01 **keine Erfolgswirkungen** ergeben, da ein Verkauf der Produkte erst in der nächsten Periode stattfindet. Erst beim Verkauf in 02 sind Erträge und Aufwendungen gegenüberzustellen. Somit ist die Bewertung mit der Wertobergrenze vorzuziehen. Dann ist der Vorgang in 01 erfolgsneutral und in 02 werden von den Erträgen (Umsatzerlöse) die Aufwendungen (Bestandsminderung) abgezogen. Hierbei wurden aus Vereinfachungsgründen weitere Aufwendungen z.B. für den Vertrieb vernachlässigt.

Lösung zu Aufgabe 4 (Posten der GuV-Rechnung)

a) Die Back-AG ist zu mehr als 50% an der Kühl-AG beteiligt. Sie verfügt über die Stimmenmehrheit und hat einen beherrschenden Einfluss auf die Kühl-AG (§ 290 Abs. 1 und Abs. 2 Nr. 1 HGB). Damit liegen verbundene Unternehmen vor, wobei die Back-AG das herrschende Mutterunternehmen und die Kühl-AG das beherrschte Tochterunternehmen ist (siehe sechstes Kapitel).
   Bilanzausweis: Die Aktien werden bei der Back-AG als "Anteile an verbundenen Unternehmen 500.000 €" gesondert unter den Finanzanlagen ausgewiesen.

b) Die betreffenden Posten lassen sich der folgenden Tabelle entnehmen.
   Hinweise:
   - Die Bestandserhöhung fertiger Erzeugnisse beträgt 30.000 €: Die Menge ist in 01 um 15.000 Stück gewachsen. Die Bewertung erfolgt mit den Herstellungskosten (HK) von 2 € je Stück, da noch kein Absatz erfolgte.
   - Die Umsatzerlöse sind netto auszuweisen, d.h. ohne Umsatzsteuer. Die Lieferungen von Torten und Kuchen unterliegen dem begünstigten Umsatzsteuersatz von 7%. Der Nettobetrag von 3.000.000 € berechnet sich wie folgt: 3.210.000 €/1,07.
   - Die Löhne und Gehälter sind brutto auszuweisen, d.h. sie enthalten den Arbeitnehmeranteil zur Sozialversicherung. Dieser ist Teil des Entgelts. Anders verhält es sich mit dem Arbeitgeberanteil zur Sozialversicherung. Er stellt einen zusätzlichen Aufwand des Arbeitgebers dar und ist speziell auszuweisen.
   - Die außerplanmäßigen Abschreibungen auf die Sachanlagen sind gesondert auszuweisen (§ 277 Abs. 3 HGB) oder im Anhang anzugeben.
   - Berechnung der Körperschaftsteuer: 0,15 x 600.000 € = 90.000 €. Darauf entfällt ein Solidaritätszuschlag von 4.950 € (0,055 x 90.000 €). Summe: 94.950 €. Berechnung der Gewerbesteuer: 600.000 € x 4 x 0,035 = 84.000 €. Bei der Gewerbesteuer von Kapitalgesellschaften ist kein Freibetrag zu berücksichtigen. Die Summe der Ertragsteuern beträgt 178.950 €. Die gesamten Ertragsteuern stellen bei der KapG einen Steueraufwand dar, weil die Gesellschaft die Steuer schuldet.

Sachverhalt	Posten
Bestand Kuchen 1.1.01: 25.000 Stück, am 31.12.01: 40.000 Stück, HK 2 € je Stück, Verkaufspreis 5 € je Stück netto	Erhöhung des Bestands fertiger Erzeugnisse 30.000 €
Erträge aus Verkauf von Torten und Kuchen: 3.210.000 € (inkl. 7% USt)	Umsatzerlöse 3.000.000 €
Gehälter: 500.000 €, davon 50.000 € Arbeitnehmeranteil zur Sozialversicherung	Personalaufwand: Löhne und Gehälter 500.000 €
Abnutzung der Backöfen: 130.000 €	Abschreibung auf Sachanlagen 130.000 €
Erhaltene Zinsen auf ein Darlehen an die Kühl-AG: 20.000 €	Erträge aus Ausleihungen (an verbundene Unternehmen) 20.000 €
Verbrauchte Roh- und Betriebsstoffe: 420.000 €	Materialaufwand 420.000 €
Kursminderung langfristig gehaltener Aktien: Von 50.000 € auf 20.000 €	Abschreibungen auf Finanzanlagen 30.000 €
Arbeitgeberanteil zur Sozialversicherung: 50.000 €	Personalaufwand, Sozialabgaben 50.000 €
Dauernde Wertminderung einer Fertigungsanlage: 150.000 €	Außerplanmäßige Abschreibung auf Sachanlagen 150.000 €
Aktivierung der Entwicklungskosten für ein neues Tortenrezept: 150.000 €	Andere aktivierte Eigenleistungen 150.000 €
Zinsen für ein Bankdarlehen: 34.000 €	Zinsen 34.000 €
Kosten für Büromaterial: 2.500 € netto	Sonst. betr. Aufwendungen 2.500 €
Buchwert eines Backofens: 3.000 € - Verkauf für 8.000 € zzgl. 19% USt	Sonstige betriebliche Erträge 5.000 € (In der GuV erscheint der Nettobetrag)
Vorläufiger Gewinn 600.000 €. Ausweis von KSt, Soli und GewSt (H = 400%)	Steuern vom Einkommen und Ertrag 178.950 €

Lösung zu Aufgabe 5 (Finanzerträge)
Die Bankgutschrift wurde um die Kapitalertragsteuer mit Solidaritätszuschlag gekürzt. Der Steuersatz für diese Steuern beträgt 26,375%. Um die Dividende D zu bestimmen, muss wie folgt gerechnet werden (1 - 0,26375) x D = 8.835 €. Die Auflösung nach D ergibt eine Dividende in Höhe von 12.000 € (= Erträge aus anderen Wertpapieren).

Lösung zu Aufgabe 6 (Diverse Buchungen)
Bei d) und e) kann auch das Ertragskonto "Zinserträge" verwendet werden.

a) Buchung:	
Bauten	/ Andere akt. Eigenleistungen 140.000

b)	Buchung:			
	Materialaufwand	6.000	/ Rohstoffe	20.000
	Abschreibungen auf VG des Umlaufvermögens	14.000		

c)	Buchung:			
	Kasse	35.700	/ Umsatzerlöse	30.000
			Umsatzsteuer	5.700

d)	Buchung:			
	Bank	4.417,5	/ Erträge aus anderen Wert-	5.000
	Steuern vom Einkommen und Ertrag	1.582,5	papieren Sonstige Zinsen und ähnliche Erträge (= Zinserträge)	1.000

e)	Buchung:			
	Bank	22.087,5	/ Sonstige Zinsen und ähn-	30.000
	Steuern vom Einkommen und Ertrag	7.912,5	liche Erträge (= Zinserträge)	

f)	Buchung:		
	Selbst geschaffene Rechte und Werte	/ Andere akt. Eigenleistungen	81.000

g)	Buchung:		
	Abschreibungen auf Wertpapiere des Umlaufvermögens	/ Sonstige Wertpapiere	4.000

Hinweise:

Zu b): Die Wertminderung von 6.000 € (3% von 200.000 €) ist üblich und wird als Materialaufwand verbucht. Die weiteren 14.000 € sind Abschreibungen auf Vermögensgegenstände (VG) des Umlaufvermögens (UV).

Zu c): Zu den Umsatzerlösen gehören auch die Erträge aus dem Verkauf der Getränke, da es sich um eine Leistung des Unternehmens handelt.

Zu d): Die Kapitalertragsteuer und der Solidaritätszuschlag betragen zusammen 26,375% (0,25 x 1,055) der Kapitalerträge: 1.582,5 = 0,26375 x 6.000.

Zu e): Der Steueraufwand ist aus der Bankgutschrift wie folgt zu berechnen: 0,26375/(1-0,26375) x 22.087,5 € = 7.912,5 €.

Lösung zu Aufgabe 7 (Buchung von Finanzerträgen)

Die Buchungen lauten mit Solidaritätszuschlag:
d) Bank 4.417,5 und Privatkonto 1.582,5 an Erträge aus anderen Wertpapieren 5.000 und sonstige Zinsen und ähnliche Erträge 1.000.
e) Bank 22.087,5 und Privatkonto 7.912,5 an sonstige Zinsen und ähnliche Erträge 30.000.

Beim Einzelunternehmer stellen die Abzugsteuern Privatentnahmen dar, weil sie bei seiner Einkommensteuer angerechnet werden, die einen privaten Charakter hat.

Lösung zu Aufgabe 8 (Buchung immaterieller Posten)

Mitte 02 wird gebucht: "Selbst geschaffene Rechte und Werte 1.200.000 an selbst geschaffene Rechte und Werte in der Entwicklung 500.000 und andere aktivierte Eigenleistungen 700.000". Da die Nutzung bereits in 02 beginnt, sind planmäßige Abschreibungen zu verrechnen: "Abschreibungen auf immaterielle Vermögensgegenstände an selbst geschaffene Rechte und Werte 50.000".

Mit der Gewährung des Patentschutzes Mitte 03 entsteht ein gewerbliches Schutzrecht. Sein Wert beträgt 1.170.000 € (1.150.000 € + 20.000 €). Die Buchung lautet: "Selbst geschaffene gewerbliche Schutzrechte 1.170.000 an Bank 20.000 und selbst geschaffene Rechte und Werte 1.150.000". Die Kosten der Patentanmeldung stellen nachträgliche Herstellungskosten für die bisher relativ ungeschützten Rechte dar. Aus Klarheitsgründen erfolgt eine Umbuchung auf das Konto "selbst geschaffene gewerbliche Schutzrechte". Die nachträglichen Herstellungskosten können vereinfachungsbedingt bereits zum Beginn des Jahres 03 verbucht werden (siehe drittes Kapitel).

Lösung zu Aufgabe 9 (GuV-Rechnung nach GKV)
Die Posten des gesetzlichen Schemas werden teilweise aus Gründen der Klarheit angepasst (nicht vorhandene Posten werden nicht berücksichtigt).

GuV-Rechnung 01		
1.	Umsatzerlöse	1.100.000 €
2.	Bestandsminderung fertiger Erzeugnisse	-10.000 €
3.	Sonstige betriebliche Erträge	+10.000 €
4.	Materialaufwand	-70.000 €
5.	Personalaufwand	-100.000 €
6.	Abschreibungen auf Sachanlagen	-150.000 €
7.	Sonstige betriebliche Aufwendungen	-10.000 €
8.	Erträge aus anderen Wertpapieren	+40.000 €
9.	Sonstige Zinsen und ähnliche Erträge	+2.000 €
10.	Zinsaufwand	-22.000 €
11.	Steuern vom Einkommen und Ertrag	-237.000 €
12.	Jahresüberschuss	553.000 €

Hinweise:
1. Die Umsatzerlöse betragen 1.100.000 € (500.000 € + 600.000 €).
2. Bestandsänderungen: Bei A ist eine Zunahme von 50.000 € (2.000 Stück zu 25 € je Stück) und bei B eine Abnahme von 60.000 € (3.000 Stück zu 20 € je Stück) zu verzeichnen. Insgesamt ergibt sich eine wertmäßige Abnahme von 10.000 €.
3. Die Auflösung der Rückstellung führt zu sonstigen betrieblichen Erträgen.
4. Der Zinsertrag auf das Bankguthaben beträgt 2.000 € (1.472,50/(1 − 0,26375)). Ausgezahlt wird der Betrag nach Kapitalertragsteuer und Solidaritätszuschlag.
5. Der Gewinn vor Steuern ergibt als Saldo der Posten 1 bis 10 und beträgt 790.000 €. Durch Multiplikation mit dem Steuersatz von 30% ergibt sich der Steueraufwand von 237.000 €. Die Anrechnung der Kapitalertragsteuer bei der Körperschaftsteuer wurde aus Vereinfachungsgründen vernachlässigt. Das gilt auch für die 95%-ige Steuerfreiheit der Aktienerträge nach § 8b KStG aus Geschäftsvorfall 8.

Das **Finanzergebnis** umfasst die Nummern 8 bis 10 und beträgt 20.000 €.

Lösung zu Aufgabe 10 (GuV-Rechnung mit Ergebnisverwendung)

a) Berechnung des Bilanzgewinns (zu Einzelheiten wird auf das vierte Kapitel verwiesen): Jahresüberschuss abzgl. Verlustvortrag ergibt 60.000 €. Diese Größe ist für die Berechnung der gesetzlichen Rücklage relevant: 5% von 60.000 € sind 3.000 €. Somit kann der Vorstand 20% von 57.000 € thesaurieren (11.400 €). Es ergibt sich ein Bilanzgewinn von 45.600 € (57.000 € - 11.400 €).

b) In der GuV-Rechnung wird die Ergebnisverwendung nach dem Jahresüberschuss (= Nummer 17) entwickelt. Die zusätzlichen Posten beginnen mit der Nummer 18 (Gewinn- bzw. Verlustvortrag) und enden mit dem Bilanzgewinn (bzw. Bilanzverlust). Für die obigen Daten ergibt sich die folgende Darstellung:

Nr. 17		Jahresüberschuss	140.000 €
Nr. 18		Verlustvortrag	-80.000 €
Nr. 19		Einstellungen in Gewinnrücklagen	
	(a)	In gesetzliche Rücklage	-3.000 €
	(b)	In andere Gewinnrücklagen	-11.400 €
Nr. 20		Bilanzgewinn	45.600 €

Lösung zu Aufgabe 11 (Latente Steuern in der GuV-Rechnung)

a) Da der handelsrechtliche Aktivposten um 20.000 € größer ist als der steuerrechtliche, muss eine passive latente Steuer gebildet werden.

b) In 01 entsteht ein latenter Steueraufwand in Höhe von 6.000 € (0,3 x 20.000 €) in der GuV-Rechnung. In der Bilanz erscheint eine passive latente Steuer von 6.000 €. In 02 wird die passive latente Steuer zum Teil aufgelöst. In der GuV-Rechnung entsteht ein latenter Steuerertrag.

Buchungen 01:		
Latenter Steueraufwand	/ Passive latente Steuern	6.000
Buchungen 02:		
Passive latente Steuern	/ Latenter Steuerertrag	3.000

c) Die Steuern vom Einkommen und Ertrag umfassen zunächst die Steuern, die sich aus der Steuerbilanz ergeben. Bei einer GmbH sind die Körperschaftsteuer (mit Solidaritätszuschlag) und die Gewerbesteuer relevant. Aus handelsrechtlicher Sicht können Korrekturen notwendig werden, um den Steueraufwand auszuweisen, der dem handelsrechtlichen Ergebnis entspricht. Die Korrektur erfolgt in 01 über das Bestandskonto "passive latente Steuern" und das Erfolgskonto "latenter Steueraufwand". Die gesamten Ertragsteuern der Periode 01 ergeben sich wie folgt:

	Steuern vom Einkommen und Ertrag:	50.000 €
+	Latenter Steueraufwand:	6.000 €
=	Steueraufwand nach Handelsbilanzgewinn:	56.000 €

Lösung zu Aufgabe 12 (Verwaltungskosten beim UKV)

a) Bei Nicht-Aktivierung der Verwaltungskosten werden die Fertigerzeugnisse in der Bilanz mit 80.000 € (4.000 Stück x 20 €/Stück) bewertet. In der GuV-Rechnung werden die folgenden Posten ausgewiesen:
- Herstellungskosten zur Erzielung der Umsatzerlöse: 320.000 € (16.000 Stück x 20 €/Stück).
- Allgemeine Verwaltungskosten: 380.000 €.

b) Bei Aktivierung der Verwaltungskosten steigen die Herstellungskosten um 19 € pro Stück (380.000 €/20.000 Stück) auf 39 € pro Stück. Die Fertigerzeugnisse werden in der Bilanz mit 156.000 € (4.000 Stück x 39 €/Stück) bewertet. In der GuV-Rechnung werden die folgenden Posten ausgewiesen:
- Herstellungskosten zur Erzielung der Umsatzerlöse: 624.000 € (16.000 Stück x 39 €/Stück).
- Allgemeine Verwaltungskosten: Null – d.h. der Posten taucht nicht auf.

c) Die Aktivierung führt dazu, dass in 01 weniger Verwaltungskosten verrechnet werden. Der Erfolg steigt dadurch um 76.000 € (4.000 Stück x 19 €/Stück). Dieser Betrag ergibt sich auch bei Bildung der Aufwandsdifferenz aus a) und b): 700.000 € - 624.000 € = 76.000 €.

Lösung zu Aufgabe 13 (UKV nach HGB)

a) Die gesamten Aufwendungen für Material, Personal und Abschreibungen betragen 800.000 €. Hiervon entfallen 20% auf die Lagermenge, somit 160.000 €. In diesem Betrag sind die allgemeinen Verwaltungskosten noch nicht enthalten. Sie belaufen sich auf insgesamt 200.000 €, umgerechnet 5 € je Stück (200.000 €/40.000 Stück). Da 10.000 Stück auf Lager genommen werden, entfallen auf diese Menge 50.000 € Verwaltungskosten. Insgesamt werden die Fertigerzeugnisse mit 210.000 € aktiviert.

b) Der Umsatzaufwand beträgt ohne Verwaltungskosten 360.000 € (0,45 x 800.000 €). Die Verwaltungskosten für die abgesetzten 30.000 Stück umfassen 150.000 € (30.000 Stück x 5 €/Stück), sodass sich insgesamt ein Aufwand von 510.000 € ergibt. Im gesetzlichen Schema wird er als Herstellungskosten zur Erzielung der Umsatzerlöse ausgewiesen. Man erhält:

GuV-Rechnung 01	
1. Umsatzerlöse	680.000 €
2. Herstellungskosten zur Erzielung der Umsatzerlöse	-510.000 €
3. Bruttoergebnis vom Umsatz	= 170.000 €
4. Vertriebskosten	-80.000 €
Betriebsergebnis	= 90.000 €

c) Werden die Verwaltungskosten nicht in die Herstellungskosten einbezogen, wird ein Umsatzaufwand von 360.000 € von den Umsatzerlösen abgezogen. Die allgemeinen Verwaltungskosten werden in voller Höhe (200.000 €) in Abzug gebracht. Man erhält die folgende Berechnung:

GuV-Rechnung 01	
1. Umsatzerlöse	680.000 €
2. Herstellungskosten zur Erzielung der Umsatzerlöse	-360.000 €
3. Bruttoergebnis vom Umsatz	= 320.000 €
4. Vertriebskosten	-80.000 €
5. Allgemeine Verwaltungskosten	-200.000 €
Betriebsergebnis	= 40.000 €

d) Die Aktivierung der Verwaltungskosten führt zu einer Gewinnsteigerung in Höhe von 50.000 €. Die Ursache ist darin zu sehen, dass durch die Aktivierung weniger Verwaltungskosten im Umsatzaufwand erscheinen: 10.000 Stück x 5 €/Stück. Die auf die Lagermenge entfallenden Verwaltungskosten werden nicht erfolgswirksam.

Lösung zu Aufgabe 14 (Buchungstechnik beim UKV)

Der Umsatzaufwand beträgt 464.000 €. Die Buchung lautet: "Umsatzaufwand 464.000 an Personalaufwand 160.000, Materialaufwand 224.000 und Abschreibungen 80.000".

Die Verwaltungskosten betragen 248.000 €. Die Buchung lautet: "Allgemeine Verwaltungskosten 248.000 an Personalaufwand 200.000 und Abschreibungen 48.000".

Die Vertriebskosten belaufen sich auf 128.000 €. Die Buchung lautet: "Vertriebskosten 128.000 an Personalaufwand 40.000, Materialaufwand 56.000 und Abschreibungen 32.000".

Lösung zu Aufgabe 15 (Posten beim UKV)

a) Posten "sonstige betriebliche Aufwendungen": Die Aufwendungen stehen zwar in Verbindung zur Produktion, sind aber als unangemessen anzusehen und daher nicht in die Herstellungskosten einzubeziehen.
b) Posten "sonstige betriebliche Aufwendungen" (siehe auch die folgende Aufgabe): Der Aufwand darf nicht aktiviert werden, da noch keine Verbindung zu konkreten Produkten besteht.
c) Posten "Umsatzaufwand" für die planmäßigen Abschreibungen, da sie durch die Produktion der betrieblichen Produkte entstehen.
Posten "sonstige betriebliche Aufwendungen" für die außerplanmäßigen Abschreibungen, die wegen ihrer Unangemessenheit nicht in die Herstellungskosten einbezogen werden dürfen.
d) Posten "Umsatzaufwand": Die Weiterentwicklung bestehender Produkte gehört zu den Herstellungskosten und somit zum Umsatzaufwand.

Lösung zu Aufgabe 16 (Posten beim UKV)

Da die Forschungskosten einen hohen Betrag aufweisen, ist ein gesonderter Ausweis möglich und zweckmäßig. Es würde dann z.B. nach den allgemeinen Verwaltungskosten eine Zeile "Forschungskosten 2.000.000 €" ausgewiesen.

Lösungen der Aufgaben zum sechsten Kapitel

Lösung zu Aufgabe 1 (Aufgaben des Konzernabschlusses)
a) Im **Einzelabschluss** der M-AG werden die veräußerten Fertigerzeugnisse mit dem Wert von 200.000 € berücksichtigt. Somit fallen die Umsatzerlöse – im Vergleich zu Dritten – um 50.000 € zu hoch aus. Entsprechendes gilt für die Kreditbeziehung. Die von der Tochter in 01 gezahlten Zinsen von 70.000 € (14% von 500.000 €) sind um 20.000 € zu hoch. Ein fremder Dritte hätte nur den marktüblichen Zinssatz von 10% gezahlt (Zinsbetrag: 50.000 €). Der Erfolg der M-AG ist in 01 um 70.000 € zu hoch. Dieser Mehrbetrag kommt nur dadurch zustande, dass die M-AG einen beherrschenden Einfluss auf die Geschäfte der T-AG hat.

b) Der **Konzernabschluss** übernimmt insbesondere die Aufgabe der **Information**. Auf der Konzernebene müssen grundsätzlich alle Vorgänge neutralisiert werden, die zwischen den Konzernunternehmen entstehen. Nach der Einheitstheorie ist der Konzern wie ein einziges Unternehmen zu behandeln. Somit sind die Lieferungen und Kredite zwischen Mutter und Tochter grundsätzlich zu neutralisieren.

Lösung zu Aufgabe 2 (Wertpapiere im Einzel- und Konzernabschluss)
a) Der Nennwert der erworbenen Wertpapiere beträgt 2.000.000 € (3.000.000 €/1,5). Daraus ergibt sich eine Anteilsquote von 5,26% (2.000.000 €/38.000.000 €). Wegen der dauerhaften Anlage handelt es sich um Wertpapiere des Anlagevermögens, die zu den Finanzanlagen gehören.

b) Die Aktien der Y-AG werden unverändert in den Konzernabschluss übernommen. Durch die niedrige Anteilsquote liegen auch keine Anteile an assoziierten Unternehmen vor.

Lösung zu Aufgabe 3 (Wertpapiere im Einzel- und Konzernabschluss)
a) Durch das niedrigere Grundkapital ergibt sich eine Anteilsquote von rund 52,6% (2.000.000 €/3.800.000 €). Somit handelt es sich um Anteile an verbundenen Unternehmen, die wegen ihrer dauerhaften Anlage zu den Finanzanlagen gehören.

b) Die hohe Anteilsquote führt dazu, dass die Y-AG eine neue Tochtergesellschaft der X-AG wird. Die Anteile an der Y-AG sind im Konzernabschluss mit deren Eigenkapital zu konsolidieren – es findet eine Vollkonsolidierung statt.

Lösung zu Aufgabe 4 (Konzernabschluss)
Richtig sind: c), e), f), h), i). – Falsch sind: a), b), d), g).

Hinweis zu g): Die Anteile verbundener Unternehmen werden im Zuge der Kapitalkonsolidierung verrechnet und verschwinden im Konzernabschluss (siehe h). Deshalb ist bei verbundenen Unternehmen im Regelfall mindestens eine Konsolidierung vorzunehmen (siehe i). Es kann möglich sein, dass keine Liefer- und Leistungsbeziehungen zwischen verbundenen Unternehmen bestehen. Aber eine kapitalmäßige Verflechtung ist in fast allen Fällen vorhanden.

Lösung zu Aufgabe 5 (Konsolidierungsarten)
a) Bei Gemeinschaftsunternehmen kann entweder eine **Quotenkonsolidierung** vorgenommen werden oder es wird die **Equity-Methode** angewendet.
b) Die Equity-Methode ist bei **assoziierten Unternehmen** anzuwenden.
c) Die Vollkonsolidierung basiert auf der **Einheitstheorie**.
d) Die deutsche Bezeichnung für den englischen Begriff "Property Concept" ist **Interessentheorie**.
e) Im deutschen Recht ist die **Einheitstheorie** von vorrangiger Bedeutung, während die **Interessentheorie** eine nachrangige Bedeutung aufweist.
f) Bei der **Equity-Methode** werden keine Aktiva und Passiva übernommen, sondern die hinter der Beteiligung stehenden Werte aufgezeigt.
g) Für die Konsolidierungsmethoden gilt folgender Grundsatz im Handelsrecht: Je geringer der Einflussgrad ist, desto geringer ist der **Konsolidierungsumfang**.
h) Liegt ein Mutter-Tochter-Verhältnis vor, wird eine **Vollkonsolidierung** durchgeführt.

Lösung zu Aufgabe 6 (Kapitalkonsolidierung)
a) Von der T-AG werden die Vermögensgegenstände (1.250.000 €) und Schulden (500.000 €) in die Konzernbilanz übernommen. Die Bewertung erfolgt zum beizulegenden Zeitwert, sodass stille Reserven aufgedeckt werden. Das Eigenkapital der T-AG erscheint nicht in der Konzernbilanz. Es wird gegen die Anteile verbundener Unternehmen bei der M-AG aufgerechnet (konsolidiert).
b) Der Differenzbetrag von 150.000 € (900.000 € abzgl. Zeitwert des Eigenkapitals von 750.000 €) wird für die immateriellen Posten gezahlt, die nicht einzeln zu erfassen sind. Hierzu gehören z.B. das Image der T-AG, das Know-how, der Kundenstamm etc. Diese Faktoren steigern den Gewinn der Muttergesellschaft. Der Mehrbetrag ist als **Firmenwert** zu aktivieren.
c) Der Buchungssatz ist etwas schwieriger und wird wie folgt entwickelt. Die M-AG weist Anteile verbundener Unternehmen von 900.000 € aus. Sie müssen ausgebucht werden. Da ein aktives Bestandskonto vorliegt (Anfangsbestand im Soll), muss ein Abgang auf der Habenseite gebucht werden. Also: "... an Anteile verbundener Unternehmen 900.000".

Bei der T-AG muss das gezeichnete Kapital ausgebucht werden. Es handelt sich um ein passives Bestandskonto, sodass der Anfangsbestand im Haben steht. Zum Ausgleich muss ein Abgang im Soll gebucht werden. Betrag: 700.000 €. Der Differenzbetrag von 200.000 € ist mit 50.000 € dem Grundstück zuzuordnen (Aktivkonto: Buchung als Zugang im Soll) und mit 150.000 € dem Firmenwert (Aktivkonto: Buchung als Zugang im Soll).

Fügt man die Komponenten zusammen, erhält man: "Gezeichnetes Kapital T-AG 700.000, Grundstück 50.000 und Firmenwert 150.000 an Anteile verbundener Unternehmen 900.000". Die Kapitalkonsolidierung wird im siebten Kapitel genauer behandelt. Dort wird gezeigt, dass die stillen Reserven der T-AG schon vor der Konsolidierung aufgedeckt werden, sodass die Konsolidierungsbuchungen etwas anders formuliert werden. Im Ergebnis stimmen sie jedoch überein.

Lösung zu Aufgabe 7 (Quotenkonsolidierung)

Bei der Quotenkonsolidierung werden die Werte der Vermögensgegenstände und Schulden nach Maßgabe der Beteiligungsquote in die jeweilige Konzernbilanz übernommen. Relevant sind die Zeitwerte dieser Posten, sodass stille Reserven aufgedeckt werden. Da die A-AG zu 50% beteiligt ist, werden die Aktivposten mit den folgenden Werten bilanziert:

- Grundstück: 50% von 700.000 € = 350.000 €.
- Maschinen: 50% von 200.000 € = 100.000 €. } Summe: 550.000 €
- Sonstige VG: 50% von 200.000 € = 100.000 €.

Weiterhin sind Schulden von 250.000 € (50% von 500.000 €) zu übernehmen. Per Saldo ergibt sich ein übernommenes Reinvermögen von 300.000 €. Da die Anschaffungskosten der Beteiligung 400.000 € betragen, entsteht zusätzlich noch ein Firmenwert in Höhe von 100.000 € in der Konzernbilanz.

Lösung zu Aufgabe 8 (Equity-Methode)

Im Konzernanhang muss nach § 312 Abs. 1 Satz 2 HGB zunächst der gesamte Unterschiedsbetrag zwischen den Anschaffungskosten der Beteiligung und dem anteiligen Buchwert des Eigenkapitals angegeben werden. Außerdem ist auch über den Betrag zu informieren, der auf den Firmenwert entfällt. Hierbei handelt es sich um eine Restgröße, die nach der Verrechnung der anteiligen stillen Reserven übrig bleibt.

Die Anschaffungskosten der K-AG betragen 900.000 €. Diesem Betrag steht ein anteiliger Buchwert des Eigenkapitals von 600.000 € gegenüber (30% von 2.000.000 €). Damit beträgt der Unterschiedsbetrag 300.000 €. Hiervon entfallen 36.000 € auf die anteiligen stillen Reserven (30% von 120.000 €) und der Restbetrag von 264.000 € bildet den Firmenwert.

Lösung zu Aufgabe 9 (Equity-Methode)

a) Im Einzelabschluss liegt eine Beteiligung vor, da die Anteile an der OHG dem Geschäftsbetrieb der X-AG durch die Abrundung des Produktsortiments dienen (§ 271 Abs. 1 Satz 1 HGB). Die Bewertung der Beteiligung erfolgt mit den Anschaffungskosten von 900.000 €.

b) Im Konzernabschluss gilt Folgendes: Die X-AG hat einen maßgeblichen Einfluss auf die OHG, sodass diese ein assoziiertes Unternehmen darstellt. Die Bewertung des Anteils erfolgt Ende 05 mit den Anschaffungskosten von 900.000 €. Der Differenzbetrag zwischen den Anschaffungskosten und dem Buchwert der Beteiligung ist im Anhang anzugeben und aufzuteilen (in die stillen Reserven von 140.000 € und den Firmenwert von 80.000 €).

Lösung zu Aufgabe 10 (Equity-Methode)

Nein. Zwar übt die X-AG einen maßgeblichen Einfluss auf die Geschäfts- und Finanzpolitik der Y-AG aus und eine Beteiligung nach § 271 Abs. 1 HGB liegt vor. Allerdings ist die X-AG kein Unternehmen, welches in einen Konzernabschluss einbezogen wird. Somit ist die Y-AG **kein** assoziiertes Unternehmen nach § 311 HGB. Die X-AG ist nur zur Aufstellung eines Einzelabschlusses verpflichtet. Sie verfügt nur über eine Beteiligung, die grundsätzlich mit den Anschaffungskosten zu bewerten ist, wobei außerdem § 253 Abs. 3 und 5 HGB zu beachten sind.

Wichtig: Im Einzelabschluss ist die Anwendung der Equity-Methode **verboten**.

Lösung zu Aufgabe 11 (Aufstellungspflicht)
a) Keine Aufstellungspflicht, da die Muttergesellschaft keinen Sitz im Inland hat.
b) Keine Aufstellungspflicht, da die Muttergesellschaft eine Personengesellschaft ist. Nach § 290 Abs. 1 Satz 1 HGB kann nur eine Kapitalgesellschaft Muttergesellschaft eines Konzerns sein.
c) Aufstellungspflicht. Die A-AG ist eine Kapitalgesellschaft mit Sitz im Inland, die durch ihre Stimmenmehrheit einen beherrschenden Einfluss auf die Z-AG ausübt. Der Sitz der Z-AG ist ohne Bedeutung für die Aufstellungspflicht.
d) Grundsätzlich besteht eine Aufstellungspflicht. Die Muttergesellschaft ist eine Kapitalgesellschaft mit Sitz im Inland, die über eine Stimmenmehrheit bei der D-AG verfügt. Allerdings besteht die Stimmenmehrheit nur kurzfristig, da die Aktien wieder veräußert werden sollen. Daher wird in § 296 Abs. 1 Nr. 3 HGB ein Wahlrecht für die Einbeziehung der D-AG in den Konzernabschluss festgelegt. Wird es nicht ausgeübt, ist die C-AG von der Aufstellungspflicht befreit (§ 290 Abs. 5 HGB).
e) Keine Aufstellungspflicht, da die Muttergesellschaft eine ausländische Personengesellschaft ist.

Lösung zu Aufgabe 12 (Control)
1. **C-AG**: Wird nicht von der A-AG beherrscht, da keine Stimmenmehrheit vorliegt (die A-AG verfügt nur über 45% der Stimmen).
2. **D-AG**: Wird von der A-AG beherrscht, da sie (direkt) über 63% der Stimmrechte an der D-AG verfügt.
3. **E-AG**: Wird beherrscht, da die A-AG durch die D-AG über eine indirekte Stimmenmehrheit an der E-AG verfügt.
4. **F-AG**: Wird nicht von der A-AG beherrscht. Zwar verfügt die D-AG über 52% der Stimmrechte. Da sie aber 5% dieser Stimmen nicht ausüben darf, verfügt sie nicht über die Mehrheit. Die F-AG wird nicht beherrscht, da auch die A-AG keine direkte Stimmenmehrheit hat.
5. **Z-AG**: Die A-AG verfügt zwar nur über 35% der Stimmrechte. Durch den Beherrschungsvertrag hat die A-AG aber einen beherrschenden Einfluss auf die Z-AG.

Lösung zu Aufgabe 13 (Größenabhängige Befreiungen)
Für 20 gilt: Bilanzsumme im Konzern: 24,7 Mio. – Überschritten.
     Umsatzerlöse im Konzern: 48,2 Mio. – Überschritten.
     Arbeitnehmerzahl im Konzern: 222 – Eingehalten.
     Fazit: Zum ersten Mal sind zwei Kriterien überschritten – **Noch keine Aufstellungspflicht**.

Für 21 gilt: Bilanzsumme im Konzern: 23,6 Mio. – Eingehalten.
     Umsatzerlöse im Konzern: 48,2 Mio. – Überschritten.
     Arbeitnehmerzahl im Konzern: 252 – Überschritten.
     Fazit: Zum zweiten Mal sind zwei Kriterien überschritten – **Aufstellungspflicht für den Konzernabschluss zum 31.12.21**.

Für 22 gilt: Bilanzsumme im Konzern: 23,4 Mio. – Eingehalten.
Umsatzerlöse im Konzern: 48,2 Mio. – Überschritten.
Arbeitnehmerzahl im Konzern: 230 – Eingehalten.
Fazit: Zum ersten Mal sind zwei Kriterium erfüllt – **aber noch besteht eine Aufstellungspflicht.**

Wird auch in 23 wieder nur ein Kriterium erfüllt, tritt die größenabhängige Befreiungswirkung für 23 ein. Dann kann auf die Aufstellung eines Konzernabschlusses verzichtet werden.

Lösung zu Aufgabe 14 (Größenabhängige Befreiungen)
In den Fällen a), b) und d) gilt die Befreiungsregelung aus § 293 HGB nicht, da mindestens ein Unternehmen kapitalmarktorientiert im Sinne von § 264d HGB ist. Daher ist § 293 Abs. 5 HGB zu beachten: Eine größenabhängige Befreiung entfällt, wenn die Mutter- oder eine Tochtergesellschaft kapitalmarktorientiert sind. Daher kann nur im Fall c) die Befreiungsregelung genutzt werden.

Lösung zu Aufgabe 15 (Brutto- und Nettomethode)
Richtig sind: b), d), h). – Falsch sind: a), c), e), f), g).

Lösung zu Aufgabe 16 (Brutto- und Nettomethode)
Der Argumentation ist **nicht** zuzustimmen. Die Unterschiede bei der Bilanzsumme und den Umsatzerlösen kommen durch Konsolidierungen zustande. Während die Bruttomethode eine Addition der Werte vornimmt, erfolgen bei der Nettomethode Konsolidierungen. Es wird ein "Probe-Konzernabschluss" erstellt. Durch die Kapitalkonsolidierung sinken die Aktiva der Mutter um die Anteile verbundener Unternehmen und die Passiva der Tochter um das Eigenkapital. Bilanztechnisch findet eine Bilanzverkürzung statt, wodurch die Bilanzsumme sinkt. Die Werte müssen bei der Nettomethode niedriger sein: Die Nettowerte betragen rund 83,3% der Bruttowerte (20 Mio. €/24 Mio. € = 0,8333). Anders formuliert: Die Bruttowerte liegen um 20% über denen der Nettomethode.

Bei der Beschäftigtenzahl sind keine Konsolidierungen relevant. Die Anzahl der Beschäftigten im Mutter- bzw. Tochterunternehmen sind in beiden Fällen zu addieren. Es ergeben sich keine Unterschiede durch die Konsolidierung. Der Gesetzgeber hat somit **keinen Fehler** begangen.

Lösung zu Aufgabe 17 (Konsolidierungskreis)
a) Richtig ist, dass die T_2-AG nicht vollkonsolidiert werden muss. Falsch ist aber die Bewertung der Anteile mit den Anschaffungskosten. Da ein maßgeblicher Einfluss auf dieses Unternehmen ausgeübt wird, sind die Voraussetzungen für die Equity-Methode erfüllt (§ 311 Abs. 1 HGB). Die T_2-AG stellt ein assoziiertes Unternehmen dar. Die Anteile sind im Konzernabschluss mit der Equity-Methode zu bewerten.

b) Konsolidierungskreis im engeren Sinne: Umfasst die Mutter- und Tochterunternehmen, die vollkonsolidiert in den Konzernabschluss übernommen werden. Konsolidierungskreis im weiteren Sinne: Umfasst zusätzlich die Unternehmen, die als Gemeinschaftsunternehmen bzw. assoziierte Unternehmen zu beurteilen sind. Der weite

Konsolidierungskreis kann nur zustande kommen, wenn ein enger Konsolidierungskreis besteht (schlagwortartig: "Ohne enger Kreis, kein weiter Kreis").

c) In diesem Fall schrumpft der Konsolidierungskreis im engeren Sinne quasi auf null einzubeziehende Unternehmen, d.h. er kommt gar nicht zustande. Ein Konzernabschluss ist nicht aufzustellen. Da kein Konsolidierungskreis im engeren Sinne besteht, **müssen** alle Beteiligungen im Einzelabschluss mit den Anschaffungskosten bewertet werden. Die Equity-Methode darf nicht angewendet werden.

Lösung zu Aufgabe 18 (Konsolidierungskreis)
Ein Unternehmen ist in einen Konzernabschluss aufzunehmen, wenn die Mutter einen beherrschenden Einfluss ausüben kann. Das ist insbesondere der Fall, wenn die Mutter über die Mehrheit der Stimmrechte bei der Tochter verfügt (§ 290 Abs. 2 Nr. 1 HGB).

Die Spekulativ-AG verfügt über 60% der Anteile an der X-AG (3.600.000 €/6 € je Stück = 600.000 Stück; 600.000 Stück/1.000.000 Stück = 0,6). Da es sich um Stammaktien handelt, verkörpert jede Aktie eine Stimme, sodass die Spekulativ-AG die Stimmenmehrheit hat. Damit ist die X-AG grundsätzlich in den Konzernabschluss einzubeziehen. Allerdings ist § 296 Abs. 1 Nr. 3 HGB zu beachten. Da die Anteile zur Weiterveräußerung bestimmt sind, kann die Spekulativ-AG auf die Einbeziehung verzichten. Wird das Wahlrecht ausgeübt, muss kein Konzernabschluss erstellt werden (§ 290 Abs. 5 HGB).

Lösung zu Aufgabe 19 (Konsolidierungskreis)
Ein Konzernabschluss ist grundsätzlich nach § 290 Abs. 2 Nr. 1 aufzustellen, da die X-AG über die Mehrheit der Stimmrechte verfügt. Allerdings besteht eine rechtliche Beschränkung (§ 296 Abs. 1 Nr. 1 HGB), da alle wesentlichen Entscheidungen eine qualifizierte Mehrheit erfordern, über die die X-AG nicht verfügt. Daher besteht ein **Wahlrecht** zur Einbeziehung der Tochter in den Konzernabschluss der Mutter.

Lösung zu Aufgabe 20 (Konzernbilanz)
Das Grundkapital beträgt 10.000.000 € (400.000 Stück x 25 €/Stück) und wird in der Konzernbilanz als gezeichnetes Kapital ausgewiesen. Die gesetzliche Rücklage beträgt 1/10 des Grundkapitals (1.000.000 €). Die frei verfügbaren Rücklagen stellen andere Gewinnrücklagen (GRL) dar. Der für die Aktionäre vorgesehene Betrag wird als Bilanzgewinn passiviert. Die Ertragsteuern erscheinen in der Bilanz als Steuerrückstellung.

A	Konzernbilanz 31.12.02		P
Anlagevermögen	6.500.000	Gezeichnetes Kapital	10.000.000
Umlaufvermögen	6.500.000	Gesetzliche Rücklage	1.000.000
		Andere GRL	1.220.000
		Bilanzgewinn	480.000
		Steuerrückstellung	300.000
	13.000.000		13.000.000

Lösung zu Aufgabe 21 (Konzernbilanz)
Da die Mutter-AG beim Erwerb der Tochter mehr als den Zeitwert des Eigenkapitals der Tochter bezahlt, entsteht ein Firmenwert (aus der Kapitalkonsolidierung). Er ist entgeltlich erworben und muss aktiviert werden (§ 301 Abs. 3 HGB). Der ursprüngliche Wert

betrug 3,2 Mio. € (15 Mio. € - 11,8 Mio. €). Da Ende 02 nur noch 80% des Werts vorhanden sind, ist der Posten mit 2.560.000 € zu aktivieren.

Lösung zu Aufgabe 22 (Konzernbilanz)

a) Der Erfolgsausweis der Aktiengesellschaft findet nach teilweiser Ergebnisverwendung statt. Somit ist ein Bilanzgewinn relevant. Die Eigenkapitalposten umfassen:
- Gezeichnetes Kapital: 400.000 € (= Grundkapital. Da die Aktien zum Nennwert ausgegeben wurden, ist kein Agio vorhanden, d.h. keine Kapitalrücklage).
- Gesetzliche Rücklage: 40.000 € (1/10 von 400.000 €).
- Andere Gewinnrücklagen: 160.000 €.
- Bilanzgewinn: 200.000 €. Da das Eigenkapital laut Aufgabenstellung 800.000 € beträgt, muss die Differenz zu den obigen Posten (600.000 €) beim Erfolgsausweis nach teilweiser Ergebnisverwendung als Bilanzgewinn ausgewiesen werden.

b) Der um 50.000 € niedrigere Konzerngewinn ist durch Konsolidierungen bedingt: Gewinne aus Lieferungen zwischen Mutter und Tochter sind im Konzernabschluss nicht auszuweisen, wenn die Leistungen noch nicht an Konzernfremde erfolgten. Nach der Einheitstheorie ist der Konzern wie ein einziges Unternehmen anzusehen und zwischen den Abteilungen eines Unternehmens können keine Gewinne entstehen. Daher ist der Konzerngewinn um 50.000 € niedriger als die Summe der Einzelgewinne.

Lösung zu Aufgabe 23 (Fragen zum Konzernabschluss)

Welche Aufstellungsfrist besteht?	Fünf Monate
Womit wird die Ertragslage des Konzerns abgebildet?	Mit der Konzern-GuV-Rechnung
Welcher Aufstellungsstichtag ist grundsätzlich relevant?	Der Stichtag des Mutterunternehmens
Wer muss den Konzernabschluss aufstellen?	Das Mutterunternehmen bzw. seine gesetzlichen Vertreter
Welche grundsätzliche Obergrenze besteht für die Offenlegungsfrist?	Zwölf Monate
Wann muss eine Tochter einen Zwischenabschluss erstellen?	Wenn ihr Abschlussstichtag um mehr als drei Monate vor dem Stichtag der Mutter liegt
In welcher Sprache bzw. Währung erfolgt die Offenlegung?	In deutscher Sprache und in Euro
Wo erfolgt die Offenlegung des Konzernabschlusses?	Im elektronischen Bundesanzeiger

Lösung zu Aufgabe 24 (Abschlussstichtag)

Ein Zwischenabschluss muss erstellt werden, wenn der Abschlussstichtag der T_1-AG um mehr als drei Monate vor dem Stichtag der Mutter liegt (= 31.8.). Wenn der Abschlussstichtag der Tochter der 31.5. des entsprechenden Jahres ist, braucht die Mutter keinen Zwischenabschluss zu erstellen. Liegt der Abschlussstichtag davor (z.B. am 30.4.), ist ein Zwischenabschluss verpflichtend aufzustellen.

Lösungen der Aufgaben zum siebten Kapitel

Lösung zu Aufgabe 1 (Einheitliche Bewertung)
Nach § 308 Abs. 1 HGB sind die anwendbaren Bewertungsmethoden des Mutterunternehmens relevant. Da die Mutter ihren Sitz in Würzburg hat, sind die handelsrechtlichen Methoden zu beachten. Es sind die Vorschriften anzuwenden, die für große Kapitalgesellschaften gelten.

<u>Tochter A</u>: Nach § 253 Abs. 3 Satz 5 HGB ist die Abschreibung unzulässig. Sie muss im Konzernabschluss wieder rückgängig gemacht werden.

<u>Tochter B</u>: Eine Zuschreibung von Wertpapieren über die Anschaffungskosten hinaus ist im HGB nur in seltenen Ausnahmefällen möglich, die hier nicht vorliegen. Die Zuschreibung ist im Konzernabschluss rückgängig zu machen.

<u>Tochter C</u>: Die außerplanmäßige Abschreibung ist nach § 253 Abs. 3 Satz 6 HGB zulässig. Es handelt sich um eine handelsrechtlich anwendbare Methode. Nach dem Einheitlichkeitsgrundsatz muss eine Ausrichtung der Methoden an denen des Mutterunternehmens erfolgen. Im Fall a) kann die Bewertung der Tochter beibehalten werden, im Fall b) dagegen nicht.

<u>Tochter D</u>: Handelsrechtlich ist eine Abschreibung von den Anschaffungs- oder Herstellungskosten vorzunehmen. Daher muss eine Korrektur im Konzernabschluss erfolgen.

<u>Tochter E</u>: Nach den handelsrechtlichen Vorschriften (§ 253 Abs. 5 Satz 1 HGB) muss eine Zuschreibung erfolgen. Das gilt somit auch für die Tochter. Für den Konzernabschluss ist eine Korrektur vorzunehmen.

Lösung zu Aufgabe 2 (Einheitliche Bewertung)
a) **Ja**. Nach § 308 Abs. 1 Satz 2 HGB können auf der Ebene des Konzerns die Bewertungswahlrechte neu ausgeübt werden (Unabhängigkeitsgrundsatz). Hierzu zählen auch die Methodenwahlrechte wie z.B. die Verbrauchsfolgeverfahren.

b) **Nein**. Nach § 298 Abs. 1 i.V.m. § 252 Abs. 1 Nr. 6 HGB ist das Stetigkeitsprinzip zu beachten. Daher muss auch im Konzernabschluss 02 die Durchschnittsmethode angewendet werden, da keine sachlichen Gründe für den Wechsel zu erkennen sind.

c) Im Einzelabschluss: **Nein**. Die Pralinen-GmbH ist ein rechtlich selbstständiges Unternehmen und bewertet - im Rahmen der gesetzlichen Vorschriften - nach ihren eigenen Zielsetzungen. Wenn die Fifo-Methode nach § 256 HGB anwendbar ist, kann diese Methode im Einzelabschluss beibehalten werden. Das gilt auch dann, wenn die Mutter in ihrem Einzelabschluss eine andere Bewertung vornimmt.

Im Konzernabschluss: **Ja**. Die Kakaomasse ist ein artgleicher Posten bei Mutter und Tochter. Somit ist die Bewertungsmethode der Mutter auch von der Tochter anzuwenden. Da die Mutter im Konzernabschluss 01 die Durchschnittsmethode wählt, muss auch die Tochter in 01 diese Methode nutzen. Das gilt auch im Geschäftsjahr 02. Die Mutter ist durch das Stetigkeitsprinzip weiterhin zur Anwendung der Durchschnittsmethode verpflichtet (siehe b).

Lösung zu Aufgabe 3 (Einheitlicher Ansatz)
a) **Ja**. Nach § 300 Abs. 2 Satz 2 HGB können Ansatzwahlrechte im Konzernabschluss neu ausgeübt werden. Die Mutter-AG kann deshalb auf der Konzernebene die Aktivierung vornehmen.

b) **Ja**. Die Einheitlichkeit gilt auch für den Ansatz von Bilanzposten. Da die Mutter das Wahlrecht auf der Konzernebene ausübt, muss die Tochter in der Handelsbilanz II entsprechend bilanzieren.

Lösung zu Aufgabe 4 (Erstkonsolidierung)
Richtig sind: a), d), g), k), l). – Falsch sind: b), c), e), f), h), i), j).
Hinweise:
Zu e): Die Konsolidierung erfolgt nur mit den Anteilen an der Tochtergesellschaft.
Zu f): Die Erstkonsolidierung muss erfolgen, wenn die Voraussetzungen für die Erstellung des Konzernabschlusses erfüllt sind (§ 301 Abs. 2 Satz 1 HGB). Allerdings sieht das HGB Ausnahmen von der Aufstellungspflicht vor.
Zu h): Die stillen Reserven werden in der Neubewertungsrücklage passiviert.
Zu j): Wenn es sich um einen kleinen Konzern handelt, kann nach § 293 HGB auf die Aufstellung des Konzernabschlusses verzichtet werden.

Lösung zu Aufgabe 5 (Eigenkapital)
a) In die Kapitalkonsolidierung sind alle Eigenkapitalposten der Tochter einzubeziehen, die sich bis zum Anteilserwerb gebildet haben. Dieses Eigenkapital wurde von der Tochter erwirtschaftet und die Mutter bezahlt es beim Erwerb der Anteile. Das gezeichnete Kapital (300.000 €), die Gewinnrücklagen (100.000 €) und der Jahresüberschuss 01 (280.000 €) sind zu konsolidieren. Das Fremdkapital (hier: Rückstellungen) wird nicht konsolidiert, sondern in die Konzernbilanz übernommen.

b) **Nein**. Die Gewinne der Tochter, die **nach** dem Anteilserwerb erzielt werden, stehen der Mutter bei einer Beteiligung von 100% in voller Höhe zu. Sie werden daher nicht in die Konsolidierung einbezogen. Die Erstkonsolidierung wird in den Folgejahren inhaltlich unverändert durchgeführt.

Lösung zu Aufgabe 6 (Eigene Anteile)
Die B-AG verfügt über eigene Anteile, die im Einzelabschluss mit dem Eigenkapital (meist: gezeichnetes Kapital und andere Gewinnrücklagen) verrechnet werden. Somit werden diese Anteile nicht in den Konzernabschluss übernommen.

Die Anteile an der A-AG stellen eine Rückbeteiligung dar und sie werden zunächst in die Konzernbilanz übernommen. Auf der Konzernebene handelt es sich um eigene Anteile, die mit dem Eigenkapital der Konzernbilanz verrechnet werden (siehe oben). Das Konzerneigenkapital ist das Eigenkapital der A-AG, d.h. der Muttergesellschaft.

Lösung zu Aufgabe 7 (Erstkonsolidierung)
a) Die Mutter weist einen Jahresüberschuss von 200.000 € auf, der in die zweite Spalte des folgenden Schemas eingetragen wird. Die aufgedeckten stillen Reserven der Tochter von 150.000 € werden in der Neubewertungsrücklage (NRL) ausgewiesen. Die Konzernbilanz entwickelt sich wie folgt (Angaben in Tausend Euro):

	Posten	Mutter	Tochter	Summen-bilanz	Konsolidierung		Konzern-bilanz
					Soll	Haben	
Aktiva	Div. VG	500	550	1.050			**1.050**
	Anteile	700	-	700		a) 700	-
	Firmenwert	-	-	-	a) 150		**150**
	Summe	1.200	550	1.750			**1.200**
Passiva	Gez. Kapital	600	300	900	a) 300		**600**
	GRL	400	50	450	a) 50		**400**
	NRL	-	150	150	a) 150		-
	JÜ	200	50	250	a) 50		**200**
	Summe	1.200	550	1.750	700	700	**1.200**

b) Der Buchungssatz für die Erstkonsolidierung lautet:

Konsolidierungsbuchung:			
Gez. Kapital	300.000	/ Anteile verbundener	700.000
Gewinnrücklagen	50.000	Unternehmen	
Neubewertungsrücklage	150.000		
Jahresüberschuss	50.000		
Firmenwert	150.000		

Lösung zu Aufgabe 8 (Konsolidierungsbuchungen)

Es gelten die folgenden Zusammenhänge:

- Buchwert des Eigenkapitals: 530.000 € (Gezeichnetes Kapital, Gewinnrücklagen und Jahresüberschuss).
- Neubewertetes Eigenkapital: 720.000 € (Buchwert zuzüglich stiller Reserven von insgesamt 190.000 €).
- Firmenwert: 130.000 € (Saldo aus Anschaffungskosten der Anteile und neubewertetem Eigenkapital).

Die Neubewertungsrücklage nimmt die stillen Reserven in Höhe von 190.000 € auf und wird auf der Passivseite ausgewiesen. Bei der Neubewertungsmethode ist die folgende Erstkonsolidierungsbuchung auszuführen, wenn die Mutter-AG alle Anteile erwirbt:

Buchung der Erstkonsolidierung:			
Gezeichnetes Kapital	400.000	/ Anteile verbundener	850.000
Gewinnrücklagen	100.000	Unternehmen	
Neubewertungsrücklage	190.000		
Jahresüberschuss	30.000		
Firmenwert	130.000		

Lösung zu Aufgabe 9 (Stille Reserven)
Richtig sind: b), d), e) – Falsch sind: a), c), f), g).

Hinweise:
Zu a): Stille Reserven können auch in Passivposten vorhanden sein (siehe c).
Zu c): Da eine nicht dauernde Wertminderung vorliegt, besteht ein Abschreibungswahlrecht in der Handelsbilanz. Wird es nicht genutzt, werden die Finanzanlagen zu hoch bewertet. Damit liegen keine stillen Reserven vor, sondern stille Lasten.
Zu f): Die stillen Reserven betragen 30.000 € (0,2 x 150.000 €).
Zu g): Wertpapiere werden nicht planmäßig abgeschrieben, sodass die Auflösung der stillen Reserven nicht vorhersehbar ist.

Lösung zu Aufgabe 10 (Erstkonsolidierung mit latenten Steuern)
a) Die passiven latenten Steuern betragen 24.000 € (0,3 x 80.000 €). Sie vermindern den Bestand der Neubewertungsrücklage, die 56.000 € beträgt. Die Buchung zur Aufdeckung der stillen Reserven wird erfolgsneutral durchgeführt und lautet:

Buchung zur Aufdeckung stiller Reserven:			
Div. Vermögensgegenstände	80.000 /	Neubewertungsrücklage	56.000
		Passive latente Steuern	24.000

b) Der Zeitwert des Eigenkapitals der Tochter beträgt unter Berücksichtigung latenter Steuern 646.000 €. Da die Mutter für dieses Reinvermögen 850.000 € bezahlt hat, entsteht ein Firmenwert von 204.000 €.

Buchung der Erstkonsolidierung:			
Gezeichnetes Kapital	400.000 /	Anteile verbundener Unternehmen	850.000
Gewinnrücklagen	120.000		
Neubewertungsrücklage	56.000		
Jahresüberschuss	70.000		
Firmenwert	204.000		

Lösung zu Aufgabe 11 (Fortführung latenter Steuern)
Der Vermögensgegenstand wird mit jährlich 16.000 € abgeschrieben (80.000 €/5 Jahre). Dieser Aufwand fällt im Konzernabschluss zusätzlich zu den Aufwendungen in den Einzelabschlüssen der Mutter- und Tochtergesellschaft an. Da sich die passiven latenten Steuern auf den Aktivposten beziehen, werden sie ebenfalls gleichmäßig über fünf Jahre aufgelöst. Für 02 ergibt sich ein Betrag von 4.800 € (24.000 €/5 Jahre). In dieser Höhe entsteht im Konzernabschluss ein latenter Steuerertrag.

Lösung zu Aufgabe 12 (Latente Steuern im Konzern)
a) Die im Einzelabschluss der Klein-AG ausgewiesenen latenten Steuern werden unverändert in den Konzernabschluss übernommen. Die Steuern werden wie die anderen Posten der Tochter (z.B. Maschinen, Vorräte, Rückstellungen) behandelt.

b) Die durch Konsolidierungsmaßnahmen entstehende passive latente Steuer ist in der Konzernbilanz nach § 306 HGB zu behandeln. In der Konzernbilanz können die passiven latenten Steuern des Einzel- und Konzernabschlusses zusammengefasst werden (§ 306 Satz 6 HGB, Gesamtbetrag: 20.000 €). Auch im Konzernabschluss **kann** eine Saldierung von aktiven und passiven latenten Steuern erfolgen (§ 306 Satz 2 HGB). Dann erscheinen per Saldo 2.000 € passive latente Steuern in der Konzernbilanz.

Lösung zu Aufgabe 13 (Latente Steuern und Firmenwert)
a) Beim Steuersatz von 32% errechnet sich der Firmenwert wie folgt: 0,32/(1-0,32) x 200.000 €. Daraus ergeben sich passive latente Steuern von rund 94.117,65 €. Der endgültige Firmenwert beträgt theoretisch 294.117,65 €.
Probe: Multiplikation des Firmenwerts 294.117,65 € mit 0,32 ergibt: 94.177,65 €.
b) **Nein**. Nach § 306 Satz 3 HGB sind auf den Firmenwert keine latenten Steuern zu verrechnen, um den Posten nicht "aufzublähen".

Lösung zu Aufgabe 14 (Erstkonsolidierung mit Minderheiten)
a) Das Schema hat das folgende Aussehen (nbA = nicht beherrschende Anteile):

	Posten	Mutter	Tochter	Summen-bilanz	Konsolidierung Soll	Konsolidierung Haben	**Konzern-bilanz**
Aktiva	Div. VG	800	550	1.350			**1.350**
	Anteile	500	-	500		a) 500	**-**
	Firmenwert	-	-	-	a) 60		**60**
	Summe	1.300	550	1.850			**1.410**
Passiva	Gez. Kapital	1.000	200	1.200	a) 160 b) 40		**1.000**
	Gewinn-rücklagen	150	50	200	a) 40 b) 10		**150**
	Neubewer-tungsrückl.	-	150	150	a) 120 b) 30		**-**
	Bilanz-gewinn	150	150	300	a) 120 b) 30		**150**
	nbA	-	-	-		b) 110	**110**
	Summe	1.300	550	1.850	610	610	**1.410**

Die einzelnen Posten der Mutter und Tochter werden in die ersten beiden Spalten eingetragen und anschließend addiert. Die Gewinnrücklagen der Tochter betragen 50.000 € und ihr Bilanzgewinn beläuft sich auf 150.000 €. In der Summenbilanz werden die Gesamtwerte ausgewiesen. Nach Durchführung der Konsolidierungs-buchungen (siehe b) ergibt sich in der letzten Spalte die Konzernbilanz. Für die Min-derheitsgesellschafter wird der Posten "nicht beherrschende Anteile" in Höhe von 110.000 € passiviert. Der Posten gehört zum Eigenkapital, da die Minderheitsgesell-schafter - neben der Muttergesellschaft - ebenfalls am Konzern beteiligt sind.

b) Auf die Mutter-AG entfallen 80% des Eigenkapitals der Tochter-AG und 80% der stillen Reserven. Da die Gewinnrücklagen 50.000 € betragen, werden der Mutter-AG 40.000 € zugerechnet; vom Bilanzgewinn (150.000 €) erhält sie 120.000 €. Da das gesamte anteilige Eigenkapital der Tochter-AG 440.000 € beträgt und die Mutter-AG 500.000 € für ihre Anteile bezahlt hat, verbleibt eine Differenz von 60.000 €. Es handelt sich um den entgeltlich erworbenen Firmenwert, der zu aktivieren ist.

Den Minderheitsgesellschaftern werden 20% des gezeichneten Kapitals (40.000 €), der Gewinnrücklagen (10.000 €), des Bilanzgewinns (30.000 €) und der Neubewertungsrücklage (30.000 €) zugerechnet. Für die Minderheitsaktionäre wird im HGB **kein Firmenwert** im Konzernabschluss aufgedeckt, da sie für ihren Anteil nur den Kurswert der Aktien bezahlt haben. Weitere Zahlungen wurden nicht geleistet.

Die Buchungssätze lassen sich der folgenden Darstellung entnehmen. Sie sind im obigen Schema mit den Buchstaben a) bzw. b) in die Konsolidierungsspalte eingetragen worden.

Buchung Muttergesellschaft a):			
Gezeichnetes Kapital	160.000 /	Anteile verbundener	500.000
Gewinnrücklagen	40.000	Unternehmen	
Neubewertungsrücklage	120.000		
Bilanzgewinn	120.000		
Firmenwert	60.000		
Buchung Minderheitsgesellschafter b):			
Gezeichnetes Kapital	40.000 /	Nicht beherrschende	110.000
Gewinnrücklagen	10.000	Anteile	
Neubewertungsrücklage	30.000		
Bilanzgewinn	30.000		

Lösung zu Aufgabe 15 (Konsolidierungsbuchungen)

a) Die Muttergesellschaft ist zu 75% an ihrer Tochter beteiligt, deren Buchwert des Eigenkapitals insgesamt 680.000 € beträgt. Hiervon stehen der Mutter 75% zu, d.h. 510.000 € (0,75 x 680.000 €). Außerdem ist die Mutter zu 75% an den stillen Reserven beteiligt: 90.000 € (75% von 120.000 €). Insgesamt erhält die Mutter 600.000 € (= 75% des Zeitwerts des Eigenkapitals der B-AG). Da die A-AG 840.000 € bezahlt, entsteht ein Firmenwert in Höhe von 240.000 €.

Buchung Muttergesellschaft:			
Gezeichnetes Kapital	300.000 /	Anteile verbundener	840.000
Gewinnrücklagen	150.000	Unternehmen	
Neubewertungsrücklage	90.000		
Jahresüberschuss	60.000		
Firmenwert	240.000		

b) Die Minderheitsgesellschafter sind zu 25% am Zeitwert des Eigenkapitals der B-AG beteiligt. Damit werden ihnen von jedem Eigenkapitalposten 25% zugeordnet. Ein Firmenwert ist für die Minderheiten nicht zu berücksichtigen. Die Buchung lautet:

Buchung Minderheitsgesellschafter:			
Gezeichnetes Kapital	100.000	/ Nicht beherrschende	200.000
Gewinnrücklagen	50.000	Anteile	
Neubewertungsrücklage	30.000		
Jahresüberschuss	20.000		

Lösung zu Aufgabe 16 (Konsolidierungsbuchungen)

a) Die Neubewertungsrücklage enthält die aufgedeckten stillen Reserven und beträgt zunächst 120.000 €. Bei einem Steuersatz von 30% entstehen passive latente Steuern in Höhe von 36.000 €. Die Neubewertungsrücklage nach Steuern beträgt 84.000 €.

b) Da der Anteil der Mutter an der Neubewertungsrücklage von 90.000 € auf 63.000 € (0,75 x 84.000 €) sinkt, muss der Firmenwert entsprechend steigen. Da die Anschaffungskosten der Anteile und die übrigen Eigenkapitalposten der Tochter konstant bleiben, muss der Firmenwert zunehmen, damit die Buchung ausgeglichen ist.

Bei den Minderheiten sinkt die Neubewertungsrücklage von 30.000 € auf 21.000 € (0,25 x 84.000 €). Da sich die übrigen Eigenkapitalposten nicht verändern, sinkt der Posten "nicht beherrschende Anteile" auf 191.000 €. Da für die Minderheitsgesellschafter kein Firmenwert in der Konzernbilanz ausgewiesen wird, kann dieser Posten auch nicht steigen.

c) Die latenten Steuern werden in der Handelsbilanz III der Tochtergesellschaft ausgewiesen und gehören zum Fremdkapital. Daher werden die passiven latenten Steuern wie andere Fremdkapitalposten in die Konzernbilanz übernommen.

Lösung zu Aufgabe 17 (Folgekonsolidierung)

Die folgenden Effekte beziehen sich nur auf den Konzernerfolg. Es wird kein Vergleich zu den Erfolgen im Einzelabschluss vorgenommen.

Grund und Boden: 100.000 €: Keine Erfolgswirkung in 02, da es sich nicht um abnutzbares Vermögen handelt. Da auch keine Veräußerung stattfindet, ergibt sich kein Erfolgseffekt.

Maschinen: 40.000 €: Erfolgswirkung -10.000 €. Die Maschinen werden linear auf die Restnutzungsdauer von vier Jahren abgeschrieben. Hierdurch entstehen zusätzliche Aufwendungen im Konzern, die den Erfolg vermindern.

Waren: 80.000 €: Keine Erfolgswirkung in 02. Da die stillen Reserven bereits bei der Erstkonsolidierung aufgedeckt wurden, handelt es sich in 02 auf der Konzernebene um einen erfolgsneutralen Vorgang. Wenn die Anschaffungskosten 100.000 € in 01 betragen und der Verkaufspreis bei 180.000 € netto liegt, werden in 01 die stillen Reserven aufgedeckt und in 02 findet auf der Konzernebene nur noch ein Aktivtausch statt: "Bank an Waren 180.000".

Rückstellungen: 20.000 €: Keine Erfolgswirkung in 02. Es findet aus Konzernsicht nur noch eine Bilanzverkürzung statt: "Rückstellungen an Bank 50.000".

Hinweis: Beim Warenverkauf und bei den Rückstellungen ergeben sich im Einzelabschluss Erfolgseffekte für 02. Diese müssen aus Sicht des Konzerns wieder ausgeglichen werden. Hierfür werden die Zwischenergebniskonsolidierung und die Aufwands- und Ertragskonsolidierung eingesetzt.

Lösung zu Aufgabe 18 (Erste Folgekonsolidierung)

a) Die Buchung lautet: "Jahresüberschuss 105.000 an Maschinen 5.000 und Firmenwert 100.000". Buchungstechnisch wird das Passivkonto "Jahresüberschuss" im Soll gebucht und die beiden Aktivkonten werden im Haben gebucht. Die Maschine wird mit 5.000 € pro Jahr abgeschrieben (100.000 €/20 Jahre), der Firmenwert mit 100.000 € (500.000 €/5 Jahre). Der Jahresüberschuss in der Konzernbilanz sinkt um 105.000 €.

b) Die Buchung lautet: "Abschreibung auf Sachanlagen 5.000 und Abschreibung auf Firmenwert 100.000 an Jahresüberschuss 105.000". Die Abschreibungen in der Konzern-GuV-Rechnung werden um insgesamt 105.000 € erhöht und der Jahresüberschuss sinkt in dieser Höhe. Der Konzerngewinn ist um 105.000 € niedriger als die Summe der Gewinne, die in den Einzelabschlüssen der Mutter und Tochtergesellschaften ausgewiesen werden.

Lösung zu Aufgabe 19 (Zweite Folgekonsolidierung)

Zunächst ist die Erstkonsolidierungsbuchung inhaltlich zu wiederholen (hierfür sind keine Angaben in der Aufgabenstellung vorhanden). Auch die erste Folgekonsolidierung muss nochmals durchgeführt werden, um die Restbuchwerte in der Konzernbilanz richtig zu ermitteln.

Die **erste** Folgekonsolidierungsbuchung wird **erfolgsneutral** durchgeführt, indem die Gewinnrücklagen vermindert werden. Hierdurch wird eine doppelte Belastung des Konzerngewinns in 03 vermieden. Buchungssatz am 31.12.03: "Gewinnrücklagen 105.000 an Maschinen 5.000 und Firmenwert 100.000" (= erfolgsneutrale Bilanzverkürzung).

Die zweite Folgekonsolidierung ist **erfolgswirksam** vorzunehmen. Sie entspricht der Buchung des Vorjahres: "Jahresüberschuss 105.000 an Maschinen 5.000 und Firmenwert 100.000". Zum 31.12.03 sind die stillen Reserven der Maschine, die in der Konzernbilanz zusätzlich zur Einzelbilanz der Tochter ausgewiesen werden, auf 90.000 € gesunken (100.000 € - 2 x 5.000 €). Der Firmenwert in der Konzernbilanz weist noch einen Restwert von 300.000 € auf (500.000 € - 2 x 100.000 €).

Lösung zu Aufgabe 20 (Firmenwert)

Für 02 ergeben sich Abschreibungen in Höhe von 50.000 € (450.000 €/9 Jahre). Die Buchung lautet auf Bilanzebene: "Jahresüberschuss an Firmenwert 50.000". In der Konzernbilanz vermindern sich der Firmenwert und der Jahresüberschuss. Zusätzlich wird in der Konzern-GuV-Rechnung die Abschreibung des Firmenwerts aufgenommen: "Abschreibung auf Firmenwert an Jahresüberschuss 50.000".

Lösung zu Aufgabe 21 (Erstkonsolidierung mit Minderheiten)

a) Die folgende Darstellung zeigt die Buchungssätze für die Erstkonsolidierung. Der Mutter stehen 70% und den Minderheitsgesellschaftern 30% des Zeitwerts des Eigenkapitals zu. Die stillen Reserven werden in einer Neubewertungsrücklage erfasst, von der 56.000 € auf die Mutter (70% von 80.000 €) und 24.000 € (30% von 80.000 €) auf die Minderheiten entfallen. Da die Muttergesellschaft für ihren Anteil mehr als

Lösungen der Aufgaben zum siebten Kapitel

den anteiligen Zeitwert des Eigenkapitals (406.000 €) bezahlt, entsteht bei ihr ein Firmenwert in Höhe von 274.000 €. Die Buchungen lauten:

Buchung Muttergesellschaft:			
Gezeichnetes Kapital	280.000 /	Anteile verbundener	680.000
Neubewertungsrücklage	56.000	Unternehmen	
Jahresüberschuss	70.000		
Firmenwert	274.000		
Buchung Minderheitsgesellschafter:			
Gezeichnetes Kapital	120.000 /	Nicht beherrschende	174.000
Neubewertungsrücklage	24.000	Anteile	
Jahresüberschuss	30.000		

b) Die Konzernbilanz enthält auf der Aktivseite die Vermögensgegenstände der Mutter (320.000 €) und Tochter (580.000 €) – insgesamt 900.000 €. Die stillen Reserven im Vermögen der Tochter (80.000 €) wurden aufgedeckt. Zusätzlich ist der Firmenwert von 274.000 € zu aktivieren. Auf der Passivseite der Konzernbilanz erscheinen das Eigenkapital der Mutter (insgesamt 1.000.000 €) und die nicht beherrschenden Anteile für Minderheitsgesellschafter in Höhe von 174.000 €.

Die Konzernbilanz zum 31.12.01 hat das folgende Aussehen:

A	Konzernbilanz 31.12.01		P
Firmenwert	274.000	Gezeichnetes Kapital	600.000
Diverse Vermögens-	900.000	Nicht beherrschende	174.000
gegenstände		Anteile	
		Jahresüberschuss	400.000
	1.174.000		1.174.000

Lösung zu Aufgabe 22 (Folgekonsolidierung mit Minderheiten)

a) Der Gewinn der Konzern-GuV-Rechnung besteht aus der Summe der Gewinne aus den Einzelabschlüssen der M-AG und T-AG, vermindert um Abschreibungen auf stille Reserven und auf den Firmenwert. Die Summe der Jahresüberschüsse beträgt zunächst 340.000 €. Die Abschreibungen auf die stillen Reserven belaufen sich auf 8.000 € (80.000 €/10 Jahre) und für den Firmenwert ergibt sich ein Aufwand von 54.800 € (274.000 €/5 Jahre). Daraus resultiert ein Konzerngewinn von 277.200 € (340.000 € - 8.000 € - 54.800 €). Er ist niedriger als die Summe der Einzelgewinne.

b) Die Minderheiten sind zu 30% an der T-AG und damit zu 30% an deren Gewinn beteiligt. Sie erhalten 30% von 140.000 € (42.000 €) und müssen 30% der Abschreibungen auf die stillen Reserven der T-AG tragen 2.400 € (0,3 x 8.000 €). Die Abschreibungen auf den Firmenwert betreffen nur die Konzernmutter. Somit ergibt sich für die Minderheiten ein Gewinnanteil von 39.600 € (42.000 € - 2.400 €). Dieser Gewinnanteil wird dem Posten "nicht beherrschende Anteile" zugeschrieben, der in 02 auf 213.600 € wächst (174.000 € + 39.600 €).

c) Die Konzernbilanz hat Ende 02 das folgende Aussehen:

A	Konzernbilanz 31.12.02		P
Firmenwert	219.200	Gezeichnetes Kapital	600.000
Diverse Vermögens- gegenstände	1.232.000	Nicht beherrschende Anteile	213.600
		Gewinnrücklagen	400.000
		Jahresüberschuss	237.600
	1.451.200		1.451.200

Auf der Passivseite wird das gezeichnete Kapital der Mutter unverändert in Höhe von 600.000 € ausgewiesen. Die Gewinnrücklagen in der Konzernbilanz ergeben sich aus den Jahresüberschüssen des Vorjahres (400.000 €), die vollständig thesauriert wurden. Der Jahresüberschuss 02 in der Konzernbilanz beträgt 237.600 € (277.200 € - 39.600 €). Vom Konzerngewinn in Höhe von 277.200 € wird der Gewinnanteil der Minderheiten abgezogen, der den nicht beherrschenden Anteilen zugeordnet wird. Der Wert dieser Anteile wurde oben berechnet und beträgt 213.600 €.

Auf der Aktivseite erscheint der Firmenwert Ende 02 nach Abschreibungen in Höhe von 219.200 € (274.000 € - 54.800 €). Die diversen Vermögensgegenstände betragen als Restgröße 1.232.000 €. Ihr Wert kann aber auch wie folgt berechnet werden: Anfangsbestand 900.000 € (Ende 01), Zugang durch Gewinne der Mutter und Tochter: 340.000 €, Abgang durch Abschreibung auf stille Reserven in Höhe von 8.000 €. Neuer Endbestand: 1.232.000 €.

Lösung zu Aufgabe 23 (Negativer Firmenwert)
Der Firmenwert ergibt sich im Konzernabschluss grundsätzlich als Differenz aus Kaufpreis des Unternehmens und Zeitwert des Eigenkapitals der Tochter. Im Fall I) bezahlt die Mutter-AG genau den Zeitwert des Eigenkapitals, sodass kein Firmenwert entsteht. Im Fall II) zahlt die Mutter-AG weniger als den Zeitwert des Eigenkapitals, sodass ein negativer Firmenwert in Höhe von 70.000 € entsteht.

Lösung zu Aufgabe 24 (Lucky Buy)
Der negative Firmenwert beträgt 0,9 Mio. € (10 Mio. € - 10,9 Mio. €). Er hat Eigenkapitalcharakter, da es sich um einen Lucky Buy handelt. Weil sich die stillen Reserven im abnutzbaren Anlagevermögen befinden, erfolgt eine Auflösung über die gewichtete durchschnittliche Restnutzungsdauer von 9,11 Jahren. Berechnung: 1/1,8 x 10 Jahre + 0,8/1,8 x 8 Jahre = 9,11 Jahre. Der jährliche Auflösungsbetrag ist 98.792,54 €, davon 6/12 in 01 sind 49.396,27 €. Gebucht wird: "Passiver Unterschiedsbetrag aus der Kapitalkonsolidierung an sonstige betriebliche Erträge 49.396,27".

Lösung zu Aufgabe 25 (Badwill)
31.12.01: Es liegt ein negativer Unterschiedsbetrag aus der Konsolidierung in Höhe von 200.000 € vor. Dieser Betrag ist in der Konzernbilanz zu passieren. Es handelt sich um Fremdkapital. Der Posten ist aufzulösen, wenn die ungünstige Entwicklung eingetreten und Aufwand zu berücksichtigen ist. Das ist Ende 02 der Fall.
31.12.02: Es ist eine Rückstellung für ungewisse Verbindlichkeiten zu bilden. Sie ist als Aufwand zu verrechnen ("Sonstiger betrieblicher Aufwand an sonstige

Rückstellungen 250.000"). Gleichzeitig wird der passive Unterschiedsbetrag erfolgswirksam aufgelöst ("Passiver Unterschiedsbetrag an sonstige betriebliche Erträge 200.000"). Es verbleibt ein Aufwand von 50.000 €.

Lösung zu Aufgabe 26 (Firmenwerte)
Richtig sind: a), e), h). – Falsch sind: b), c), d), f), g).

Hinweis: Latente Steuern sind beim Firmenwert nach § 306 Satz 3 HGB nicht zu verrechnen.

Lösung zu Aufgabe 27 (RAP im Konzern)
a) Da die Zahlung über den Bilanzstichtag hinausgeht, muss eine Abgrenzung erfolgen. Zum 31.12.01 wird bei der Mutter-AG ein aktiver RAP von 6.000 € (3 x 2.000 €) gebildet, der den Mietaufwand für 02 abgrenzt. Die Tochter-GmbH bildet einen passiven RAP in gleicher Höhe. Die Auflösung beider Posten erfolgt in 02.

b) Im Konzernabschluss stehen sich der aktive Rechnungsabgrenzungsposten der Mutter und der passive Rechnungsabgrenzungsposten der Tochter betragsgleich gegenüber (jeweils 6.000 €). Die Tochter "schuldet" der Mutter quasi die Überlassung des Mietraums, sodass eine **Schuldenkonsolidierung** vorzunehmen ist (§ 303 Abs. 1 HGB). In der Konzernbilanz werden der aktive und passive Rechnungsabgrenzungsposten miteinander verrechnet. Die Buchung ist erfolgsneutral durchzuführen und lautet: "Passiver RAP an aktiver RAP 6.000".

Lösung zu Aufgabe 28 (Schuldenkonsolidierung)
a) Im Einzelabschluss der A-AG gilt für das Darlehen:
Ausweis: Da eine langfristige Kreditgewährung vorliegt, erfolgt der Ausweis unter den Finanzanlagen ("Ausleihungen an verbundene Unternehmen 400.000 €").
Bewertung: Am 31.12.01 besteht ein Abwertungswahlrecht nach § 253 Abs. 3 Satz 4 HGB. Die A-AG kann eine außerplanmäßige Abschreibung von 40.000 € vornehmen oder nicht. Das Ausleihung wird mit 400.000 € oder mit 360.000 € bewertet. Am 31.12.02 muss eine Bewertung mit 480.000 € (400.000 x 1,2) erfolgen, da die Restlaufzeit des Darlehens weniger als ein Jahr beträgt und somit das Realisationsprinzip nicht gilt (§ 256a Satz 2 HGB).

Ohne Abschreibung in 01 entsteht Ende 02 bei der A-AG ein sonstiger betrieblicher Ertrag von 80.000 €, mit Abschreibung steigt der Ertrag Ende 02 auf 120.000 €.

b) Im Konzernabschluss gilt Folgendes:
Zum 31.12.01 müssen die Ausleihungen und Verbindlichkeiten verbundener Unternehmen miteinander verrechnet werden. Wenn am 31.12.01 **keine Abschreibung** bei der Mutter erfolgt, stehen sich Ausleihung und Verbindlichkeit mit 400.000 € gegenüber und können erfolgsneutral miteinander verrechnet werden (da bei beide Gesellschaften ihren Sitz im Inland haben, wird § 308a HGB nicht angewendet; daher bewertet auch die B-AG Ende 01 mit 400.000 €). Ende 02 werden Ausleihung und Verbindlichkeit mit jeweils 480.000 € bewertet und erfolgsneutral verrechnet.

Wird am 31.12.01 von der A-AG eine **außerplanmäßige Abschreibung** vorgenommen, stimmen die Posten nicht überein: Die Mutter aktiviert 360.000 €, während die Tochter zum Erfüllungsbetrag (400.000 €) bewertet. Es besteht eine echte Aufrechnungsdifferenz, die erfolgswirksam auszugleichen ist. Aus Sicht der Konzernbilanz wird gebucht: "Verbindlichkeiten gegenüber verb. Unternehmen 400.000 an Ausleihungen gegen verb. Unternehmen 360.000 und Jahresüberschuss 40.000". Der Konzerngewinn steigt um 40.000 €. Da der Währungsverlust zu sonstigen betrieblichen Aufwendungen führt (§ 277 Abs. 5 Satz 2 HGB) wird in der Konzern-GuV-Rechnung gebucht: "Jahresüberschuss an sonstige betriebliche Aufwendungen 40.000".

Zum 31.12.02 muss wieder eine Schuldenkonsolidierung erfolgen. Durch die Zuschreibung auf 480.000 € im Einzelabschluss stimmen Ausleihung und Verbindlichkeit überein und werden direkt miteinander verrechnet. Die sonstigen betrieblichen Erträge belaufen sich im Einzelabschluss der Mutter auf 120.000 € und die sonstigen betrieblichen Aufwendungen der Tochter (Zuschreibung der Verbindlichkeit) auf 80.000 €. Es bleibt eine Aufrechnungsdifferenz von 40.000 €, die im Konzernabschluss nicht auftreten darf. Die Buchung im Konzern lautet: "Sonstige betriebliche Erträge an Jahresüberschuss 40.000". Der Erfolg **sinkt** im Konzernabschluss um 40.000 €.

Vergleich der Erfolgswirkungen: Nur im Abschreibungsfall weichen die Erfolge im Einzel- und Konzernabschluss voneinander ab. Sie verhalten sich in 01 und 02 gegenläufig. Der im Einzelabschluss 01 entstehende Aufwand von 40.000 € wird im Konzernabschluss konsolidiert, da er nach der Einheitstheorie nicht entstehen kann. Der Konzernerfolg 01 ist größer als der Erfolg im Einzelabschluss. In 02 muss der im Einzelabschluss auftretende höhere Ertrag von 40.000 € im Konzern ausgeglichen werden (Konzernerfolg 02 < Einzelabschlusserfolg 02).

Lösung zu Aufgabe 29 (Schuldenkonsolidierung)
a) Da der Wechselkurs am Bilanzstichtag gestiegen ist, muss die Verbindlichkeit mit 110.000 € bewertet werden. Bei der T-AG bleiben dagegen die Anschaffungskosten der Forderung (Ausleihung) relevant, die umgerechnet 100.000 € betragen.

b) Im Konzernabschluss müssen die Forderung der T-AG und die Verbindlichkeit der M-AG miteinander konsolidiert werden. Die beiden Beträge sind aber nicht gleich, da die Verbindlichkeit aufzuwerten ist. Es entsteht eine echte Aufrechnungsdifferenz und die Konsolidierungsbuchung lautet aus Sicht der Konzernbilanz: "Verbindlichkeiten gegenüber verbundenen Unternehmen 110.000 an Ausleihungen gegen verbundene Unternehmen 100.000 und Jahresüberschuss 10.000".

Lösung zu Aufgabe 30 (Aufrechnungsdifferenzen)
Richtig sind: c), d), e), f). − Falsch sind: a), b), g), h).

Hinweis zu g) und h): Unverzinsliche Forderungen sind bei der Mutter **ab**zuzinsen, woraus sich eine **echte** Aufrechnungsdifferenz ergibt.

Lösung zu Aufgabe 31 (Zwischenergebnisse)
Richtig sind: a), c), d), g), j), k). − Falsch sind: b), e), f), h), i).

Hinweis zu i) und j): Zur Verdeutlichung das folgende Beispiel: Die Wertobergrenze liege bei 120 € und die Wertuntergrenze bei 80 € (jeweils pro Stück). Wenn der Verrechnungspreis 100 € beträgt, entsteht nur dann ein Zwischenverlust, wenn die Wertobergrenze gewählt wird. Hierzu besteht ein Wahlrecht, sodass es sich um einen **konsolidie-**

rungsfähigen Verlust handelt. Er ist nur zu konsolidieren, wenn die hohe Bewertung gewählt wird. Wird die niedrige Bewertung gewählt, entsteht ein konsolidierungsfähiger Gewinn von 20 €/Stück.

Liegt der Verrechnungspreis bei 70 €, entsteht zwingend ein Verlust von 10 €, da der Verrechnungspreis unter der Wertuntergrenze liegt. Der Verlust ist konsolidierungspflichtig. Das ist der Inhalt der richtigen Aussage j).

Lösung zu Aufgabe 32 (Zwischenergebnisse)
a) Die Wertobergrenze pro Stück beträgt 52 € und beinhaltet auch die allgemeinen Verwaltungskosten. Die Wertuntergrenze liegt bei 40 € je Stück. Es gilt (alle Angaben jeweils pro Stück):
Konsolidierungspflichtiger Zwischengewinn: 18 € (70 € - 52 €). Der Verrechnungspreis liegt über der Wertobergrenze, sodass dieser Gewinn immer ausgeglichen werden muss.
Konsolidierungsfähiger Zwischengewinn: 12 € (52 € - 40 €). Wird die Wertuntergrenze gewählt, steigt der zu konsolidierende Zwischengewinn. Dieser Betrag könnte vermieden werden, indem die Wertobergrenze gewählt wird.

b) Konsolidierungsfähiger Zwischengewinn: 5 € (45 € - 40 €). Wird die Wertuntergrenze gewählt, entsteht noch ein Gewinn von 5 €, der zu konsolidieren ist. Der Gewinn könnte vermieden werden, wenn die Herstellungskosten in Höhe von 45 € berechnet werden.
Konsolidierungsfähiger Zwischenverlust: -7 € (45 € - 52 €). Wird die Wertobergrenze gewählt, entsteht ein Verlust von 7 €, der zu konsolidieren ist. Dieser Verlust wäre ebenfalls vermeidbar.

c) Konsolidierungspflichtiger Zwischenverlust: -10 € (30 € - 40 €). Der Verrechnungspreis liegt unter der Wertuntergrenze, sodass der Verlust nicht zu vermeiden ist.
Konsolidierungsfähiger Zwischenverlust: -12 € (40 € - 52 €). Wird die Wertobergrenze gewählt, entsteht ein zusätzlicher Verlust in Höhe von 12 €.

Lösung zu Aufgabe 33 (Konzernherstellungskosten)
a) Der Verrechnungspreis der Mutter ergibt sich wie folgt:
Materialkosten: 20 € + 16 € = 36 € (Gemeinkosten: 80% von 20 €),
Fertigungskosten: 60 € + 60 € = 120 € (Gemeinkosten: 100% von 60 €),
Verwaltungskosten: 50% von 156 € = 78 €,
Verrechnungspreis (netto): 234 € + 117 € = 351 €.

b) Die Tochter hat Anschaffungskosten in gleicher Höhe (351 €). Es ergibt sich kein Erfolgseffekt (erfolgsneutraler Aktivtausch bei Bankzahlung).

c) <u>Keine Veräußerung an Dritte</u>: Aus Sicht des Konzerns ist der Gewinn der Mutter (117 € je Stück) noch nicht entstanden. Ein Gewinn ist erst auszuweisen, wenn er mit konzernfremden Personen erzielt wird. Im Konzernabschluss muss der Zwischengewinn von 117 € storniert werden.

<u>Veräußerung an Dritte</u>: Aus Sicht des Konzerns ist der Gewinn realisiert worden. Er umfasst den Zwischengewinn der Mutter (117 € je Stück) und den Gewinn der Tochter (49 €/Stück: 400 €/Stück - 351 €/Stück).

Lösung zu Aufgabe 34 (Zwischenergebniskonsolidierung)

a) Da die Umsatzsteuer zu vernachlässigen ist, lautet die Buchung: "Bank an Umsatzerlöse 800.000". Gewinn: 240.000 € (800.000 € - 560.000 €).

b) Es tritt kein Erfolgseffekt ein. Den Aufwendungen aus der Bestandsminderung unfertiger Erzeugnisse (800.000 €) und den weiteren Bearbeitungskosten (200.000 €) steht ein gleich hoher Ertrag (Bestandserhöhung fertiger Erzeugnisse) gegenüber.

c) Aus Sicht der Konzernbilanz gilt: Die fertigen Erzeugnisse sind mit den Herstellungskosten zu bewerten, die keinen Gewinnzuschlag enthalten dürfen. Statt 1.000.000 € hat die Bewertung mit 760.000 € zu erfolgen. Die Buchung lautet: "Jahresüberschuss an fertige Erzeugnisse 240.000".

Aus Sicht der Konzern-GuV-Rechnung gilt: Die Umsatzerlöse der Mutter in Höhe von 800.000 € sind auf der Konzernebene noch nicht realisiert und zu stornieren. Im Gegenzug ist die Bestandsminderung unfertiger Erzeugnisse der Tochter auszugleichen, da dieser Zwischenschritt aus Sicht des Konzerns entfällt. Wäre der Konzern ein einziges Unternehmen, würden aus dem Einsatz der Produktionsfaktoren direkt die Fertigerzeugnisse entstehen. Zu buchen ist: "Umsatzerlöse an Bestandsminderung unfertiger Erzeugnisse 800.000".

Da die fertigen Erzeugnisse im Konzern nur mit den Herstellungskosten in Höhe von 760.000 € bewertet werden, darf in der Konzern-GuV-Rechnung auch nur dieser Ertrag entstehen. Im Einzelabschluss der Tochter wurden 1.000.000 € verbucht, sodass der Zwischengewinn von 240.000 € zu konsolidieren ist: "Bestandserhöhung fertiger Erzeugnisse an Jahresüberschuss 240.000".

d) Bei der Mutter steigt der Bestand des Bankkontos durch die erhaltene Umsatzsteuer um 152.000 € (0,19 x 800.000 €) an. Gleichzeitig entsteht eine sonstige Verbindlichkeit (aus Steuern) gegenüber dem Finanzamt, die in die Konzernbilanz aufgenommen wird. Bei der Tochter-AG nimmt der Bestand des Bankkontos durch die Zahlung der Umsatzsteuer um 152.000 € ab. Gleichzeitig entsteht durch die Vorsteuer eine Forderung gegenüber dem Finanzamt. Sie besteht gegenüber Dritten und wird in den Konzernabschluss aufgenommen. Per Saldo verändert sich der Erfolg auf Konzernebene nicht, da sich Umsatzsteuer und Vorsteuer ausgleichen.

Lösung zu Aufgabe 35 (Zwischengewinn und latente Steuern)

Die M-AG und T-AG bilden einen Konzern. Der durch die Warenlieferung entstandene Zwischengewinn von 120.000 € muss im Konzernabschluss konsolidiert werden, da er noch nicht durch einen Umsatz mit Konzernfremden realisiert wurde. Dadurch wird der Warenbestand mit 200.000 € bei der T-AG bewertet. Aus steuerrechtlicher Sicht sind 320.000 € relevant. Da der handelsrechtliche Konzernwert in 01 niedriger ist als der Steuerwert, entsteht eine aktive latente Steuer von 36.000 € (0,3 x 120.000 €). Buchung: "Aktive latente Steuer an latenter Steuerertrag 36.000 €".

Lösung zu Aufgabe 36 (Zwischengewinn und latente Steuern)

Da die Hälfte der Waren an Konzernfremde veräußert wurde, ist insoweit auch aus Konzernsicht ein Gewinn entstanden. Nur der verbleibende Zwischengewinn in Höhe von 60.000 € (50% von 120.000 €) ist zu konsolidieren und führt zu aktiven latenten Steuern. Sie betragen 18.000 € Ende 01.

Lösung zu Aufgabe 37 (Zwischenverlust und latente Steuern)
Es entsteht ein Zwischenverlust in Höhe von 60.000 € (240.000 € - 300.000 €). Der Verlust muss konsolidiert werden, da die Waren den Konzern noch nicht verlassen haben. Da der Steuerwert 240.000 € beträgt, ist der handelsrechtliche Konzernwert (300.000 €) um 60.000 € höher. Es entsteht eine passive latente Steuer von 18.000 € (0,3 x 60.000 €). Die Buchung lautet: "Latenter Steueraufwand an passive latente Steuer 18.000 €".

Lösung zu Aufgabe 38 (Zwischenverlust und latente Steuern)
Die latenten Steuern werden aufgelöst, wenn die Waren an konzernfremde Personen veräußert werden. Erfolgt der Verkauf unter den Anschaffungskosten der Mutter, entsteht aus Sicht des Konzerns ein Verlust.

Lösung zu Aufgabe 39 (Latente Steuern bei Zwischenergebnissen)
Richtig sind: d), f). – Falsch sind: a), b), c), e).

Lösung zu Aufgabe 40 (Konzern-GuV-Rechnung)
Im Einzelabschluss der Tochter entsteht eine Bestandsminderung unfertiger Erzeugnisse im Wert von 250.000 € (Buchung auf "Bestandsänderung" im Soll). Die Bestandserhöhung fertiger Erzeugnisse beträgt 350.000 € (Buchung auf "Bestandsänderung" im Haben) und umfasst den Wert der unfertigen Erzeugnisse (250.000 €) und die Bearbeitungskosten (100.000 €). Der Posten "Bestandsänderung" könnte auch unterteilt werden in "Bestandsminderung" und "Bestandserhöhung".

Im Konzernabschluss dürfen die Umsatzerlöse der Mutter nicht auftreten, die mit der Tochter erzielt werden. Die zugehörige Buchung in der Konsolidierungsspalte lautet: "Umsatzerlöse an Bestandsänderung 250.000". Außerdem muss die Bestandserhöhung fertiger Erzeugnisse um den Zwischengewinn vermindert werden (Buchung: "Bestandsänderung an Jahresüberschuss 50.000"). Der Konzerngewinn sinkt um 50.000 € im Vergleich zur Summe der Gewinne der Einzelabschlüsse.

Posten	Mutter		Tochter		Summe		Konsolidierungen		Konzern-GuV	
	S	H	S	H	S	H	S	H	S	H
Umsatzerlöse	-	1.500	-	800	-	2.300	250	-	-	2.050
Bestandsänderung	-	-	250	350	250	350	50	250	-	300
Aufwand	500	-	300	-	800	-	-	-	800	-
JÜ	1.000	-	600	-	1.600	-	-	50	1.550	-
Summe	1.500	1.500	1.150	1.150	2.650	2.650	300	300	2.350	2.350

Lösung zu Aufgabe 41 (Konzern-GuV-Rechnung)
Die Umsatzerlöse der Tochter entfallen zu 50% auf Lieferungen an die Mutter. Da die M-AG diese Produkte noch auf Lager hat, entsteht auf Konzernebene eine Bestandserhöhung von 126.000 €. Sie ist mit den Herstellungskosten zu bewerten, die sich wie folgt

berechnen: 50% von 420.000 € = 210.000 €, davon 60% = 126.000 €. Die Umsatzerlöse betragen im Konzern 890.000 € und setzen sich wie folgt zusammen: Umsätze der Mutter 680.000 € und 50% der Umsätze der Tochter mit Dritten (= 210.000 €).

Die Aufwendungen entfallen zu 1/3 auf Material, Personal und Abschreibungen. Allerdings erhöhen sich Letztere um die Abschreibungen auf die stillen Reserven im Konzern: 20% von 120.000 € = 24.000 € - Gesamtbetrag somit 224.000 €.

Konzern-GuV-Rechnung		
Nr. 1	Umsatzerlöse	890.000 €
Nr. 2	Bestandsänderung fertiger Erzeugnisse	+ 126.000 €
Nr. 3	Materialaufwand	- 200.000 €
Nr. 4	Personalaufwand	- 200.000 €
Nr. 5	Abschreibungen	- 224.000 €
Nr. 6	Gewinn	= 392.000 €

Lösung zu Aufgabe 42 (Währungsumrechnung)
Das Eigenkapital ist mit dem Faktor 1,8 und die übrigen Bilanzposten sind jeweils mit dem Faktor 2,2 zu multiplizieren (Angaben in Tausend Euro). Es entsteht eine Eigenkapitaldifferenz aus Währungsumrechnung in Höhe von 200.000 €.

A	Bilanz 31.12.01		P
Anlagevermögen	1.760.000	Eigenkapital	900.000
Umlaufvermögen	550.000	Eigenkapitaldifferenz aus Währungsumrechnung	200.000
		Schulden	1.210.000
	2.310.000		2.310.000

Lösung zu Aufgabe 43 (Währungsumrechnung)
Die Posten der GuV-Rechnung sind mit dem Durchschnittskurs umzurechnen, der 1,9 beträgt: (1,8 + 2 + 1,88 + 1,92)/4. Für den Materialaufwand sind z.B. 280.000 AGE (4/9 von 630.000 AGE) zu berücksichtigen. Nach der Umrechnung ergibt sich ein Wert von 532.000 € (280.000 x 1,9). Die GuV-Rechnung in Kontoform sieht wie folgt aus:

A	GuV-Rechnung 01		P
Materialaufwand	532.000	Umsatzerlöse	1.444.000
Personalaufwand	399.000	Bestandserhöhung fertiger Erzeugnisse	190.000
Abschreibungen	266.000		
Jahresüberschuss	437.000		
	1.634.000		1.634.000

Lösungen der Aufgaben zum achten Kapitel

Lösung zu Aufgabe 1 (Gemeinschaftsunternehmen)
a) Die Muttergesellschaften sind unabhängig voneinander, da sie zu verschiedenen Konzernen gehören. Sie üben die Führung bei der G-AG gemeinschaftlich (und tatsächlich) aus, da die grundlegenden Entscheidungen einheitlich getroffen werden müssen. Da die G-AG auf Dauer betrieben wird, handelt es sich um ein Gemeinschaftsunternehmen.

b) Im Einzelabschluss werden die Beteiligungen mit den Anschaffungskosten bewertet, die jeweils 700.000 € betragen. Im Konzernabschluss besteht ein **Wahlrecht** zwischen der Quotenkonsolidierung und der Equity-Methode. Bei der Quotenkonsolidierung übernimmt jedes Mutterunternehmen 1/3 des Reinvermögens der G-AG (jeweils 700.000 €). Da im Gründungszeitpunkt noch keine stillen Reserven oder ein Firmenwert vorhanden sind, treten insoweit keine besonderen Wirkungen ein.

Bei der Equity-Methode wird die Beteiligung im Konzernabschluss jeweils mit dem anteiligen Eigenkapital der G-AG bewertet. Ende 01 entfällt auf jedes Mutterunternehmen ein Betrag von 700.000 €. Dieser Wert entspricht den obigen Anschaffungskosten. Änderungen treten erst im Folgejahr ein, wenn die G-AG einen Gewinn bzw. Verlust erzielt.

c) Bei jeder Muttergesellschaft ist das anteilige Grundkapital von 700.000 € mit der gleich hohen Beteiligung zu verrechnen. Somit wird jeweils gebucht: "Gezeichnetes Kapital an Beteiligung 700.000".

Lösung zu Aufgabe 2 (Gemeinschaftsunternehmen)
Nein. Es findet keine gemeinschaftliche Führung statt, da bei einer Mehrheitsentscheidung eine Muttergesellschaft von grundlegenden Entscheidungen (z.B. Investitionsentscheidungen) ausgeschlossen werden kann.

Lösung zu Aufgabe 3 (Methodenwahl)
Ja. Das Wahlrecht für die Anwendung der Quotenkonsolidierung bzw. der Equity-Methode kann für jedes Gemeinschaftsunternehmen individuell ausgeübt werden. Das Stetigkeitsprinizip ist insoweit nicht zu beachten.

Lösung zu Aufgabe 4 (Quotenkonsolidierung)
a) Das Gemeinschaftsunternehmen weist bei der Gründung nur die folgenden Posten aus: Auf der Aktivseite wird "Bank 100.000" und auf der Passivseite "Gezeichnetes Kapital 100.000" ausgewiesen. Stille Reserven sind bei der Gründung des Gemeinschaftunternehmens noch nicht vorhanden.

In der Konzernbilanz der A-AG (= Muttergesellschaft) werden ihre diversen Vermögensgegenstände von 900.000 € und die Hälfte des Bankguthabens des Gemeinschaftsunternehmens (50.000 €) aktiviert. Auf der Passivseite der Konzernbilanz wird das Eigenkapital der Muttergesellschaft ausgewiesen. Da die gesetzliche Rücklage voll eingezahlt ist, beträgt sie 50.000 € (1/10 des Grundkapitals). Die Konzernbilanz hat das folgende Aussehen:

A	Konzernbilanz zum 31.12.01		P
Diverse Vermögensgegenstände	900.000	Gezeichnetes Kapital	500.000
		Gesetzliche Rücklage	50.000
Bank	50.000	Andere Gewinnrücklagen	150.000
		Bilanzgewinn	250.000
	950.000		950.000

b) Die Quotenkonsolidierung ist nur im Konzernabschluss anwendbar. Damit ein Konzernabschluss aufgestellt wird, muss mindestens ein vollkonsolidiertes Tochterunternehmen vorhanden sein, das in den Konzernabschluss aufgenommen wird. Dessen Vermögensgegenstände, Schulden und Sonderposten sind ebenfalls in der Konzernbilanz auszuweisen. Hierauf wird aus Vereinfachungsgründen verzichtet.

Lösung zu Aufgabe 5 (Erstkonsolidierung ohne latente Steuern)
Die M_2-AG erhält ein Eigenkapital im Zeitwert von 480.000 €: Gezeichnetes Kapital 210.000 € (50% von 420.000 €), gesetzliche Rücklage 21.000 € (50% von 42.000 €; 1/10 von 420.000 €), Bilanzgewinn 189.000 € (50% von 378.000 €) und 50% der stillen Reserven (= 60.000 €). Die Differenz zu den Anschaffungskosten (900.000 €) stellt einen positiven Firmenwert dar (420.000 €). Die stillen Reserven des Gemeinschaftsunternehmens werden bei der Neubewertung in eine Neubewertungsrücklage eingestellt (120.000 €; davon 50% für M_2-AG). Die Vorgehensweise entspricht der der Vollkonsolidierung von Tochterunternehmen, die im siebten Kapitel erläutert wurde).

Bei der Verbuchung der Erstkonsolidierung sind die Eigenkapitalkonten des Gemeinschaftsunternehmens jeweils zur Hälfte auszugleichen:

Konsolidierungsbuchung:			
Gezeichnetes Kapital	210.000	/ Beteiligung	900.000
Gesetzliche Rücklage	21.000		
Bilanzgewinn	189.000		
Neubewertungsrücklage	60.000		
Firmenwert	420.000		

Lösung zu Aufgabe 6 (Erstkonsolidierung mit latenten Steuern)
Bei der Aufdeckung der stillen Reserven des Gemeinschaftsunternehmens in Höhe von 120.000 € sind passive latente Steuern von 36.000 € zu berücksichtigen. In die Neubewertungsrücklage wird nur der Restbetrag der stillen Reserven in Höhe von 84.000 € eingestellt. Auf die erwerbende M_2-AG entfällt die jeweils Hälfte: Stille Reserven von 42.000 € und passive latente Steuer 18.000 €.

Die passiven latenten Steuern von 18.000 € werden in die Konzernbilanz der M_2-AG übernommen. Da die Anschaffungskosten der Beteiligung und das übrige Eigenkapital des Gemeinschaftsunternehmens feste Größen darstellen, steigt der Firmenwert im Fall von latenten Steuern um 18.000 € an – im Vergleich zur Situation ohne latente Steuern.

Konsolidierungsbuchung:			
Gezeichnetes Kapital	210.000	/ Beteiligung	900.000
Gesetzliche Rücklage	21.000		
Bilanzgewinn	189.000		
Neubewertungsrücklage	42.000		
Firmenwert	438.000		

Lösung zu Aufgabe 7 (Latente Steuern und Firmenwert)

a) Die latenten Steuern auf den Firmenwert würden 90.000 € (0,3/0,7 x 210.000 €) betragen. Dadurch würde der Firmenwert auf 300.000 € steigen (Buchung: "Firmenwert an passive latente Steuer 90.000").

b) **Nein.** Die Vorschriften zur Quotenkonsolidierung verweisen in § 310 Abs. 2 HGB unter anderem auf die Regelungen zu den latenten Steuern in § 306 HGB. Nach § 306 Satz 3 HGB werden keine latenten Steuern auf den Firmenwert verrechnet. Die Einzelheiten wurden im siebten Kapitel erläutert.

Lösung zu Aufgabe 8 (Erstkonsolidierung von Gemeinschaftsunternehmen)

a) Das neu bewertete Vermögen des Gemeinschaftsunternehmens wird in der rechten Bilanz dargestellt (Angaben in Tausend Euro, NRL = Neubewertungsrücklage).

Z-AG vor Neubewertung

A	Bilanz zum 31.12.01		P
A_1	500	Gez. Kap.	800
A_2	400	Jahresüber-	200
A_3	100	schuss	
	1.000		1.000

Z-AG nach Neubewertung

A	Bilanz zum 31.12.01		P
A_1	600	Gez. Kap.	800
A_2	480	NRL	200
A_3	120	Jahresüber-schuss	200
	1.200		1.200

Da die Zeitwerte der Z-AG um 20% über ihren Buchwerten liegen, steigt ihr Eigenkapital um 200.000 €. Dieser Betrag wird in der Neubewertungsrücklage (NRL) ausgewiesen. Da die M_1-AG zu 50% an der Z-AG beteiligt ist, stehen ihr 50% der einzelnen Bilanzposten zu.

In das folgende Schema werden für die Z-AG jeweils die hälftigen Posten übernommen. Für die Aktivposten gilt: A_1: 300.000 €, A_2: 240.000 €, A_3: 60.000 €. Auf der Passivseite erscheinen das gezeichnete Kapital mit 400.000 €, die Neubewertungsrücklage und der Jahresüberschuss jeweils mit 100.000 €.

b) Die Erstkonsolidierung wird auf der nächsten Seite dargestellt. Hierbei gilt: Die M_1-AG bezahlt für ihren Anteil 720.000 € und erhält dafür ein anteiliges Reinvermögen von der Z-AG im Wert von 600.000 €. Daraus resultiert ein Firmenwert in Höhe von 120.000 €.

	Posten	M₁-AG	Z-AG	Summen-bilanz	Konsolidierung		Konzern-bilanz
					Soll	Haben	
Aktiva	A₁	400	300	700			**700**
	A₂	400	240	640			**640**
	A₃	400	60	460			**460**
	Beteiligung	720	-	720		a) 720	-
	FW	-	-	-	a) 120		**120**
	Summe	1.920	600	2.520			**1.920**
Passiva	Gez. Kapital	960	400	1.360	a) 400		**960**
	NRL	-	100	100	a) 100		-
	JÜ	960	100	1.060	a) 100		**960**
	Summe	1.920	600	2.520	720	720	**1.920**

c) Die Buchung für die Erstkonsolidierung lautet:

Konsolidierungsbuchung:			
Gezeichnetes Kapital	400.000	/ Beteiligung	720.000
Jahresüberschuss	100.000		
Neubewertungsrücklage	100.000		
Firmenwert	120.000		

Lösung zu Aufgabe 9 (Folgekonsolidierung von Gemeinschaftsunternehmen)

a) Auf die M₁-AG entfallen anteilige stille Reserven in Höhe von 100.000 €. Bei einer Nutzungsdauer von zehn Jahren und gleichmäßiger Entwertung entsteht ein Aufwand von insgesamt 10.000 €. Verteilung auf die Aktivposten: A₁: 5.000 €, A₂: 4.000 € und A₃: 1.000 €.

Beispielhafte Berechnung für A₁: Die gesamten stillen Reserven sind 100.000 €, davon entfallen 50% auf den Posten A₁. Diese 50.000 € werden gleichmäßig über zehn Jahre verteilt, sodass sich ein jährlicher Aufwand von 5.000 € ergibt. Entsprechend erfolgt die Berechnung für die Posten A₂ und A₃.

Die Abschreibung des Firmenwerts führt zu weiteren Aufwendungen in Höhe von 24.000 € (120.000 €/5 Jahre). Der Gesamtaufwand von 34.000 € vermindert den Jahresüberschuss, der beim Erfolgsausweis vor Ergebnisverwendung in der Konzernbilanz ausgewiesen wird.

Die Konsolidierungsbuchung aus Sicht der Konzernbilanz wird auf der folgenden Seite angegeben. Der Bilanzposten "Jahresüberschuss" sinkt, somit Buchung im Soll dieses Kontos. Die Aktivposten A₁ bis A₃ nehmen ebenfalls ab, somit Buchung im Haben. Der Firmenwert sinkt um 24.000 € und wird ebenfalls im Haben gebucht.

Konsolidierungsbuchung (Konzernbilanz):			
Jahresüberschuss	34.000 /	Firmenwert	24.000
		Posten A_1	5.000
		Posten A_2	4.000
		Posten A_3	1.000

b) Auch in der **Konzern-GuV-Rechnung** müssen die Abschreibungen angepasst werden. Die Abschreibungen für die Aktivposten A_1 bis A_3 sind zu erhöhen (Buchung im Soll) und die für den Firmenwert neu aufzunehmen (Buchung im Soll). Die Gegenbuchung erfolgt beim Posten "Jahresüberschuss"(Buchung im Haben):

Konsolidierungsbuchung (Konzern-GuV-Rechnung):			
Abschreibung auf Firmenwert	24.000 /	Jahresüberschuss	34.000
Abschreibung auf Posten A_1	5.000		
Abschreibung auf Posten A_2	4.000		
Abschreibung auf Posten A_3	1.000		

Lösung zu Aufgabe 10 (Negativer Firmenwert)
a) Der Zeitwert des Eigenkapitals der X-AG beträgt 2.520.000 € (1,2 x 2.100.000 €). Hiervon entfällt ein Drittel auf die M-AG (840.000 €). Da die Mutter nur 750.000 € gezahlt hat, ergibt sich ein negativer Firmenwert von 90.000 €.

b) Auf der Passivseite wird ein Unterschiedsbetrag aus der Kapitalkonsolidierung nach dem Eigenkapital ausgewiesen (§ 310 Abs. 2 i.V.m. § 301 Abs. 3 Satz 1 HGB). Da ein Lucky buy vorliegt, handelt es sich um Eigenkapital. Es wird aufgelöst, wenn die stillen Reserven des betreffenden Postens realisiert sind. Befinden sich die Reserven in mehreren abnutzbaren Posten, ist die Abschreibung über die gewichtete durchschnittliche Nutzungsdauer vorzunehmen (siebtes Kapitel, Gliederungspunkt 3.5).

Lösung zu Aufgabe 11 (Zwischenergebniskonsolidierung)
a) Im Einzelabschluss der M_1-AG entsteht ein Gewinn von 30.000 €. Im Konzernabschluss ist der Gewinn anteilig von der M_1-AG zu konsolidieren: 10.000 € (1/3 von 30.000 €). Insoweit liegt kein Umsatz mit Dritten vor (konzerninterner Umsatz).

b) Da die Bewertung der Ware im Konzernabschluss niedriger ist als im Einzelabschluss des Gemeinschaftsunternehmens, entsteht Ende 02 eine aktive latente Steuer in Höhe von 3.000 € im Konzernabschluss (0,3 x 10.000 €). Gebucht wird: "Aktive latente Steuer an latenter Steuerertrag 3.000".

Lösung zu Aufgabe 12 (Zwischenergebniskonsolidierung)
Es ist keine Zwischenergebniskonsolidierung vorzunehmen, da die Waren den Konzern bereits verlassen haben und dabei mindestens der Nettopreis erzielt wurde, den die M_1-AG verlangt hat. Auch im Konzern ist der Gewinn aus dem Warengeschäft realisiert.

Lösung zu Aufgabe 13 (Assoziierte Unternehmen)
Bei der Dritt-AG handelt es sich **nicht** um ein assoziiertes Unternehmen, da kein maßgeblicher Einfluss auf dieses Unternehmen ausgeübt wird. Durch den Erwerb von min-

destens 20% der Anteile besteht zwar eine Vermutung für einen maßgeblichen Einfluss. Diese Vermutung ist aber widerlegbar, indem z.B. darauf verwiesen wird, dass ein rein finanzielles Engagement vorliegt. Dann ist die Beteiligung auch im Konzernabschluss mit den Anschaffungskosten zu bewerten.

Lösung zu Aufgabe 14 (Assoziierte Unternehmen)

a) **Nein.** Zwar verfügt die M-AG über die Mehrheit der Stimmrechte bei der T-AG, sodass ein beherrschender Einfluss nach § 290 Abs. 2 Nr. 1 HGB besteht. Allerdings kann nach § 296 Abs. 1 Nr. 3 HGB auf die Einbeziehung der T-AG in den Konzernabschluss verzichtet werden, weil die Anteile zur Weiterveräußerung bestimmt sind. Da nur eine Tochtergesellschaft vorhanden ist, muss kein Konzernabschluss aufgestellt werden (§ 290 Abs. 5 HGB)

b) **Nein.** Die Equity-Methode ist für assoziierte Unternehmen nur anzuwenden, wenn ein Konzernabschluss mit mindestens einer vollkonsolidierten Tochtergesellschaft zustande kommt. Diese Bedingung ist nicht erfüllt, sodass nur ein Einzelabschluss aufzustellen ist, in dem die Beteiligung mit den Anschaffungskosten bewertet wird.

Lösung zu Aufgabe 15 (Equity-Methode)

a) Die Beteiligung wird mit der Equity-Methode bewertet. Das Eigenkapital der Y-AG beträgt 1.600.000 €. Hiervon entfallen 25% auf die M-AG, somit 400.000 €. Das ist der Betrag, den die M-AG bezahlt. Damit entsteht kein Firmenwert und es werden auch keine stillen Reserven vergütet, da sie nicht vorhanden sind. In der Konzernbilanz wird die Beteiligung Ende 01 mit 400.000 € bewertet.

b) Nach der Equity-Methode verändert sich der Buchwert der Beteiligung, wenn das assoziierte Unternehmen Gewinne erwirtschaftet oder Ausschüttungen tätigt. Gewinne erhöhen und Ausschüttungen vermindern den Buchwert der Beteiligung. Vom Gewinn in Höhe von 380.000 € entfallen 25% auf die M-AG (95.000 €) – von den gesamten Ausschüttungen in Höhe von 120.000 € entfallen 30.000 € auf die M-AG. Damit wächst der Buchwert der Beteiligung im Konzernabschluss auf 465.000 €, der sich wie folgt berechnen: 400.000 € + 95.000 € - 30.000 €.

c) Da keine stillen Reserven und kein Firmenwert zu beachten sind, beträgt der Buchwert der Beteiligung immer 25% des Eigenkapitals der Y-AG. Ende 02 ist ihr Eigenkapital auf 1.860.000 € gestiegen (1.600.000 € + 380.000 € - 120.000 €). Hiervon entfallen 25% auf die M-AG (465.000 €). Der Buchwert der Beteiligung entspricht dem anteiligen (bilanziellen) Eigenkapital des assoziierten Unternehmens. Die Beteiligung und das Eigenkapital verhalten sich spiegelbildlich zueinander. Daher wird die Equity-Methode in der Literatur auch **Spiegelbildmethode** genannt.

Lösung zu Aufgabe 16 (Equity-Methode)

Im Einzelabschluss darf die Equity-Methode nicht angewendet werden. Somit wird die Beteiligung Ende 01 und Ende 02 mit den Anschaffungskosten von 400.000 € bewertet. Es liegen keine Gründe für eine außerplanmäßige Abschreibung vor – vielmehr steigt der Wert der Beteiligung, wie die Berechnung in der vorigen Aufgabe zeigt.

Lösung zu Aufgabe 17 (Buchwertmethode)

a) Die Beteiligung wird mit der Equity-Methode bewertet, die in Form der Buchwertmethode anzuwenden ist (§ 312 Abs. 1 Satz 1 HGB). Ende 01 entspricht der Buchwert der Beteiligung den Anschaffungskosten, sodass 700.000 € relevant sind.

b) Der Buchwert der Beteiligung beträgt 700.000 €, während sich der anteilige Buchwert des Eigenkapitals nur auf 450.000 € beläuft (0,3 x 1.500.000 €). Daraus ergibt sich ein gesamter Unterschiedsbetrag von 250.000 €. Hiervon entfallen 36.000 € (0,3 x 120.000 €) auf die anteiligen stillen Reserven und der Restbetrag von 214.000 € entfällt auf den Firmenwert. Im Konzernanhang müssen der gesamte Unterschiedsbetrag von 250.000 € und der auf den Firmenwert entfallende Betrag von 214.000 € angegeben werden. Aus diesen Angaben lässt sich auch der Zeitwert des anteiligen Eigenkapitals berechnen, indem man die Anschaffungskosten um den Firmenwert vermindert: 700.000 € - 214.000 € = 486.000 €.

Lösung zu Aufgabe 18 (Equity-Fortschreibung)

In 02 sind die stillen Reserven und der Firmenwert abzuschreiben. Bei den stillen Reserven entsteht ein Aufwand von 6.000 € (36.000 €/6 Jahre). Die Abschreibung des Firmenwerts führt zu einem Aufwand von 42.800 € (214.000 €/5 Jahre). Der Gesamtaufwand von 48.800 € vermindert den Buchwert der Beteiligung in 02.

Durch den Gewinnanteil der X-AG steigt der Buchwert der Beteiligung in 02. Auf die A-AG entfallen 60.000 € (0,3 x 200.000 €). Insgesamt hat die Beteiligung Ende 02 einen Wert von 711.200 € (700.000 € - 48.800 € + 60.000 €).

Lösung zu Aufgabe 19 (Equity-Fortschreibung)

Die Gewinnausschüttung vermindert den Beteiligungsbuchwert, da das Eigenkapital der ausschüttenden Gesellschaft (X-AG) abnimmt. Der auf die A-AG entfallende Anteil von 30.000 € vermindert den Buchwert der Beteiligung, der jetzt nur noch 681.200 € beträgt (711.200 € - 30.000 €).

Lösung zu Aufgabe 20 (Equity-Methode)

a) Beim Erwerb wird die Beteiligung mit 800.000 € bewertet. Der Unterschiedsbetrag von 160.000 € zwischen dem anteiligen Buchwert des assoziierten Unternehmens (640.000 €) und den Anschaffungskosten (800.000 €) ist im Anhang aufzuteilen: Es entfallen 80.000 € auf den Firmenwert.

b) Am 31.12.01 vermindert sich der Wert der Beteiligung im Konzernabschluss, da die Abschreibungen auf die stillen Reserven und den Firmenwert zu berücksichtigen sind. Da die M-AG für den Firmenwert keine Nutzungsdauer angeben kann, ist nach § 312 Abs. 2 Satz 3 i.V.m. § 309 Abs. 1 und § 253 Abs. 3 Satz 4 HGB ein Zeitraum von zehn Jahren zugrunde zu legen. Damit ergibt sich Ende 01 ein Beteiligungswert von 788.000 € (800.000 € - 8.000 € - 4.000 €).

Hinweis: Die Abschreibungen sind in 01 zeitanteilig aufzunehmen (6/12 der Jahresbeträge von 16.000 € bzw. 8.000 €), da der Erwerb der Beteiligung am 1.7.01 erfolgt.

Lösungen der Aufgaben zum neunten Kapitel

Lösung zu Aufgabe 1 (IFRS)
Richtig sind: c), e), g), j). – Falsch sind: a), b), d), f), h), i).
<u>Hinweis zu j)</u>: Bei ausländischen Unternehmen akzeptiert die SEC IFRS-Abschlüsse.

Lösung zu Aufgabe 2 (Nationale Abschlüsse nach IFRS)
a) **Unzulässig.** Die X-GmbH muss den Einzelabschluss nach dem HGB aufstellen. Nur für Offenlegungszwecke kann ein IFRS-Abschluss aufgestellt werden.
b) **Unzulässig.** Die A-B-OHG muss ihren Einzelabschluss nach dem HGB aufstellen. Da eine OHG nicht gesetzlich zur Offenlegung verpflichtet ist, hat das Wahlrecht insoweit keine Bedeutung. Allerdings könnte die OHG freiwillig einen IFRS-Abschluss aufstellen - das gilt für alle deutschen Unternehmen.
c) **Zulässig.** Alle Kapitalgesellschaften müssen ihren Einzelabschluss weiterhin nach dem HGB aufstellen. Auch für die Offenlegung ist der HGB-Abschluss relevant. Aber nach § 325 Abs. 2a HGB kann ein IFRS-Abschluss offen gelegt werden.
d) **Zulässig.** Es besteht ein Wahlrecht auf die Anwendung von IFRS im Konzernabschluss nicht-kapitalmarktorientierter Muttergesellschaften. Die AG kann auf die Ausübung verzichten und einen Konzernabschluss nach dem HGB aufstellen.
e) **Unzulässig.** Der Konzernabschluss muss nach IFRS aufgestellt werden. Für kapitalmarktorientierte Unternehmen besteht eine Pflicht zur Anwendung der IFRS auf Konzernebene (seit 1.1.2005).

Lösung zu Aufgabe 3 (IFRS-Abschluss)
a) In 01: Mehr Gewinn 50.000 €, da mehr Posten aktiviert werden.
   In 02: Weniger Gewinn durch erhöhte Abschreibungen von 5.000 €.
b) In 01: Mehr Gewinn 20.000 €, da eine Höherbewertung stattfindet, die nach IFRS zu einer erfolgswirksamen Zuschreibung führt.
   In 02: Weniger Gewinn 8.000 €, da der Kurs um 8.000 € sinkt, die zusätzlich im IFRS-Abschluss zu berücksichtigen sind.
c) In 01: Mehr Gewinn 10.000 €, da weniger Posten passiviert werden.
   In 02: Weniger Gewinn 10.000 €, da der Aufwand in 02 zusätzlich zu berücksichtigen ist. In der Handelsbilanz findet eine erfolgsneutrale Umbuchung statt.

Lösung zu Aufgabe 4 (Umstellungszeitpunkt)
Nein. Im IFRS-Abschluss müssen die Vorjahreswerte in der Bilanz und GuV-Rechnung angegeben werden. In der Bilanz zum 31.12.24 müssen auch die Werte zum 31.12.23 und in der GuV-Rechnung 24 die Daten für das Geschäftsjahr 23 erscheinen. Damit muss bereits zum 1.1.23 (= Beginn der Vorjahresperiode) die Umstellung erfolgen. Die IFRS-Daten sind im Jahr 23 parallel zum Handelsrecht zu ermitteln, damit zum 31.12.24 zum ersten Mal ein gültiger Abschluss nach IFRS aufgestellt werden kann.

Lösung zu Aufgabe 5 (Ausschüttungspotenzial)
Das Ausschüttungspotenzial richtet sich nach dem HGB, sodass theoretisch maximal 200.000 € ausschüttungsfähig sind (= andere Gewinnrücklagen und Bilanzgewinn). Die übrigen handelsrechtlichen Eigenkapitalposten dürfen nicht ausgeschüttet werden (siehe viertes Kapitel). Die Gewinnrücklagen nach IFRS können ebenfalls nicht ausgeschüttet werden. Sie informieren die Aktionäre darüber, dass das tatsächliche Eigenkapital höher ist, als es der handelsrechtliche Abschluss vermittelt.

Lösung zu Aufgabe 6 (Jahresabschluss nach IFRS)
Die Bestandteile des Jahresabschlusses nach IFRS lassen sich dem Schema entnehmen. Die Bilanz erhält meist noch den Zusatz "as at the end of the period".

Deutsche Begriffe	Originalbezeichnung
1. Bilanz	1. Statement of financial position (oder: Balance sheet)
2. Gesamtergebnisrechnung	2. Statement of comprehensive income
3. Eigenkapitalveränderungsrechnung	3. Statement of changes in equity
4. Kapitalflussrechnung	4. Statement of cash flows
5. Anhang	5. Notes

<u>Zusatzfrage</u>: Die Gesamtergebnisrechnung nach IFRS umfasst die GuV-Rechnung und das sonstige Ergebnis. Die GuV-Rechnung enthält die Erträge und Aufwendungen des Geschäftsjahres. Das sonstige Ergebnis erfasst Wertänderungen, die nur in der Bilanz dargestellt sind. Wird eine Maschine neu bewertet, wobei ihr Buchwert um 10.000 € steigt, wird in der Bilanz eine Eigenkapitalrücklage in gleicher Höhe gebildet (= Bilanzverlängerung). Diese Wertsteigerung wird im sonstigen Ergebnis erfasst.

Lösung zu Aufgabe 7 (Standards)
a) Die Bilanzierung von Sachanlagen wird in **IAS 16** geregelt.
b) Aussagen zur Kapitalflussrechnung sind in **IAS 7** enthalten.
c) **IAS 1** enthält unter anderem Aussagen zur Bilanzgliederung und zu den Prinzipien der Rechnungslegung.
d) Die Bewertung immaterieller Vermögenswerte wird in **IAS 38** geregelt.
e) Die Behandlung von Ertragsteuern ist in **IAS 12** festgelegt.
f) Wertminderungen von Sachanlagen regelt **IAS 36**.
g) Die Bewertung von Aktien wird in **IFRS 9** geregelt.
h) Die Ermittlungsmethoden für den beizulegenden Zeitwert finden sich in **IFRS 13**.

Lösung zu Aufgabe 8 (Case law oder code law)
Richtig sind: a), b), e). – Falsch sind: c), d), f).

Lösung zu Aufgabe 9 (Aufgaben des Jahresabschlusses)
Der IFRS-Abschluss dient nicht der steuerrechtlichen Gewinnermittlung. International werden handels- und steuerrechtliche Gewinnermittlung voneinander getrennt. Ein Maßgeblichkeitsprinzip nach deutschem Vorbild kommt international nicht zum Einsatz.

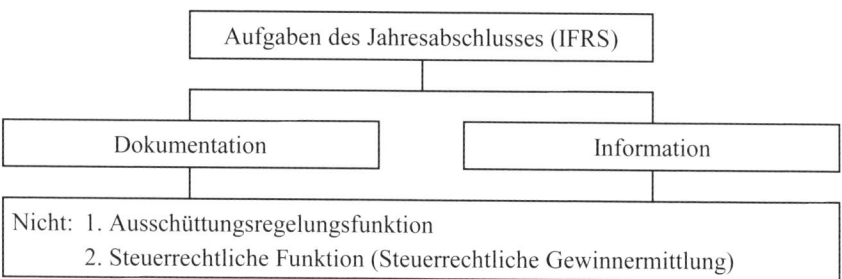

Nicht: 1. Ausschüttungsregelungsfunktion
2. Steuerrechtliche Funktion (Steuerrechtliche Gewinnermittlung)

Lösung zu Aufgabe 10 (Accrual basis)
Accrual basis kann mit dem Begriff "Periodenabgrenzung" übersetzt werden. Die Alternative b) ist richtig: Nach dem Konzept der Periodenabgrenzung ergibt sich der Erfolg als Differenz der Erträge und Aufwendungen eines Geschäftsjahres.

Lösung zu Aufgabe 11 (Accrual basis)
a) Auf das Geschäftsjahr 01 entfallen 3/12 der Zahlung, also 6.000 €. In dieser Höhe liegt ein Aufwand vor. Der Erfolg wird in 01 um 6.000 € vermindert.

b) In der IFRS-Bilanz erscheint der Posten "prepaid expenses 18.000". Es handelt sich um den aktiven RAP (wörtlich übersetzt "vorausgezahlte Aufwendungen").

Lösung zu Aufgabe 12 (Vorsichtsprinzip)
Nach dem handelsrechtlichen Vorsichtsprinzip würden 150.000 € verwendet, da sich der Betrag bei einer Veräußerung sicher erzielen ließe. Das internationale Vorsichtsprinzip müsste beide Werte berücksichtigen und evtl. einen Mittelwert von 155.000 € bilden.

Lösung zu Aufgabe 13 (Sicherungsübereignung)
Die A-AG muss die Maschine bilanzieren, da sie der wirtschaftliche Eigentümer ist. Die B-Bank wird durch die Übereignung zwar zum rechtlichen Eigentümer, aber die Verwertung erfolgt nur im Ausnahmefall. Ansonsten werden alle Nutzungen von der A-AG gezogen. Es gilt der Grundsatz substance over form (wirtschaftliche Betrachtungsweise).

Lösung zu Aufgabe 14 (Einzelbewertungsprinzip)
Durch die gemeinsame Lagerung der Rohstoffe kann nicht mehr genau festgestellt werden, welche Mengen mit welchen Preisen verbraucht wurden. Eine Einzelbewertung ist nicht mehr durchführbar. Es können Bewertungsvereinfachungen angewendet werden (z.B. eine durchschnittliche Bewertung der Rohstoffe).

Lösung zu Aufgabe 15 (Wesentlichkeit)
Nach dem Grundsatz der Wesentlichkeit (materiality) können die Anschaffungskosten von 700 € sofort als Aufand verrechnet werden (Wahlrecht), wenn man den steuerrechtlichen Grenzwert von 800 € (§ 6 Abs. 2 EStG) zugrunde legt. Beim Wert von 1.400 € muss in diesem Fall ein Ansatz und eine Abschreibung erfolgen. In der Literatur werden aber auch andere Grenzwerte für die Sofortabschreibung genannt!

Lösung zu Aufgabe 16 (Assets)
Richtig sind: c), f), g), i), j), k). – Falsch sind: a), b), d), e), h).

Lösung zu Aufgabe 17 (Intangible assets)

a) **Nein**. Aus Sicht der Investoren sind nur solche Posten zu aktivieren, die werthaltig sind und zukünftig einen wirtschaftlichen Nutzen gewährleisten. Die Definition eines assets und die Zusatzkriterien für intangible assets müssen erfüllt sein. Das ist nicht der Fall. Schon die Definition des assets ist nicht erfüllt, da das Unternehmen keine Verfügungsmacht über den Vorteil "Kaufbereitschaft" hat. Durch die Werbung sollen die Kunden zum Kauf angeregt werden. Über dieses Rechts kann man aber nicht verfügen. Auch die Zusatzkriterien sind nicht erfüllt. Daher ist kein Ansatz möglich.

b) Eine Einschränkung der Aktivierung von intangible assets wird durch die Festlegung von Zusatzkriterien sichergestellt. Nur wenn die Kriterien Identifizierbarkeit, Beherrschung und künftiger wirtschaftlicher Nutzen zusätzlich erfüllt sind, besteht eine Ansatzpflicht (ansonsten: Ansatzverbot).

Lösung zu Aufgabe 18 (Intangible assets)

a) **Forschungskosten** fallen bei der Gewinnung von Grundlagenwissen an. Es werden z.B. die theoretischen Grundlagen für neue Energiespeicherverfahren für Elektrofahrzeuge ermittelt. **Entwicklungskosten** fallen bei der Umsetzung des theoretischen Wissens an. Es wird z.B. der Prototyp einer Hochleistungsbatterie gebaut, die für ihren praktischen Einsatz getestet wird.

b) Für Forschungskosten besteht ein Ansatzverbot. Für Entwicklungskosten besteht bei Erfüllung spezieller Zusatzkriterien eine Ansatzpflicht. Erst wenn alle Kriterien erfüllt sind, hat die Aktivierung zu erfolgen. Vorher sind die Aufwendungen erfolgsmindernd in der GuV-Rechnung auszuweisen.

Lösung zu Aufgabe 19 (Einstufung von Wertpapieren)

Damit ein Wertpapier der AC-Kategorie zugeordnet wird, muss die X-AG die Absicht haben, die vertraglich verbundenen Zahlungsströme zu vereinnahmen. Außerdem muss der finanzielle Vermögenswert genau definierte Zins- und Tilgungszeitpunkte aufweisen. Diese Bedingungen sind nur im Fall a) erfüllt.

Die Aktien der Fälle b) und c) gehören zur Kategorie FVTPL. Allerdings kann im Fall c) das Wahlrecht zur erfolgsneutralen Bewertung genutzt werden. Im Fall b) liegen financial assets held for trading vor, die immer zur Kategorie FVTPL gehören. Im Fall d) ist die Schuldverschreibung Kategorie FVTOCI zuzuordnen.

Lösung zu Aufgabe 20 (Latente Steuern)

Ende 01 stimmen IFRS-Wert und Steuerwert überein, sodass keine latenten Steuern entstehen. Ende 02 ist der IFRS-Wert um 30.000 € niedriger als der Steuerwert, sodass bei einem Steuersatz von 30% eine aktive latente Steuer von 9.000 € auftritt. Sie wird gebucht: "Deferred tax assets 9.000/Deferred tax income 9.000".

Lösung zu Aufgabe 21 (Latente Steuern)

Der Passivposten wird bei IFRS um 20.000 € niedriger bewertet als im Steuerrecht. Somit entsteht eine passive latente Steuer in Höhe von 6.000 € (0,3 x 20.000 €). Sie wird wie folgt gebucht: "Deferred tax expense 6.000/Deferred tax liabilities 6.000".

Lösung zu Aufgabe 22 (Latente Steuern)
Der Aktivposten wird bei IFRS um 10.000 € höher bewertet als im Steuerrecht. Es entsteht eine passive latente Steuer (deferred tax liabilities) von 2.900 € (0,29 x 10.000 €).

Der Steuersatz einer Kapitalgesellschaft muss nicht zwingend 30% betragen. Für eine deutsche Gesellschaft ist das nur beim Hebesatz der Gewerbesteuer in Höhe von 405% der Fall: s = 0,15 x 1,055 + 4,05 x 0,035 = 0,3 (siehe viertes Kapitel, Punkt 4.3). Wenn der Hebesatz 378% beträgt, ergibt sich ein Steuersatz von rd. 29% (0,29055).

Lösung zu Aufgabe 23 (Buchung latenter Steuern)
Buchung Ende 01: "Deferred tax assets/Deferred tax income 10.000".
Buchung Ende 02: "Deferred tax expense/Deferred tax assets 2.500".

Lösung zu Aufgabe 24 (Rückstellungen)
a) Rückstellungspflicht, da eine gesetzliche Verpflichtung in 01 entsteht, die zu einem wahrscheinlichen Abfluss von Ressourcen führt, der verlässlich zu bestimmen ist.
b) Rückstellungsverbot, da die Verpflichtung nicht in 01, sondern erst in 02 entsteht. Der Aufwand ist erst im Jahresabschluss 02 zu berücksichtigen.
c) Rückstellungspflicht, da in 01 eine vertragliche Verpflichtung gegen Dritte entsteht (Außenverpflichtung). Sie führt zum wahrscheinlichen Ressourcenabfluss, der verlässlich zu bestimmen ist. Es liegt keine Instandhaltungsrückstellung vor (siehe d).
d) Rückstellungsverbot, da keine Verpflichtung gegen Dritte entsteht (Innenverpflichtung). Aufwandsrückstellungen sind nach IFRS nicht zu passivieren.

Lösung zu Aufgabe 25 (Kulanzrückstellungen)
Nein. Es handelt sich nicht um eine rechtliche Verpflichtung, da die Leistungen nach der gesetzlichen Garantiezeit erfolgen. Darüber hinaus liegt auch keine faktische Verpflichtung vor, da die Leistungen nur in speziellen Einzelfällen erbracht werden. Eine faktische Verpflichtung ist nach IFRS nur dann gegeben, wenn sich das Unternehmen öffentlich gegenüber seinen Kunden zur Leistungsübernahme bekennt.

Lösung zu Aufgabe 26 (Bürgschaftsverpflichtung)
Da die Wahrscheinlichkeit für die Verpflichtung unter 50% liegt, wird keine Rückstellung in der Bilanz ausgewiesen. Vielmehr erfolgt eine Angabe der möglichen Verpflichtung im Anhang.

Lösung zu Aufgabe 27 (Bürgschaftsverpflichtung)
Da die Wahrscheinlichkeit für die Verpflichtung sehr gering ist, liegt ein unwahrscheinlicher Ressourcenabfluss vor. Der Vorgang wird nicht im Abschluss berücksichtigt.

Lösung zu Aufgabe 28 (Bilanzgliederung nach IFRS)
Die Bilanzgliederung wäre nur falsch, wenn sie gegen die IFRS-Regelungen verstößt. Da die IFRS-Vorschriften kein verbindliches Schema vorschreiben, muss der Grundsatz der **fair presentation** (angemessene Darstellung) eingehalten werden. Die Informationen müssen auf eine angemessene Weise vermittelt werden (z.B. eindeutig, klar und hinreichend genau). Diese Bedingung ist erfüllt, wenn eine systematische Bilanzgliederung vorliegt. Das ist in diesem Fall zu bestätigen.

Die Aktivposten werden nach dem Kriterium der **Fristigkeit** angeordnet. Im Vergleich zum Handelsrecht allerdings in umgekehrter Folge. Gleiches gilt für die Passivseite. Auch hier ist eine systematische Gliederung gegeben, die im Vergleich zum Handelsrecht umgekehrt erfolgt. Die Gliederung ist zulässig, aber sicherlich nur selten relevant.

Lösung zu Aufgabe 29 (Bilanzgliederung nach IFRS)

Die Bilanz hat das folgende Aussehen (Angaben in Tausend Euro, aus didaktischen Gründen werden die Buchstabenzeilen fett markiert):

Assets		Statement of financial position		Liabilities and equity	
A.	**Non current assets**		**A.**	**Capital and reserves**	
I.	Intangible assets	150	I.	Issued capital	800
II.	Property, plant and equipment	700	II.	Reserves	650
III.	Non current financial assets	340	**B.**	**Non current liabilities**	**170**
B.	**Current assets**		**C.**	**Current liabilities**	
I.	Inventories	494	I.	Trade payables	178,5
II.	Trade receivables	238	II.	Current financial liabilities	81,5
III.	Current financial assets	56	III.	Provisions	120
IV.	Prepaid expenses	4			
V.	Cash	18			
		2.000			2.000

Hinweise:
1. Die Sachanlagen (property, plant and equipment) umfassen Maschinen 200.000 €, bebaute Grundstücke 320.000 € und Betriebs- und Geschäftsausstattung 180.000 €. Insgesamt: 700.000 €.
2. Die langfristigen Wertpapiere werden im Anlagevermögen ausgewiesen, die zum Handel bestimmten Aktien gehören zum Umlaufvermögen. Hierbei ist auch eine genauere Aufteilung in die jeweiligen Bewertungskategorien (z.B. financial instruments at AC) möglich, wenn die entsprechenden Informationen vorliegen.
3. Da nur Forderungen bzw. Verbindlichkeiten aus Lieferungen vorhanden sind, erfolgt der Ausweis als trade receivables bzw. trade payables.
4. Die vorausbezahlte Miete führt zu einem aktiven Rechnungsabgrenzungsposten, der als prepaid expenses ausgewiesen wird.
5. Die langfristigen Verbindlichkeiten werden nicht weiter unterteilt, da es sich um einen Posten handelt.
6. Der Kontokorrentkredit führt zu current financial liabilities.
7. Für den Prozess ist eine Rückstellung zu bilden, da eine ungewisse Verpflichtung vorliegt, die mit einem Ressourcenabfluss verbunden ist.

Lösung zu Aufgabe 30 (Immaterielle Vermögenswerte)
a) Entwicklung der Werte Ende 01 und 02:

Anschaffungskosten 5.5.01	384.000 €
Abschreibungen 01 (384.000 €/8 = 48.000 – in 01: 8/12)	32.000 €
Restwert zum 31.12.01	352.000 €
Abschreibungen 02 (voller Jahresbetrag)	48.000 €
(Vorläufiger) Restwert zum 31.12.02 304.000 € Erzielbarer Betrag 250.000 € Außerplanmäßige Abschreibung (impairment expense)	54.000 €
Endgültiger Restwert zum 31.12.02	250.000 €

b) Buchung der planmäßigen Abschreibung in 02: "Amortisation expenses/Intangible assets 48.000". Buchung der außerplanmäßigen Abschreibung 02: "Impairment expense/Intangible assets 54.000".

Lösung zu Aufgabe 31 (Erzielbarer Betrag)

a) Der erzielbare Betrag ist der höhere Wert aus Nettoveräußerungspreis und Nutzungswert. Der Nettoveräußerungspreis beträgt 310.000 € (315.000 € - 5.000 €). Der Nutzungswert ergibt sich als Barwert der Einzahlungsüberschüsse und beläuft sich auf 291.467 €. Berechnung: 88.000 €/1,08 + 88.000 €/$1,08^2$ + ...+ 88.000 €/ $1,08^4$. Der erzielbare Betrag ist 310.000 €. Er liegt unter dem Buchwert, sodass eine außerplanmäßige Abschreibung (impairment expense) erfolgen muss.

b) **Externer Wert**: Der Nettoveräußerungswert ist ein externer Wert, da er vom Absatzmarkt abgeleitet wird. Er wird nicht durch beeinflussbare Faktoren des Unternehmens, sondern durch **unbeeinflussbare** Größen des Markts festgelegt. Sinkt der Veräußerungswert des Patents, weil eine neue Erfindung vorgenommen wurde, ist dieser Vorgang nicht zu verhindern.

Interner Wert: Der Nutzungswert ist ein interner Wert, da er vom Unternehmen bestimmt wird. Durch die Nutzung des Patents in der Produktion werden Einzahlungsüberschüsse erwirtschaftet. Die erzielbaren Ein- und Auszahlungen hängen von den produktiven Möglichkeiten des Unternehmens ab. Sie sind grundsätzlich beeinflussbar. Durch Erhöhung der Effizienz in der Produktion sind z.B. Kosteneinsparungen möglich, wodurch die Auszahlungen sinken und die Einzahlungsüberschüsse entsprechend steigen.

Lösung zu Aufgabe 32 (Zuschreibung)

Anschaffungskosten zum 2.1.01:	500.000 €
Abschreibungen 01 und 02:	(2x) 50.000 €
(Vorläufiger) Buchwert zum 31.12.02:	400.000 €
Außerplanmäßige Abschreibung:	80.000 €
Recoverable amount 31.12.02:	320.000 €
Abschreibungen 03 und 04 (320.000 €/8):	(2x) 40.000 €
(Vorläufiger) Buchwert zum 31.12.04:	240.000 €

Fall a): Die fortgeführten Anschaffungskosten betragen 300.000 € und begrenzen den Zuschreibungsbetrag. Der recoverable amount liegt mit 310.000 € über dem Höchstwert und kann nicht vollständig berücksichtigt werden.

Fall b): Zuschreibungspflicht auf 280.000 €. Der recoverable amount ist nicht so hoch gestiegen, dass er die Obergrenze von 300.000 € erreicht. Die Bewertung ist zum recoverable amount vorzunehmen.

Lösung zu Aufgabe 33 (Sachanlagen - cost model)
Die Anschaffungskosten betragen am 12.10.01: 210.000 €. Die Transportkosten sind direkt zurechenbar und gehören zu den Anschaffungskosten. Da die Installationskosten nur pauschal zu verrechnen sind, bilden sie keinen Bestandteil der Anschaffungskosten.

Abschreibung 01: 25% von 210.000 €, davon 3/12:	13.125 €
Buchwert zum 31.12.01:	196.875 €
Abschreibung 02: 25% von 196.875 €:	49.218,75 €
(Vorläufiger) Buchwert zum 31.12.02:	147.656,25 €

Da der erzielbare Betrag mit 120.000 € unter dem vorläufigen Restbuchwert liegt, muss Ende 02 eine außerplanmäßige Abschreibung von 27.656,25 € erfolgen.

Lösung zu Aufgabe 34 (Sachanlagen - revaluation model)
Vorab: Die Anschaffungskosten des Gebäudes betragen 800.000 €, da die Grunderwerbsteuer und die Notarkosten als direkt zurechenbare Nebenkosten für den Gebäudeerwerb zu berücksichtigen sind.

a)
Anschaffungskosten Anfang 01:		800.000 €
Jährliche Abschreibungen: 800.000 €/40 Jahre:	(10x)	20.000 €
Vorläufiger Wert zum 31.12.10:		600.000 €
Endgültiger Wert (fair value):		720.000 €
Neubewertungsrücklage:		120.000 €

Erfolgswirkung: **Keine** – die Rücklage wird erfolgsneutral gebildet.

b) Zum 31.12.11 vermindert sich der Gebäudewert um 24.000 €, da die Abschreibungen vom fair value vorgenommen werden: 720.000 €/30 Jahre = 24.000 €. Die Rücklage wird anteilig aufgelöst und in die retained earnings (als Teil der Gewinnrücklagen) umgebucht: Betrag für das Jahr 11: 4.000 €.

Hinweis: Die Rücklage könnte auch unverändert fortgeführt werden. Wird die Umbuchung vorgenommen, führt der Saldo aus aktiviertem Betrag und Neubewertungsrücklage zu den fortgeführten Anschaffungskosten.

Erfolgswirkung: **Erhöhte Abschreibungen**: 24.000 € (statt 20.000 €).

c) Wenn sich das Unternehmen für das Neubewertungsmodell entschieden hat, muss diese Methode für die gesamte Gruppe verwendet werden. Für ein neues Gebäude gilt ebenfalls das Neubewertungsmodell. Auswirkungen ergeben sich erst bei der Folgebewertung, da die Erstbewertung zu Anschaffungskosten erfolgt.

Lösung zu Aufgabe 35 (Sachanlagen - revaluation model)
a) Zum 31.12.05 ist der fair value auf 380.000 € gesunken und muss berücksichtigt werden. Da noch eine Neubewertungsrücklage von 50.000 € vorhanden ist, wird sie zuerst aufgelöst. Weitere 20.000 € werden als Aufwand verrechnet (impairment expense). Der Erfolg mindert sich um 20.000 €.

b) Der gestiegene fair value ist zu berücksichtigen. Der Restbuchwert beträgt am 31.12.06 noch 304.000 € (380.000 € - 76.000 €; es werden 380.000 € über die restlichen fünf Jahre abgeschrieben). Bis zur Höhe der fortgeführten Anschaffungskosten (320.000 €; 800.000 € - 6 x 80.000 €) ist die Zuschreibung erfolgswirksam, darüber hinaus erfolgsneutral. Somit entsteht ein Ertrag von 16.000 € und 35.000 € werden in die "neue" Neubewertungsrücklage eingestellt.

Lösung zu Aufgabe 36 (Anlagenverkauf)

a) Da ein Verkauf auf Ziel stattfindet, entstehen Forderungen aus Lieferungen und Leistungen in Höhe von 29.750 €. Die Buchung lautet: "Trade receivables 29.750/ Motor vehicles 25.000, other payables 4.750". Der handelsrechtliche Posten "Fuhrpark" wird bei IFRS als motor vehicles (Kraftfahrzeuge) bezeichnet.

b) Die Neubewertungsrücklage wird in die retained earnings umgebucht, da sie durch den Verkauf realisiert ist: "Revaluation surplus/Retained earnings 5.000".

Lösung zu Aufgabe 37 (Anlagenverkauf)

Da der Nettoverkaufspreis unter dem Buchwert liegt, ist ein Teil der Neubewertungsrücklage (500 €) über den Aktivposten "Fuhrpark" aufzulösen. Es werden noch 4.500 € in die retained earnings gebucht. Die zusammengefasste Buchung lautet: "Trade receivables 29.155, revaluation surplus 5.000/Motor vehicles 25.000, retained earnings 4.500, other payables 4.655". Die Umsatzsteuer beträgt 4.655 € (0,19 x 24.500 €).

Lösung zu Aufgabe 38 (Schuldverschreibungen)

Da die Invent-AG die Wertpapiere langfristig halten will, steht die Erzielung von Zinseinnahmen im Vordergrund. Da die Anleihen durch feste Zins- und Tilgungszahlungen gekennzeichnet sind, gehören die Wertpapiere zur Kategorie AC. Die Bewertung erfolgt mit den Anschaffungskosten. Der Kurswert beträgt 510.000 € (1,02 x 500.000 €). Die Nebenkosten (Bankgebühr) sind ebenfalls zu aktivieren, sodass sich Anschaffungskosten von 510.510 € (510.000 € x 1,001) ergeben.

Lösung zu Aufgabe 39 (Schuldverschreibungen)

a) Anfang 01 müssen keine 500.000 € für die Anleihe bezahlt werden, sondern nur 475.413,38 € (500.000 € - 24.586,62 €), da sie niedriger verzinst wird als vergleichbare Wertpapiere. Durch den Abzug des Disagios verringern sich die Anschaffungskosten, wodurch sich die Rendite (Effektivverzinsung) auf 6% erhöht.

Ende 01 erhält die AG Zinsen nominelle Zinsen von 25.000 € (5% von 500.000 €). Die effektiven Zinsen ergeben sich als Produkt aus Marktzins und Kurswert und betragen 28.524,8 € (475.413,38 x 0,06). Die Differenz von 3.524,8 € stellt den Zuschreibungsbetrag für die Anleihe dar. Bewertung Ende 01: 478.938,18 €.

b) Die Buchung Ende 01 lautet: "Cash 25.000, financial instruments at AC 3.524,8/Finance income 28.524,8".

Lösung zu Aufgabe 40 (Bewertung von Aktien at FVTPL)

Beim Erwerb werden die Aktien mit 55.000 € bewertet. Die Nebenkosten werden nicht aktiviert, sondern stellen sofort Aufwand dar. Ende 01 erfolgt die Bewertung zum fair value, sodass 58.000 € bzw. 51.000 € angesetzt werden. Im ersten Fall entsteht ein Finanzertrag in Höhe von 3.000 € (finance income), im zweiten Fall ein Finanzaufwand in Höhe von 4.000 € (finance expense).

Lösung zu Aufgabe 41 (Bewertung von Aktien at FVTOCI)
Die Anschaffungskosten der Aktien betragen bei erfolgsneutraler Bewertung 55.200 €, da die Nebenkosten zu den Anschaffungskosten gehören. Am Jahresende werden die Aktien mit 58.000 € bzw. 51.000 € bewertet. Im ersten Fall entsteht eine positive fair value-Rücklage in Höhe von 2.800 €. Im zweiten Fall entsteht eine negative fair value-Rücklage in Höhe von 4.200 €.

Lösung zu Aufgabe 42 (Verkauf von Aktien at FVTOCI)
Da beim Verkauf der aktivierte Betrag der Aktien nicht vollständig erzielt wird, muss zuerst ein Teil der Rücklage über den Aktivposten ausgebucht werden: "Fair value-surplus/Financial instruments at FVTOCI 3.500". Die Aktien werden mit 48.500 € bewertet und können anschließend ausgebucht werden: "Cash/Financial instruments at FVTOCI 48.500". Die verbleibende fair value-Rücklage wird in die Gewinnrücklagen (einbehaltene Ergebnisse – retained earnings) umgebucht: "Fair value-surplus/Retained earnings 3.500". Die obigen Buchungen können auch zusammengefasst werden.

Lösung zu Aufgabe 43 (Verkauf von Aktien at FVTOCI)
Ende 01 entsteht eine negative fair value-Rücklage von 8.000 €. Das passive Bestandskonto ist negativ und muss beim Verkauf der Aktien ausgeglichen werden.

Im **Fall a)** entsteht ein Verlust von 6.000 € (74.000 € - 80.000 €), der die Gewinnrücklagen (retained earnings) vermindert. Gebucht wird: "Cash 74.000/Financial instruments at FVTOCI 72.000, fair value-surplus 2.000". Es bleibt eine negative fair value-Rücklage von 6.000 €, die wie folgt gebucht wird: "Retained earnings/Fair value-surplus 6.000".

Im **Fall b)** entsteht ein Gewinn von 1.000 € (81.000 € - 80.000 €), der die Gewinnrücklagen erhöht. Gebucht wird: "Cash 81.000/Financial instruments at FVTOCI 72.000, fair value-surplus 8.000, retained earnings 1.000".

Lösung zu Aufgabe 44 (Verkauf von Schuldverschreibungen at FVTOCI)
Beim Verkauf der Schuldverschreibung wird der aktivierte Betrag nicht in voller Höhe erreicht. Daher muss ein Teil der Rücklage (2.600 €) über das Finanzinstrument aufgelöst werden. Der Restbetrag wird als finance income ausgewiesen (5.400 €). Erste Buchung: "Fair value surplus 8.000/Financial instruments at FVTOCI 2.600 und finance income 5.400". Zweite Buchung: "Cash/Financial instruments at FVTOCI 105.400". Zusammengefasste Buchung: "Cash 105.400, Fair value-surplus 8.000/Financial instruments at FVTOCI 108.000, Finance income 5.400".

Lösung zu Aufgabe 45 (Herstellungskosten)
Die Herstellungskosten sind bei IFRS auf Vollkostenbasis zu ermitteln. Allerdings dürfen keine Vertriebskosten und keine allgemeinen Verwaltungskosten (z.B. für das Rechnungswesen) einbezogen werden – sie sind als Aufwand zu behandeln. Die Verwaltungskosten des Fertigungsbereichs weisen einen Bezug zur Produktion auf und müssen einbezogen werden. Somit ergeben sich Herstellungskosten von 34 € pro Stück.

Lösung zu Aufgabe 46 (Herstellungskosten)
a) Die Herstellungskosten betragen 50 €/Stück (14 € + 36 €). Die Kosten für den Materialverschnitt dürfen nicht verrechnet werden, weil die Kosten insoweit überhöht sind. Nur angemessene Kosten sind zu berücksichtigen.
b) Die Bestandserhöhung beträgt 70.000 € (1.400 Stück x 50 €/Stück). Die Buchung lautet: "Finished goods/Changes in inventories of finished goods 70.000".

Lösung zu Aufgabe 47 (Abschreibung von Fertigerzeugnissen)
Die Herstellungskosten betragen 50 €/Stück. Da der Nettoveräußerungspreis auf 45 € je Stück gesunken ist, darf nur noch der niedrigere Wert zugrunde gelegt werden. Es muss eine Abwertung um 7.000 € (1.400 Stück x 5 €/Stück) erfolgen. Die Buchung lautet: "Changes in inventories of finished goods 7.000/Finished goods 7.000".

Lösung zu Aufgabe 48 (Zuschreibung von Fertigerzeugnissen)
Da der Absatzpreis wieder gestiegen ist, erfolgt eine Zuschreibung des noch vorhandenen Altbestands (100 Stück) auf die Herstellungskosten von 50 €/Stück. Je Stück sind 5 €, somit insgesamt 500 € zuzuschreiben. Die Buchung lautet: "Finished goods/Changes in inventories of finished goods 500".

Lösung zu Aufgabe 49 (Warenbewertung)
Die Bewertung erfolgt grundsätzlich mit den Anschaffungskosten von 52.000 €. Nur wenn der Nettoveräußerungswert niedriger ist, muss abgewertet werden. Der Nettoveräußerungswert ergibt sich, indem der Absatzpreis um die noch anfallenden Kosten vermindert wird. Somit ergibt sich ein Wert von 48.000 € (55.000 € - 7.000 €). Da der Nettoveräußerungswert unter den Anschaffungskosten liegt, muss eine Abwertung auf 48.000 € erfolgen. Buchungstechnisch wird eine Bestandsminderung verrechnet.

Lösung zu Aufgabe 50 (Rohstoffbewertung)
Nach IFRS ist nur die Fifo-Methode als Verbrauchsfolgeverfahren erlaubt. Daher wird der Endbestand von 1.200 kg mit 42 €/kg bewertet (Gesamtwert 50.400 €).

Lösung zu Aufgabe 51 (Passiver RAP)
Die Vermietung von Pkw-Stellplätzen ist nicht von der Umsatzsteuer (USt) befreit, so dass die Rechnung richtig mit USt ausgewiesen wurde. Die gesamte USt entsteht bereits in dem Monat, in dem die Miete vereinnahmt wird. Auf das Geschäftsjahr 01 entfallen 9/12 und auf das Geschäftsjahr 02: 3/12 des Gesamtbetrags (= Abgrenzung über passiven Rechnungsabgrenzungsposten, deferred income). Damit ist zu buchen: "Cash 14.280/ Other income 9.000, deferred income 3.000, tax payables 2.280 €.

Lösung zu Aufgabe 52 (Rückstellungsbewertung)
Der Erwartungswert beträgt 235.000 € (0,15 x 100.000 + 0,2 x 150.000 + 0,25 x 200.000 + 0,2 x 300.000 + 0,2 x 400.000).

Lösung zu Aufgabe 53 (Rückstellungsbewertung)
Nimmt man den wahrscheinlichsten Wert für die Einzelverpflichtung, wird die Rückstellung mit 200.000 € bewertet, da dieser Wert mit einer 40%-igen Wahrscheinlichkeit

eintritt. Allerdings bleibt mehr als die Hälfte der Schadensfälle unberücksichtigt, sodass es zweckmäßiger ist, den Medianwert der Verpflichtungen zugrunde zu legen. Damit erfolgt die Bewertung mit 400.000 €, da damit 70% der Schadensfälle abgedeckt sind (bzw. nur 30% nicht berücksichtigt werden).

Lösung zu Aufgabe 54 (Verbindlichkeiten)
Richtig sind: e), h). – Falsch sind: a), b), c), d), f), g).

Lösung zu Aufgabe 55 (Verbindlichkeiten)
Die effektiven Zinsen ergeben sich aus dem Produkt des Barwerts der Verbindlichkeit und dem effektiven Zinssatz (Ende 01: 0,1081586 x 78.400 = 8.479,63). Der Barwert der Verbindlichkeit Anfang 01 ergibt aus der Differenz Nennwert abzgl. Disagio: 80.000 € - 1.600 € = 78.400 €. Die Differenz aus effektiven und nominellen Zinsen führt zur Erhöhung der Verbindlichkeit, die Ende 01: 78.879,63 € beträgt.

Geht man in den folgenden Jahren entsprechend vor, wird am Ende des Jahres 03 der Betrag von 80.000 € erreicht, der zurückzuzahlen ist. Es bleibt nur eine geringe Rundungsdifferenz übrig.

	Verbindlichkeit	Effektive Zinsen	Nominelle Zinsen
Anfang 01	78.400 €	-	-
Ende 01	78.879,63 €	8.479,63 €	8.000 €
Ende 02	79.411,14 €	8.531,51 €	8.000 €
Ende 03	80.000,13	8.588,99 €	8.000 €

Lösung zu Aufgabe 56 (Effektivzinssatz)
Anfang 01 erhält die Kredit-AG einen Betrag von 97.000 €, nämlich den nominellen Kreditbetrag, der um das Disagio gekürzt ist. Diesem Zufluss stehen in den folgenden Jahren Abflüsse durch die Zinszahlungen gegenüber (jeweils 6.000 €). Diese Beträge sind abzuzinsen, wobei der Effektivzinssatz verwendet wird. Außerdem erfolgt am Ende des sechsten Jahres die Rückzahlung des Kreditbetrags von 100.000 €. Damit ergibt sich die folgende Zahlungsreihe mit i als effektivem Zinssatz:

$$97.000 = 6.000/(1+i) + 6.000/(1+i)^2 + \ldots + 106.000/(1+i)^6$$

Setzt man diese Gleichung null, indem die 97.000 auf die rechte Seite gebracht wird, kann der interne Zinssatz bestimmt werden. Allerdings gibt es hierfür nur eine Näherungslösung, die mit entsprechenden EDV-Programmen berechnet werden kann.

Lösung zu Aufgabe 57 (Disagio)
Die Aussage a) ist richtig. Durch die Verrechnung eines Disagios muss die Bank weniger als den Nennwert auszahlen; allerdings erhält sie diesen Betrag am Ende der Laufzeit des Kredits zurück. Durch die Minderzahlung erhöht sich der Effektivzins, der im Idealfall genau dem Marktzinssatz entspricht.

Lösungen der Aufgaben zum zehnten Kapitel

Lösung zu Aufgabe 1 (Nature of expense method)

Die Umsatzerlöse betragen 960.000 € (32.000 Stück à 30 €/Stück netto). Wert der Bestandserhöhung: 112.000 € (560.000 €/40.000 Stück) x 8.000 Stück). Vertriebskosten und allgemeine Verwaltungskosten dürfen nicht in die Herstellungskosten einbezogen werden. Die anderen Gemeinkosten (Material und Fertigung) sind in die Herstellungskosten einzubeziehen (Vollkostenbewertung), wenn sie nicht unangemessen hoch sind.

Hinweis: Die Verwaltungs- und Vertriebskosten werden beim GKV nach Kostenarten (z.B. Personalkosten, Abschreibungen) ausgewiesen. Hiervon wurde aus didaktischen Gründen abgewichen, um die Verbindung zur Aufgabe 2 herzustellen.

Die GuV-Rechnung 01 (statement of profit or loss oder income statement) lautet:

Statement of profit or loss 01			
Various expenses	560.000	Revenue	960.000
Administrative expenses	100.000	Changes in inventories of finished goods	112.000
Distribution costs	80.000		
Profit	332.000		
	1.072.000		1.072.000

Lösung zu Aufgabe 2 (Cost of sales method)

a) Das Umsatzkostenverfahren vermindert die Umsatzerlöse um den Umsatzaufwand. Letzterer ergibt sich durch Verminderung des Produktionsaufwands: Die Aufwendungen für die Produktion (560.000 €) werden auf den Umsatzaufwand (cost of sales) von 448.000 € heruntergerechnet (560.000 €/40.000 Stück x 32.000 Stück). Die Verwaltungs- und Vertriebskosten müssen in voller Höhe angesetzt werden. Nach IFRS werden die Begriffe "costs" und "expenses" gleichgesetzt.

Statement of profit or loss 01			
Cost of sales	448.000	Revenue	960.000
Administrative expenses	100.000		
Distribution costs	80.000		
Profit	332.000		
	960.000		960.000

b) Beide Methoden weisen **dasselbe Ergebnis** aus, da die Bewertung der Lagermenge gleich erfolgt. Die Herstellungskosten sind in beiden Fällen 14 € pro Stück. Es ist gleichgültig, ob der Ertrag um 112.000 € (8.000 Stück x 14 €/Stück) steigt oder ob die Aufwendungen um diesen Betrag sinken. Im ersten Fall liegt ein Bruttoverfahren, im zweiten Fall ein Nettoverfahren vor. Insoweit ergeben sich keine Unterschiede im Vergleich zum Handelsrecht.

Lösung zu Aufgabe 3 (Gesamtergebnis)

Das Gesamtergebnis besteht aus dem Periodenergebnis und dem sonstigen Ergebnis. Das sonstige Ergebnis umfasst die Wertsteigerung des Gebäudes (12.000 €) und die Wertsteigerung der Aktien (14.000 €), insgesamt 26.000 €. Damit ist das Gesamtergebnis mit 1.000 € knapp positiv. Die wirtschaftliche Situation wird primär durch das Periodenergebnis abgebildet und ist insgesamt als **ungünstig** einzustufen. Nur durch das neutrale Ergebnis kommt noch ein positiver Gesamtwert zustande.

Lösung zu Aufgabe 4 (Gesamtergebnis)

Periodengewinn nach Steuern: 35.000 € (50.000 € - 15.000 €).
Sonstiges Ergebnis nach Steuern: 2.800 € (4.000 € - 1.200 €).
Gesamtergebnis nach Steuern: 37.800 €.

Lösung zu Aufgabe 5 (Buchungen nach IFRS)

Die Buchungen lauten:

a)	Buchung:			
	Machinery	200.000	/ Cash	238.000
	Other receivables	38.000		
b)	Buchung:			
	Deferred tax expense	6.000	/ Deferred tax liabilities	6.000
c)	Buchung:			
	Cash	45.000	/ Financial instruments at FVTPL	40.000
			Finance income	5.000
d)	Buchung:			
	Depreciation expense		/ Machinery	20.000
e)	Buchung:			
	Other expenses		/ Other payables	4.000
f)	Buchung:			
	Income tax expense		/ Current provisions	10.000
g)	Buchung:			
	Trade receivables	59.500	/ Revenue	50.000
			Other payables	9.500
h)	Buchung:			
	Amortisation expense		/ Development costs	40.000
i)	Buchung:			
	Changes in inventories of finished goods		/ Inventories	15.000
j)	Buchung:			
	Cash	5.890	/ Finance income	8.000
	Income tax expense	2.110		

Hinweise: Bei c) erfolgt nach deutschem Steuerrecht ein Steuerabzug (Kapitalertragsteuer und Solidaritätszuschlag) auf den Veräußerungsgewinn. Dieser Aspekt wird im Lehrbuch vernachlässigt. Bei i) sind die Abschreibungen der Vorräte als Bestandsminderung zu buchen. Die Kapitalertragsteuer wird bei j) als income tax expense (Ertragsteueraufwand) gebucht (0,25 x 1,055 x 8.000 €). Da der Empfänger eine Kapitalgesellschaft ist, liegt ein Steueraufwand vor. Gutschrift auf dem Bankkonto: 5.890 €.

Lösung zu Aufgabe 6 (Postenausweis beim GKV)

a) Die Material- und Personalaufwendungen werden als Aufwand erfasst. Diesem Aufwand steht am 30.6.02 ein gleich hoher Ertrag aus der Aktivierung von anderen aktivierten Eigenleistungen gegenüber. Zunächst ist der Vorgang erfolgsneutral. Aber anschließend werden Abschreibungen in Höhe von 30.000 € (600.000 €/10 Jahre x 6/12) verrechnet. Insoweit tritt ein Erfolgseffekt ein. Da die gefertigten Produkte vollständig abgesetzt werden, ist keine Bestandserhöhung fertiger Erzeugnisse auszuweisen. Hinweis: Die Entwicklungskosten gehören zu den Herstellungskosten der Produkte. Bei einer Bestandserhöhung entstände ein zusätzlicher Ertrag.

b) Die Forschungskosten für Projekt B dürfen nicht aktiviert werden. Somit mindern die Material- und Personalaufwendungen von jeweils 600.000 € (6 x 100.000 €) den Erfolg in voller Höhe. Der Periodenerfolg wird insgesamt mit 1.200.000 € belastet.

c) Da die Ansatzvoraussetzungen für das Projekt B nicht erfüllt sind, darf kein Ansatz erfolgen. Dem Aufwand von 900.000 € (6 x 150.000 €) steht kein Ertrag gegenüber.

Lösung zu Aufgabe 7 (Postenausweis beim UKV)

a) Die Material- und Personalaufwendungen werden zunächst als Aufwand verbucht, der anschließend durch die Aktivierung der Entwicklungskosten storniert wird. Insoweit ist der Vorgang erfolgsneutral. Anschließend werden Abschreibungen in Höhe von 30.000 € (600.000 €/10 Jahre x 6/12) verrechnet. Die Wertminderung der Entwicklungskosten wird in den Umsatzaufwand (cost of sales) eingerechnet und gehört zu den Herstellungskosten der abgesetzten Produkte. Da keine Lagermenge entsteht, sind die Abschreibungen auch beim Umsatzkostenverfahren voll aufwandswirksam.

b) Die Forschungskosten dürfen nicht aktiviert werden (Ansatzverbot). Die Aufwendungen von 1.200.000 € mindern den Erfolg. Sie gehören weder zum Umsatzaufwand noch zu den Verwaltungs- oder Vertriebskosten. Meist wird ein spezieller Posten "research costs" ausgewiesen. Ansonsten werden "other expenses" verwendet.

c) Die Entwicklungskosten von Projekt C dürfen nicht aktiviert werden. Damit werden die Aufwendungen in voller Höhe dem Geschäftsjahr 02 zugeordnet. Im Regelfall wird ein gesonderter Posten "development costs" ausgewiesen. Ansonsten erfolgt wieder ein Ausweis unter dem Posten "other expenses".

Lösung zu Aufgabe 8 (Langfristfertigung)

Im HGB darf Ende 01 noch kein Gewinn ausgewiesen werden, da er noch nicht realisiert ist (Anwendung der completed contract-method). Nach IFRS erfolgt ein anteiliger Gewinnausweis von 500.000 € (12.000.000 €/24 x 6), wenn die Fertigstellung gleichmäßig vorangeht (percentage of completion-method). Problematisch ist die Bestimmung des Fertigstellungsgrads, um den "richtigen" Gewinnanteil zu ermitteln.

Lösung zu Aufgabe 9 (Realisationsprinzip)
Es handelt sich um eine zeitpunktbezogene Leistung, die im Zeitpunkt der Übergabe erbracht wird. Da die A-AG die Maschine im Dezember 01 übergibt, gehört der Ertrag von 150.000 € zum Geschäftsjahr 01. Der Eigentumsvorbehalt ändert nichts an der Leistungserbringung durch die A-AG.

Lösung zu Aufgabe 10 (Realisationsprinzip)
Es handelt sich um eine zeitraumbezogene Leistung, die über zwei Jahre erbracht wird. Auf das Geschäftsjahr 01 entfällt ein Ertrag von 18.000 € (9 x 2.000 €). Dieser Wert wird in der GuV-Rechnung unter den Umsatzerlösen (revenue) ausgewiesen.

Lösung zu Aufgabe 11 (Eigenkapitalposten)
Richtig sind: b), e), f), k). – Falsch sind: a), c), d), g), h), i), j).

Hinweis zu i): Die GmbH muss grundsätzlich keine gesetzliche Rücklage bilden. Einen Sonderfall bildet die haftungsbeschränkte Unternehmergesellschaft.

Lösung zu Aufgabe 12 (Eigenkapitalposten)
a) Bilanzgewinn: Der Betrag, über den die Aktionäre auf der Hauptversammlung bezüglich der Ausschüttung entscheiden. Er wird im Gewinnverwendungsvorschlag des Vorstands ermittelt, wobei die Geschäftsleitung bestimmte Einbehaltungsrechte hat (§ 58 Abs. 2 AktG). Der Bilanzgewinn ist **keine echte** Erfolgsgröße.
Jahresüberschuss: Der Gewinn einer Kapitalgesellschaft im laufenden Geschäftsjahr nach Abzug von Ertragsteuern. Dieser Erfolg wurde erwirtschaftet.
Andere Gewinnrücklagen: Gewinnbeträge, die in Vorjahren erzielt und einbehalten wurden. Sie können für Investitionen, zum Verlustausgleich oder für Ausschüttungen verwendet werden.

b) Die Größen werden nach IFRS nicht gesondert in der Bilanz ausgewiesen. Sie sind im Posten "retained earnings" (einbehaltene Ergebnisse) enthalten. Durch die Erstellung einer Eigenkapitalveränderungsrechnung wird die Entwicklung bestimmter Eigenkapitalbeträge gezeigt. Es wird ersichtlich, wie der Gewinn nach IFRS verwendet wurde und wie viele Ausschüttungen erfolgten.

Die internationale Darstellung ist genauer, da der handelsrechtliche Bilanzgewinn nur eine Hilfsgröße ist. Er gibt an, worüber die Gesellschafter entscheiden können – aber nicht, wie die Entscheidung ausgefallen ist. Die Information über die tatsächlichen Ausschüttungen wird im HGB nicht direkt vermittelt.

Lösung zu Aufgabe 13 (Eigenkapitalveränderungsrechnung)
a) Zum 1.1.01 betragen die einbehaltenen Ergebnisse (retained earnings) 170.000 €. Es handelt sich um die Summe aus anderen Gewinnrücklagen (100.000 €) und Bilanzgewinn (70.000 €). Der Jahresüberschuss (profit) wird zunächst in die retained earnings gebucht. Danach erfolgt eine Umbuchung (transfer) in die gesetzliche Rücklage: 5% von 200.000 € = 10.000 €. Die Zahlung der Dividenden (dividends paid) vermindert die retained earnings um 70.000 €. In der folgenden Darstellung werden negative Werte in Klammern angegeben.
Hinweis: Balance sheet as of 1.1.01 steht für Bilanz zum 1.1.01.

	Statement of changes in equity			
	Issued capital	Legal reserves	Retained earnings	Σ
Balance sheet as of 1.1.01	800.000	30.000	170.000	1.000.000
Profit Transfer to legal reserves Dividends paid		10.000	200.000 (10.000) (70.000)	200.000 - (70.000)
Balance sheet as of 31.12.01	800.000	40.000	290.000	1.130.000

b) Posten nach HGB zum 31.12.01:
- Gezeichnetes Kapital: 800.000 €.
- Gesetzliche Rücklage: 40.000 €.
- Andere Gewinnrücklagen: 195.000 € (100.000 € + 95.000 €).
- Bilanzgewinn: Jahresüberschuss 200.000 € - Zuführung zur gesetzlichen Rücklage 10.000 € - Zuführung zu anderen Gewinnrücklagen 95.000 € = 95.000 €.

Gesamtbetrag nach HGB: 1.130.000 €. Damit besteht bei den obigen Daten kein wertmäßiger Unterschied zwischen dem gesamten Eigenkapital nach HGB und IFRS. Differenzen bestehen nur bezüglich des Ausweises.

Lösung zu Aufgabe 14 (Zahlungsmittelfonds)

Zum Zahlungsmittelfonds gehören die Posten unter a), c) und d).

Hinweise: Die Obligation bei Teilaufgabe d) ist jederzeit in Geld umwandelbar. Da es sich um Fremdkapital handelt, darf die Restlaufzeit nicht mehr als drei Monate betragen (gemessen am Erwerbszeitpunkt). Das Termingeld in b) hat eine zu lange Restlaufzeit. Aktien gehören nicht zum Zahlungsmittelfonds, da sie keine Restlaufzeit aufweisen. Zwar sind börsennotierte Anteile an Unternehmen relativ schnell in Geld umzuwandeln, allerdings unterliegen die Anteile einem Kursrisiko, das die Werthaltigkeit beeinflusst.

Lösung zu Aufgabe 15 (Zahlungseffekte)

Posten	Zahlungen
a) Kauf von Waren auf Ziel	Kein Zahlungseffekt
b) Bezahlung von Löhnen per Bank	Auszahlungen
c) Verkauf von Waren auf Ziel	Kein Zahlungseffekt
d) Abschreibung von Sachanlagen	Kein Zahlungseffekt
e) Barkauf von Büromaterial	Auszahlungen
f) Barverkauf von Waren	Einzahlungen
g) Berücksichtigung der Gewerbesteuer 01 im Jahresabschluss 01	Kein Zahlungseffekt (Bildung einer Rückstellung)

h) Tilgung eines Bankkredits durch Lastschrift	Auszahlungen
i) Zuschreibung auf Wertpapiere	Kein Zahlungseffekt
j) Bestandsminderung von Erzeugnissen	Kein Zahlungseffekt
k) Überweisung der Gewerbesteuer aus g) lt. Steuerbescheid (14.500 €)	Auszahlungen (14.500 €)

Lösung zu Aufgabe 16 (Indirekte Cash flow-Ermittlung)
Der Gewinn 01 ist um die nicht zahlungswirksamen Aufwendungen zu erhöhen und um die nicht zahlungswirksamen Erträge zu vermindern. Somit gilt:

	Gewinn 01:	440.000 €
+	Abschreibungen:	150.000 €
+	Rückstellungserhöhung:	70.000 €
−	Bestandserhöhung:	60.000 €
=	Cash flow:	600.000 €

Lösung zu Aufgabe 17 (Direkte Cash flow-Ermittlung)
I) Cash flow aus laufender Geschäftstätigkeit:
Einzahlungen: 480.000 € durch Warenverkauf.
Auszahlungen: 160.000 € durch Wareneinkauf.
Auszahlungen: 24.000 € durch laufenden Büroaufwand (12 x 2.000 €).
Auszahlungen: 240.000 € durch Gehälter (12 x 20.000 €).
Cash flow: 56.000 €.

II) Cash flow aus Investitionstätigkeit:
Einzahlungen: 48.000 € durch monatliche Zinseinnahmen.
Auszahlungen: 20.000 € durch Kauf neuer Regale.
Cash flow: 28.000 €.

Hinweis: Da es sich um langfristig angelegtes Kapital handelt, überwiegt der Investitionscharakter der Einzahlung. Eine exakte Zuordnung ist aber letztlich nicht möglich.

III) Cash flow aus Finanzierungstätigkeit (160.000 €):
Einzahlungen: 100.000 € durch Aktienemission.
Einzahlungen: 60.000 € durch Kreditaufnahme.

Lösung zu Aufgabe 18 (Cash flow aus Investitionstätigkeit)
Nein. In der GuV-Rechnung wird nicht die Auszahlung (400.000 €), sondern nur der Aufwand durch Abschreibung berücksichtigt (40.000 €). Die GuV-Rechnung verrechnet wirtschaftliche Größen (Aufwand und Ertrag) und keine Zahlungsgrößen (Aus- und Einzahlungen). Daher muss der Cash flow aus Investitionstätigkeit **direkt** ermittelt werden.

Lösung zu Aufgabe 19 (Segmentberichterstattung)
Richtig sind: a), c), i). – Falsch sind: b), d), e), f), g), h).

Lösung zu Aufgabe 20 (Berichtspflichtige Segmente)
a) Segment 1: Berichtspflichtig: Das Kriterium Vermögen ist überschritten (10,7%).

b) Segment 2: Berichtspflichtig: Alle drei Kriterien werden überschritten.

c) Segment 3: Nicht berichtspflichtig: Kein Kriterium wird überschritten.

Lösung zu Aufgabe 21 (Segmentberichterstattung)
Die Umsatzerlöse entstehen durch den Absatz der Laufschuhe an Dritte. Sie betragen 3.900.000 € (3 x 1.300.000 €). Die gesamten Segmenterträge sind 4.400.000 €, da auch die internen Leistungen des Segments "Laufschuhe Herren" zu berücksichtigen sind. Zur Vermeidung von Doppelzählungen werden in der Segmentberichterstattung in der Überleitungsrechnung wieder 500.000 € von den gesamten Segmenterträgen abgezogen.

Lösung zu Aufgabe 22 (Equity-Methode nach IFRS)
Richtig sind: b), f), g), i). – Falsch sind: a), c), d), e), h), j).

Hinweise: c) ist falsch, da Grund und Boden nicht planmäßig abgeschrieben wird. Auch Firmenwerte sind nach IFRS nicht planmäßig abzuschreiben, sodass j) falsch ist. Antwort h) ist falsch, da in der ersten Jahreshälfte die Beteiligung noch nicht bestand.

Lösung zu Aufgabe 23 (Control-Konzept)
a) Die Beherrschungsmöglichkeit ist erfüllt. Die A-AG verfügt zwar nur über 50% der Stimmrechte, aber durch die Satzungsklausel kann sie auf die Geschäftsführung der Z-AG einwirken, indem sie Vorstandsmitglieder bestellt, die in ihrem Sinne handeln.

b) Die Beherrschungsmöglichkeit ist erfüllt. Die B-AG verfügt zwar direkt nur über 45% der Stimmrechte, aber zusammen mit den indirekten 12% der C-AG, die von der B-AG beherrscht wird, besteht insgesamt eine Stimmenmehrheit.

c) Die Beherrschungsmöglichkeit ist nicht erfüllt. Die D-AG verfügt nur über 40% der Stimmrechte und kann nur einmalig auf die 20% der E-AG zurückgreifen. Damit ist keine dauerhafte Beherrschungsmöglichkeit gegeben.

Lösung zu Aufgabe 24 (Größenabhängige Befreiung nach IFRS)
Im **HGB** existiert eine größenabhängige Befreiungsvorschrift. Wenn die Small-AG die in § 293 HGB festgelegten Kriterien einhält, braucht sie keinen Konzernabschluss aufzustellen. Bei **IFRS** existiert keine vergleichbare Befreiungsvorschrift. Daher muss grundsätzlich ein IFRS-Konzernabschluss aufgestellt werden. Allerdings kann nach dem Wesentlichkeitsgrundsatz die Einbeziehung kleiner Unternehmen unterbleiben. Sind alle Unternehmen klein, kann evtl. auf den Konzernabschluss ganz verzichtet werden.

Lösung zu Aufgabe 25 (IFRS-Konzernabschluss)
a) Der Abschlussstichtag der Mutter ist für die Tochterunternehmen relevant.

b) Im Konzernabschluss sind einheitliche Bewertungsmethoden anzuwenden, d.h. es muss eine Vereinheitlichung erfolgen. In IFRS 10 wird nicht genau festgelegt, ob die Methoden der Mutter oder der Tochter zu verwenden sind. Es dürfte davon auszugehen sein, dass die Methoden Mutter maßgeblich sind.

c) Für die Erstkonsolidierung ist der Stichtag maßgeblich, an dem das Control-Verhältnis erstmals begründet wird.

d) In diesem Fall muss die Tochter einen Zwischenabschluss auf den Abschlussstichtag der Mutter aufstellen. Der Zwischenabschluss umfasst vier Monate.

Lösung zu Aufgabe 26 (Konsolidierungsbuchung)

a) Die X-AG (Konzernmutter) bezahlt für die Y-AG (Tochtergesellschaft) 800.000 € und erhält Vermögenswerte mit beizulegendem Zeitwert von 600.000 €. Die Differenz stellt einen positiven Firmenwert (Goodwill) dar. Sein Wert beträgt 200.000 €.

Buchung:			
Issued capital	400.000	/ Investments in subsidiaries	800.000
Reserves	200.000		
Goodwill	200.000		

b) Bei IFRS ist eine Neubewertung (revaluation) von Sachanlagen zum beizulegenden Zeitwert möglich. Damit können die stillen Reserven in den Vermögenswerten schon bei der Bewertung im Einzelabschluss aufgedeckt werden. Beim Kauf der Anteile durch die Mutter sind insoweit keine stillen Reserven mehr vorhanden.

Lösung zu Aufgabe 27 (Konsolidierungsbuchungen)

Die X-AG (Muttergesellschaft) bezahlt für die Y-AG (Tochtergesellschaft) 700.000 € und erhält hierfür 70% der Vermögenswerte (70% von 600.000 € = 420.000 €). Da die Mutter alle Vermögenswerte der Tochter in die Konzernbilanz übernimmt, müssen die Anteile der Minderheitsgesellschafter (non-controlling interest) gesondert im Eigenkapital ausgewiesen werden. Betrag: 30% des Vermögens von 600.000 € = 180.000 €. Außerdem wird den Minderheitsaktionären ein Anteil in Höhe von 30% am Firmenwert zugerechnet. Er beläuft sich bei einer Hochrechnung auf 120.000 € (3/7 x 280.000 €). Die Buchungen lauten:

1. Buchung: Konsolidierung der Anteile der Mutter			
Issued capital	280.000	/ Investments in subsidiaries	700.000
Reserves	140.000		
Goodwill	280.000		
2. Buchung: Konsolidierung der Minderheitsanteile			
Issued capital	120.000	/ Non-controlling interest	300.000
Reserves	60.000		
Goodwill	120.000		

Lösung zu Aufgabe 28 (Neubewertung nach IFRS)

a) Der Mutter stehen 80% des Buchwerts des Eigenkapitals (800.000 €) und 80% der stillen Reserven (320.000 €) zu. Insgesamt 1.120.000 €. Da die Mutter für die Anteile 1.240.000 € gezahlt hat, entsteht ein positiver Firmenwert von 120.000 €. Auf der Aktivseite werden alle Vermögenswerte der Tochter zum Zeitwert ausgewiesen, d.h. 1.400.000 €. Da die Mutter mehr bilanziert als ihr zusteht, muss ein Ausgleichsposten für die Minderheitsgesellschafter passiviert werden.

b) Die Minderheitsgesellschafter erhalten 20% des neubewerteten Vermögens, d.h. 20% vom Buchwert des Vermögens und 20% von den stillen Reserven. Insgesamt: 280.000 € (200.000 € + 80.000 €). Außerdem wird den Minderheiten ein Anteil am Firmenwert zugerechnet, der 30.000 € beträgt. Diese Hochrechnung des Firmenwerts ist oft unrealistisch, da die Minderheitsgesellschafter nicht im gleichen Maße von der Kooperation profitieren wie die Konzernmutter. Somit müsste im Grunde genommen eine Unternehmensbewertung aus Sicht der Minderheiten erfolgen, um deren Firmenwert zu bestimmen. Das ist praktisch kaum umsetzbar.

c) In der IFRS-Konzernbilanz wird der Posten "non-controlling interest" im Eigenkapital ausgewiesen. Die Minderheitsanteile betragen im obigen Fall 310.000 € und sind getrennt vom Eigenkapital der Mutter auszuweisen.

Lösung zu Aufgabe 29 (Bewertung des Minderheitsanteils)
Minderheitsanteil nach Full Goodwill-Approach: Die Minderheitsgesellschafter erhalten 40% des Zeitwerts des Eigenkapitals der Tochter-AG und 40% des Firmenwerts. 40% des Zeitwerts des Eigenkapitals sind 240.000 € und 40% vom Firmenwert sind 200.000 € (1.100.000 € - 600.000 € = 500.000 €). Summe: 440.000 €.

Minderheitsanteil nach Purchased Goodwill-Approach: Die Minderheitsgesellschafter erhalten 40% des Zeitwerts des Eigenkapitals der Tochter-AG, also 240.000 €. Der Anteil liegt somit um 200.000 € unter dem Wert nach Full Goodwill-Approach.

Lösung zu Aufgabe 30 (Folgebewertung des Goodwills)
Der Firmenwert wird **nicht planmäßig** abgeschrieben. Es ist nur eine außerplanmäßige Abschreibung vorzunehmen, wenn ein Wertminderungstest (impairment test) auf einen gesunkenen Wert hinweist.

Lösung zu Aufgabe 31 (Negativer Firmenwert)
a) Die Anschaffungskosten der Anteile betragen 900.000 €, das übernommene Vermögen jedoch 1.040.000 €. Der negative Firmenwert beträgt 140.000 €.

b) Zunächst sind die Werte zu überprüfen, die dem Unternehmenserwerb zugrunde gelegt wurden. Da ein Vermögenswert zu hoch bewertet wurde, ist dieser Wert zu korrigieren. Die Abwertung wird gebucht: "Reserves/Buildings 30.000". Es bleibt ein negativer Firmenwert in Höhe von 110.000 € übrig. Dieser Betrag ist erfolgswirksam Ertrag in der GuV-Rechnung zu behandeln (= Ertragsausweis).

c) Konsolidierungsbuchung mit korrigiertem Wert: "Equity and reserves 1.010.000/Investments in subsidiaries 900.000 €, income from acquisition 110.000".

Lösung zu Aufgabe 32 (Folgekonsolidierung nach IFRS)
a) Die abnutzbaren Vermögenswerte sind über die verbleibende Restnutzungsdauer abzuschreiben. Somit müssen auch die stillen Reserven abgeschrieben werden. Sie mindern daher das Konzernergebnis im Folgejahr um 12.000 € (120.000 €/10 Jahre). Um diesen Betrag ist der Konzernerfolg niedriger als die Summe der Einzelerfolge der einzelnen Konzernunternehmen.

b) **Keiner**. Da der Firmenwert keiner planmäßigen Abschreibung unterliegt, entsteht insoweit kein zusätzlicher Aufwand auf der Konzernebene.

c) Wenn sich die wirtschaftliche Lage des Konzerns deutlich verschlechtert, kann der Firmenwert abzuschreiben sein. In diesem Fall entsteht ein Wertminderungsverlust (impairment expense), der den Konzernerfolg reduziert.

Literaturverzeichnis

Achleitner, A.-K./Behr, G./Schäfer, D. (Rechnungslegung): Internationale Rechnungslegung, 4. Aufl., München 2009.

Alvarez, M./Büttner, M. (Segments): ED 8 Operating Segments, in: KoR 2006 (6. Jg.), S. 307-318.

Baetge, J./Commandeur, D./Hippel, B. (Kommentar zu § 264 HGB), in: Küting, K./Pfitzer, N./Weber, C.-P. (Hrsg.): Handbuch der Rechnungslegung Einzelabschluss, Bd. 2, 8. Ergänzungslieferung, Stuttgart 2010, Kommentar zu § 264 HGB.

Baetge, J./Fey, D./Fey, G. (Kommentar zu § 243 HGB), in: Küting, K./Pfitzer, N./Weber, C.-P. (Hrsg.): Handbuch der Rechnungslegung Einzelabschluss, Bd. 1, 2. Ergänzungslieferung, Stuttgart 2002, Kommentar zu § 243 HGB.

Baetge, J./Kirsch, H.-J./Thiele, S. (Bilanzen): Bilanzen, 14. Aufl., Düsseldorf 2017.

Baetge, J./Kirsch, H.-J./Thiele, S. (Konzernbilanzen): Konzernbilanzen, 12. Aufl., Düsseldorf 2017.

Baetge, J./Krumnow, J./Noelle, J. (DRSC): Das „Deutsche Rechnungslegungs Standards Committee" (DRSC), in: DB 2001 (54. Jg.), S. 769-774.

Berger, J./Struffert, R./Nagelschmitt, S. (Finanzinstrumente): Neue Klassifizierungs- und Bewertungsvorschriften für Finanzinstrumente – Endgültige Fassung von IFRS 9 veröffentlicht, in: WPg 2014 (67. Jg.), S. 1075-1088.

Bieg, H./Kußmaul, H./Waschbusch, G. (Rechnungswesen): Externes Rechnungswesen, 6. Aufl., München, Wien 2012.

Bitz, M./Schneeloch, D./Wittstock, W./Patek, G. (Jahresabschluss): Der Jahresabschluss, 6. Aufl., München 2014.

BMF (Abzinsung): Abzinsung von Verbindlichkeiten und Rückstellungen in der steuerlichen Gewinnermittlung nach § 6 Abs. 1 Nrn. 3 und 3a EStG in der Fassung des Steuerentlastungsgesetzes 1999/2000/2002 vom 26. Mai 2005, BStBl I, S. 699-715.

BMF (Maßgeblichkeit): Maßgeblichkeit der handelsrechtlichen Grundsätze ordnungsmäßiger Buchführung für die steuerliche Gewinnermittlung, Schreiben des BMF vom 12. März 2010, BStBl I, S. 239.

BMF (Teilwertabschreibung): Teilwertabschreibung gemäß § 6 Absatz 1 Nummer 1 und 2 EStG; Voraussichtlich dauernde Wertminderung, Wertaufholungsgebot vom 2. September 2016, BStBl I, S 995.

BMJ (BilMoG): Entwurf eines Gesetzes zur Modernisierung des Bilanzrechts (Bilanzrechtsmodernisierungsgesetz – BilMoG), Bundestags-Drucksache 16/10067 vom 30.07.2008.

Boecker, C./Zwirner, C. (Berichterstattung): Nichtfinanzielle Berichterstattung - Umsetzung und Anwendung der EU-Vorgaben in Deutschland, in: BB 2017 (70. Jg.), S. 2155-2159.

Brösel, G./Olbrich, M. (Kommentar zu § 253 HGB): in: Küting, K./Weber, C.-P. (Hrsg.): Handbuch der Rechnungslegung Einzelabschluss, Bd. 2, 15. Ergänzungslieferung, Stuttgart 2012, Kommentar zu § 253 HGB.

Brösel, G./Mindermann, T./Zwirner, C. (Bewertung): Die Bewertung der Vermögensgegenstände nach BilMoG, in: StuB 2009 (11. Jg.), S. 608-613.

Buchholz, R. (Rechnungslegung): Internationale Rechnungslegung, 14. Aufl., Berlin 2018.

Coenenberg, A.G./Haller, A./Schultze, W. (Jahresabschluss): Jahresabschluss und Jahresabschlussanalyse, 25. Aufl., Stuttgart 2018.

Döring, U./Buchholz, R. (Jahresabschluss): Buchhaltung und Jahresabschluss, 15. Aufl., Berlin 2018.

Erchinger, H./Melcher, W. (Neuerungen): IFRS-Konzernrechnungslegung – Neuerungen nach IFRS 10, in: DB 2011 (64. Jg.), S. 1229-1238.

Falterbaum, H./Bolk, W./Reiß, W. (Bilanz): Buchführung und Bilanz, 20. Aufl., Achim 2007.

Federmann, R./Müller, S. (Bilanzierung): Bilanzierung nach Handelsrecht, Steuerrecht und IAS/IFRS, 13. Aufl., Berlin 2018.

Fink, C./Heyd, R. (Umsatzdefinition): Änderung von Umsatzdefinition und GuV-Struktur mit dem BilRUG, in: StuB 2015 (17. Jg.), S. 611-618.

Fink, C./Ulbrich, P. (Segmentberichterstattung): Segmentberichterstattung nach ED 8 – Operating Segments, in: KoR 2006 (6. Jg.), S. 233-243.

Gassen, J./Fischkin, M./Hill, V. (Rahmenkonzept): Das Rahmenkonzept-Projekt des IASB und des FASB: Eine normendeskriptive Analyse des aktuellen Stands, in: WPg 2008 (61. Jg.), S. 874-882.

Gräfer, H./Scheld, G.A. (Konzernrechnungslegung): Grundzüge der Konzernrechnungslegung, 13. Aufl., Berlin 2016.

Grefe, C. (Unternehmenssteuern): Unternehmenssteuern, 21. Aufl., Ludwigshafen 2018.

Große, J.-V. (Fair Value): IFRS 13 „Fair Value Measurement" – Was sich (nicht) ändert, in: KoR 2011 (11. Jg.), S. 286-296.

Grottke, M./Höschele, D. (Anwendungsempfehlungen): Anwendungsempfehlungen zum IASB-*Management Commentary*, in: PiR 2011 (7. Jg.), S. 125-130.

Grünberger, D. (IFRS): IFRS 2019, 16. Aufl., Herne 2019.

Hasenburg, C./Hausen, R. (Bilanzierung): Bilanzierung von Altersversorgungsverpflichtungen (insbesondere aus Pensionszusagen) und vergleichbaren langfristig fälligen Verpflichtungen unter Einbeziehung der Verrechnung von Planvermögen, in: DB 2009 (62. Jg.), Beilage Nr. 5/2009, S. 38-46.

Hayn, S./Waldersee, G.G. (IFRS): IFRS und HGB im Vergleich, 8. Aufl., Stuttgart 2014.

Heno, R. (Jahresabschluss): Jahresabschluss nach Handelsrecht, Steuerrecht und internationalen Standards (IFRS), 9. Aufl., Heidelberg 2018.

Herzig, N./Briesemeiser, S. (Konsequenzen): Steuerliche Konsequenzen der Bilanzrechtsmodernisierung für Ansatz und Bewertung, in: DB 2009 (62. Jg.), S. 976-982.

Herzig, N./Briesemeiser, S. (Unterschiede): Unterschiede zwischen Handels- und Steuerbilanz nach BilMoG, in: WPg 2010 (63. Jg.), S. 63-77.

Hommel, M./Schmidt, A./Wüstemann, S. (Rückstellungsbewertung): Rückstellungsbewertung nach ED/2010/1 – ein Standardsetter auf unsicheren Pfaden, in: BB 2010 (63. Jg.), S. 557-561.

Horschitz, H./Groß, W./Fanck, B./Guschl, H./Kirschbaum, J./Schustek, H. (Bilanzsteuerrecht): Bilanzsteuerrecht und Buchführung, 15. Aufl., Stuttgart 2018.

Hüttche, T. (Bilanzierung): Bilanzierung selbst erstellter immaterieller Vermögensgegenstände des Anlagevermögens im Lichte des BilMoG, in: StuB 2008 (10. Jg.), S. 163-170.

Kirsch, H. (Framework): Das neue Conceptual Framework (2018) und seine möglichen Auswirkungen auf die künftige IFRS-Rechnungslegung, Teil 1: Inhalt des Conceptual Frameworks: PiR 2018 (14. Jg.), S. 163-170.

Kirsch, H. (Conceptual): Der Exposure Draft zum Conceptual Framework (ED/2015/3), in: PiR 2015 (11. Jg.), S. 233-240.

Kirsch, H. (Rechnungslegung): Einführung in die internationale Rechnungslegung nach IFRS, 11. Aufl., Herne 2017.

Klunzinger, E. (Gesellschaftsrechts): Grundzüge des Gesellschaftsrechts, 14. Aufl., München 2006.

Klunzinger, E. (Handelsrechts): Grundzüge des Handelsrechts, 14. Aufl., München 2011.

Kruschwitz, L. (Investitionsrechnung): Investitionsrechnung, 13. Aufl., München, Wien 2011.

Kühne, M./Laubach, W. (Rückstellungsbilanzierung): Weitere Vorschläge des IASB zur Neufassung der Rückstellungsbilanzierung: Änderungen bei der Bewertung von Schulden, in: WPg 2010 (63. Jg.), S. 862-865.

Kühne, E./Melcher, W./Wesemann, M. (Steuern): Latente Steuern nach BilMoG – Grundlagen und Zweifelsfragen (Teil 2), in: WPg 2009 (62. Jg.), S. 1057-1065.

Kümpel, T. (Bewertung): Bilanzierung und Bewertung des Vorratsvermögens nach IAS 2 (revised 2003), in: DB 2003 (56. Jg.), S. 2609-2615.

Kurz, D./Meissner G. (Umsatzsteuer): Umsatzsteuer, 18. Aufl., Stuttgart 2017.

Kußmaul, H./Ruiner, C. (Unternehmergesellschaft): Die Besteuerung der Unternehmergesellschaft (haftungsbeschränkt) und ihrer Anteilseigner, in: StuB 2009 (11. Jg.), S. 597-605.

Küting, K. (Abgrenzung): Die Abgrenzung von vorübergehenden und dauernden Wertminderungen im nicht-abnutzbaren Anlagevermögen (§ 253 Abs. 2 Satz 3 HGB), in: DB 2005 (58. Jg.), S. 1121-1128.

Küting, K. (Herstellungskosten): Die Ermittlung der Herstellungskosten nach den Änderungen durch das Bilanzrechtsmodernisierungsgesetz, in: StuB 2008 (10. Jg.), S. 419-427.

Küting, K. (Kapitalkonsolidierung): Geplante Neuregelungen der Kapitalkonsolidierung durch das Bilanzrechtsmodernisierungsgesetz – Die Kapitalkonsolidierung wird grundlegend geändert, in: DStR 2008 (46. Jg.), S. 1396-1401.

Küting, K./Mojadadr, M. (IFRS 10): Das neue Control-Konzept nach IFRS 10, in: KoR 2011 (11. Jg.), S. 273-285.

Küting, K./Mojadadr, M. (Währungsumrechnung): Währungsumrechnung im Einzel- und Konzernabschluss nach dem RegE zum BilMoG, in: DB 2008 (61. Jg.), S. 1869-1876.

Küting, K./Reuter, M. (Anteile): Bilanzierung eigener Anteile nach BilMoG-RegE, in: StuB 2008 (10. Jg.), S. 495-501.

Küting, K./Seel, C. (Abgrenzung): Die Abgrenzung und Bilanzierung von joint arrangements nach IFRS 11, in: KoR 2011 (11. Jg.), S. 342-350.

Küting, K./Seel, C. (Steuern): Die Ungereimtheiten der Regelungen zu latenten Steuern im neuen Bilanzrecht, in: DB 2009 (62. Jg.), S. 922-925.

Küting, K./Tesche, T./Tesche, J. (Stetigkeitsgrundsatz): Der Stetigkeitsgrundsatz nach dem Bilanzrechtsmodernisierungsgesetz im Einzel- und Konzernabschluss, in: StuB 2008 (10. Jg.), S. 655-660.

Küting, K./Weber, C.-P./Dusemond, M./Küting, P./Wirth, J. (Konzernabschluss): Der Konzernabschluss, 14. Aufl., Stuttgart 2018.

Küting, K./Wirth, J. (Combinations): Goodwillbilanzierung im neuen Near Final Draft zu Business Combinations Phase II, in: KoR 2007 (7. Jg), S. 460-469.

Küting, K. /Wirth, J. (Goodwill): Full Goodwill Approach des Exposure Draft zu IFRS 3, in: BB-Special 10/2005 (60. Jg.), S. 2-9.

Lanfermann, G./Röhricht, V. (Auswirkungen): Auswirkungen des geänderten IFRS-Enforcement-Prozesses auf die Unternehmen, in: BB 2008 (63. Jg.), S. 826-830.

Loitz, R. (Steuern): Latente Steuern für Outside Basis Differences nach IFRS, in: WPg 2008 (61. Jg.), S. 1110-1118.

Lück, W. (Going-Concern-Prinzip): Das Going-Concern-Prinzip in Rechnungslegung und Jahresabschlussprüfung, in: DB 2001 (54. Jg.), S. 1945-1949.

Lüdenbach, N./Hoffmann, W.-D. (IFRS-Bilanz): Verbindliches Mindestgliederungsschema für die IFRS-Bilanz, in: KoR 2004 (4. Jg.), S. 89-94.

Lüdenbach, N./Freiberg, J. (Konzernabschluss): Die Regelungen des BilRUG im Konzernabschluss, in: StuB 2015 (17. Jg.), S. 619-626.

Lühn, M. (Neukonzeption): Neukonzeption der Umsatzrealisation nach IFRS durch ED/ 2010/6 „Revenue from Contracts with Customers", in: PiR 2010 (6. Jg.), S. 273-279.

Mayer-Wegelin, E./Kessler, H./Höfer, R. (Kommentar zu § 249 HGB), in: Küting, K./ Weber, C.-P./Pfitzer, N. (Hrsg.): Handbuch der Rechnungslegung Einzelabschluss, Bd. 1, 5. Ergänzungslieferung, Stuttgart 2010, Kommentar zu § 249 HGB.

Meyer, C./Theile, C. (Bilanzierung): Bilanzierung nach Handels- und Steuerrecht, 28. Aufl., Herne, Berlin 2017.

Mujkanovic, R. (Zweckgesellschaften): Zweckgesellschaften nach BilMoG, in: StuB 2009 (11. Jg.), S. 374-379.

Müller, S./Peskes, M. (Segmentberichterstattung): Konsequenzen der geplanten Änderungen der Segmentberichterstattung nach IFRS für Abschlusserstellung und Unternehmenssteuerung, in: BB 2006 (61. Jg.), S. 819-825.

Müller, S./Reinke, J. (Neubewertungsmethode): Folgebewertung und *impairment*-Test im Rahmen der Neubewertungsmethode, in: PiR 2010 (6. Jg.), S. 13-20.

Oser, P./Orth, C./Wirtz, H. (Vorschriften): Neue Vorschriften zur Rechnungslegung und Prüfung durch das Bilanzrichtlinie-Umsetzungsgesetz, in: DB 2014 (67. Jg.), S. 1877-1886.

Pellens, B./Fülbier, R.U./Gassen, J./Sellhorn, T. (Rechnungslegung): Internationale Rechnungslegung, 10. Aufl., Stuttgart 2017.

Pellens, B./Sellhorn, T./Amsoff, H. (Reform): Reform der Konzernbilanzierung – Neufassung von IFRS 3 „Business Combinations", in: DB 2005 (58. Jg.), S. 1749-1755.

Petersen, K./Zwirner, C. (Steuern): Latente Steuern nach dem BilMoG – Darstellung und Würdigung der Neukonzeption, in: StuB 2009, (11. Jg.), S. 416-423.

Petersen, K./Zwirner, C./Froschhammer, M. (Bilanzierung): Die Bilanzierung von Bewertungseinheiten nach § 254 HGB, in: StuB 2009 (11. Jg.), S. 449-456.

Philipps, H. (Halbjahresfinanzberichterstattung): Halbjahresfinanzberichterstattung nach dem WpHG, in: DB 2007 (60. Jg.), S. 2326-2332.

Pilhofer, J. (Kapitalflussrechnung): Konzeptionelle Grundlagen des neuen DRS 2 zur Kapitalflussrechnung im Vergleich mit den international anerkannten Standards, in: DStR 2000 (38. Jg.), S. 292-304.

Ruhnke, K./Simons, D. (Rechnungslegung): Rechnungslegung nach IFRS und HGB, 4. Aufl., Stuttgart 2018.

Scherff, S./Willeke, C. (Fortführung): Die Beurteilung der Fortführung der Unternehmenstätigkeit im Rahmen der Abschlussprüfung – der verabschiedete IDW PS 270, in: StuB 2003 (5. Jg.), S. 872-879.

Scherrer, G. (Rechnungslegung): Rechnungslegung nach neuem HGB, 3. Aufl. München 2011.

Schildbach, T./Stobbe, T./Brösel, G. (Jahresabschluss): Der handelsrechtliche Jahresabschluss, 10. Aufl., Sternenfels 2013.

Schildbach, T./Feldhoff, P. (Konzernabschluss): Der Konzernabschluss nach HGB und IFRS, 8. Aufl., München, Wien 2018.

Schmidbauer, R. (Vermögenswerte): Immaterielle Vermögensgegenstände in der Unternehmensrechnung: Abbildung im Jahresabschluss und Ansätze zur Steuerung, in: DStR 2004 (42. Jg.), S. 1442-1448.

Siegel, T. (Bilanzierung): Zur unsinnigen Bilanzierung eines zufälligen Teils des unbekannten originären Geschäftswerts nach DRS 1a, in: BB 2002 (55. Jg.), S. 749-751.

Theile, C. (Anwendung): Erstmalige Anwendung der IAS/IFRS – Einfach unvergleichlich komplex, in: DB 2003 (56. Jg.), S. 1745-1752.

Theile, C. (Immaterielle): Immaterielle Vermögensgegenstände nach RegE BilMoG – Akzentverschiebung beim Begriff des Vermögensgegenstands?, in: WPg 2008 (61. Jg.), S. 1064-1069.

Velte, P. (Zukunft): Zukunft der nichtfinanziellen Berichterstattung - Das CSR-Richtlinie-Umsetzungsgesetz als Zwischenlösung!?, in: DB 2017 (70. Jg.), S. 2813-2820.

Völkel, D./Karg, H. (Umsatzsteuer): Umsatzsteuer, 14. Aufl., Stuttgart 2007.

von Eitzen, B./Moog, T./Pyschny, H. (Entwicklungskosten): Forschungs- und Entwicklungskosten nach dem Bilanzrechtsmodernisierungsgesetz (BilMoG) unter Berücksichtigung des IAS 38, in: KoR 2010 (10. Jg.), S. 357-361.

Wader, D./Stäudle, F. (Kleinstkapitalgesellschaften): Geänderte Rechnungslegungs- und Offenlegungsvorschriften für Kleinstkapitalgesellschaften durch das MicroBilG, in: WPG 2013 (66. Jg.), S. 249-254.

Wagenhofer, A. (Rechnungslegungsstandards): Internationale Rechnungslegungsstandards – IAS/IFRS, 6. Aufl., München 2009.

Wenk, M.O./Straßer, F. (Bilanzierung): Neuregelung der Bilanzierung von Finanzinstrumenten (IFRS 9), in: PiR 2010 (6. Jg.), S. 102-109.

Wiechens, G./Helke, I. (Bilanzierung): Die Bilanzierung von Finanzinstrumenten nach dem Regierungsentwurf des BilMoG, in: DB 2008 (61. Jg.), S. 1333-1338.

Winkeljohann, N./Lawall, L. (§ 241a): § 241a Befreiung von der Pflicht zur Buchführung und Erstellung eines Inventars, in: Grottel, B. u.a. (Hrsg.): Beck'scher Bilanzkommentar, 11. Aufl., München 2018.

Winkeljohann, N./Morich, S. (Mittelstand): IFRS für den Mittelstand: Inhalte und Akzeptanzaussichten des neuen Standards, in: BB 2009 (64. Jg.), S. 1630-1634.

Wöhe, G./Bilstein, J./Ernst, D./Häcker, J. (Grundzüge der Unternehmensfinanzierung), 10. Aufl., München 2009.

Wöhe, G./Döring, U./Brösel, G. (Betriebswirtschaftslehre): Einführung in die Allgemeine Betriebswirtschaftslehre, 26. Aufl., München 2016.

Wöhe, G./Kußmaul, H. (Bilanztechnik): Grundzüge der Buchführung und Bilanztechnik, 10. Aufl., München 2018.

Wüstemann, J./Wüstemann, S. (Revenue): Grundsätze für die Erfassung von Umsatzerlösen aus Verträgen mit Kunden – IFRS 15 „Revenue from Contracts with Customers", in: WPg 2014 (67. Jg.), S. 929-937.

Zülch, H./Fischer, D. (Financial): Das Joint Financial Statement Presentation Project von IASB und FASB – Arbeitsergebnisse und mögliche Auswirkungen, in: DB 2007 (60. Jg.), S. 1765-1770.

Zülch, H./Fischer, D./Erdmann, M.-K. (Neuerungen): Neuerungen in der Darstellung eines IFRS-Abschlusses gem. IAS 1 „Presentation of Financial Statements" (revised 2007), in: WPg 2007 (60. Jg.), S. 963-968.

Zwirner, C. (Anhangberichterstattung): Herausforderungen und Risiken der neuen Anhangberichterstattung, in: BB 2009 (64. Jg.), S. 2302-2306.

Zwirner, C./Künkele, K.P. (Abgrenzung): Währungsumrechnung nach HGB: Abgrenzung latenter Steuern?, in: StuB 2009 (11. Jg.), S. 722-725.

Zwirner, C./Künkele, K.P. (Währungsumrechnung): Währungsumrechnung nach HGB: Erstmalige Kodifikation durch das BilMoG, in: StuB 2009, (11. Jg.), S. 517-524.

Stichwortverzeichnis

A

Abgrenzung
  Sachliche 24
  Zeitliche 25
Abschluss, s. Jahresabschluss
Abschreibungen 84ff.
  Außerplanmäßige 89ff.
  Ausweis 158, 160
  Bei Abgang und Zugang 88
  Dauernde Wertminderung 92f.
  Determinanten 85
  Geringwertige Wirtschaftsgüter 94f.
  Kumulierte 147
  Nach IFRS 254f., 258
  Nutzungsdauer 85f.
  Planmäßige 84f.
  Steuerrechtliche 87, 100
  Verfahren 86f.
Abschreibungsverfahren
  Degressive 86f.
  Leistungsmäßige 87f.
  Nach IFRS 254
  Prozentabschreibung 102
  Steuerrechtliche 87
Absetzung für Abnutzung 86
Abweichendes Geschäftsjahr 11, 21
Accrual basis 238
AfA 86
Aktiengesellschaft 109f.
  Aufsichtsrat 13
  Dividende 110
  Gesellschaftsvermögen 109f.
  Großaktionäre 111
  Hauptversammlung 110, 127
  Vorstand 126
Aktiver Markt 73, 256
Aktiver Unterschiedsbetrag aus der Vermögensverrechnung 74f., 139
Aktivierung
  Nach HGB 35f.
  Nach IFRS 241f.
Aktivposten mit Ausschüttungssperre 138f.

Altersversorgungsverpflichtung 74
Andere aktivierte Eigenleistungen
  Nach HGB 157
  Nach IFRS 270
Anfangsbilanz 17
Anhang 10, 146ff.
  Allgemeine Angaben 146f.
  Ergänzungsfunktion 146, 148
  Erläuterungsfunktion 146
  Nach IFRS 281f.
  Spezielle Angaben 148
Anlagengitter 146f.
Anlagevermögen
  Nach HGB 63
  Nach IFRS 251f.
Ansatzverbote
  Eigenkapitalbeschaffung 61
  Gründung 61
  Nach IFRS 243f.
  Versicherungsverträge 61
Anschaffungskosten 67ff.
  Bestandteile 68
  Finanzierungskosten 68
  Im Konzern 210f.
  Nach IFRS 253
  Nachträgliche 69
  Nebenkosten 67
  Umsatzsteuer 69
Anschaffungskostenmodell 253ff., 258
Anteile an einem herrschenden Unternehmen 123f.
Anteile verbundener Unternehmen 131
Asset 241f.
Asset deal 50
Assoziierte Unternehmen 172f.
  Buchwertmethode 227f.
  Definition 225
  Equity-Fortschreibung 227
  Equity-Methode 225f.
  Nach IFRS 289
Aufrechnungsdifferenzen
  Echte 208
  Unechte 207

Aufstellungsfrist
 Jahresabschluss 11f.
 Konzernabschluss 183
Aufwandsrückstellungen 54f.
Aufwands- und Ertragskonsoli-
 dierung 214ff.
Aufwendungen 151, 158ff.
Ausfallrisiko 105
Ausschüttungen 110ff.
 Ausschüttungsbegrenzung 113
 Gewinnausweise 119
 Mindestausschüttung 113
Ausschüttungsregelungsfunktion
 Nach HGB 112
 Nach IFRS 237
Ausschüttungssperre 138ff.
Außenverpflichtung 54
Außerordentliches Ergebnis 155

B

Badwill
 Nach HGB 205ff.
 Nach IFRS 294f.
Befreiung
 Größenabhängige im Konzern
 175f.
 Nach § 296 HGB 178
 Von der Buchführungspflicht 7f.
Beherrschender Einfluss 174f.
Beizulegender Stichtagswert 89ff.
Beizulegender Zeitwert 73f., 256
Beständedifferenzenbilanz 278
Bestandserhöhung 152, 157, 163
Bestandsminderung 152, 157, 163
Beteiligung 131, 167
Betriebsergebnis
 Nach HGB 155, 162
 Nach IFRS 269, 272
Betriebsvermögen 29, 42ff.
 Abgrenzung 42ff.
 Bewegliches 42f.
 Gemischtgenutztes 42
Betriebsvorrichtung 46
Bewertungseinheit 82f.
Bewertungsmethode 28, 78
Bewertungsvereinfachung 21, 78f.
Bilanz 1
 Gliederung (HGB) 62f., 140ff.
 Gliederung (IFRS) 251
 Gliederungsgrundsätze 65f., 143f.
 Posten (HGB) 140ff.

Posten (IFRS) 251f.
Bilanzadressaten
 Alle Kaufleute 3
 Kapitalgesellschaften 111f.
 Konzern 168
 Nach IFRS 237
Bilanzeid 114
Bilanzgewinn 126ff.
 Entwicklung 127
 In der GuV-Rechnung 161
Bilanzidentitätsprinzip
 Nach HGB 17f.
 Nach IFRS 238
Bilanzierungsprinzipien
 Nach HGB 17ff.
 Nach IFRS 237ff.
Bilanzierungszeitpunkt 41
Bilanzpolitik 4, 255
Bilanzstichtag 1
Bilanzverlust 128
Briefkurs 80
Bruttoprinzip 20, 74f.
Bruttoverfahren (GuV-Rechnung)
 153
Buchführungsbefreiung 6f.
Bundesanzeiger 13f.

C

Case law 233
Cash flow 279
 Direkte Methode 280f.
 Indirekte Methode 280f.
Code law 232
Completed contract method 273
Completeness 240
Compliance 150
Conceptual Framework 233f.
Control-Konzept
 Nach HGB 174f.
 Nach IFRS 239, 241, 272, 290
Corporate Social Responsability 150
Cost model 253ff., 258
Cost of sales method 271f.
CSR 150

D

Darlehen
 Fälligkeitsdarlehen 60
 Tilgungsdarlehen 60
Davon-Vermerk 159
Deduktive Methode 15f.

Devisenkassamittelkurs 80
Disagio
    Ansatz 59f.
    Nach IFRS 246, 267
    Verteilung 60
Dividende 110
    Buchung 159
    Phasengleiche Vereinnahmung 130
Dokumentationsfunktion
    Jahresabschluss 4, 113
    Konzernabschluss 168f.
    Nach IFRS 237
DRS 17
DRSC 16f.
Durchschnittswert 78f.
Durchschnittskurs 217

E

EBIT 155
EBITDA 280
Eigene Anteile 129f.
Eigenkapital
    Definition 1, 37f., 64
    Festes 118
    Gezeichnetes Kapital 118, 121
    Kapitalgesellschaft 118ff.
    Nach IFRS 252, 275f.
    Negatives 37f.
    Personengesellschaft 64
    Variables 118
    Vollständig aufgezehrtes 145f.
Eigenkapitalinstrument 246
Eigenkapitalspiegel 181
Eigenkapitalveränderungsrechnung 273f.
Eigentum 38f.
Eigentumsvorbehalt 39, 240
Einfrierungsmethode 83
Einbehaltene Ergebnisse, s. retained earnings
Einheitlichkeitsgrundsatz 187f.
Einheitsbilanz 30
Einheitstheorie
    Nach HGB 170f.
    Nach IFRS 287
Einkommensteuer 57
Einkommensteuer-Hinweise 5
Einkommensteuer-Richtlinien 42
Einlagen 26
    Nutzungseinlagen 43
    Sacheinlagen 106, 108

Einnahmenüberschussrechnung 7
Einzelabschluss 167
Einzelbewertungsprinzip
    Nach HGB 19f.
    Nach IFRS 238
Entnahmen 26
    Nutzungsentnahmen 43
    Sachentnahmen 106f.
Entwicklungskosten
    Ansatz 47f.
    Ausweis 140f., 157f.
    Ausschüttungssperre 139
    Bewertung 96f.
    Nach IFRS 244
Equity Methode 172, 225ff.
Erfolg 1
Erfolgsausweis
    Nach Gesamtkostenverfahren 155f.
    Nach IFRS 269f.
    Nach teilweiser Ergebnisverwendung 126ff.
    Nach vollständiger Ergebnisverwendung 129
    Vor Ergebnisverwendung 119f., 126
Erfolgsermittlung (bilanziell) 26f.
Erfolgsspaltung 155
Erfüllungsbetrag
    Abzinsung 76f.
    Kostensteigerungen 77
    Rückstellungen 75ff.
    Verbindlichkeiten 75
Ergebnis je Aktie 276
Ergebnis nach Steuern 156
Erhaltungsaufwand 71
Eröffnungsbilanz 17, 230
Erstkonsolidierung
    Nach HGB 189ff.
    Nach IFRS 292f.
Erträge 151
    Aus anderen Wertpapieren 159f.
    Aus Beteiligungen 159
    Sonstige betriebliche 158
    Umsatzerlöse 156f., 162
Ertragslage 2, 115f.
Ertragsausweis
    Nach HGB 23
    Nach IFRS 272f.
Ertragsteuern 57, 131f., 160f.
Erwerbsmethode 190

F

Factoring 40
Fair presentation 236, 251
Fair value
　Bei Sachanlagen 259f.
　Bei Wertpapieren 262
　Definition 256
Fair value-Option 247
Fertigungsaufträge 272
Fertigungskosten 70
Feststellung 13, 126
Fifo-Verfahren 78f.
Financial instruments 246, 262f.
Finanzanlagen
　Ausweis (HGB) 131
　Definition (HGB) 51
　Bewertung (HGB) 104
　Bewertung (IFRS) 262ff.
　Kategorien (IFRS) 246
Finanzergebnis
　Nach HGB 155, 159f.
　Nach IFRS 273
Finanzierungstätigkeit 279
Finanzinstrumente 245ff., 262ff.
Finanzlage 115f., 277
Finanzmittelfonds 278
Finanzplan 277
Firmenwert
　Ansatz 49
　Asset deal 50
　Bewertung 98f.
　Derivativer 49f.
　Konzern 192, 204f.
　Latente Steuern 195
　Nach IFRS 245, 257, 293ff.
　Negativer 204ff.
　Originärer 49
Folgekonsolidierung
　Ablauf 202
　Anpassung der GuV 203
　Mit Minderheiten 202ff.
　Ohne Minderheiten 198ff.
Forderungen
　Ausweis 142
　Bewertung 105f.
　Fremdwährung 80f.
Formkaufmann 6
Forschungskosten
　Nach HGB 47
　Nach IFRS 244

Fremdkapital 2
Fremdwährungsverbindlichkeiten 79ff.
Full Goodwill-Approach 293ff.

G

Gebäude
　Abschreibung 101f.
　Aufteilung 45
　Ausweis 141f.
　Nachträgliche Herstellungskosten 103
Geldkurs 80
Geldleistungsverpflichtung 75
Gemeinschaftsunternehmen
　Nach HGB 171, 220
　Nach IFRS 288
Generalnorm 14, 114
Geringwertige Wirtschaftsgüter 94f., 240
Gesamtbewertung 20
Gesamtergebnis 271
Gesamtergebnisrechnung 234, 269ff.
Gesamthandsvermögen 63
Gesamtkostenverfahren 151ff.
　Gliederung nach HGB 156
　Nach IFRS 269f.
　Posten nach HGB 158ff.
　Posten nach IFRS 270
Geschäftsjahr 1, 11
Gesellschaftsvermögen 110f.
Gesetzliche Rücklage 123
Gewerbesteuerrückstellung 56f.
Gewinnausweis 119f., 125f.
Gewinn nach Steuern 120f., 161
Gewinnrücklagen 123ff.
　Andere 119f., 125
　Anteile an einem herrschenden Unternehmen 123f.
　Auflösung 123
　Ausschüttungssperre 124
　Gesetzliche 123
　Nach IFRS 274f.
　Satzungsmäßige 125
Gewinnverteilung
　Aktiengesellschaft 110f., 125ff.
　GmbH 118f.
　OHG 27, 64f.
Gewinnverwendungsvorschlag 126
Gewinnvortrag 119, 127f.
Gezeichnetes Kapital

Nach HGB 118, 121
Nach IFRS 252, 274
Gläubigerpapiere 51
Gläubigerschutz 3, 111f.
Gliederungsprinzipien 65
GmbH 109
　Erfolgsausweis 118f., 126
　Haftungsbeschränkte Unternehmergesellschaft 110
GoB 14ff.
Goodwill 49f., 257
Gross Profit 271f.
Größenklassen
　Kapitalgesellschaften 116f.
　Konzerne 176
Grundgeschäft 83f.
Grundkapital 109, 118
Grundsätze ordnungsmäßiger Buchführung 14ff.
　Ermittlungsmethoden 16
　Kodifizierte 15, 17ff.
　Komponenten 15
Grundstücke 44f.
Grund und Boden 45f.
GuV-Rechnung 1f.
　Nach HGB 150ff.
　Nach IFRS 269f.
GWG 94f., 240

H

Haftungsbeschränkte Unternehmergesellschaft 110
Haftungsverhältnisse 66
Handelsbilanz II 186
Handelsbilanz III 186, 192
Hauptspalte 144
Herstellungsaufwand 72
Herstellungskosten
　Abgrenzung Erhaltungsaufwand 71
　Bestandteile 70
　Erfolgswirkungen 69f.
　Im Konzern 211
　Kalkulatorische Kosten 71
　Nach IFRS 253, 265
　Nachträgliche 71f.
　Unterbeschäftigungskosten 71
　Wertobergrenze 70
　Wertuntergrenze 70
Historical costs 265
Höchstwertprinzip 23

I

IAS, s. IFRS
IASB 229
IFRS
　Anerkennung 230
　Aufbau 232ff.
　Entwicklung 229f.
　Übersicht 236, 287
　Umstellung auf IFRS 230ff.
Immaterieller Vermögensgegenstand (HGB)
　Ansatz 48
　Ausweis 140f.
　Bewertung 96ff.
　Buchung 157f.
　Entwicklung 47
　Forschung 47
　Im Steuerrecht 48, 98
Immaterieller Vermögenswert (IFRS)
　Abschreibung 254f.
　Ansatz 243f.
　Bewertung 253ff.
　Fair value 256
　Kriterien 243
　Neubewertung 256f.
Impairment 254f.
Imparitätsprinzip 23, 73
Income 270
Induktive Methode 14
Informationsfunktion
　Jahresabschluss 4, 113f.
　Konzernabschluss 168f.
　Nach IFRS 237
Innenverpflichtung 54
Intangible assets, s. immaterieller Vermögenswert
Interessentheorie 172
Investitionstätigkeit 279
Istkaufmann 5

J

Jahresabschluss
　Alle Kaufleute 2, 11
　Aufgaben (HGB) 1ff., 113f.
　Aufgaben (IFRS) 237
　Aufstellung 10f.
　Aufstellungsfrist 11f.
　Bestandteile (HGB) 2
　Bestandteile (IFRS) 234f.

Erweiterter 10
Feststellung 13, 126
Kapitalgesellschaften 11, 113f.
Nach IFRS 234f.
Offenlegung 13
Unterzeichnung 12f.
Jahresfehlbetrag 121, 161
Jahresüberschuss 119, 121, 161

K

Kapitalerhöhung 130
Kapitalertragsteuer 159
Kapitalflussrechnung
  EBITDA 280
  Einflussgrößen 279
  Finanzmittelfonds 278
  Laufende Geschäftstätigkeit 279
  Liquidität 277
  Methoden 280
Kapitalgesellschaft
  AG und GmbH 109
  Größenklassen 116f.
Kapitalherabsetzung 129
Kapitalkonsolidierung 170, 189ff.
  Eigenkapital 189
  Erwerbsmethode 190
  Latente Steuern 194f.
  Mit Minderheitsgesellschaftern 196ff., 202ff.
  Nach IFRS 292f.
  Ohne Minderheitsgesellschafter 191ff., 198ff.
  Zeitpunkt 190
Kapitalmarktorientierung 8, 11, 116
Kapitalrücklagen
  Nach IFRS 274
  Unterteilung im HGB 122
Kassakurs 56, 80
Kleinstkapitalgesellschaft
  Größenkriterien 117
  Vereinfachte GuV-Rechnung 166
Konsolidierung
  Arten und Anwendung 169ff.
  Aufwand und Ertrag 214ff.
  Gemeinschaftsunternehmen 221ff.
  Kapital 189ff.
  Schulden 206ff.
  Zwischenergebnisse 209ff.
Konsolidierungsarten 169ff.
Konsolidierungsgrundsätze
  Nach HGB 186f.
  Nach IFRS 291f.
Konsolidierungskreis
  Einbeziehungswahlrechte 178
  Im engeren Sinne 177f.
  Im weiteren Sinne 177f.
  Nach IFRS 289
  Weltabschlussprinzip 177
Konsolidierungsmethoden
  Nach HGB 169ff.
  Nach IFRS 288f.
Kontoform 65
Konzern 167
Konzernabschluss
  Aufgaben 168f.
  Aufstellung 174, 183
  Aufstellungsfrist 183
  Aufstellungsstichtag (HGB) 183f.
  Aufstellungsstichtag (IFRS) 292
  Befreiung nach § 296 HGB 178
  Bestandteile (HGB) 180ff.
  Bestandteile (IFRS) 287
  Entwicklung 185f.
  Größenabhängige Befreiung 176
  Nach IFRS 286ff.
  Offenlegung 184
  Stufenkonzeption 173
  Umstellung auf IFRS 230f.
  Vorschriften (HGB) 9, 179
  Vorschriften (IFRS) 9f., 286f.
Konzernanhang 182
Konzernbilanz 181, 193, 198
Konzernbilanzpolitik 189
Konzern-GuV-Rechnung 182, 203
  Entwicklung 216f.
  Konsolidierungen 201, 214f.
Konzernlagebericht 183
Körperschaftsteuer 57, 131f.

L

Lagebericht 148ff.
  Forschungs- und Entwicklungsbericht 149
  Prognosebericht 149
  Wirtschaftsbericht 148
Langfristfertigung 273
Latente Steuern
  Aktive 134f.
  Ansatz 136
  Ausschüttungssperre 138f.
  Ausweis 137
  Bewertung 137

Im Konzernabschluss 194ff.
Kleine Kapitalgesellschaft 138
Konzept 132f.
Nach IFRS 247f.
Passive 134f.
Saldierungswahlrecht 137
Sonderposten eigener Art 136
Steuersatz 137
Leasing 40
Liability 241
Lifo-Methode 78f.
Liquidierbarkeit 65
Liquidität 277
Lucky buy 205, 224

M

Management approach 282
Management commentary 183
Managementbericht 183
Maßgeblichkeitsprinzip
  Durchbrechung 32f.
  Geltung 29ff.
Materiality 240
Medianwert 267
Micro-Hedge 82
Minderheitsgesellschafter
  Ausgleichsposten 196
  Begriff 196
  Erstkonsolidierung 196ff.
  Folgekonsolidierung 202ff.
Mindestausschüttung 113
Mindesthaftungskapital 113

N

Nachschüsse 122
Nature of expense method 269f.
Nettoveräußerungswert 265
Neubewertung (Firmenwert)
  Beteiligungsproportional 293
  Vollständig 293
Neubewertungsmethode
  Ablauf 186, 191
  Erstkonsolidierung 191ff.
  Folgekonsolidierung 198ff.
  Latente Steuern 194ff.
  Mit Minderheitsgesellschaftern 196ff., 202ff.
  Nach IFRS 293
  Negativer Firmenwert 204ff.
Neubewertungsmodell 256f., 259f.
Neubewertungsrücklage

Im Konzernabschluss 192, 194
Nach IFRS 258ff.
Nicht beherrschende Anteile 196f.
Nicht durch Eigenkapital gedeckter Fehlbetrag 144
Nicht finanzielle Erklärung 150
Niederstwertprinzip 23, 92
Nutzen und Lasten 41
Nutzungsdauer 85f.
Nutzungseinlage/-entnahme 43
Nutzungswert 254f.

O

OCI 262f., 271
Offenlegung
  Nach HGB 13
  Nach IFRS 235
OHG
  Eigenkapitalentwicklung 65
  Gewinnverteilung 27, 64
  Privatvorgänge 44
Operating profit 269, 271
Operative Segmente 283
Other comprehensive income 271

P

Passivierung
  Nach HGB 37
  Nach IFRS 241f.
Percentage of completion 273
Periodisierungsprinzip
  Nach HGB 24ff.
  Nach IFRS 238, 266
Permanente Differenz 134
Phasengleiche Gewinnvereinnahmung 130
Planvermögen 74
Postenuntergliederung 143f.
Preisnotierung 80
Privatvermögen 42ff.
Produktionsaufwand 151
Profit 269, 271
Provisions (IFRS)
  Ansatz 249f.
  Bewertung 266f.
Purchased Goodwill-Approach 293f.

Q

Quasi-permanente Differenz 133
Quotenkonsolidierung 171, 219ff.
  Erstkonsolidierung 221f.

Firmenwerte 225
Folgekonsolidierung 224
Gemeinschaftsunternehmen 220
Neubewertungsmethode 220

R

Realisationsprinzip
 Nach HGB 23
 Nach IFRS 239, 272
Rechnungsabgrenzungsposten 36
 Aktive 52
 Antizipative 53
 Nach IFRS 242, 266
 Passive 52
 Transitorische 52f.
Rechnungslegung
 Zweck nach HGB 4, 109ff.
 Zweck nach IFRS 236f.
Rechtsvorschriften
 Aktiengesellschaft 9
 Alle Kaufleute 8
 Aufbau 8
 GmbH 9
 Internationale 9f., 232ff.
 Kapitalgesellschaften 8f.
 Kapitalmarktorientierte Kapital-
  gesellschaften 9f.
 Kaufmann 5f.
 Konzern 179, 286f.
Recoverable amount 254f.
Recycling 264
Retained earnings 258, 260, 264, 274
Retrograde Wertermittlung 91
Revaluation model 256f., 258ff.
Revenue 270
Rückbeteiligung 124
Rücklagen 121ff.
 Anteile an einem herrschenden
  Unternehmen 123f.
 Gesetzliche 123
 Kapitalrücklagen 121f.
 Nach IFRS 274f.
 Satzungsmäßige 125
 Stille 49
Rückstellungen 54ff., 75ff.
 Abraumbeseitigung 55
 Abzinsung 76f.
 Aufwandsrückstellung 55
 Beispiele 56f.
 Bewertung 75ff.
 Drohverluste 55f.

Gewerbesteuer 57f.
Instandhaltung 54
Körperschaftsteuer 59
Kulanzen 55
Nach IFRS 249f., 266f.
Verbindlichkeitsrückstellung 56f.
Verbote 57
Rumpf-Geschäftsjahr 11

S

Sachanlagen
 Abschreibung (HGB) 84ff., 100f.
 Abschreibung (IFRS) 258
 Ansatz (HGB) 50f.
 Ausweis 142
 Bewertung (HGB) 102f.
 Bewertung (IFRS) 258ff.
 Entnahme 107f.
 Gebäude 44ff., 101f.
 Geringwertige 94f., 240, 258
 Selbst erstellte 51, 157
 Steuerrechtlich 100
 Unentgeltlicher Erwerb 51
 Veräußerung 261
Sacheinlagen 108
Sachentnahmen 107f.
Sachleistungsverpflichtung 76
Saldierungspflicht 74
Saldierungsverbot 20, 269
Schulden 37
Schuldenkonsolidierung 206ff.
Schwebendes Geschäft 55f.
Segmentberichterstattung 282ff.
 Informationen 284f.
 Management approach 282f.
 Segmentabgrenzung 283f.
Share deal 50
Sicherungsinstrument 83f.
Sicherungsübereignung 40f.
Spiegelbildmethode 228
Staffelform 155
Stammkapital 109f., 118
Standard for SME 233
Standards 233, 235f., 287
Statement of profit or loss 234, 269f.
Stetigkeitsprinzip
 Ansatzstetigkeit 28, 60
 Ausweisstetigkeit 28
 Bewertungsstetigkeit 28, 87
 Darstellungsstetigkeit 143
 Konzern 187f.

Nach IFRS 239
Steuerbilanz 29f.
Steuern
   Ausweis 141ff., 160f.
   Einkommensteuer 58
   Gewerbesteuer 57ff., 132
   Körperschaftsteuer 59, 131
   Latente 132ff.
   Nach IFRS 269f.
   Sonstige Steuern 161
   Vom Einkommen und Ertrag 160
Steuerrückstellung 57ff.
Stichtagskursmethode, modifizierte 217
Stichtagsprinzip 21f., 238
Stille Reserven 49, 170
Substance over form 240
Summenbilanz 186, 193, 197
Summen-GuV-Rechnung 216

T

Teilhaberpapiere 51
Teilkonsolidierung 171
Teilwert 107
Temporary-Konzept 133
Termingeschäft 56
Thesaurierung 110
Tilgungsdarlehen 60
Timing-Konzept 133

U

Überleitungsrechnung 285
Überschuldung 144
Umbuchung (Anlagengitter) 147
Umlaufvermögen
   Bestandteile 63, 141f.
   Bewertung 90f., 104f.
   Nach IFRS 252
Umsatzaufwand
   Nach HGB 153, 162
   Nach IFRS 271
Umsatzerlöse
   Nach HGB 156f.
   Nach IFRS 270
Umsatzkostenverfahren 153f.
   Aktivierte Eigenleistungen 165
   Aufbau 162ff.
   Aufwandsuntergliederung 154
   Bestandsänderungen 163f.
   Betriebsergebnis 162
   Nach IFRS 271f.

Umsatzsteuer
   Anschaffungskosten 68
   Geringwertige Wirtschaftsgüter 94
   Im Konzern 212
   Privatvorgänge 43f., 108
   Rückstellungen 76
Umstellung des Jahresabschlusses von HGB auf IFRS 230ff.
   Erstbewertung 230f.
   Folgebewertung 231f.
Unabhängigkeitsgrundsatz 188
Unterbeschäftigungskosten 71
Unternehmensfortführungsprinzip 18f., 238
Unterzeichnung 12f.
Unverzinsliche Forderungen 209

V

Value in use 254f.
Veräußerungswert 90
Verbindlichkeiten
   Ausweis (HGB) 141, 143
   Ausweis (IFRS) 252
   Bewertung (HGB) 75
   Bewertung (IFRS) 267
   Fremdwährung 79ff.
   Sonstige 143
Verbrauchsfolgeverfahren
   Nach HGB 78f.
   Nach IFRS 266
Verfügungsmacht 239, 241
Verlustfreie Bewertung 91, 266
Verlustvortrag 120f.
Vermögensgegenstand
   Beweglicher 42f.
   Definition 36
   Immaterieller 46ff.
   Materieller 50f.
   Unbeweglicher 44ff.
Vermögenslage 2, 115
Vermögenswert 241f.
Verrechnungspreis 210
Vertriebskosten 71, 164f.
Verwaltungskosten 70, 164f.
Vollkonsolidierung 170, 185ff.
   Eigenkapital 189f.
   Nach IFRS 290ff.
   Neubewertungsmethode 191ff.
   Voraussetzungen (HGB) 174ff.
   Voraussetzungen (IFRS) 290f.
Vollständigkeitsgebot 35, 187, 240

Vorabgewinn 27
Vorjahresangaben 143f., 232, 252
Vorräte
  Ausweis 63, 142
  Bewertung (HGB) 90f., 104
  Bewertung (IFRS) 265f.
Vorsichtsprinzip
  Nach HGB 22ff.
  Nach IFRS 238f.
Vorspalte 129, 144
Vorsteuer 68, 253

W

Währungstermingeschäft 82
Währungsumrechnung
  Devisenkassamittelkurs 80
  Einzelabschluss 78ff.
  Forderungen 80f.
  Konzernabschluss 217f.
  Verbindlichkeit 81
Wandelschuldverschreibung 122
Weltabschlussprinzip 177
Werkvertrag 272
Wertaufhellungsprinzip 22, 48
Wertaufholung 95f.
  Eigenkapitalanteil 146
  Obergrenze 95
Wertbegründende Vorgänge 21
Wertkompensation 20
Wertminderungen
  Dauernde 92f.
  Nicht dauernde 104
Wertpapiere
  Ausweis 131, 141f.
  Definition 51
  Finanzanlagen 51f., 104
  Kategorien (HGB) 51
  Nach IFRS 246f., 262ff.
  Umlaufvermögen 104
  Zu Handelszwecken erworben 264
Wesentlichkeit
  Konzernabschluss 188
  Nach IFRS 240
Wiederbeschaffungswert 89
Wirtschaftliche Lage
  Jahresabschluss 2, 114f.
  Konzernabschluss 179f.
Wirtschaftliche Betrachtungsweise
  240
Wirtschaftliches Eigentum 38f.
Wirtschaftsgut 35

Z

Zahlungsmittel 278
Zahlungsmitteläquivalente 278
Zeitwert, beizulegender 73f., 256
Zinsstaffelmethode 60
Zins-Swap 84
Zugänge (Anlagengitter) 147
Zu Handelszwecken erworbene
  Finanzinstrumente 264
Zusatzrechnung 30f.
Zuschreibungen
  Bei Kapitalgesellschaften 146f.
  Nach HGB 95f.
  Nach IFRS 255, 260f.
Zweischneidigkeit der Bilanz 17f.,
  31, 133
Zwischenabschluss
  Nach HGB 183f.
  Nach IFRS 292
Zwischenergebniskonsolidierung
  Konzernherstellungskosten 211
  Latente Steuern 212f.
  Umsatzsteuer 212
  Zwischenergebnis 210
Zwischengewinn
  Konsolidierungsfähiger 210f.
  Konsolidierungspflichtiger 210f.
Zwischenverlust 211